고전으로 가는 **길**

Introduction to the Classics

edited by Center for Liberal Education of Dongguk University

Copyright © Center for Liberal Education of Dongguk University

ACANET, Seoul, Korea, 2007

★ 이 책은 저작권법에 따라 보호를 받는 저작물이므로 무단전재와 무단복제를 금하며,
이 책 내용의 전부 또는 일부를 이용하려면 반드시 저작권자와 아카넷의 동의를 받아야 합니다.

고전으로 가는 길

동국대학교 교양교육원 편

아카넷

| 서 | 문 |

왜 고전을 읽어야 하는가

1

 양자역학(量子力學)과 불확정성 원리(不確定性原理)의 창시자인 하이젠베르크가 아인슈타인, 닐스 보어, 페르미 등 당대 최고의 물리학자들과 나눈 대화를 묶어 낸 『부분과 전체』라는 책이 있다. 책의 내용도 내용이지만, 대화의 주제들이 매우 흥미롭다. 책의 소제목들만 보아도 그 주제의 폭넓음은 쉽게 짐작할 수 있다. '역사에 대한 교훈', '자연과학과 종교에 대한 첫 대화', '원자물리학과 실용주의적 사고방식', '양자역학과 칸트 철학', '언어에 대한 토론', '연구자의 책임에 대하여', '정치와 과학에 있어서의 대결', '소립자와 플라톤 철학' 등이 그 소제목의 일부이다. 그들이 대화에서 인용하는 저작들도 아리스토텔레스, 플라톤, 칸트, 헤겔, 노자(老子)에서부터 괴테와 언어철학, 토템 신앙에 이르기까지 종횡무진이며, 이런 고전적 저작들뿐만 아니라 생활에서 벌어지는 다양한 현상들 역시 관찰 대상이고 토론의 대상이다. 이 과학자들의 위대한 과학적 발견들 역시 고전과 생활에서 착상되고 발전되고 있음을 이 책은 잘 보여준다.

어디 그뿐이랴. 서양영화 속에서 주인공들은 그때그때의 상황에 따라서 자기네 고전적 저작들의 한 구절을 인용하여 자신을 표현해 내곤 한다. 영화적 과장만이 아니라, 교양 있는 서양인들 사이의 대화에서 빈번하게 볼 수 있는 현상이다. 프랑스의 대학입학 자격시험인 바칼로레아에서 수험생들은, "우리는 과학적으로 증명된 것만을 진리로 받아들여야 하는가", "철학자는 과학자에게 어떤 도움을 줄 수 있는가", "오류는 진리를 발견하는 과정에서 어떤 역할을 하는가" 등 까다로운 질문에 다양한 고전들을 인용하면서 답변해 낸다. 초등학교에서 발자크를 읽고 중학교에서 스피노자를 읽는 등 고전 교육을 어릴 적부터 체계적으로 받아왔으므로 이런 일은 가능해진다.

우리의 현실은 어떤가. 요즘 서점가에서 팔리는 책이라고는 실용서와 아동도서뿐이라고 한다. 아동도서라고 해도 초등학교 3학년까지가 주대상이다. 4학년부터는 학원 다니랴 과외하랴 도무지 책 읽을 시간이 없다는 것이다. "공부 때문에 책을 못 읽는다"는 아이러니가 오늘 우리의 현실이다. 통계수치도 이 같은 사정을 잘 보여준다. OECD 국가의 15세 학생들을 대상으로 평가한 「PISA 2000」 보고서에 따르면 우리나라 학생들의 독서 흥미도는 꼴찌를 겨우 면할 정도였다고 한다. 하루에 한 시간 이상 책을 읽는 어린이들은 겨우 18%였고, 30분~한 시간이 21.9%, 30분 이내가 29.6%였으며 심지어는 전혀 읽지 않는 학생이 30.6%로 나타났다.

물론 이는 우리나라 학생들의 책읽기 여건이 매우 열악하기 때문이다. 학업 부담은 너무도 무겁고 공공도서관은 그저 '독서실' 기능에 그치는 곳이 대부분이다. 어린아이가 출생하면 건강수첩과 함께 독서수첩을 주어 독서를 장려하는, 집 가까이에 공공도서관이 널려 있으며, 전문 사서들의 도움을 쉽게 받을 수 있는 유럽 국가들과는 비교할 수조차 없다.

2

 사정이 이러하니 자연과학자들이 이토록 폭넓은 주제로 대화를 나누고, 고교 졸업생들이라고 하더라도 제법 폭넓고 깊이 있는 사유에 익숙해 있음은 우리에게는 참으로 낯선 풍경일 수밖에 없다. 혹 공부를 매우 열심히 하는 학자나 학생들이라 하더라도 그의 관심사는 자기 전공에 대한 것에만 국한되어 있다. 현대에 들어 학문의 발전 속도가 매우 빨라지고, 따라서 레오나르도 다빈치 같은 르네상스적 만능 지식인은 더 이상 나오기 어렵다는 점을 인정하더라도, 지나친 전문화 현상은 심각한 폐해를 불러온다. 그 폐해로서 두 가지만 들어보자.
 첫째, 전문 분야에 대한 폭 좁은 지식에만 그친다면, 단순한 기능인이 될 수는 있지만 창의적 학자는 결코 나올 수 없다는 것이다. 예컨대 위에서 본 과학자들은 모두 자신의 분야에서 세계적 이론을 남겼지만, 그 이론의 출발과 발전은 실험실에서 못지않게 고전적 저작물들에 도움받고 있었다.
 둘째, 전문 분야에 대한 지식은 있더라도 자기 자신의 삶의 궁극적 의미에 대해서 또는 공동체의 일원으로서의 의무에 대해서 성찰할 수 있는 능력은 떨어지는 인간을 만들어내게 된다. 그럴 경우 전문가는 손쉽게 기능인으로, 도구적 존재로 전락하게 된다. 예컨대 핵 이론과 실험이 원자폭탄이라는 인류적 재앙으로 이어졌을 때 과학자는 어떻게 대처해야 할 것인가. 히로시마 원폭을 지켜본 뒤에 핵의 평화적 이용을 위한 운동에 앞장섰던 아인슈타인이나 수소폭탄 개발에 참여하기를 거부했던 오펜하이머의 경우는, 도구적 존재로 전락하기를 거부한 지식인의 보기이다. 이들은 자신의 과학적 탐구가 공동체와 어떻게 연관되어야 할지에 대해 고민하였던 사람이었으며, 그런 성찰은 앞에서 보듯이 고전적 사유들에 대한 폭넓은 이해에서 획득된 것이었다.

이렇게 창의적 이론을 만들어내는 일에도, 또한 자신의 작업이 지니는 사회적 의미를 인식하는 일에도 고전적 저작물에 대한 이해는 중요하다. 특히 두 번째 문제, 즉 전문적 지식을 지닌 인간이 도구적 존재로 전락하지 않아야 한다는 것은 오늘날 우리 사회의 매우 절실한 요구이다. 과학이나 지식이 현대사회에서 지니는 힘이 점점 커져 감에 따라서, 그 책임 또한 중요해지고 있는 것이다. 예컨대 '과학의 사회적 책임'(소위 '과학전쟁'이라고 불리는 과학의 중립성 논쟁에서 불거진 주제) 또는 '도구화된 이성'(위르겐 하버마스), '권력과 지식의 결합'(미셸 푸코) 등의 개념은 과학을 비롯한 전문적 지식이 사회적 책임을 망각하였을 때 야기되는 폐해에 대한 경고들이다.

전문적 지식인이 아니라 하더라도 자신의 존재와 행위가 공동체 속에서 지니는 의미에 대해 성찰하는 일은 모든 시민의 의무이다. 이런 의무에 둔감한 나머지 생기는 손쉬운 보기들을 몇 가지만 들어 보자. 오늘날 누구나 다 알고 있는 한국인들의 추한 모습, 가령 땅투기를 하는 부류, 승용차 운전석에만 앉으면 난폭해지는 사람들, 해수욕장 모래사장에서 병 깨부수기 놀이를 하는 젊은이들, 온갖 추태를 부리며 세계를 누비는 이 땅의 여행자들, 국립공원 구석구석에 쓰레기를 버리는 사람들, 저 함량 미달의 저질 정치가들, 이 모두는 누구인가? 돈이 없고 지식이 없는 사람들일까? 학교를 다니지 못한 문맹자들인가? 아니다. 그들 대부분은 충분히 학교도 다녔고, 사회정의가 무엇인지도 잘 알고, 금력도 있고, 동창관계도 화려하고, 도덕과 순결한 인간성에 대해서도 알 만큼은 아는 자들이다. 그렇다면 이와 같은 사회적 현상의 책임은 마땅히 대학과 같은 교육기관과 무관할 수 없다.

경(經)의 비유에는, 같은 물을 마셔도 암소가 마시면 우유가 되고 독사가 마시면 독이 된다고 한다. 학문이나 지식도 마찬가지이다. 핵에 대한 지식은 원자폭탄이 될 수도 있고 평화적 이용을 위한 수단이 될 수도 있다(요즘에는 핵의 평화적 이용의 대명사 격인 원자력 발전에 대해서도 심각한 의문이 제기되고 있긴 하지만). 순결하고 아름다운 마음, 선(善)한 인간성과 품성을 지닌 인간이 아니라면 지식이나 학문은 자신이나 공동체에 매우 위험한 무기가 될 위험이 크다. 지식과 학문을 가르치기 이전에 먼저 제대로 된 사람을 만들어야 할 필요성이 제기되는 것이다. 그 가능성은 제대로 된 교육, 즉 기능과 효율성만을 추구하는 교육이 아닌 '인간교육'의 우선성에서 찾아야 할 것이다.

3

그러나 불행하게도 오늘의 대학엔 분명 실용적인 지식제일주의가 온갖 그럴싸한 논리로 포장되어 위세를 떨치고 있다. 그런 논리들 속에는 대체로 인문주의적 교양에 대한 경멸의 태도가 심하게 드러나고 있다. 동양식으로 말해서 수신(修身)의 정신, 자기성찰의 정신이 크게 결여되어 있다고 말할 수 있다. 판단함에 있어 늘 상대의 입장에 서는 정신(易地思之), 자신에게 준엄하고 상대에게 관대한 정신, 자신을 좀더 큰 자기(즉 인간 공동체, 나아가 생명 공동체)와 연결시켜 사유하고 느낄 줄 아는 영혼은 찾아보기 어렵다.

자연과학과 인문학은, 주된 관심 대상과 방법은 다르지만, 자연과 인간의 이치를 탐구한다는 점은 공통적이다. 그러나 자연과학이 "어떻게 하면 유용하게 사용할 것인가"에 좀더 집중한다면, 인문학은 "이 일을 과연 해야만 옳을 것인가"를 주로 묻는다. 이 둘은 현상적으로는 상충될 때도 있지만, 상보적으로 기능하는 것이 이상적이다. 예컨대 "어떻게 하면 인간복제를 할 수 있는가"를 탐구하는 일은, "인간복제란 과연 해도 좋은 일인가"를 묻는 일이 선행되지 않는다면 끔찍한 결과를 불러올 수 있다.

앞의 『부분과 전체』에서 보았던 과학자들의 토론은 두 분야의 화해로운 만남이 상보적으로 기능하는 경우를 잘 보여준다. 하이젠베르크는 자신의 책에 대해 이렇게 말한다. "토론과 대화에 있어서 원자물리학이 항상 주역을 연출한 것은 아니고 오히려 인간적이고 철학적이며 정치적인 문제들이 빈번하게 등장하는데, 이는 자연과학이 이와 같은 일반적 문제들과 분리되어서는 성립되기가 매우 어렵다는 사실을 분명히 밝히는 데 큰 도움이 되리라고 생각하기 때문입니다." 그는 물리학노 부분적으로는 수학에 의존할 수밖에 없다는 점, 그리고 모든 과학이란 결국 정치, 사회, 문화, 철학 등 제반 인접 학문들의 콘텍스트 속에서 다루어야 한다는 점을 인식하고 있었으며 또한 삶 속에서 이를 실천했다. '부분'이란 결국은 '전체'라는 콘텍스트 속에서 의미를 획득한다는 것이 『부분과 전체』라는 책 제목의 의미이다.

하이젠베르크는 나치 치하에 살았다. 미국 여행을 갔을 때 그는 비도덕적인 세계전쟁을 일으킨 조국 독일에 대해 깊이 실망하면서도, 그리고 승전의 가능성이 없음을 분명히 인식하면서도 끝내 망명 권유를 뿌리치고 독일로 돌아갔다. 그리고 핵폭탄 개발을 위한 모든 지식을 가지고 있었음에도 그 파멸적 결과에 대해 깊이 고민하였으며, 결과적으로 독일의 핵폭탄 개발을 저지했다. '인류 전체'라는 콘텍스트를 고려한 어렵고도 값진 판단이었다. 자신의 지식이 인류를 파멸시킬 '독'이 되지 않도록 하려는 하이젠베르크의 노력은 적어도 독일에서는 성공했던 것이다. 하이젠베르크가 '독'을 만드는 도구로 전락하지 않을 수 있었던 힘은 무엇에서 비롯되었을까. 앞의 책에서 보았던 바, 동서고금의 고전에 대한 그의 폭넓은 독서와 사색, 그리고 동료들과의 끝없는 토론들이 그 자양분이 되었음은 두말 할 것도 없을 터이다.

근대는 과학의 시대라고 한다. 과학기술의 중요성은 이제 더 말할 필요도 없을 정도가 되어 버렸다. 따라서 과학자들이 자신의 작업을 사회

전체의 콘텍스트 속에서 사유하고 행동해야 할 필요성도 매우 절실해졌다. 우리 동국대학교에서 고전 교육을 강화하면서, 특히 인문학적 고전을 자연과학 전공학생에게도 읽히고자 하는 뜻은 여기에도 있다.

4

고전은 인류가 발견하고 발전시켜 온 수없이 많은 지혜와 지식 중에서도, 세월의 마모를 견뎌냄으로써 그 유효성을 입증받은 소수의 것들이다. 그런데 최근 들어 고전적 저작, 또는 정전(正典)이라는 개념은 심각한 도전에 직면하고 있다. 그 도전이란 대중들이 점차 고전들에서 멀어진다는 현상적인 측면만을 말하는 것이 아니라, 학술적 차원에서 제기되는 이의를 뜻하기도 한다. 포스트모더니즘 등을 신봉하는 논자들이 제기하는 주요 주장 중의 하나는 바로 '정전의 해체'에 있다. 그들은 예컨대 "사서삼경(四書三經)이나 이태백(李太白), 황진이의 작품이 초등학생의 작문보다(더 나아가서는 '아줌마들' 끼리의 수다떨기보다) 더 가치 있다고 말할 수 있는 객관적 근거는 없지 않은가"라거나 "이미 몇백 년 전에 죽은 서구/백인/성인 남성의 작품을 왜 오늘날 동양/황색인/소녀가 읽어야 하는가?" 하는 물음에 이르기까지 다양한 이의를 제기한다.

그들의 주장에 귀 기울여야 할 필요성은 물론 적지 않다. 예컨대 영문학의 세계적 확산이 대영제국의 패권주의와 긴밀하게 연관된다는 점을 정확하게 인식할 수 있게 해준다. "셰익스피어를 인도와 바꾸지 않겠노라"에서 오만한 발언의 배경에는, '셰익스피어의 위대함'을 인도인에게 주입시키지 않고서는 식민지배체제는 허약해진다는 점이 작용하고 있다는 것이다. 인도인의 정신을 지배하지 못한 상태에서 단지 물리력에만 의존하는 식민지배는 비용도 많이 들고 지속적이지도 못하기 때문이다. 문화적 식민주의가 아직 지속되고 있는 현 상황에서, 특히 식민지배를 당한 경험을 지닌 우리에게 이런 깨우침의 의미는 자못 크다. 이런 정치적 의미뿐만 아니다. 성별(性別, sex)의 '차이'를 젠더(gender)적 '차별'로 확대재생산하는 효과가 있고, 구비문화와 문자문화를 부당하게 차별하고 있으며, 정전의 문제가 결국 경제적 사회적 계층의 문제와도 관련된다는 그들의 주장 역시 상당한 설득력을 지니고 있다.

요약컨대 인류가 만들어낸 수없이 많은 지혜와 지식 중에서, 모든 젊은 세대에게 널리 가르칠 가치가 있는 것들을 골라 그것에 대해 '정전'의 권위를 부여하는 일이란 순수하게 그 내재적 가치에만 의존하는 것이 아니다. 그런 믿음은 오랫동안 지배적인 것이었지만 지나치게 순진하고 소박한 것이었거나, 한 걸음 더 나아가자면 속임수였다. 정전을 만드는 과정에는 수많은 정치적 문화적 경제적 요인들이 개입되는 것이다.

이렇게 "누가 왜 정전을 만드는가, 또 그 결과 누가 이득을 보는가"라는 물음과 비판은 정당한 것이지만, 그 비판이 "정전은 없다"는 판단으로 곧장 이어져서는 곤란하다. 다시 셰익스피어의 보기를 들어 설명해 보자.

식민지적 교육은 셰익스피어의 위대함만을 주입시킬 뿐 막상 그의 정신을 제대로 이해할 수 있도록 만들지는 않는다. 셰익스피어의 4대 비극의 제목을 외어 보라는 요구에는 척척 답하지만, 그의 작품을 실제로 읽어본 일은 없는 사람은 그렇게 해서 만들어진다. 그저 "셰익스피어는 위대하다"는 신화만을 앵무새처럼 반복하는 인간형이야말로 식민지적 교육이 추구하는 목표이다. "셰익스피어가 위대하므로 영국은 위대하고 인도는 열등하다, 그러므로 식민지배는 정당화될 수 있다"는 인식을 식민지적 교육은 확산할 수 있게 되는 것이다.

그렇다고 해서 이제부터 셰익스피어를 읽지 말아야 한다는 판단으로 이어져서는 곤란하다. 오히려 셰익스피어를 제대로 읽는 일이 긴요하다. 그가 진실로 하고 싶던 말이 무엇인지, 무엇이 그의 미덕이고 한계인지, 또한 그가 어떻게 변질되어 독자에게 전달되었는지를 아는 일이 필수적이다. 그럴 때에만, 특정한 정전이 어떻게 생성되고 변질되는가를 이해할 수 있으며, 나아가서는 그 변질의 과정을 폭로함으로써 문화 식민지적 지배전략을 비판할 수도 있게 될 터이다. 예컨대 "당신들이 위대하다고 말하는 셰익스피어는 결코 당신들이 지금 하는 식의 식민지배를 정당하다고 생각하지 않았소"라는 식의 반론은 유용할 수 있을 터이며, 이런 일조차도 셰익스피어를 제대로 읽는 일에서 가능해질 터이다.

맥락은 조금 다르지만 "과학연구란 연구공동체, 그 공동체의 전통적 권위, 그리고 연구 환경의 복합적 작용에 의해서 이뤄질 뿐, 오로지 이성과 논리만이 과학발전의 유일한 준거가 되는 시기란 존재하지 않는다"는 토머스 S. 쿤의 주장도 이와 관련하여 주목할 만하다. 예컨대 천동설에서 지동설로 과학적 진리가 이행해 간 역사적 사실만 보더라도 알 수 있듯이, 결국 과학적 진리라는 것도 그 시대의 주류적 담론으로서 세력을 획득하는가 여부에 따라서 달라질 수 있을 터이다. "과학적 진리 역시 사회적으로 구성되는 것"인 셈이다. 그러나 기억해 두어야 할 점은, 특정한 주장이 과학적 진리로 공인되는 메커니즘이 어디에 있는가의 문제가 "과학적 진리란 없다"는 주장으로 곧바로 이어질 수는 없다는 점이다. 오히려 기존의 과학적 진리로 확신되고 있던 것을 의심하고 새로운 '진리'를 발견하는 힘은 어디에서 비롯되었는가, 그리고 그 새로운 발견은 어떻게 해서 '진리'로서 공인되게 되었는가, 현재 공인되고 있는 '진리'는 과연 결함이 없는가, 어떻게 하면 그 결함을 메울 수 있을 것인가 등등에 대한 논의야말로 중요하다. 그리고 그런 논의를 위해서라도 정전은 끊임없이 읽어야 하고 재해석해야 마땅할 터이다.

결국 '정전'이란 오늘날의 필요에 의해 비판적으로 읽고 재해석해야 할 필요성을 재조명했다는 점, 그리고 정전의 강조가 자칫하면 억압으로 작용할 위험이 적지 않다는 점을 시사해 주었다는 점에서 정전 비판은 큰 의미가 있다. 하지만 반대로 정전 발생의 기원과 그 가치(내재적 가치와 현재적 전유에 의한 효용성)을 명확하게 구분하지 않음으로써, 모든 고전적 저작의 가치를 부인하게 될 가능성을 제공했다는 점에서는 부정적이다. 결국 우리는 고전적 저작들을 읽되 그 시대와 그 지혜를 이해하고, 오늘의 문맥에서 늘 재해석하는 작업을 게을리 해서는 안 될 것이다.

5

　고전읽기의 중요성은 되풀이 강조되어 왔지만, 고전을 읽는 젊은 세대란 거의 찾아보기 어려운 것이 현실이다. 앞서 잠깐 살폈듯이 그 주된 책임은 여러분에게 있지 않다. 오히려 기성세대가 만든 교육체제에 대부분의 책임은 있다. 대학에 진학할 때까지 고전적 저작에 대한 교육을 거의 받지 못했으며, 게다가 어릴 적부터 각종 시청각 매체에 노출된 세대이니만큼 활자로 된 고전들에 대한 흥미 또한 적다. 책임을 묻는 일은 그것대로 따로 해야 마땅할 것이겠지만, 고전에 대한 이해 부족으로 감수해야만 하는 심각한 지적 결손은 온전히 여러분의 몫임을, 물론 부당한 일이지만, 부인할 길 없다.
　결국 고전 교육이란 꼭 필요하지만 한국 교육에서는 소홀하게 다루어지고 있다고 요약할 수 있다. 이런 문제를 뒤늦게나마 해결하기 위해서 '고전의 이해'라는 과목을 만들게 되었다. 교재 편찬에서도 이런 수용자들의 불리한 상황을 고려하였다.
　첫째, 고전적 저작들을 통째로 읽는 것이 가장 바람직하겠지만, 그 방식을 버릴 수밖에 없었다. 읽어야 할 고전들은 많고 강의시간은 제한되어 있기 때문이었다. 따라서 각각의 고전을 엄선하고 그 개요를 설명한 뒤에, 고전의 핵심적인 대목만을 함께 읽는 방식으로 구성하였다. 함께 읽는 대목만을 읽으면 나머지 부분은 읽지 않아도 된다는 뜻은 결코 아닙니다. 단지, 최소한의 핵심이라도 전달해야 한다는 판단, 그리고 그 과정을 통하여 흥미를 가지게 된다면 원전을 찾아 읽으려는 욕구가 생기리라는 기대 때문이었다. 학생들이 이런 욕구를 느낄 때 즉시 충족할 수 있도록, 학교 중앙도서관에는 이 교재에서 다룬 고전 책자들을 다수 구비하여 두었다.

둘째, 비교적 쉽고 재미있는 고전적 저작물들을 다수 동원하였다. 즉 비교적 어렵고 딱딱한 각 분야의 고전들과, 해당 고전들 각각의 주제와 긴밀한 관련을 지닌 쉽고 재미있는 고전들을 짝지어서 교재를 편성하였다. 아무리 좋은 책이라도 읽는 이에게 관심과 흥미를 불러일으킬 수 없다면 큰 의미가 없다는 판단 때문이었다. 물론 관심과 흥미란 고정적인 것이 아니다. 배고픈 사람에게는 음식이 가장 잘 보이게 마련이듯이, 고전 역시 관심을 갖고 보면 더 많이 더 잘 보이게 마련이다. 비교적 쉬운 고전에서 출발하지만 곧이어서 좀더 추상의 수준이 높은 것에 대한 관심과 독해력으로 이어지기를 기대한다. 이 교재에 수록한 작품들은 고전 중에서 극히 일부에 불과하니만큼, 더 많은 고전들을 스스로 찾아 읽으려는 노력을 기울여주기 바란다.

이상의 편집원칙에 의해 교재를 만들었거니와, 앞으로도 강의를 진행해 가면서 수강생과 강사들의 반응을 종합하여 계속 개편해 나갈 계획이다. 이렇게 나름대로는 열심히 강의를 설계했지만, 강의의 성패는 결국 수강하는 학생들에게 달려 있다. 다시 암소의 비유를 든다면, 암소를 우물가에 끌고 갈 수는 있겠지만, 물을 먹게 만들 수는 없다. 이제 '고전의 이해' 과목을 통해서 여러분은 우물가에 인도된 셈이다. 물을 먹을 것인지 여부는 여러분에게 달려 있다.

홍기삼(동국대학교 총장)

차례

서문 | 왜 고전을 읽어야 하는가 | 5

제1영역 문학과 예술

1. **4대 비극과 햄릿** ∗ 셰익스피어 | 김한 동국대학교 영어영문학과 교수 | 25
2. **겐지이야기** ∗ 무라사키 시키부 | 강석원 동국대학교 일어일문학과 교수 | 34
3. **고도를 기다리며** ∗ 사무엘 베케트 | 황훈성 동국대학교 영어영문학과 교수 | 40
4. **고리오 영감** ∗ 오노레 드 발자크 | 박영근 중앙대학교 불어불문학과 교수 | 48
5. **광장** ∗ 최인훈 | 장영우 동국대학교 문예창작학과 교수 | 55
6. **댈러웨이 부인** ∗ 버지니아 울프 | 손영주 서울대학교 영어영문학과 교수 | 61
7. **돈키호테** ∗ 미겔 데 세르반테스 | 송병선 울산대학교 스페인중남미학과 교수 | 66
8. **두보 시집** | 박영환 동국대학교 중어중문학과 교수 | 72
9. **루쉰 소설집** ∗ 루쉰 | 김양수 동국대학교 중어중문학과 교수 | 79
10. **마의 산** ∗ 토마스 만 | 임호일 동국대학교 독어독문학과 교수 | 90
11. **무정** ∗ 이광수 | 황종연 동국대학교 국어국문학과 교수 | 96
12. **백년의 고독** ∗ 가브리엘 가르시아 마르케스
    | 송병선 울산대학교 스페인중남미학과 교수 | 102
13. **보바리 부인** ∗ 귀스타브 플로베르 | 김동윤 건국대학교 불어불문학과 교수 | 108
14. **삼대** ∗ 염상섭 | 한만수 동국대학교 국어국문학과 교수 | 115
15. **미당 서정주 시전집** ∗ 서정주 | 윤재웅 동국대학교 국어교육과 교수 | 121
16. **설국** ∗ 가와바타 야스나리 | 김용기 동국대학교 일어일문학과 교수 | 127
17. **스완네 집 쪽으로** ∗ 마르셀 프루스트 | 김희영 한국외국어대학교 불어과 교수 | 135
18. **악의 꽃** ∗ 보들레르 | 김춘식 동국대학교 국어국문학과 교수 | 144
19. **안나 카레니나** ∗ 톨스토이 | 이대우 경북대학교 노어노문학과 교수 | 150

20 오디세이아 * 호메로스 | 황훈성 동국대학교 영어영문학과 교수 | 156

21 오이디푸스 왕 * 소포클레스 | 김방옥 동국대학교 연극학과 교수 | 164

22 율리시스 * 제임스 조이스 | 이종일 세종대학교 영어영문학과 교수 | 171

23 이방인 * 알베르 카뮈 | 김동윤 건국대학교 불어불문학과 교수 | 178

24 인형의 집 * 헨리크 입센 | 김방옥 동국대학교 연극학과 교수 | 184

25 님의 침묵 * 만해 한용운 | 김춘식 동국대학교 국어국문학과 교수 | 190

26 천변풍경 * 박태원 | 한만수 동국대학교 국어국문학과 교수 | 196

27 춘향전 | 김승호 동국대학교 국어교육과 교수 | 190

28 카라마조프 씨네 형제들 * 도스토예프스키
  | 이대우 경북대학교 노어노문학과 교수 | 209

29 파우스트 * 요한 볼프강 폰 괴테 | 김형기 순천향대학교 연극영화학 전공 교수 | 215

30 마츠오 바쇼오의 하이쿠 * 마츠오 바쇼오
  | 유옥희 계명대학교 일본어문학과 교수 | 223

제2영역 사회와 문화

31 미디어의 이해 * 마셜 맥루언 | 이호규 동국대학교 신문방송학과 교수 | 233

32 감시와 처벌 * 미셸 푸코 | 오생근 서울대학교 불어불문학과 교수 | 240

33 계몽의 변증법 * 호르크하이머 · 아도르노
  | 민형원 덕성여자대학교 철학과 교수 | 245

34 국가론 * 플라톤 | 박종훈 동국대학교 윤리문화학과 교수 | 252

35 국부론 * 애덤 스미스 | 박순성 동국대학교 북한학과 교수 | 259

36 군주론 * 니콜로 마키아벨리 | 박명호 동국대학교 정치외교학과 교수 | 266

37 꿈의 해석 * 지그문트 프로이트 | 이성원 서울대학교 영어영문학과 교수 | 272

38 리바이어던 * 토머스 홉스 | 박효종 서울대학교 국민윤리교육과 교수 | 277

39 미국의 민주주의 * 알렉시스 드 토크빌
  | 서병훈 숭실대학교 정치외교학과 교수 | 283

40 민주주의와 그 비판자들 * 로버트 달 | 신윤환 서강대학교 정치외교학과 교수 | 290

41 법의 정신 ✽ 몽테스키외 | 김상겸 동국대학교 법학과 교수 | 297

42 사회계약론 ✽ 장 자크 루소 | 김상겸 동국대학교 법학과 교수 | 303

43 상상의 공동체 ✽ 베네딕트 앤더슨 | 이호규 동국대학교 신문방송학과 교수 | 309

44 소유의 종말 ✽ 제러미 리프킨 | 김광웅 서울대학교 행정대학원 교수 | 316

45 슬픈 열대 ✽ 클로드 레비-스트로스 | 임돈희 동국대학교 사학과 교수 | 321

46 역사와 계급의식: 마르크스주의 변증법 연구 ✽ 게오르크 루카치
　| 홍윤기 동국대학교 철학과 교수 | 326

47 열린사회와 그 적들 ✽ 카를 포퍼 | 홍원표 한국외국어대학교 정치외교학과 교수 | 333

48 의사소통행위이론 ✽ 위르겐 하버마스
　| 선우현 청주교육대학교 윤리교육과 교수 | 339

49 자본론 ✽ 카를 마르크스 | 홍기현 서울대학교 경제학부 교수 | 346

50 자본주의 · 사회주의 · 민주주의 ✽ 슘페터
　| 송일호 동국대학교 경제학과 교수 | 354

51 자유론 ✽ 존 스튜어트 밀 | 허남결 동국대학교 윤리문화학과 교수 | 360

52 제2의 성 ✽ 시몬 드 보부아르 | 조주현 계명대학교 여성학과 교수 | 366

53 제3의 길 ✽ 앤서니 기든스 | 조동기 동국대학교 사회학과 교수 | 372

54 프로테스탄티즘의 윤리와 자본주의 정신 ✽ 막스 베버
　| 양영진 동국대학교 사회학과 교수 | 379

제3영역 역사와 철학

55 에티카 ✽ 스피노자 | 최인숙 동국대학교 철학과 교수 | 389

56 금강경 | 고영섭 동국대학교 불교학과 교수 | 394

57 니코마코스 윤리학 ✽ 아리스토텔레스 | 허남결 동국대학교 윤리문화학과 교수 | 404

58 담마파다(법구경) | 신성현 동국대학교 불교학과 교수 | 410

59 도덕형이상학의 기초 ✽ 임마누엘 칸트 | 최인숙 동국대학교 철학과 교수 | 418

60 동방견문록 ✽ 마르코 폴로 | 정병준 동국대학교 사학과 교수 | 423

61 맹자 | 유흔우 동국대학교 철학과 교수 | 429

62 목민심서 * 정약용 | 황인규 동국대학교 역사교육과 교수 | 436

63 물질문명과 자본주의 * 페르낭 브로델 | 양흥석 동국대학교 사학과 교수 | 442

64 밀린다팡하 | 조용길 동국대학교 불교학과 교수 | 449

65 사기 * 사마천 | 정병준 동국대학교 사학과 교수 | 456

66 삼국유사 * 일연 | 김상현 동국대학교 사학과 교수 | 462

67 서유견문 * 유길준 | 한철호 동국대학교 역사교육과 교수 | 468

68 선가귀감 * 서산대사 | 최창술(법명: 현각) 동국대학교 선학과 교수 | 474

69 성찰 * 르네 데카르트 | 최인숙 동국대학교 철학과 교수 | 481

70 역사란 무엇인가 * 에드워드 핼릿 카 | 양흥석 동국대학교 사학과 교수 | 488

71 열하일기 * 박지원 | 황인규 동국대학교 역사교육과 교수 | 498

72 우파니샤드 | 김호성 동국대학교 인도철학과 교수 | 502

73 육조단경 | 강문선(법명: 혜원) 동국대학교 선학과 교수 | 506

74 장자 | 김항배 동국대학교 명예교수 | 512

75 존재와 시간 * 마르틴 하이데거 | 김종욱 동국대학교 불교학과 교수 | 519

76 차라투스트라는 이렇게 말했다 * 프리드리히 빌헬름 니체
  | 홍윤기 동국대학교 철학과 교수 | 525

77 화엄경 | 장애순(법명: 계환) 동국대학교 불교학과 교수 | 533

78 석보상절 | 황인규 동국대학교 역사교육과 교수 | 539

제4영역 자연과 과학

79 과학혁명의 구조 * 토머스 S. 쿤 | 조훈영 동국대학교 물리학과 교수 | 547

80 게놈(GENOME): 23장에 담긴 인간의 자서전 * 매트 리들리
  | 김선정 동국대학교 생명과학과 교수 | 556

81 과학과 근대세계 * 알프레드 노스 화이트헤드
  | 조훈영 동국대학교 물리학과 교수 | 562

82 과학은 모든 의문에 답할 수 있는가 * 존 브록만 · 카틴카 매트슨
  | 조훈영 동국대학교 물리학과 교수 | 569

83 놀라운 가설 * 프랜시스 크릭 | 박인국 동국대학교 생명과학과 교수 | 578

84 부분과 전체 * 베르너 카를 하이젠베르크
　　　　| 오형택 경희대학교 자연과학종합연구원 학술연구교수 | 583

85 상대성이론 그 후 100년 * 김제완 외
　　　　| 박경원 동국대학교 물리학 전공 외래강사 | 591

86 생명이란 무엇인가? * 린 마굴리스 · 도리언 세이건
　　　　| 성정석 동국대학교 생명과학과 교수 | 597

87 시간의 역사 * 스티븐 호킹 | 남궁욱 동국대학교 물리학과 교수 | 603

88 아인슈타인 우주로의 시간 여행 * J. 리처드 고트
　　　　| 박경원 동국대학교 물리학 전공 외부강사 | 610

89 엔트로피 * 제러미 리프킨 | 양우철 동국대학교 물리학과 교수 | 617

90 우연과 필연 * 자크 모노 | 김선정 동국대학교 생명과학과 교수 | 625

91 이기적 유전자 * 리처드 도킨스 | 성정석 동국대학교 생명과학과 교수 | 631

92 제3의 물결 * 앨빈 토플러 | 오형택 경희대학교 자연과학종합연구원 학술연구교수 | 637

93 종의 기원 * 찰스 다윈 | 박인국 동국대학교 생명과학과 교수 | 644

94 중국의 과학과 문명 * 조셉 니덤 | 박상환 성균관대학교 동양철학과 교수 | 650

95 카오스 * 제임스 글리크 | 임영빈 서남대학교 컴퓨터응용수학과 교수 | 656

96 코스모스 * 칼 세이건 | 류영선 동국대학교 물리학 전공 외래강사 | 662

97 페르마의 마지막 정리 * 사이먼 싱 | 임영빈 서남대학교 컴퓨터응용수학과 교수 | 669

98 프린키피아 * 아이작 뉴턴 | 류영선 동국대학교 물리학 전공 외래강사 | 676

99 현대물리학과 동양사상 * 프리초프 카프라 | 김용정 동국대학교 명예교수 | 682

100 **DNA를 향한 열정** * 제임스 듀이 왓슨
　　　　| 박인국 동국대학교 생명과학과 교수 | 688

저자약력 | 694

form
제1영역
문학과 예술

제1영역 · 문학과 예술

1

4대 비극과 햄릿
셰익스피어

● 김한 동국대학교 영어영문학과 교수

가장 사랑하는 코델리아. 가난하므로 가장 부유하고;
버림받았으므로 가장 선택받고, 멸시당한고로 가장 사랑받는 그대여!
—「리어왕」 1막 1장 중에서

인생은 다만 걸어다니는 그림자, 한낱 가련한 배우
무대 등장 시간 동안에는 거들먹거리고 씩씩대며 무대를 활보하다가
그 다음엔 아무 소리조차 들리지 않게 되는.
—「맥베스」 5막 5장 중에서

참새 한 마리 떨어지는 데도 하나님의 특별한 섭리가 있는 법.
그것이 지금 온다면 이후에는 아니 올 것이고, 이후에 아니 온다면
지금 올 것이니…… 맞아들일 준비가 우리가 할 수 있는 전부.
—「햄릿」 5막 2장 중에서

아름다운 것은 추한 것, 추한 것은 아름다운 것.
—「맥베스」 1막 1장 중에서

셰익스피어(William Shakespeare, 1564~1612)는 "한 시대가 아니라 모든 시대에 속한 작가"라고 평가된다. 400년이 지난 오늘날은 물론이고, 어느 시대이고 셰익스피어가 동시대인으로서 감동과 설득력을 가지고 다가오는 이유는 다음과 같이 세 가지로 압축된다고 볼 수 있다.

첫째로, 셰익스피어는 인간 상상력의 전 폭과 깊이를 보여주는 작가로서, 그의 작품은 인간과 세계에 대해 세계 문학사에서 어느 작가도 도달할 수 없었던 심원한 통찰력을 성취하고 있다. 이렇게 셰익스피어의 성취는 독보적이어서 그 이후로 그의 영향을 전수한 유사한 부류의 문인들을 찾기 어렵다.

둘째로, 그는 가장 위대한 말의 천재라고 할 수 있다. 두 편의 장시와 150여 편의 소네트(sonnet)와 37편의 극들을 남긴 셰익스피어는 영어의 가능성을 가장 확장시켜 주었던 작가로 평가된다.

셰익스피어는 오직 상연을 목적으로 극을 썼고, 그의 극이 올려진 무대는 거의 빈 무대로서 비특정적인 무대는 중립적이며 유동성을 띤다. 관객석 복판으로 튀어나온 네모난 널빤지의 플랫폼과, 이 플랫폼 무대 뒤로 난 두 개의 문과 그 위에 자리한 발코니와 같은 연기 공간—이 정도면 모든 셰익스피어 극을 올릴 수 있기에 충분하다.

이 플랫폼을 채우는 배우의 대사에 따라 무대는 로미오가 달려와 줄리엣과 밀회하는 발코니가 될 수도 있고, 빚을 못 갚은 대신 한 파운드의 살을 베어내겠다며 칼을 갈고 있는 베니스 상인 샤일록의 재판정이 될 수도 있고, 요정의 장난으로 관계가 엉망진창이 된 두 쌍의 연인들이 쫓고 쫓기다 지쳐 잠드는 달빛 쏟아지는 숲도 될 수 있고, "살 것인가, 말 것인가"의 실존적인 딜레마 속에서 고뇌하는 햄릿 왕자가 감옥처럼 느끼던 덴마크의 엘시노어 궁전도 될 수 있다. 배우의 입을 통해 관객에게 전달되는 말들은 그저 생각났다 사라지는 꽹과리의 울림 같은 말이 아니라 각기 그 무엇을 창조하는 힘을 지니고서, 인간과 인간 사이를,

인간과 사물 사이를, 인간과 역사적인 사건 사이를 연결시켜 주고 관계 맺어주며 의미를 창조케 한다.

셰익스피어의 극에 등장하는 인물들은 어느 두 사람도 서로 같지 않으며, 동일한 인물 또한 어느 순간에 있어서도 같지 않다. 이 점에서, 그의 극은 실로 가장 성실하게 '자연을 비춰 주는 거울'의 기능을 담당한다. 그의 극에 등장하는 인물들은 인간의 보편적인 유형이 되는 동시에, 각기 고유의 개성을 가진 인간으로서 셰익스피어가 탄생시킨 이러한 인물은 900여 명에 달하고 있다.

셋째로, 셰익스피어의 작품세계의 위대한 성취를 들 수 있다. 그의 작품세계의 기능과 성취는 두 가지로 요약된다. 셰익스피어의 작품은 그 속에서 우리가 우리 자신의 모습을 발견하도록 인도하는 우리를 비추는 '거울'로 비유할 수 있다. 동시에 그의 작품세계는 아무리 캐도 고갈되지 않는 마술산으로서, 어느 두 채광자도 그 산에서 캐어 가지고 나오는 보석이 서로 같지 않은—개개의 인간에게 고유의 의미와 감동을 선사하는—그러한 마술산이다.

이러한 셰익스피어의 위대성을 뒷받침해 줄 만한 요소들을 그의 전기는 제시해 주지 않고 있다. 영국 스트랫퍼드어폰에이번(Stratford-upon-Avon)이라는 조그만 읍내에 있는 장갑제조조합(guild) 소속원이었던 셰익스피어의 부친은 그의 지주의 딸과 결혼한 후, 자신의 노력과 활약으로 사회적 지위가 나아졌으나 끝까지 신사계급에 속할 수 없었다. 또한 당대의 대표적인 극작가들이 옥스퍼드, 케임브리지 출신들인 '대학 재사들'이었던 점과 대조적으로 셰익스피어의 학력은 7년이 전부로서 고향의 중등학교(grammar school)를 중퇴했다.

셰익스피어가 그의 극들 속에서 말하고자 하는 것이 있다면 그것은 무엇인가? 그의 극을 통하여 셰익스피어는 무엇을 하고 있는가? 셰익스피어는 사람들이 행위 하는 방식과, 인간경험의 현실(reality)을 탐색하고 있다. 셰익스피어는 인간이 복잡하므로(complex) 그 인간들로 구성된 사회가 얼마나 복잡한가를 우리로 하여금 깨닫게 해주고, 개인적인 충동들과 열정들이 한 사회의 조화와 이상의 실현을 어떻게 방해하고 뒤흔드는지를 인식시켜 준다. 결코 셰익스피어는 인간 속에 내재하는 제어되지 않는 충동을 정죄하지 않는다. 다만 인간본성 속의 선하고 악한 자질들 모두를 탐색하기 위해 쓸 뿐이다. 그는 어떤 해답을 제공하기보다는 오히려 복잡한 세계 속에서 우리가 어떻게 행위 할 수 있고, 행위할 수밖에 없는가에 대해 질문을 던지는 데 관심이 있다. 한 편의 극이 끝날 때, 우리가 얻어가지고 나오게 되는 것은 하나의 메시지보다는 인간이 직면해야 하는 문제들과, 선택들과 어려움들에 대한 중대된 인식이다.

셰익스피어의 시대는 중세세계가 현대세계로 자리를 물려주는 커다란 문화적인 전이를 맞고 있다. 경제적으로는 토지에 토대를 둔 봉건적인 경제체제가 쇠락하는 동시에, 화폐 경제체제가 부상하면서, 교역과 상업에 토대를 둔 새로운 종류의 역동적인 사회가 등장하게 된다. 이제 본질적으로 종교적인 세계관은 세속적인 세계관으로 자리를 옮겨가게 된다. 그리고 사람들은 그들이 이전보다 덜 친숙하고, 보다 더 혼란스러운 세계 속에 살고 있다고 느끼게 된다. 이것은 이 시대가 보여준 변화의 중심적인 양상이라고 볼 수 있다. 중세시대는 사람들에게 우주 속에 존재하는 신적인 질서에 대한 하나의 안정된 심상(image)을 제공했다. 물론 중세시대에도 문제들이 존재했던 것은 사실이다. 그러나 세계는 질서가 잡혀 있었고, 파악할 만한 것으로 여겨졌다. 이러한 관점이 아주 서서히 보다 덜 안정되고 덜 확실한 세계관으로 자리를 내어주게 된다.

셰익스피어는 그의 시대에서 일어나고 있는 것에 대한 본능적인 느낌을 통하여, 무질서한 경험의 본질에 대한 예리한 지각을 제시해 주고 있다. 셰익스피어의 극들 전반에는 어떤 전통적인 질서가 찢겨 나가고 있음에 대한 의식이 깔려 있다. 셰익스피어의 극들은 전통적인 종교적 질서와 상충하고 있는 개인주의(individualism)라는 새로운 정신에 대한 지각을 드러내고 있다. 모두가 하느님(God)을 믿으며 세계 속에서의 그들의 위치를 파악하는 그러한 기존 세계로부터, 이제 인간이 주도권을 쥐고 있다는 인상이 갈수록 증대되고 있는 것이다.

이러한 셰익스피어의 시대는 르네상스 시대로 분류되는 동시에 '초기 현대(early modern)'로도 분류된다. 셰익스피어의 시대는 이러한 전이기로서, 중세로부터 줄기차게 변하지 않고 전수되어 이 시대에 존재했던 '엘리자베스 왕조 세계상(Elizabethan World Picture)'*의 영향력에도 불구하고, 복합성(complexity), 다양성(variety), 비일관성(inconsistency), 유동성(fluidity)으로 요약되는 특기할 만한 특징들을 갖고 있다.

여러 시대를 넘어서서 전이적인 성격을 띤 채, 분기되고 구별되는 세계들을 혼합하고 있는 셰익스피어 시대는 무수한 재평가들과 전복들을 목격했다. 이 시대의 가장 애호되는 은유는, '거꾸로 뒤집혀진 세상'(the world upside down)이었고, 『햄릿』과 같은 핵심적인 르네상스 작품에서, 반복되고 있는 어법은 의문형이었다.

『햄릿(Hamlet)』(1601)은 셰익스피어의 극작 과정 4기 중 본격적인 비극기라고 할 수 있는 3기에 나왔던, 원숙한 위대한 비극인 4대 비극 중 하나로서 대표적인 르네상스 작품이라고 볼 수 있다. 주인공 햄릿은 한 서사적이고 신비로우며 비극적인 인물로서, 서양 유산의 일부가 되어

....
* 우주의 삼라만상은 하느님을 정점으로 하고, 천사, 인간, 동물, 식물 등, 신이 부과해 준 질서정연한 존재의 자리를 지니며, 존재의 계급질서를 보여주고 있다고 보았던 세계관.

버린 아담(Adam)이나, 파우스트(Faust) 같은 인물만큼이나 잘 알려진 인물이다. 그는 "마음을 결정할 수 없었던 젊은이", "세상을 바로잡아야 하는 것을 자신의 책임이라고 느끼는 인간", "그가 수행해야 하는 막중한 사명 때문에 자신의 진실한 사랑을 포기하는 연인", "미친 세계와 싸워내기 위해서 미친 척해야 하는 자", "자신의 정체성을 발견할 수 없는 인간"의 모델이 되고 있다. 햄릿은 이 모두이며, 이러한 그는 진정으로 만인(everyman)의 모습이기도 하다.

햄릿은 폭력적인 정치 행위 세계 속에서의 지성인의 실패에 관한 이야기라는 점에서 앞서 나왔던 『줄리어스 시저(Julius Ceasar)』(1599)가 그 서곡이라고 할 수 있다. 극의 서두에서 최근에 죽은 햄릿의 선친의 유령이 등장해서 간음과 살인에 대해 이야기하며, 햄릿에게 클로디우스에게 복수하되, 어머니 거트루드는 양심과 하늘에 맡길 것을 명한다. 햄릿은 이 명을 지상과업으로 열렬히 받아들이고, 다음엔—자신의 해석에 입각하여 본—엄청난 범위의 이 과업에 위축되며 탄식한다. "사개가 물러난 시대여! 오 기구한 팔자로다, 이것을 바로잡도록 태어난 나는!"(제1막 제5장 188-189행)

새 왕의 대관식과 결혼식을 맞이하는 활기찬 궁중 분위기 속에서 유일하게 검은 상복을 입은 햄릿의 겉모습은 그의 소외와 함께 다른 궁정인들과의 대조를 부각시키며, 그가 취하는 미친 자의 모습은 그의 소외를 더욱 부각시킨다.

과연 유령의 정체는 무엇인가? 햄릿의 영혼의 파멸을 부추기려고 하는 악마인가? 처음 결심의 색깔은 창백한 사색의 과정 속에서 시들어간다. 햄릿은 자신의 자살을 막는 것도, 저 위대한 과업들의 수행을 막는 것도 '양심'이라고 뇌까린다. 햄릿은 국왕 살해를 내용으로 한 무언극 〈곤자고의 살인〉을 연출하고, 연극을 본 클로디우스의 반응을 통해 유령의 말이 사실이었음을 확인한다. 햄릿이 유령의 말의 진실성을 확신한 후 잇달아 나타난 행위는 이 극의 핵심적인 아이러니를 부각시킨다. 햄릿은 홀로 기도하고 있는 왕을 발견할 때, 그를 살려 두고는 왕비의 방 방장 뒤에서 자신의 대화를 엿듣고 있다고 생각한 그를—실제로 재상 폴로니우스—가차없이 칼로 찔러 죽인다. 햄릿이 자신이 저지른 이 우연한 살인에 대해 전혀 개의치 않는 태도는 비정상적이라 할 만하다. 햄릿은 그의 발치에 죽은 시체를 놔둔 채, 유령이 금했던 행위—어머니를 질책하고 비난하기를 계속한다. 이 격렬한 질책은 복수에 대한 햄릿의 열정을 고갈시키는 듯이 보이며, 그는 왕이 자신을 영국으로 보내는 행위를 실행하도록 허용한다.

그 후 햄릿은 신의 손길의 개입이라고 믿는 일련의 기이한 사건들에 의해서 덴마크로 돌아오게 된다. 이제 그는 클로디우스를 벌하여 사회의 정화를 실현하라는 임무가 주어졌음을 확신한다. 그리고 사건들을 조직하고 방향을 정하는 것은 결코 자신의 몫이 아니라, 하늘의 인도임을 깨닫고, 이를 받아들인다. 그의 사명은 이제 하나의 깊은 종교적인 맥락을 띠게 된다. "이 팔로 그를 제거하는 것이 온전한 양심인가? 또한 우리 인간을 갉아먹는 벌레를 방치하여 더한 악을 초래하도록 허용하는 것은 정죄받을 일이 아니란 말인가?"(제5막 제2장 67-69행) 그러나 폴로니우스의 아들이자 오필리아의 오빠인 레어티즈는 햄릿의 경우보다 더 신속한 복수자로서, 햄릿이 클로디우스를 죽이기 전에 햄릿에게 치명적인 상처를 가한다. 외국인인 포틴브라스가, 햄릿이 찬탈자로부터 정화하려고 그리도 애썼던 왕국을 물려받는다. 이 왕국의 상실은 오필리아의 광기와 죽음과 함께, 햄릿의 행위와 동시에 비행위에 대한 가장 강렬한 기소로서 오고 있는 듯이 보인다.

햄릿은 셰익스피어의 4대 비극을 포함한 정전들 가운데 가장 수수께끼와 같은 극으로서, 거의 400년이 지난 오늘까지 어떤 연구도 그 신비의 핵심에 도달하고 있지 않다. "왜 햄릿은 지체하는가?"라는 전통적인 물음은 여전히 대답을 요구하고 있으며, 금세기는 "과연 햄릿은 복수를 했어야 하는가"라는 부가된 물음 앞으로 우리를 인도하고 있다. 이 두 가지 질문들은 서로 연관된 것이고, 이 질문들은 "복수는 과연 무엇인가?"라는 제3의 질문을 낳는다. 엘리자베스 왕조의 복수 비극의 전통은 인간적이고 신적인 정의—그런 것이 존재한다면—에 관한 심오하고도 어려운 질문들을 부과하는 방식을 갖고 있었다. 햄릿의 복수 결단은 의심과 불확실성에 휩싸여 있으며 바로 이 점이 그가 지체하는 이유가 되고 있다. 『햄릿』에서 '복수'는 정의와, 올바른 상속과, 도덕적인 분별, 악의 처벌, 사회와 신의 의지와의 관계에 관한 것이 되고 있다. 햄릿이 재빨리 단호하게 행동했어야 한다고 말한다면 이러한 문제들을 경시하는 것이 된다. 또한 그가 행위 하지 않았어야 한다고 말한다면 이 극이 불투명하게나마 악이라고 진술하는 것을 묵인하는 것이 된다. 햄릿이 유령에게 던지는 "우리가 무엇을 해야 하는가?"라는 물음은 결코 우리가 피해 갈 수 없는 물음인 것이다.

★ 추천도서와 읽을거리

케네스 뮤어 외, 『셰익스피어의 4대 비극 연구 : 햄릿(Hamlet)—케네스 뮤어, 오셀로(Othello)—줄리엣 머클러클런, 리어왕(King Lear)—니콜라스 브룩, 맥베스(Macbeth)—존 러셀 브라운』, 이경식 옮김, 종로서적, 1984

A. C. 브래들리(Bradley), 『셰익스피어 비극 : 존 러셀 브라운의 소개 수록(Shakes pearean Tragedy : With an introduction by John Russell Brown)』, 3정판(3rd edn.), 뉴욕: 성 마틴스, 1992

셰익스피어 인물비평의 주요한 교과서 격인 참고서이다. 브래들리의 강의 모음집으로서, 1903년 나온 이래 100년째 비평과 교실의 교육자료로서 지속적인 영향력을 행사해 왔다. 브래들리는 셰익스피어의 비극을 그 주인공들의 용어로 규정하며, 이들이야 말로 그들이 처한 극세계들의 도덕적 본질을 형성하고 반영한다고 보았다.

스탠리 웰스(Stanley Wells) · 레나 코웬 올린(Lena Cowen Orlin) 엮음, 『셰익스피어 : 옥스퍼드 가이드(Shakespeare: An Oxford Guide)』, 옥스퍼드 대학교 출판부, 2003

셰익스피어 연구의 모든 양상들에 대한 하나의 실질적이고도 고무적인 소개를 제공하고 있다. 40편의 탁월한 국제적인 셰익스피어 학자들의 글을 수록했다. 4부로 나뉘어 있고, 1부는 셰익스피어의 생애와 시대, 당대의 극장과 극작 관습들, 그가 살았던 사회, 그 시대의 언어, 당대의 영향들에 관해 논하고 있다. 2부는 셰익스피어의 주요 장르들에 있어서의 성취에 관한 비평적 개관들을 제시하였으며, 3부는 셰익스피어 연구의 주요 비평 접근방식들에 대한 지침을 제공하고 있고, 4부는 그의 사후에 오는 세기들에서 셰익스피어의 엄청난 지성적, 문화적 영향에 대해 소개하고 있다.

제1영역 · 문학과 예술

2

겐지 이야기
무라사키 시키부

● 강석원 동국대학교 일어일문학과 교수

    밤이 완전히 깊어져서야 잔치가 끝났다. 당상관들이 각기 헤어지고 후(后)와 동궁도 돌아가 한산해졌는데, 밝게 떠 있는 달은 풍치를 더했다. 술에 취한 겐지는 이 밤을 그냥 보내기가 아까웠다. 임금을 따라다니는 여관들도 휴식하고 있는 때이니, 이런 뜻하지 않은 기회에 어쩌면 등호를 만날 수 있으리라는 생각이 들었다. 그런 생각을 하자, 겐지는 그리움을 억제하지 못하고 등호의 거처로 걸어갔다. 그러나 주선을 부탁해야 하는 명부의 방문이 굳게 닫혀 있었다. 그래도 이대로는 체념할 수 없다는 생각이 들어서 겐지는 홍휘전의 작은방으로 갑자기 갔다. 그런데 그 중 세 번째 문이 열려 있었다. 여어는 잔치가 끝난 후 윗방으로 올라갔으므로, 홍휘전 안에는 사람이 드물었다. 돌쩌귀로 여닫는 안쪽 문도 열려 있었고, 사람의 기척도 없었다. 겐지는 이런 부주의 때문에 남녀간의 사연이 생긴다고 생각하며, 가만히 안쪽을 들여다보았다. 사람들은 다 자고 있는 것 같았다. 그런데 몹시 젊고 아름다운 목소리가 들려왔다.

    "어스름 달밤과 비길 만한 것은 없다."

    이렇게 읊조리며 이쪽으로 다가오는 목소리는 보통 사람의 것이 아닌 듯했다. 겐지는 기뻐서 불쑥 소매를 잡았다. 농월야 여인은 깜짝 놀라서 물었다.

    "아이 무서워라. 누굽니까?"

    "무엇이 무섭습니까?"

『겐지 이야기(源氏物語)』는 11세기 초(서기 1000년경) 무라사키 시키부(紫式部)라는 여성이 썼다. 작자 무라사키 시키부의 생몰년(生沒年)은 작품『겐지 이야기』의 성립 연대와 마찬가지로 명확하지는 않으나 대체로 973년에 태어나 1014년에 사망한 것으로 알려져 있다. 작자의 이름인 무라사키 시키부는 본명이 아니며,『겐지 이야기』의 여주인공 이름인 무라사키 노우에(紫の上)에서 무라사키, 그리고 아버지 후지와라노 타메토키(藤原爲時)의 관명(官名)이었던 시키부 노조(式部丞)에서 시키부를 따와 부르게 된 것으로 알려져 있다. 옛날에 여성에게 이름이 없었던 것을 생각하면 이해가 될 것이다.

무라사키 시키부는 다재다능한 여성으로서 당시 이치죠 천황(一條天皇)의 중궁(中宮)인 쇼시(彰子)의 궁녀였으며, 화려한 궁중 생활을 경험한 당대 최고의 엘리트 여성이었다. 그러나 그녀는 그 유명한『겐지 이야기』의 저자라는 화려한 명성과는 달리 실제의 삶은 행복하지 못했던 것 같다. 그녀는 어려서 어머니를 여의고 아버지 타메토키의 슬하에서 자랐으며, 결혼도 아버지뻘이나 되는 나이의 후지와라노 노부타카(藤原宣孝)와 하였지만 그것도 오래 지속되지 못하고 딸 하나를 얻은 채 사별하게 된다.

한편 아버지 타메토키는 일본의 전통 문예인 와카(和歌)뿐만 아니라 한학에도 조예가 깊어 그 영향으로 무라사키 시키부는『사기(史記)』나『백씨문집(白氏文集)』등 한적을 접할 수 있었으며, 문재에도 뛰어난 기량을 발휘하게 된다.『겐지 이야기』는 이러한 작자의 인생과 재능이 투영된 결정체로서 작품의 전개 시간 74년, 등장인물 약 490명이라는 방대한 스케일을 자랑하고 있다. 따라서 오늘날 일본 고전 중의 고전이라는 평가를 받고 있으며, 또 일본이 세계 최고(最古)의 장편소설로 자부하는 작품이기도 하다.

체재는 54권으로 되어 있으며, 내용은 주인공 히카루 겐지(光源氏)의 일생을 그린 정편(正編)과 그 후의 세대를 그린 속편(續編)으로 대별할 수 있으나, 전체를 다음과 같이 3부로 나누어 보는 것이 일반적이다.

제1부는 제1권 「키리츠보(桐壺)」에서 제33권 「후지노우라바(藤裏葉)」까지로 그 줄거리는 다음과 같다.

신분은 높지 않으나 키리츠보 천황(桐壺天皇)의 총애를 한 몸에 받고 있던 키리츠보노 코이(桐壺更衣)라는 후궁이 왕자(히카루 겐지)를 낳고 주위의 미움을 이겨내지 못해 죽고 만다. 전황은 그녀의 죽음을 몹시 애석해하며, 수려한 미모에다 학문은 말할 것도 없고 음악이나 예능에도 뛰어난 재능을 가진 왕자를 끔찍이 사랑한다. 이 무렵 일본에 온 고려의 관상가(觀相家)가 왕자를 보고 "제왕의 자리에 오를 상이지만 그렇게 될 경우 나라가 어지러워 지는 일이 있을 것이다. 조정을 보좌할 상인가 하면 그런 것도 아닌 것 같다."는 이상한 예언을 한다. 천황은 왕자의 안위를 걱정하여 신적(臣籍)으로 강등시키고 겐지(源氏)라는 성을 하사한다.

한편 상심에 젖어 있던 천황은 기이하게도 죽은 키리츠보노 코이와 쏙 빼어닮은 후지츠보노 뇨고(藤壺女御)가 궁중에 들어오게 됨으로써 마음의 안정을 되찾고, 성인식을 마친 겐지는 좌대신(左大臣)의 딸인 아오이노 우에(葵の上)와 결혼한다. 그러나 겐지는 결혼 생활에 만족하지 못하고, 죽은 어머니와 닮은 후지츠보에 대해 연모의 정을 품게 된다. 그 후 겐지는 우츠세미(空蟬)·노키바노오기(軒端荻)·로쿠죠노미야스도코로(六條御息所)·유가오(夕顏) 등의 여성과 애정 행각을 펼치며, 끝내는 병 치료를 위해 궁중에서 나와 있던 후지츠보와 넘어서는 안 될 선을 넘게 되고 그 일로 인해 후지츠보는 임신을 하게 된다. 이때가 겐지의 나이 열여덟 살이었다. 그리고 겐지는 후지츠보의 조카이자 그녀를 쏙 빼어닮은 와카무라사키(若紫)라는 열 살 가량의 소녀를 집으로 데리고 와서 키우게 되는데, 이 소녀가 나중에 겐지의 인생 반려자가 되는 무라사키노 우에(紫の上)이다.

그 후 후지츠보는 겐지를 쏙 빼어닮은 왕자를 낳게 되는데, 천황은 아무것도 모르고 기뻐하며 왕자를 동궁(東宮)으로 세우기 위해 양위를 추진한다. 그 후에도 겐지의 여성 편력은 계속된다. 그러던 중 정실인 아오이노 우에가 남아(유우기리)를 출산한 후 원령(怨靈)에 씌어 죽자 무라사키노 우에와 첫날밤을 보낸다. 그러나 겐지는 정적인 우대신(右大臣)의 딸이자 스자쿠 천황(朱雀天皇)이 총애하는 오보로 즈키요(朧月夜)와의 밀회가 발각되면서부터 관직을 상실하게 되고, 끝내 궁중을 떠나 스마(須磨)로 퇴거하여 불우한 시절을 보내게 된다. 그 후 어명을 받고 다시 궁중으로 돌아온 겐지는 후지츠보의 몸에서 태어난 자신의 자식이기도 한 레제 천황(冷泉天皇)의 후견인이 되어 준태상천황(准太上天皇)이라는 지위에까지 오르게 되며, 교토(京都)에 춘하추동 사계를 상징하는 로쿠죠인(六條院)이라는 거대한 저택을 짓고 무라사키노 우에를 비롯한 여러 여인들과 부귀와 영화를 누리게 된다.

제2부는 제34권「와카나 상(若菜 上)」에서 제41권「마보로시(幻)」까지의 내용으로, 젊은 날 후지츠보와 저지른 불륜의 죄가 부메랑이 되어 이번에는 겐지 자신이 그 업보를 안고 고뇌하며 살아가는 이야기가 그려져 있는데, 그 줄거리는 다음과 같다.

겐지는 병이 깊어 출가를 서두르는 스자쿠 상황(朱雀上皇)의 청을 받아들여 온나산노 미야(女三の宮)를 아내로 맞이하고 그녀를 로쿠죠인으로 불러들이게 된다. 이 일로 인해 무라사키노 우에는 겐지의 변함없는 애정에도 불구하고 마음에 상처를 받고 크게 절망한다. 그러나 로쿠죠인의 질서를 유지하기 위해 그녀는 이를 감수하나 끝내 병을 얻어 전에 살던 니죠인(二條院)으로 거처를 옮기게 되며, 겐지는 병 간호를 위해 그녀의 곁을 떠나지 않는다.

이 틈을 노려 평소 온나산노 미야를 연모하고 있던 카시와기(柏木)가 로쿠죠인에 잠입, 그녀와 하룻밤을 보내게 되는데, 이 일로 온나산노 미야는 임신을 하게 된다. 그러나 겐지는 카시와기의 편지를 통해 두 사람의 불륜 사실을 알게 되며, 카시와기는 공포와 절망감으로 인해 병으로 몸져눕게 되고 끝내 죽고 만다. 그리고 남아 카오루(薰)를 낳은 온나산노 미야는 속세를 버리고 출가한다. 한편 겐지는 아버지 키리츠보 천황을 배신하고 계모인 후지츠보와 저지른 불륜의 죄, 즉 그 죄의 과보(果報)라고 할 수 있는 자식 아닌 자식인 카오루를 품에 안고 고뇌한다. 그리고 가장 사랑하던 무라사키노 우에가 세상을 떠나자 자신도 출가 준비를 한다.

제3부는 제42권「니오노 미야(匂宮)」에서 제54권「유메노우키하시(夢浮橋)」까지의 내용으로, 여기에서는 겐지 사후(死後)의 세대, 즉 그의 아들인 카오루와 외손자 니오노 미야의 연애담이 주를 이룬다. 특히 제45권「하시히메(橋姫)」이하 10권을 우지(宇治) 지방을 배경으로 하였다 하여 보통「우지10첩(宇治十帖)」이라고 부르는데, 그 줄거리는 다음과 같다.

카오루는 우지에 살고 있는 하치노 미야(八の宮)의 세 딸 오이기미(大君)・나카노 키미(中の君)・우키후네(浮舟) 중에서 오이기미를 사모하나, 그녀는 카오루의 사랑를 끝내 받아들이지 않고 죽고 만다. 한편 니오노 미야는 나카노 키미와 결혼하게 되며, 카오루는 오이기미와 아주 닮은 우키후네를 연모하게 되는데, 그녀에 대해서는 니오노 미야도 마음에 두고 있다. 그러던 중 우키후네는 니오노 미야와 관계를 맺게 되고, 두 남자 사이에서 고뇌하던 우키후네는 우지 강에 몸을 던진다. 그러나 자살은 미수에 그치고, 살아난 그녀는 속세와 연을 끊고 출가한다.

이상의 작품 소개로부터도 엿볼 수 있듯이『겐지 이야기』는 오늘날 일본 고전문학 최고의 걸작으로 평가를 받고 있다. 그러나 이 작품이 늘 그러한 긍정적 평가만을 받아 온 것은 아니다. 에도 시대(1603~1867)에는 유학자들로부터 음서(淫書)로 지탄을 받기도 하였으며, 메이지(明治) 이후 군국주의 시대에는 궁중의 연애 생활을 적나라하게 묘사하고 있다는 점, 특히 황실의 간통사건을 다루고 있다는 점으로부터 불경(不敬)의 문학으로 배척당한 적도 있었다.

그러나 『겐지 이야기』가 일본인에 미친 영향은 지대하다. 『겐지 이야기』 이후의 산문학은 말할 것도 없고, 전통 운문학인 와카(和歌)나 연극인 노(能)의 대본인 요쿄쿠(謠曲), 그리고 에도 시대의 소설, 근대의 소설가인 히쿠치 이치요(樋口一葉)·다니자키 준이치로(谷崎潤一郎) 등에 이르기까지 그 영향이 나타나고 있음을 볼 때 그 위상은 가히 짐작하고도 남음이 있다.

일찍이 에도 시대의 국학자 모토오리 노리나가(本居宣長)는 『겐지 이야기』의 주석서인 『겐지모노가타리 타마노오구시(源氏物語玉の小櫛)』에서 이 작품의 본질은 「모노노아와레(もののあはれ)」라고 규명한 바 있다. 「모노노아와레」란 인간사에 나타나는 여러 형태의 삶을 접하며 그것이 자신의 일처럼 여겨질 때 느끼는 깊은 정취를 말하는데, 『겐지 이야기』는 실로 수많은 등장인물의 인생 묘사를 통해 일본인에게 깊은 정취를 준, 그리고 앞으로도 줄 작품이라고 하겠다.

★ 추천도서와 읽을거리

임찬수, 『겐지모노가타리 : 일본 고전문학의 최고봉』, 살림, 2005
  『겐지모노가타리』의 작가 무라사키 시키부를 소개하고, 작품의 주요 내용과 작품 배경 등에 대한 해설이 나와 있는 책이다.
세이쇼나곤, 『마쿠라노소시(枕草子)』, 정순분 옮김, 갑인공방, 2004
  『겐지 이야기』와 함께 일본 고전문학을 대표하는 작품으로, 일본 헤이안 시대의 고위 궁녀가 천황비인 중궁을 보필하면서 체험한 일과 개인적인 감상을 써내려 간 책이다.

제1영역 · 문학과 예술

3

고도를 기다리며
사무엘 베케트

● 황훈성 동국대학교 영어영문학과 교수

블라디미르	떠나기 전에 저자한테 노래나 한 곡 부르게 하쇼.
포 조	누구에게 말이오?
블라디미르	럭키 말이오.
포 조	럭키에게 노래를?
블라디미르	그렇소. 아니면 생각을 하게 하든가. 낭독을 시켜도 좋고.
포 조	저놈은 벙어리인걸.
블라디미르	벙어리라니?
포 조	그렇다니까. 신음소리 한마디 못 낸다오.
블라디미르	벙어리라! 언제부터요?
포 조	(버럭 화를 내며) 그놈의 시간 얘기를 자꾸 꺼내서 사람을 괴롭히지 좀 말아요! 말 끝마다 언제 언제 하고 물어대다니! 당신, 정신 나간 사람 아니야? 그냥 어느 날이라고만 하면 됐지. 여느 날과 같은 어느 날 저놈은 벙어리가 되고 난 장님이 된 거요. 그리고 어느 날엔가는 우리는 귀머거리가 될 테고. 어느 날 우리는 태어났고, 어느 날 우리는 태어났고, 어느 날 우리는 죽을 거요. 어느 같은 날 같은 순간에 말이오. 그만하면 된 것 아니냔 말이오? (더욱 침착해지며) 여자들은 무덤 위에 걸터앉아 아이를 낳는 거지. 해가 잠깐 비추다간 곧 다시 밤이 오는 거요. (그는 끈을 잡아당긴다) 앞으로!

20세기 서구 연극사에서 가장 중요한 사건을 사무엘 베케트(Samuel Beckett, 1906~1989)의 『고도를 기다리며(En Attendant Godot, 영어명 Waiting for Godot)』 공연으로 지목하는 흐름이 지배적이다. 이 작품 자체가 갖는 극미학의 오묘성도 이러한 평가에 기여하는 바가 크지만 더욱 중요한 것은 『고도를 기다리며』가 앞선 시대에 여러 갈래로 나눠진 아방가르드적 요소를 한 줄기로 모아 하나의 통일된 형식으로 완성시키고 그 이후 세대의 아방가르드 연극 형식이 이로부터 흘러나가게 했다는 데 있다. 베케트 당대에 있어서 아방가르드극은 부조리적 세계관에 닻을 내리고 있고 베케트는 이에 근거하여 보다 근본적인 물음, 글쓰기(재현)의 문제와 인간 존재를 극화시키고 있다. 즉 "세상을 예술적으로 재현하는 일이 가능한가"라는 물음과 "나는 이 세상을 청맹과니 내지는 허깨비로 사는 것은 아닌가"라는 물음이 바로 베케트의 중심 화두이다.

이러한 근본적인 화두를 연극화시킨 베케트는 더블린의 스틸오간(Stilorgan) 구에서 적산 사무소(quantity surveying firm)를 경영하는 아버지 빌 베케트와 어머니 메리 사이에서 태어났다. 그의 조상은 베케(Becquet) 성을 가진 프랑스 인이며 위그노(Huguenot)로서 종교 탄압을 피하여 17세기 후반 아일랜드로 이주해 왔다. 그의 초기 작가 활동은 주로 소설 집필이었다. 포스트모던 소설의 전범을 보여주는 그의 3부작 『몰로이(Molloy)』, 『말론 죽다(Malone Meurt)』, 『이름붙일 수 없는 것(L'Innomable)』을 비롯하여 『머피(Murphy)』 등의 소설을 썼다. 그러나 그의 이름이 널리 알려지게 된 것은 1953년 1월 5일 로저 블랭이 연출을 맡아 파리의 바빌론 소극장에서 『고도를 기다리며』 공연을 한 이후이다. 이 사건으로 베케트는 소설 창작을 작파하고 희곡 작가로 전향한다. 이후 그는 20세기 후반기의 연극사를 새로이 쓰게 하는 일련의 극작품들을 생산한다. 『유희의 끝(Fin de Partie, 영어명 Endgame)』을 비롯하여, 라디오극 『추락하는 것들(All That Fall)』, 『크라프의 마지막 테이프

(*Krapp's Last Tape*)』 등 매우 전위적인 극들을 시도하였다. 특히 『유희의 끝』은 아도르노로부터 아우슈비츠 사건 이후의 "달라져야만 하는 예술의 전범을 보여주는 작품"이란 호평을 받았다. 이러한 연극적 성취로 베케트는 1969년 노벨문학상을 수상하게 된다.

막이 열리면 무대 위는 텅 비어 있다. 다만 앙상한 가지 서넛 붙은 고사목 한 그루 그리고 작은 돌 더미 하나, 그 위에 앉아서 장화를 벗으려고 무진 애를 쓰는 에스트라공(고고). 이윽고 블라드미르(디디)가 들어오자 기진맥진한 상태에서 "할 수 있는 게 없어(Nothing to be done ; Rien à tire)"라고 고고는 토로한다. 관객들은 이 장화 장면을 처음에는 일상적인 제스처로 예사롭게 넘긴다. 그러나 극이 진행되면서 고고의 편집광적인 장화 벗기기는 전면에 두드러지며(foreground) 예삿일이 아님이 드러난다. 당연히 관객은 플롯의 발전에 전혀 기여하지 못하는 왜 저런 하찮은 일에 주인공은 매달리는 것일까 하고 궁금해한다. 대부분의 관객에게 이 의문은 후속되는 보다 큰 사건에 휩쓸려 사라진다. 그러나 보다 주도면밀한 관객들은 바로 이 장면이 1953년 1월 5일 파리 바빌론 소극장의 초연이 갖는 연극사적 사건의 해명에 핵심 열쇠가 될 수 있음을 예감한다.

즉 여기서 장화를 벗음은 우리의 기존 습관을 버림을 의미한다. 인간은 물론 발 닿는 대로 살아가는 존재이다. 그 발의 움직임을 좌우하는 것은 신발이다. 여기서 베케트는 관객의 관극 습관과 방식에 대해 우회적으로 비판한다. 다시 말하여 기존 자연주의나 상징주의, 표현주의 등의 장화를 신고 있는 사람은 최소한 이 연극의 프롤로그에 해당하는 장화 벗기 장면에서 모든 기존 관극 방식을 버리라고 넌지시 훈수한다. 그러나 그것은 쉬운 일이 아니며 고고가 숨을 헐떡이면서 장화를 빼내려다 거의 기진맥진하는 것은 따라서 너무도 당연하다. 아니 오히려 고고의 장화 벗기는 쉽다고 할 수 있다. 이 장화 벗기의 환유(synecdoche)를 통해 관객들에게 보내는 베케트의 신호는, 이 연극을 즐기려면 최소한 고고만큼 온 사지를 다 비틀어서라도 꽉 끼인 습관을 떨쳐버리려 애쓰고 그에 따른 고통도 감수하라는 것이다.

주지하다시피 새로운 연극의 패러다임에 공감한다는 것은 거의 불가능하다고 할 수 있다. 바빌론 소극장 초연에 대한 당대 세계적 연극 평론가들, 그것도 세계 아방가르드 연극의 본산인 파리에서 활동하는 상당수의 비평가들도 결국 자기들의 장화를 벗지 못한 채 이 연극을 사기극으로 매도하지 않았던가? 그리고 보다 전통적인 런던 비평가들은 더욱더 자기들의 장화의 끈을 굳게 조이면서 1955년 8월 3일 아트 씨어터 클럽(Art Theatre Club) 초연을 혹평했다. 가령 밀턴 슐만(Milton Schulman)은 "모호하게 만듦으로써 별것 아닌 것을 의미심장한 주제로 끌어올리려는 그런 따위의 작품이며, (……) 그의 상징들도 유아용『천로역정』수준을 넘지 못한다"라고 하였다.

그러나 이 작품 이후 서구 연극사는 새롭게 기술되었으며, 전세계에서 하루 24시간 동안 단 1분도 공연되지 않은 시간이 없을 정도로 우리 시대의 고전이 되었다. 또한 많은 배우들이 고고와 디디 역할놀이에서 배우로서의 가능성을 확인하려고 하며 수많은『고도를 기다리며』의 모방작, 혼성모방 내지는 패러디극들이 양산되었다.

20세기의 연극을『고도를 기다리며』전 연극과 그 이후 연극으로 나누는 연극사가도 있다. 에슬린(Martin Esslin)이 주장하듯, 이 연극이 그 이후 세계 특히 서구 무대를 지배하기 시작한 부조리극의 효시이기 때문일까? 물론 부조리극의 기법과 주제가 전통극의 연극적 관례(theatrical convention)와는 확연한 경계선을 긋고 있고, 이 작품이 그 전환의 중심에 서 있기 때문에 이 주장은 매우 일리 있다. 그러나 이 주장을 곧장 부조리극의 문제성과『고도를 기다리며』의 연극사적 의의와 일치시키려고 하는 시도는 옳지 않다. 부조리극의 문제성, 즉 부조리적 세계관과 연극기법은 이 작품이 근본적으로 제기하는 기존 연극의 재현행위에 대한 문제성에 비하면 하나의 부분집합일 따름이다. 가령 에슬린은 인구에 회자하는 그의 저서 『부조리극(The Theatre of the Absurd)』(1961)에서 부조리적 태도를 "전 시대의 확고부동했던 기본적 가정들을 검토한바 미흡할 뿐만 아니라 값싸고 심지어 유치하기까지 한 환상에 불과한 것으로 폄하되어 결국 폐기처분하는" 입장으로 보았다. 그리하여 카뮈가 피력했듯 "인간은 돌아올 수 없는 유배자가 된다. 왜냐하면 그는 잃어버린 땅의 기억도 박탈당하고 도래할 약속의 땅에 대한 희망도 갖지 못하기 때문이다." 이러한 세계관을 이오네스코(Eugene Ionesco)의 말을 빌려 설명하면 "부조리는 목표가 부재한 것이다. (……) 종교적, 형이상학적, 초월적 뿌리와 단절되어 있으므로 인간은 길을 잃었다. 그리하여 그의 모든 행위는 무의미하고, 부조리하고 소용에 닿지 않는다." 또한 부조리적 언어관에 대해서도 에슬린은 "부조리극은 합리적인 장치와 추론적인 사유를 노골적으로 포기해버림으로써, 인간 조건의 무의미함의 의미와 합리적인 접근의 불충분성을 표현해 내려고 애쓴다"라고 진단하고 있다.

가령 성경 텍스트에 대한 디디의 의문 제기가 바로 그것이다. 예수와 같이 좌우측의 십자가에 묶인 두 도적의 운명에 대한 정설은 한 도적은 마지막 순간에 구원을 받았고, 다른 한 도적은 지옥에 떨어졌다는 것이다. 네 명의 복음서 저자 중 25%에 해당하는 단 한 사람만이 한 명의 구원을 기록하고 75%는 구원에 대한 언급이 없다. 보다 정확하게 말하면 나머지 두 사람은 아예 도적의 존재 자체에 대해 거론하지 않으며 마지막 한 저자는 둘 다 예수를 놀렸기 때문에 지옥에 떨어졌다고 기록하고 있다. 그런데 왜 우리는 25%에 해당하는 기록을 100% 믿어야 하는가? 고고의 말대로 "인간이 모두 멍청한 닭대가리라서" 그런가?

그리고 인상 깊은 모자 돌리기 장면도 마찬가지이다. 디디는 럭키가 두고 간 모자를 들여다보고 털어보면서, 모자 속의 어떤 힘이 럭키로 하여금 광분한 장광설을 배설할 수 있게 만들었는지 궁금해한다. 왜냐하면 모자를 벗기는 순간 비로소 럭키는 말을 잇지 못하고 쓰러졌기 때문이다. 그리하여 고고와 디디는 럭키의 모자를 쓰고서 럭키의 흉내를 내보기도 한다. 이는 대표적인 코메디아 델라르테(commedia dell'arte) 장면이지만 그 형이상학적인 의미를 부여하면 인간은 모자 몇 개를 바꾸어 쓰면서 그때마다 뻐기다 마침내 뭐가 뭔지도 모르고 사라지는 존재이다. 에디쓰 케른(Edith Kern)이 지적했듯이, 이는 인간의 지적 유희에 해당된다. "인간이란 새로운 퍼스펙티브가 두뇌에 들어왔을 때 이물질감을 느끼지만 곧 적응하여 마치 자기 고유의 관점처럼 편안함과 자유로움을 느끼는 것이다. 마치 새 모자에 익숙해지듯이, 이를 극단으로 몰고 가면 우리 인간은 하나의 모자걸이에 지나지 않는 존재이다."

이러한 재현과 텍스트 수용의 문제는 바로 인간 존재의 허망함으로 넘어간다. 왜냐하면 인간이 인식하고 재현하는 모든 것에 이처럼 원점 (0,0)이 없다면 인간의 모든 행위는 그 좌표를 잃게 된다. 좌표를 잃으면 인간의 모든 노작은 그 의미와 가치를 상실하게 된다. 인간은 단지 청맹과니에 그치고 생은 단순한 연명에 불과하다. 바로 이러한 인식이 고고와 디디의 기다림이 시작되는 출발점이다. 우리 같은 필부들은 아예 기다리려고 하는 마음조차도 먹지 않는다. 그런 불요불급한 투자를 하기에 세상은 너무 바쁘게 돌아가고 있지 않은가?

그러나 어쨌든 주어진 시간은 때워야 한다. 그리하여 궁여지책으로 두 뜨내기는 유희에 빠진다. 무목적성의 유희는 최소한도 잘못 시작한 인간 기획의 포물선을 연장하거나 오류에 빠진 인간관을 재생산하지는 않는다. 중심에서 떨어져 있고 중동무이된 존재이기에 두 뜨내기가 하는 행동이 놀이건 노동이건 그 구분조차 무의미하며 짓거리에 불과하다. 중심에서 온 전령인 소년의 언어는 두 뜨내기의 언어와 분절 언어로서 같은 체계를 지녔으나 그 지시적 세계는 전혀 상이하다. 우선 그 소년이 어제 온 소년과 동일한 인물인지에 대해 확인할 수 있는 고고와 디디의 기억은 희미하기만 하다. 그리고 주변세계에서 주워들은, 중심에서 발간하였다고 전해지는 복음서의 내용과 소년의 이야기는 딴판이다. 즉 카인과 아벨의 이야기와는 달리 양을 키우는 이 소년의 형은 오히려 고도로부터 매를 맞고 염소를 키우는 자기는 무사하다고 한다. 이런 상황에서 소년이 고도에게 무어라고 전할까요 라고 하자, "네가 우리를 보았다고 하렴. (휴지) 우리를 본 게 틀림없잖니?" 한다. 2막 끝 무렵에서는 디디도 화가 나서 "분명히 우리를 보았지. 내일 다시 와서 우리를 본적이 없다고 하진 않겠지?"라고 고함치며 소년을 치려고 한다.

이처럼 『고도를 기다리며』에는 언어와 인간 존재의 문제가 서로 밀접하게 엮어져 있다. 베케트는 언어적 재현의 불충분함과 오류를 소설 작품에서는 정신분열적 텍스트 전략을 통해서, 희곡 작품에서는 언어 유희나 몸체 놀이를 통해서 형상화하려고 시도하였다. 그 결과 특히 『고도를 기다리며』 같은 작품은 탁월한 아방가르드 작품으로서 그 후 세대에 긴 그림자를 드리워 놓았고 수많은 모작들을 양산시켰다. 결론적으로 말하여 『고도를 기다리며』는 인간 존재의 허망함과 인간 언어의 오류성을 미학적으로 결합시킨 우리 시대의 고전이다.

★ **참고도서**

Deidre Bair, *Samuel Beckett:* A Bibliography(New York: Summit Books 1990)
Martin Esslin, *The Theatre of the Absurd* (Harmondsworth: Pengu8n Books Ltd. 1961)
Edith Kern, *A Student's Guide to the Plays of Samuel Beckett* (London: Faber & Faber Ltd. 1978)
황훈성, 『기호학으로 본 연극세계』(서울 : 신아사, 2000)

★ 추천도서와 읽을거리

황훈성, 『기호학으로 본 연극세계』, 신아사, 1998(초판), 2000(개정판)
    책의 제2부에는 사무엘 베케트의 삶과 예술에 대한 개관, 그리고 구체적인 작품해설이 수록되어 있다.

김소임, 『사무엘 베케트 : 고뇌와 실험의 현장』, 건국대학교 출판부, 1993(초판), 2005(개정판)
    사무엘 베케트의 생애와 작품활동, 그리고 작품들에 대해서 다루고 있으며, 주요 작품에 대한 해설과 참고문헌을 소개하고 있다.

제1영역 · 문학과 예술

4

고리오 영감
오노레 드 발자크

● 박영근 중앙대학교 불어불문학과 교수

시신이 영구차로 옮겨졌을 때, 레스토 백작과 뉘싱겐 남작의 문장을 그린 두 대의 마차가 텅 빈 채로 나타나서 페르라셰즈까지 장례 행렬의 뒤를 따라왔다. 여섯시에 고리오 영감의 시신은 안장되었다. 주위에는 두 딸의 심부름꾼이 서 있었다. 학생이 낸 돈으로 노인에게 베푸는 짤막한 기도가 끝나자, 그들은 곧 사제와 함께 사라졌다. 두 명의 매장꾼이 관을 덮으려고 흙을 몇 삽 퍼서 던진 다음, 다시 몸을 일으켰다. 그 중의 한 명이 라스티냐크에게 돈을 요구했다. 으젠은 주머니를 뒤졌다. 그러나 한푼도 없어서 크리스토프한테서 1프랑을 빌렸다. 그런 일 자체는 대수로운 게 아니었다. 하지만 라스티냐크는 너무나 슬퍼서 발작을 일으킬 정도였다. 해가 뉘엿뉘엿 지고 있었다. 축축한 황혼이 신경을 자극했다.

그는 무덤을 바라보았다. 그는 청춘 시절에 흘려야 할 마지막 눈물을 그곳에 묻었다. 이 눈물은 순결한 마음의 성스러운 감동에서 흘러나왔다. 그가 떨어뜨렸던 땅으로부터 하늘까지 튀어오르는 것 같은 눈물이었다. 그는 팔짱을 끼고 구름을 물끄러미 바라보았다. 으젠의 이런 모습을 보고 크리스토프마저 가버렸다.

나폴레옹이 칼로 정복하지 못했던 것을 붓으로 이루려고 했던 오노레 드 발자크(Honoré de Balzac, 1799~1850)는 1833년 무렵 19세기 프랑스 사회의 풍속사를 완벽하게 엮고자 했다. 그 결과물인 『인간희극』은 1789년 프랑스 대혁명으로부터 1848년 2월혁명에 이르기까지의 프랑스 사회를 그린 거대한 '벽화'이자 '도서관'이다. "19세기야말로 『인간희극』에 나오는 등장인물 가운데에서 가장 중요한 인물"임을 본능적으로 알고 있었던 발자크! 그는 '19세기의 비서'로서 자신이 직접 보고 경험한 19세기 프랑스 사회의 모든 것을 소설을 통해 완벽하게 묘사한다. 이처럼 19세기를 죽 꿰고 있는 『인간희극』은 「풍속 연구」와 「철학적 연구」와 「분석적 연구」라는 세 계열로 나뉘어 있다. 발자크는 이 거대한 공간에 137편의 소설을 채워 넣으려고 했으나 결국 91편만 남긴다.

1835년에 발표된 『고리오 영감』의 무대는 파리이고 시기는 대략 1819년 말이다. 보케르 부인은 뇌브 생 즈느비에브에서 하숙을 치고 있다. 몰락한 귀족의 핏줄을 지닌 법대생인 라스티냐크, 활달하나 정체가 수수께끼인 보트렝, 그리고 옛날에는 제면업자로 부유했으나 빈털터리가 된 고리오 영감, 그리고 다른 몇 사람이 함께 하숙 생활을 하고 있다. 발자크는 이 소설에서 무능과 부패에 빠진 귀족사회와, 탐욕스럽고 자기 기만에 빠져 있으나 한 시대의 중심세력으로 등장한 부르주아 사회를 그리고 있다. 이 소설은 세 명의 핵심인물을 둘러싸고 전개된다. 레스토 백작의 부인 아나스타지와 뉘싱겐 남작의 부인 델핀느라는 불효한 두 딸로부터 희생당한 고리오 영감의 고통과 번민, 야망에 찬 잘생긴 시골청년 라스티냐크의 파리로의 진출과 변신과정, 그리고 부패한 사회에 당찬 저항을 하다가 감옥에 갇혔으나 탈옥한 보트렝의 반항적 삶이다. 그의 별명은 '불사신'이고 본명은 자크 콜랭이다.

제목은 『고리오 영감』이지만 이 소설에서 주인공은 라스티냐크라는 사실에 유의할 필요가 있다. 이 주인공은 격동과 혼란이 넘쳐나는 1820년대에 흔히 볼 수 있는 야심만만한 청년이다. 발자크는 그 어떤 주인공보다도 그를 돋올하게 그린다. 고리오 영감이 죽는 날에도 두 딸들은 오지 않았고, 가난하기 이를 데 없는 라스티냐크와 그의 친구인 의대생 비앙숑이 장례 비용을 치르고 공동묘지에 노인을 묻는다. 이어서 라스티냐크는 이 엇나간 현실 앞에서 "이제 너와 나의 대결이다!"라고 파리를 향해 소리친다. 보트렝도 가장 발자크적인 인물임에 틀림없다. 기성사회에 반항하는 탈옥수로서 강한 의지와 남다른 세계관으로 때로는 위대해 보이기까지 하는 인물이다. 고리오 영감은 '부성애의 예수'이다. 맹목적인 부성애가 그의 존재 이유이다. 임종 때에야 겨우 자신의 딸들에 대한 사랑이 잘못된 것임을 깨닫는다.

발자크의 가장 두드러진 특징 가운데 하나로는 그의 천재성이 구체적으로 드러난 '근대성'을 들 수 있다. 다른 작가와 달리 그는 고대로부터 어떤 영향도 받지 않았다. 그리스나 로마의 흔적을 거의 찾아볼 수 없다. 그는 자신이 속한 당대와 그 속에서 살아가는 사람들에게만 눈길을 쏟는다. "살아서 움직이고, 몸짓하고, 지껄이고, 결코 쉬는 일이 없는 저 가지가지 형상들의 우글거림" 속에서 저마다 자신의 법칙에 따라서 살려고 하는 19세기! 그는 이 요동치는 격동의 세기를 사랑한다. 라블레처럼 발자크는 개인을 그리는 데 만족하지 않고 당대의 사회를 표현할 뿐 아니라 자신의 세대를 재생산하고 요약해서 드러낸다. 이 사나이는 총체성이라는 그물로 19세기 프랑스 사회를 낚아 올린다. 그는 '세부묘사'에 현실을 갈무리함으로써 사회 전체를 소설의 텍스트로 탈바꿈시킨다.

바로 이 근대성에서 발자크 글쓰기의 특징이 묻어 나온다. 17세기 고전주의자들이 사용한 언어가 지나칠 정도로 순화되고 현실과 동떨어져서 그 언어를 가지고는 19세기를 제대로 마름질할 수 없는 법. 따라서 이 소설가는 기술 용어와 공장과 연극의 뒷무대에서 사용하는 은어를 과감하게 빌려온다. 발자크의 고객은 살롱에 들락거리는 상류층 인사들이 아니다. 19세기의 한복판에서 꿈틀거리는 인간들이다. 부유한 상인, 걸인, 범죄자, 소상인, 뚜쟁이, 처녀, 성직자, 절망에 빠진 젊은이, 넋 잃은 노인, 죽은 아버지를 앞에 두고 재산 문제로 다투는 딸들이다.

그는 격변의 물결에서 거뜬하게 살아남은 이 인간들에게 흥미를 가진다. 드디어 '새로운 대중에게 새로운 언어!'가 발자크의 좌우명이 된다. 또한 그는 농민들이 내뱉는 방언, 뒷골목에서 도둑들 사이에서 통용되는 말, 독일말의 은어, 수위들이 사용하는 말, 심지어 과학용어까지 과감하게 소설에 끌어들인다. 발자크의 파격은 여기서 끝나지 않는다. 이 소설가는 프랑스 어에서 금기로 되어 있는 철자법까지도 바꾼다. 특히 『사촌형 퐁스』에서 이 현상은 두드러진다. 17, 18세기 작가들이 단지 그들의 '사상'만 가지고 글을 엮어내는 반면에, 발자크는 자신의 사상만이 아니라 '피'와 '근육'을 가지고 문장을 죄어 나간다.

발자크의 소설기법 가운데 가장 새롭고 독창적인 것은 아마도 『고리오 영감』에서 처음으로 시도된 '인물 재현법'이다. 이 소설기법의 기원을 추적한다는 것은 분명 어려운 일이다. 사회를 완벽하게 묘사하기 위해 인물들을 다시 등장시키는 발자크는, '인물 재현법'을 통해 경제적 효과를 얻어낸다. 어느 소설가의 작품에서도 찾아볼 수 없는 독창적 기법을 만들어낸 '인물 경제학'의 대가는, 주인공들을 여러 소설에 등장시켜 그들의 모습을 다양하게 쌓아 올린다. 50명 이상의 인물들이 다시 나타나는 소설의 예를 들어보면 다음과 같다. 『고미술 진열실』에서 50명, 『여자 낚시꾼』에서 62명, 『베아트릭스』에서 66명, 『시민들』에서 67명, 『사촌형 퐁스』에서 70명, 『사무원들』에서 85명, 『사촌누이 베트』에서 86명, 『세자르 비로토』에서 104명, 『잃어버린 환상』에서는 116명이나 되고, 『창녀의 영광과 비참』에서는 자그마치 155명에 이르고 있다. 그는 이 기법을 평생 즐겨 사용한다. 『인간희극』에 등장하는 인물은 대개 2천여 명이 된다. 그 가운데 460명이 75편의 작품에서 다시 등장하고 있다.

끝으로 발자크의 자리매김에 접근할 필요가 있다. 발자크는 『인간희극』의 서문에서 "나를 공평하게 평가하는 시기는 아직 오지 않았다."고 투덜거린다. 그는 평생 동안 입헌군주제와 가톨릭을 신줏단지로 모신다. 이 외골수는 인간의 행복과 사회 질서를 제대로 지켜내는 이 두 개의 기둥만이 혼란과 타락의 진흙탕 속에 빠진 19세기 프랑스 사회를 구할 수 있다고 딱 부러지게 말한다. 발자크는 또한 떠오르는 부르주아 사회를 예리하게 분석하고 적극적으로 묘사한다. "부르주아지는 모든 성공과 실패의 유동성 속에서 끊임없이 자기 존재의 근거를 만들어가야 할 긴박한 사회적 투쟁 속에 휘말려 있다." 따라서 발자크는 "19세기에 이르러 명실상부한 부르주아 세계를 표현한, 진정한 의미에서 가장 부르주아적인 작가인 동시에 이 계급의 철저한 자기 인식과 탐구 그 자체에 의하여 이 계급에 대한 최대의 비판자가 되었다."

발자크가 가톨릭과 입헌왕정을 지지하는 이른바 '정통주의'의 노선을 선택했음에도 불구하고, '리얼리즘의 승리'라는 개념을 이끌어 낼 수 있었던 것은 귀족 계급이 몰락할 수밖에 없는 역사적 필연을 냉혹하게 그려낸 그의 리얼리즘 정신을 두고 일컫는 말이다. 바로 이 점에서 반동적 세계관을 가진 발자크가 '창작방법'에 의해 혁명적 작가로 터를 잡는 역설이 생겨난다. 그는 인간을 '기능'으로 보고, 사회를 '체계'로 자리매김해서 엥겔스와 마르크스의 눈길을 끈다.

보들레르는 발자크를 "견자", 폴 부르제는 "가장 위대한 마술가" 또는 "분석적 견자", 바르베 도르비는 "문학계의 나폴레옹"이라고 정의했으며, 호프만슈탈은 "넘쳐흐르고 무한한 풍요로움이 있는 상상력과 셰익스피어 이후로 가장 풍부하고 강한 창조력을 가진 사람"으로 발자크를 치켜세운다. 또한 텐느는 언제나 그에게 살가운 우정의 비평을 바친다. 21세기 가장 위대한 소설가인 마르셀 프루스트는 혹독한 삶 속에서 그처럼 엄청난 작품을 만들어낸 발자크의 괴력과 천재성에 칭송을 아끼지 않았다. 알랭은 발자크를 "인간 사회에 대한 진정하고 완벽한 모습을 제시하는 진짜 사회학자"로, "스탕달이 산문가라면 발자크는 오히려 시인으로 자리매김해야 한다"고 말발을 세운다. 천재 조각가 로댕은 발자크의 조각상을 빚기 위해 그의 소설을 모두 읽었고 그의 출생지와 그가 들렀던 곳을 방문한다. 누보 로망의 거장인 로브그리예도 언제나 발자크에게 따뜻한 시선을 보낸다.

"스탕달은 자신을 표현하고 꿈꾸며, 콩스탕과 프루스트는 자신을 경청하고, 플로베르와 톨스토이는 애써 자신을 잊어버리려고 하며, 도스토예프스키는 자신을 탐구한다." 하지만 20여 년간 일과 싸우는 과정 속에서 매일 수십 잔의 커피를 마시면서 하루에 열두 시간씩 글쓰기를 계속한 발자크는, 이 시대가 지닌 온갖 힘과 형식에 눈독을 들이고 접근한다. 별쭝난 이 소설가는 "지식의 시인으로서 그것을 분석하고, 인생의 시인으로서 그것을 사랑하고 증오하며, 반항의 시인으로서 그것과 싸우고, 힘의 시인으로서 그것을 지배한다."

★ 추천도서와 읽을거리

데이비드 하비, 『모더니티의 수도, 파리』, 김병화 옮김, 생각의 나무, 2005
  19세기 프랑스 문학사에 나타난 파리라는 도시의 형성 과정과 그것의 상징을 체계적으로 정리한 책이다.

슈테판 츠바이크, 『천재와 광기』, 원광희·이기식·장영은 옮김, 예하, 1993
  유명한 전기작가인 슈테판 츠바이크는 역시 발자크에게도 높은 관심을 가졌다. 전기라기보다는 차라리 한 편의 발자크에 대한 멋진 글로 봄이 옳을 터. 발자크의 다양한 모습이 만화경처럼 펼쳐진다.

박영근, 『발자크의 연구』, 중앙대학교 출판부, 1993
  사실주의자 발자크에 대한 연구가 지금까지의 주류였다. 하지만 이 책은 발자크를 이해하는 데 주요한 또다른 한 면인 '견자'로서의 발자크에 대해 연구한 책이다.

제1영역 · 문학과 예술

5

광장
최인훈

● **장영우** 동국대학교 문예창작학과 교수

"한국 정치의 광장에는 똥 오줌에 쓰레기만 더미로 쌓였어요. 모두의 것이어야 할 꽃을 꺾어다 저희집 꽃병에 꽂구, 분수 꼭지를 뽑아다 저희집 변소에 차려놓구, 페이브먼트를 파 날라다가는 저희집 부엌 바닥을 깔구. 한국의 정치가들이 정치의 광장에 나올 땐 자루와 도끼와 삽을 들고, 눈에는 마스크를 가리고 도둑질하러 나오는 것이지요. 추악한 밤의 광장. 탐욕과 배신과 살인의 광장. 이게 한국 정치의 광장이 아닙니까? 선량한 시민은 오히려 문에 자물쇠를 잠그고 창을 닫고 있어요."

"제가 월북해서 본 건 대체 뭡니까? 이 무거운 공기. 어디서 이 공기가 이토록 무겁게 짓눌려 나옵니까? 인민이라구요? 인민이 어디 있습니까? 자기 정권을 세운 기쁨으로 넘치는 웃음을 얼굴에 지는 그런 인민이 어디 있습니까? (……) 저는 월북한 이래 일반 소시민이나 노동자, 농민들까지도 어떤 생활 감정을 가지고 살고 있는지 알았습니다. 그들은 무관심할 뿐입니다. 그들은 굿만 보고 있습니다. 그들은 끌려 다닙니다. 그들은 앵무새처럼 구호를 외칠 뿐입니다. 그렇습니다. 인민이란 그들에겐 양떼들입니다. 그들은 인민의 그러한 부분만을 써먹습니다. 인민을 타락시킨 것은 그들입니다. 그리고 북조선의 공산당원들은, 치사하고 비굴하고 게으른 개들입니다. 양들과 개들을 데리고 위대한 김일성 동무는 인민공화국의 수상이라? 하하하……"

두만강변의 국경 도시 회령과 원산은 최인훈(1943. 4. 13~) 소설의 원초적 상상력의 공간이다. 회령은 그가 태어나 열 살이 되던 해(1947)까지 살았던 곳이고, 1950년 12월 월남하기 전까지 청소년기를 보냈던 원산은 그의 초기작 「회색인」, 「하늘의 다리」 등의 공간적 배경을 이루는 곳이다. 그는 소학교 시절에 중학생과 책을 바꿔 읽고 원산의 도서관 장서를 닥치는 대로 독파했던 것으로 알려져 있는데, 그의 소설이 다분히 관념적인 성향을 띠는 것도 이런 독서벽과 무관하지 않아 보인다.

　6·25동란으로 그의 가족은 해군함정 LST를 타고 부산으로 피난하였다가 목포를 거쳐 다시 부산에 정착한다. 최인훈은 부산에서 서울대 법대에 입학(1952)하지만 이내 대학생활에 싫증을 느끼고 창작에 몰두한다. 실질적인 그의 처녀작 「두만강」은 이때 쓰여진 작품으로, 당시 상황을 작가는 "사제(私製)의 통과제의"라고 표현하고 있다. 출석 미달로 졸업이 불가능해지자 군에 입대하여 7년간(1957~1963) 통역·보도·정훈장교로 복무하면서 본격적인 창작활동에 몰두한다. 「GREY 구락부 전말기」와 「라울전」(1959)이 안수길에 의해 추천되어 정식 작가가 된 그는 『광장』을 발표(《새벽》, 1960. 11)함으로써 일약 문제적 작가로 떠오른다.

　범박하게 말해, 『광장』은 자유와 민주주의를 갈구했던 학생들의 거룩한 피 흘림, 즉 시대의 힘으로 쓰여질 수 있었던 작품이다. 이런 점에서 이 작품의 상징적 의미를 "정치사적 측면에서 보자면 1960년은 학생들의 해였지만, 소설사적인 측면에서 보자면 그것은 『광장』의 해였다."고 갈파한 김현의 지적은 썩 적절했던 것으로 보인다. 이 소설은 처음 발표된 1960년 이후 모두 여섯 번의 수정과 보완 작업*을 거치게 되는데, 작

----

* ①1960년 11월 《새벽》 200자 원고지 600매 분량 ②1961년 2월 정향사판 단행본 출간 (처음 발표된 작품보다 200여 매 추가) ③1968년 신구문화사판 『현대한국문학전집』 수록 ④1973년 민음사판 ⑤1978년 문학과지성사판(1) ⑥1989년 문학과지성사판(2) ⑦1994년 문학과지성사판(3).

가가 가장 고심한 부분은 한자어를 고유어로 바꾼 것, 이데올로기 관련 부분의 보완과 수정, 주인공의 죽음의 의미를 명확히 한 것 등으로 요약된다. 그러므로 『광장』은 어느 판본을 읽느냐에 따라 그 해석이 달라질 수 있는데, 여기서는 최종 판본(1994년 문학과지성사판)을 텍스트로 한다.

『광장』의 경개(梗槪)는 대략 다음과 같다.

스스로 관념철학자의 달걀로 자처하는 이명준은 철학과 3학년에 재학 중인 대학생이다. 철학의 탑 속에 자신을 가둔 채 사람을 풍경처럼 바라보는 그는 어떻게 하면 힘껏 살 수 있는지 알지 못해 고민한다. 그가 보기에 해방 후 남한 현실은 밀실만 푸짐하고 광장은 죽은 곳으로 인식된다. 남한의 정치·문화 현실에 대한 그의 비판은 대단히 날카롭지만, 그 텅 빈 광장으로 시민을 모을 나팔수가 되라는 정 선생의 권유를 거절하는 그는 실천주의자가 아닌 관념론자에 가깝다. 남한에서 윤애와 사귀던 그는 독립투사였던 아버지가 북에 있다는 이유 하나만으로 일제 사찰계 형사 출신의 형사에게 시달린다. 남한의 현실에 환멸을 느끼고 윤애와의 사랑에도 불안해하던 명준은 뚜렷한 확신도 없이 북으로 밀항한다.

그러나 북에서 발견한 것은 인민들의 광장이 아니라, 인민과 혁명을 팔아 권력을 잡고 인민 위에 군림하는 당(黨)의 권위와 밀실이다. 노동신문 편집부 기자로 근무하던 명준은 아버지가 북에서 새로 살림을 차린 것에 대해 이상과 현실을 바꾸어 살아가는 죄를 짓고 있다며 비난한 뒤 집을 뛰쳐나온다. 신문사를 사직한 그는 노동판에 뛰어들었다가 사고를 당해 병원에 입원, 그곳에서 국립극단 발레리나 은혜를 만나 사랑한다. 하지만 은혜는 명준과의 약속을 저버리고 소련으로 가고, 곧이어 전쟁이 발발하자 그는 정치보위부원으로 참전한다. 낙동강 전투에서 명준은 간호병으로 자원해 전선에 내려온 은혜와 재회하지만, 그녀는 명준의 아이를 가진 채 유엔군의 공습으로 전사하고 명준마저 포로로 잡한다.

 포로수용소에서 남과 북, 중립국 가운데 어느 곳이든 자유롭게 선택할 기회가 주어지자 명준은 은혜의 죽음으로 자신의 마지막 돛대가 부러졌다는 절망 때문에 중립국을 선택한다. 그러나 중립국 행 타고르호에 승선한 뒤 명준은 끊임없이 자신을 감시하는 듯한 시선을 의식하고 불안해한다. 선원들에게는 뱃사람을 잊지 못하는 여자의 마음의 상징으로 알려진 갈매기가 항구에서부터 줄곧 따라오는데, 명준은 큰 새와 꼬마 새가 은혜와 그녀의 뱃속에 있던 딸이라 생각하며 푸른 바다에 몸을 던진다.

 『광장』은 과거와 현재가 중층적으로 제시되는 복합구조를 이루고 있는데, 주인공의 행적을 좇아 작품의 의미를 규명하다 보면 거기에는 두 개의 커다란 강이 흐르고 있음을 알게 된다. 그 하나는 이명준이 남한에 대한 불만과 북한에 대한 환멸 끝에 중립국을 선택하는 이데올로기의 강이고, 다른 하나는 윤애와 은혜와의 애정을 다룬 사랑의 강이다. 이 두 줄기의 강은 죽음이라는 형이상학적 바다로 흘러간다. 그러므로 『광장』을 보다 심층적으로 이해하기 위해서는 남한과 북한 체제에 대한 이명준의 비판적 시각이 균형감각을 유지하고 있는가 하는 문제와 함께, 윤애와 은혜에 대한 애정 문제, 그리고 이명준이 제3국을 선택한 뒤 타고르호 선상에서 바다로 몸을 던진 이유를 유기적으로 분석해야 할 것이다.

 한국문학사에서 논의되는 『광장』의 문학적 의미는 이데올로기의 벽 속에 갇혀 있던 전후소설의 수준을 단숨에 극복하고 분단문학의 우뚝한 봉우리를 선점한 것으로 모아진다. 이와 함께 해방 후 남한의 부패한 현실을 직접적으로 고발하는 한편, 북한에서의 실생활 체험을 핍진하게 묘사하여 현장성과 리얼리티 확보에 성공한 작품으로 평가되기도 한다.

이문열의 『영웅시대』가 이와 흡사한 구조를 보여주기는 하나 구체성 면에서 『광장』을 능가할 작품은 쉽게 떠올리기 힘든 형편이다.

『광장』이 아직까지도 문제적인 작품으로 읽히는 까닭은 주인공을 그토록 고민하게 만들고 마침내 자살할 수밖에 없는 지경으로까지 몰아갔던 분단 상황이 해방 후 60년이 지나는 동안 더욱 심화되고 있다는 우리의 역사적 비극에 바탕을 두고 있다. 소설의 주인공 이명준은 관념의 미로에서 헤매다 결국 심해 속으로 잠수해 버리고 말았지만, 현실 속의 우리는 이데올로기의 허망한 늪에 더 깊이 빠져들고 있는 것은 아닌지 자문해 보아야 한다.

군이 사회주의 이데올로기의 실패를 예거할 필요도 없이 남북통일의 대전제는 이념적 대립과 갈등의 무화에서 시작되어야 하리라는 것은 명약관화한 사실이다. 그런 점에서 어설픈 관념으로 세계를 해석하려다 방황과 갈등을 거듭할 수밖에 없었던 이명준의 삶은 아직도 이데올로기의 문제에서 자유롭지 않은 우리들에게 많은 것을 생각하게 한다. 이명준은 소설 속의 과거 인물이 아니라 분단 조국의 질곡 속에서 고통당하는 우리 모두의 자화상이며, 그런 점에서 『광장』은 앞으로도 계속 새롭게 읽힐 가능성이 있는 작품이라 할 수 있다.

★ 추천도서와 읽을거리

김현, 「사랑의 재확인」, 『광장/구운몽』(최인훈 전집 1) 해설, 문학과지성사, 1976(초판), 1989(재판)
　『광장』의 개작에 대한 간략한 보고서이다.

김욱동, 『『광장』을 읽는 일곱 가지 방법』, 문학과지성사, 1996
　『광장』을 일곱 가지 비평 방법론으로 독해한 책으로, 서구 문학연구 방법론들이 작품에 어떻게 적용되는가에 대한 실례를 보여준다.

김인호, 「『광장』 개작에 나타난 변화의 양상들」, 『광장』(『광장』 발간 40주년 기념 고급 장정본) 해설, 문학과지성사, 2001
　김현의 글보다 전문적인 『광장』 개작 관련 논문이다.

장영우, 「이데올로기와 사랑, 그리고 죽음」, 『우리 시대의 소설, 우리 시대의 작가』(강진호 · 이선미 · 장영우 외 지음), 계몽사, 1997
　『광장』에 대한 평이한 해설이 담겨 있다.

제1영역 · 문학과 예술

6

댈러웨이 부인
버지니아 울프

● 손영주 서울대학교 영어영문학과 교수

 그녀가 지금 사랑하는 것은 이것, 여기, 지금, 그녀 앞에 있는 바로 이것, 택시에 타고 있는 저 뚱뚱한 귀부인이다. 그렇다면 일은 아무래도 상관없지 않은가 하고 그녀는 본드가 쪽을 향해 걸어가면서 자문해 보았다. 언젠가는 자기도 필연코 죽는다는 것이 과연 무슨 문제가 되겠는가. 이 모든 것은 그녀 없이도 움직여 나갈 것이다. 그녀가 화를 내야 옳은가. 아니, 죽음은 만사의 종말이라고 믿으면 위안이 되지 않겠는가? 그러나 아무튼 런던 거리 이곳저곳에서 일어나는 영고성쇠의 세파(世波) 속에서, 그녀도 피터도 각자의 생을 영위하고 있다. 사실 자기는 고향에 있는 수목들의 일부분이요, 저기 저렇게도 지스러기처럼 보기 흉하게 늘어서 있는 가옥들의 일부분이요, 또한 면식 없는 사람들의 일부분이기도 하다고 그녀는 확신했다. 그녀는 자기가 절친하게 지내는 사람들 사이에 펼쳐 있는 안개같이 여겨졌다. 나뭇가지들이 안개를 떠받치고 있는 광경을 보았듯이, 그 사람들이 그처럼 자기를 떠받치고 있는 것이라고, 그러나 이렇게 해서 그녀의 생명, 그녀 자신은 줄곧 멀리 퍼져가고 있다고 그녀는 확신했다. 그러나 지금 해처드 서점의 진열장 안을 들여다보고 있는 그녀는 무엇을 꿈꾸었을까? 무엇을 되찾으려고 했을까?

버지니아 울프(Virginia Woolf, 1882~1941)는 저명한 문필가요 학자인 레슬리 스티븐(Leslie Stephen)의 딸로 1882년 런던에서 태어났다. 전형적인 후기 빅토리아 중상계급(upper-middle class) 가정에서 성장한 울프에게 있어 아버지는 지적 성장과 예술가적 열망의 원천이자 장애물이기도 했으며, 울프가 열세 살이 되던 해에 세상을 떠난 어머니 줄리아(Julia)는 오랫동안 그리움과 원망의 대상이었다. 당시 중상계급의 자녀들과 달리 울프와 그의 언니 바네사(Vanessa)는 정규교육 대신 대부분의 교육을 가정교사로부터 받았으며 총명한 자신의 딸에게 자신의 서가를 개방한 아버지 덕에 울프는 어려서부터 방대한 양의 서적을 탐독할 기회를 가졌다. 어머니를 비롯한 가족과 가까운 친지들의 사망과 의붓오빠들의 성적 추행, 그리고 남다른 예민함과 감수성 등으로 울프는 일생 동안 수 차례의 정신분열 또는 조울증의 증세를 보였으나 놀랄 만한 집요함으로 다양한 장르의 글쓰기에 매진했다. 케임브리지 출신의 오빠 토비(Thoby)가 대학친구들과의 교류를 지속하기 위해 가졌던 소위 블룸즈버리 그룹(Bloomsbury Group)이라 불리는 모임을 통해 울프는 자신의 지적, 예술적 관심을 키워갔으며, 이를 계기로 예술과 사회문제에 대한 고민을 나눌 평생의 반려자요 동지인 레너드(Leonard)를 만나게 된다. 동기에 대해서는 뚜렷이 밝혀진 바 없으나 울프는 제2차 세계대전이 한창이던 1941년 『포인츠 홀(Pointz Hall)』이라는 장편을 끝으로 우즈 강으로 걸어 들어가 목숨을 끊는다.

『댈러웨이 부인(Mrs. Dalloway)』(1925)은 울프의 네 번째 장편소설로 '의식의 흐름' 등의 실험적 기법이 성공적으로 자리잡은 한편, 이후 울프 작품에서 다양한 변주로 나타나는 주제의식들이 집약되어 있는 작품이다. 1923년 6월의 어느 하루를 배경으로 런던에 사는 사람들의 삶과 기억, 그리고 꿈을 그리고 있는 이 소설에서 독자는 일면 평화롭고 활기차게 반짝이는 일상의 저편에 가로놓인, 세계대전의 어두운 기억과 가부장적 사회의 폐단, 불평등한 사회구조로 인한 고통의 이야기를 만나게 된다. 이러한 이중적 구조는 온종일 저녁에 있을 파티를 준비하는 정치가의 아내 클러리사의 이야기와 참전의 후유증으로 정신분열증을 앓다가 마침내 목숨을 끊는 셉티머스의 이야기의 두 축과도 맞물려 있다. 울프의 일기가 시사하듯, 삶과 죽음, 제정신과 광기의 문제는 작품 전반에 걸쳐 서로 긴밀히 얽혀 있다. 정도의 차이는 있으나 등장인물들은 모두 삶과 죽음, 제정신과 광기의 문턱을 넘나들고 있으며, 이는 문명과 전쟁의 역사를 이끌어온 사회 전반의 모습을 반영하는 것이기도 하다. 클러리사는 마침내 파티를 열고 이곳에 온 손님 중 하나인 정신과 의사 윌리엄 브래드쇼가 그녀에게 자신의 환자였던 셉티머스가 자살했다는 이야기를 전한다. 만난 적도 없는 이 청년에 대해 클러리사는 묘한 공감과 일체감을 느끼고, 그러한 클러리사의 존재 앞에서 알 수 없는 희열을 느끼는 그녀의 옛 애인 피터의 시선을 끝으로 이야기는 막을 내린다.

　울프의 많은 작품이 그랬듯이, 이 작품 역시 작가가 단편소설과 에세이, 일기 등을 통해 주제와 형식을 다듬는 과정을 거쳐 탄생했다. 예컨대 단편소설 「본드 가의 댈러웨이 부인(Mrs. Dalloway in Bond Street)」에서 울프는 상류층 사람들의 허위의식과 위선을 신랄하게 꼬집었으며, 수상을 암살하는 청년 셉티머스의 이야기를 구상하기도 했다. 울프는 또한 셰익스피어를 위시한 고전 작품들, 프루스트의 『잃어버린 시간을 찾아서』, 조이스의 『율리시스』 등을 탐독하면서 필요한 기법과 양식들을 비판적으로 수용, 발전시켜 나갔다. 울프는 현재라는 것이 단순히 과거와 미래를 잇는 기계적인 단위가 아니라 과거의 기억과 억눌린 욕망이 혼재되어 있음을 보이고자 했으며, 시간에 대한 이러한 관심은 이 소설의 가제가 *The Hours*였다는 사실에서도 입증된다. 작품에 대한 구상이 어느 정도 무르익어가면서 울프는 사회체제가 어떻게 작동하고 있는지를 보이고 그러한 체제에 대한 비판을 수행하겠다는 의지를 분명히 했다. 한 청년의 자살 외엔 이렇다 할 사건 하나 일어나지 않는 이 작품이 사회 전반에 대해 놀라울 정도로 심도 있는 비판적 분석을 내놓는 것도 바로 이 때문이다.

  이 소설의 주제의식에 단번에 다가가기는 결코 쉽지 않다. 그러나 이는 난해성을 무기로 대중과의 결별을 의도해서가 아니라 예술(가)의 소외, 인식론 전반에 걸친 패러다임의 변화, 그리고 새로운 소통의 방식에 대한 고민에서 나온 것이다. 울프는 단선적인 서사구조를 가진 문학이 과연 어떻게 현실의 복합적이고 다층적인 면을 한 면에 담아내는 회화의 속성을 빌려 올 수 있을 것인가에 대해 끊임없는 관심을 기울였다. 1910년 런던에서 있었던 후기인상파 전시회에 다녀온 그는 "이제 세상은 변했다."고 선언하고 본격적으로 자신의 작품에 당시 회화가 구현해 낸 현실의 다층성과 다면성을 담아내고자 했다. 실제로 『댈러웨이 부인』에서 울프는 수많은 등장인물들의 관점을 병치시킴으로써, 현실이란 보는 사람의 이해관계와 관점에 따라 다르게 보일 수 있다는 것, 그리고 현실과 진리에 대한 절대적으로 객관적이고 중립적인 관점이 존재한다고 믿는 것은 환상일 뿐 아니라 불평등한 현실구조를 은폐하고 영속시킬 수 있다는 것을 꼬집는다. 울프는 풍요로운 물질이 범람하는 런던 거리가 가난한 외국인이나 하층민의 눈에는 소외와 박탈을 의미할 따름이라는 것을 곳곳에서 지적하고 있으며, 셉티머스의 정신분열증은 가부장과 계급사회, 제국주의 등의 겹겹의 억압과 결코 무관하지 않음을 보임으로써 자신의 개인적 경험을 사회비판으로 승화시킨다. 현실에 대한 이러한 인식은 파편적 서사를 감싸안는 시적인 이미지와 리듬, 그리고 자신의 분신과의 상징적 만남에 이르는 클러리사 등을 통해 구현된다. 찢어진 드레스를 바느질해 입고 파티를 성공적으로 치러내는 클러리사에 대한 피터의 찬미 역시, 도시화와 산업화, 전쟁과 각종 이념으로 찢기고 분열된 현대인의 영혼을 엮어내려는 이 작품의 치열한 고투와 맞닿아 있는 것이다.

★ 추천도서와 읽을거리

손영주, 「다시 읽는 존재의 순간들: 『댈러웨이 부인』과 「순간: 여름 밤」을 중심으로」, 《제임스 조이스 저널》 11권 1호, 한국 버지니아 울프 학회, 2005
울프의 '존재의 순간들'을 중심으로 종래 모더니즘의 역사관, 시간관, 현실관 등을 재조명하는 글이다.

Elizabeth Abel, "Narrative Structure(s) and Female Development: The Case of *Mrs. Dalloway*," Margaret Homans, ed., *Virginia Woolf*, New York: Prentice-Hall, 1993
『댈러웨이 부인』은 울프에게 있어서 전통적 서사구조에서 벗어나 새로운 서사적 실험으로 나아가는 전환기적 작품임을 설명하는 글이다.

Suzette A. Henke, "*Mrs. Dalloway*: The Communion of Saints," Jane Marcus, ed., *New Feminist Essays*, Lincoln: Nebraska Univ. Press, 1981, 125-147쪽
『댈러웨이 부인』이 사회주의적이자 페미니스트적인 입장에서 가부장제를 비판하고 있음을 지적하는 글이다.

Mark Hussey, *Virginia Woolf A to Z*, New York: Oxford Univ. Press, 1995
울프의 생애, 창작 배경, 작품에 대한 해설 등을 알파벳 순으로 정리해 놓은 책이다.

Masami Usui, "The Female Victims of the War in *Mrs. Dalloway*," Mark Hussey, ed., *Virginia Woolf and War*, New York: Syracuse Univ. Press, 1991, 151-163쪽
『댈러웨이 부인』에 전쟁이라는 맥락을 들여와 셉티머스와 클러리사가 전쟁과 가부장적 가치의 희생물임을 역설하는 글이다.

제1영역 · 문학과 예술

7

돈키호테

미겔 데 세르반테스

● 송병선 울산대학교 스페인중남미학과 교수

비난하는 것의 죄목도 모르고 사람을 죄인 취급하며 다짜고짜 바보니 모자라는 놈이니 하는 건 잘못이지요. (……) 그리고 나더러 집으로 돌아가 처자식이나 돌보고 집안 살림이나 챙기라는데, 나에게 아내가 있는지 자식이 있는지도 모르면서 그럴 수 있습니까? 덮어놓고 엉터리로 남의 집에 들어가서 그 주인을 다스려도 됩니까? 빈곤한 기숙사에서 교육 좀 덜 받은 몇 사람이 한 고장에서 20, 30마장 안에 있는 세상밖에 세상을 보지 못했으면서 무턱대고 기사도의 법을 만들자고 들고, 방랑 기사들을 판결하겠다고 덤벼도 되는 겁니까? 세상을 돌아다니며, 편안한 삶을 찾지 않고, 훌륭한 분들이 불멸의 자리에 오른 그 험악한 길을 찾아 보낸 세월이 허송세월이며 헛된 짓이라는 말씀입니까? 기사들이나 훌륭한 분들, 관대한 분들, 태생이 높으신 분들이 나를 바보 취급한다면 어쩔 수 없는 굴욕으로 받아들이지요. 하지만 한 번도 기사도의 좁은 오솔길을 밟지도 들어가 보지도 못한, 공부하는 학생들이 나를 머저리로 모는 데는 전혀 신경 쓰지 않고 눈 하나 깜짝 않겠습니다. 본인은 기사이고, 하늘의 높으신 분의 뜻에 달렸겠지만, 기사로 죽을 작정이올시다. 어떤 사람은 어마어마한 야심의 넓은 분야로 나아가고, 또 어떤 사람은 천하고 낮은 아부의 길로 나아가고, 또다른 사람은 속임수 많은 위선의 길로 가고, 몇몇 사람은 진정한 종교의 길로 간다지만 본인은 별자리 운명에 따라 방랑 기사라는 협착한 길로 가게 되었습니다. 수행을 하는 방랑 기사라면 재산은 하찮게 여기지만 명예는 중하게 여깁니다.

미겔 데 세르반테스 사아베드라(Miguel de Cervantes Saavedra)는 1547년 가난한 의사의 아들로 태어난다. 스물한 살 때 군대에 들어가 해상에서는 터키와 싸우고 육지에서는 이탈리아와의 전쟁에 참가한다. 그리고 1575년에는 해적들에게 납치되어 노예 생활을 하다가 1580년에 풀려나 스페인으로 돌아온다. 이 당시의 경험은 해적이나 포로 혹은 무자비한 알제리의 통치자와 같은 소재로 『돈키호테』에 자주 등장한다. 이후 세르반테스는 힘든 삶을 산다. 1605년 『돈키호테』 1부를 출판하면서 비로소 명성을 얻지만, 그의 경제 상황은 그리 나아지지 않는다. 이 작품은 너무나 인기를 끈 나머지 아베야나다라는 작가의 위작까지 등장한다. 이 위작으로 인해 세르반테스는 급히 『돈키호테』 2부를 쓰고자 결심하고, 이 작품은 1615년에 출간된다. 세르반테스는 이듬해인 1616년에 세상을 떠난다. 세르반테스의 또다른 작품들로는 『누만시아의 함락』(1585), 『모범소설집』(1613), 『페르실레스와 시히스문다의 여행』(1615) 등이 있다.

스페인 역사를 볼 때, 세르반테스는 무적함대를 자랑했고 국가와 민족의 자긍심이 대단했으며 지적 자유가 보장되었던 '황금시대'와 경제적·군사적으로 허약해지고 종교적·지적 탄압이 자행되던 '몰락의 시대'를 살았다. 그의 생애 말기에 쓴 『돈키호테』는 스페인의 몰락이 시작되던 시기를 배경으로 삼는다. 당시 스페인 사람들은 환멸에 젖어 있었고, 지난 세기의 강력했던 스페인 제국이 허약한 기초 위에 세워졌고 그 기초가 흔들리고 있음을 깨닫고 있었다. 이런 시대적 배경으로 인해 『돈키호테』에는 스페인 제국의 몰락과 이단을 심문하던 종교재판소의 탄압, 그리고 에라스무스로 대표되던 인본주의적 사상의 쇠퇴와 지적인 자유의 상실과 같은 주제들이 눈에 띈다. 한편 돈키호테가 하층귀족이며 기사도를 추앙한다는 점은 스페인의 거듭된 전쟁과 그로 인한 경제의 몰락으로 당시 대부분의 하층귀족들이 기사도의 후예임을 자랑스럽게 여겼지만, 그들의 신분에 걸맞게 살아갈 수 없었던 상황을 보여준다.

제1부: 『돈키호테』는 서문으로 시작한다. 이 서문은 어떤 내용과 종류의 서문이 포함되어야 하는지에 대한 논쟁을 언급하면서 독자들에게 17세기의 독자들이 기대하는 것이 무엇인지 이야기한다. 『돈키호테』는 라만차 지역의 중년 신사 알론소 키하노의 이야기다. 그는 너무나 많은 기사소설을 읽어서 미친 나머지, 편력기사가 되기로 결심한다. 편력기사란 시골을 돌아다니면서 정의로운 선행을 베풀고 모험을 찾는 기사이다. 그는 오래된 갑옷을 걸치고 비쩍 마른 말 로시난테를 타고, 스스로를 '라만차의 돈키호테'라고 부른다. 또한 그는 시골 여인 알돈사 로렌소를 자기 애인으로 정하고서 그녀에게 토보소의 둘시네아라는 이름을 붙인다. 옛 시대의 기사처럼 돈키호테는 선행을 베풀어 둘시네아에게 영광을 바치기로 하지만, 정작 그녀는 돈키호테가 흠모하는 대상이 자기라는 사실조차 알지 못한다.

돈키호테는 모험을 찾아 나선다. 자기 자신을 기사로 여긴 것과 마찬가지로 그는 지방의 여관을 성이고, 여관 주인을 성주라고 상상한다. 그런 광기와 이상한 행동의 결과로 그는 여행자들에게 매를 맞는다. 이 일이 있은 후 그는 집으로 돌아오고, 신부와 이발사는 돈키호테의 책을 불태움으로써 그의 광기를 치료하고자 결심한다. 하지만 돈키호테는 그 책들이 마법사의 소행으로 사라졌다고 생각한다.

이내 돈키호테는 농부 산초 판사에게 섬의 통치권을 주겠다고 약속하면서 그를 충실한 종자로 삼아 또다른 모험을 떠난다. 돈키호테는 풍차를 거인으로 착각하고 창을 들고 그들을 향해 돌진한다. 돈키호테는 자기가 풍차를 공격했음을 알자, 자기 책을 훔쳐갔던 마법사가 역시 거인들을 풍차로 바꾸었다고 생각한다. 돈키호테와 산초는 몇 번의 모험을 더 한다. 그들은 양떼를 군대로 오인하고, 장례식을 괴물들의 행진으로 착각하기도 하며, 사악하고 교활한 갤리 선의 노예를 석방시키기도 한다. 돈키호테는 자기의 사랑인 둘시네아의 마음을 사로잡기 위해 산초 판사에게 메시지를 주어 둘시네아에게 보낸다. 돈키호테의 친구들인 이발사와 신부는 산초를 붙잡아 그의 주인의 행방을 알게 되고 돈키호테를 다시 집으로 데려온다.

제2부:『돈키호테』2부는 세르반테스가 아베야나다의 위작『돈키호테』를 맹렬하게 비난하는 것으로 시작한다. 이웃사람들은 돈키호테에게 그의 모험이 전 유럽에서 유명해졌다고 설명한다. 이런 소식에 힘입어 돈키호테와 산초는 부정을 바로잡기 위해 다시 모험을 떠나고, 산초는 돈키호테에게 못된 마법사가 둘시네아를 시골여자로 변신시켰다고 거짓말을 한다. 이 마법을 푸는 것이 돈키호테의 주요 목표가 된다.

그들은 시골 공작 내외와 만나게 된다. 이미『돈키호테』1부를 읽었던 그들은 돈키호테의 환상에 행복해할 뿐만 아니라, 몇 개를 덧붙이면서 즐기고자 한다. 사실 그들이 궁리하는 모험들은 매우 잔인하다. 이런 공작 내외의 초상은 세르반테스 시대의 스페인 상류계층이 얼마나 부정과 게으름으로 점철되었는지를 보여주는 비판이기도 하다. 또한 공작의 집에 머무는 동안 산초는 허구의 섬을 통치한다. 그는 열흘간 통치자로 군림하다가 공격을 받아 부상당하고, 가난하고 불쌍한 통치자보다는 행복한 농부가 더 낫다고 생각한다.

마침내 돈키호테와 산초는 공작의 집을 나와 다시 모험을 떠나고, 이것은 바르셀로나를 방문하면서 절정에 이른다. 그곳에서 기사 돈키호테는 '하얀 달의 기사'의 도전을 받고 패한다. 그러자 기사도 정신에 따라 돈키호테는 기사도를 포기하고 1년간 고향으로 돌아간다. 그는 이내 병에 걸리고 죽음의 침상에서 "나는 미쳤었지만 이제는 제정신입니다. 나는 라만차의 돈키호테였고 지금은 착한 양반 알론소 키하노입니다."라는 말을 하면서 기사도를 포기한다. 그리고 이내 종부성사를 받고 세상을 떠난다. 그는 유산을 산초의 조카딸에게 남겨주면서, 절대로 기사도의 책을 읽지 않는 남자와 결혼하라고 충고한다.

『돈키호테』는 최초의 근대소설로 평가되는 작품으로 400년 동안 끊임없이 읽혔으며, 다양하게 해석되어 왔다. 이 작품이 출간된 17세기 당시에는 시대착오적인 돈키호테의 행동과 사고방식이 화제가 되면서, 기사소설에 대한 풍자로 읽힌다. 그리고 이성과 합리적 사고방식이 사회의 이념으로 정착되기 시작한 계몽주의 시대에는 무분별과 우둔함에 대한 조소와 풍자로 평가된다. 한편 낭만주의 시대에는 실천적 이상주의자로 돈키호테를 여기면서, 냉담한 사회 속에서 비극을 맞는 괴짜 천재로 본다. 그리고 리얼리즘 문학가들은 현실의 정수를 포착하는 언어의 비밀을 드러내는 작품으로 간주한다.

20세기에 들어서는 역사의식의 한계에 대한 비관적인 시각이 등장하면서 실존주의적 무게에 관심을 보인다. 그리고 구조주의와 탈구조주의, 해체주의 이론가들은 이 작품을 통해 자신들의 이론을 합리화하려고 무진 노력을 한다. 그들은 가공의 아랍 인 작가를 내세우면서 스스로를 의붓아버지라고 능청을 떠는 세르반테스의 양아들인 『돈키호테』의 구성과 자기가 읽은 것이 모두 사실이라고 굳게 믿는 돈키호테를 통해 꿈과 현실의 경계 파괴를 심도 있게 연구한다.

『돈키호테』의 영향을 받은 작가들은 셀 수도 없이 많다. 로렌스 스턴은 주인공 돈키호테의 불행한 모험에서 영감을 받아 『트리스트럼 샌디』를 썼고, 귀스타브 플로베르는 『마담 보바리』에서 돈키호테를 찬양한다. 도스토예프스키 역시 『백치』에서 돈키호테를 기리고 있으며, 아이작 싱어는 『바보 김펠』에서 시골기사의 순박함을 소설화한다. 그 밖에도 토마스 만, 디드로, 볼테르, 카프카, 나보코프, 쿤데라 등의 유명작가들도 하나같이 『돈키호테』를 찬양한다. 현대문학을 이끌고 있는 보르헤스, 가르시아 마르케스, 푸엔테스 등의 라틴아메리카 작가들도 『돈키호테』를 최고의 소설로 꼽는 데 주저하지 않는다.

★ 추천도서와 읽을거리

권미선, 『돈키호테』, 살림, 2005
　『돈키호테』의 시대적 배경과 작품론, 그리고 그 의미와 영향을 다룬 소개서이다.
민용태, 『세르반떼스, 돈끼호테 그리고 동양』, 열음사, 1991
　『돈키호테』를 동양적 시각으로 해석하면서 이 작품이 동양에 어떤 영향을 끼쳤는지를 연구하고 있다.
송은영, 『아르키메데스가 다시 쓰는 돈키호테』, 자음과모음, 2006
　돈키호테와 산초 판사의 모험 속에 담긴 세태 풍자와 과학적 지식을 함께 만날 수 있는 책이다.
호르헤 루이스 보르헤스, 『픽션들』(보르헤스 전집 2), 황병하 옮김, 민음사, 1994
　『돈키호테』가 20세기에 어떻게 이용될 수 있는지를 보여주는 「피에르 메나르, 돈키호테의 저자」가 수록된 소설집이다.

제1영역 · 문학과 예술

8
두보 시집

● 박영환 동국대학교 중어중문학과 교수

好雨知時節	좋은 비는 시절을 알기에,
當春乃發生	봄이 되니 자연스레 내린다.
隨風潛入夜	바람 따라 몰래 밤에 내려와,
潤物細無聲	만물을 적시며 소리도 없다네.
野徑雲俱黑	들판의 오솔길 검은 구름에 뒤덮이고,
江船火獨明	강가의 배 위에는 등불만이 반짝인다.
曉看紅濕處	새벽녘에 바라본 붉게 물든 곳,
花重錦官城	금관성이 꽃으로 싸여 있다네.

「春夜喜雨」

두보(杜甫, 712~770)의 자(字)는 자미(子美)이며 하남성(河南省)의 공현(鞏縣) 사람이다. 전통적인 관료 집안 출신으로 어릴 때부터 유가사상의 훈도(薰陶) 아래 성장하였다. 이러한 가풍의 영향으로 유가사상은 두보 작품의 중심 코드이자 사상적인 원천이 되고 있다. 유명한 문인들 대부분이 그러했듯이 그도 7세 때부터 이미 시를 창작하였다. 14, 5세에 이르러서는 중년배들과의 교유하기를 좋아해 연장자들로부터 귀여움을 독차지하였다고 하니, 요즘 말로 표현하면 조숙한 애늙은이였던 셈이다.

두보의 청·장년 시기는 그의 일생에서 가장 행복했던 시기로 보인다. 옛 오(吳)나라와 월(越)나라가 있던 강남지방, 제(齊)나라와 조(趙)나라가 있던 산동지방을 유람하고 유서 깊은 고적을 감상하며 문화적 소양을 쌓았다. 나이 30세에 결혼하였고, 이백(李白)과 고적(高適) 등 시인들과 교유한 것은 그의 나이 33세 때였다. 그러나 몇 차례 과거에 낙방한 뒤로 감히 상상하지도 못했던 험난하고도 처참한 운명이 전개되기 시작하였다.

장안(長安)에서 하루하루를 겨우 연명하던 두보는, 나이 40세에 바친 세 편의 「대예부(大禮賦)」가 현종으로부터 높은 평가를 받아 우위솔부병조참군(右衛率府兵曹參軍)이라는 미관말직을 하사받는다. 하지만 그 사이에 집에서는 먹을 것이 없어 작은아들이 굶어 죽는 참사가 발생한다. 설상가상으로 45세 때 안녹산(安祿山)의 난이 일어난다. 두보는 반군으로부터 탈출하여 숙종(肅宗)이 있던 봉상(鳳翔)으로 가서 좌습유(左拾遺)라는 벼슬을 하사받는다. 그러나 황제의 인사정책에 반대하는 상소를 올리다 결국 황제의 미움을 받아 화주사공참군(華州司功參軍)이라는 벼슬로 좌천되면서 다시는 장안(長安)에 이르지 못하게 된다.

회재불우(懷才不遇)의 현실 앞에 그가 선택할 수 있는 폭은 넓지 않았다. 어쩔 수 없이 입신공명에 대한 그의 강렬한 의지는 좌절을 겪지 않을 수 없게 되었고, 스스로의 포부를 펼칠 수 없음을 감지한 두보는 벼슬을 하직하고 옛 촉한(蜀漢) 땅인 사천(四川)으로 떠난다. 사천성(四川省) 성도(成都)에서 초당(草堂)을 짓고 생활하면서 만년을 보내던 그는 도와주던 친구의 죽음으로 병든 몸을 이끌고 호북성(湖北省)과 호남성(湖南省)의 악양(岳陽), 장사(長沙) 등지를 방랑하다 결국 상강(湘江) 위의 작은 뱃머리에서 병사하면서 한 많은 일생을 마치게 된다.

이처럼 두보의 일생은 불운의 연속이었다. 발분서정(發憤抒情) 때문일까? 그의 작품들도 그의 파란만장한 인생만큼이나 깊이가 있다. 그는 충군애민(忠君愛民)을 강조하면서도 현실적인 모순을 강력히 비판한 당나라의 대표적인 애국시인이자 중국 고전시가를 한 단계 발전시킨 대표적인 시인으로 평가받고 있다.

당나라는 태종(太宗)의 '정관지치(貞觀之治)'에서 현종(玄宗)의 '개원성세(開元盛世)'에 이르기까지 최고의 전성기를 구가하였다. 당시 국가 경제력의 커다란 발전은 국력의 강성함을 불러왔고, 각종 문화의 융합을 촉진시켰다. 사상적인 면에서의 유연함은 사회의 다원화를 촉진하였고, 과거에서 시부(詩賦)를 진사과의 선발시험으로 규정함에 따라 당대의 시가(詩歌)는 이전에는 볼 수 없었던 번성함을 가져온다.

고적과 잠삼, 왕유와 맹호연, 그리고 이백 등 중국을 대표하는 수많은 뛰어난 시인들이 이 시기에 출현한다. 두보의 청소년 시기가 바로 최고의 전성기를 구가하던 '개원성세(開元盛世)' 시기였다. 그러나 서기 755년 발생한 '안사의 난'은 당이 성세에서 몰락으로 넘어가는 전환점인 동시에 문학적으로도 두보의 창작활동에 지대한 영향을 미치는 큰 사건이었다. 이 반란으로 인한 전쟁은 장장 8년 동안 지속되었고, 당제국은 치유할 수 없는 큰 타격을 입으면서 당왕조의 중앙집권통치는 크게 흔들리게 된다.

두보 시의 가장 두드러진 특징 중의 하나가 바로 '안사의 난' 전후로 터져 나오는 각종 사회적인 모순점을 매우 생동감 있게 기록하고 있다는 점이다. 예를 들면 '안사의 난'이 폭발하기 직전 장안에서 부패하고 사치스러운 귀족들의 생활상을 직접 목도한 두보는 다음과 같은 명구절을 남긴다. "부호의 집에서는 술과 고기가 썩어나고, 길가에는 얼어 죽은 시체가 널려 있네(朱門酒肉臭, 路有凍死骨)." 당시 양극화된 사회적인 모순을 신랄하게 비판하고 풍자하고 있다.

사회적인 모순점에 대한 비판을 통하여 유가의 '인정(仁政)'을 구현하고자 하는 시인의 의도도 느낄 수 있다. '안사의 난' 이후의 황폐화된 도시, 도탄에 빠진 백성, 전쟁터로 끌려가는 농민들의 참상을 보면서, 백성들의 아픔과 민중의 고통을 진솔하게 작품 속에 담았다. 그러기에 그의 작품 속에 등장하는 인물들은 대부분 전쟁의 참화 속에 고통받던 농민이나 병사, 뱃사공, 어부, 과부 등등 사회적으로 약자층에 속한 사람들이다. 두보보다 열 살 위인 이백의 주된 창작 시기가 안사의 난 이전으로 두 사람 시풍의 차이에는 이러한 시대환경적인 요인이 존재한다.

이처럼 두보의 작품은 단순히 자신의 재주를 뽐내기 위해서나, 혹은 감상(感傷)에 젖어 있는 개인적인 정감만을 표현하기 위한 것은 아니다. 오히려 의식적으로 사회현실에 대한 강도 높은 묘사를 통하여 역사적인 진실성을 담으려고 노력했다. 후대 사람들이 그의 시를 가리켜 '시사(詩史)'라고 높이 평가하고, 또한 후대 유가들에게서 후한 점수를 받는 원인이 바로 여기에 있는 것이다. 그러므로 우리는 이백의 낭만주의 정신과 대비시켜 두보를 현실주의 시인으로 평가하고 있다.

두보가 생활한 시기는 당의 국력이 가장 극성했던 현종(玄宗) 때부터 몰락의 길로 접어든 숙종(肅宗), 대종(代宗) 때이다. 두보는 이 시기의 정치, 경제, 군사, 문화 등 사회 전반의 현상을 묘사하고 있는데, 1,400여 수에 달하는 그의 시가 내용을 개략적으로 다음과 같이 나눠볼 수 있다.

첫째로, 당시의 시사(時事)에 관해서 언급한 정치시가 많은 분량을 차지하고 있다. 예를 들면 시인의 개인적인 정견(政見)을 나타낸 작품으로 「세병마(洗兵馬)」, 「유감(有感)」이 있고, 통치자들의 잔인하고 난폭한 면을 고발하는 「여인행(麗人行)」이 있다. 궁핍함 속에서 겨우 연명하는 백성들에 대한 동정, 우언을 통한 현실을 풍자한 작품들도 모두 여기에 속한다.

두 번째로, 전쟁을 제재로 한 작품도 상당한 수량을 차지하고 있다. 그의 대표작품이라 할 수 있는 「병거행(兵車行)」에서 "변방에 흘린 피가 바다를 이루어도, 황제의 영토확장 의지는 끝이 없다네(邊庭流血成海水, 武皇開邊意未已)."라며 통치자들의 욕심 때문에 겪는 백성들의 처참한 고통에 대해서 신랄한 비판을 가하고 있다. 또한 강제로 전쟁터로 끌려가는 백성들의 고통을 노래한 유명한 「삼리(三吏)」와 「삼별(三別)」 시도 여기에 속한다.

세 번째로, 자연 사물을 대상으로 노래한 작품들도 적지 않다. 그러나 비록 자연 사물을 노래하고 있다고 할지라도 사회현실과 연관시켜 묘사한 작품들이 상당하다. 예를 들면 봄날에 비춰진 장안성의 모습을 묘사한 「춘망(春望)」 속에 전쟁으로 인한 이별의 한스러움 같은 시사성도 가미되어 있다. 촉(蜀)으로 들어갈 때 지은 「검문(劍門)」이나, 「추흥 8수(秋興 8首)」, 「강한(江漢)」 등이 모두 시인의 정감과 풍광, 그리고 시사(時事)가 융합된 작품들로 주로 두보 만년에 창작된 작품들이다. 이 밖에 회화나 음악, 건축, 무도, 농업생산에 관한 시에도 시대성을 띠고 있음을 알 수 있다.

네 번째로, 두보의 작품 중에서도 시대성이 비교적 약하고, 시인의 개인적 정감이 강렬하지 않은 작품들도 있다. 이러한 작품들은 대부분 만년에 사천성 성도의 초당에서 지은 작품들이다. 대표적인 작품으로 「춘야희우(春夜喜雨)」를 들 수 있는데, 이 작품은 두보시 가운데 불과 몇 수 되지 않는 전원시로서 맑고 싱그러운 느낌을 주는 봄비를 찬양한 시이다. 또한 두보는 가족이나 벗에 대한 그리움을 묘사한 작품도 적지 않은데, 예들 들면 부인에 대한 사념으로 지은 「월야(月夜)」나 동생을 그리며 지은 「월야억사제(月夜憶舍弟)」, 그리고 이백을 그리며 지은 작품도 10여 수에 이르고 있다.

이처럼 내용적인 면에서 보면 '시사(詩史)'라고 칭송받을 정도로 다양한 내용의 작품들이 존재하고 있음을 알 수 있다. 형식적인 면에서도 고체시(古體詩)와 근체시(近體詩)등 모든 시형을 골고루 창작하고 있다. 특히 초당 시기부터 발전해 온 율시(律詩)라는 새로운 시형을 당나라에 정착시키는 데 커다란 공헌을 하고 있어, 후대 사람들은 그를 고전시가의 집대성자라고 평가하고 있다.

우리는 당나라를 가리켜 중국 고전시가의 황금기라고 이른다. 중국 고전시가가 당에 이르러 당대문학의 주류로 형식적인 면에서나 예술적인 면에 있어서 최고의 발전을 이루었기 때문이다. 이렇게 당시를 크게 발전시키고, 후대에 흥행시킨 대표적인 시인을 꼽으라면 대부분의 사람들이 이백과 더불어서 두보를 가리킨다.

살아생전에 두보의 작품은 그리 높은 평가를 받지 못했다. 그의 시가 높이 평가받기 시작한 것은 그가 세상을 떠나고 약 반 세기가 지난 후, 한유와 백거이, 원진 등 중당 시기의 대표적인 문인들에 의해서이다. 이들이 두보의 시를 높이 평가한 이유로 여러 가지를 들 수 있겠지만, 내용적인 면에서 가장 중요한 요인은 바로 두보의 시가 속에는 전통적인 유가사상이 깊이 투영되고 있기 때문이다.

한유는 문장 속에 '유가의 도'를 담을 것을 강력히 주창하면서 고문운동을 제창하였고, 원진과 백거이는 사회현실을 반영한 시가를 창작하자며 '신악부 운동'을 제창한 것도 그런 맥락의 일원으로 볼 수 있다. 송대에 이르러서는 왕안석과 소식, 그리고 황정견과 강서시파, 애국시인 육유 등은 모두 송대를 대표하는 시인들일 뿐만 아니라, 동시에 모두 두보시를 전범으로 삼아 추종한 인물들이다.

　결론적으로 말해서 두보는 전통적인 유가사상의 충실한 추종자로서 『시경(詩經)』과 한악부시(漢樂府詩)의 현실반영정신을 계승하는 동시에 위진남북조 이래의 근체시의 체재와 기교를 발전시켜 중국 고전시가를 집대성하였다. 뿐만 아니라 송대와 후대시가의 발전에 직접적인 영향을 미쳐 '시성(詩聖)'으로 칭송받기에 손색이 없는 중국 고전시가를 대표하는 시인이다. 그러기에 두보시에 대한 이해가 선행되지 않고서 중국시를 전반적으로 이해한다는 것은 불가능한 것이라고 말할 수 있다.

★ 추천도서와 읽을거리

이병주,『두보 : 시와 삶』, 민음사, 1993
　두보의 유명한 작품들을 시대적 배경과 맛깔스런 시투의 번역으로 마무리했다.
우집,『두보시의 이해』, 정양 · 박완식 옮김, 이회문화사, 1994
　원나라 우집(虞集)이 지은 『두율우주』를 번역한 것이다. 두시에 주석과 해설을 곁들인 품평서이다.

제1영역 · 문학과 예술

9

루쉰 소설집
루쉰

● 김양수 동국대학교 중어중문학과 교수

    희망이란 걸 떠올리자 나는 갑자기 좀 두려워졌다. 룬투가 향로와 촛대를 갖고 싶다고 했을 때, 나는 그가 항상 우상을 숭배하면서 어느 때고 그 생각만 하고 있었구나 생각하면서 속으로 비웃었다. 하지만 지금 내가 말하고 있는 희망이라는 것 역시 내가 스스로 만들어낸 우상은 아닐까? 그의 소망은 가까이 있고, 나의 소망은 멀리 있다는 데 지나지 않는 것이다.
    몽롱해진 내 눈 앞에 저 멀리 해변의 파아란 백사장이 펼쳐졌다. 머리 위의 짙푸른 하늘에는 둥그런 황금빛 달이 걸려 있었다. 나는 생각해 보았다. 희망이란 본래부터 있는 것이라 할 수도 없고, 없는 것이라 할 수도 없다. 그것은 땅 위의 길과 같은 것이다. 본래 땅 위에는 길이 없었다. 걷는 사람이 많아지면서 길이 된 것이다.

1921년 1월

──「고향(故鄕)」 중에서

현대 중국의 작가 중 루쉰(魯迅, 1881~1936)은 아마도 우리나라뿐 아니라, 세계적으로도 가장 널리 소개된 인물일 것이다. 루쉰의 고향은 중국 저장 성(浙江省) 사오싱(紹興)이다. 사오싱이라는 도시는 수탉 모양의 중국 지도에서 동남쪽에 위치하고 있는데, 상하이(上海)에서 항조우(杭州)를 거쳐서 갈 수 있다. 사오싱은 중국에서 오랜 역사를 가진 고도(古都)이다. 치수(治水) 신화의 영웅 우(禹)와도 관련이 있고, 춘추시대 월(越) 왕 구천(勾踐)의 '와신상담(臥薪嘗膽)'의 복수담이 전해지는 곳이기도 하다. 이곳은 또 명청시대에는 운하(運河)를 통해 이루어진 교역으로 번성했던 곳이며, 중국 명주(銘酒) 사오싱주(紹興酒)의 산지로도 유명한 곳이다.

저우수런(周樹人)이 본명인 루쉰은 사오싱의 사대부 가정에서 장남으로 태어났다. 루쉰의 조부는 과거(科擧)의 최종 시험에 합격하여 진사(進士)가 되었고 벼슬도 했지만, 부친은 과거 수험 자격시험에 합격하여 수재(秀才)가 되었을 뿐, 거인(擧人)이 되는 실제 과거의 1차 관문에서는 줄곧 낙방했다. 루쉰의 모친 루루이(魯瑞, 1858~1943)는 비록 교육을 받지는 않았으나, 독학으로 글을 깨우치고, 전족(纏足) 반대운동에 가담하기도 한 개명한 여성이었다.

1893년 부친의 과거 합격을 위한 뇌물 증여로 인해 조부가 7년간 옥살이를 하게 되고, 이듬해에는 부친이 몸져눕게 되면서, 루쉰의 집안에는 어두운 그림자가 드리우게 된다. 당시 13세이던 소년 루쉰은 마을사람들의 경멸적 시선을 받으며 전당포와 약방을 오가게 되는데, 당시를 기억하여 루쉰은 소설집 『납함(吶喊)(1923)』의 서문에서, "어지간한 정도의 생활을 하다가 갑자기 밑바닥으로 떨어진 사람이라면, 그 과정에서 틀림없이 세상 사람들의 거짓 없는 모습을 볼 수 있을 것이라 생각한다."라고 회상한 바 있다.

전통 있는 가문의 장남으로 태어난 루쉰은 집안이 몰락하는 과정을 직접 경험하면서, 현실의 냉혹함을 절실하게 느끼게 된다. 10대의 나이에 부친의 사망으로 정신적, 물질적 불안과 결핍을 겪게 되는 루쉰의 가정은 정치적 중심으로서의 황제가 사라지게 되는 청말 민국 초 중국의 국가적 상황과도 유사하다. 사오싱에서 보낸 유년시절은 어두운 현실을 냉혹하게 직시하는 루쉰 문학의 원형질이 형성되는 시공간이다.

1898년 루쉰은 몰락해 가는 고향집을 등지고 난징(南京)으로 가서 강남수사학당(江南水師學堂) 등 군대에서 운영하던 학교들을 다니며 다윈의 진화론 등 서구의 자연과학을 초보적으로 접하게 된다. 1902년 광무철로학당(鑛務鐵路學堂)을 졸업한 루쉰은 곧바로 일본 유학길에 오르게 된다. 아편전쟁 직후인 1847년 미국에 최초의 유학생을 보낸 이래 청조 정부는 해외유학의 필요성을 절감하고 있었는데, 루쉰이 유학을 떠난 1902년 608명이던 일본 유학생 수가 과거제 폐지 후인 1905년에는 8천명, 1906년에는 만 2천 명으로 불어나던 때이다. 1909년 8월에 다시 중국으로 귀국하기까지 루쉰은 도합 7년 반을 일본에서 보내게 되는데, 서구문명에 대한 소양이나 문학·예술 일반에 대한 기본적인 식견 등이 대부분 이 시기에 형성되었다.

내셔널리즘에 눈뜨기 시작한 것도 바로 이 시기였다. 동향인으로서 루쉰과 평생 교우관계를 유지한 쉬서우창(許壽裳, 1882~1948)은 당시 두 사람이 국민성에 대한 대화를 자주 나누었다고 회고한 바 있는데, 그들의 주요한 화제는 ①이상적인 인간성이란 어떤 것인가 ②중국 민족에게 가장 부족한 점은 무엇인가 ③그 병의 근원은 무엇인가, 라는 문제들이었다. 당시로서 그들이 얻은 결론은 중국인에게는 '성실(誠)'과 '사랑(愛)'이 부족하고, 그 원인은 원(元)과 청(淸)의 두 왕조에서 이민족의 노예가 되었기 때문이며, 구제 방법으로는 반청(反淸) 혁명밖에는 없다는 것이었다.(許壽裳, 『亡友魯迅印象記』)

도쿄(東京)에서 몇 년을 보낸 루쉰은 1904년 센다이(仙臺)로 옮겨 그곳의 의학전문학교에 입학한다. 그런데 의학을 공부한 후 귀국해서는 부친처럼 환자를 치료해 주고, 전시(戰時)에는 군의관이 되어 국민들에게 유신(維新)의 신앙을 깊이 심어주겠다는 포부를 갖고 입학한 루쉰에게 중도에 의전(醫專)을 자퇴하게 되는 상황이 발생한다. 당시는 러일전쟁의 와중이어서 수업이 끝난 후 강당에 모여서 전쟁의 장면이 담긴 슬라이드를 보곤 했다고 한다.

그러던 어느 날 루쉰은 슬라이드 화면 속에서 중국인의 모습을 보게 된다. 러시아군 스파이를 했다는 혐의로 한 중국인이 공개처형되는 상황에 많은 중국인들이 둘러서서 무표정한 얼굴로 구경하고 있었다. 구경꾼들의 무표정함이 루쉰에게는 큰 충격이었다. 루쉰은 훗날 당시를 회고하며 말한 바 있다. "어리석은 국민은 아무리 체격이 건장하고 오래 산다고 해도, 고작해야 무의미한 본보기의 재료나 그 구경꾼이 될 뿐이지 않은가? 병에 걸리거나 죽거나 하는 인간이 비록 많다 해도 그런 것은 불행이라고까지는 말할 수 없다. 오히려 우리가 제일 먼저 해야 할 임무는 그들의 정신을 개조하는 데 있다. 그리고 정신의 개조를 위해 유익한 일이란, 당시의 내 생각으로는 물론 문예가 제일이었다. 그리하여 문예를 제창할 마음을 먹게 되었다." (소설집 『납함』 서문)

의학을 지향했던 루쉰이 문학으로 방향을 전환하는 계기가 이른바 '환등기 사건' 이었다는 것은 학계에서는 이미 정설이 되었다. 물론 공개처형 장면에 대한 묘사는 그 당시에 기록된 것이 아니라 일정 시간이 경과한 후에 씌어진 것이기에, 여기에는 가공이 섞였을 수도 있다. 하지만 위의 에피소드에서 추정할 수 있는 것은 적어도 그의 문학이 개인적이거나 유미주의적 차원에서 시작되지는 않았다고 하는 것이며, 국민계몽이라고 하는 내셔널리즘적 욕구에서 비롯된 것이라는 점이다. 일본에서 문예지 창간 등을 기획하다가 실패를 거듭한 루쉰은 1909년에는 귀국하여 항저우에서 교원 생활을 한다.

1911년 중국에서는 신해혁명(辛亥革命)이 일어나, 아시아 최초의 공화국인 중화민국이 수립된다. 난징에 수도를 정한 쑨원(孫文)이 초대 임시 대총통으로 취임하게 되지만, 이내 정권은 위안스카이(袁世凱) 등 보수 정객의 수중으로 넘어가고 만다. 위안스카이는 헌법을 폐지하는 등 혁명의 성과를 무시하고 스스로 황제의 자리에 오르려 하였는바, 각지에서 이를 반대하는 운동이 일어난다. 그 와중에 위안스카이는 사망하지만, 전국은 다시 군벌의 할거(割據)로 분열상태에 놓이게 된다. 고향 사오싱에서 신해혁명을 맞은 루쉰은 정치적 긴장과 흥분이 끝내 좌절로 이어지는 전 과정을 직접 목도하게 된다.

루쉰은 1912년 베이징으로 와서 교육부 관리로 일하게 되는데, 처음에는 약 7년 가량을 혼자 지내다가 1919년 당시 사오싱에 살고 있던 가족들을 모두 베이징으로 불러와 한 집에 모여 살게 된다. 소설 창작도 이 시기부터 시작되었다. 한편 국민당 지도자 쑨원은 공산당과의 제휴를 적극 추진하고, 1924년에는 국공합작을 이루어 반제국주의, 반군벌의 투쟁 목표를 전면에 내세운다. 1926년 국민혁명군은 지방군벌과의 전쟁을 시작했는데, 혁명의 근원지 광저우(廣州)를 출발해서 북진했기 때문에 북벌(北伐)이라 했다. 북벌전쟁이 진행 중이던 1927년 북벌군 총사령관 장제스(蔣介石)는 상하이에서 4·12 반공 쿠데타를 감행, 국공합작이 분열된다.

1926년 8월 백색 테러가 횡행하는 베이징을 탈출하여 남쪽으로 떠난 루쉰은 샤먼(廈門)과 광저우를 거쳐 1927년에는 상하이에 도착, 그곳에서 10년간의 남은 인생을 보내게 된다. 상하이 시기에 루쉰은 다른 직업을 갖지 않고 전업작가로 생활했는데, 소설보다는 정론적 수필을 많이 썼고 판화의 보급에 진력했으며, '자유운동대동맹', '중국좌익작가연맹' 등의 문화운동 단체에 가입하여 사회활동에 적극적으로 참여했다.

루쉰은 소설가로 이름이 높지만, 사실상 소설 작품이 그다지 많은 편은 아니다. 소설집으로는 신해혁명 전후 중국 사회의 어두운 현실을 그린 『납함』, 『방황(彷徨)』(1926)과 신화 · 전설 등에서 모티브를 취한 역사 단편집 『고사신편(故事新編)』(1936) 등 세 권이 있고, 산문시집으로 『야초(野草)』(1927)가 있다. 그 외에 많은 글들은 이른 바 '잡감문(雜感文)'이라 불리는 사회평론들로, 『열풍(熱風)』(1925), 『분(墳)』(1927) 등 열여섯 권이 있다.

독자들에게 비교적 잘 알려진 작품집은 『납함』과 『방황』인데, 시기로 보자면 대부분 베이징에서 살던 때 쓴 것이며, 1927년 이후에는 거의 소설을 쓰지 않았다.

작품집 『납함』에는 「광인일기(狂人日記)」, 「콩이지(孔乙己)」, 「약(藥)」, 「내일(明天)」, 「작은 사건(一件小事)」, 「두발의 고사(頭髮的故事)」, 「풍파(風波)」, 「고향(故鄕)」, 「아큐정전(阿Q正傳)」, 「단오절(端午節)」, 「백광(白光)」, 「토끼와 고양이(兎和猫)」, 「오리의 희극(鴨的喜劇)」, 「사희(社戱)」 등이 실려 있고, 『방황』에는 「축복(祝福)」, 「술집에서(在酒樓上)」, 「행복한 가정(幸福的家庭)」, 「비누(肥皂)」, 「장명등(長明燈)」, 「조리돌림(示衆)」, 「까오선생(高老夫子)」, 「고독한 사람(孤獨者)」, 「상서(傷逝)」, 「형제(弟兄)」, 「이혼(離婚)」 등이 실려 있다.

루쉰이라 하면 독자들은 일반적으로 저항작가로서의 이미지를 떠올릴지 모른다. 물론 루쉰은 구중국의 개혁을 누구보다 열망했던 사람이었으며, 군벌 정권의 야만적 폭압정치를 정면으로 비판하거나, 부도덕한 정치권력에 아부하는 지식인에 대한 무자비한 공격적 언사를 퍼붓는 등 의롭지 못한 권력을 통렬하게 비판하고, 그에 기생하는 지식인들의 비겁함을 폭로한 글들은 무수히 많다(「꽃 없는 장미」, 「페어플레이는 아직 이르다」 등). 다만 이처럼 공격적인 글들은 대체로 '잡감문'에 많고, 소설의 경우 그보다는 다소 개인적, 내면적, 사색적 성격의 것들이 많다. 이 문제는 글의 장르적 성격과도 무관하지 않을 것 같은데, 대체로 현실의 상황에 대처하는 데 있어서는 서사의 과정에서 일정한 시간이 요구되는 소설보다는 바로바로 써낼 수 있는 잡감문 쪽이 순발력 면에서 유리했기 때문일 것이다.

『납함』에서도 가장 앞에 실린 「광인일기」는 중국 현대문학사상 최초의 현대 백화체 소설이기도 하다. 사람들이 자신을 잡아먹으려 한다는 강박관념에 빠진 한 미친 사람의 일기를 통해, 역으로 세상 사람들이 봉건적 광기 속에 미쳐 있음을 드러낸 작가는 아직 사회적 관념에 물들지 않고, 독립적이며 주체적인 사고를 할 수 있는 진정한 인간을 배출해 내기 위해 광인으로 하여금 "아이들을 구해야 한다."고 호소하게끔 하고 싶지만, 그의 외침은 거대한 집단 속 개인의 나약한 절규에 그쳐, 결국 작품은 "아이들을 구해라."의 뒤를 잇는 "……"로 끝을 맺게 되는 것이다. 발표 직후부터 상당 기간 동안 이 작품은 중국사회를 변혁시켜야 한다는 '격문(檄文)'으로 읽힌 경우가 많았으나, 최근의 연구성과들은 오히려 그보다는 변혁의 현실적 가능성 자체를 문제 삼은 것으로 보아야 한다는 쪽에 무게가 실리고 있다. 작품의 '서문'과 맨 마지막 "……"의 작용에 주목해서 본다면 이 작품 내지 작가 루쉰에 대한 새로운 해석의 실마리를 얻어낼 수 있다.

「콩이지」에서는 술집에서 일하는 어린아이의 시선을 통해 '비친' 구지식인 콩이지의 모습을 그리고 있다. 콩이지는 서당에서 글공부를 많이 한 사람이지만, 그가 가진 지식은 현실에서 아무런 쓸모가 없다. 아이들에게 글을 가르쳐주려 하지만, 아무도 그에게 배우길 원치 않는다. 그는 경제적으로 무능하기 때문에 주점에서도 신분에 적합한 대우를 받지 못한다. 구사회 지식인의 파멸적 형상은 「백광」 등 다른 소설에도 등장한다.

루쉰의 소설 편수가 그다지 많지 않다는 점은 앞에서도 지적한 바 있지만, 편폭 역시 대부분 짧아 대부분 단편소설이다. 루쉰의 대표작으로 알려져 있는 「아큐정전」의 경우만 유일하게 단편을 넘어선 중편 정도의 분량이다. 「아큐정전」은 '정신승리법'이라는 기발한 자기합리화의 방식으로 대표되는 주인공 아큐의 성격적 단점에 대한 자세한 묘사를 통해 중국 국민성의 취약점을 구체적으로 드러냈다는 평가가 일반적이다. 하지만 '국민성' 문제로만 이 작품을 해석해 낼 수는 없다. 이 작품은 분명히 신해혁명을 배경으로 하고 있다. 그런데 작품에서 신해혁명은 왜 그렇게 희화화(戱畵化)되어 있는가. 「아큐정전」의 내용 중 '혁명'이라는 장에 그려진 것은 신구세력 간의 대규모 항쟁이나 혁명가의 고난에 찬 투쟁도 아니며, 다만 웨이좡(未庄)이라는 작은 마을에서 분위기에 휩쓸린 아큐라는 인간이 약탈행위를 하거나 자신이 혁명당원인 양 허세를 부리고 다닌다는 이야기에 불과하다. 여기에는 아마도 중국사회의 변혁에 대한 루쉰의 오랜 기대감과 신해혁명이라는 실제의 정치적 사건에 대한 실망감의 커다란 낙차가 빚어낸 의도적인 뒤틀림이 아니었을까.

『납함』에 실린 작품 중 비록 간접적이나마 혁명가의 형상이 비쳐지는 작품은 「약」이다. 이 작품에서는 혁명가의 희생이 각성되지 않은 민중들에게는 정당하게 받아들여지지 못하는 모순적 상황이 설정되어 있다. 사회변혁에 있어 실제적 거리감이 잘 드러난 작품이다. 작품의 후반부에는 작가의 의도를 읽을 수 있는 실마리들이 배치되어 있다. 「약」에는 혁명가의 희생을 두고 갑론을박하며 주관적 해석을 가하는 민중들의 모습이 등장한다. 이들에게 있어 청말 민국초의 복잡한 정치적 상황들의 의미는 제대로 받아들여지지 않는다. 그들은 왜 황제가 퇴위되어야 하는지, 공화제가 무엇인지, 퇴위된 황제가 왜 다시 나타난다는 건지 도통 이해할 수가 없다. 「두발의 고사」, 「풍파」 등에 등장하는 사람들의 모습이다.

위 작품들에 비해 「고향」은 다소 자전적인 느낌을 준다. 오랫동안 외지를 떠돌던 주인공이 가족들을 모두 데리고 이사를 가기 위해 일시 귀향하고, 오랜만에 고향 사람들을 만나 느끼게 되는 감정을 서정적 분위기로 풀어낸 이 작품은 일가족이 함께 고향 사오싱을 떠나 베이징으로 이사했던 루쉰의 실제상황을 배경으로 하고 있기도 하지만, 다른 한편으로는 러시아 작가 치리코프(E. N. Chirikov, 1864~1936)의 「시골 읍내」라는 작품의 귀향 모티브를 차용한 것이기도 하다. 작품의 마지막 부분 '희망'과 '길'에 대한 언급에서는 루쉰의 적막감을 읽을 수 있다.

『방황』의 작품 중 「축복」에서는 여성 문제를 언급하고 있다. 1920년대 중국에는 '입센주의'의 영향으로 여성의 권리와 혼인의 자유 문제 등이 작품에도 적잖이 등장한 바 있다. 하지만 당시의 작품 속 여성 형상은 도시 신여성의 경우가 대부분이었고, 이 작품처럼 농촌 여성에 주목한 경우는 드물었다. 작품의 주인공은 두 번이나 원치 않는 결혼을 하고, 남의 집 일을 하며 고생만 하다가 유일한 삶의 희망이던 자식마저 잃고, 나중에는 죽고 싶어도 미신이 두려워 죽지도 못하는, 세상에서 가장 낮은 지위의 사람이다. 결국 그녀는 아무런 낙이 없는 이 세상을 하직하게 되지만, 아무도 그녀의 죽음을 슬퍼해주는 사람은 없다. 특히 작품의 내레이터 '나'의 방관자적 모습은 더욱 두드러진다.

「술집에서」역시 「고향」과 마찬가지로 '귀향'과 '해후'라는 모티브를 통해 개혁에 대한 기대감에 부풀었던 지난 과거와 보수 회귀의 서글픈 현실을 대비시키고 있다. 주인공의 친구는 말한다. "어렸을 때는 말이야, 벌이나 파리가 한 곳에 머물러 있다가 사람이 날리면 곧 날아오르지만 한 바퀴 돌고는 곧 제자리로 돌아와 앉지 않던가?" 벗어나보려고 발버둥을 쳐보지만, 실제로는 현실에서 한 걸음도 나아가지 못한다는 말이다. 「고향」의 룬투(閏土), 「고독자」의 웨이롄수(魏連殳)도 대체로 유사한 상황이다.

「상서」는 혼인의 자유를 쟁취하고자 실제로 용기 있게 두 사람만의 생활을 꾸려가던 남녀가 결국은 현실에서 쓰라린 패배를 겪고 마는 슬픈 사랑의 이야기이다. 주인공 남녀는 모두 각성한 사람들이다. 결혼 상대를 고르는 데 있어서도 "나는 나 자신의 것, 그분들이라고 해서 나를 간섭할 권리는 없습니다."라고 하면서, 그들만의 순수한 사랑을 찾아 새로운 길을 개척해 간다. 하지만 그들은 사회의 구석구석까지 드리워진 낡은 관념의 그물망을 피해 갈 수 없었고, 생활고와 고독을 이기지 못하고 본래의 가정으로 회귀하게 되지만, 결국은 사랑을 잊지 못하고 쓸쓸하게 파멸해 가고 만다.

루쉰 작품의 분위기는 전반적으로 어둡다. 그리고 그의 소설작품에는 실패한 사람의 형상이 많이 등장한다. 이런 어두운 분위기를 어떻게 보아야 할까. 이 점에 대해서는 루쉰이 활동하던 당대에부터 지금에 이르기까지 이미 숱한 평가들이 진행되어 왔다. 현실에 대한 암울한 분위기. 아마 거기에 진실이 있을지도 모른다. 루쉰은 자신의 작품에 있어 멋지거나 가슴 벅찬 전망을 만들어내지 않았다. 그러한 그의 태도가 오히려 진정한 반항의 힘을 느끼게 한다.

과거 중국은 '잠자는 사자'라 불렸고, 이 잠자는 사자의 각성과 변혁을 외친 많은 사회운동가와 작가들의 '말'이 있었다. 사람의 말에는 수명이 있다. 오랜 시간이 지나도 살아남는 말의 장수 비결은 '진실'이다. 루쉰은 우리에게 어떤 진실을 전하려 했는가. 그 중 하나는 바로 낡은 사회는 변혁되어야 하지만, 변혁은 그렇게 쉽게 이루어지지 않는다는 것이다. 이른바 '혁명'과 그에 대한 '반동'이 몇 차례씩 오간 후, 사람들의 의식이 성장했다 싶으면 그제야 사회가 서서히 변해 가는 걸 느끼게 되는 것이다. 다니는 사람이 많아지면서 자연스레 생겨나는 지상(地上)의 길처럼.

★ 추천도서와 읽을거리

루쉰, 『노신문집』 I~VI, 다케우치 요시미(竹內好) 역주, 한무희 옮김, 일월서각, 1985~1987(초판)

중국에서는 이미 몇 차례 『루쉰 전집』이 출판된 적이 있지만, 한국에서는 아직 한글판 『전집』은 출판된 적이 없으며, 번역된 작품집으로는 여러 판본이 있지만 대부분 소설에만 국한되어 있다. 이 『노신문집』은 소설을 포함, 에세이까지 번역한 것으로, 비록 『전집』은 아니지만 국내 출판서 중 가장 많은 작품을 수록한 선집이라 할 수 있다. 일본의 저명한 사상가이자 루쉰 연구자인 다케우치 요시미(竹內好, 1910~1977)의 역주본을 국내에서 다시 번역한 중역의 형태를 취하고 있으나, 번역도 원문 교정을 거친 듯 무난한 편이다. 다케우치 요시미의 역주와 해설은 간결하면서도 예리한 면이 돋보인다. 다케우치 요시미에 대해서는 최근 일본과 중국의 학계에서 논의가 활발하지만, 이에 대해서는 별도의 고찰이 요구된다(다케우치 요시미, 『루쉰』, 서광덕 옮김, 문학과 지성사, 2003 참고).

루쉰·쉬광핑, 『루쉰의 편지』, 리우푸친 엮음/해설, 임지영 옮김, 이룸, 2004

루쉰이 두 번째 부인 쉬광핑(許廣平)과 나눈 43편의 편지와 일기 중 일부를 편역한 책이다. 쉬광핑은 1920년대 루쉰이 베이징에서 출강하던 대학의 학생이었으며, 사회진보에 대한 공감대를 바탕으로 두 사람은 사랑을 키워가게 된다. 원문을 번역하고 각각의 글에 대해 설명을 추가하고 있는데, 루쉰과 쉬광핑의 사랑의 감정과 사회관 등을 읽을 수 있다.

왕샤오밍, 『인간 루쉰』, 이윤희 옮김, 동과서, 1997

책의 저자 왕샤오밍(王曉明)은 현재 중국 학계에서 활발하게 활동하고 있는 중견학자이다. 이 책은 국내에서 출판된 여러 종의 루쉰 전기 중 원저의 출판연도가 비교적 최근에 가까운 것이며, 객관적 서술을 위해 노력한 측면이 있다.

제1영역 · 문학과 예술

10

마의 산
토마스 만

● 임호일 동국대학교 독어독문학과 교수

    우리가 한스 카스토르프의 이야기를 하려는 이유는 사람 자체 때문이 아니라—물론 그는 흥미로운 젊은이이기는 하지만 지극히 단순한 젊은이란 사실을 독자들도 깨닫게 될 것이기에—이 이야기 자체가 그럴 만한 가치가 있어 보이기 때문이다(물론 이것이 그의 이야기라는 것, 그리고 이런 이야기는 누구에게나 다 타당한 것이 아니라는 점이 한스 카스토르프를 위하여 기억되어야 마땅하다). 이 이야기는 아주 오래된 것으로, 말하자면 역사적으로 파묻힌 이야기로서, 당연히 과거의 시제로 서술되어야 한다.

    이 점은 이야기를 위해 불리하다기보다 오히려 유리한 점이라 말할 수도 있을 것이다. 역사란 물론 과거의 것이어야 하며, 더 오랜 과거일수록 역사 자체의 특성을 위해서나 주문(呪文)처럼 과거를 불러내는 작가를 위해서도 더욱 알맞다 할 수 있을 것이므로, 역사는 모두 마찬가지여서—실제의 나이보다 훨씬 더 늙어—그 계산은 일수(日數)나 연수(年數)로 따질 수 없으며 태양의 일출 일몰로도 계산될 수 없다. 요컨대 역사가 갖는 과거형의 정도는 시간이라는 척도와는 조금도 관련이 없다. 시간이 갖는 신비로운 요소의 문제성과 이중성에 대해 암시해 두기 위해서 미리 밝혀 두는 것이다.

현대 독일문학에서 소설 장르를 대표하는 작가이자 시사평론가인 토마스 만(Thomas Mann, 1875~1955)은 북부 독일의 한자(Hansa) 도시 뤼베크(Lübeck)에서 곡물 도매상을 하던 대상(大商)의 둘째아들로 태어났다. 그의 형 하인리히 만(Heinrich Mann)도 그와 성향은 다르지만 독일문학에서 명성이 널리 알려진 소설가였다. 그는 아버지로부터 북독의 냉철하고 명석한 시민정신을 물려받아 시민으로서의 의무감을 키워가는 한편, 브라질과 포르투갈의 혼혈인 어머니로부터는 섬세한 감수성을 물려받아 음악과 문학에 탐닉하면서 예술가로서의 기질을 연마하였다.

아버지가 세상을 떠난 후 그의 가족은 뮌헨으로 이주하였는데(1891), 그는 이곳에서 1894년부터 화재보험회사에 근무하다가, 1896년에는 그의 형 하인리히와 함께 이탈리아로 여행을 떠나 그곳에서 1898년까지 체류했다. 그 후 뮌헨에서 잠시 《짐플리치시무스(Simplicissimus)》라는 잡지의 편집인으로 근무하기도 했으며, 1905년에 결혼하여 1933년까지 뮌헨에서 살았다.

1929년에는 노벨문학상을 수상하였으며, 히틀러가 독일의 정권을 장악하던 해인 1933년에 강연 여행차 독일을 떠난 이래로 그는 조국으로 돌아가는 대신 프랑스에 머물다가 스위스로 거처를 옮겼다. 1936년에는 마침내 공개서한을 통해 독일의 나치 정권과 공식적으로 결별을 선언하였다. 그 후 1938년에서 1941년까지 미국의 프린스턴 대학에 초빙되어 강의를 했으며, 1941년부터는 미국의 캘리포니아에 거주하면서 시민권도 얻었지만, 1952년에 다시 스위스로 돌아와 여생을 마쳤다.

토마스 만이 한창 작품 활동을 하던 시기, 즉 20세기 전반기는 독일문학에서 인상주의, 상징주의, 표현주의 등으로 대변되는 거대 담론이 잦아들고, 이른바 '방법의 다원화'가 이루어지기 시작하는 시기이다. 이 시기부터 작가들은 사조(思潮)라는 지배 이데올로기의 구속으로부터 벗어나 각기 나름대로 개성 있는 문학을 추구하게 된다. 이 시기의 독일어권 작가로는 토마스 만 이외에도 서정적 필치로 인간성의 문제에 천착한 『데미안』의 작가 헤르만 헤세가 있고, 문학을 "얼어붙은 바다를 깨는 도끼"에 비유하며 시대와 인간의 모순을 파헤친 『변신』의 작가 카프카, 그리고 카프카와 마찬가지로 프라하 태생으로 많은 비유와 은유를 통해 사물을 직관적으로 표현한 서정시의 대가 릴케가 있다.

토마스 만은 괴테 및 19세기의 독일문학 전통을 비교적 많이 물려받은 작가이다. 다분히 보수적인 시민성을 지닌 그는 특히 쇼펜하우어, 니체, 바그너 등과 같은 철학자 내지 음악가의 회의론 및 (신)낭만주의에 많은 영향을 받았다. 그의 작품에는 현실과 예술, 일상세계와 비일상적 세계 그리고 시민과 예술가 사이의 긴장이 다양하게 표현되는데, 그는 종종 병(病)과 죽음의 그늘을 통해 후자(예술, 비일상적 세계, 예술가) 쪽을 다채롭게 채색하곤 한다.

그는 특히 후기 작품에서 아이러니 기법을 다양하게 사용하고 있는데, 이 아이러니와 더불어 성찰 및 탄탄한 문장력을 바탕으로 한 냉철한 언어, 그리고 체념적 유머는 그의 후기 작품의 문체를 구성하는 핵심 요소들이다. 이러한 핵심 요소들이 그의 유미주의 및 심층심리학적 인간해석과 결합됨으로써 타의 추종을 불허하는 표현 형식을 창출해 낸다.

『마(魔)의 산(Der Zauberberg)』 이외에 토마스 만의 주요작품으로는 노벨문학상 수상작인 첫 장편소설 『부덴부로크 일가(Buddenbrooks)』(1901), 시민과 예술가, 삶과 정신의 대립관계를 묘사한 중편 『베니스에서의 죽음(Der Tod in Venedig)』(1912)과 『토니오 크뢰거(Tonio Kröger)』(1903), 『마의 산』과 마찬가지로 날카로운 문화 분석 및 문화 비평을 담은 장편 『파우스투스 박사(Doktor Faustus)』(1947) 그리고 구약성서에서 소재를 따온 장편 4부작 『요셉과 그 형제들(Joseph und seine Brüder)』(1933~1943) 등이 있다.

『마의 산』은 토마스 만이 1924년에 발표한 장편소설로, 제1차 세계대전이 발발하기 전 스위스의 한 산악지역 다보스라는 곳의 요양소에서 주인공 한스 카스토르프(Hans Castorp)가 겪은 일들을 이야기로 엮고 있다.

『선택된 자(Der Erwählte)』(1951)와 더불어 토마스 만의 대표적인 교양소설인 이 작품에는 함부르크의 명문가 출신인 한스 카스토르프라는 꼼꼼하고 조용한 성격을 지닌 23세의 청년이 주인공으로 등장한다. 그는 엔지니어 시험에 합격한 후 조선소 입사를 앞두고 다보스의 국제 요양소에서 요양하고 있는 그의 사촌 요아힘 침센을 찾아가 그와 함께 휴가를 보낸다. 예쁘장한 외모에 개방적 성격을 지닌 침센은 소위 임관을 앞두고 폐결핵 치료차 이곳에 와 있었다.

그에게는 이곳 산정 요양객들의 생활방식이 이상하게 여겨졌지만 자신도 모르게 그 생활에 익숙해진다. 이를테면 이 지역의 '신비한 마술'에 빠져들게 되는 것이다. 그러는 사이에 어느덧 그 자신도 병이 들게 되어 애초에 계획했던 것과는 달리 7년간이나 이곳 요양소에 머물게 된다. 그가 이곳을 떠날 무렵에 제1차 세계대전이 발발한다.

그는 이곳에서 생활하면서 여러 방면의 정신 사조를 경험하게 되는데, 이 정신 사조는 다음과 같은 인물들, 즉 이탈리아 출신으로 인문주의자이자 계몽적 낙관주의자 또는 문명예찬론자인 세템브리니, 예수회 회원으로 금욕과 테러 그리고 공산주의 사상과 혼합된 광신주의를 신봉하는 나프타, 호쾌하고 거침없는 성격을 지닌 주임의사 베렌스, 그리고 심리분석 실험을 담당하는 그의 조수 크로코프스키 등을 통해 구현된다.

한스 카스토르프는 미모의 러시아 여인 마담 쇼샤와 사랑에 빠지게 되고, 인생의 즐거움을 만끽하는 페페르코른과도 교분을 맺는다. 그는 나머지 자유 시간을 공부에 할애하기도 하고, 인간과 인간의 세상에 대해 명상하거나 죽음을 앞둔 사람들의 운명에 관해 천착하기도 한다. 이렇듯 교양을 쌓아가는 과정에서 그는 비판적 거리를 두면서도 '마의 산'을 지배하는 분위기에 자신을 내맡긴다. 그러나 동시에 그는 자신이 자신의 가족전통을 벗어날 수 없음을 깨닫게 된다. 그는 자기도 모르는 사이에 자신이 할아버지의 품행을 그대로 흉내내고 있음을 알아차리는 것이다.

마의 산이라는 '교육지역'에서의 그의 삶은 제1차 세계대전이 발발함으로써 끝이 난다. 그는 7년간의 이곳 생활을 청산하고, 그간에 잊고 살았던 평지의 삶을 향해 발을 내딛는다. 급히 요양소를 떠난 그는 한참 광기가 고조된 전쟁에 자발적으로 뛰어들어 전사한다.

총 두 권으로 구성된 『마의 산』은 두 가지 의미에서 시대소설이라고 할 수 있다. 우선 이 작품은 제1차 세계대전 이전의 유럽 후기시민사회(이 사회의 대표자들이 마의 산에 집결해 있다)의 실존방식에 대한 비판이라 할 수 있으며, 다음으로 토마스 만 자신의 정신적 내지 정치적 입장을 정리하기 위한 오랜 노력의 결정판이라 할 수 있다. 그러나 이러한 사회 및 시대 비판과 더불어 작가는 이 작품에서 이른바 '순수한 시간(reine Zeit)'에 관해서도 천착하는데, 이 순수한 시간은 카스토르프의 시간여행과 그의 사유를 통해 서술되고 있다. 카스토르프의 경험에 의하면 시간은 그 자체로(즉, 절대시간으로) 존재하는 것이 아니라, 인간의 의식과 연결되어 있다는 것이다.

토마스 만은 독자에게 이 작품을 두 번 읽기를 권한다. 이런 식으로 이 작품을 정독할 때 비로소 사실적인 외부묘사 뒤에 감추어진 심층세계의 알레고리를 읽어낼 수 있기 때문이다.

1924년에 출판된 『마의 산』은 출판 즉시 열광적으로 수용되었으며, 삽시간에 많은 독자들을 사로잡았는가 하면, 한편으로 의학계로부터 비판을 받기도 했으며, 소설 이론적으로 반론을 불러일으키기도 했다. 예컨대 마르틴 발저(Martin Walser) 같은 작가는 토마스 만의 아이러니적 서술방식을 통렬히 비판하기도 했다. 그럼에도 불구하고 오늘날 『마의 산』을 '고전소설'의 반열에 올리는 데 이의를 제기하는 사람은 없다. 이 작품은 1981년 한스 가이센되르퍼(Hans. W. Geissendörfer)에 의해 영화화되기도 했다.

★ 추천도서와 읽을거리

최보근, 「Th. Mann의 소설 『마의 산』에 있어서의 주석적 시술자」, 연세대학교 대학원 독어독문학과 석사학위논문, 1983

김경애, 「Th. Mann의 소설 『마의 산』의 성년입문 소설로서의 구조」, 이화여자대학교 대학원 독어독문학과 석사학위논문, 1988

정윤조, 「Thomas Mann의 『魔의 산(Der Zauberberg)』 연구: Hans Castorp의 내면성장 과정을 중심으로」, 한국외국어대학교 교육대학원(독어교육 전공) 석사학위논문, 1983

송민정, 「토마스 만 作 『마의 산』의 교양소설 구조」, 고려대학교 대학원 독어독문학과 석사학위 논문, 1997

제1영역 · 문학과 예술

11

무정
이광수

● 황종연 동국대학교 국어국문학과 교수

　설혹 만물의 빛이 자기의 눈에 들어오고 소리가 자기의 귀에 들어온다 하더라도 그는 오직 '에테르'의 물결에 지나지 못하였었다. 자기는 그 빛과 그 소리에서 아무 기쁨과 슬픔이나 아무 뜻도 찾아낼 줄을 몰랐었다. 지금까지 혹 자기가 웃기도 하고 울기도 하였다 하더라도 그는 마치 고무로 만든 인형(人形)의 배를 꼭 누르면 웃기도 하고 울기도 하는 것과 같았었다. 그러므로 그 웃음과 울음은 결코 자기의 마음에서 스스로 흘러나온 것이 아니요 전혀 타동적(他動的)이었었다.
　자기가 지금껏 '옳다' '그르다' '슬프다' '기쁘다' 하여온 것은 결코 자기의 지(知)의 판단(判斷)과 정(情)의 감동(感動)으로 된 것이 아니요 온전히 전습(傳襲)을 따로, 사회(社會)의 관습(慣習)을 따라 하여온 것이었다. 예로부터 옳다 하니 자기도 옳다 하였고 남들이 좋다 하니 자기도 좋다 하였다. 다만 그뿐이로다. 그러나 예로부터 옳다 한 것이 자기에게 무슨 힘이 있으며 남들이 좋다 하는 것이 자기에게 무슨 상관이 있으랴. 내게는 내 지(知)가 있고 내 의지(意志)가 있다. 내 지(知)와 내 의지(意志)에 비추어 보아 '옳다' 든가 '좋다' 든가 '기쁘고 슬프다' 든가 하는 것이 아니면 내게 대하여 무슨 상관이 있으랴. 나는 내가 옳다 하던 것도 예로부터 그르다 하므로 또는 남들이 옳지 않다 하므로 더 생각하지도 아니하여보고 그것을 내버렸다. 이것이 잘못이로다, 나는 나를 죽이고 나를 버린 것이로다.

이광수(李光洙)는 1892년 평양 정주군에서 출생했다. 11세에 콜레라로 양친을 잃고 고아가 된 후로는 천도교 일진회 유학생으로 선발되어 도일하기까지 수년간 고된 방랑생활을 겪어야 했다. 1907년부터 1910년까지 도쿄의 메이지학원에 재학하는 동안 야마사키 도시오, 홍명희 등과 친분을 쌓았고, 이들로부터 각각 톨스토이의 청교도주의, 바이런의 악마주의를 소개받았다. 귀국 후 남강 이승훈의 초청에 따라 4년간 오산학교 교사로 재직했으나, 톨스토이 사상과 생물진화론을 가르친다는 이유로 오산교회와 자주 충돌해야 했다. 1913년 신민회 사건 직후에는 오산학교를 떠나 미국유학의 뜻을 품었다가 그것이 좌절되자 안둥, 상하이, 시베리아 등지를 유랑했다. 1915년 재차 도일하여 와세다 대학에 편입했고, 1917년《매일신보》의 요청으로 장편『무정』을 연재하기 시작했다. 1919년을 전후로 「조선청년독립단선언서」를 작성하거나 임시정부 기관지의 실무를 도맡아 하는 등 항일독립투쟁에 가담했고, 안창호의 감화를 받아 흥사단의 일원으로 활약하기도 했다. 하지만 1921년 상하이로부터 귀국한 뒤에는 식민 권력과 타협한 정치적, 사상적 행로를 걸었다. 1950년 한국전쟁 당시 공산군에게 납치되었고, 그 해에 지병인 폐결핵에 심한 동상까지 겹쳐 사망했다.

『무정』은 한국이 일본의 식민지화로부터 7년 가량 지난 시점에《매일신보》에 연재되기 시작했다. 당시 그 총독부 기관지는 일본의 식민 지배를 공고히 한다는 목적 아래, 한국의 전통서사 형식들을 일본에서 유입된 새로운 서사 장르들로 대체하는 작업을 해나가고 있었다. 「이수일과 심순애」의 원작으로 널리 유명한『장한몽』만 해도 실은 오자키 고요(尾崎紅葉)의『곤지키야샤(金色夜叉)』의 번안이다.『무정』은 이러한 일본소설 번안작들의 한계를 극복하고, 당대 조선사회에 새롭게 출현한 근대적 제도, 인간 유형, 세계관을 그려냈다는 점에서 역사적 의의가 있다.

또한 『무정』은 염정소설(艶情小說)의 전통과도 무관하지 않다. 기방문화의 고장인 평양 기생이라는 인물 설정, 규수에서 기생으로 전락한 동기가 효심에 있다는 플롯, 기생임에도 정혼한 남자에게 정절을 바치는 행동 등에서 특히 『채봉감별곡』과 비슷하다. 그러나 채봉의 이야기가 효열지심(孝烈之心)이 승리하는 도덕적 질서를 확인하고 있다면, 『무정』은 효심과 절개가 있는 기생의 이야기를 패러디하여 그것이 구현하고 있는 유교적 세계상이 한낱 환상에 불과함을 드러냄으로써 엄정소실 장르의 종언을 알렸다.

「문학이란 하오」에서 이광수는 재래의 문학을 지배한 유교적 관념을 청산할 목적으로 서양의 근대적 문학 개념의 번안을 시도한 바 있다. 그는 소설(novel)이라는 근대적 서사양식은 패설, 전기, 연의, 잡기 같은 용어들과 혼용되거나, 한문학의 사전, 야담, 가정소설 등과 함께 다룰 성질의 것이 아니라고 생각했다. 그 대신에, 살아 있는 인정세태에 대한 공정한 관찰과 충실한 묘사, 그리고 자기의 주체적 의지대로 이야기를 조작하고 통제하는 작가의 창조적 능력을 근대소설의 중요한 요건으로 강조했다. 《매일신보》 연재 당시 와세다 대학에 재학 중이었던 이광수는 여느 일본유학생 못지않게 꾸준히 각종 논설을 발표하며, 조선의 구습을 일소하고 새로운 가치를 확산시키는 일에 주력하고 있었다. 『무정』 연재에 앞서 같은 지면에 발표한 「동경잡신」, 「농촌개발」 등의 논설에서 그는 문명개화의 관념에 근거하여 조선사회와 문화의 개량을 제창하고 있었다. 그의 문명론적 조선 인식은 장편 『무정』에서 구체적인 형상화의 기회를 얻게 된다.

『무정』에서 이광수는 문명이라는 이름으로 조선인들이 습득해야 할 사상과 감정을 지적하는 한편, 파기해야 할 풍속과 제도 또한 분별하고 있다. 이를테면 조혼, 정절, 신분제의 폐해를 폭로하는 동시에 낭만적 사랑, 영육의 합일, 신교육의 세례를 받은 '참인생'의 실천을 권고하고 있다. 이처럼 재래의 관념과 윤리, 도덕으로부터 속박됨 없이 자기결정의 자유를 지닌 근대적 인간 유형으로 작가는 청년 이형식을 전면에 내세우고 있으며, 그가 좁은 삶의 지평으로부터 더 확장된 세계로 나아가는 과정, 즉 조화로운 자아성장의 과정을 서툴게나마 보여주고 있다. 『무정』을 한국판 교양소설(Bildungsroman)로 읽게 되는 이유가 여기에 있다.

이형식은 24세의 청년교사로 교육을 자신의 유일한 천분으로 여기는 인물이다. 장래가 촉망되는 지식 청년이자 청교도적 도덕성을 견지하고 있는 형식이기에, 당대의 재력가 김광현 장로는 자신의 딸 선형의 가정교사이자 미래의 사윗감으로 형식을 선택한다. 그러나 형식과 선형 사이의 혼인은 형식의 은사인 박응진의 딸 영채가 등장하면서 장애에 부딪힌다. 영채가 부친의 말씀을 따라 형식을 정혼한 사이라 여기고 정절을 지켜왔듯이, 형식 또한 영채의 소식을 내심 기다리며 미혼으로 지내오던 터였다. 오랜만에 영채를 만나 그녀의 사연을 깊은 동정과 회한을 느끼며 듣는 중에도 형식은 그녀가 자신과 결혼하기에 합당한 여자인가를 속으로 따져본다. 그러나 영채와 선형 사이에 놓인 형식의 번민은 영채가 정절을 상실하자 전환을 맞게 되며, 자살을 결심한 영채를 뒤따라 평양을 다녀오면서 선형을 선택하는 쪽으로 정리되기에 이른다.

한편, 영채는 기차 안에서 만난 병욱이라는 신여성에 의해 구도덕의 속박에서 풀려나 정신의 자유를 얻게 된다. 또 병욱을 따라 황주에 기거하면서 새로운 자아 의식을 터득하기 시작한다. 그러는 사이 형식은 선형과 약혼하고 미국유학 길에 나서게 되지만 선형의 전적인 신뢰를 얻지 못해 초조해한다. 더욱이 그들은 우연히 한 기차 안에 동석하면서 그간 잠재되어 있던 첨예한 갈등을 드러내게 된다. 그러나 수해를 입은 삼랑진 주민을 위한 자선활동을 벌이면서 서로 조화로운 관계를 형성하게 된다. 그리하여 『무정』은 이들 조선청년의 여로가 정념과 갈등의 분열된 체험에서 비롯된 것이면서도 유한한 개체적 삶을 넘어 광대한 민족적 삶으로 혼융되는 계기를 포착하여 보여준다.

그럼에도 식민지 상황이라는 조건은 『무정』의 조화로운 결말을 매우 불편한 것으로 받아들이게끔 한다. 이형식이나 신우선 같은 청년 지식인 사이에서 특권적 방언처럼 사용되고 있는 일본어, 경성학교 교주의 아들 김현수가 가지고 있는 남작이라는 작위, 한국에 대해서는 일본이 문명국의 모델이라는 형식의 생각, 한국인들이 가난과 무지의 상태에 머물러 있으면 북해도의 아이누와 같은 운명을 살게 될지 모른다는 서술자의 발언, 특히 삼랑진 수재민을 위한 자선음악회가 일본인 경찰서장의 친절하고 신속한 행정적 협조 속에서 이루어지고 있는 저간의 사정을 고려할 때 형식의 선택은 수상한 것이 되어 버린다. 말하자면, 『무정』의 작중인물들은 모두 조선인이며 그들의 행위는 조선사회를 배경으로 하고 있지만, 그들의 존재, 생활 방식 그리고 민족적 비전은 조선이 일본제국에 복속된 결과로 생겨난 것임을 부정하기 어렵다.

『무정』에서 자유로운 개인의 이념이 식민주의적 환상과 맞물려 있다는 사실을 발견하는 일은 식민지 조선문화 전반을 이해하는 데에 중요한 참조사항이 된다. 염상섭의 「만세전」이나 나도향의 『환희』 같은 역작들은 역설적으로 이광수의 낙관적 전망에 기대고 있으며, 식민지 문화의 발전은 무수한 이광수의 출현과 맞물려 있다. 한 아이덴티티에 의한 민중 대표가 또다른 억압과 배제를 불러오는 사례들을 우리는 민족주의가 관여된 근현대사의 풍경 속에서 어렵지 않게 찾아볼 수 있다. 『무정』이 지난 100여 년 동안 한국에서 부단히 읽혀온 문학작품 중 하나인 이유가 여기에 있는지도 모른다. 이형식, 박영채, 김선형 등의 이야기는 식민지 조선의 현실에 대한 보다 정확하고 비판적인 인식을 자극하는 동시에 현대 한국사회에 대한 역사적 반성의 새로운 기회를 열어 준다.

★ 추천도서와 읽을거리

김윤식, 『이광수와 그의 시대』 1·2, 솔, 1999
　이광수의 생애와 작품, 그리고 그가 살았던 식민지 조선에 대해 추적하여, 이광수가 살았던 시대의 시대정신을 발견하고자 한 방대한 연구서이다.

김철 교주(校註), 『바로잡은 『무정』』, 문학동네, 2003
　국문학자인 저자가 『무정』의 텍스트를 최대한 복원하기 위한 작업에 몰두하여, 1917년 《매일신보》에 연재된 『무정』 원문을 대본으로 하여 다른 여덟 권의 판본과의 상이점을 일일이 밝혀놓고 있는 책이다.

제1영역 · 문학과 예술

12

백년의 고독
가브리엘 가르시아 마르케스

● 송병선 울산대학교 스페인중남미학과 교수

아우렐리아노가 자신의 삶 속에서, 죽은 자들과 그들의 고통에 대해 잊어버렸던 이때처럼 통찰력 있게 행동했던 적은 평생 단 한 번도 없었는데, 그는 그때 멜키아데스의 양피지에 자신의 운명이 적혀 있다는 사실을 알았다. (……) 사람 손을 타지 않은 양피지를 발견했으나 그것들을 밝은 장소로 꺼낼 만큼 마음이 차분하지 않았기 때문에 바로 그 자리에 서서 한낮의 눈부신 광선 아래서 스페인 어로 씌어진 것을 읽기라도 하는 것처럼 전혀 어려움 없이 큰 소리로 해독해 내기 시작했다. 그것은 멜키아데스에 의해 씌어진 것으로서, 아주 사소한 일까지 포함하여 가문의 백년을 예측해 놓은 역사였다. (……) 멜키아데스는 사건들을 인간의 전통적인 시간 속에 배열해 놓지 않고 백년 동안에 일어났던 일상사들을 모두 한순간에 공존하도록 압축시켜 놓았던 것이다. (……) 그(아우렐리아노)는 그때 비로소 아마란타 우르술라가 자신의 누나가 아니라 이모였다는 사실을 알았고, 프란시스 드레이크가 리오아차를 습격한 것은 단지 이모와 자기가 가장 복잡하게 뒤얽힌 핏줄의 미로 속에서 서로를 찾아, 마침내 가문에 종지부를 찍어야 할 신화적인 동물을 낳도록 하기 위해서였을 뿐이었다는 사실을 발견했다.

가브리엘 가르시아 마르케스(Gabriel García Márquez)는 1928년 콜롬비아의 대서양변에 위치한 아라카타카에서 태어났다. 이 지역은 끊이지 않는 폭우로 홍수가 나며, 더위가 기승을 부리는 카리브 해의 열대 지역을 중심으로 전개되는 그의 작품을 지배하는 중요 요소가 된다. 1955년 첫 번째 소설 『낙엽』을 발표하면서 본격적인 작품 활동을 시작하고, 1967년에 『백년의 고독』을 출간하면서 전세계에 알려진다. 현재 이 작품은 스페인 어권에서만 천만 부가 넘게 팔렸고, 30개가 넘는 언어로 번역되었다. 그의 또다른 대표작으로는 20세기 연애소설의 최고봉으로 평가되는 『콜레라 시대의 사랑』(1985)과 90세 노인의 관점에서 사랑을 서술하는 『내 슬픈 창녀들의 추억』(2004) 등이 있다. 가르시아 마르케스는 20세기 후반에 '붐' 소설로 불리면서 세계문학의 중심으로 등장한 라틴 아메리카 현대소설의 대표자이며 동시에 '마술적 사실주의'라는 새로운 문학 흐름을 주도한 작가이다.

『백년의 고독』은 1830년대부터 1930년대에 이르는 콜롬비아 북부 지방을 배경으로 전개된다. 가르시아 마르케스는 이 시기의 역사를 콜롬비아 내전에 대령으로 참여했던 외할아버지의 이야기를 통해 배운다. 이 작품에서 사용되는 가장 중요한 정치·지리·사회적 배경으로는 자유당과 보수당의 싸움, 해안지방 사람들과 내륙지방 사람들, 시에나가의 대학살을 들 수 있다. 1800년대에 들어 콜롬비아는 스페인의 통치에서 해방되고, 이후 강력한 교회와 중앙정부를 선호하는 보수당과 지방분권을 지지하고 교회의 권한을 제한하며 언론의 자유와 보편선거를 주장하는 자유당이 대립한다. 양당 체제가 민주주의의 기초를 이룬 서구와는 달리, 콜롬비아에서 이런 체제는 폭력을 야기하게 되고, 그런 경향은 지금도 계속되고 있다.

이런 정치적 문제와 더불어 지리적으로 콜롬비아는 보고타를 중심으로 하는 내륙지방 사람들과 카리브 해안의 해안지방 사람들로 나뉜다. 페르난다 델 카르피오와 같은 내륙지방 사람들은 차갑고 형식적이며 종교적인 반면에, 마콘도 주민들과 같은 해안지방 사람들은 태평하고 형식에 얽매이지 않는다. 한편 400여 명의 바나나 농장 노동자들이 살해된 시에나가 대학살 사건은 공식 역사에서 은폐되어 거의 잊혀 있다가 『백년의 고독』으로 다시 수면 위로 등장한다. 이것은 승리자의 입장에서 서술되는 공식 역사와 패배자들의 입에서 입으로 전해지는 비공식 역사 중에서 어느 것이 더 허구적인가를 암시하고, 동시에 소설의 힘이 어떤지도 보여준다.

모두 20장으로 이루어진 『백년의 고독』은 6세대에 걸친 부엔디아 가문과 마콘도라는 허구의 세계에 관한 이야기이다. 이 소설은 마콘도라는 마을의 창건에 관한 소개로 시작한다. 마콘도를 세우러 떠나기 전에 사촌이었던 호세 아르카디오와 우르술라는 결혼한다. 그러나 우르술라는 근친상간의 결과로 돼지꼬리를 가진 아이가 태어날 것을 두려워한 나머지 결혼생활을 거부한다. 그렇게 6개월을 보낸 어느 일요일 프루덴시오 아길라르는 호세 아르카디오가 성불구자일지도 모른다는 사실을 마을 사람들에게 공포한다. 그러자 호세 아르카디오는 프루덴시오 아길라르를 죽이고 우르술라와 사랑을 한다. 이후 죽은 프루덴시오의 망령이 부엔디아 부부에게 계속 나타나고, 결국 그들은 마을을 떠나 마콘도를 세워 다시 시작하기로 결심한다.

처음에 그 마을은 외부세계와 단절되어 있다. 가끔씩 집시들이 얼음이나 망원경 혹은 돋보기와 같은 발명품을 가지고 찾아올 뿐이다. 부엔디아 가족의 족장인 호세 아르카디오 부엔디아는 충동적이고 호기심이 많다. 그는 지도자이지만 동시에 매우 고독하다. 또한 다른 사람들과 유리되어 자석이나 문명의 경이를 집요하게 탐구한다. 이런 특징들은 그의 후손들에게 유전된다. 첫째아들인 호세 아르카디오는 그의 엄청난 육체적 힘과 충동성을 이어받지만, 둘째아들인 아우렐리아노는 그의 열정적이고 불가해한 탐구정신을 계승한다.

점차로 마을은 순수하고 고독한 상태를 잃어버리면서 종교와 정치라는 결정적 요소를 지닌 외부세계의 침략을 받는다. 그러자 곧이어 내전이 벌어지고, 평화로웠던 마콘도는 폭력과 죽음을 경험한다. 아우렐리아노는 자유당 반군의 지도자가 되어 아우렐리아노 부엔디아 대령으로 명성을 떨치면서 영웅이 되지만, 고독의 희생자가 되어 현대적 삶이 얼마나 불합리한지를 구체적으로 보여준다.

한편 아우렐리아노 부엔디아 대령이 조카 아르카디오를 마콘도의 책임자로 앉히자, 아르카디오는 질서에 집착하는 못된 독재자임이 드러난다. 그는 전제군주처럼 통치하다가 결국 사형에 처해진다. 그 후 다른 시장이 임명되면서 마콘도는 평온을 되찾지만, 이내 또다른 반란이 일어나고 그는 살해된다. 그가 죽은 후 평화조약이 맺어지면서 내전은 끝난다.

이 소설에는 백년의 역사가 흐르고 있는데, 가르시아 마르케스가 묘사하는 대부분의 사건들은 부엔디아 가문의 삶에서 커다란 전환점을 이루는 탄생이나 죽음, 혹은 결혼이나 사랑들이다. 부엔디아 가문의 몇몇 남자들은 거칠고 방탕하며 사창가를 전전하면서 불륜의 애인을 갖기도 한다. 반면에 다른 사람들은 조용하고 고독하다. 그들은 방에 처박혀 조그만 황금 물고기를 만들거나 오래된 원고를 열심히 연구한다. 여자들 역시 72명의 기숙학교 친구들을 데려오는 메메처럼 굉장히 사교적이고 개방적인 여자에서, 남편과 함께 신방을 차리자 가랑이에 구멍이 난 특별한 나이트가운을 입는 수줍은 페르난다 델 카르피오에 이르기까지 다양하다.

한편 우르슬라 이과란 역시 부엔디아 가문처럼 고집스럽다. 그녀는 성격이 다른 가족 구성원들을 모두 포용하려고 헌신적으로 노력한다. 하지만 부엔디아 가문뿐만 아니라 마콘도는 근대라는 힘에 파괴된다. 제국주의적 자본주의가 마콘도에 도착하고, 바나나 농장은 노동자들을 착취한다. 결국 바나나 농장 노동자들은 미국인들의 비인간적 대우에 분노하여 파업을 하고, 바나나 농장 지주의 편을 들던 군부는 수천 명의 노동자들을 학살한다. 그들의 시체는 바다에 버려지고, 4년 11개월 2일 동안 쉬지 않고 비가 내리면서 마콘도의 멸망을 재촉한다. 이제 살아남은 부엔디아 가족들은 외부세계와 고립된 채 근친상간을 범한다.

이 소설은 부엔디아 가문의 마지막 생존자인 아우렐리아노 바빌로니아가 멜키아데스의 양피지 원고를 해독하는 장면으로 끝난다. 거기서 그는 "사건들을 인간의 전통적인 시간 속에 배열해 놓지 않고 백년 동안에 일어났던 일상사들을 모두 한순간에 공존하도록 압축시켜" 놓았다는 것을 깨닫는다. 즉, 부엔디아 가문의 역사가 미리 예언되었으며, 마콘도와 그곳의 주민은 단지 미리 정해진 주기를 살면서, 비극적인 슬픔만을 가미시켰다는 것을 알게 된다. 그리고 독자들은 멜키아데스의 원고가 바로 『백년의 고독』이며, 부엔디아 가문이 이 지상에서 두 번째 기회를 가지지 못하고 사라지는 것은 진정한 사랑을 알지 못하고 고독 속에서 살았기 때문임을 간파하게 된다.

『백년의 고독』에서 절정에 이르는 '마술적 사실주의'와 '스토리텔링' 기법은 20세기 후반의 세계문학에 커다란 영향을 끼친다. 이 소설이 출판되기 전인 1960년대 중반만 하더라도 세계문학은 매우 복잡하고 실험적인 경향을 띠고 있었고, 일반독자들의 외면을 받고 있었다. 그래서 소설이란 장르는 죽음을 고했다는 비관론이 우세했다. 하지만 『백년의 고독』이 등장하자 그런 비관론은 일시에 사라지고 만다. 즉, 고전이나 대작은 반드시 어렵고 진지한 것이 아니라, 진지함과 장난의 경계를 없애면서 정치·사회·경제의 문제들을 문학적 상상력과 결합시켜 재미있게 풀어나가는 작품임을 일깨워준 것이다. 또한 그의 '마술적 사실주의'는 '현실'이란 개념을 눈에 보이는 것뿐 아니라 눈에 보이지는 않지만 우리가 굳게 믿고 있는 것으로 확장시킨다. 최근 노벨문학상 수상자들인 토니 모리슨, 주제 사라마구, 귄터 그라스를 비롯하여 살만 루시디, 로버트 쿠버, 존 바스, 밀란 쿤데라 등은 익히 알려진 가르시아 마르케스의 후계자들이다. 이렇듯 『백년의 고독』은 20세기 문학의 이정표였을 뿐만 아니라, 21세기를 여는 초석인 것이다.

★ 추천도서와 읽을거리

송병선 편역, 『가르시아 마르케스』, 문학과지성사, 1997
　가브리엘 가르시아 마르케스의 삶과 작품을 소개한 국내 유일의 단행본이다. 텍스트 읽기에 중점을 두고 전개함으로써 가르시아 마르케스 작품에 대한 비평적 관점을 폭넓게 제시하였다.

루이스 파킨슨 자모라·웬디 B. 패리스 편저, 『마술적 사실주의』, 우석균·박병규 외 공역, 한국문화사, 2001
　가르시아 마르케스의 문학적 특징인 '마술적 사실주의'가 어떻게 발전되어 왔으며, 라틴아메리카 현대문학 전반에 걸쳐 어떻게 나타나는지를 살핀 책이다.

호르헤 루이스 보르헤스, 『픽션들』(보르헤스 전집 2), 황병하 옮김, 민음사, 1994
　『백년의 고독』이 사용하는 소설구조를 이해하고 그 의미를 파악하는 데 필수적인 보르헤스의 주요 단편이 수록된 소설집이다.

가브리엘 가르시아 마르케스, 『백년의 고독』 1·2, 조구호 옮김, 민음사, 2000
　기존의 여러 번역본과 비교할 때 비교적 충실하게 번역된 책이다. 하지만 너무 원문의 문장 구성에 집착한 까닭에 독자들이 쉽게 읽을 수 없다는 것이 단점이다.

제1영역 · 문학과 예술

13

보바리 부인
귀스타브 플로베르

● 김동윤 건국대학교 불어불문학과 교수

그녀는 파리의 지도를 샀다. 그리고 지도 위를 손가락 끝으로 더듬으면서 수도의 이곳 저곳을 두루 가보았다. 큰 거리를 따라 올라가보고 거리 모퉁이마다, 길과 길을 나타내는 선들의 사이, 집을 나타내는 흰색 네모꼴 앞에서 발걸음을 멈추기도 했다. 결국은 피로해져서 눈을 감으면, 어둠 속에서 몇 개의 가스등이 바람에 흔들거리고 극장 전면의 기둥들이 늘어선 회랑 앞에서 사륜 마차의 발판이 요란한 소리를 내면서 내려지는 것이 보였다.

그녀는 부인용 신문 《라 코르베이유》나 《살롱의 요정》을 구독했다. 연극의 개막 공연, 경마, 그리고 야회에 관한 기사는 어느 것이나 빠뜨리지 않고 열심히 읽었고, 여자 가수의 데뷔, 상점의 개점 파티에 흥미를 가졌다. 새로운 유행, 솜씨 좋은 의상실의 주소, 숲의 날이나 오페라의 날에 이르기까지 모두 알고 있었다. 그녀는 외젠느 쉬의 소설에서 가구 배치의 묘사를 공부했다. 개인적 욕망을 공상으로 만족시키기 위하여 발자크와 조르주 상드의 소설을 읽었다. 식탁에까지 책을 끼고 들어와서는 샤를르가 그녀에게 이야기를 하면서 식사를 하는 동안 책장을 넘기곤 했다. 읽는 책 속에서 자작의 추억이 항상 되살아났다. 그녀는 자작과 지어낸 작중 인물을 결부시켜 생각했다. 그러나 그를 중심으로 한 원은 그 둘레로 점점 확대되었고 얼굴에서 떨어져 나간 그의 후광은 더욱 멀리까지 퍼져나가서 다른 모든 꿈들을 비추어주는 것이었다.

귀스타브 플로베르(Gustave Flaubert, 프랑스 루앙 태생, 1821~1880)는 프랑스 사실주의를 대표하는 작가이다. 주요작품으로는 『보바리 부인』(1857)을 비롯하여, 『감정교육』(1869), 『성 앙투안의 유혹』(1874), 『살랑보』(1862) 그리고 「단순한 마음」(1877) 등을 꼽을 수 있다. 특히 『보바리 부인』은 당대에 엄청난 반향을 불러일으켰으며 이 작품을 둘러싸고 1857년 법정 공방이 빚어지기도 하였다. 플로베르는 주인공 엠마 보바리라는 전형적인 인물을 빚어냄으로써 세계적 작가의 반열에 오르게 되었다. 소설가는 다른 예술과 달리 등장인물의 완성도 그 자체가 소설가로서 그 성패를 결정한다. 그런 의미에서 엠마 보바리는 거의 완벽한 캐릭터에다 인간 심리의 저변에 자리잡고 있는 욕망의 뿌리를 날카롭게 파헤치고 있다. 그의 문체는 사실적으로 객관적인 냉정함과 정확한 묘사로 평가된다.

19세기 중반 프랑스 사회에서 저자의 의도는 인간 심리의 가장 깊숙한 곳에 자리잡은 심리의 근저를 파헤치려는 데 있었다. 1848년 한 '공의(公醫, officier de Santé)' 부인의 죽음 소식이 작가에게 이야기의 단초와 사건이 벌어진 마을에 대한 초기 정보를 제공한 건 사실이나, 작가는 19세기 초 라파르그의 음독사건 등 여러 가지 정보를 수집하여 독창적인 소설의 세계를 구축한 것이다.

다른 한편, 작품을 둘러싼 시대적 상황과 저자의 의도는 몇 가지로 정리될 수 있을 것이다. 1) 이 소설에는 부르주아 계급의 모럴과 풍습에 대한 비판이 깔려 있다. 작가는 부르주아적인 (특히 프티 부르주아) 모럴의 삶을 매우 부정적으로 보았다. 심지어 자신이 만들어낸 인물들, 주로 프티 부르주아적 인물들에 반감을 가졌으며 그 주제 자체에 대해서도 역겨움을 느꼈다. 2) 자연의 무심한 모습과 사물의 정적인 모습에 대한 묘사를 시도하였다. 작품의 사물묘사는 정적이어서 인간 심리와 행동이 작용할 때보다 더 크게 동적인 느낌을 부각시키고 있다. 이런 무기력하고 무력한 시골의 분위기에 엠마의 열정이 꿈틀거릴 때마다 스토리텔링은 역동성을 획득한다. 3) 주요인물 창출을 통한 독창적인 세계의 창조와 지배적인 윤리관에 대한 통찰이다. 플로베르가 세계문학사에 결정적으로 기여한 바는 아마도 엠마 보바리라는 인물의 창조일 것이다.

엠마 보바리는 로맨틱한 감성과 마그마 같은 열정의 동력을 지닌 여인으로서 모든 인간의 보편적인 욕망을 적나라하게 드러내고 있다. 어렸을 적부터 사랑에 대한 헛된 환상을 꿈꿔 왔던 그녀는 현실보다는 이상적 관념에 사로잡혀 늘 거짓된 욕망에 의해 이끌려 다닌다. 사랑이란 환상을 좇아 즉흥적이고 충동적으로 행동하는 성격 때문에 이익에 탐욕스런 프티 부르주아들의 좋은 사냥감이 되었고 급기야는 과도한 낭비로 파멸하고 만다. 이에 반해 샤를은 성격조차 없는 밋밋한 인물로서 엠마의 욕망이 가차없이 드러나는 데 배경 역할을 담당한다. "아는 것도, 아무런 욕망도 없이 그냥 두 손을 배에 포개놓고 보잘것없는 행복"을 무덤덤하게 곱씹으며 열정과 욕망 부재의 전형을 보여주는 인간이다. 아내의 파멸을 수동적으로 운명처럼 받아들이는 무미건조한 인간은 레옹이나 로돌프와 같이 소심한 인간, 그리고 탐욕적인 상인 뢰뢰와 함께 프티 부르주아 모럴의 소유자로 분류되고 작가가 경멸했음 직한 인간이었음에 틀림없다.

소설은 3부로 구성되어 1편에서는 샤를 보바리가 머리도 좋지 않고 보잘것없는 '촌뜨기' 인물로 묘사되며 첫 결혼에도 실패한다. 어느 겨울날, 의사였던 샤를은 부상당한 노인의 딸 엠마를 수 차례 만나게 된다. 때마침 샤를의 첫 부인은 재산을 사기당하고 사망한다. 주인공 엠마를 중심으로 무능한 남편 샤를 보바리, 약사 오메, 소심한 레옹, 바람둥이 로돌프, 탐욕스런 상인 뢰뢰, 위선적인 사제 등 프티 부르주아적 인물들이 주인공 주위를 돌며 그녀의 욕망을 자극하고 파멸을 부추기는 역할을 담당하게 된다. 3~7장: 샤를은 엠마와 재혼하여 그녀의 '현모양처'와 같은 모습에 감탄하고 행복감을 느끼는 반면, 감상적인 연애소설을 많이 읽고 사랑에 대해 엄청난 환상을 키워온 엠마는 결혼 생활에서 시어머니의 질투와 일상의 지겨움으로 이내 실망하고 권태를 느끼기 시작한다. 바로 그 무렵, 보바리 부부는 귀족의 성 보비사르 무도회에 초청을 받는다. 8~9장: 엠마는 처음으로 부르주아 귀족의 화려한 삶의 한 단면을 엿보게 된다. 보비사르 성의 저녁연회와 무도회의 광경을 목도한 그녀는 보잘것없는 결혼 생활로 되돌아와 병들어 가면서 다른 한편 화려한 도시 파리에 대한 그녀의 환상을 더욱 부풀려나간다. 그녀는 임신하고 욘빌로 이사한다.

제2부 1~2장: 엠마는 욘빌의 리옹 도르 여인숙에서 벌어지는 저녁식사에서 오메, 부르니시엥 신부, 상인 뢰뢰, 공증인 견습 사무원 레옹 뒤퓌 등을 만나게 된다. 3~4장: 엠마는 보잘것없는 샤를에 비해 젊은 청년 레옹에게 연정을 느끼며, 일상의 권태를 벗어날 무렵 상인 뢰뢰가 나타나 그녀에게 물건들을 제안하기 시작한다. 엠마는 레옹에 대한 연정과 정숙을 지키려는 태도, 그리고 샤를에 대한 증오감 등으로 복잡한 심리적 갈등을 보인다. 6장: 그러나 소심하고 멜랑콜리한 레옹은 파리로 옮겨가고 작별인사를 하자, 약사 오메는 욘빌에서 8월에 공진회가 열린다는 소식을 전한다. 7~10장: 엠마가 다시 권태와 우울함에 빠지기 시작할 즈음, 로돌프 블랑제라는 난봉꾼이 나타나 엠마의 미모에 끌려 그녀를 유혹하기 시작한다. 로돌프는 공진회로 엠마를 유혹하는 계기로 삼는다. 로돌프의 승마 산책 제안을 허락한 엠마는 욘빌 마을을 벗어나자 로돌프의 유혹에 넘어가고 이들의 밀회는 연일 이어진다. 대담해진 엠마는 이른 아침부터 로돌프의 성을 찾아가자 로돌프는 두려움마저 느낀

다. 결국 로돌프는 그녀에게 싫증을 내기 시작한다. 봄이 오면서 심리적 갈등을 심하게 겪고 있는 엠마는 아버지의 다감한 편지를 받고 다시 가정으로 되돌아온다. 11장 : 오메와 엠마의 권유로 의사 샤를은 이폴리트의 안짱다리를 수술한다. 엠마는 일순간이나마 샤를의 의술 능력에 안도감을 느끼나, 수술이 잘못되어 환자의 다리를 절단하게 되자 남편에게 크게 실망한 나머지 그를 버리고 다시 로돌프에 대한 연정을 불태운다. 12~13장 : 열정에 눈먼 그녀는 로돌프에게 줄 비싼 선물을 마구 구입하여 점점 빚을 지게 된다. 엠마는 로돌프에게 도주의 날짜를 제안하고 그 전날 출발에 필요한 물건들을 구매하나 로돌프는 결국 그녀와 한 약속을 저버리고, 엠마는 자살을 기도, 병석에 눕는다. 14장 : 교활한 고리대금업자가 된 상인 뢰뢰는 엠마의 과도한 빚을 샤를이 떠맡아 변상할 것을 강요한다. 샤를은 모든 채무 서류에 서명하고 심지어 그에게 돈을 빌리기도 한다. 여전히 심리적 갈등을 심하게 겪고 있는 엠마와 샤를에게 오메는 루앙에서 열리는 공연을 보러 갈 것을 제안한다. 이들 부부는 루앙 공연에서 우연히 레옹을 다시 만나게 되고 엠마는 하루 더 루앙에 머물게 된다.

제3부 1~4장 : 루앙에서 레옹과의 재회로 엠마의 옛사랑은 다시 불타올랐고, 차단된 마차로 '밀월여행'을 맛본다. 엠마는 피아노 레슨을 구실삼아 루앙을 왕래하며 계속 뢰뢰에게 선물을 구입한다. 5~6장 : 뢰뢰가 엠마의 빚을 악용하여 샤를의 재산을 빼앗자 샤를의 재정은 악화된다. 엠마는 레옹과의 밀회를 즐기고 레옹도 열정의 노예가 되어가나, 엠마는 그의 우유부단함에 크게 실망한다. 재산을 탕진한 엠마는 모두에게 빚을 지며 파탄한다. 레옹은 엠마에게 싫증을 느끼고 그녀 역시 레옹에 대한 역겨움을 느끼나 그를 떠나지 못한다. 욘빌로 돌아온 엠마는 파산을 감지하고 뢰뢰에게 매달리나 그는 매우 사납고 시니컬한 태도를

보인다. 7~8장 : 엠마는 새로 공증인이 된 레옹에게 애걸하나 매우 미온적 반응을 보인다. 모든 사람이 엠마에게 등을 돌린다. 마지막으로 엠마는 로돌프에게 금전을 애걸하나 거절당하자 절망한 나머지 약사 오메의 약국에서 비소를 삼킨다. 엠마는 거리 장님의 노랫소리를 들으며 눈을 감는다. 9~11장 : 엠마의 매장. 비탄에 잠긴 샤를과 아버지 루오와 달리 로돌프와 레옹은 편안한 잠을 이룬다. 모든 빚쟁이들이 앞다투어 샤를은 독촉하고 하인 펠리시테는 떠나고 레옹은 결혼식을 올린다. 샤를은 로돌프와 레옹의 편지를 발견하고 자신의 불행을 깨닫는다. 심지어 로돌프의 초대를 받은 샤를은 다음 날 아침 공원의 긴 의자 위에서 주검으로 발견된다.

1) 소설 『보바리 부인』은 치밀한 구성과 객관적이고 경제적인 문체, 교향악적인 다성적 인물 구성으로 사실주의 문학뿐만 아니라 소설구성의 전형이 되었다. 인물들은 도스토예프스키 소설처럼 다성적(polyphonic)으로 서로에게 메아리치며 서사 구조를 강하게 견인하고 있다. 2) 보바리즘이란 문학적 경향이 후대 보들레르와 같은 시인들에게 영향을 주었다. 이는 과거의 꿈과 미래의 환상이 현재를 지배하는 자아상실과 현실도피적 심리현상이며 스노비즘과 밀접한 관계를 갖는다. 3) 헛된 욕망의 형태인 스노비즘과 욕망의 뿌리에 대한 섬세한 묘사와 지배적인 부르주아적 가치관에 대한 분석은 훗날 인간심리와 풍속연구에 다방면으로 기여하였으며, 엠마 보바리의 심리와 그것에 투영된 왜곡된 가치들에 대한 연구는 소설미학의 최고 수준으로 끌어 올린 동시에 심리학, 정신분석학, 인류학 경영학 등 다양한 영역에서 인간에 대한 연구를 촉발시켰다.

★ 추천도서와 읽을거리

방미경 엮음, 『플로베르』, 문학과지성사, 1996
19세기 사실주의 문학의 대표적인 작가인 귀스타브 플로베르의 생애와 작품에 대해 살펴보고 있는 연구서이다.

르네 지라르, 『낭만적 거짓과 소설적 진실』, 김치수·송의경 옮김, 한길사, 2001
『돈키호테』, 『적과 흑』, 『보바리 부인』 등의 소설작품을 분석하면서 현대사회를 살아가는 사람들이 어떻게 자신의 욕망을 내면화 또는 구체화시키는지를 분석한 소설이론서이다.

제1영역 · 문학과 예술

14

삼대
염상섭

● 한만수 동국대학교 국어국문학과 교수

"공부가 중하냐? 집안 일이 중하냐? 그것도 네가 없어도 상관없는 일이면 모르겠지만 나만 눈감으면 이 집 속이 어떻게 될지 너도 아무리 어린애다만 생각해 봐라. 졸업이고 무엇이고 다 단념하고 그 열쇠를 맡아야 한다. 그 열쇠 하나에 네 평생의 운명이 달렸고 이 집안 가운이 달렸다. 너는 그 열쇠를 붙들고 사당을 지켜야 한다. 네게 맡기고 가는 것은 사당과 그 열쇠—두 가지뿐이다. 그 외에는 유언이고 뭐고 다 쓸데없다. 이때까지 공부를 시킨 것도 그 두 가지를 잘 모시고 지키게 하자는 것이니까 그 두 가지를 버리고도 공부를 한다면 그것은 송장 내놓고 장사 지내는 것이다. 또 공부도 그만큼 했으면 지금 세상에 행세도 넉넉히 할 게 아니냐."

조부는 이만큼 이야기하기에도 기운이 폭 빠졌다. 이마에는 기름땀이 쭉 솟고 숨이 차서 가슴을 헤치려고 한다.

"살림은 아직 아범더러 맡으라고 하시지요."

덕기는 그래도 간하여 보았다.

"쓸데없는 소리 마라! 싫거든 이리 다오. 너 아니면 맡길 사람이 없겠니. 그 대신 내일부터 문전걸식을 하든 어쨌든 나는 모른다."

조부는 이렇게 화를 내면서도 그 열쇠를 다시 넣어 버리려고는 아니 하였다.

횡보(橫步) 염상섭은 1897년 8월 30일 서울 종로구 적선동에서, 전주·의성·가평 등지에서 군수를 지낸 부친 규환과 모친 김경주의 6남 2녀 중 3남으로 태어났다. 대한제국 중추원 참의였던 조부로부터『동몽선습』을 배웠으며, 1907년 대한제국 관립사범부속보통학교에 입학한다. 1911년에는 보성중학교를 중퇴하고, 일본으로 유학 가서 동경 마포(麻布)중학교에 편입한다. 이후 1917년 일본 교토로 옮겨 교토 부립 제2중학교를 졸업하고 게이오(慶應) 대학 문학부 예과에 입학한다. 1918년 대학을 중퇴하고, 교토 돈하항에서 기자 생활을 한다. 1919년 3·1독립운동이 일어나자 일본 오사카 천왕사 공원에서 재일동포들을 규합, 독립만세운동을 이끌다가 검거·투옥됨으로써 학업을 중단한다.

이후 1920년에 귀국하여《동아일보》창간과 더불어 정치부 기자로 입사하고,《폐허》창간 동인으로 참여한다. 1921년에는 처녀작 단편「표본실의 청개구리」(《개벽》, 8~10월)를 발표하며 본격적인 창작 활동을 시작한다. 이후『사랑과 죄』를《동아일보》(1927. 8. 15~1928. 5. 4)에, 1931년에는『삼대(三代)』를《조선일보》(1.1~9. 17)에, 이어서『삼대』의 후속편인『무화과』를《매일신보》(11. 13~1932. 11. 12)에 각각 연재한다.《만주일보》주필 겸 편집국장으로 초빙되어 만주로 가던 1936년에는 장편『불연속선』을《매일신보》(5. 18~12. 30)에 연재한다. 염상섭은 1920년대 초부터 1960년대 초까지 40여 년에 걸쳐 별 공백 없이 16편의 장편소설과 150여 편의 중·단편, 100여 편의 평론을 쓰는 등 많은 작품을 남겼다.

해방 후 1946년 10년 만에 서울에 돌아온 염상섭은《경향신문》의 편집국장을 맡았으나, 그 다음 해 그만두고 성균관대학교에 강사로 나간다. 1954년 장편『취우』로 서울시 문화상을 수상하며, 서라벌예술대학 초대학장에 취임한다. 이후 1956년「짖지 않는 개」로 제3회 아세아 자유문학상을 수상하고, 1962년에는 3·1문화상과 대한민국 문화훈장 대통령상을 받는다. 1963년 3월 14일, 서울시 성북구 성북동 집에서 직장

암으로 별세한다.

　염상섭은 1920~1930년대 조선의 생활 풍속을 면밀히 관찰하고 재현하였다. 이광수나 김동인이 계몽주의적 역사소설이나 야담의 세계로 들어가고 있을 때, 염상섭은 일상적 삶, 현실의 세계를 재현하고자 했다. 『만세전』과 더불어 염상섭의 대표작인 『삼대』는 '당대의 현실을 가장 극명하게 제시하고 있다는 점'에서 근대문학을 대표하는 작품으로 평가받아 왔다.

　염상섭은 『삼대』를 연재하게 된 기본 취지를 밝힌 글(《조선일보》, 1930. 12. 27)에서 "새로운 뜻을 뼈로 삼고 조선의 현실사회의 움직이는 모양을 피로 하고 중산계급의 살림과 그들의 생각을 살로 붙여서 그리려는 것"이라고 말하였다. 『삼대』는 제목 그대로 1920년대를 살아가는 3세대의 인물, 즉 1대의 조의관, 2대의 조상훈, 3대의 조덕기를 중심으로 당시 한국 사회를 구성하고 있던 3세대를 상징적으로 그려내고 있다.

　『삼대』는 비단 가족사적 혹은 세대적 문제를 다룰 뿐만 아니라 조의관으로 표상되는 중인 집안, 매당집으로 대표되는 뒷골목의 모습, 기독교적 세계관을 구현한 인물들, 사회주의자들 등 당대를 대표하는 다양한 인물들의 삶을 다룬다. 그 다양한 인물들은 제각각 이념, 윤리 의식, 애정, 욕망 등 다양한 층위에서 조명된다. 이처럼 다양한 인물과, 각 인물에 대한 다층적인 표현은 "결국 인간이란 각각의 지향점과 이념 그리고 다양한 계급적 존재에도 불구하고, 인간 일반이 지닌 공통된 감정이 있다."는 염상섭의 인식을 드러내고 있다. 특히 『삼대』의 핵심적인 서사가 조의관에서 조덕기로 재산권이 옮겨가는 과정임을 주목한다면, '돈'을 중심으로 엮인 인간의 이해관계와 욕망에 대해 간과할 수 없다. 작품 「두 파산(破産)」에서도 나타나듯이, 염상섭은 돈의 문제에 많은 관심을 보인 작가이다. 돈에 대해 이처럼 집중적인 관심을 보인 작가는 염상섭

이전에는 없었다. 그가 활동하던 시기는 식민지 시기이면서 한국에 자본주의가 이식되었던 시기였으므로, 이 같은 돈에 대한 그의 관심은 당대의 핵심적인 문제에 대한 정당한 관심으로 평가할 수 있다.

『삼대』는 1931년 1월 1일부터 9월 17일까지《조선일보》에 연재된 염상섭의 장편소설이다. 이 작품은 조의관을 중심으로 한 부르주아 집안의 이야기와 김병화를 중심으로 한 사회주의에 대한 이야기를 두 축으로 전개된다. 긴밀한 연관 속에서 전개되는 두 이야기는 일상의 문제를 생생하게 그려내고 있으며, 이를 극복하려는 조덕기와 이필순의 새로운 움직임을 보여주고 있다.

조의관은 전통적 양반이기보다는 구한말에 돈으로 족보를 사서 양반행세를 하는 인물이다. 그는 근대의 이성을 외면한 채 가부장적 가족중심주의를 신봉하면서 살아간다. 반면 그의 아들 조상훈은 철저히 가족중심주의를 배격하는 기독교도이다. 조상훈은 과거의 윤리의식에 집착하는 아버지를 비판하는, 근대교육에 의해 규범화된 지식인이지만, 정작 스스로는 개인적 욕망에만 함몰되어 타락한다. 즉 조상훈은 생산적인 일은 하지 않은 채 애욕을 채우는 데만 관심을 갖는다. 도덕적 불구 상태의 조상훈은 아버지 조의관의 사상을 폄하하거나 비하할 뿐이다.

이러한 가족관계 속에서 새로운 삶의 방식을 모색하는 인물이 바로 3대 조덕기이다. 그는 자신의 의지와 관계없이 결혼하여 아이도 낳았지만, 아내에 대해 별 애정을 느끼지 못하고 살아간다. 그러면서 한편으로는 조부 조의관과 부친 조상훈과는 다른 삶의 방식을 개척하려고 노력한다. 즉 자신과 사회가 더불어 살아갈 수 있도록, 자신이 가진 돈을 제대로 이용하고 싶어하는 것이다. 조의관이 아들을 제치고 손자인 자신에게 사당과 금고의 열쇠를 맡겼을 때, 조덕기가 사당의 열쇠는 단호히 거절하면서도 금고의 열쇠만은 받는 것은 바로 이 때문이다.

한편 조의관의 첩인 수원집은 재산을 가로챌 욕심으로 유서 변조를 모의하고 조의관을 독살한다. 의사들의 검시로 중독사가 판명되자 상훈은 사체 부검을 제안하나, 집안 어른들의 반대로 좌절된다. 범인 찾기가 흐지부지되던 중 조덕기가 나타나 수원집의 계획은 수포로 돌아가고 재산권은 조덕기의 손에 들어오게 된다.

이 작품의 또다른 축은 김병화를 중심으로 한 사회주의 세력이다. 조덕기의 죽마고우인 김병화는 기독교도인 아버지와의 갈등으로 집을 뛰쳐나와 궁핍한 생활을 하는 사회주의자이다. 김병화는 독립운동가의 딸이요, 교원까지 지낸 수려한 외모의 현대적 여성 홍경애에게 사상적 동지애와 함께 연애 감정을 느낀다. 그러나 홍경애는 조상훈에게 농락당해 아이까지 낳으며, 술집 여급으로 생활을 유지하게 된다. 이때 독립운동가인 이우삼을 알게 되는데, 홍경애와 김병화는 이우삼이 주고 간 자금으로 잡화상을 경영하며 경찰의 눈을 속여 지하운동 비용을 지원하려 한다. 그러나 다른 운동가인 장훈 일파의 오해를 사게 되어 테러를 당한다. 대대적인 검거로 비밀조직인 장훈 일파와 김병화, 홍경애가 체포되고, 조덕기 역시 김병화에게 자금을 대주었다는 혐의로 연행되어 조사를 받게 된다. 이 과정에서 조상훈은 가짜 형사를 동원해 아들의 금고를 터는 촌극을 벌이다가 구속된다. 한편 조사를 받던 중 장훈은 코카인으로 음독자살하고, 구속되었던 사람들은 풀려나온다. 조덕기는 조의관의 죽음으로 인한 공백을 느끼면서 자신의 어깨 위에 내려 얹힌 조씨 가문의 유업을 어떻게 이끌어 나갈 것인가 망연해한다.

염상섭의 『삼대』는 구한말에서 개화기를 거쳐 대한제국의 멸망과 일제 치하를 경험한 세대를 대표하는 조의관 집안사람들의 당대 사회에의 적응을 보여주고 있는 작품이다. 이 작품에서 작가가 보다 근본적으로 문제 삼고 있는 것은, 1930년대 식민지적 현실 속에서 사회화를 완수해야 할, 조덕기와 김병화 등의 일상적이고 사회적인 삶이다. 또한, 『삼대』의 등장인물들과 그들의 인간관계는 『무화과』에서 등장인물의 이름만 바뀌었을 뿐 동일하게 나타난다. 게다가 『무화과』의 연재에 앞서 발표된 '작가의 말'에서 "『무화과』는 삼부작의 제 이편의 형식이다."라고 밝힌 점으로 미루어 보아 『삼대』를 제대로 논의하기 위해서는 그 후속작인 『무화과』와 연결지어 살펴보아야 한다. 『삼대』와 『무화과』 연작은 조의관, 조상훈, 조덕기로 이어지는 조씨 가문의 시대착오적인 가족이 기주의 몰락과 조덕기(이원영)와 김병화(김동국)의 이념적인 동지애의 부각을 통해 당대 식민지적 현실을 충실히 반영한 작품이다.

> ★ 추천도서와 읽을거리
>
> 『삼대』를 제대로 이해하기 위해서는 『삼대』의 연작소설인 『**무화과**』(한국소설문학대계 6, 동아출판사, 1995)를 함께 읽는 것이 좋다. 또한 염상섭의 작품에 대해서는 지금까지 수많은 논의가 제출되었지만, 특히 이보영의 『**난세의 문학**』(예지각, 1991), 김경수의 『**염상섭 장편소설 연구**』(일조각, 1999), 서영채의 『**사랑의 문법**』(민음사, 2004) 등을 참조하기를 권한다.

제1영역 · 문학과 예술

15

미당 서정주 시전집
서정주

● 윤재웅 동국대학교 국어교육과 교수

애비는 종이었다. 밤이 깊어도 오지 않았다.
파뿌리같이 늙은 할머니와 대추꽃이 한 주 서 있을 뿐이었다.
어매는 달을 두고 풋살구가 꼭 하나만 먹고 싶다 하였으나…… 흙으로 바람벽 한 호롱불 밑에
손톱이 까만 에미의 아들.
갑오년(甲午年)이라든가 바다에 나가서는 돌아오지 않는다 하는 외(外)할아버지의 숱많은 머리털과 그 커다란 눈이 나는 닮았다 한다.
스물세 해 동안 나를 키운 건 팔할(八割)이 바람이다.
세상은 가도 가도 부끄럽기만 하더라.
어떤 이는 내 눈에서 죄인(罪人)을 읽고 가고
어떤 이는 내 입에서 천치(天痴)를 읽고 가나
나는 아무것도 뉘우치진 않을란다.
— 「자화상(自畵像)」 중에서

서정주(徐廷柱, 1915~2000)는 20세기 한국시문학사의 가장 대표적인 시인이다. 1933년부터 2000년까지 68년간 작품 활동을 했으며, 시집을 통해 남긴 작품은 약 1천 편이다. "한국의 전통과 미학을 세련된 겨레어로 드러낸 시인, 대표작이 가장 많은 시인, 문학 관련 전문가 및 독자들을 대상으로 하는 각종 지표 조사 결과 20세기 최고의 시인"이라는 등의 평가를 받는다. 호는 미당(未堂). '영원히 소년이고자 하는 마음'으로 풀이한다.

　전라북도 고창 출생. 1935년 동국대학교의 전신인 중앙불교전문학교에서 1년간 수학했으며, 이듬해에《동아일보》신춘문예로 등단한다. 첫 시집『화사집』(1941)에서부터 마지막 시집『80소년 떠돌이의 시』(1997)까지 모두 열다섯 권의 시집을 출간했다. 동국대학교 국어국문학과 교수를 지냈으며(1959~1979), 타계 직전까지 종신 명예교수로 봉직했다.

　『미당 서정주 시전집』은 1983년 민음사에서 초판 편집본이 나온 이래 1991~1997년까지 지속적으로 증보판이 간행되었다. 마지막 두 시집『늙은 떠돌이의 시』(민음사, 1993), 『80소년 떠돌이의 시』(시와시학사, 1997)가 빠져 있긴 하지만 대체적으로 서정주 시의 60년 생애 전반을 살펴볼 수 있다.

　'시의 생애'라는 표현은 한국시문학사에서 서정주에게 특히 잘 어울린다. 20세기를 대표하는 시인들 중 50년 이상의 오랜 세월 동안 창작 활동을 한 시인은 거의 없으며, 그 기간에 상응하는 미학적 변모를 보여준 경우 역시 희귀하다. 예컨대 김소월, 한용운, 김영랑, 정지용, 백석, 김수영 등의 시에서 '시적 생애'를 살피는 일은 어렵다. 그들은 애초부터 젊었거나, 원숙했거나, 아니면 채 50도 되기 전에 생을 마감한 경우이다. 그러나 서정주는 이들과 확실히 다르다. 20대 초반부터 80대 초반까지의 모습이 그의 모든 작품 속에 펼쳐져 있다.

　자연인으로서 한 사람의 생애가 그런 것처럼, 그의 시적 생애 역시 닮은꼴로 변모해 간다. 불안과 격정, 충동과 번민과 열망이 복잡하게 뒤섞인 젊은 날의 시인의 목소리는 오늘의 젊은 독자들에게도 여전히 호소력이 있다. 피의 냄새가 짙게 스민 열정과 광기의 어법은 욕망의 추구와 그 실현이 좌절되는 정황에 대한 불안한 청춘의 반항을 강렬하게 드러낸다. 이후, 불안과 방황의 문학적 은유인 '다스리기 힘든 숨가쁜 호흡'은 점차 누그러져 가고 전통적인 것들에 주목하기 시작하면서, 그는 한국어의 세련된 명품을 만드는 데 보다 주력한다. 그리고는 달관과 원숙의 경지로 점점 더 자연스럽게 나아간다.

  통상적으로 이 과정을 첫 시집에 등장하는 주요한 이미지인 '피'와 '바람'을 활용하여 '피를 묽게 하고 바람을 달래는 과정'으로 분석한다. 영혼의 투쟁과 상처, 혹은 육체의 욕정을 상징하는 이 이미지들은 대개의 인간 생애가 그러하듯이 점차 순치되어 가면서 새로운 모습으로 바뀌게 된다. 『미당 서정주 시전집』을 읽는 일은 이런 일련의 과정을 살피는 '시적 생애에 대한 탐구'이며, 또한 그의 시세계의 지속과 변화의 의의를 섬세하게 고려해 볼 수 있는 독서체험이기도 하다.

  서정주 시적 생애의 가장 두드러진 특징은 '만족 없는 탐구'의 정신이다. 새로운 주제, 새로운 미학, 새로운 형식을 추구하는 데 있어서 그는 매우 모범적인 선례이다. 즉 모방을 거부하고 동어반복을 피하며 자기만의 내용과 형식을 성공적으로 형상화함으로써, 예술가의 최고 덕목이 '절대자아'에 있다는 것을 보여주고자 노력했다.

  절대자아는 예술정신의 본질이 창의적 개성에 있다고 주장하는 서정주 미학의 핵심 개념이다. 이는 스물세 살에 쓴 「자화상」에서부터 명료하게 드러난다. "애비는 종이었다", "나를 키운 건 팔할이 바람이다", "어떤 이는 내 눈에서 죄인을 읽고 가고 / 어떤 이는 내 입에서 천치를 읽고 가나 / 나는 아무것도 뉘우치진 않을란다", "찬란히 틔어 오는 어느 아침에도 / 이마 위에 얹힌 시의 이슬에는 / 몇 방울의 피가 언제나 섞여 있어" 등등의 구절은 '서정주'라는 창의적 개성의 선언이자 천명인 것이다. 이런 천명이 지속적으로 이어지는 게 그의 시적 생애이다.

"서정주 시의 조상은 서정주 자신"(비평가 김윤식), "서정주에 대해서 누가 무슨 말을 하더라도 그것은 서정주 시보다 재미없다."(시인 오규원)는 평가도 있다. 이는 그의 창의력과 형상력, 그리고 미학적 감화력이 독보적이라는 것을 '재미있는 문학적 표현'으로 나타낸 것으로 보면 된다.

한국문학의 정체성에 대한 지속적인 탐구 또한 서정주 시세계의 주요한 국면이다. 그의 시적 생애는 역사, 전통, 사상, 풍속, 어법 등 거의 모든 문화적 세목들에 걸쳐 '한국적인 것'을 지향하는 데 일관했다고 평가할 수 있다. 이런 이유 때문인지 몰라도, 현재 그의 작품들은 한국문학 작가 중 가장 많이 외국어로 번역된 기록을 가지고 있으며, 생전에 노벨문학상 후보로 다섯 번이나 추천되기도 했다.

『화사집』은 일제 강점기 식민지 지식인 청년의 고뇌와 방황, 성적 충동과 과도한 감정의 분출, 전통과 근대의 혼융 등을 표방함으로써 한국문학의 새로운 지평을 연 것으로 정평이 높다. 한정판 100권으로 출판한 이 처녀 시집으로 그는 당대 문단의 비상한 관심을 모은다. 천재시인으로 곧잘 추킴을 받았던 서정주는 그러나 시집 출간 이후 정치적 판단 미숙과 일제의 대동아공영권 이론에 미혹되어 친일작품을 발표하기도 한다. 그의 시적 생애에 결점이 있다면, 당연히 이 무렵의 창작 활동을 지목해야 한다.

전통세계의 정취와 가치에 주목하는 『귀촉도』(1948), 한국전쟁의 참화 뒤끝에도 불구하고 가장 뛰어난 작품들을 많이 수록한 『서정주시선』(1956), 한국적 정체성의 주요한 기원을 신라정신에서 찾고 있는 『신라초』(1961), 영원의 형이상학을 집중적으로 탐구하는 『동천』(1968)의 시기까지가 서정주 미학의 발전과 완성 단계로 볼 수 있다. 이는 운율감이 극적으로 살아 있는 단형시조형의 「동천」에 대한 평가에 힘입는 바 크다.

> 내 마음 속 우리 님의 고운 눈썹을
> 즈믄 밤의 꿈으로 맑게 씻어서
> 하늘에다 옮기어 심어놨더니
> 동지 섣달 나는 매서운 새가
> 그걸 알고 시늉하며 비끼어 가네.

일반적으로, 「동천」이 도달한 미적 형상력이 한국문학 최고의 경지라는 평가가 우세하다. 그럼에도 불구하고 『신라초』와 『동천』의 세계는 관념성과 현실초월성의 문제 때문에 비판을 받기도 한다.

고향마을의 인물과 사건에 대한 이야기 형식의 시 『질마재 신화』(1975)는 그의 '시의 생애'에서 가장 놀라운 변화를 보여주는 경우이다. 소설적 양식 속에 시를 결합시키고자 하는 미적 충동의 성공 여부에 대한 평가와는 상관없이, 이 여섯 번째 시집이 오늘날까지 가장 활발하게 논의되는 서정주 시집이라는 점은 주목할 만하다. 한국 시의 실험성, 다양한 가능성 등을 풍성하게 보여주는 게 그 원인이 아닌가 한다.

『학이 울고 간 날들의 시』(1982)는 한국 역사를 통시적으로 재현한 경우이고, 『안 잊히는 일들』(1983)과 『팔할이 바람』(1988)은 자서전 형식의 시편들이다. 마지막으로, 세계 전역의 산들에 대한 새로운 탐구의 소산인 『산시』(1991)가 이 전집의 끝을 장식한다.

후배 시인들에게 미친 그의 영향력은 너무도 크다. 일찍이 시인 고은은 "서정주는 정부(政府)"라고 했고, 황동규는 "이 땅에서 미당의 시를 읽지 않고 시를 쓸 수는 없다."고 했다. 반면, 서정주 때문에 시인의 꿈을 저버린 사람이 한둘이 아니라는 말도 오래도록 떠돌았다. 압도적 영향력 때문이다. 그리하여 그 중의 한 사람이 이렇게 중얼거리는 것을 우리는 꿈결에선 듣는다. "한 사람의 뛰어난 천재를 가진 사회는 행복하다. 그러나 그 사회의 다른 많은 재능들은 그 천재 때문에 불행하다."

★ 추천도서와 읽을거리

서정주, 『서정주문학전집』, 일지사, 1972
　서정주의 시편들뿐만 아니라, 산문, 수필, 자전, 평론, 소설, 전기 등 다양한 분야의 글들이 수록되어 있는 최초의 전집. 서정주 연구에 가장 필수적인 저작이다.

동국문학인회 엮음, 『서정주 연구』, 동화출판공사, 1975
　회갑을 기념해 출판된 최초의 종합 연구서이다. 조연현, 김동리, 천이두, 김우창, 고은 등 서정주 연구 1세대의 글들이 수록되어 있다.

김화영, 『미당 서정주의 시에 대하여』, 민음사, 1984
　서정주 시의 주요한 이미지들에 대한 섬세한 분석이 돋보이는 저작이다. 피, 이슬, 거울, 상승, 거울, 무(無) 등의 이미지가 다루어지고 있다.

윤재웅, 『미당 서정주』, 태학사, 1998
　서정주의 마지막 시집 발간 직전까지의 시적 생애를 총괄적으로 접근한 저서이다. 생명 탐구와 영원성의 지향이라는 개념으로 서정주 시의 본질을 파악한다.

김학동 외, 『서정주 연구』, 새문사, 2005
　서정주 시집 전체를 분석하고 있는 개별 논문 모음집이다. 기타 최근의 주요 연구 성과들이 함께 수록되어 있다.

제1영역 · 문학과 예술

16

설국
가와바타 야스나리

● 김용기 동국대학교 일어일문학과 교수

  접경의 긴 터널을 빠져나오니 설국이었다. 밤의 바닥이 하얗게 되었다. 신호소에서 기차가 멈추었다.
  건너편 좌석에서 처녀가 일어나서 오더니 시마무라(島村) 앞에 있는 유리 창문을 내렸다. 눈의 차가운 기운이 흘러들어왔다. 처녀는 창문 가득 몸을 내밀고는 멀리 외치듯이,
  "역장님, 역장님."
하고 불렀다.
  등불을 들고 천천히 눈을 밟으며 온 남자는 등까지 목도리로 감싸고 귀에는 모자에 달린 털가죽을 늘어뜨리고 있었다.
  벌써 저렇게 추울까 하며 시마무라는 밖을 내다보니 철도 관사인 듯한 가건물이 산기슭에 을씨년스럽게 흩어져 있을 뿐, 눈의 색깔은 그곳까지 가기도 전에 어둠이 삼켜버렸다.
  "역장님, 저예요. 안녕하셨어요?"
  "아아, 요코(葉子) 아니니? 돌아오는 거니? 다시 추워졌어."
  "제 남동생이 이번에 여기서 근무하게 되었다면서요? 폐가 많아요."
  "이런 곳, 금방 적적해서 질릴 거야. 젊은 나이에 안됐어."
  "아직도 어린애니까 역장님께서 잘 가르쳐 주세요. 잘 부탁드려요."
  "알았어. 일 잘하고 있어. 이제부터 바빠질 거야. 작년엔 대설이었지. 눈사태가 잦아서 말이야, 기차가 오도 가도 못하는 바람에 마을 사람들도 밥을 지어 대느라 바빴지."

1899년 오사카(大阪)에서 태어난 가와바타 야스나리(川端康成)는 2세 때 아버지가 폐결핵으로 사망하고, 3세 때 어머니 역시 폐결핵으로 사망하며, 10세 때는 누나가 사망하는 등 15세 때 가족을 모두 잃고 할아버지와 함께 살게 된다. 그가 어린 시절 경험한 이와 같은 외로움과 가난했던 기억은, 후에 그가 문학세계에서 고독과 죽음에 대해 강하게 집착하게 되는 원인으로 작용한다. 1916년 제일고등학교에 입학한 가와바타는 1918년 가을 이즈(伊豆)로 여행을 가게 되는데 그 체험을 미화시켜 창작한 작품이 바로 『이즈의 무희(伊豆の踊子)』이다.

1920년 동경대 영문과에 입학한 가와바타는 1년 후에는 국문과로 전과하고 그 해 곧 도코(今東光)와 함께 제6차 《신사조(新思潮)》를 창간한다. 그리고 제2호에 실린 『초혼제일경(招魂祭一景)』이 기쿠치 간(菊池寬) 등에게 인정을 받아 등단의 길이 열린다. 가와바타는 《신사조》를 계기로 인연을 맺은 기쿠치의 도움을 받아 기쿠치가 창간한 《문예춘추(文藝春秋)》 제2호부터 편집동인으로 참여하게 되고, 기쿠치의 소개로 요코미쓰 리이치(橫光利一)와도 친교를 맺게 된다.

1924년 동경대를 졸업한 가와바타는 요코미쓰 등 당시의 신진 작가들과 함께 동인지 《문예시대(文藝時代)》를 창간함으로써 신감각파(新感覺派)의 기수로서 활약하게 된다. 특히 《문예시대》에 연재된 『이즈의 무희』는 신감각파의 대표적 작품으로 손꼽힌다. 또한 가와바타는 시(詩) 대신 썼다고 하는 손바닥소설 즉, 장편(掌篇)소설에서 서정시적인 특이한 재능을 발휘해 주목을 받는데 처녀 작품집인 『감정장식(感情裝飾)』에서 그러한 특징들이 엿보인다. 그 후 『아사쿠사 구레나이단(淺草紅團)』, 『금수(禽獸)』 등을 거쳐 드디어 명작 『설국(雪國)』이 탄생하게 되는 것이다. 에치고 유자와(越後湯澤) 온천장의 풍물과 등장인물들이 조화되어 일본적인 서정이 잘 그려진 이 작품은 문단의 절찬을 받으며 그의 작품적 지위를 부동케 하는 결정적 역할을 하게 된다.

『설국』의 뒤를 이어 바둑의 명인을 그린 『명인(名人)』과 『고원(古園)』 그리고 기쿠치 간상을 수상한 『석양(夕日)』 등의 수작을 연이어 발표하지만, 일본 전체를 휩쓴 전쟁의 소용돌이에 작가 활동을 중단할 수밖에 없었다.

전후의 미국 예찬의 풍조 속에서도 일본의 전통적인 아름다움을 고수하며 『천 마리 학(千羽鶴)』, 『산소리(山の音)』, 『고도(古都)』 등을 차례로 발표하는 한편, 시가 나오야(志賀直哉)의 뒤를 이어 일본펜클럽 회장을 지내고, 1957년 국제펜클럽대회를 도쿄(東京)에서 개최하는 데 성공하며, 다음 해에는 국제펜클럽 부회장에 추대된다. 그리고 1968년 일본인 최초로 노벨문학상을 수상하고 〈아름다운 일본의 나(美しい日本の私)〉라는 강연으로 일본의 미를 강조했다.

1970년 제자인 미시마 유키오(三島由起夫)의 자결사건으로 충격을 입은 가와바타는, 일본펜클럽이 계획했던 일본학자의 세계대회 준비, 도지사 선거전 등에 열의를 기울이지만, 2년 뒤인 1972년 4월 16일 작업실에서 스스로 가스 호스를 입에 물고 목숨을 끊는다.

『설국』은 1935년 1월 《문예춘추》에 처음 『저녁노을의 거울(夕景色の鏡)』이라는 이름으로 발표되었고, 1937년 5월 《개조(改造)》에 『공치기 노래(毛毬歌)』가 실릴 때까지 이후 여러 잡지에서 연작의 형태로 일곱 차례 발표된다. 가와바타는 이렇게 발표된 것들을 개작해서 1937년 6월 창원사(創元社)에서 처음으로 단행본 『설국』을 간행한다. 그로부터 3년 후인 1940년 12월에 《공론(公論)》에서 『설중화재(雪中火事)』를, 그리고 2년 후인 1942년 8월에는 《문예춘추》에 『은하수(天の河)』를 각각 『설국』의 후속편으로 싣는다. 그리하여 전쟁 후인 1948년 12월에 가와바타는 이 두 편을 결말 부분에 추가시켜 『(완결판) 설국』을 창원사에서 출간한다.

이와 같이 『(완결판) 설국』이 나오기까지는 13년이란 세월이 걸렸지만, 『설국』은《문예춘추》에 마지막으로 연재된 시점인 1942년 8월에 완성되었다고도 볼 수 있다. 그렇게 본다면, 사실상 『설국』의 집필 기간은 1935년에서 1942년까지인 7년간으로 볼 수 있다.

단행본 『설국』이 간행된 것은 1937년 6월로 이는 중일전쟁이 발발하기 1개월 전이다. 그리고 『설국』의 줄거리가 완성된 1942년 8월은 태평양전쟁이 일어난 8개월 뒤이다. 즉, 『설국』에 추가된 결말 부분은 중일전쟁과 태평양전쟁 등의 혼란한 시대적 분위기 속에서 쓰인 것이다.

또한 『설국』의 창작 시기를 1935년에서 1948년까지의 13년간이라 본다면 이 시기는 일본의 근대화 과정으로 민족의 수난의 시기였다고 할 수 있다.

일본은 1930년 서구열강의 주도하에 런던 해군군축조약이 조인됨에 따라 이에 반발해 그 다음 해인 1931년 만주사변을 일으킨다. 그러자 서구열강의 손아귀에 있던 국제연맹이 일본의 그러한 행태를 문제삼고, 이에 일본은 더 이상 국제연맹에 남아 있을 이유가 없다고 판단해 1933년 국제연맹을 탈퇴해 버린다. 그러한 역사적 사건들을 계기로 그 동안의 일본과 서구열강들과의 공존관계가 적대적 관계로 전환된다.

『설국』은 제1차 세계대전 이후의 일본과 서구와의 공존관계가 적대관계로 전환되는 시점에 쓰이기 시작했다. 일본은 서구 열강들과의 투쟁을 위해 세력기반을 구축하는 하나의 방법으로 중일전쟁을 일으켰고, 태평양전쟁도 일으켰다. 그러나 결국 일본은 서구 열강에 패망하고 일본의 전통문화는 산산이 해체되었다. 『설국』은 바로 그러한 상황 속에서 마무리되었던 것이다.

『설국』에서의 '근대'는 인간에 의해 만들어진 기계 등과 같은 인공물로 이루어진 도시, 그 속에서 살아가는 인간들, 일본에 그러한 것들을 가져다 준 서구인들과 서구 문물 등으로 되어 있다. 이에 대해 '전통'은 설국과 같은 산간지역이나 농촌지역, 그곳의 자연과 더불어 살아가는 인간들과 자연에 기초해 형성된 그들의 삶의 방식 등을 가리킨다. 『설국』은 일본의 그러한 전통이 무시된 서구의 근대나 서구의 근대가 무시된 일본의 전통에 대한 고집을 배격하고 있다. 『설국』은 서구의 근대를 주축으로 한 일본의 전통에 대해서도 부정적 입장을 취하고 있으며, 일본의 전통을 주축으로 한 서구의 근대화가 이루어져야 한다는 입장을 제시하고 있다. 『설국』에 내재된 '근대'와 '전통'의 관련 양상은 작자의 서양과 일본에 대한 그러한 의식에 의해 만들어진 것이다. 이 경우 작자의 서양과 일본에 대한 의식은 자신의 가문의식으로부터 형성되어 나왔고 또 그가 자기의 가족과 가문으로부터 작품의 소재들을 취해 그것들을 가지고 작품을 창작해 가는 과정에서 확립되어 나왔던 것이라 할 수 있다.

주인공 시마무라(島村)는 서양 무용을 연구하며 일정한 직업도 없이 여행을 즐기는 사람이다. 소설은 주인공이, 항구 도시에서 태어나 어릴 때 도쿄로 팔려가 요정에 있다가 춤선생을 따라온 어린 게이샤 고마코(駒子)와의 만남을 떠올리며 눈의 고장(雪國)인 온천을 다시 찾는 장면에서 시작된다. 기차 안에서 그는 병이 들어 죽음을 눈앞에 둔 춤선생의 아들과 그의 애인 요코(葉子)를 만난다. 춤선생의 아들은 병이 들어 있었고 요코는 그를 간호하는데 시마무라는 그런 요코에게 알 수 없는 신비로운 감정을 느낀다.
  시마무라는 눈의 고장에 머무르는 동안 고마코가 순결한 생명력을 지닌 여자임을 느끼게 되고, 고마코 또한 시마무라에게 연정을 품는다.
  한편, 시마무라는 우연한 기회에 춤선생의 아들인 유키오(行男)와 고마코가 약혼한 사이였다는 소문을 듣게 된다. 고마코는 시마무라에게 아니라고 부인하지만, 유키오는 고마코를 찾으며 죽어간다.
  도쿄로 돌아간 시마무라는 1년 후 다시 눈 고장을 찾는다. 돌아온 그는 유키오의 무덤에서 요코를 발견하는데, 요코의 연약하고 청순한 인상은 시마무라의 뇌리에 뚜렷하게 남게 된다. 어느 날 영화 상영을 하던 창고가 불에 타는 것을 발견한 시마무라와 고마코는 은하수가 흐르는 밤을 가로질러 화재가 난 창고에 도착한다. 그리고 2층에서 뛰어내려 죽는 요코를 목격한다. 고마코는 뛰어가 요코를 안고, 몰려가는 사람들에게 부딪쳐 비틀거리던 시마무라는 눈을 든 순간 은하수가 자신의 속으로 흘러들어오는 것을 느낀다.

『설국』의 주요 무대는 에치고 유자와 온천이고, '여행'이라는 테마로 시작되는 소설이다. 이것은 『이즈의 무희』에서와 마찬가지로 여행지에서의 만남을 소재로 하여 만들어진 작품이라는 측면에서 본다면 제2의 『이즈의 무희』라고 해도 좋다.

『이즈의 무희』는 1926년 《문예시대》에 연재된 중편소설로 작자가 20세에 이즈를 여행할 때 만난 무희와의 사랑을 그린 작품이다. 이 작품에서 작자는 주인공 '나'를 화자(話者)와 동일시시켜 어린 시절의 '고아 감정'을 주인공에 이입시키고 있다. 이러한 주인공과 화자를 동일시하려는 의도는 『설국』에서 더욱 강하게 나타난다.

『설국』의 구성을 보면 주인공이자 화자인 시마무라는 작자의 분신인 동시에 지식계급이며 서양적 교양을 갖춘 인물이다. 한편 여주인공인 고마코는 일본의 토양에서 피어난 한 송이 꽃과 같은, 일본의 전통과 자연을 상징하는 존재로 주인공에게 삶의 감각을 회복시켜주는 활력을 불어넣는다. 작자는 그러한 고마코를 작품 속에서 이상화시키고 그녀를 통해 작자의 사상을 정착시키려 하고 있다. 이와 같은 측면에서 『설국』은 근대의 소용돌이 속에서 일본민족과 일본문화의 장래에 대한 작자 가와바타의 염원이며 숙원과도 같은 것이었다. 가와바타가 『설국』 집필에 그렇게 긴 시간을 투자한 것은 바로 그러한 것들을 단적으로 대변하는 것이다.

『설국』 이후 가와바타는 『설국』의 속편 격으로 『천 마리 학』을 구상하여 1949년에 쓰기 시작하지만 완성하지는 못한다. 이 밖에 『산소리』, 『고도』 등은 그의 최고 걸작으로 꼽힌다.

한편, 가와바타의 작품 중에는 조선인을 소재로 한 작품이 적지 않아 눈길을 끄는데, 1920년대의 「바다(海)」는 그 대표적인 예로 《문예시대》에는 「조선인(朝鮮人)」이라는 제목으로 실린 것이 나중에 「바다」로 개칭된 것이다. 이 밖에도 「사자의 서(死者の書)」나 「온천장(溫泉宿)」 등도 단편소설로서 조선인의 이야기를 다루는 내용이다. 이처럼 가와바타는 조선에 특히 관심을 많이 가지고 있던 작가였는데 이러한 관심은 자신의 암울했던 어린 시절과 당시 조선의 시대상황이 닮은꼴이었던 것에 기인된다고 생각된다. 이런 조선에 대한 관심은 1930년대로 접어들면서 조금 다른 양상으로 나타나는데 조선의 예술, 특히 무용이나 미술 분야에 대한 찬사로부터 시작된다. 1934년 일본에서 첫 공연을 갖은 최승희의 무용을 본 가와바타는 그녀를 일본의 최고 신인 서양무용가로 평가했고, 그녀의 몸짓은 조선의 암울함이 아닌 민족의 혼이 담긴 역동적인 무용이라는 평을 했다. 그리고 1970년 국제펜클럽대회에 참석하기 위해 서울을 방문한 가와바타는 한양대에서 명예 문학박사 학위를 받고 서울에 체류하는 동안 한국에 대한 친숙감과 한국의 고미술에 대한 강한 애착을 보였는데 이는 그가 이전부터 한국의 전통문화에 대해 깊은 관심을 가지고 있었다는 것을 시사한다.

★ 추천도서와 읽을거리

『이즈의 무희(伊豆の踊子)』
　중편소설. 《문예시대(文芸時代)》에 발표했다. 가와바타 야스나리의 출세작이며 청춘의 애환이 배어 있는 작품으로, 근대문학사상 청춘문학의 걸작으로 일컬어진다.

『천 마리 학(千羽鶴)』
　장편소설. 《별책 문예춘추(別册文芸春秋)》에 단속적으로 발표했다. 패전 후, 일본 미의 전통을 계승하려는 마음으로 쓴 작품이다.

『산소리(山の音)』
　장편소설. 《개조문예(改造文芸)》 등에 단속적으로 발표했다. 노년의 심리가 자세히 묘사되어 있는 작품이다.

『잠자는 미녀(眠れる美女)』
　장편소설. 《신조(新潮)》에 연재했다. 젊은 여성의 아름다움에 빠진 노인의 심리를 환각적인 세계 속에서 그린 작품이다.

제1영역 · 문학과 예술

17

스완네 집 쪽으로
마르셀 프루스트

● 김희영 한국외국어대학교 불어과 교수

그러다 갑자기 추억이 떠올랐다. 그 맛은 콩브레에서 일요일 아침마다(일요일에는 미사 시간 전에 외출할 수 없었기 때문이다) 레오니 고모 방으로 아침인사를 하러 갈 때면 고모가 곧잘 홍차나 보리수차에 적셔서 주던 마들렌 조각의 맛이었다. 실제로 그 맛을 보기 전에는 프티트 마들렌을 보아도 아무것도 회상되는 것이 없었다. 그 이유는 아마도 빵집 진열창에 있는 것을 자주 보면서도 먹은 적이 없었기 때문에 그 이미지가 콩브레에서 보낸 나날과 멀리 떨어져 보다 최근의 나날들과 연결되었기 때문일 것이다. 아니면 오랫동안 기억의 밖으로 내던져진 추억으로부터 아무것도 살아남지 않아 모든 것이 붕괴되어 버렸기 때문인지도 모른다. 마들렌은 근엄하고도 경건한 주름 아래 그렇게도 풍만한 관능적인 작은 조가비 형태를 하고 있었는데, 이제 파괴되고 잠이 들어 의식에 합류하는 팽창력을 잃어버렸다. 그러나 아주 오래된 과거로부터 아무것도 남아있지 않을 때에도, 존재의 죽음과 사물의 파괴 후에도, 연약하지만 보다 생생하고, 보다 비물질적이고 보다 집요하고, 보다 충실한 냄새와 맛은 오랫동안 영혼처럼 살아남아, 다른 모든 것의 폐허 위에서 기억하고 기다리고 희망하며, 미세한 물방울 위에 추억의 거대한 건축물을 꿋꿋이 떠받치고 있었다.

평생을 지병인 천식에 시달리며 죽음과 싸워야 했던 마르셀 프루스트 (Marcel Proust, 1871~1922), 그에게 있어 문학은 유일한 삶이자 출구였다. 프루스트는 1871년 파리 교외의 오퇴유에서 저명한 파리 대학 의학부 교수인 아버지 아드리앵 프루스트와 유대인 출신의 부유한 증권업자의 딸인 어머니 잔 베유 사이에서 태어났다. 병으로 학업을 중단하기도 하였지만, 파리 대학에서 법학사와 문학사를 취득하였고, 아버지의 성화에 도서관 사서로 취직하였으나, 한 번도 근무하지 않고 대부분의 시간을 포부르생제르맹의 귀족들의 살롱에서 보냈다. 그러나 1905년 어머니의 죽음은 이 딜레탕트의 생활에 종지부를 찍게 하였고, 그리하여 어머니가 모르는 곳에서는 살 수 없다는 이유로 유명 백화점들이 밀집되어 있는 파리에서 가장 번화한 거리인 오스만 가 102번지에서 코르크 마개로 방음벽을 하고 낮에는 자고 밤에는 글을 쓰는 긴 칩거생활을 하였다. 이 칩거생활의 결실이 '20세기 최대의 문학적 사건'으로 기록되는 『잃어버린 시간을 찾아서』이다.

그러나 1908년부터 5년 동안 그의 모든 삶을 바쳐 완성시킨 것이나 다름없던 『잃어버린 시간을 찾아서』의 제1권 『스완네 집 쪽으로』(1913)의 발간 이후 제1차 세계대전의 돌발은 10여 년간의 수정 가필 작업을 추가하게 하였고 "나는 교정하면서 새로운 작품을 썼습니다"라는 작가의 고백처럼 처음의 1,330페이지가 3천 페이지로 늘어나고, 500여 명의 인물이 등장하는 총 7권의 거대한 작품으로 탈바꿈한다. 이와 같은 변신에는 전쟁이라는 외적 요인 외에도, 1907년 노르망디에서 택시 운전사를 하다 프루스트의 비서로 일하게 된 알프레드 아고스티넬리의 죽음이 영향을 미쳤다. 프루스트의 반대에도 불구하고 비행기 시험운전을 하다 지중해에 추락한 아고스티넬리의 죽음은 프루스트로 하여금 우리 시대의 가장 위대한 사랑 이야기로 간주되는 『갇힌 여인』과 『사라진 알베르틴』의 '알베르틴 연작소설'을 낳게 한다. 또한 작품의 표면적인 다양성에도 불구하고 작가의 내적 고향은 동일하며, 따라서 작가란 엄밀한 의미에서 단 한 권의 작품밖에 쓸 수 없다는 작가의 치열한 문학정신도 작용한다. 다른 책을 쓰기보다는 『잃어버린 시간을 찾아서』를 쓰고 다시 쓰기만을 고집했던 프루스트, 이와 같은 현상은 서구 문학사에서 거의 전례를 찾아볼 수 없는 것으로, 로베르트 무질의 『특성 없는 사나이』와 휘트먼의 『풀잎』을 들 수 있으나, 『풀잎』은 시집이며 『특성 없는 사나이』는 미완의 작품이라는 점에서 『잃어버린 시간을 찾아서』와는 구별된다. 그러므로 프루스트가 이전에 쓴 모든 작품들, 이를테면 3인칭 소설이지만 훨씬 더 자전적 체험을 투영하고 있는 『장 상퇴유』나, 어머니와의 대화로 이루어진 일종의 문학비평서인 『생트-뵈브에 반(反)하여』는 작가 자신에 의해 모두 『잃어버린 시간을 찾아서』를 쓰기 위한 습작품들로 간주된다. 1922년 폐렴으로 세상을 떠날 때까지 그의 삶은 곧 책이었고, 책이 곧 삶인, 허구와 실재의 경계가 더 이상 존재하지 않는 그런 삶을 살았다. 1921년 죄드폼 박물관으로 그토록 좋아하던 베르메르의 그림을 보러 갔다가 지병이 악화되어 죽음과 사투하면서도 『사라진 알베르틴』을 교정하고 또 교정하다가 "이제는 드디어 죽을 수 있다."라고 말하며 숨을 거둔 프루스트. 그는 아마도 세계문학사에서 문학의 위대한 힘을 믿고 실천한 마지막 작가인지도 모른다.

 유대인이라는, 동성애자라는, 문학청년이라는 다름의 인식이 일찍부터 글쓰기로 다가가게 한 프루스트. 그는 '나'라고 불리는 화자 또는 마르셀을 통하여 콩브레의 고모 댁에서 보낸 유년시절, 파리 샹젤리제에서의 첫사랑, 사교계의 삶, 사랑과 질투, 문학에 의한 구원이라는 자서전의 전통적인 주제를 다루면서도 '기원의 부재, 반복과 차이, 몸의 글쓰기'로 표현되는 현대 사유의 핵심주제를 예시하며, '복수적인 정체성', '시뮬라크르' 또는 상상적 자아로 특징지어지는 '허구적 자서전' 혹은

'자서전 소설'이라는 새로운 유형의 글쓰기를 개척함으로써 소설의 위기에 돌파구를 마련하고 있다. 존재의 심층의식 속에 깊숙이 감추어 있던 자아는 어느 날 마들렌의 맛과 냄새에 의하여 우연히 되살아나게 되고, 그리하여 과거 속에 매몰되었던 자아를 되찾아 시간과 공간을 초월한 타임머신이 전속력으로 달려간다. 모든 것이 시간에 의해 변화하고 해체되는 불확실성의 세계에서, 하나의 이미지가 다른 이미지로 현란하게 교체되는 세계에서, 고정된 것이라곤 아무것도 없는 세계에서 매일매일 죽어가던 자아는 이제 뜻하지 않은 기억의 힘에 의해 비로소 저 끔찍한 존재의 변화와 죽음이라는 시간의 궤적에서 벗어날 수가 있는 것이다. 사교계의 표피적인 자아 밑에 숨겨져 있던 진정한 자아, 일상적인 사회적인 자아 밑에 가려져 있던 진정한 자아, 그렇다고 추상적이고 관념적이지 않은 자아의 발견은 그러나 문학을 통해서만 가능하다. "진정한 삶, 마침내 발견되고 밝혀진 삶, 따라서 진실로 체험된 유일한 삶은 바로 문학이다."라는 화자의 외침으로 끝이 나는 『잃어버린 시간을 찾아서』는 프랑스 '벨 에포크', 즉 '아름다운 시대'의 상류사회 풍경을 인상파 화가들의 그림처럼 채색해 나가면서도 19세기 문학이 보여주는 단순한 사회 재현이 아닌, 외적 현실이 의식에 투영하는 '반사성'을 추구하였다는 점에서 현대문학의 새로운 장을 열고 있다.

등장인물: '나'라고 말하는 화자, 어머니와 할머니, 아버지, 레오니 고모, 스완, 스완이 사랑하는 오데트, 화자의 어린 시절의 친구 질베르트.
『잃어버린 시간을 찾아서』의 모든 주제가 담겨 있는 『스완네 집 쪽으로』는 「콩브레」, 「스완의 사랑」, 「고장의 이름, 이름」의 3부로 구성되어 있다.

「콩브레」: '나'라고 말하는 1인칭 화자는 잠이 안 오는 불면의 고통스런 밤을 콩브레, 발벡, 동시에르, 베니스, 파리에서 보낸 삶을 회상하며 보낸다. 이런 그에게 어느 날 어머니는 홍차에 적신 마들렌 한 조각을 권하고, 그러자 부활절 방학 때면 식구들과 함께 가서 지내곤 하던 레오니 고모네가 있는 콩브레의 모든 것이 찬란한 대낮의 햇빛 속에 떠오른다. 레오니 고모는 남편이 죽은 다음에는 자신의 집, 자신의 방, 자신의 침대를 떠나려 하지 않은 이상한 인물이다. 동네 아이로부터 얻어듣는 이야기로 양분을 취하며 살아가는 고모와 동네 사람들, 성당, 스완, 은둔자를 자처하면서도 속물인 르그랑댕, 외롭게 살아가는 동네 음악가 뱅튀이유와 그의 딸, 그리고 뱅튀이유 죽음 후에 그의 사진에 침을 뱉는 딸과 친구의 동성애 장면 , 마르탱빌 종탑 앞에서 작가의 소명을 발견하는 이야기, 이 모든 것들이 마술 환등기의 그림처럼 아스라하게 펼쳐진다.

「스완의 사랑」 : 이런 콩브레를 회상하면서 시간을 보내는 화자에게 떠오르는 또다른 이야기가 바로 스완의 불행한 사랑이야기다. 1인칭 화자에서 3인칭 화자로 넘어가며 불행한 연인 스완이 등장한다. 스완은 「콩브레」에서는 화자의 할아버지 친구로 콩브레 집을 찾아오던 유일한 손님이다. 그는 유대인 출신의 부유한 부르주아지만 섬세한 예술적인 취향으로 귀족인 게르망트 가를 마음대로 드나든다. 이런 인물이 어느 날 오데트라는 신분이 불확실한 한 화류계 여자를 소개받고 사랑에 빠지게 된다. 그러나 사랑하는 오데트는 끊임없이 스완의 손으로부터 빠져 나가며 이런 '사라지는 여인'을 붙잡기 위해 스완은 질투에 사로잡힌 절망적인 몸짓을 한다. 드디어는 게르망트 가의 한 연회에서 예전에 듣던 소나타를 듣고는 자신의 사랑이 끝났음을 알게 된다.

「고장의 이름, 이름」 : 이렇게 소설 속의 소설인「스완의 사랑」이 막을 내리면 우리는 다시 화자의 이야기로 돌아간다. 오데트에 대한 스완의 사랑이 끝났다고 여기는 독자에게 느닷없이 오데트와 결혼하고 부르주아의 안착된 삶을 살고 있는 스완이 나타난다. 그리고 그 둘 사이에서 태어난 질베르트 스완, 이런 질베르트와 더불어 파리 샹젤리제에서 사랑을 꽃피우는 화자, 모네의 그림에 나오는 듯한 파라솔을 들고 산책하는 오데트가 우리 앞을 지나간다.

프루스트는 한때 『잃어버린 시간을 찾아서』를 「이름의 시대」, 「말의 시대」, 「사물의 시대」의 3부작의 형태로 구상했다고 한다. 그만큼 이름에 대한 화자의 몽상은 중요한 주제로서, 그것은 이름, 정확히 말하면 고유명사에 대한 몽상이다. 즉 게르망트라는 이름 안에는 중세 때부터 거슬러 올라가는 저 찬란한 메로빙거의 자취가 어려 있어, 게르망트 부인의 실체도 이 이름에 걸맞은 역사적인 흔적을 가지고 있다고 화자는 생각한다. 그러나 성당에서 만난 게르망트 부인은 지극히 평범한 여인에 지나지 않으며 현실과의 접촉은 신화 속의 이미지를 무로 환원시킨다. 크라틸루스가 말하는 이름과 실재, 시니피앙과 시니피에의 관계는 이렇듯 '이름의 시대'에서 오랫동안 화자를 매혹시킨다. 그러나 파리 포부르생제르맹의 상류사회를 드나들면서 화자 마르셀은 '허무의 왕국'의 실상을 알게 되고 바로 이것이 보통명사의 제국인 '말의 시대'이다. 거기에는 말한 대로 이해되지 않고 행간 읽기를 해야 하는 은어·속어, 각 살롱·각 직업에 고유한 화법, 말이 곧 권력인 그런 치열한 투쟁의 공간이다. 또 동성애자들의 세계인 소돔과 고모라가 그 모습을 드러낸다. 이런 지옥으로의 긴 하강 후에, 알베르틴과의 사랑과 헤어짐이라는 그 긴 고통과 글쓰기에 대한 깊은 성찰 후에, 드디어 『되찾은 시간』에 이르면 "문학작품의 모든 소재는 내 자신의 지나간 삶이다."라는 사실을 깨달으며, 가장 세부적이고 일상적인 삶의 여러 양상들에 단단함과 형태를 부여하는 것, 바로 이것이 은유이자 문학의 힘이라는 것을 깨닫게 되는 '사물의 시대'에 이르게 된다. 마침내 화자는 글을 쓰기로 결심하고 작품은 끝이 난다.

이와 같은 내용을 가진 『스완네 집 쪽으로』에서 우리는 『잃어버린 시간을 찾아서』를 관통하는 다음의 중요한 주제를 발견할 수 있다.

유년시절의 추억: '나'라고 말하는 화자는 우리 각자에게 기억의 저 너머로 매장되어버렸던 과거를 재현할 것을 요구한다. 유년시절의 그 행복했던 순간들, 슬픔, 풍경, 어머니와 할머니에 대한 향수어린 추억, 프랑스 시골을 대표하는 마을 성당, 성당의 채색 유리에 그려져 있는 중세의 전설들이 이제 마들렌의 맛과 냄새에 의해 새롭게 살아난다.

시간과 기억: 잠에서 깨어난 자아는 어떤 고정된 정체성도 가지지 못한다. 그것은 시간의 흐름에 따라 끊임없이 분열되고 해체되는 유동적인 자아이다. 이 연속적이고 단편적인 죽음에 처형당한 자아에게, 의식의 파편화 현상 앞에서 기적적으로 나타나는 것이 바로 기억인 것이다. "바로 그때 내가 현재 있는 곳이 아니라 내가 살았던 곳 혹은 내가 살았을지도 모르는 몇몇 장소에 대한 추억이 위에서 내려와 내가 혼자서는 도저히 빠져 나갈 수 없는 무의 상태에서 나를 구해 주는 것이었다." 그리하여 그 기억은 시간과 공간을 가로지르며 전속력으로 질주하는 『아라비안 나이트』의 저 마술 담요처럼 잃어버린 '나'를 찾아, 그리하여 '나'가 누구인지 알기 위해 과거로의 여행을 시작하는 것이다.

상류사회의 묘사: 화자는 스완이라는 인물을 통하여 19세기 말의 부르주아 상류층과 귀족들의 살롱을 재현한다. 음악을 듣고 예술을 논하는 포부르생제르맹으로 대변되는 귀족사회는 제1차 세계대전과 더불어 이제는 사라진 전설 속의 존재이다. 이런 신화적인 존재에 대한 부르주아의 모방 욕망이 바로 스노비즘으로, 부르주아들은 귀족들의 취향·몸

짓·말투·예술적인 소양을 답습하려고 끊임없이 그 공허한 몸짓을 되풀이한다. 귀족들의 잔인함과 부르주아들의 어리석음이 화자의 풍자적인, 그렇지만 예리한 시선을 통해 그 모습을 드러낸다. 제1차 세계대전 직전까지의 풍요롭고도 화려했던 30여 년 간의 아름다운 시절이 인상파 화가의 그림을 보듯 우리 앞에 펼쳐진다.

사랑과 정념: 프랑스의 문학비평가 롤랑 바르트에 의하면 서구의 문학사에는 두 가지 유형의 사랑하는 사람이 존재한다. 하나는 프랑스적인 전통의 것으로 라신과 프루스트로 이어지는 일종의 편집증 환자이자 질투하는 사람이며, 다른 하나는 독일 낭만주의 전통의 것으로 슈베르트와 슈만의 사랑하는 사람이다. 프랑스적인 사랑은 연인들의 행복한 결합이나 상호적인 이해와 믿음을 바탕으로 하는 독일 낭만주의자들과는 달리 질투와 부재의 동의어로서,「스완의 사랑」에서 그 빛을 발한다. 프루스트는 사랑의 부재를 말한다. 그것은 영원히 충족될 수 없는 욕망, 대상도 목적도 없는 탐색, 이 시니피앙에서 저 시니피앙으로 불가능한 대상을 찾아 헤매는 라캉의 환유적인 몸짓과도 맥을 같이 한다. 그러나 이 부재는 사랑을 대신하며 사랑의 효과라고 할 수 있는 질투에 의해 현존한다.「스완의 사랑」은 서구인들의 사랑 이야기의 원형이라 할 수 있는 『트리스탄과 이졸데』와 마찬가지로 비록 그것이 행복한 사랑 이야기는 아닐지라도 사랑만이 고통과 절망을 넘어서서 진실을 발견하게 해주며 새로운 삶을 가능하게 한다는 점에서 우리 시대의 가장 아름다운 사랑 이야기로 간주된다.

예술에 의한 구원: 화자는 끊임없이 미학적인 성찰을 한다. 스완은 오데트를 사랑하지 않지만 그녀가 보티첼리의 그림에 나오는 여인과 흡사하다고 생각되는 순간 사랑에 빠진다. 이처럼 『잃어버린 시간을 찾아서』에는 셸링·쇼펜하우어 등 독일 낭만주의 미학에서 출발하여 러스킨의 인상주의 미학에 이르기까지 예술 전반에 대한 성찰이 주를 이룬

다. 세비네 부인·생시몽·라신·발자크·플로베르·보들레르로 이어지는 문학가들, 베르메르, 렘브란트·샤르댕, 그리고 마네· 모네 등의 인상파 화가들, 바그너와 드뷔시, 세자르 프랑크와 같은 음악가들, 고딕식 건축물과 성당들, 스테인드글라스, 연극, 보석 세공, 화장, 의상, 사진, 요리에 이르기까지 총체적인 예술의 이미지를 구현한다.

★ 추천도서와 읽을거리

질 들뢰즈, 『프루스트와 기호들』, 서동욱·이충민 옮김, 민음사, 1997
현대 사유체계에 가장 큰 영향을 미친 들뢰즈의 본격적인 문학비평서로, 『잃어버린 시간을 찾아서』가 더 이상 기억에 의거하는 과거지향적인 소설이 아니라 한 문학청년의 형성소설임을 보이고, 기호 해독을 통한 진리 탐구, 단편적인 세계관, 복수적인 정체성 등 프루스트의 현대성을 조망하는 데 크게 기여한 저서이다.

장 이브 타디에, 『프루스트』Ⅰ·Ⅱ, 하태환 옮김, 책세상, 2002
프루스트의 전기 중 가장 완벽한 것으로, 오랫동안 이 방면의 선두주자였던 영국인 페인터의 『마르셀 프루스트』를 능가하는 것으로 평가된다. 프루스트의 지적·감정적·미학적 계보 및 글쓰기 편력을 샅샅이 파헤치고 있는 이 저서는 작가의 생애를 이해하지 않고는 작품의 진정한 의미를 파악할 수 없다는 전기비평의 뛰어난 전범을 보여준다.

가에탕 피콩, 『프루스트 읽기』, 남수인 옮김, 문학과지성사, 1992
프루스트 작품의 전반적인 이해를 위한 개론서이다.

오생근·이동렬 엮음, 『프루스트와 현대 프랑스 소설』, 민음사, 1998
프루스트 연구가들의 논문 모음집으로 국내의 프루스트 연구 동향을 한눈에 파악할 수 있게 해주는 길잡이 역할을 한다.

김동윤, 『프루스트』, 건국대학교 출판부, 1994
프루스트의 생애와 작품을 쉽게 풀어서 엮은 입문서이다.

제1영역 · 문학과 예술

18

악의 꽃
보들레르

● 김춘식 동국대학교 국어국문학과 교수

'자연'은 하나의 신전, 거기 살아 있는 기둥들에서
이따금씩 어렴풋한 말소리 새어나오고;
인간이 그곳 상징의 숲을 지나가면,
숲은 정다운 시선으로 그를 지켜본다.

밤처럼 그리고 빛처럼 끝없이 넓고
어둡고 깊은 통합 속에
긴 메아리 멀리서 어우러지듯,
향기와 색채와 소리 서로 화답한다.

(……)

용연향, 사향, 안식향, 훈향처럼
무한한 것으로 확산되어,
정신과 관능의 환희는 노래한다.
— 「상응교감(Correspondances)」, 「악의 꽃」 중에서

『악의 꽃』은 서구 현대시의 시조라고 일컬어지는 보들레르(Charles-Pierre Baudelaire, 1821~1867)의 대표 시집이다. 보들레르는 낭만주의적 예술가 정신의 표본을 보여주는 시인으로서 그의 미적 태도는 실질적으로 근대적인 미학의 선구자로 불리기에 부족함이 없는 것이었다. 아름다움을 '순간성과 영원성'의 결합에서 발견했던 보들레르는 매순간 미래를 향해서 질주해 나가는 근대적 시간의 속성을 미적인 자기갱신의 원리로 변화시킴으로써 미적 근대성의 중요한 특징을 창조한 시인이다. 이러한 그의 미적 신념은 '예술 지상주의적인 근대 예술관'을 낳았고 그의 예술관은 상징주의, 초현실주의, 미래파 등의 모더니스트들과 아방가르드들에게 계승되어 현대시의 중요한 특성으로 자리잡게 되었다.

보들레르는 소산문 시집 『파리의 우울』을 제외하고는 단 한 권의 시집 『악의 꽃』만을 남겼는데, 그는 이 한 권의 시집에 그가 체험한 근대적 삶과 예술정신을 모두 쏟아 넣었다. 그러나 1857년 보들레르가 『악의 꽃』을 처음 발표했을 때에는 그 시대의 많은 사람들이 이 시집의 놀라운 독창성이나 뛰어남을 주목해서 바라보지는 못했다. 이 시집으로 후에 그가 '현대시의 시조'로 불리게 되었다는 사실을 감안한다면 이러한 현상은 무척 특이한 것이라 할 수 있다. 대부분의 평범한 독자는 물론 당시 새로운 예술적 경향과 상징주의의 출현에 누구보다 민감하게 대응하고 있던 고티에나 생트-뵈브도 예술의 근본적인 패러다임을 전환시킬 새로운 시집의 출현을 미처 깨닫지 못했다.

『악의 꽃』은 보들레르의 인생에서 어느 특정한 짧은 시기에 국한되어 창작된 것이 아니라 오랜 시간에 걸쳐서 쓰고 다듬은 보들레르의 전 생애에 걸친 역작으로 평가된다. 이 점에서 『악의 꽃』의 역사는 당시의 문학에 대한 고정된 관습이나 편견과 싸우며 자신의 예술관을 관철시킨 보들레르의 삶의 역사와 겹쳐지는 것이다. 약 25년에 걸친 문학 활동 기간을 보들레르는 이 시집의 완성에 바쳤고 그의 이런 집착은 '미적인 것'

과 '새로운 예술', 시에 대한 그의 신념을 관철시키기 위한 것이었다.

보들레르의 『악의 꽃』은 1857년 초판이 간행되었는데 서시(序詩) 외에 100편의 시를 수록하였고 〈우수(憂愁)와 이상(理想)〉(77편), 〈악의 꽃〉(12편), 〈반역〉(3편), 〈술〉(5편), 〈죽음〉(3편)의 5부로 나뉘어 있었다. 출판 직후 종교와 풍속을 해친다는 이유로 기소되어 법원으로부터 「보석」, 「레테의 강」 등 6편의 시는 삭제 명령을 받고 작자와 출판사 책임자에게는 각각 300프랑과 200프랑(출판주 2명)의 벌금형이 선고되었다. 4년 후인 1861년에 문제의 6편을 빼고 신작 32편을 추가하여 재판을 발간했는데, 이때 시집의 구성, 시의 배열을 크게 수정하고 제2부에 〈파리 풍경〉(18편)을 새로 첨가시켰다. 이 35편의 시는 점차 확장되던 대도시 파리의 '도시 서정'을 주로 표현한 것으로 산문 시집 『파리의 우울』을 예고하는 명작들이다. 대도시와 현대성에 대한 보들레르의 관심은 2판에 추가된 〈파리 풍경〉에서 잘 나타나는데, 대도시와 군중, 고독, 현대성의 가속도를 이 시편들을 통해서 탁월하게 감각화해 냈다. 몸의 감각에 새겨진 근대성을 언어화했다는 점에서 그의 시집은 '현대성의 감각'을 담은 새로운 언어의 출현을 보여준다.

작자가 죽은 다음 해인 1868년에 제3판이 간행되었으나 이 개정판은 작자 자신의 뜻에 따른 편집이 아니어서 1861년에 출판된 재판이 보들레르의 의도에 따른 최종판으로 평가된다. 시의 배열과 시집의 구성까지도 시인에 의해 치밀하게 배치된 것이라는 점에서 1861년판이 결정판으로 받아들여지는 것은 자연스러운 현상이다.

이 시집은 시인의 탄생에서 죽음까지를 읊고 있으며 전체가 하나의 건축물처럼 일관된 주제의식과 의도에 따라 구성된 것이다. 원죄의식에 바탕을 둔 고뇌와 회한, 이상적 순수미를 추구하는 의욕, 붕괴와 타락, 하강에의 미적 몰두, 신에 대한 숭배와 저주 등 인간의 내면 속에서 서로 대립하면서도 공존하는 성(聖)과 속(俗)의 '양면성'을 거침없이 보여준다. 특히, 복잡한 근대인의 심리를 에로티시즘과 플라토닉 러브가 한데 뒤섞인 연애시의 화법을 통해 묘사함으로써 감각과 관능을 새로운 근대시의 핵심적 미학으로 발전시켰다. 시각과 청각과 후각의 세 가지 다른 감각을 하나로 뒤섞는 만물조응(萬物照應), 즉 공감각적 기법은 상징주의의 선구로서 현대시에 큰 영향을 미쳤다.

보들레르는 어느 특정한 유파에 몸담은 적은 없다. 젊어서 낭만주의의 물결 속에서 자라났지만, 낭만파 시인들의 감정의 과잉과 절제 없는 노출을 혐오하여 탈-낭만주의를 선언했다. 하지만, 미에 대해서는 '종교적이라 할 만한 찬양'과 신념을 지니고 있었고, 고대의 틀에 박힌 전형에서 '영원한 미의 모델'을 찾는 데 반대하여 예술이 현대적 삶의 직접적인 표현이어야 함을 주장했다. 그의 미적 신념은 독특한 것으로서 '현대성'을 '순간성의 현현'에서 발견하는 뛰어난 감각을 지니고 있었다. 미를 순간성에서 '발견함'으로써 예술은 불안정하고 불안하게 유동하는 현대적 삶을 그대로 닮아간다. 끊임없이 미래를 향해 질주하고 그 자체가 낡은 것이 되어 과거로 떠밀려가는 '미적 새로움'과 '예술의 자기 갱신'을 하나의 예술적 원리로 구현해 낸 것이다.

실제로 이것은 그가 스물세 살에 미술비평을 쓰기 시작하던 무렵부터 역설했던 비평의 중심 주제였다. 그는 『악의 꽃』의 시인인 동시에 『낭만파 예술(L'Art romantique)』과 『심미적 호기심(Curiosite esthetique)』을 통해 독창적인 비평을 발표한 날카로운 비평가이기도 했다. 그는 현대성의 새로운 감각을 자각하고 있었고 동시대적 감수성의 미래적 향방을 예감하고 있었다. 이 점에서 그는 동시대의 '다수'가 아직 공유하지 못한 선진적 감각을 소유했기 때문에 오히려 불우했던 시인이다. 그의 시대는 아직 현대성의 새로운 감각과 감수성을 인식하지 못하고 있었고 시대적 감수성에 민감했던 보들레르는 『악의 꽃』을 통해서 한 세기를 앞질러 새로운 미적 감각의 출현을 예언한 것이다.

이처럼 보들레르는 '저주받은 시인'으로서의 불행을 벗어나지 못했는데 이런 시인의 숙명은 미래를 감각으로 직관하는 자의 일반적 숙명으로서 '새로움'을 미적 원칙으로 만든 시인의 피할 수 없는 숙명 같은 것이다. 미에 대한 '새로움'의 원리는 시인을 항상 가장 전위적인 소수에게만 인정받는 폐쇄성 속으로 몰아가기 때문이다. 결국, 오랫동안 『악의 꽃』은 열광적인 소수의 독자들에게만 환영되었고, 현대성의 실체가 보다 명료해지기 시작한 20세기에 비로소 다수의 독자를 확보하게 되었다. 결국, 『악의 꽃』은 민감한 감수성과 감각을 지닌 시인 자신이 살고 있던 동시대의 '새로운 징후와 기운'을 감각으로 체화(體化)된 언어를 통해 걸러낸 '연금술적 작품'이라고 할 수 있다. 즉, 당대의 일상성을 감각과 언어의 용광로에서 '낯선 것', '새로운 것'으로 만든 예술적 변용의 실체를 이 시집은 그대로 보여준다. 그리고 이 점이 바로 근대적 예술의 특징과 원리를 이 시집이 잘 보여주고 있다고 평가받는 이유이다.

『악의 꽃』은 1857년 파리에서 처음 간행되었지만 1843년에 이미 시편 10여 편이 완성되어 있었을 만큼 평생의 노고와 사상이 집약된 시집이다. 보들레르는 평생에 걸쳐 다시 쓰고 다듬어온 이 시집에 대해 "혹독한 이 한 권의 시집 속에 나는 내 모든 혼과 애정, 변조된 종교와 온갖 증오를 쏟아부었다."고 토로했다고 한다. 그 만큼 이 시집은 시인으로서, 또한 현대예술의 특징에 대한 예민한 감식안과 감각을 지닌 비평가로서의 자부심이 모두 투영된 보들레르의 역작이다. '변조된 종교와 온갖 증오'라는 표현이 암시하듯이, 시와 예술은 보들레르에게 새로운 종교였고, 그 종교 안에 '증오'가 가미된 것은 '신성한 것에 대한 모독'이 바로 미적인 것의 진정한 현대성이라는 그의 생각을 보여준다.

'미적인 것에의 순교' 속에서 배반과 타락의 징후를 읽어 내는 그의 시는, '신성한 것과 비속한 것'의 불안정한 결합 속에서 '미적 승화' 혹은 '미의 불안한 불꽃'이 타오르고 있음을 자각하고 있기 때문이다. 이런 양면성에 대한 인식은 '종교라는 형이상학'과 '미(美)라는 육체적 감각의 산물'을 폭력적으로 결합한 그의 '예술적 신념'이 태생적으로 내포한 '숙명'이기도 하다. 그리고 이런 '미'의 숙명은 '순간적인 감각'에 '영원성'의 형식을 부여하는 '시'의 불가능한 질주, 미적 현대성의 질주가 그로부터 시작되었음을 상징적으로 암시하는 것이다.

★ 추천도서와 읽을거리

윤영애, 『파리의 시인, 보들레르』, 문학과지성사, 1998
　보들레르와 그의 시에 나타나는 현대성의 문제를 '파리'라는 도시를 통해 파헤친 역작이다. 파리가 보들레르의 삶과 시에 어떤 의미를 던졌는지를 흥미로운 관점으로 추적하고 있다.

마르셀 레몽, 『프랑스 현대시사 : 보들레르에서 초현실주의까지』, 김화영 옮김, 문학과지성사, 1983
　신비평계의 거장 마르셀 레몽의 이 책은 보들레르에서 초현실주의까지의 프랑스 시인의 시적 고뇌와 탐구, 정신과 성취의 치열한 시련의 궤적을 추적한 기록으로 현대시의 전개 양상을 살피는 수준을 넘어 현대인의 정신사, 감수성의 역사에 이른른다.

제1영역 · 문학과 예술

19

안나 카레니나
톨스토이

● 이대우 경북대학교 노어노문학과 교수

　안나는 눈앞에 들이닥친 첫째 차량의 중앙부 밑으로 몸을 던지려고 했다. 그러나 손에서 놓으려고 했던 빨간 손가방이 그녀를 붙잡았으므로 그만 기회를 놓치고 말았다. 이미 첫째 차량의 중앙부는 지나가고 말았다. 다음 차량을 기다리지 않으면 안 되었다. 안나는 갑자기 미역을 감으려고 하여 막상 물속으로 뛰어들 때 항상 느끼는 것과 같은 기분에 사로잡혀 성호를 그었다. 그러자 그 성호를 긋는 익숙한 몸동작은 안나의 마음에 처녀 시절과 어린 시절의 갖가지 추억을 불러일으켰다. 그리하여 갑자기 안나의 일체를 뒤덮고 있던 어둠이 사라지고 그 순간 여태까지의 생애가 그 온갖 밝은 과거의 기쁨에 감싸여 안나의 눈앞에 떠올랐다. 그러나 안나는 다가오는 둘째 차량의 바퀴에서 눈을 떼지 않았다. 그리하여 바퀴와 바퀴의 중간 부분이 마침 눈앞에 다가왔을 때 안나는 빨간 손가방을 내던지고 두 어깨에다 머리를 틀어박고 두 손을 짚고 열차 밑으로 쓰러졌다. 그리고 마치 곧 일어날 준비를 하는 것처럼 가벼운 동작으로 무릎을 꿇었다. 그러자 그 순간 안나는 자기가 한 짓에 몸이 오싹해졌다. '나는 어디에 있는 것일까? 무슨 짓을 하고 있을까? 무엇 때문에?' 안나는 몸을 일으켜 뒤쪽으로 물러서려고 했다. 그러나 무엇인지 알 수 없는 거대한 것이 인정 사정도 없이 안나의 머리를 꽝하고 떠받고 그 등을 할퀴며 질질 끌고 갔다. '하느님, 저의 모든 것을 용서해 주옵소서!' 안나는 저항이 헛된 일임을 깨닫고 재빨리 중얼거렸다. 몸집이 작은 한 농부가 부대 위로 몸을 구부리고 뭐라고 중얼거리면서 일을 하고 있었다. 다음 순간, 안나에게 불안과 기만과 비애와 사악으로 가득 찬 책을 읽게 해주던 한 자루의 촛불이 어느 때보다도 더욱더 밝게 타올라 지금까지 어둠 속에 싸여 있던 모든 것을 비추어 주는가 싶더니 어느 틈에 파지직파지직 소리를 내면서 어두워지다가 이윽고 영원히 꺼져 버리고 말았다.

레프 니콜라예비치 톨스토이(1828~1910)는 백작가의 4남으로 태어났다. 대학에서 동양어를 전공했던 청년 톨스토이는 루소의 영향을 받으며 『유년시절』이란 자전소설로 문단에 데뷔했고, 자전적 3부작, 『전쟁과 평화』, 『안나 카레니나』 등을 발표하면서 러시아 문단의 중심 작가로 발돋움했다. 그러나 『안나 카레니나』를 집필할 무렵부터 찾아온 정신적 위기로 인해 톨스토이는 과거의 모든 생활을 부정하면서 더 이상 예술 작품을 쓰지 않았다.

이후 영지 야스나야 폴랴나에 칩거하면서 톨스토이는 『황제 알렉산드르 3세에게 보내는 공개서한』, 『나는 침묵할 수 없다』 등 정치적 저술과 농민교육을 위한 민화 집필에 몰두했다. 뿐만 아니라 빈민 구제 사업을 벌이기도 하고 농민학교를 지어 농민들을 교육하면서 소위 톨스토이즘을 실천해 나갔다. 그는 당시 종교적 박해를 받던 두호보르 교도들의 캐나다 이주를 돕기 위한 자금을 만들기 위해 예외적으로 소설 『부활』을 쓰게 되는데, 이 작품으로 인해 정교회로부터 종교적 파문을 당하기도 했다. 그러나 그럴수록 톨스토이의 사회적 영향력은 커져 갔고 '시대의 양심', '인생의 교사'로 추앙받았다. 말년의 톨스토이는 토지를 농민들에게 분배하려다 가족들과 충돌이 생기자 가출했다가 어느 시골 기차역에서 쓸쓸히 객사했다.

19세기 러시아 사회는 여전히 가부장제의 인습에 따른 보수적인 결혼 관념이 지배하고 있었다. 서구의 자유주의 바람이 조금씩 불어오긴 했지만 러시아 사회는 여전히 전통의 굴레에서 벗어나지 못하고 있었다. 러시아에서 결혼풍속은 지위고하를 막론하고 중매를 통하는 것이 일반적이었다. 매파를 통한 결혼이 흔히 그렇듯 성공적인 결혼을 원한다면 남자에게는 고위 관직이나 가문과 재산이, 여자에게는 막대한 결혼지참금이 요구되었다. 그 결과 상류사회에서는 결혼조건을 서로 저울질하다가 부부 사이에 나이나 재산에서 심한 불균형이 발생하는 일이 빈번했다. 소설의 주인공 안나와 카레닌의 경우가 바로 그런 전형의 하나다. 소설 속에서 안나는 숙명적인 사랑을 추구하며 위선과 허위로 가득 찬 사회에 맞서다가 꽁꽁 얼어붙은 인습과 사회적 편견의 한복판에서 파멸하는 모습으로 그려진다. 그러나 작가의 창작 의도는 안나의 반사회적인 열정과 비기독교적인 행태를 비판하려는 것이 아니었다. 작품의 제사에 등장하는 "원수 갚는 것이 내게 있으니 내가 갚으리라"는 성서의 문구처럼 유부녀 안나의 간통은 인습적 의미에서는 유죄이지만 다른 차원에서는 무죄임을 톨스토이는 역설하고 있는 것이다.

자유주의적 경향을 지닌 관료 오블론스키는 프랑스 가정교사와 불륜의 관계를 맺었다가 아내 돌리에게 발각되고 만다. 돌리의 분노로 파경의 위기에 몰리자 평소 아내를 가정이나 지키는 존재로 업신여기던 오블론스키는 당황하여 페테르부르크에 사는 누이 안나에게 도움을 청한다. 시누이 돌리를 설득하기 위해 안나는 모스크바에 도착하고, 기차역에서 장차 자신을 파멸시키게 될 치명적인 사랑인 브론스키 백작을 만난다.

안나는 스무 살 연상의 고위관료인 카레닌과 결혼하여 여덟 살짜리 아들까지 둔 유부녀지만 여전히 아름답고 매력적이며 페테르부르크 사교계에서도 가장 주목받는 여인이다. 그녀는 위선적이고 극히 냉철한 관료 남편 카레닌과 평소 애정 없는 결혼을 유지하고 있었다. 이때 안나에게 첫눈에 반한 브론스키가 중년의 성숙미를 발산하는 그녀에게 접근했던 것이다. 브론스키는 부유하고 전도유망한 청년사관으로서 그에게는 자신의 결혼 신청만을 학수고대하는 젊고 아름다운 키치라는 존재가 곁에 있는 상황이었다. 키치는 시골에서 농장을 경영하는 레빈의 청혼도 거절하고 브론스키만을 흠모하는 처녀로서 돌리의 여동생이기도 했다. 그러나 안나의 모스크바 출현은 브론스키로 하여금 점차 키치에게서 멀어지게 만들고 말았다.

브론스키의 열정적 접근에 안나는 남편을 배신하고 있다는 죄의식과 아들 세료자의 문제로 갈등하면서도 점점 그와의 금지된 사랑에 빠진다. 안나와 브론스키는 거듭 불륜관계를 맺었고 그녀는 마침내 브론스키의 아이를 임신하기에 이른다. 혼란에 빠진 안나는 불안정한 결혼을 청산하려고 남편 카레닌에게 이혼을 요구하지만, 사회적 지위와 체면만을 중시하는 카레닌은 이혼을 거절하고 혼인관계를 지속시킨다.

해산 과정에서 안나가 산욕열로 사경을 헤매게 되자, 그녀의 죽음을 은근히 기대하던 카레닌은 죽어가는 아내 앞에서 브론스키에게 관용을 베푼다. 카레닌의 위선적 관용에 감동한 브론스키는 훌륭한 인품의 소유자로부터 아내를 빼앗았다는 죄의식에 권총 자살을 기도한다. 하지만 안나도 브론스키도 건강을 되찾으면서 세 사람 사이의 삼각관계는 본래의 상태로 돌아간다. 마침내 집을 뛰쳐나온 안나는 브론스키와 함께 동거생활을 시작하고 외국여행, 시골생활, 모스크바 생활을 전전한다. 그러나 두 사람은 단조롭고 고립된 생활에 서서히 지쳐간다. 이를 견디지 못한 브론스키는 다시 친지들을 만나기도 하고 사교계 출입도 시작한다. 하지만 여성이 사회적 약자인 당시에 안나로서는 그럴 수가 없었다. 브론스키와 달리 그녀는 사교계뿐 아니라 주변의 모든 사람들로부터 손가락질당하고 배척되었던 것이다. 이제 안나는 브론스키의 사랑에 전적으로 의지할 수밖에 없었고, 동시에 브론스키의 태도에 솟구치는 질투와 끝없는 의혹을 품는다. 자유로운 사랑을 찾아 나섰다가 오히려 그 포로가 된 안나에게 브론스키의 빈번한 사교계 출입은 사랑과 정열이 식어버린 것 이외에 아무것도 아니었다. 결국 안나는 브론스키에 대한 복수의 한 방법으로 기차에 몸을 던짐으로써 비극적 사랑을 끝맺는다. 브론스키는 안나의 죽음에 충격을 받아 세르비아 전쟁 참전이라는 무의미한 삶의 여정을 떠난다.

안나와 브론스키 사이의 비극적 사랑 이외에도 소설 속에서는 레빈과 키치 사이의 사랑과 삶에 대한 묘사가 병렬적으로 전개되고 있다. 한때 안나와 브론스키로부터 상처를 받았던 레빈과 키치는 시간이 지나면서 과거의 상처를 치유할 수 있었다. 주위 사람들의 축복을 받으며 결혼한 후 그들은 낙후된 러시아 농촌을 개혁하기 위해 헌신하는 동시에 자연적 생활에 만족하는 이상적인 가정을 꾸려나간다. 농촌에 투신하는 레빈의 이러한 형상은 원시적인 간소한 생활원칙 속에서 구도자적 삶을 살았던 톨스토이 자신의 삶을 반영한 것이기도 하다.

이와 더불어 작품 속에서 톨스토이는 쾌락주의자 브론스키와 자연주의자 레빈, 페테르부르크나 모스크바 같은 도시와 농촌의 대비를 통해 타락한 문명세계와 건강한 자연세계를 대조적으로 보여주고 있다. 톨스토이는 현대 물질문명을 인간에게 불행을 가져다주는 악의 근원으로, 자연과 소박한 농민적 삶을 자기완성과 구원의 길로 인식했던 것이다. 선과 악에 대한 확고한 신념만큼이나 문명과 자연에 대한 그의 이분법적 태도는 때론 작품을 풍요롭게 만들기도 하고 때론 미학적 효과를 극대화시키기도 한다.

구도자 톨스토이의 작품과 사상에 대한 열광과 존경심은 그의 생전에 이미 민족과 국경을 초월하는 것이었다. 만민평등주의, 기독교적 박애정신, 악에 대한 무저항주의로 대표되는 톨스토이즘은 그를 작가 이상의 정신적 존재로 만들었다. 톨스토이의 사상과 실천을 배우기 위해 당대의 대표적인 지식인들은 끊임없이 그의 영지를 방문했고 인도의 간디는 계속적인 서신 왕래로 가르침을 받기도 했다. 우리나라에서도 톨스토이는 그의 작품이 소개되기 시작한 이래 오늘날까지도 가장 널리 읽히는 작가로 남아 있다. 일제 강점기에 전개되었던 농민계몽운동인 '브나로드(민중 속으로) 운동'은 그의 직접적인 영향을 받은 것이기도 하다. 참회를 통한 민중 구원이라는 그의 종교적 신념과 철학은 바로『안나 카레니나』에서부터 싹트기 시작했던 것이다.

미학적 측면에서도『안나 카레니나』는 톨스토이의 최고작이자 러시아 리얼리즘 문학의 정수이며 동시에 세계문학 속에서도 불멸의 작품으로 손꼽힌다. 수많은 작가들은 주인공의 형상에 생생한 생명력을 불어넣는 그의 정교한 묘사, 엄정한 객관주의, 치밀한 심리주의를 습득하기 위해 이 소설을 모방했다. 그러나 아이러니컬하게도 톨스토이 자신은 모든 예술작품과 마찬가지로 이 작품의 가치를 전면적으로 부정했다.

★ 추천도서와 읽을거리

얀코 라브린,『톨스토이』, 이영 옮김, 한길사, 1997
　전기작가 얀코 라브린이 문호 톨스토이의 삶과 문학 창작 과정을 객관적으로 조명한 전기이다.

로망 롤랑,『톨스토이 평전』, 김경아 편역, 거송미디어, 2005
　프랑스 작가인 로망 롤랑이 문호 톨스토이의 삶과 사상과 창작을 작가의 시선으로 다룬 평전이다.

편집부,『톨스토이』, 인디북, 2004
　톨스토이의 생애와 작품세계와 관련된 문서, 사진, 삽화 등의 자료가 수집된 전기이다.

정창범,『톨스토이 : 부유한 삶을 거부한 고뇌의 작가』, 건국대학교 출판부, 1996
　톨스토이의 생애와 작품을 해설한 대학생들을 위한 교양도서이다.

김려춘(필명 : 김려호),『톨스토이와 동양』, 이항재 외 옮김, 인디북, 2004
　톨스토이가 받은 동양의 영향, 동양에 미친 톨스토이의 영향에 관하여 러시아 학술원 회원인 김려춘(김려호) 교수가 치밀하게 분석한 연구서이다.

제1영역 · 문학과 예술

20

오디세이아
호메로스

● 황훈성 동국대학교 영어영문학과 교수

"자, 키클롭스 양반님. 인육을 드셨으니 우리 배에서 가져온 포도주를 약간 드시고, 맛이 어떤지 보시지요. 당신께서 우리를 가엾게 여기셔서 고국으로 보내주실 것으로 믿고 선물로 가져온 것입니다. 그러나 당신은 참을 수 없는 미치광이입니다. 잔인한 자여! 그대가 이토록 무모한 짓을 한다면 어느 족속이 다시 또 그대에게 손님으로 올 수 있으리요?"

내 말을 듣고 나서 그는 잔을 받아서 마셨습니다. 그리고 술맛을 보고는 너무나 상쾌한 나머지 다른 잔을 청했습니다.

"친절한 손이여, 한 잔 더 주게. 그리고 그대의 이름을 곧바로 알려주게. 그대가 기뻐할 선물을 줄 터이니 말이야. 아 그렇군. 키클롭스의 풍성한 들판에서는 술을 만드는 포도송이가 주렁주렁 열린단 말이야. 제우스 신께서 비를 내리셔서 포도를 자라게 하시거든. 그런데 이것은 암브로시아인가, 감로주인가."

이 말을 듣고 저는 다시 그에게 거품이 이는 포도주를 바쳤습니다. 세 번이나 주었는데 그는 어리석게도 세 번 다 마시는 것이었습니다. 다음 포도주가 그의 신경을 둔화시켰을 때, 저는 득의 만만한 말로 입을 열었습니다.

서구문학의 발원지라고 할 수 있는『일리아드(Iliad)』와『오디세이아(Odysseia)』의 작가로 알려진 호메로스는 전설상의 인물이며, 각각 24편 15,693행, 12,110행의 장시를 직접 저술했는지도 아직 명확히 밝혀지지 않고 있다. 다만 이 두 웅장한 서사시가 묘사하고 있는 사건은 트로이 전쟁과 오디세우스의 귀환이므로 기원전 1159년부터 오디세우스가 이타카로 귀환하는 1179년까지 실제로 일어난 역사적 사건이라 할 수 있다. 이 두 서사시 중에서도『오디세이아』는『일리아드』에 비해 후세에 더욱 사랑을 받게 되었는데 그 이유는 대략 1) 서술 전략의 탁월성 2) 주인공의 인간적 매력 3) 인생의 원형적 모티프 등에서 찾을 수 있을 것이다.

인간에 대한 정의는 무궁하다. 호모 에렉투스(직립인, Homo Erectus), 호모 사피엔스(사고인, Homo Sapiens), 호모 파베르(공작인, Homo Faber), 호모 루덴스(유희인, Homo Ludens) 등 다양하다. 그러나 인간을 다른 동물과 확연히 구분짓는 경계는 이야기를 꾸며서 들려주고 또 그것을 들으며 마냥 즐거워하는 이야기 동물, 즉 호모 딕티오(설화인, Homo Dictio)에서 찾아볼 수 있지 않을까? 아리스토텔레스는 이야기 본능을 인간의 모방 본능에 연결시킨다. 즉 인간은 행위를 모방함으로써 본능적인 즐거움을 느끼는데 이 모방은 바로 어떤 사건에 대한 언어적, 제스처적 재현행위이다. 이 재현행위는 기본적으로 인간의 실제적 삶에 도움을 주지 않는 비생산적 내지는 기생적(parasitic) 행위이며 이야기꾼에게도 특별한 보상이 뒤따르지 않는 무상의 행위이다. 그런데 왜 이야기를 꾸며내는 측이나 그것을 듣는 사람들은 이 이야기 놀이를 즐길까? 그럼에도 불구하고 문자가 일상화되지 않은 인류 역사 초기 구전 전통에서 음유시인들이 이야기를 들려주는 바로 그 행위로부터 출판, 나아가서 각종 다양한 첨단 비디오 문화의 눈부신 발전에 힘입어 이 이야기 놀이 문화는 바야흐로 그 절정을 이루고 있는 듯 보인다.

어쩌면 이야기는 일종의 음식일지도 모른다. 배고픈 사람이 먹을 것을 찾듯이 사람들은 살아가면서 이야기에도 굶주림을 느껴 이야기를 찾아 나선다. 그리하여 자기의 삶도 추스르기 힘든 인생이지만 연속극 중 등장인물의 삶을 하릴없이 기웃거리며 때로는 중독되어 현실과 허구의 세계를 구분 못 할 정도로 빠져 허우적거리며 헤어나지 못하기도 한다. 이는 아마 인간이 태생적으로 지닌 인식의 불완전성에 대한 근원적인 공포에서 비롯된 것인지 모른다. 사람들은 사물, 세계 그리고 자기를 인식함에 있어서 자기가 파악한 그림이나 해석의 유효성에 대해서 항상 불안감을 느낀다. 그리하여 삶의 한 단편(a slice of life)이나 그것을 솜씨 있게 꾸며 놓은 이야기 구성(plot)에 감정 이입하여 간접 체험함으로써 고립되고 파편화된 자신의 모자이크 그림을 재배열할 계기를 마련하게 되는 것이다. 이러한 자기인식, 세계인식의 재수정은 인간의 자기개체 유지 본능에서 비롯된다. 이것을 게을리 했을 경우 어쩌면 사회에서 낙오하고 도태당할지 모른다는 위기의식이 무의식 저변에 깔려 있는 것이다. 그런 의미에서 이야기는 음식과 마찬가지로 인간이 철학적으로 자기개체를 유지하기 위한 최소한의 자양분이 되는 것이다.

  호메로스는 인류 역사상 가장 최초로 그리고 가장 풍성한 이야기 요리를 식탁에 올린 음유시인이다. 그 이후 헤아릴 수 없이 많은 이야기 요리사들이 각종 진기한 요리를 시도하였지만 대부분 호메로스의 음식 메뉴에서 크게 벗어나지 못하고 다만 그의 요리술을 모방하기에 급급했다. 이야기 요리를 만드는 데에 필요한 재료는 세 가지 종류가 있다. 즉 1)현실에서 일어난 사건 2)현실에서 일어날 수 있는 사건 3)현실에서는 불가능하고 공상 속에서만 가능한 사건이 그것이다. 『오디세이아』는 이 세 가지 재료가 적절히 혼합하여 만들어진 요리이다. 텔레마코스의 모험에 관한 이야기인 1권부터 4권까지는 대체로 현실에서 일어난 사건들과 공상적인 신의 개입이 돋보이며, 오디세우스의 모험에 관한 5권부터 12권까지는 주로 현실에서 불가능한 사건들로 이루어져 있으며, 오디세우스의 이타카로 귀환 과정인 13권부터 종결까지는 현실에서 일어난 사건을 위주로 하여 현실 속에서 가능하거나 공상적인 이야기들이 겹쳐져 있다.

텔레마코스의 모험담 부분인 1~4권에서는 비록 아테네 여신이 텔레마코스에게 용기를 불어넣고 구혼자 처치 계획을 세우기 위해 변장하여 이타카 왕궁을 방문하기는 하지만, 주로 그와 어머니 페넬로페의 구혼자들 사이에 일어나는 비교적 구체적인 대사와 사건으로 이루어져 있다. 텔레마코스는 일단 이타카 항을 출항하여 트로이 전쟁의 화근이 되었던 헬레네와 메넬라오스의 궁에서 피신하여 환대를 받는다.

5권부터 12권까지는 오디세우스의 모험에 대한 제2부에 해당한다. 5권에서 칼립소는 오디세우스를 억류시켜 놓고 불멸의 존재로 만들어주겠다는 등 온갖 감언이설로 유혹하여 남편으로 삼으려고 한다. 그러나 제우스는 아테네의 탄원을 받아들여 헤르메스를 보내 오디세우스를 귀향시키도록 명한다. 그러나 자기 아들을 해친 오디세우스에게 원한을 품은 해신 포세이돈이 일으킨 파도에 난파당하고 목숨을 잃을 지경에까지 이른다. 결국 공주 나우시카의 도움을 받아 구조되어 알키노오스 왕의 만찬에 초대되어 환대를 받으면서 오디세우스는 다른 음유시인의 영감에 자극을 받아 비로소 본인이 겪은 모험을 구술하게 된다. 다시 말하여 서술 전략상으로 호메로스는 플래시백 기법을 사용하고 있다.

모험담 중에는 연꽃을 먹는 종족의 나라에 가서 귀향할 생각을 망각하는 얘기, 외눈박이 키클롭스의 나라에서 구사일생 탈출하는 얘기, 마술사 키르케의 궁에서는 부하들이 모두 돼지로 변신하고, 마침내는 하데스가 다스리는 명부에까지 가서 여러 영웅들의 혼백과 대화를 나누기도 한다. 세이레네스의 노래에 미혹당하지 않기 위해 밀랍으로 부하들의 귀를 막고 필사적으로 괴물 스킬라와 급류 카리브디스를 빠져 나가 마침내 헬리오스의 목장에까지 이르렀으나, 부하들이 태양신의 소를 잡아먹고는 천벌을 받아 모두 죽고 다시 오디세우스는 혼자가 된다.

13권부터 종결까지는 이타카로 돌아와서 오디세우스가 페넬로페의 구혼자들을 처치할 복수 계획을 실행하는 과정을 그리고 있다. 오디세우스 부자는 오디세우스의 충복 하인인 돼지치기 집에서 20년 만에 상봉을 하게 되고 아들과 함께 복수 계획을 짠다. 마침내 추레하고 늙은 거지로 변장하고 자신의 집을 방문한 오디세우스는 여러 청혼자들로부터 온갖 수모를 당하면서 복수 계획을 철저히 비밀리에 진행한다. 오디세우스 자신의 화살로 열두 개의 도끼머리를 관통하는 시합을 구혼자들과 벌여 승리하게 되고, 구혼자들은 모두 오디세우스 부자와 충복들의 손에 의해 최후를 맞게 되면서 해피 엔딩으로 오디세우스의 귀환과 복수 이야기는 대단원의 막을 내린다.

사건을 이렇게 시간상으로 간명하게 열거하였지만 호메로스의 이야기 짜임 방식은 매우 교묘하며 그 묘사 방식은 놀라울 정도로 구체적이다. 『미메시스』의 저자인 아우에르바흐(Auerbach)도 탄복한 바 있지만 『오디세이아』는 단순히 이타카로 귀향하는 순간을 절정에 놓고 오디세우스의 모험과 방랑을 시간 순서대로 보고하는 형식을 취하지 않는다. 때로는 플래시백 기법을 사용하기도 하고 이야기 속에 작은 에피소드가 삽입되기도 하며 사건의 전달이 아니라 오히려 이야기를 위한 이야기 형식을 취한다. 아우에르바흐가 거론한 유모 에우리클레이아의 깨우침 장면이 훌륭한 보기이다.

허름한 늙은 거지의 발을 씻어 주다 발에 난 상처를 보고 유모가 옛 주인 오디세우스를 확인하는 순간, 이야기는 본 줄기에서 일탈하여 (digression) 유년시절 외할아버지와의 사냥 장면에 대한 묘사로 점철된 무성한 곁가지로 뻗어 나간다. 그 순간 예기되었던 클라이맥스는 연기되고 관객들의 서스펜스는 더욱 증폭된다. 음유시인이 자신의 작품을 관중들에게 들려주었을 때 충분히 관찰될 수 있는 장면이며, 음유시인

호머가 얼마나 탁월한 이야기꾼으로서 이야기 놀이의 게임에 대한 규칙을 완벽하게 꿰뚫어 보고 있는지 예증해 주는 단적인 보기이다.

이야기 서술 방식의 오묘함 못지않게 독자들을 매혹시키는 것은 오디세우스란 인물이다. 그는 선과 악이 공존하는 복합적 인물이다. 즉석에서 이야기를 꾸며내는 능력은 작가로서는 더할 나위 없는 재능이겠지만 실제 상황에서 상대를 가리지 않고 아내, 아들 심지어 아버지에게까지도, 짐짓 떠보며 자기 출신에 대한 거짓 이야기를 꾸며낼 때는 능수능란한 사기꾼의 일면을 보게 되는 것이다. 또한 비범한 계략가이며 부하들의 생명을 담보삼아 자신의 모험욕을 만족시키는 자기중심적인 인물이기도 하다. 그러나 오디세우스는 주도면밀하며, 끊임없이 상대를 의심하며, 20년 만에 상봉한 부인 앞에서도 냉정을 잃지 않고 속임수 이야기를 꾸며낼 수 있는 자기통제력을 지닌 영웅이다. 그러나 『일리아드』에 나오는 아킬레스와는 류를 달리하는 영웅이다. 혹자의 비유에 따르면 아킬레스가 신적인 영웅이라면 오디세우스는 수많은 약점에도 불구하고 제임스 본드 같은 인간적인 영웅이다.

오디세우스는 우선 거의 완전무결에 다가간 아킬레스 같은 신의 아들이 아닌 인간의 아들이다. 그래서 후대에 많은 독자들은 물론 작가들에게 더욱 사랑을 받는 인물이었다. 바로 우리 편(one of us)이기 때문이다. 같은 맥락에서 『오디세이아』를 패러디 영웅시한(mock-heroic) 『율리시스』에서 제임스 조이스는 레오폴드 블룸을 오디세우스의 현대형 주인공으로 내세운다. 이 두 인물은 신분, 지력, 체력 등에서 전혀 상반된 주인공처럼 보이지만 조이스에겐 현대사회에서 소시민이 겪어 나가는 고초와 그걸 극복해 가는 모험은 내적인 사건이란 관점에서 조명하면 질적으로 별로 다를 바 없다고 본다.

『오디세이아』는 시간상으로 최초의 이야기이기 때문에 고전의 반열에 오른 것은 아니다. 오디세우스 이야기는 인간의 원형적인 삶을 보여주고 있기 때문에 2500여 년 동안 모든 사람들의 가슴속에 보편적인 감동을 불러일으키고 있는 것이다. 다시 말하여 오디세우스의 여행은 우리 인간의 인생이란 여정의 상징적 압축판이다. 인류 발생 이래 어느 두 인간도 개별적으로 동일한 인생의 궤적을 그리지 않았지만 그 무수한 인생들은 강보에 태어나서 무덤에 들기까지 하나의 원형적인 패턴을 거쳐 간 것은 사실이다. 오디세우스의 모험적 여정은 우리 인간의 원형적 삶을 보여 주고 있다. 마치 중세극의 『만인(Everyman)』이나 존 버니언(John Bunyan)의 『천로역정(The Pilgrim's Progress)』처럼 오디세우스가 겪는 모든 고난들은 알레고리칸(allegorical) 의미를 갖는다.

전체적으로 보아 인간은 자기가 태어난 곳인 이타카 항으로 다시 귀환해야 하는 존재이다. 그럼에도 불구하고 인간은 자기가 태어난 곳에 그대로 머물러 정착하지 못하고, 배를 타고 새로운 사회로 대양으로 닻을 올리고 출범해야 하는 운명을 타고 태어났다. 그 대양에는 무수한 유혹과 환대, 증오와 저주, 그리고 원한과 이에 따른 고난이 즐비하게 늘어서 있다. 키클롭스 에피소드는 외부의 괴물이 아니라 마음속의 독선을 상징한다. 외눈박이 편견으로 세상을 보다가 주위의 따르는 수족들을 잃고 뒤늦게 통탄한 적은 그 얼마이며, 하나의 목표를 향해 돌진하다가 잠시 휴식을 취하는 순간 내미는 감미로운 유혹의 손길에 손을 내밀었다가 인생을 결딴낼 뻔한 순간은 그 얼마이던가. 그것이 여자이든 재물이든 마약이나 도박이든 말이다. 인간은 나약한 동물이며 유혹은 세이레네스의 아름다운 노랫가락이 아니라도 발목지뢰처럼 도처에 깔려 있는 것이다. 그러나 이상적인 삶의 완결이란 관점에서 이타카 항으로 귀향하는 자는 출범 당시의 젊은이와는 달라야 하며 보다 성숙한 자로 귀환하여야 한다. 고난이 인간을 현명하게 만들길 바라는 (실제로는 이와 반대되는 경우가 훨씬 많은 것이 사실일지라도) 간절한 바람이 『오디세이아』에 깔려 있는 것이다.

『오디세이아』는 외견상 희랍적인 신의 뜻(Oracle)과 인간의 자유의지(Human Free Will) 사이에 빚어지는 갈등을 그리고 있어 시공간상으로 제한된 개별성을 갖는 듯하다. 하지만 인간의 내면에서 벌어지고 있는 무수한 갈등의 단초를 엄밀히 추적해 가면 종국에는 지각 가능한 자아와 '내' 속에 들어와 있지만 언제나 낯설고 불가해한 타자 사이의 갈등이 그 원초적인 형태로 존재한다는 보편적 진실을 우리는 깨치게 된다. 이 고전에서 희랍신들은 바로 이 불가해한 타자들이 형상화된 분신들이다. 문학은 근원적으로 우리 속의 타자들을 허구화하는 작업이며, 그런 면에서 『오디세이아』는 문학의 보편적 원형을 보여주고 있다.

★ 추천도서와 읽을거리

토머스 불핀치, 『그리스 로마 신화』 1·2, 홍신문화사, 2004
호메로스의 『일리아드』와 『오디세이아』, 헤시오도스의 『신통기(神統記)』와 『일과 나날』, 이 모든 서구 구비문학을 집대성한 그리스 로마 신화의 완결판이다.

피에르 비달나케, 『호메로스의 세계』, 이세욱 옮김, 솔, 2004
『일리아드』와 『오디세이아』는 어느 시대로부터 시작되며 누구에 의해 어떤 맥락으로 쓰였는가에 대한 물음을 통해 호메로스에 대한 해답을 제공하고자 하는 책이다.

제1영역 · 문학과 예술

21

오이디푸스 왕
소포클레스

● 김방옥 동국대학교 연극학과 교수

오이디푸스:
아아, 참, 이젠 모든 것이 분명해졌구나. 모든 것이 사실이로구나!
오오, 빛이여, 다시는 너를 보지 못하게 해다오! 이 몸은 죄 많게 태어나 죄 많은 혼인을 하고, 죄 많은 피를 흘렸구나!
(오이디푸스 퇴장)

코러스(노래):
사람의 아들이여,
너희들은 하루살이 목숨.
그는 누군가, 저 행운도 이름뿐
삽시간에 망해 없어지는 행운,
그런 행운보다 나은 것을 얻은 자는 누구냐?
좋은 가르침이다, 그대 운명은.
그대의 그것은 오오, 불행한 오이디푸스님이여
내 이것을 보고
이 세상 일 무엇을 행운이라 하랴!

저자인 소포클레스(Sophocles, B.C. 496~406)는 아이스킬로스(Aeschylus), 에우리피데스(Euripides)와 함께 흔히 희랍(그리스) 비극의 3대 작가라고 일컬어진다. 그는 아테네 근처 콜로노스의 유복한 가정에서 태어나 교육받았으며, 극작가뿐 아니라 정치가, 군인으로서도 유능하여 아테네의 시민들의 존경을 받던 인물이었다. 소포클레스는 당시 비극작가의 등용문이자 산실이었던 디오니소스제의 비극 경연대회에서 18회나 우승한 기록이 있으며 일생 동안 모두 123여 편의 희곡을 썼다고 하는데 그 중 7편만이 현재까지 전해지고 있다. 이 중 대표작으로 『안티고네』(B.C. 441), 『오이디푸스 왕』(B.C. 430~425), 『엘렉트라』(B.C. 418~420), 『콜로노스의 오이디푸스』(B.C. 406) 등을 들 수 있다. 그는 이 희곡들을 통해 당시 희랍 비극의 주요 주제였던 신과 인간 사이의 갈등을 균형 있게 묘사해 냈고, '제3의 배우'를 도입해 극중 인물 간의 갈등과 상호관계를 활발하게 했으며, 통일성을 갖춘 뛰어난 극 구성 솜씨를 보였다. 또 희랍극 코러스의 숫자를 늘리고 무대장치와 의상, 음악에도 많은 기여를 했다. 이런 이유로 소포클레스는 흔히 '희랍 비극의 완성자'라고 불린다.

희랍 비극은 기원전 5세기를 전후로 가장 번성했는데, 이처럼 다른 문명에 비해 일찍이 연극, 혹은 희곡 형식이 발달했던 데는 여러 가지 배경이 있다. 우선 당시 희랍은 해상교역과 식민지 확보를 통해 연극문화 융성에 필요한 부를 축적한 상태였다. 또한 직접 민주주의 형태의 정치체제로 시민들 사이의 다양한 의견 표현과 교류가 활발했으며, 종교는 올림포스의 12신 중심의 다신교였다. 그런데 희랍인들이 모시는 이들 신들은 유일신 종교의 신들처럼 전능하고 완벽한 존재가 아니라 예언이나 지혜, 전쟁, 수확 등 자신의 담당 영역을 가지고 있으며 애욕, 질투, 복수 등 인간적인 요소를 지닌 신들이었다. 희랍에는 예부터 이런 신들과 인간들 사이의 얘기를 다룬 신화나, 호머의 『일리아드』와 『오디세이아』 같은 서사문학이 발달해 있어서 연극 발달에 충분한 소재를 제공했던 것이다. 희랍극의 기원은 풍요의 신인 디오니소스를 찬송하는 춤과 노래에서 비롯된 것으로 알려져 있는데, 당시 아테네에는 이 신을 기리는 디오니소스 제의가 매년 봄, 전 도시국가적 규모로 행해지고 있었으며 그 행사의 주요 내용은 비극 경연대회였다. 소포클레스가 살았던 시기는 아테네의 정치력과 부가 전성기를 구가하던 시기였으나 전통적인 신관은 이미 도전을 받기 시작하던 시기였다. 신의 전능에 회의를 품고 인간의 지성과 합리성을 중시하는 진보적 지식인들인 소피스트들이 나타나 신의 존재와 신화적 전통에 대한 회의와 비판을 제기하기 시작했던 것이다. 이처럼 변해 가는 사회와 가치관 속에서 소포클레스는 그의 걸작 『오이디푸스 왕』을 통해, 한편으로 신의 잔혹한 권능을 그리면서, 다른 한편으로 신이 던진 운명의 굴레와 고통스럽게 싸워 가며 분노하는 한 위대한 인간의 모습을 뛰어난 비극적 필치로 그려내고 있다.

희랍 비극은 현대의 희곡들과 달리 당시의 희랍 사람이면 대개 알고 있는 희랍의 신화나 서사시에서 줄거리를 가지고 왔다. 희랍 작가들은 이미 당시 관객들이 알고 있는 내용들 중 한 부분을 집중적으로 골라서 작가만의 고유한 주제의식과 극 구성 및 인물형상화를 거쳐 극화했던 것이다. 이런 까닭에 오늘의 관객이나 독자들이 희랍극을 보다 잘 이해하기 위해서는 극 자체의 내용 이전의 배경적 이야기를 알 필요가 있다. 극 내용이 전개되는 시점에서 과거로 거슬러 올라가서 편의상 시간 순으로 이야기를 설명해 내려오면 다음과 같다.

오이디푸스의 친아버지인 테베의 왕 라이오스는 동성애로 신의 노여움을 산 결과, "아들을 낳으면 그가 부친을 살해하고 모친과 동침을 하게 될 것이다"는 신탁을 받게 된다. 이에 두려움을 느낀 라이오스 왕과 왕비 이오카스테는 갓난 오이디푸스의 발뒤꿈치에 구멍을 뚫은 후 하인을 시켜 산에 내다 버려 죽이라고 명령한다('오이디푸스'란 '발뒤꿈치가 부은'이라는 뜻이다). 그러나 어린 오이디푸스를 가엾게 여긴 하인은 그를 이웃 나라 코린토스의 양치기에게 주게 되고, 그 양치기는 어린 오이디푸스를 마침 자식이 없는 그 나라의 왕과 왕비에게 바친다. 코린토스의 왕자로 자라게 된 오이디푸스는 어느 날 잔치에서 누군가로부터 사생아라는 욕을 듣게 되고, 이를 궁금히 여겨 델포이의 신탁을 묻자 자신이 훗날 부친을 죽이고 모친과 결혼하게 된다는 끔찍한 예언을 듣게 된다. 두려움을 느낀 오이디푸스는 신탁에 나타난 미래의 운명을 피하기 위해 코린토스의 왕궁을 떠나 방황하던 도중 어느 삼거리에서 흰 수염을 기른 한 노인의 일행을 만나 사소한 싸움 끝에 노인을 죽이게 된다. 이는 후에 밝혀지듯이 바로 부친 라이오스 왕의 일행이었던 것이다. 여행을 계속하던 오이디푸스는 큰 재앙에 처한 테베에 도달하게 되는데, 그곳에서 그 유명한 스핑크스라는 괴물이 낸 수수께끼("아침에는 네 발, 점심때는 두 발, 저녁에는 세 발인 존재는 무엇인가?")를 풀고 테베를 구한 후 그 보상으로 그 나라 왕비와 결혼하고 테베의 왕이 된다. 이로써 어머니와 동침하게 되리라는 신의 신탁도 이루어졌던 것이다. 이를 알 길 없는 오이디푸스는 언제부터인가 테베 시를 다시 뒤덮는 재앙을 물리쳐 달라고 탄원하는 노인들과 만나기 위해 왕궁 앞 광장으로 나오게 된다. 이 지점에서부터 소포클레스의 비극 『오이디푸스 왕』은 시작된다.

첫 장면에서 오이디푸스는 탄원자들에게 무슨 수를 쓰던 자신이 테베를 재앙으로부터 구하겠다고 약속하는데, 이에 관해 델포이의 신탁을 묻고 돌아온 처남 크레온이 "테베의 재앙은 이 나라에 선왕 라이오스를 죽인 흉악한 인간이 살고 있기 때문"이라고 했다는 신의 뜻을 전하자 "자신이 반드시 그 범인을 색출하고 말겠다"고 맹세한다. 눈먼 예언자 테이레시아스가 "바로 당신이 범인이니 포기하라"고 귀띔해 주지만, 스핑크스를 물리친 스스로의 이성(理性)을 자신하는 성급한 성격의 오이디푸스는 신의 뜻을 전하는 그들의 말을 정치적 음모로 간주해 버리고 범인 추적의 의지를 불태운다. 이로써 자신이 바로 그 범인인 줄 모르는 채 범인을 추적하는 그 유명한 오이디푸스의 비극적 아이러니가 시작되며, 『오이디푸스 왕』은 바로 이 아이러니를 범인 색출이라는 단일한 행동을 통해 제시하는 압축적 구성(플롯)으로 유명하다. 극의 초반에 자신들의 운명에 대해서 역시 아무것도 모르던 왕비 이오카스테는 "신의 예언은 맞지 않는 법"이라며 과거 자신들에게 내려졌던 신탁이 맞지 않았다고 오이디푸스를 위로한다. 신탁과 달리 부친을 살해하리라던 아들은 이미 죽었고 라이오스 왕은 자신의 아들이 아닌 길에서 만난 괴한에게 살해당했기 때문이라는 것이다. 그러나 극적 행동이 진행될수록 점차 오이디푸스 자신이 범인일 수 있다는 증거가 하나 둘씩 드러나며 왕비의 불안이 증폭됨과 함께 오이디푸스의 입지는 점점 좁혀져 간다. 결국 사실을 눈치챈 왕비는 자살을 택하고 마지막으로 과거에 어린 자신을 주고받았던 라이오스 왕의 하인과 코린토스의 양치기를 대질한 오이디푸스는 모든 사실을 알게 된 후 스스로 자신의 눈을 찔러 실명케 하고는 방랑자로서 테베를 떠나게 된다. 이로써 그들이 애써 부정하려 했던 신의 신탁은 이루어졌고, 자신의 이성을 자신하면서 '모든 것을 안다'고 자부했던 오이디푸스는 바로 '자신의 무지함을 알게' 되었으며, 테이레시아스의 실명을 비웃던 오이디푸스는 그 동안 자신이 빛 속에서 오히려 눈멀어 있었다가 어둠 속에 갇힌 장님이 된 후 비로소 진실을 보게 되었다는 사실을 깨닫게 된다. 그러나 고통 속에서도 오이디푸스는 말한다. "나의 눈을 찌른 것은 바로 나 자신"이라고.

소포클레스의 『오이디푸스 왕』으로부터 약 백년 후, 아리스토텔레스는 인류 최초의 예술론이라고 할 수 있는 『시학』을 저술했다. 그는 책의 많은 부분에서 『오이디푸스 왕』을 모델로 해서 비극의 정의, 플롯, 인물, 효과 등에 관해 저술함으로써 그 이후 서구문학사에서 지속적으로 논의될 비극론의 씨를 뿌렸다. 인류학이나 신화비평의 입장에서는 파멸되고 추방당한 오이디푸스를, 한 집단의 풍요와 안녕을 기원하는 행하는 제의, 혹은 한 집단의 폭력과 갈등을 해소하기 위한 문화적 장치의 희생양(scapegoat)으로 해석하기도 한다. 한편 인간이 가장 타부시해 온 존속살해와 근친상간을 다룬 이 작품은 현대의 정신분석학자들에게 영감을 주어서 프로이트(Sigmund Freud)는 인간의 심리적 발달단계에서 모친에게 성적으로 애착을 느끼면서 무의식중에 부친을 성적 적대자로 여기는 심리를 이 극의 주인공의 이름을 따서 '오이디푸스 콤플렉스'로 명명하기도 했다. 그러나 남성 중심적이며 인간을 성적으로 억압된 대상으로만 파악하는 오이디푸스 콤플렉스는 오늘날 탈현대의 사상 속에서 다양한 비판의 대상이 되기도 한다.

★ 추천도서와 읽을거리

천병희, 『그리스 비극의 이해』, 문예출판사, 2002
그리스 비극에 대한 입문서로서 비극의 기원과 소포클레스를 비롯한 주요 비극작가의 작품세계에 대한 소개가 실려 있다.

고전 르네쌍스 드라마 한국학회 편, 『그리스·로마극의 세계 1』, 동인, 2000
그리스와 로마의 주요작가 및 작품을 소개하고 있으며 『오이디푸스 왕』에 대한 자세한 분석이 실려 있다.

이상섭, 『아리스토텔레스의 『시학』 연구』, 문학과지성사, 2002
그리스 비극을 다룬 가장 오랜 저서인 아리스토텔레스의 『시학』에 대한 연구서이다.

르네 지라르, 『폭력과 성스러움』, 김진식·박무호 옮김, 민음사, 2000
고대의 희생제의와 인간사회의 폭력을 다룬 프랑스 학자의 저술로서, 오이디푸스를 희생양의 입장에서 바라볼 수 있게 한다.

리차드 아피냐네시 지음, 오스카 저레이트 그림, 『프로이트』(하룻밤의 지식여행 14), 박지숙 옮김, 김영사, 2002
독일의 정신분석학자 프로이트의 사상을 흥미로운 만화 형식으로 명쾌하게 풀어냈으며 오이디푸스 콤플렉스에 관한 설명이 들어 있다.

제1영역 · 문학과 예술

22

율리시스
제임스 조이스

● 이종일 세종대학교 영어영문학과 교수

블룸 씨는 허리를 굽혀 모래밭에 있는 종이 한 장을 집어 올렸다. 그는 그것을 눈 가까이에 대고 들여다보았다. 편지인가? 아냐. 읽을 수가 없네. 가는 게 낫겠다. 그게 나아. 피곤해서 움직이기가 힘드네. 낡은 습자책장이야. 저 모든 구멍들과 조약돌들. 저걸 누가 셀 수 있을까? 무얼 발견하게 될지 어찌 알겠나.

얘기를 하는 사람과 듣는 사람의 보이지 않는 생각 위로 뭐가 움직이는 게 보였나?

위로 비춰진 갓 달린 등의 그림자, 즉 빛과 그늘이 다양하게 겹을 이루면서 만들어낸 여러 꼴의 동심원 연속체.

말하는 사람과 듣는 사람이 어떤 방향으로 누웠나?

듣는 사람은 동남동, 말하는 사람은 서북서 방향에, 북위 53도 및 경도 6도의 위치에, 적도에 45도 되는 각도로.

어떤 정지 또는 운동 상태인가?

자신들, 그리고 서로에 대해서는 상대적으로 정지. 절대불변 우주의 무상한 노선을 따라 지구 본래의 영구적인 운동에 의해 서로 함께 각각 앞으로 뒤로 운반되는 서향 운동.

소설 『율리시스(Ulysses)』의 작가 제임스 조이스(James Joyce, 1882~1941)는 아일랜드 더블린에서 태어나 스위스 취리히에서 사망하였다. 그는 성장기를 주로 더블린에서 보냈고, 초등학교부터 대학교까지 줄곧 예수회 학교에 다녔다. 22세 때 호텔의 여급인 노라(Nora Barnacle)와 사랑에 빠져 아일랜드를 떠난 이후 트리에스테, 취리히, 파리 등의 유럽 대륙 도시를 전전하며 궁핍한 삶을 살았다. 그가 이렇게 망명생활을 선택한 까닭은 아일랜드에 머무르는 것이 그의 자유로운 의식을 구속한다고 느낀 데 있었다. 즉 작가적 포부를 마음껏 펼치기 위해서는 편협한 민족주의의 한계를 벗어나 유럽 대륙에서 세계주의를 키워야 한다고 본 것이었다. 그러나 그의 정신세계와 상상력은 항상 아일랜드, 특히 더블린에 머물러 있었고, 실제로 그의 모든 작품은 이곳을 배경으로 삼고 있다. 작품으로는 시집 『실내악(Chamber Music)』(1907), 단편소설집 『더블린 사람들(Dubliners)』(1914), 중편소설 『젊은 예술가의 초상(A Portrait of the Artist as a Young Man)』(1916), 희곡 『망명자들(Exiles)』(1918), 장편소설 『율리시스』(1922), 초장르 작품 『피네건스 웨이크(Finnegans Wake)』(1939) 등이 있다.

『율리시스』는 더블린이라는 한정된 공간과 1914년 6월 16일이라는 한정된 시간을 기본 배경으로 삼고 있다. 이 당시의 아일랜드는 수백 년 전부터 계속되어 온 영국 제국주의의 영향 아래 신음하는 식민지였다. 조이스는 영국의 식민통치에 대해서 강한 비판의식을 지녔지만, 호전적 쇄국주의나 복고주의 또한 경계하였다. 개방성과 진취성에 대한 열망이 그만큼 크기 때문이었다. 당시 아일랜드의 지배적인 종교였던 가톨릭은 성장기의 조이스에게 지대한 영향을 끼쳤을 뿐 아니라, 『율리시스』에서도 더블린 사람들의 생활과 주인공들의 의식에서 중대한 요소로 작용한다. 그러나 그는 가톨릭이 지닌 경직성에 대해서는 날카로운 비판적 의식을 견지하였다. 그리고 남성 위주의 가부장 제도가 지배적인 이념으로 자리잡고 있었지만 이 또한 조이스에게는 타파의 대상이었다.

『율리시스』는 호머의 서사시 『오디세이아(Odyssey)』를 구성상의 뼈대로 삼고 있다. 주인공이 자신의 아내가 외간 남자의 유혹을 받고 있는 상태에서 바깥세상에서 방랑하고, 주인공의 아들(격)인 청년이 성장을 위한 경험을 쌓는다는 중추적인 설정이 비슷할 뿐 아니라, 각 장(章)의 이름 또한 『오디세이아』의 각 에피소드의 이름을 그대로 따고 있다. 그러나 『오디세이아』가 고대 그리스의 영웅이 10년에 걸쳐 겪는 거대한 모험을 다룬 데 반해, 『율리시스』는 현대 더블린의 한 소시민이 하룻동안에 겪는 사소한 일상사를 다룬다는 점에서는 대조적이다. 실상 『율리시스』는 『오디세이아』에 대한 충실한 복사라기보다는 자유로운 변용에 가깝다.

『율리시스』는 모두 18장으로 구성되어 있는데, 이 장들은 내용상 전체적으로 연결되어 있으면서도 각기 고유한 주제, 문체, 모티브, 구조, 형식 등을 보인다. 뿐만 아니라 한 장 안에서도 장면, 문단, 문장들의 연결방식은 극히 복잡하고 혼란스럽다. 세 주인공이 하룻동안에 벌이는 기본 줄거리 사이사이에 온갖 종류의 사건, 기억, 인용, 암시 및 생각 들이 소위 '의식의 흐름' 수법을 통해 아무런 예고 없이 불쑥불쑥 끼어들기 때문이다. 이는 이해하기 힘든 세계의 실체와 삶의 진실에 대한 느낌을 전달하고자 하는 작가의 의도에서 비롯된 필연적인 방식이다. 그럼에도 불구하고, 실상 이러한 작품의 표면 밑바탕에는 무수한 이질적인 요소들을 연관시키는 연결고리와 조직원리가 깔려 있어 작품 전체에 걸쳐 놀랄 만한 일관성과 통일성을 이루고 있다.

이 소설은 각 장별로 저 나름의 뚜렷한 자율성과 독립성을 지니고 있다.

제1장(텔레마코스, Telemachus) : 친구 멀리건(Mulligan)의 주거지 마텔로(Martello) 탑에 얹혀 지내는 문학 지망생 스티븐(Stephen)은 아침에 탑을 나선다.

제2장(네스토르, Nestor) : 스티븐은 중학교에서 역사 수업을 마친 후 교장 디지(Deasy)로부터 봉급을 받으며 역사에 관한 대화를 나눈다.

제3장(프로테우스, Proteus) : 스티븐이 샌디마운트(Sandymount) 해변에서 시간, 공간, 존재 등에 관한 명상에 잠긴다.

제4장(칼립소, Calypso) : 블룸이 아침에 아내 몰리(Molly)에게 아침을 챙겨주고 윤회의 의미를 설명해 주며 오후에 예정된 아내의 간통을 눈치챈다.

제5장[연꽃 먹는 종족, 로터스-이터즈(Lotus-Eaters)] : 집을 나선 블룸은 우체국에서 펜팔 여자친구 마사(Martha)의 편지를 찾고 목욕을 한다.

제6장(하데스, Hades) : 블룸은 친구의 장례식에 참석한다.

제7장(아이올로스, Aeolus) : 블룸이 광고업무 지시를 받은 신문사에서 벌어진 편집국장 등의 수사학에 관한 토론에 스티븐이 참석한다.

제8장(레스트리고니언스, Lestrygonians) : 블룸은 식당에서 점심을 한 후 국립도서관으로 향한다.

제9장(스킬라와 카립디스, Scylla and Charybdis) : 스티븐이 국립도서관에서 셰익스피어의 삶과 문학에 대한 관점에서 출발한 그의 독특한 문학이론을 설파한다.

제10장(떠도는 바위들, Wandering Rocks) : 콘미(Conmee) 신부의 보행과 총독 더들리(Dudley) 백작의 행렬을 큰 두 축으로 블룸과 스티븐을 비롯한 모든 등장인물들이 단편적인 모습을 드러낸다.

제11장(세이렌, Sirens) : 오먼드(Ormond) 호텔에서 술을 마시며 블룸은 사이먼(Simon : 스티븐의 아버지)의 노래를 듣는다.

제12장(키클롭스, Cyclops) : 술집에서 블룸은 호전적인 국수주의파 시

민들 앞에서 보편적 사랑에 관한 주장을 하고 봉변당할 위기를 모면하게 된다.

제13장(나우시카, Nausicaa) : 샌디마운트 해변에서 블룸은 절름발이 처녀 거티(Gerty)의 치마 속을 훔쳐보며 자위 행위를 한 후 선잠을 자고 기운을 찾는다.

제14장(태양신의 황소들, Oxen of the Sun) : 출산 중인 여인을 문병 온 블룸은 스티븐이 친구들과 병원 식당에서 술 마시며 떠드는 모습을 목격한다.

제15장(키르케, Circe) : 술에 취해서 홍등가를 찾은 스티븐이 봉변당할 위기에 처하자, 그를 걱정스레 뒤좇은 블룸이 스티븐을 구출해 낸다.

제16장(에우마이오스, Eumaeus) : 블룸은 스티븐을 마부 휴게소로 데려가 휴식을 취하며 주위 사람들과 대화를 나눈다.

제17장(이타카, Ithaca) : 블룸은 스티븐을 집으로 데려와 차를 대접하며 대화를 나눈 후 헤어진다.

제18장(페넬로페, Penelope) : 침대에 누워 잠든 남편을 바라보며 몰리가 그를 중심으로 한 온갖 상념에 빠진다.

이상의 줄거리는 크게 보아 불륜을 저지른 몰리와 블룸 사이의 부부관계, 그리고 정신적 아버지를 찾는 스티븐과 육체적 아들을 잃어버린 블룸 사이의 유사 부자관계라는 두 가지 축을 중심으로 벌어진다. 두 관계 다 확실한 결론은 맺어지지 않은 채 의미와 무의미, 질서와 혼란, 안정과 불안 사이를 진동하고, 이 주제는 변화를 수반하는 반복으로서의 역사관과 상극물의 일치라는 세계관을 틀로 하여 무수히 변주된다.

흔히 『율리시스』는 20세기 초 서양문학에서 성행한 모더니즘 문학을 대표하는 작품으로 일컬어진다. 끊임없는 형식 실험과 불확실한 세계관, 그리고 존재의 불안 등 모더니즘 문학의 제반 특성을 이 소설이 구현하고 있다는 점에서 이는 물론 당연한 일이다. 모더니즘을 대표하는 엘리엇(T. S. Eliot), 포크너(William Faulkner), 베케트(Samuel Beckett) 등의 작가들이 조이스로부터 받은 영향이 일반적으로 알려진 것보다 훨씬 더 클 만큼 절대적이었다. 그러나 이 소설을 모더니즘과 같은 특정한 문예사조에만 관련시키는 것은 온당한 평가가 아니다. 이 소설은 어느 특정한 이론이나 사조에 국한시키기에는 너무나 방대한 세계를 구축하고 있기 때문이다. 이 소설에는 『오디세이아』뿐만 아니라, 『햄릿』, 『신곡』 등 기존의 무수한 정전과 대중예술이 언급 또는 암시되어 있고, 고전주의, 낭만주의, 사실주의, 상징주의 등 기존의 모든 예술사조가 융합되어 있다. 20세기 후반 이후에 세계의 인문, 사회, 예술 분야에서 두각을 나타내는 각종 이론과 사조, 가령 마르크시즘(Marxism), (후기)구조주의〔(Post)Structuralism〕, 페미니즘(Feminism), 정신분석(Psychoanalysis), 포스트(탈)식민주의(Postcolonialism), 포스트모더니즘(Postmodernism) 등이 이 소설을 부분적으로, 또는 왜곡시키면서밖에 설명하지 못할 만큼 이 소설이 지닌 보편성과 포괄성은 시대를 초월해 살아 있다.

★ 추천도서와 읽을거리

Harry Blamires, *The New Bloomsday Book*, London and New York : Methuen, 1988

『율리시스』에서 혼란스럽게 제시되고 전개되는 상황과 줄거리를 대목별로 알기 쉽게 설명해 주는 책이다. 작품의 흐름을 따라가는 데 거의 절대적으로 도움이 된다.

Don Gifford and Robert J. Seidman, 〈*Ulysses*〉 *Annotated*, Berkeley, Los Angeles and New York : University of California Press, 1988

『율리시스』에 등장하거나 암시되는 무수한 지리적, 역사적, 문학적, 정치적, 철학적 항목들에 대한 상세한 정보를 제공해 주는 책이다.

Clive Hart, *James Joyce's* 〈*Ulysses*〉, Sidney : Sidney University Press, 1968

『율리시스』의 배경, 구조, 내용, 기법 등에 대한 전반적인 해설서이다.

James Joyce, *Ulysses*, Ed., Hans Walter Gabler., London and New York : Bodley Head, 1986

국제 제임스 조이스 학회에서 인정하고 있는 『율리시스』의 결정판이다.

제임스 조이스, 『율리시즈 1~4』(제임스 조이스 전집 2~5), 김종건 옮김, 범우사, 1997

한국 제임스 조이스 학계의 원로 교수가 번역한 국내 유일의 『율리시스』 완역본이다.

김종건, 『율리시즈 연구』 I · II, 고려대학교 출판부, 1995

『율리시스』에 대한 종합적인 해설서이다.

제1영역 · 문학과 예술

23

이방인
알베르 카뮈

● 김동윤 건국대학교 불어불문학과 교수

    뜨거운 햇볕에 뺨이 타고 땀방울이 눈썹에 맺혔다. 어머니의 장례식을 치른 그날과 똑같은 태양이었다. 그날처럼 머리가 아프고, 이마의 모든 핏줄이 피부 밑에서 한꺼번에 뛰었다.
    햇볕의 뜨거움을 견디지 못하여 나는 한 걸음 앞으로 나섰다. 나는 그것이 어리석은 짓이며, 걸음을 옮겨 놓는다고 해서 태양으로부터 벗어날 수 없다는 것을 알고 있었다. 돌연 아라비아 사람이 몸을 일으키지 않고 단도를 뽑아서 태양에 비춰 나에게로 겨누었다. 빛이 강철 위에서 반사되자, 번쩍거리는 길쭉한 칼날이 나의 이마에 와서 부딪치는 것 같았다. 그와 동시에 눈썹에 맺혔던 땀방울이 한꺼번에 눈꺼풀 위로 흘러내려 미지근하고 두터운 베일처럼 눈을 덮었다. 이 눈물과 소금의 두터운 막에 가리어져서 나의 눈은 보이지 않았다. 다만 이마 위에서 울리는 태양의 타는 소리와 여전히 내 앞에서 번쩍이는 단도로부터 퉁겨 나오는 눈부신 빛의 칼날만을 느낄 수 있을 뿐이었다. 그 불타는 검은 나의 속눈썹을 자르고 고통스럽게 움직여 눈을 파헤쳤다. 모든 것이 동요한 것은 바로 그때였다. 바다는 두텁고 뜨거운 바람을 실어 왔다. 하늘은 활짝 열리며 불을 쏟아내는 듯하였다. 나의 모든 신경이 팽팽히 긴장했으며 손은 권총을 움켜쥐었다. 방아쇠가 밀려나고, 나는 총신의 반짝이는 배를 만졌다.

알베르 카뮈(Albert Camus, 1913~1960)는 알제리 태생의 프랑스 작가이다. 그는 알제리에서 자라고 교육받은 이른바 '피에 누아르(Pied-noir, 알제리 거주 프랑스 인의 후예)'였다. 1957년 노벨문학상 수상, 당대 스타인 험프리 보가트 같은 외모, 그리고 1960년 리용 근처에서 불의의 자동차 사고로 47세에 사망 등이 카뮈의 이미지를 문학의 '스타'로 각인시키기에 충분했다. 카뮈는 『이방인』을 비롯하여 『전락』, 『시지프 신화』, 『오해』, 『칼리굴라』, 『정의의 사람들』, 『페스트』, 『적지와 왕국』, 『결혼/여름』, 『반항하는 인간』 등 지금도 여전히 독자들을 사로잡는 걸작들을 남겼다.

프랑스가 독일에 점령당한 비시 정권 시절인 1942년 무명작가였던 알베르 카뮈는 충격적인 문제작 『이방인』을 펴냈고 큰 반향을 일으켰다. 작품이 잉태된 시대적 상황은 히틀러의 파시즘으로 인해 서구의 문명이 세계대전이라는 파국의 절정에 다다른 시기였다. 어떠한 이성이나 합리주의 정신도 삶과 세계를 설명하지 못하는 상황에서 대다수의 사람들은 상실감에 젖어 있었다. '뫼르소'는 바로 그러한 서구적 합리주의 정신의 몰락으로 인한 정신적인 공황 상태에서 배태되었다. 전쟁과 살인이라는 부조리한 세계에 직면한 현대인들의 심리와 실존적 차원은 뫼르소라는 전형을 통해 잘 표현된 것이다. 어머니의 죽음이라는 인생의 큰 사건을 통해 보여주는 주인공의 행태는 다시 부르주아 모럴에 명백히 위반되는 것이었다. 그는 그저 삶의 부조리를 깨닫고 자신의 목소리에 충실한 인간이다. 어머니의 죽음에 대한 그의 무관심은 의도적인 것이 아니라 '지금 여기'의 삶에 충실하고자 하는 태도로 해석될 수 있다. 그에게 미래와 과거는 별다른 의미를 지니지 않는다. 뫼르소라는 이름[바다(Mer)와 태양(Sol)의 합성어]이 말해 주듯이 하루하루와 순간의 삶만이 의미 있는 것이다. 이러한 '카르페 디엠(Carpe diem)'의 모럴은 1) 모든 형태의 폭력과 독재에 반항하게 만들고(『반항하는 인간』, 『정의의 사람들』) 2) 순간 순간의 삶을 온전히 충만하게 살아가는 카뮈 문학작품의 일관된 작가의 의도이다. 이것은 『섬』의 작가이자 스승인 장 그르니에의 문학을 계승하는 것이며, 『결혼/여름』에 시적으로 승화되어 나타나는 일관된 작가의 주제의식이기도 하다.

『이방인』은 전체 2부로 구성되어 있다.

〈제1부〉 제1장 : 알제리의 수도 알제의 한 젊은 사무원 뫼르소는 마렝고 양로원에서 살던 어머니의 사망을 통고받으나 그는 어머니의 시신 보기를 거부하는 등 매우 냉정하고 비인간적인 반응을 보인다. "어머니는 죽었다"라는 발언이나 어서 장례가 끝나면 오랫동안 잠을 잘 수 있다는 주인공의 즐거운 생각은 일반적 도덕관습에 도발적인 것이었다. 제2장 : 회사 사장으로부터 장례 유급휴가를 얻은 그는 옛 여자 동료 마리와 지중해 바다에서 수영을 하며 저녁을 함께 보내고 달콤한 정사를 나눈다. 그리고 어머니의 죽음이 세상의 아무것도 바꾸지 않았다고 생각한다. 제3장 : 월요일 회사 출근. 낮잠, 담배, 출근 전차, 사무실 등 예전의 일상이 되풀이되다. 레이몽과 친분을 맺다. 제4장 : 일주일 후, 토요일 다시 마리를 만나 해수욕하다. 뫼르소는 여름밤의 더위를 온몸으로 즐기려는 듯 감각적 쾌락을 만끽한다. 레이몽이 그의 집에서 정부로 추정되는 어떤 여인을 구타하는 장면을 목격한다. 귀갓길에 개와 산책하는 살랑보를 만나고 뫼르소는 갑자기 어머니가 머릿속에 떠오른 이유를 알지 못한다. 제5장 : 일요일 레이몽이 뫼르소와 마리를 알제 부근의 오두막집으로 초대하다. 한 무리의 아랍 인들이 계속 그들을 쫓아다니고 그 가운데 레이몽의 옛 정부의 오빠가 있었음을 알게 된다. 사장이 뫼르소를 파리로 전근시키자 뫼르소는 '아무래도 상관없다'고 생각하다. 저녁에 마리가 그에게 청혼하자 뫼르소는 그냥 받아들인다. 귓갓길에 이웃 살랑보를 다시 만나 그가 개를 잃었다는 이야기를 나눈다. 제6장 : 일요일 아침 마리가 깨우자 뫼르소는 컨디션이 좋지 않음을 느낀다. 이들은 레이몽과 서둘러 해변가로 떠난다. 레이몽이 산책할 때 두 명의 아랍 인이 접근하자 그 중 적을 알아본다. 한 아랍 인이 칼을 꺼내 레이몽을 찌른다. 뫼르소는 만일을 위해 친구에게 권총을 빌린다. 한낮 정오의 태양이 이글거린다. 머리가 멍한 상태의 뫼르소는 해수욕하러 해변으로 가는 중 바로 그 아랍 인을 만난다. 아랍 인이 칼을 빼들자 뫼르소는 호주머니의 권총을 거머쥔다. 여기서 유명한 대사가 등장한다. "바싹 마르고 묵직하고 멍한 소리가 윙윙거리는 가운데 모든 것이 시작되었다. 나는 땀과 타는 듯한 햇빛을 떨쳐냈다. 내가 한낮의 균형과 해변가의 침묵을 깨뜨렸음을 깨달았다. 나는 해변의 거대한 침묵 가운데 매우 행복했다. 나는 아랍 인의 무기력한 몸을 향해 권총 네 방을 쏘았고 총알은 적의 흐물흐물한 몸에 박히고 말았다."

〈제2부〉 제1~2장 : 재판에 회부된 뫼르소가 취조를 받고 변호인도 임명된다. 취조 과정에서 사건과 직접 관계 없는 어머니의 죽음, 마리와의 관계에 대해 질문받았으나 뫼르소는 별로 뉘우치는 기색도 없고 대답도 하지 않고 낯선 감옥생활에 점차 익숙해진다. 제3장 : 증인들과의 대질심문과정에서 뫼르소가 어머니의 장례식날 울지도 않고 바로 그 다음 날 마리와 함께 외출했으며 코미디 영화도 관람했다는 사실이 밝혀졌다. 그렇다면 뫼르소는 어머니의 죽음 이후 반도덕적인 행위로 기소된 것인가, 아니면 아랍 인 살인죄로 고발된 것인가? 이것이 바로 소설 『이방인』을 둘러싼 큰 의문점이다. 제4~5장 : 뫼르소는 자신의 재판임에도 자신이 '이방인'임을 느끼며 고해성사를 담당하는 사제를 모욕하고 면담 자체를 거부한다(자신을 둘러싼 재판에 대한 무관심의 태도는 다른 소설에서도 자주 나타나는 테마이다. 가령, 스탕달의 『적과 흑』에서 소설의 마지막 대사는 사제가 떠난 후 뫼르소의 내면과 소설 『이방인』을 한마디로 압축하여 보여주고 있다). "별과 여러 징표들이 담겨져 있는 밤에, 나는 처음으로 세상의 부드러운 무관심에 마음을 열었다. 그런 느낌은 나와 매우 가까운 것이고 동시에 친밀한 것이다. 나는 살아오는 동안 행복했고 지금도 그러하다고 느꼈다. 모든 것이 끝나고 덜 외롭기 위해 마지막 남은 소망은 내가 처형되는 날 많은 관중들이 몰려와 증오로 맞이해 수기를 바라는 바람이다."

1) 『이방인』은 실존과 부조리라는 주제와 주인공 뫼르소의 매우 담담하고 무관심한 태도로 독자들을 사로잡았다. 카뮈의 이러한 주제의식은 당시 장 폴 사르트르를 중심으로 전개된 실존주의 사조와 연결지을 수 있으나 작가 자신은 『이방인』을 실존주의와 결부시키는 것에 대해 반대하였다. 2) 카뮈는 소설이 어떠한 사상의 '실험실'이 되는 것을 경계하였으며 이는 사르트르의 실존주의 철학을 대변하는 소설 『구토』와 결정적으로 다른 점이다. 카뮈는 소설은 추상적이고 관념적인 사상과는 다른 언어의 미학적 창작이라고 믿고 그 자체가 하나의 가치관과 세계관을 만들어낸다고 하였다. 말하자면 가능하면 덜 말함으로써 더 많은 것을 암시하거나 환기시키는 소설미학이다.

2) 『이방인』은 이른바 '누보 로망'이라는 새로운 문예사조의 태동을 예고한 것이었으나 정작 후에 나타난 누보 로망에 대한 카뮈의 평가는 냉담하였다. 카뮈는 자신만의 소설 창작을 위해 가능하면 덜 말함으로써 더 많은 것을 암시하거나 환기시키는 기법을 구사하였다. 이것을 이른바 『이방인』의 고전주의'라고 한다. 롤랑 바르트는 『이방인』의 문체를 "간명하고 투명한 '부재'의 문체"라고 정의하였다. 사실 그대로 옮겨 적은 글쓰기는 아랍 문학 전통에서 영감을 얻었으며, 이러한 '고전주의

소설기법'은 정체성을 상실로 인해 의식이 분명치 않으며 성격이 모호한 인간을 묘사하는 데 뛰어난 기법으로 자리잡았다.

3)사회 속에서 소외감과 고독을 느끼는 현대인은 상당히 '뫼르소적'이란 점에서 카뮈의 문학은 그 당시보다도 더 현대적이라 할 수 있다. 주인공은 일체의 사회적 관습에 대해 철저하게 무관심함으로써 사회의 이방인이 되는 것이다. 실존적 용어로 표현한다면 부조리한 인간, 그리고 무관심으로 '반항'하는 인간의 한 전형을 보여주고 있다. 뫼르소를 통해 우리는 과연 사회나 법 정의에 따른 정죄는 합당한 것인가라는 본질적인 질문과 만나게 된다. 이는 삶 자체와 사회적 관심 규범 사이의 괴리와 부조리를 관습과 정의의 이름으로 심판할 수 있는가 하는 문제의식과 맞닿아 있는 것이다. 작가는 기존의 지배적인 모럴로부터 자유로운 인물을 창조하면서 동시에 인물을 통해 새로운 가치(ethics)를 만들어간다. 이것이 문학의 본령이고 카뮈는 이에 충실한 작가로 길이 남을 것이다.

★ 추천도서와 읽을거리

김화영, 『문학 상상력의 연구』, 문학동네, 1998
　프랑스 프로방스 대학에서 알베르 카뮈 연구로 문학박사 학위를 받은 저자가 쓴, 더 이상의 카뮈론은 없다는 평가를 받은 기념비적 저서이다.

올리비에 토드, 『카뮈』 1·2, 김진식 옮김, 책세상, 2000
　『이방인』, 『페스트』 등의 소설을 쓴 작가 알베르 카뮈의 몸짓과 손길 그리고 영혼을 포착하여 독자들에게 들려주고 있는 책이다.

제1영역 · 문학과 예술

24

인형의 집
헨리크 입센

● 김방옥 동국대학교 연극학과 교수

헬메르 당신은 어리석은 아이처럼 말하고 있는 거요.

노라 그런지도 몰라요. 그렇지만 당신은 내가 죽도록 사랑하겠다고 맹세했던 그런 사람처럼 말하거나 생각하질 않아요. 당신은 내가 위협받았던 것 때문이 아니라 당신에게 일어날지도 모를 일 때문에 놀랐고, 위험성이 없어지자 이젠 전혀 아무 일도 없었던 것처럼 처신하고 있어요. 나는 단순히 당신의 작은 종달새였고 인형이었어요. 그래서 이제부터 당신은 그 전보다 더 나를 살살 다루려고 할 거예요. 섬세하고 부서지기 쉬운 것이니까 말이에요. (일어서며) 여보, 그 순간 나는 깨달았어요. 8년 동안 나는 여기에서 이상한 남자와 함께 살았구나 하구요. 그리고 그런 사람에게 세 아이를 낳아 주었구나 하고 말예요. 아, 그런 일을 생각하면 견딜 수가 없어요. 제 몸을 산산조각으로 찢고 싶은 생각이에요!

헨리크 입센(Henrik Ibsen, 1828~1906)은 노르웨이의 극작가로서 26편에 달하는 희곡과 서한문, 시 등을 남겼다. 그는 초기에는 『브란』(1866)』, 『페르 귄트』(1867) 같은 북구의 신화를 다룬 낭만주의 극을 썼고, 그 후 『사회의 기둥』(1877), 『인형의 집』(1879), 『유령』(1881), 『민중의 적』(1882)에서 변화하는 사회나 가정 속의 개인을 다룬 사실주의 희곡을 발표했으며, 『로스메르 저택(Rosmersholm)』(1886), 『바다에서 온 여인』(1888), 『헤다 가블레르』(1890) 등을 통한 복잡한 여성 심리 묘사를 거쳐 말년에는 『대(大)건축가 솔네스』(1892), 『죽은 우리들이 깨어날 때』(1899)처럼 삶의 환상이나 죽음을 다룬 상징주의 계열의 작품들을 집필했다. 그는 일반적으로 사실주의 희곡의 내용과 형식을 확립한 인물로서 알려져 있는데 그 중에서도 19세기 말 스칸디나비아의 위선적인 중산층 가정을 박차고 나와 인간적인 자존을 택하는 '노라(Nora)'라는 여성을 치밀한 구성과 섬세한 인물묘사로 그려낸 『인형의 집』은 그의 대표작의 하나이다.

입센이 『인형의 집』을 집필한 19세기 말은 연극계뿐 아니라 종교적 가치관, 정치, 사상, 과학, 의학 등 전 분야에서 큰 지각변동을 앞두고 있던 시기였다. 오랫동안 서구세계를 지배해 온 전통적인 기독교 신앙의 토대가 흔들리기 시작해 니체 같은 철학자는 "신은 죽었다"며 인간적 자존을 외치게 되고, 다윈의 '진화론'은 신의 후광으로 가려져 있던 인간 존재를 일반적 생물체의 수준으로 끌어내렸다. 또한 마르크시즘의 태동은 세계를 정신적 가치가 아니라 유물론 관점으로 보는 방법을 가르쳤고, 경험적 관찰과 인과관계를 중시하는 실증주의가 관심을 모으게 되었다. 유전(遺傳)에 대한 의학적 발견들은 인간 존재를 객관적인 원인과 결과에 의해 설명하려 했고, 정신분석학은 그 동안 어둠 속에 묻혀 있던 인간의 무의식 세계를 드러내어 과학적 대상으로 객관화하려고 시도하기 시작했다. 한마디로 이 시기에는 과거 신의 후광이나 관념의 베일을 벗겨낸 후 눈에 보이고, 들리고, 만져지는 경험적 세계를 객관적이고, 과학적이며, 분석적인 시선으로 재현하자는 새로운 관점이 대두되기 시작했던 것이다. 프랑스의 문호인 에밀 졸라는 문학이나 연극 역시 과거의 허황된 이야기를 떠나 사회적인 문제를 객관적이며 구체적으로 담아야 한다고 주장했다.

이런 시대적 움직임들은 당연히 연극계에서도 변화를 불러일으켰다. 전시대의 연극인 낭만주의의 공허한 이상과 멜로드라마의 천박함에 대해 한계와 싫증을 느낀 일부 연극인들은 보다 절박한 현실적 주제와 진실된 표현이 담긴 연극을 갈구했다. 입센이 쓴 사실주의 극의 주인공들이 살던 19세기 말 유럽의 사회나 가정은 제국주의와 식민지 침탈로 축적한 부와 안정을 자랑하면서 낡은 인습과 위선으로 이런 시대의 본질적인 변화를 깨닫지 못하거나 은폐하고 있었다. 노르웨이에 살면서 잦은 유럽 여행을 통해 이런 문제점을 피부로 느낀 입센은 북구인다운 냉철한 관찰과 특유의 반항정신으로 이런 시대적인 갈등, 즉 진정한 인간적인 삶을 원하는 개인들이 사회의 낡은 인습과 위선에 대항해 어떻게 싸우고 고민하는가를 그의 사실주의 희곡을 통해 구체적으로 묘사하게 된다.

사실주의 희곡은 전시대의 장황한 낭만주의나 비논리적인 멜로드라마와 달리, 인생을 논리적인 인과관계에 의거해서 객관적이며 짜임새 있게 재현하고자 하는 의도를 지닌다. 이를 위해 입센의 초기 사실주의 희곡은 도입부, 전개부, 발견과 반전, 위기감의 지속적인 구축, 절정 등이 잘 갖추어진 당시의 오락극인 '잘 짜여진 희곡'의 형식을 차용하게 된다. 따라서 입센의 비교적 초기극인 『인형의 집』은 악한의 등장, 과거의 비밀, 편지를 통한 폭로전 등이 표면적으로 아기자기하게 잘 짜여진 플롯 속에서 진행된다. 그러나 입센은 잘 짜여진 플롯의 이면에 포진한 진지한 주제의식과, 이전의 희곡에서 볼 수 없었던 치밀하고 섬세한 동기 부여에 의한 살아 있는 인물묘사를 통해 사실주의라는 새롭고 진지한 양식을 개척해 간다.

  노라는 노르웨이의 중상층 여성으로서 은행장이 된 남편과 세 아이와 함께 남부럽지 않게 살아가고 있다. 그러나 겉보기에 행복한 듯한 가정의 평화는 과거 노라의 서명 위조 사실을 알고 그녀를 협박하는 은행원 크로크스타(Krogstad)의 출현으로 인해 위협에 처하게 된다. 크로크스타 역시 같은 혐의로 직장상사인 노라의 남편으로부터 해고 경고를 받았기 때문이다. 이때부터 이 극의 극 행동은 "노라가 어떻게 악한의 협박으로부터 자신의 행복을 지킬 것인가?"라는 목표에 의해 전진한다. 계속되는 악한의 협박과 "그가 보낸 폭로 편지를 어떻게 남편이 읽지 못하게 막을 것인가" 하는 긴장의 고조가 '잘 짜여진 극'의 형식으로 진행되는 것이다. 이 과정에서 노라보다 먼저 인생과 현실을 알고 성숙해진 친구 린데(Linde) 부인이 노라를 도우려고 노력하게 되며, 과거로부터 얻은 병으로 죽어 가는 남편의 친구 랑크(Rank) 박사는, 과거로부터 보다 나은 미래를 향해 전진하는 노라의 극 행동과 대조를 이루며 그들 부부의 행복과 불행, 과거와 미래를 강조하고 반영하는 역할을 한다. 극의 위기감이 고조되면서 남편을 유혹하는 타란텔라 춤을 추면서까지 파국을 지연시키려는 노라의 시도마저 실패하게 되며, 편지를 둘러싼 반전은 점차 절정부를 향해 치솟게 된다. 마침내 편지를 읽게 된 남편 토르발 헬메르(Torvald Helmer)는 자신의 사회적 지위가 위험에 처한 것을 알고 노라를 크게 모욕했다가 상황이 반전되자 곧 태도를 바꿔 그녀를 용서하려 한다. 그러나 이 과정에서 남편의 위선을 절감한 노라는 남편의 용서를 받아들이는 대신에 "그 동안 우리 부부생활의 의미는 무엇이었나?"라는 진정한 토론을 위해 남편과 마주 앉게 된다. 결국 노라는 자신이 어린 시절에는 아버지의 인형이었고, 결혼 후에는 남편의 인형에 불과했다면서, 상황을 이해 못 하고 만류하는 남편을 뒤로한 채 자신 스스로를 교육하고 새로운 삶을 찾기 위해 집을 나온다.

19세기 말 당시 입센 연극에 대한 열렬한 지지자였던 영국의 극작가 버나드 쇼는 『인형의 집』의 이런 마지막 토론 장면이야말로 근대극의 진정한 시작을 의미한다고 격찬했다. 당시까지의 희곡적 관행으로는 이런 극 중 사건들의 결말이 극 인물 중 누가 참회하거나, 자살하거나, 죽이고 잡혀가거나 하는 식으로 끝나기 마련이었지만, 『인형의 집』은 변화하는 시대에서 인간의 진정한 삶이 무엇인가 하는 문제를 '토론'하기 시작하는 열린 결말로 막이 내리기 때문이다. 쇼는 앞으로 진정한 근대극이 나가야 할 방향은 이처럼 당대의 핵심적 모순들에 대해 문제를 제기하고 그것에 지적으로 접근하는 것이라고 생각했던 것이다. 당시 어떤 비평가는 극의 마지막에서 노라가 문을 "쾅" 닫고 나가는 소리에 전 유럽이 흔들렸다고 쓰고 있다. 실제로 당시 아이까지 둔 가정주부가 '분명치 않은 이유'로 집을 나가는 행동에 대해 도덕적 비난들이 쏟아졌으며, 당시 일부 유럽 국가에서 이 작품은 노라 부부가 반성하며 행복을 찾는다는 해피 엔딩으로 각색되어 공연되기도 했다. 이 극이 여성의 새로운 삶과 가정에서의 지위에 대해 다루고 있으며 이후의 여권신장운동에 많은 영향을 준 것은 사실이다. 그러나 입센은 자신을 사회철학자나 여성운동가로 바라보는 것을 경계했다. 자신은 단지 시인일 뿐이고, 이 극은 여성 인권 극이 아니라 '인간의 보편적 권리'에 대한 극이라는 것이다. 실제로 입센은 『인형의 집』 외에도 당시 유럽 사회에서 진취적 사고를 지닌 여성을 다룬 극을 여러 편 썼다. 그녀들은 대부분 보수적이고 무능하며 위선적인 스칸디나비아의 부르주아 남성들과 대조되는 심리적 깊이와 도덕적 고뇌를 지닌 여성들로 표현되며, 입센은 이 여성들을 통해 변화해 가는 사회 속의 고통받는 개인들이라는 보다 보편적 주제를 표현했다. 이처럼 사회문제뿐 아니라 인간심리와 도덕성에 대한 깊은 통찰을 보인 입센의 극작 활동은 이후 유진 오닐, 아우구스트 스트린드베리를 비롯한 서구 근대 극작가들에게 지대한 영향을 미쳤으며, 특히 변화하는 사회를 다룬 그의 사실주의 희곡들은 한국, 일본, 중국을 비롯한 아시아권의 근대극의 형성에도 적지 않은 자극이 되었다.

★ 추천도서와 읽을거리

이주상, 『헨릭 입센 : 연극의 이론과 실제』, 예니, 2002
입센에 대한 입문서로서 작가의 생애와 사상과 작품론에 관한 글 모음이다.

J. L. 스타이언, 『근대극의 이론과 실제 1 : 자연주의와 사실주의』, 원재길 옮김, 문학과비평사, 1988
입센이 속한 사실주의 연극의 사조적, 희곡적, 공연적 특징을 다양한 작가들의 경우를 통해 다룬 책이다.

리차드 길만, 『현대드라마의 형성』, 김진식 · 박용목 · 이광용 옮김, 현대미학사, 1995
입센을 비롯한 체호프, 스트린드베리, 뷔흐너, 브레히트 등 다양한 근대 극작가에 대한 연구서이다.

에릭 벤틀리, 『사색하는 극작가』, 김진식 옮김, 현대미학사, 2002
입센을 비롯한 버나드 쇼, 스트린드베리 등 다양한 근대 극작가들의 작품세계에 대한 연구서이다.

Davis Thomas, *Henrik Ibsen*, London : Macmillan, 1983
입센의 생애와 사상, 작품세계 등을 다룬 연구서이다.

제1영역 · 문학과 예술

25

님의 침묵
만해 한용운

● 김춘식 동국대학교 국어국문학과 교수

당신이 가신 뒤로 나는 당신을 잊을 수가 없습니다.
까닭은 당신을 위하느니보다 나를 위함이 많습니다.

나는 갈고 심을 땅이 없으므로 추수(秋收)가 없습니다.
저녁거리가 없어서 조나 감자를 꾸러 이웃집에 갔더니 주인이 "거지는 인격이 없다. 인격이 없는 사람은 생명이 없다. 너를 도와주는 것은 죄악이다."고 말하였습니다.
그 말을 듣고 돌아나올 때에 쏟아지는 눈물 속에서 당신을 보았습니다.

나는 집도 없고 다른 까닭을 겸하여 민적(民籍)이 없습니다.
"민적 없는 자는 인권(人權)이 없다. 인권이 없는 너에게 무슨 정조(貞操)냐" 하고 능욕하려는 장군이 있었습니다.
그를 항거한 뒤에 남에게 대한 격분이 스스로의 슬픔으로 화하는 찰나에 당신을 보았습니다.

아아! 온갖 윤리, 도덕, 법률은 칼과 황금을 제사지내는 연기인 줄을 알았습니다.
영원의 사랑을 받을까, 인간 역사의 첫 페이지에 잉크칠을 할까, 술을 마실까 망설일 때에 당신을 보았습니다.

『님의 침묵』은 만해 한용운이 1925년 내설악 백담사에서 쓰기 시작해서 1926년 회동서관에서 초간본을 내고, 1934년 한성도서주식회사에서 재판을 발행한 시집이다. 광복 후에 한성도서주식회사에서 재간행(1950)되었는데, 맞춤법을 현대화하는 과정에서 초판, 재판과 표기 및 내용이 많이 달라지고 말았다. 그러나 이후의 판본들이 대체로 재간행된 1950년 판본을 모본으로 하고 있어서 최근까지도 시중에 유통되는 판본에서 많은 오류가 발견되고 있다.

이 시집의 구성 방식은 '저자 서문, 목차, 시집 본문(84편)—독자여 이로부터'의 형식으로 구성된 타고르(R. Tagore)의 시집 『원정(園丁)』을 참조하여 따르고 있는 것으로 보인다. 1924년 역시집 『원정』이 이미 출판되었고, 한용운 스스로 《유심(唯心)》지 등에 타고르의 글을 적극 소개하고 있는 점, 『님의 침묵』 안에 「타고르의 시를 읽고」라는 시가 포함되어 있는 점으로 미루어 보아 이런 추측은 신빙성이 높은 것으로 여겨진다. 그러나 만해가 '타고르'에게 많은 영향을 받았다고 해서 『님의 침묵』의 가치나 독창성이 본질적으로 훼손되는 것은 아니다. 1920년대 동인지 문단의 일반적인 풍조가 당시 동양의 시인으로서 노벨문학상을 탄 '타고르'에게 크게 경도되어 있던 상황에서 만해 한용운의 '타고르'에 대한 관심은 오히려 자연스러운 것이다. 또한 '종교와 문학'의 상호성을 '근대문학' 내부에서 최초로 구현해 낸 미학적 성과물이라는 점에서도 『님의 침묵』의 가치는 소중한 것이다.

'문학과 종교'의 만남은 '감각적인 미학'과 '초월적 형이상학'의 결합이라는 점에서 그만큼 불안정하며 양자의 관계가 적당한 균형과 긴장을 유지하지 못한다면, 권위적이고 도그마적인 명령의 감각화나, 감각의 숭고성에 대한 복종 혹은 감상적 순교의식으로 변질되어 나타나기 쉽다. 이 점에서 만해 한용운의 『님의 침묵』은 한국 근대문학사에서 최초로 '몸'의 담론인 문학(연애)과 형이상학인 '종교적 신념'을 성공적으로 결합시킨 시집이다.

이런 결합은 종교의 세속화나 문학의 정신주의, '초월 지향'으로 표현할 수 있는데, 이 둘의 결합 자체가 다른 한편으로는 '일상적 삶', '세속성'이 범람하는 '근대와 도시문명'의 특징을 그대로 나타내고 있는 것이다. 즉, 한용운의 『님의 침묵』은 감각과 정신 혹은 형이상학의 대립성을 초월한 새로운 언어를 이 '양자(불교와 문학)'에게 되돌려주었다고 할 수 있다. 이 점에서 『님의 침묵』의 '님'에 대한 해석을 부처, 조국, 연인의 세 가지 의미로 해석해 온 지금까지의 생각은 결코 틀렸다고 할 수는 없으나, '님'의 다양한 해석 가능성을 지나치게 '알레고리적인 해석'에 한정해서 읽은 혐의가 있다. '님'의 의미만큼이나 '님'이라는 호칭과 그것의 시적 사용이 만드는 새로운 감각 또한 중요한 것이기 때문이다.

"날카로운 첫 '키쓰'의 追憶"이라는 구절이 대표적으로 보여주듯이 '키쓰'의 감각과 '님'의 관계를 종교적인 '믿음'으로 연결시키는 『님의 침묵』의 화법은 '육체성'을 '정신성'으로 환기시키는 새로운 방식의 담론이다. 즉, 육체, 일상적 체험, 현실과 정신, 형이상학, 종교적 믿음 사이의 차이나 경계를 무너뜨림으로써 『님의 침묵』은 '님'이 지닌 전통적 의미에 종교성과 형이상학적 상징을 덧보태고 동시에 추상적 종교인 불교에 '구체성과 육체성'을 부여한다.

이런 '구체화', '감각화'를 지향하는 글쓰기는 '민족', '부처', '종교' 등 거대담론을 가장 피부에 근접한 '일상', '연애', '체험'의 영역으로 소환하는 방식이다. 이렇게 감각적인 '체감'이 가능한 수준으로 가깝게 다가온 '형이상학'은 궁극적으로는 문학이 지닌 본질적인 '기능'의 가장 '모범적인 구현'이기도 하다. 형상화란 추상적 개념의 '감각화'을 의미하는 것이라는 점에서 종교적 정신, 사상, 거대담론을 '감각화'시킨 문학작품이야말로 가장 '이상적인 문학'일 수 있기 때문이다.

『님의 침묵』의 창작 동기는 1920년대의 언론탄압 내지는 표현의 자유에 대한 억압에 문학적으로 저항하기 위해서라고 설명되기도 한다. 이 점은 문학이 '정치적 억압' 혹은 '언론탄압'으로 인한 '시민적 공공영역'의 부재를 대신하여 여론을 형성하는 '통로'의 역할을 해온 과거 '근대문학사'에서의 문학의 기능을 미루어 보아 가능한 해석이라고 여겨진다. 그러나 이러한 '정치적 의도' 이전에 '불교'의 근대화 방법의 일환 혹은 '종교의 세속화, 일상화'라는 근대적 전망, 추세에 대한 한용운의 예민한 포착의 결과가 『님의 침묵』의 창작으로 나타났다는 견해가 앞의 설명보다는 좀더 정확한 것이라 생각된다.

하지만 결과적으로 『님의 침묵』은 감각의 힘을 빌려서 '정신적 차원'의 저항의식을 한 차원 높은 문학적 표현으로 승화시켰고, 그 저항은 '상징적인 형태'의 '정신적 저항'을 담은 최초의 근대적 담론으로『님의 침묵』을 기억하게 만들었다. 즉, '침묵', '떠남', '자유', '복종'의 의미를 '역설'로 표현함으로써 '불교적 역설'을 시적 담론의 형태로 자리잡게 함과 동시에 그 역설을 통해 당대의 상실을 넘어서는 적극적 행위로써 '침묵', '떠남', '복종'의 의미를 변환시키고 있는 것이다.

이 시집의 방법론적인 특징은 이처럼 은유와 역설을 탁월하게 구사함으로써 현대시의 형식적 면모와 완결성을 갖추고 있는 점이다. 시단의 형성기인 1920년대에 독창적인 은유와 역설을 시의 핵심적인 수사법으로 사용하여 우리 시의 '언어 사용 기법'에 탁월한 발전의 계기를 마련해 주었다. 1920년대 초기시의 대다수가 '과도한 감각성'에 치중되어 방향 없는 열정으로 치닫거나 직설적 토로에 사로잡혀 시의 기교, 언어의 감각화에 상대적으로 미숙했다면, 한용운의 『님의 침묵』은 이런 미숙성을 극복하는 결정적인 계기가 된 시집이다.

시 문법, 문체, 구조 등에서 전통시가의 율격체계와 상당히 밀접한 연관성을 지니고 있으며 한자어가 아닌 한글 중심의 구어적 표현을 주로 사용한다는 점, 당대에 유행하던 번역어, 근대적 조어의 사용을 절제하고 있다는 점 등은 중요한 특징이다. 시적 호흡의 측면에서 행과 연의 구분을 표면적으로는 많이 활용하고 있지 않지만 '내재율'의 특징에 비추어 보면 4음보의 율격을 시인의 정서적 흐름에 따라 적절히 변형해서 활용하고 있음을 알 수 있다. 즉, 행과 연의 구분을 통해서 율격을 인위적으로 조정하기보다는 시적 내용에 따른 '정서'의 울림을 '시적 리듬'으로 삼고 있다는 점에서 당대로서는 '정서율 혹은 호흡률'이라는 개념에 가장 가까운 시의 형태를 보여주고 있다.

시집 『님의 침묵』의 구성은 맨 앞에 '군말'이, 그리고 뒤에는 '독자에게'가 붙어 있는 것이 특징이다. 이런 구성은 앞에서 이미 설명한 것처럼 타고르의 『원정』의 영향이기도 하지만, 이 시집이 처음부터 한 권의 시집으로 묶기 위해 쓴 것임을 나타내는 것이기도 하다.

이미 발표된 여러 편의 시를 묶어서 발간하는 것이 시집 발행의 일반적인 '관행'이라면 『님의 침묵』의 출간은 문단에 시집을 출간하면서 시인이 모습을 나타낸 최초의 '등단' 사례이다. 이 점은 애초에 시집의 구성을 염두에 둔 '창작 과정'이 있었다는 의미이다. 즉, 시집의 출간에 시인의 '창작 동기'가 비교적 많이 작용하는 경우이며, 시집의 구성에도 시인의 '창작 정신' 혹은 '시 정신'이 담기게 된다. 이 점에서 『님의 침묵』은 시집의 편집 체계도 함께 고려해서 각각의 시 작품과 전체의 구성을 읽어야 하는 완결된 형식을 지닌 '시집'에 해당된다.

본문은 첫 시 「님의 침묵」으로 시작해서 기승전결의 구조를 취하고 있는데, '이별의 시편—고통과 슬픔의 시편—희망으로의 적극적인 전환-만남을 향한 의지와 염원'으로 편성된 내용은 이 시집 전체가 하나의 연작시 형태를 취하고 있음을 알게 한다. 시 「님의 침묵」이 기승전결의 구조를 통해 '이별—이별 후의 고통과 슬픔—슬픔의 희망으로의 전환—만남의 성취'로 편성된 것은 이 시집의 전체적인 구성을 축약한 것으로서 시 「님의 침묵」이 이 시집의 실질적인 대표시임을 증명하는 것이다.

★ 추천도서와 읽을거리

김인환, 『한용운의 『님의 침묵』을 읽는다』, 열림원, 2003
  지금 다시 한용운을 읽어야 하는 이유와 한용운의 삶과 그의 작품론에 대해서 전반적으로 정리하고 있는 책이다.

김삼웅, 『만해 한용운 평전』, 시대의 창, 2006
  만해 한용운의 시작과 독립운동, 그리고 불교 근대화에 관련된 행적을 세세하게 추적하고 있는 평전이다.

제1영역 · 문학과 예술

26

천변풍경
박태원

● 한만수 동국대학교 국어국문학과 교수

개천 속에는 또 부청에서 나온 인부들이 서너 명, 삽이며, 고무래며, 그러한 것들을 들고 개천을 치우고 있었다.

그들 편을 이윽이 바라보고 있던 점룡이 어머니가, "아니, 저게 만돌 애비 아니야? (……) 저게 이젠 저런 걸 또 댕기나?" 그 말에 고개들을 돌려 보니, 딴은 한약국집에 살다가 바로 장마 전에 모교다리 어씨 집으로 들어간 만돌 아범이 밀짚 벙거지에 지까다비를 신고, 물 속에서 연해 흙을 한편으로 긁어 올리고 있다. "아마 안팎 드난이 아닌 게로구면." 점룡이 어머니는 혼자 고개를 끄떡거린 다음, 잠깐 눈을 돌려 광교 다리 위에 아들과 아이스크림통과, 그 앞에 모여선 몇 명의 어린애들을 바라보고, 생각난 듯이 나뭇장 안으로 들어가 버렸다.

큰물이 지난 뒤의 샘터는, 우선, 흙을 치우기에만도 무던히 시간을 잡는다. 더구나 이번은 딴때없이 물이 벅차, 샘터의 널판 사다리가 아랫두머리 한 동강이 뭉턱 휩쓸려 나갔다. 장마가 시작되었을 때, 집으로 들여다 둔, 빨래 삶는 큰 가마솥을 내어다 다시 걸기 전에, 그들은 우선 이것을 수선하여야 한다.

김 첨지는 널 조각을 톱질하며, 어인 까닭도 없이 후유— 하고 한숨을 내쉬었다.

참말이지 그것은 지리한 장마였다. 그 동안 그는 거의 담배값에도 궁하였던 것이 아닌가? 하지만 이제는 또 다만, 얼마간이라도 잔돈푼을 만져 보게 될 것이다.

구보(九甫) 박태원은 1909년 12월 7일, 서울 청진동 수중박골에서 약국집 아들로 태어났다. 1923년 경성제일공립고등보통학교에 입학하고 그 해《동명》지 4월호에「입학」을 발표한다. 1926년에는 이광수에게 문학수업을 받고 시「누님」을 발표하였다. 1930년 가을, 동경으로 건너가 호세이 대학(法政大學) 예과에 입학한다. 1933년 중도에 학교를 중퇴한 후 귀국하게 된 박태원은〈구인회〉에 가입하면서 문단에서의 지위를 확고히 하고 본격적인 문학 활동을 시작하게 된다. 그는 이상, 이태준 등과 더불어〈구인회〉에서 핵심적인 역할을 수행하며 1930년대 모더니즘 문학 전개에서 선구적인 역할을 담당하게 된다. 1930년대 말까지 중편「소설가 구보(仇甫)씨의 일일(一日)」, 도시 하층민의 삶을 묘파한 단편「성탄제」, 대표적인 세태소설인 장편『천변풍경(川邊風景)』등을 창작하면서 도시적 감각과 다양한 기교를 실험한 대표적인 모더니즘 작가로서 한국소설사에서 중요한 위치를 차지하게 된다. 1930년대 말 제국주의의 탄압이 심해지던 시기에 박태원은 군국주의 체제하의 공식적인 이데올로기나 정치적 선전에 동조하는 소설을 쓸 수밖에 없었다. 이 시기 박태원은 본격적인 소설 창작보다는 중국 소설이나 야담의 번역, 중국의 고전 정리 등에 몰두한다.『수호전』,『삼국지』를 최초로 번역 간행한 것도 이 시기의 박태원이다.

해방 후에는 확대된 현실인식을 바탕으로 역사와 민중의 삶에 대해 깊은 관심을 가지게 되며 일련의 역사소설들을 통하여 민중의 승리와 정치적인 이데올로기를 지향하기 시작한다. 해방 직후 최초의 문단 조직인〈조선문학건설본부〉소설부의 중앙위원회 조직 임원으로 선정되어 활동한다. 이 시기부터 역사소설에 관심을 갖게 되는데 해방기에는『홍길동전』을 썼고, 월북하여『갑오농민전쟁』의 제1부가 되는『계명산 천은 밝아 오느냐』를 간행했다. 1965년 이후 건강 상태가 극도로 악화되어 실명과 전신 불수의 역경 속에서도 그의 필생의 역작이며 북한 최고의 역사소설로 꼽히는 『갑오농민전쟁』을 저술하여 최고의 역사소설 가라는 칭호를 얻었다.

식민지 시기 조선은 농업 인구가 절대 다수를 차지하였지만, 동시에 일본으로부터 부식된 근대 자본주의가 정착되어가고 있었다. 1910년대 이래 일본 제국주의는 보다 합리적인 통치를 위해 조선사회를 자본주의적 질서로 재편해 갔다. 근대 자본주의의 문화는 일상의 영역에 틈입하여 자리잡았다. 특히 1930년대는 식민지 자본주의의 도시 문화가 경성에 자리잡는 시기였으며, 한국문학사에서 모더니스트라고 명명되는 작가들은 이 도시적 감수성을 작품화했다. 박태원이 가담하고 있었던 〈구인회〉는 도회적 감수성에 대한 감각을 공유하고 있었다. 이들 작가들은 자본주의 근대가 일상의 영역으로 들어가기 시작한 식민지 근대 도시 경성의 풍경과 그 풍경을 살아가는 지식인과 도회민들의 내면을 생생하게 글로 엮어 보여주었다.

기존 문학사에서 간혹 〈구인회〉를 〈카프(KAPF)〉의 내용 편향주의에 반대한 형식적 기교주의자들로 설명하곤 하는데 이것은 일면적인 관찰이다. 같은 맥락에서 박태원을 기교적인 측면에서만 모더니스트로 지칭하는 것도 정확한 명명이 아니다. 그의 작품은 기교적인 새로움에서뿐만 아니라 내용에서도 모더니티에 대해 지속적인 관심을 가졌다. 또한 그는 도시적 주변부인의 삶, 하층민의 음울한 일상에 줄곧 시선을 던지며 식민지 자본주의의 그늘에 주목했다. 『천변풍경』의 경우만 하더라도 1930년대 중후반의 식민지 자본주의 중에서도 주변부인 청계천변의 하층민 및 속물적인 중산층의 도시적 일상을 통해 당대 사회상을 재현하며 자본주의적 속악성과 휴머니즘을 대비시키고자 했다. 이 작품에는 경성 골목골목의 도회 풍경과 아이스크림과 커피, 카페와 다방, 시네마 등으로 표상되는 도회적 라이프 스타일이 드러난다. 근대 풍경을 가장 충실하게 담고 있는 곳인 도시, 그 가운데에서도 하층민의 거리에서 일상을 포착하고 그것을 제시함으로써 독자에게 근대적 가치에 대해 고민하게 하는 것이 박태원이 이 작품을 통해 던지고 있는 화두라고 할 것이다.

『천변풍경』은 1936년 8월부터 10월, 1937년 1월부터 9월까지 《조광(朝光)》에 연재한 박태원의 대표적 장편소설이다. 기교주의적 작가, 모더니즘 작가로 평가되는 박태원은 이 소설을 통하여 단순하고 미묘한 것까지도 풍부하고 흥미롭게 이야기함으로써 작가적 역량을 확인시킨다. 이 작품은 어느 해 2월 초부터 다음 해 정월 말까지 1년간 청계천변에서 볼 수 있는 다양한 서민의 생활 모습을 50개의 절로 나누어 서술하고 있다. 이 소설에는 대략 70여 명의 인물이 등장하여 다양한 삶의 생태와 음영(陰影)을 드러내고 있으며 특정한 주인공은 없다. 아니 청계천변이라는 도시 주변부의 공간이 이 소설의 진정한 주인공이라고도 말할 수 있을 것이다. 이 소설은 특정 화자에 의하여 서술되지 않으며, 다양한 서술양식을 수용하고 있다. 특정 화자가 없기 때문에 소설의 구심점을 잃기 쉬운 이 소설은 삽화적 이야기를 다중화할 수밖에 없었다. 당대의 평론가들이 주목했던 카메라 눈(eye)이라는 영화적 기법을 통해 상이(相異)한 장소에서 동시에 일어나는 사건들을 보여줌으로써 시간성과 공간성을 극대화시키고 있다. 특히, 작가는 여인들의 집합소인 빨래터와 남성들의 사교장인 이발소를 중심으로 초점화시킴으로써 청계천변 사람들의 일상적 생활양식과 생태를 재현시키는 데에 성공한다. 카메라의 눈을 통해 재현되는 소소한 일상들을 열거해 보자면, 여급 하나꼬의 일상, 한약국집에 사는 젊은 내외의 외출, 한약국집 사환인 창수의 생활, 약국 안에 행랑을 든 만돌 어멈의 사연, 이쁜이의 결혼, 이쁜이를 짝사랑하면서도 이를 바라보기만 하는 점룡이, 신전집의 몰락, 민 주사의 노름과 정치적 야망, 민 주사의 작은집인 안성집의 외도, 포목점 주인의 매부

출세 시키기, 이쁜이의 시집살이, 민 주사의 선거 패배, 창수의 희망, 금순이의 과거와 현재, 기미꼬와 하나꼬의 여급 생활, 금순이와 동생 순동이의 만남, 하나꼬와 이쁜이의 시집살이, 재봉이와 젊은 이발사 김 서방의 말다툼, 친정으로 돌아온 이쁜이, 이발사 시험을 볼 재봉이 등으로 요약할 수 있는 갖가지 에피소드들이 이어진다. 이 에피소드에는 행랑살이 어멈, 신전 주인, 이발사, 포목전 주인, 한약국과 양약국 주인, 부(府) 의회 의원, 사법 서사, 금은방 주인, 카페 여급, 기생, 미장이, 첩, 여관 주인, 당구장 보이, 아이스케이크 장수, 전매청 직원, 공장 노동자 등 1930년대 서울에 거주하던 각종 직업의 인물들이 모자이크식으로 등장한다. 이 소설에는 실제의 거리와 지형, 동명, 건물들과 같은 도시의 물리적 사실들이 그대로 재현되어 있으며, 전통적인 인습과 근대적인 문물이 혼재(混在)되어 그려져 있다.

이 소설은 작가의 말 그대로 30년대 식민지 자본주의의 변두리인 청계천변의 도시적 삶에 대한 고현학(考現學)이라고 할 수 있다. 소설 속에서 청계천은 근대와 전근대, 도시와 시골이 만나는 접경이다. 창수와 금순이, 만돌 어멈 등은 시골집을 떠나 서울에서 자신들의 운명을 시험해 보고자 할 때 청계천변을 그 첫 무대로 삼는다. 그곳에는 기생과 카페 여급이 나란히 활보하며, 냉혹한 이익의 추구와 끈끈한 인간애가 공존한다. 한 보기로, 빨래터의 일화를 들 수 있다. 시골에서와는 달리 청계천의 빨래터에는 엄연히 주인이 있어 빨래꾼들에게서 돈을 받아서 다시 나라에 세금을 낸다. 그러나 전후사정을 모르고 빈손으로 나온 시골뜨기 아낙이 다른 빨래꾼들의 역성 덕분에 첫 번째 요금 지불을 면제받을 만큼은 인정이 살아 있다. 『천변풍경』은 이처럼 두 개의 시대(근대와 전근대)의 공존, 그리고 점차 근대로 이행해 가는 과정을 섬세한 필치로 그려내고 있다.

『천변풍경』에 대한 평가는 리얼리즘이란 무엇인가라는 질문과 연관되어 있다. 당대의 평가는 물론이거니와 월북한 박태원의 문학이 해금된 80년대 말 이후의 평가에서도 『천변풍경』을 둘러싼 해석은 리얼리즘의 개념에 대한 이해의 편차에 따라 크게 엇갈렸다. 흔히 이 소설의 표제에 따라다니는 '세태소설'이라는 레테르는 임화가 19세기의 서구소설을 본격소설이라고 명명하며 그에 도달하지 못한 당대 조선의 소설들의 특징을 언급한 정의에서 비롯한다. 임화에게 『천변풍경』은 사회의 총체성을 드러내지 못하고 표피적인 세태 묘사와 관찰에만 몰두한 자연주의적 편향을 지닌 것이었다. 이러한 관점에 서면 이 작품은 소박한 휴머니즘의 관점은 있을지언정 뚜렷한 이념이나 사상을 찾아볼 수 없는 결여의 문학이 된다. 이러한 임화의 관점과 다르게 최재서는 이 소설을 리얼리즘의 확대가 이루어진 텍스트로 본다. 최재서는 「리얼리즘의 확대와 심화」에서 이상의 「날개」와 박태원의 『천변풍경』을 비평하며 관찰의 태도 및 묘사의 수법에 있어 이 두 작품이 상호 공통되는 특색을 지녔다는 점과 함께, 서로 다른 상이점이 있음을 제시하고 있다. 최재서는 박태원의 경우에는 '객관적 태도로써 객관'을 그리고, 이상의 경우는 '객관적 태도로써의 주관'을 그리는 소설이라고 생각했다. 그리고 이러한 '작가의 관찰 태도'가 리얼리즘의 '확대'와 '심화'로 이어진다고 주장한다. 즉, 관찰을 통해 객관세계와 주관적 심리세계로 확장된 것을 리얼리즘의 심화와 확대라고 정의했다.

　임화와 최재서의 관점의 차이는 1980년대 월북작가에 대한 해금(解禁) 조치 이후 『천변풍경』을 해석하는 관점에도 반복되었다. 소설 속 어느 인물에게서도 당시의 민족적 계급적 모순에 대한 자각을 엿볼 수 없으며, 그에 대한 밖으로부터의 비판도 찾아볼 수 없다는 점을 작품의 한계이자 치명적인 약점으로 지적하는 일반적 평가는 임화적 독법을 계승한 것이라 할 수 있다. 그렇지만 세태 소설이라는 평가나 도시 소설이라는 논의는 세태나 도시의 풍속을 세밀하게 묘사하였다는 점에 근거한 것이 아니라, 세밀한 세태의 묘사를 통하여 당대적 진실을 추구하려 한 작가 정신에 근거한 것으로 파악할 수 있을 것이다.

★ 추천도서와 읽을거리

박태원, 『소설가 구보씨의 일일』(박태원 단편선), 문학과지성사, 2005
식민지 시기에 쓰여진 가장 우수한 모더니즘 작품으로 인정받는 「소설가 구보씨의 일일」을 비롯한 박태원의 대표 단편 13편이 수록되어 있다.

류보선 엮음, 『구보가 아즉 박태원일 때』(박태원 수필집), 깊은샘, 2005
1930년대 한국 모더니즘 문학의 다양성의 기원과 그 변화무쌍한 변모의 원동력이 내밀하게 살아 숨쉬는 박태원의 에세이를 모아 놓은 선집이다.

제1영역 · 문학과 예술

27

춘향전

● 김승호 동국대학교 국어교육과 교수

　춘향이 거동보소, 춘흥을 못 이기어 춘천을 하려 하고, 면숙마 추천줄을 수양버들 상상지에 칭칭 얽어 감아매고 세류 같은 고운 몸을 단정히 놀릴 적에 청운 같은 고운 머리 반달 같은 용어리로 어리 설설 흘려 빗겨 전반같이 넌즛 땋아 뒤 단장 은죽절과 압치레 볼작시면 (……) 한 번 굴러 힘을 주며 두 번 굴러 통통 차니 반공에 훨적 솟아 가지가지 놀던 새는 평임으로 날아들고 비거배래하는 양은 지황건이 난봉 타고 옥경으로 향하는 듯 무산선녀 구름 타고 양대상에 나리는 듯, 그 태도 그 형용은 세상 인물이 아니로다. 이 도령 정신이 어질하며 안경이 희미하여 방자 불러 이른 말이, "저 건너 화류 간에 아른아른하는 게 무엇인지 알겠느냐?" 방자놈 여짜오되, "과연 분명 모르나이다." 이 도령이 이른 말이, "금이냐? 옥이냐?" 방자 여짜오되, "금생여수 아니어든 금이 어찌 나온다 하며 옥출곤강 아니어든 옥이 어이 있으리까?" "네 그러할진대 신선이며 귀신인가?" 방자 여짜오되, "영주 봉래 아니어든 신선 오기 만무하고 천읍우습 아니어든 귀신 있기 괴이하여이다." "네 말이 그러할진대 네 정녕 무엇인가?" 방자 다시 여짜오되, "이 고을 기생 월매 딸 춘향이란 기생아이 낮이면 추천하고 밤이면 풍월 공부하여 도도하기로 일읍의 낭자하여이다." 이 도령 대희하고 이른 말이 "그러할 시 분명하면 잔말 말고 불러 오라." 방자놈 거동보소, 도련님 분부 뫼시어 춘향 초래하러 갈 제, 논틀이며 밭틀이며 뒤쭉을 높이 찌고 껑충거려 건너가서 춘향 초래하는 말이, "책방 도련님 분부 내려 너를 급히 부르신다." 춘향 깜짝 놀래 이른 말이 "너 다려 춘향이니 오향이니 고양이니 잘양이니 종다리새 열씨 까듯 다 외워바치라더냐?"

『춘향전(春香傳)』은 조선 후기 판소리계 소설의 하나이다. 판소리가 먼저 있었고 그 창본(唱本)을 소설로 바꿔 읽게 된 것을 판소리계 소설이라 일컫는데 어떤 유형보다도 하층부터 상층에 이르기까지 폭넓게 읽혀진 것으로 꼽힌다. 그 중에서도 『춘향전』이 누린 인기와 영향력은 다른 작품과 비교가 안 될 정도이다. 이본(異本)이 100종 이상이라는 점만 보더라도 이 작품이 지닌 고전성과 불후성이 곧바로 드러나는 것이다. 줄거리를 소개하자면 이렇다.

　퇴기(退妓)의 딸로 태어난 춘향이 한양에서 내려온 사대부집 자제 이몽룡(李夢龍)과 한순간에 눈이 맞아 사랑하는 사이로 발전하게 된다. 하지만 인연이 깊어지기도 전에 이들은 헤어져야만 하는 처지가 된다. 이 도령이 과거 준비를 위해 한양으로 떠난 것인데 그 사이에 미색을 밝히던 변학도(卞學道)가 남원 고을의 원으로 부임하여 춘향에게 수청들기를 강요한다. 결국 한양의 이 도령을 그리며 변학도의 청에 저항하던 춘향은 옥에 갇히고 온갖 고초를 당한다. 얼마 후 과거 급제와 동시에 암행어사를 제수받은 이몽룡이 거지 차림으로 남원으로 내려와 본관의 생일 잔치 현장을 급습, 변학도를 봉고파직시키고 춘향과 이몽룡은 꿈에도 그리던 해후의 기쁨을 맛본다. 이후 이 도령은 춘향을 정부인으로 받아들이니 영화와 부귀를 누리는 것은 물론 대대손손 집안이 번창한다.

　이본(異本)마다 약간의 차이가 있으나 『춘향전』이라면 대체로 위의 줄거리에서 벗어나지 않는다. 이같이 견실한 구조를 갖추기까지에는 다양한 근원설화(根源說話)들이 삽입되었다고 보는데 열녀, 암행어사, 신원, 염정설화 등이 합쳐져 짜임새 있는 소설로 바뀐 것으로 보고 있다.

　『춘향전』이 고전으로서 생명력을 잃지 않은 요인으로는 우선 인간의 원초적 욕망과 자유의지가 얼마나 소중한 것인지를 주인공 춘향을 통해 절실하게 보여주었다는 점에서 찾을 수 있다. 춘향은 신분적 굴레가 엄혹한 조선시대의 시각에서 보면 애초부터 행복한 삶과는 너무나 동떨어진 여인이었다. 성가(成哥)라는 몰락 양반을 아버지로 하고 기생 노릇을 하다가 늙어 은퇴한 월매(月梅) 사이에서 태어났다는 출생 이력은 그녀가 앞으로 얼마나 고단하게 살아가야 할지 짐작케 한다.

하지만 그녀는 주어진 운명에 반기를 든다. 변 사또가 그녀를 탐하며 수청을 강요하자, 그녀는 퇴기의 딸이라는 사실이 믿기지 않을 정도로 논리적인 말로 부당성을 일일이 공박하고 나선다. 그녀는 자신의 의지에 반하는 한 상대가 누구든 복종하지 않는데 기생을 해어화(解語花)라 부르며 노리갯감으로 여기던 풍조에 비길 때 당찬 반응이 아닐 수 없다. 진정 사랑하는 사람과의 약속이라면 반드시 지켜야 한다는 것이 그녀의 논리이다. 여전히 신분적 차별이 확고하게 굳어져 있는 때에 미천한 출신의 그녀가 그처럼 저항한다고 해서 사실 달라질 것은 없었다. 오히려 더 강한 억압만이 따랐다. 그런데도 춘향은 목숨을 내걸면서까지 사회적 관념과 대결하며 물러설 줄을 몰랐으니 그녀는 열녀(烈女)로 불려 모자랄 것이 없다. 그러나 춘향의 꿈이 실현되기까지 이 도령의 역할 또한 적지 않았다는 점도 상기해야 한다. 사실 『춘향전』에는 양반의 극단적인 상이 대칭되어 있다. 곧 이몽룡과 변학도를 두고 하는 말인데 이몽룡은 자신의 기득권을 포기하면서까지 순수한 사랑을 염두에 두고 미천한 출신의 춘향을 정부인으로 받아들임으로써 세상은 이제 변화해야 함을 스스로 실천해 보인다. 그의 따뜻한 인간미는 굳게 닫혀 있던 양반들의 기득권을 허물어뜨리고 민중과의 소통할 물꼬를 터놓는 결정적 단초로 작용했다고 할 것이다.

그런데 옥중에 갇히는 것조차 개의치 않으며 관의 횡포에 맞서는 모습만이 춘향이 지닌 이미지의 전부라고 생각해서는 안 된다. 『춘향전』이 오랜 세월 수많은 이에게 열렬히 읽힌 데는 춘향이 지닌 입체적 모습이 크게 기여했겠는데 이본에 따라서 그녀는 청초하고 다소곳한 이미지

대신에 요부(妖婦)의 상(像)으로 그려지기도 한다. 가령 이 도령을 유혹하기로 작정하고 단옷날 그녀는 이몽룡의 시야 안에 높은 그네를 매놓고 창공을 오락가락하면서 때마침 방자를 데리고 봄놀이 나온 이몽룡의 눈을 현혹시키는가 하면 변 사또의 명에 따라 자신을 체포하러 온 사령들에게 술을 권하고 온갖 교태로 혼을 뺀 뒤 체포 위기에서 벗어나는 교활함도 보여준다. 상황과 사태에 따라 천의 얼굴을 짓고 있는 춘향의 입체적인 모습이야말로 각양의 입맛의 독자들을 끌어모으는 데 큰 힘을 발휘했다고 할 만하다. 그녀는 이몽룡의 애인을 넘어 만인의 열녀이며, 애인이며, 여동생이며, 어여쁜 딸이기도 했다. 그녀는 청초하지만 요염하기도 하며 체제에 항거하는가 하면 사랑을 위해 목숨을 버리는 입체적 여인상을 보여주고 있다.

『춘향전』에 구현되고 있는 또 하나의 장점은 당대 시대상을 생생하게 묘사해 놓고 있다는 데 있다. 설화에서 생겨난 판소리가 문자로 기록된 것이 판소리계 소설인데, 다른 유형과 달리 민중의 자아각성과 신분적 동요를 겪던 사회 실상도 반영되고 있다. 즉 『춘향전』에도 하층민들의 삶이 양반층의 모습보다 한결 구체적으로 형상화되고 있으며 그들을 향한 긍정적 시각이 나타나고 있다. 이에 비해 수구반동 세력의 하나로 지목된 변학도는 탐욕과 부패로 얼룩진 추악한 전형이 되고 있다. 이런 인물형상은 결코 상상이나 환상을 통해 얻어진 것이 아니라는 점에서 독자들의 흡입력을 높일 수 있었는데 『심청전』, 『흥부전』, 『토끼전』 등도 조선 후기 민중의식을 고스란히 담고 있기는 하지만 여전히 전기적(傳奇的) 색채를 떨쳐버리지 못한 채로 이야기를 펼치던 것과 다른 점이다. 심청은 인당수에 투신한 후 수궁에 들어가 어머니와 해후했을 뿐더러 연꽃을 타고 환생하여 중국 황후가 되는가 하면, 흥부는 제비를 보살펴 주고 박을 얻어 일시에 부귀를 누리는 것으로 그려진다. 한결같이 천진한 상상에 의존하고 있으며 설화의 흔적을 지우지 못하고 있는 사례들이다. 이에 비해 『춘향전』은 조선 후기 흔들리는 사회상, 특히 민중들의 자아각성과 그들의 삶과 생각에 기초하여 이야기를 펼쳐 나감으로써 사실감과 흥미의 발현이라는 두 가지 목적을 성공적으로 수행하고 있다. 이 점은 그 전까지 소설들이 주로 유교사상에 편승하여 기득권의 사고나 의식을 반영하는 데 급급했던 것과는 크게 대조된다.

『춘향전』도 정절(貞節)을 주제로 삼고 있으나 유교사상보다는 민중들의 의식과 욕망을 드러내는 데 보다 큰 무게를 싣고 있었다. 유교적 사고는 군자에게만 초점을 맞추어 그들의 이상적인 면모를 보여주는 데에만 관심을 쏟는다. 그러나 『춘향전』은 주인공부터 천한 출신으로 설정하여 그 같은 금기를 깬다. 춘향은 기껏 화류계로 빠져 양반들의 노리갯감으로 살아가야만 하는 처지를 벗어나기 힘든 신세였다. 하지만 작자는 그 불가능함을 조롱하듯 춘향을 이몽룡의 정부인으로 당당하게 올려놓는다. 이처럼 『춘향전』은 기득권층의 의식이 아니라 자아를 각성하는 민중들의 의식을 작품의 초점으로 삼는다. 고답한 철학과 추상적 명제 대신 『춘향전』에는 인간적인, 그리고 평민적인 시각이 우선시된다. 예로부터 왕후장상(王侯將相)의 씨는 따로 없다는 평민들의 사고를 바탕으로 그들의 대동화락(大同和樂)한 세계를 꿈꾸고 있는 것이다. 공맹(孔孟) 사상에 깃든 유식층의 세계관과 뚜렷하게 대비되는 평민들의 의식이야말로 『춘향전』을 이끌어가는 추동력이 되고 있다.

기실 『춘향전』은 월매, 방자, 향단, 변학도 등 조연 이외에도 적지 않은 인물을 등장시켜 조선 후기 사회를 그려주고 있을 뿐만 아니라 당대 관념을 넘어 이제껏 보기 어려웠던 파격적인 결혼을 통해 다가올 미래상을 보여주는 데까지 나아갔던 작품이라 할 수 있다. 『춘향전』은 100여 종의 이본을 남겼음은 물론 영화, 오페라, 애니메이션, 창극 등의 파생

작품을 출현시킬 정도로 이미 고전으로서의 검증을 마쳤다. 하지만 이 작품에 대한 해석과 감상이 종결된 것으로 치부해 버려서는 곤란하다. 이 작품을 영원한 고전으로 길이 남기는 길은 기존의 반복된 칭찬에 무턱대고 편승하는 것이 아니라 한번이라도 전편을 읽고 나름의 의미를 캐내보는 데 있을 것이다.

★ 추천도서와 읽을거리

김동욱, 『춘향전 연구』, 연세대학교 출판부, 1965

저자 김동욱은 1세대 학자인 김태준, 정노식 등의 업적을 승계하여 『춘향전』의 근원설화, 담당층, 미학적 특성에 이르기까지 다양한 방향에서 『춘향전』을 살핌으로써 이후 이 분야 연구의 단초를 제공하고 있다.

강한영 교주(校注), 『신재효 판소리 전집』, 민중서관, 1971

판소리의 창자와 가사를 다시 설계하고 보완한 신재효에 초점을 맞춘 사설집으로 『춘향전』뿐만 아니라 현전하는 다섯 마당의 사설에 공을 들인 신재효의 공과를 엿볼 수 있게 하는 기초자료이다.

김동욱 외, 『춘향전 비교연구』, 삼영사, 1985

100여 종 이상의 이본이 존재하는 『춘향전』 중에서도 문학성이 뛰어나고 서사량이 풍부한 『남원고사』에 주석을 달고 번역한 안내서로서 『춘향전』이 도달한 미학의 수준을 충분히 누릴 수 있게 한다.

설성경 외, 『춘향전 연구의 과제와 방향』, 국학자료원, 1994

그 동안 수많은 연구가 이루어졌음에도 여전히 본체를 드러내지 않고 있는 것이 『춘향전』이다. 그 점에서, 이 책에서는 최근까지의 연구 성과를 아우르는 한편 주로 젊은 필진 20명의 시선을 통해 『춘향전』 연구의 의미와 미래 전망을 내놓고 있다.

제1영역 · 문학과 예술

28

카라마조프 씨네 형제들
도스토예프스키

● 이대우 경북대학교 노어노문학과 교수

"그때 우리들은 당신의 이름으로 빵을 나눠 주겠지만, 당신의 이름이라는 것은 거짓말에 불과하오. 오오, 우리들이 없으면 그들은 결코, 결코 빵을 얻을 수 없는 것이오! 그들이 자유를 누리는 한 어떤 과학도 빵을 줄 수는 없지만, 결국 그들은 우리들의 발 아래 자유를 반납하면서, '우리들을 노예로 삼되 우리들에게 빵을 주시는 편이 낫습니다.' 라고 말할 것이오. 마침내 그들 스스로 지상의 빵과 자유가 양립될 수 없다는 사실을 깨닫게 될 것이오. 왜냐하면 그들은 두 가지를 절대로, 절대로 모두 가질 수는 없을 테니까! 그들은 자신들이 무력하고 결함투성이의 하잘것없는 존재이자 반역자들이어서 절대로 자유를 누릴 수 없다는 사실을 깨닫게 될 것이오. 당신은 그들에게 천상의 빵을 약속했지만, 다시 말해 두지만 무력하고 영원히 모순 속에서 허덕이며 영원히 비천한 존재인 그들의 눈에 그것이 지상의 빵과 비교될 수 있을 거라고 생각하오? 그런데 수천, 수만 명의 사람들이 천상의 빵의 이름으로 당신을 따른다 해도 천상의 빵 때문에 지상의 빵을 경시할 능력이 없는 수백만, 수천만의 사람들이 남게 될 것이 아니오? 당신한테는 위대하고 능력 있는 수만 명의 사람들이 소중할지 모르지만, 수백만, 아니 바닷가의 모래알처럼 수없이 많은 사람들, 연약하지만 당신을 사랑하는 그 많은 사람들이 위대하고 능력 있는 사람을 위한 재료가 되어야만 하겠소? 아니오, 우리들한테는 그 힘없는 사람들도 소중한 것이오. 그들은 결함투성이의 반역자들이지만 결국 복종하게 될 거요."

흔히 잔인한 천재로 불리는 표도르 미하일로비치 도스토예프스키 (Fyodor Mikhailovich Dostoevskii, 1821~1881)는 평범한 사람들이 상상하기 힘든 온갖 비극을 경험한 고독한 거인이었다. 부친의 피살, 사형 언도, 시베리아 유형, 파산, 간질병, 병적인 도벽 등의 수많은 고통은 일생 동안 도스토예프스키를 끈질기게 따라다녔다. 인간혼과 그 고뇌가 예술로 승화되었다고 평가받는 『지하생활자의 수기』, 『죄와 벌』, 『백치』, 『악령』, 『미성년』, 『카라마조프 씨네 형제들』 등의 그의 대작들은 바로 도스토예프스키 자신의 인생역정에 뿌리를 두고 있다. 『지하생활자의 수기』에서는 유형생활의 체험이, 참혹한 살인사건을 다룬 『죄와 벌』과 『카라마조프 씨네 형제들』에서는 피살된 아버지에 대한 기억이, 속기사를 채용하여 26일 만에 완성시킨 『도박사』에서는 도벽의 고통이 생생하게 표현되어 있다. 그러나 도스토예프스키는 개인의 수난과 고통에 관심을 가졌던 것이 아니라 인류의 운명과 구원의 문제에 대해 예언하고 싶어했다.

　소설의 배경이 되는 1870년대 러시아는 오랫동안 지속된 농노제와 부패한 전제정치로 인해 민중들의 생활은 몹시 피폐해 있었다. 그러나 더 큰 문제는 서구에서 침투한 무신론과 사회주의로 인해 전통적인 종교적 도덕적 가치관이 무너져가고, 정치적 테러를 수단화한 인민주의와 니힐리즘이 급속히 확산됨으로써 사회적 불안이 극에 달했다는 점이다. 도스토예프스키는 갈등과 대립의 시대에 러시아가 어떤 운명을 맞을 것인가, 파괴적인 새로운 사조 앞에서 전통적 사회질서는 과연 유지될 수 있을까 하는 회의에 깊이 빠져들었다. 시대와 민중에 대한 그의 고뇌와 위기의식은 러시아의 어느 곳에서나 볼 수 있는 한 작은 도시에서 극단적인 모습으로 재현되었다.

고리대금업으로 상당한 재산을 축적한 아버지 표도르 카라마조프는 온갖 파렴치한 일을 일삼는 욕망의 화신이자, 무정한 아버지였다. 그런 표도르에게는 두 명의 전(前) 부인과의 사이에서 낳은 세 아들과 거리의 미친 여인 사이에서 낳은 사생아가 있었다. 세 아들은 아버지의 비정한 무관심 속에 참혹한 어린 시절을 보내다가 후견인들의 도움을 받아 저마다 다른 운명의 길로 들어서게 된다. 큰아들 드미트리는 군사학교를 졸업한 후 거친 군인이 되었고, 둘째아들 이반은 대학을 졸업한 후 서구 니힐리즘에 경도된 지식인이 되었으며, 셋째아들 알료샤는 조시마 장로의 문하에서 신앙심이 깊은 수도사가 된 것이다. 그리고 사생아 스메르자코프는 하인 겸 요리사로 표도르의 집에서 일하고 있었다.

그러던 어느 날 흩어졌던 아들들이 거의 동시에 아버지 표도르의 집을 찾음으로써 어색한 가족모임이 이루어지며 사건은 시작된다. 카라마조프 집안에 갑작스런 가족모임이 이루어진 것은 어머니의 유산을 아버지 표도르로부터 돌려받으려는 큰아들 드미트리가 모스크바에 살던 둘째아들 이반에게 중재를 요청했기 때문이었다. 하지만 표도르는 이미 생활비로 모든 유산을 돌려주었다며 드미트리의 요구를 거절한다.

조시마 장로의 암자에서 아버지 표도르는 유산 문제를 해결할 묘책이라며 가족회의를 개최한다. 하지만 표도르는 계획적으로 모든 참석자들을 농락하면서 회의를 웃음거리로 만들어버린다. 그러나 드미트리는 이미 표도르의 의도대로 자신의 재산권을 순순히 포기하고 물러날 입장이 아니었다. 단지 자기 몫의 유산을 받기 위해 귀향했던 드미트리이지만 그 동안 창녀 그루쉔카에게 마음을 빼앗겨 버렸고, 결국 그녀의 환심을 사기 위해 자신의 약혼녀 카테리나가 맡긴 돈 3,000루블을 탕진하고 말았던 것이다. 자존심 강한 드미트리는 3,000루블을 카테리나에게 갚은 후 그루쉔카와 결혼하고 싶어했다. 드미트리에게 3,000루불이라는 돈은 어느덧 자신의 명예와 사랑을 지켜줄 수 있는 유일한 길이 되어 있었다.

그런데 아버지 표도르는 자신의 유산을 떼어먹을 생각뿐 아니라 그루솅카의 사랑을 돈으로 매수할 생각에 골몰하고 있었던 것이다. 이제 아버지와의 관계는 금전 문제를 넘어서 애정 문제로까지 확대되었다. 유산을 떼어먹은 사기꾼이자 자신의 사랑을 매수하려는 위험한 연적이 된 아버지에 대해 드미트리의 피해의식과 분노는 극에 달해 갔다.

금전 문제도 애정 문제도 점점 복잡하게 꼬여갈 무렵 조시마 장로의 암자에서 아버지 표도르가 보여준 파렴치한 행위는 드미트리에겐 참기 힘든 모욕이었다. 분노한 드미트리는 사람들 앞에서 아버지를 죽이겠다고 위협하며 주먹으로 두들겨패기도 했다. 그리고 그는 그루솅카가 혹시 아버지의 돈에 매수되지나 않을까 하여 밤낮으로 감시하기 시작했다. 스메르자코프가 흘린 정보에 따르면 표도르는 3,000루블이 든 봉투를 준비해 놓고 그루솅카를 유혹하고 있다는 것이다.

무서운 살인 음모는 아버지 표도르의 동정을 드미트리에게 보고하던 스메르자코프로부터 비롯되고 있었다. 스메르자코프는 평소 간질병을 앓는 환자인데다 외견상 모자란 인간처럼 보였다. 하지만 이반의 니힐리즘 사상을 흡수한 스메르자코프는 미숙아가 아니라 표도르를 살해하려는 교활한 니힐리스트가 되어 있었다. 스메르자코프는 드미트리에게 죄를 뒤집어씌울 생각으로 그날 밤 그루솅카가 아버지 집으로 찾아갈 것이라고 거짓말을 한다. 또 자신은 마치 간질병이 발작한 것처럼 꾀병을 앓아 알리바이를 만들어놓는다.

비극의 그날 밤, 스메르자코프의 거짓말에 속은 드미트리는 아버지 집 담장을 넘는다. 그때 마침 문단속을 하러 나온 하인 그리고리를 엉겁결에 절구공이로 내려치고는 도망친다. 아버지 집에서 도망친 드미트리는 그루솅카가 찾아간 사람이 아버지가 아니라 자신을 농락했던 옛 남자라는 사실을 알고는 그들을 찾아간다. 그리고리 영감이 죽었을지도 모른다는 불안감과 그루솅카에게 버림받았다는 절망감에 드미트리는 그 동안 아무도 모르게 숨겨온 돈 1,500루블을 탕진하기 시작한다. 카테리나가 맡겼던 돈 3,000루블을 모두 탕진했다고 떠들고 다니긴 했지만 만일의 경우를 대비해 절반만 쓰고 나머지 돈은 숨겨왔던 것이다. 그런데 그루쉔카의 옛 남자는 사기 카드로 드미트리의 돈을 뜯으려는 파렴치한에 불과했다. 이 사실을 알게 된 그루쉔카는 마음을 돌려 드미트리의 진심을 받아들인다. 그 순간 신고를 받은 경찰들이 들이닥치고 드미트리는 친부살해범으로 체포당한다.

그날 밤 살해당한 사람은 하인 그리고리가 아니라 아버지 표도르였던 것이다. 그리고리가 절구공이를 맞고 쓰러져 있는 동안 간질병이 발작한 양 누워 있던 스메르쟈코프가 아버지 표도르를 살해하고 봉투에 들어 있던 돈마저 가져가 버렸던 것이다. 하지만 모든 정황과 증거물들, 증인들의 증언은 드미트리에게 불리하게 작용했다. 이반은 결백을 주장하는 드미트리의 태도와 스메르쟈코프의 미심쩍은 행동에 의혹을 품고는 스메르쟈코프를 찾아가서 마침내 자백을 받아낸다. 그러나 스메르쟈코프는 법정증언을 거부하고 끝내 자살해 버린다.

드미트리는 재판과정에서 유능한 변호사의 변론 덕택에 무죄 판결을 받을 수도 있었다. 그러나 이반을 사랑하게 된 카테리나는 "아버지를 죽이겠다"는 편지를 증거물로 제시하여 드미트리가 유죄 판결을 받게 만든다. 드미트리의 유형이 확정되자, 이반, 알료샤 그리고 증오심에서 깨어난 카테리나는 간수들을 매수하여 드미트리를 미국으로 탈출시킬 계획을 세운다. 아버지의 죽음을 계기로 카라마조프 씨네 형제들은 어느덧 도덕심과 형제애를 회복해 가고 있었다.

『카라마조프 씨네 형제들』은 19세기 중반에 쓰였지만 아직도 그 심오함이 밝혀지지 않은 가장 현대적인 소설로 평가된다. 우선 문예학적으로 이 작품은 등장인물들의 독립적인 목소리들이 작가의 목소리로 합류되지 않고 저마다 자신의 사상을 내세우며 충돌하는 다음향소설의 특징을 보이고 있다. 이 사상적 다음향성의 재현은 현대소설이 단순성과 단선성을 극복하게 하는 단초로 작용한다. 나아가 이 작품은 프로이트의 정신병리학, 니체의 초인사상, 프랑스의 실존주의 등 현대문명 전반에 커다란 영향을 끼쳤다. 『카라마조프 씨네 형제들』은 인류의 운명을 직시하면서 고뇌와 회의를 거듭한 한 사상가의 철학적 귀결이자, 종교적 예언서인 것이다.

★ 추천도서와 읽을거리

콘스탄틴 모출스키, 『도스토예프스키』 1·2, 김현택 옮김, 책세상, 2000
　도스토예프스키의 생애와 문학세계를 객관적 자료를 통해 분석한 도스토예프스키 전문가 모출스키의 연구서이다.

M. 바흐친, 『도스또예프스끼 시학 : 도스또예프스끼 창작의 제문제』, 김근식 옮김, 정음사, 1988
　러시아 철학가이자 문예이론가인 바흐친이 도스토예프스키의 창작세계를 다음향소설론으로 분석한 전문 연구서이다.

조유선 편저, 『도스또예프스끼 읽기 사전』, 열린책들, 2002
　도스토예프스키의 작품 속에 등장하는 주인공, 배경, 사건, 인용 등에 관한 상세한 주석서로 도스토예프스키 마니아들과 문학도를 위한 백과사전이다.

정창범, 『도스토예프스키 : 작가의 생애와 문학』, 건국대학교 출판부, 1994
　도스토예프스키의 생애와 작품을 해설한 대학생들을 위한 교양도서이다.

슈테판 츠바이크, 『톨스토이와 도스토예프스키 : 빛과 어둠의 두 초상』, 장영은·원당희 옮김, 자연사랑, 2001
　동시대를 살면서도 삶과 창작세계가 대립되는 문호 톨스토이와 도스토예프스키를 소설적으로 묘사한 전기이다.

제1영역 · 문학과 예술

29

파우스트
요한 볼프강 폰 괴테

● 김형기 순천향대학교 연극영화학 전공 교수

파우스트 내가 이 계약을 깨뜨릴까봐 걱정하지는 말게! 내가 온 힘을 다해 노력하는 건 바로 이 약속을 지키는 일일세. 내 비록 고고한 척 으스댔지만 자네 정도의 존재에 불과할 뿐. 저 위대한 정령이 날 물리쳤고, 자연도 내 앞에서 문을 닫아버렸다. 사색의 실마리 끊겨버리고 온갖 지식에 구역질을 느낀 지 이미 오래도다. 차라리 깊은 관능의 늪에 빠져 이글거리는 열정을 잠재워보자꾸나! 꿰뚫어볼 수 없는 마술의 덮개 속에서 갖가지 요술을 당장 준비하게나! 시간의 여울 속으로, 사건의 소용돌이 속으로 우리 한번 뛰어들자꾸나! 거기 고통과 쾌락이 성공과 실의가 멋대로 뒤엉켜와도 좋다. 끊임없이 활동하는 자, 바로 대장부일진대.

메피스토펠레스 당신에겐 어떤 규준도 제한도 정해져 있지 않소이다. 마음이 내키거든 어디서나 맛을 보시고, 도망중이라도 무엇이든 낚아채시고, 마음에 드는 건 꼭 손에 넣으십시오. 멍청하게 굴지 말고 반드시 움켜잡으란 말씀이에요!

파우스트 다시 말하지만, 쾌락이 문제가 아닐세. 이러한 도취경에 내 몸을 맡기는 것일세. 고통스러운 향락, 사랑에 눈먼 증오, 속이 후련해지는 분노에. 지식에의 갈망에서 벗어나 나의 마음은 앞으로 어떤 고통도 감수하면서 인류 전체에게 주어진 것을 내 내면의 자아로 음미해보려네. 내 정신으로 가장 높고 가장 깊은 것을 파악하고, 그 기쁨과 슬픔을 내 가슴에 쌓아올리면서 나 자신의 자아를 온 인류의 자아로까지 확대시키려네. 마침내 인류와 더불어 나 역시 파멸에 이르기까지.

질풍노도의 청년기로부터 만년의 고전주의와 낭만주의에 도달하기까지의 끝없는 탐구를 통해 파우스트 정신을 구현한 요한 볼프강 폰 괴테(Johann Wolfgang von Goethe, 1749~1832)는 시인, 소설가, 극작가였으며, 정치가, 행정가이며 과학자였고, 독일인이자 세계시민이었다. 마인 강변의 프랑크푸르트에서 태어난 이 인류의 천재이며 세계문학의 거봉은 20대의 『젊은 베르테르의 슬픔』으로부터 80대에, 60년 만에 완성한 『파우스트(Faust)』에 이르기까지 수많은 창작과 저술을 통해 인간에게 허용될 수 있는 온갖 지성과 영혼의 편력을 다했으며, 그 결과 이루어진 업적들은 오늘날 모든 세계인의 공동의 자산이 되었다.

독일문학사에서 19세기의 시작을 전후한 약 60년간(1770~1830)을 일반적으로 '괴테 시대'라고 부른다. 질풍노도·고전주의·낭만주의로 구분되는 이 60여 년의 시기는 독일의 예술사에서 가장 위대하고 풍요로운 시기이기도 하다. 이 시대의 예술은 간혹 극단적인 대립의 모습을 보이기도 했지만 동시에 현실에 대한 부정이라는 공통 요소도 가지고 있었다. 이 시기에 유럽의 현실을 직·간접적으로 결정한 것 중의 하나는 계몽주의에 입각한 합리적 사유방식이고, 또다른 하나는 생산수단의 급격한 변화와 거기에서 파생된 자본주의적 사고방식이다. 괴테 시대의 독일문학이 부정하고자 한 것은 바로 이러한 현실이었으며, 그 방법으로 괴테와 실러로 대변되는 고전주의 작가들이 내세운 것이 바로 '이상주의 예술'이다. 타락한 계몽주의적 현실을 극복하고 새로운 이상을 제시하고자 한 데서 나온 이 말은 인간이 세계로부터 소외되지 않고 인간과 자연이 완벽한 융화와 통일에 이르기를, 그리하여 궁극적으로 이상적인 인간상에 도달하고 세계의 총체성을 회복하기를 꿈꾸는 것이다. 이렇게 고전주의 미학은 근대의 인간과 시대가 안고 있는 문제를 정확히 간파하고 이성과 감성, 정신과 육체, 당위와 존재 간의 조화를 모든 예술의 목적으로 설정하고 이를 지향하였다.

　『파우스트』 속에는 그 제작 기간이 60여 년에 걸친 만큼, 작가 괴테의 삶과 세계관, 즉 질풍노도 시기의 자유분방한 천재성, 고대 그리스적 조화와 균형미를 추구한 고전주의 정신은 물론, 80여 년에 이르는 긴 생애의 온갖 체험과 예지가 깃들어 있다. 극시(劇詩)로 씌어진 이 희곡의 중요한 의도는, 강렬한 인식에의 욕구를 지니고 용기 있게 자아를 성취해 나아가는 르네상스적 인간상을 그려내는 것이었다. 따라서 16세기부터 전해 오는 파우스트 전설은 아주 적절한 문학적 소재가 아닐 수 없었다. 르네상스의 자연철학자들에게 관심을 쏟고 있던 괴테에게 전설적 인물 파우스트는 근대정신에 입각해 지식과 삶의 관계를 구명하려 노력하는 인간상을 대변할 만하였기 때문이다.

　『파우스트』의 '천상의 서곡'에서 학문과 우주질서에 대한 회의에 빠진 인간 파우스트를 유혹하여 타락시킬 수 있다는 악마 메피스토펠레스의 장담에 신은 다음과 같이 매우 암시적인 답변으로 응수한다. "착한 인간은 비록 어두운 충동 속에서도 무엇이 올바른 길인지 알고 있다." 그러므로 주인공 파우스트는 인간에 대한 신의 가설을 시험하기 위해 악마가 선택한 표본 인물이라고 할 수 있다.

　파우스트 박사는 우주의 본질과 인간 존재의 의미를 구명하고자 모든 학문에 통달하였지만 그 목표에 이르지 못했음을 깨닫고 자신의 학문적 노력에 대한 회의에 빠져 한탄한다. 바로 이러한 절망적인 상황에서 메피스토펠레스가 나타나 계약을 맺자고 제안한다. 계약의 내용은 메피스토펠레스가 현세에서 파우스트의 노예가 되어 온갖 쾌락을 누리도록 해주되, 만약 파우스트가 어느 한순간 만족해버린다면 그의 영혼을 자기 마음대로 한다는 것이다.

　이윽고 계약을 맺은 파우스트는 마녀의 부엌에서 영약(靈藥)을 마시고

20대의 청년이 된다. 그는 순진무구한 처녀 그레트헨을 쾌락의 첫 번째 대상으로 삼지만, 그녀의 고귀한 사랑은 방탕한 파우스트의 마음까지 정화시킨다. 이를 못마땅해하는 메피스토펠레스의 농간으로 그레트헨은 어머니를, 파우스트는 그녀의 오빠를 죽이게 된다. 죄책감에 빠진 파우스트를 메피스토펠레스는 발푸르기스의 밤의 관능적 세계로 이끈다. 이로 인해 파우스트는 잠시 도덕적 마비에 빠지지만, 그 와중에서도 그레트헨에 대한 사랑이 소멸하지는 않는다.

그는 메피스토펠레스의 힘을 빌려 그레트헨을 구하러 감옥으로 가지만, 완전히 미쳐버린 그녀는 파우스트를 알아보지 못한다. 탈출을 독려하는 애인에게 그녀는 엄마와 자신의 아기를 죽인 형벌을 감수하겠노라고 단호히 말한다. 그녀를 두고 나오며 메피스토펠레스가 "그녀는 심판받았노라!"라고 말하는 순간, 천상으로부터 "그녀는 구원받았노라!" 하는 희망의 소리가 들려온다. 이로써 주관성이 강하고 질풍노도의 정열이 가득한 1부가 막을 내린다.

2부에서는 주관과 열정이 배제되고, 그 대신 해박한 지식과 원숙한 표현력으로 보다 넓은 세계가 묘사된다. 1부의 끝에서 청순하고 아름다운 처녀 그레트헨을 감옥에서 죽게 한 파우스트는 비참하고 심신이 피곤한 상태이다. 하지만 망각과 수면의 치유력에 의해 마음의 안식과 재생의 기운을 되찾는다. 이제 메피스토펠레스는 궁정을 둘러싼 상류계층의 생활 속으로 파우스트를 인도한다. 거기서 파우스트는 재정난에 처한 황제에게 화폐 발행을 건의함으로써 그를 위기에서 구하지만, 그리스의 미인 헬레나의 모습을 보여 달라는 향락적인 황제의 청까지 경솔하게 승낙한다. 그는 헬레나의 환영(幻影)을 찾기 위해 메피스토펠레스로부터 열쇠를 받아들고 헬레나가 있을 '어머니들의 나라'로 들어간다. 파우스트는 헬레나의 아름다움에 매혹되어 절제를 잃고 그녀에게 손을 뻗는 순간 그녀는 연기로 변하고 파우스트는 땅바닥에 기절하게 된다. 여기서 헬레나는 고대 그리스 미의 상징으로서 헬레니즘을 대변하고 있는 것이다.

2막에서 메피스토펠레스는 의식을 잃은 파우스트를 그의 옛 서재로 데려간다. 거기서 조수였던 바그너가 르네상스의 학술을 상징하는 인조인간 호문쿨루스(난장이)를 만들어낸다. 박식하고 뛰어난 인지 능력을 지닌 이 피조물은 헬레나에 대한 파우스트의 동경을 감지하고, 그를 옛 그리스 세계인 고전적 발푸르기스의 밤으로 안내한다. 파우스트가 헬레나를 찾는 동안 원소의 추출물에 불과한 호문쿨루스는 피와 살을 갖춘 현실적 존재가 되려다가 파멸한다.

3막의 서두는 트로이에서 스파르타의 궁정으로 돌아온 헬레나가 장식한다. 그녀는 메피스토펠레스의 계략대로 이웃 성의 주인인 파우스트와 결합하여, 둘 사이에 아들 오이포리온이 태어난다. 여기서 오이포리온의 탄생은 정신사적으로 중대한 의미를 지닌다. 즉 생명력이 넘쳐흐르면서도 이것을 담을 형식이 모자라는 독일 정신은 고대 그리스 미의 전형(典型)과의 결합을 통해서 비로소 근대문학과 예술로 성장할 수 있는 계기를 맞기 때문이다. 질풍노도적 삶의 충동이 넘치는 오이포리온은 자라서 산야를 날려고 하다가, 이카루스처럼 추락해 부모의 발치에서 죽는다. 환영의 여인 헬레나도 저승으로 사라지고, 그녀의 옷과 면사포만이 파우스트의 팔에 남는다.

4막에서 파우스트는 이 옷이 변화한 구름을 타고 독일 땅의 어느 높은 산정(山頂)에 닿는다. 자연아로 돌아온 파우스트에게 메피스토펠레스는 다시 한 번 욕망과 정열의 쾌락을 마련해 주고자 한다. 그러나 파우스트는 그의 유혹을 과감히 물리친다. 그레트헨의 환상이 나타나자 자신의 전과(前過)를 뉘우치고 선행의 소중함을 깨달은 그는 황제로부터 하사받은 해안지대를 개간해서 옥토로 만들고자 한다. 이는 창조적 욕구를 구현하여 이상 국가를 건설하고 사회적 책임을 다하려는 파우스트의 결의를 나타낸다.

100살에 이르른 파우스트는 5막의 서두에서 개간의 삽질 소리가 요란한 해안 일대를 조망한다. 현세에서 최고의 이상을 실현하고자 자력으로 끊임없이 노력하며 활동하는 인간 파우스트는 이제 마적(魔的)인 것과의 결탁이 허무하고 무의미함을 인식한다. '근심'의 영이 그의 눈을 멀게 하지만, 마음의 눈은 그가 성취한 자유의 땅, 복락의 사회를 바라본다. 그리하여 그는 순간을 향해 주저 없이 이렇게 외친다. "오, 멈추어라, 그대는 정말 아름답구나!"

이 마지막 말과 함께 파우스트는 쓰러진다. 이 순간을 기다려온 메피스토펠레스는 부하 도깨비들과 함께 파우스트의 영혼을 빼앗아 가려 한다. 그러나 이 시도는 실패하고 만다. 속죄의 여인, 즉 그레트헨의 사랑이 하늘의 은총을 받아 파우스트의 영혼을 구해 낸 것이다. 천사들에 둘러싸여 영혼이 승천하는 가운데 신비의 합창이 울려 퍼진다.

> 도달할 수 없는 것,
> 여기에서 이루어지고,
> 형언할 수 없는 것,
> 여기서 성취되었네.
> 영원히 여성적인 것이
> 우리를 이끌어올리는도다.

파우스트를 영접하는 천사들의 마지막 노래인 이 부분은 괴테가 자기 생애를 돌이켜보며 부르는 노래라고 할 수 있다. 향락세계에 빠졌다가 사회적으로 봉사를 하며 자제할 수 있는 경지에 도달한 파우스트는 바로 괴테 자신이기도 하다.

마침내 인간 파우스트는 타인에 대한 헌신적 사랑을 택함으로써 승리한다. "자유도 생명도 날마다 싸워서 얻는 자만이 그것을 누릴 자격이 있는 것"이라고 한 파우스트의 마지막 지혜는 빛과 어둠의 양극성을 모두 체험하고 난 후 결국에는 선을 지향하는 고전주의 인간상을 형성한다.

이 비극 작품에 관한 새로운 해석과 분석, 번역 등 수천 종류의 문헌 외에도 이 소재를 소설이나 드라마, 영화, 음악 등의 장르로 새롭게 형상화한 수많은 작품들에서 『파우스트』가 가지는 영향력과 이해의 어려움을 짐작할 수 있다. 오늘날 『파우스트』가 세계문학의 찬연한 금자탑 가운데 하나라는 점에는 의문의 여지가 없을 것이다. 그러나 이와 같은 일반적인 합의에 도달하는 길은 길고 험난하였다. 프랑스 혁명으로 정치 상황이 불안정했던 1790년대에 독일 대학 주변에서는 별 주목을 끌지 못하다가 철학자 셸링이 학교 필독 작품으로 추천하면서 독창적 작품으로서 보편적인 지지를 얻게 되었다. 그러나 교회측으로부터 주인공의 성격에 대해 비판을 받았으며, 당시 작가들로부터도 윤리적, 세계관적 측면에서 공격을 받았다. 특히 '청년독일'의 작가들은 주인공 파우스트에게 사회정치적인 행위가 결여되어 있다고 비난하였다. 1871년 비스마르크에 의해 통일 국가를 형성하게 된 독일은 주인공 파우스트를 민족의 영웅, '독일 정신'의 이상적인 표상으로 드러내고자 하면서 괴테의 문학을 곡해하였다. 이와 함께 1918년 슈펭글러는 파우스트라는 '독일의' 인물을 서양문화의 대표자로 선언하고 이로써 새로운 파우스트 개념을 만들어내었던 바, 이 개념은 그로부터 20년 후에 국가사회주의(나치) 체제에 복무하게 되었다. 물론 이 시기에도 파우스트 인물을 이데올로기적으로 오용하는 행태에 대해 주목할 만한 저항이 있기는 했지만, 여전히 이데올로기의 투쟁 속에서 예술작품으로서의 괴테 문학을 높이 평가할 줄은 몰랐다. 이른바 '파우스트적인 것'을 이데올로기적으로 폄하하는 이러한 태도는 문학적으로 토마스 만의 소설 『파우스투스 박사』

(1947)에서 완결되어 나타났다. 『파우스트』의 의미를 새롭게 규명하고 해석하려는 노력은 문학 작가나 학자들 이외에 다양한 장르의 예술창조자들에 의해서 계속되고 있다.

★ 추천도서와 읽을거리

이인웅 엮음, 『파우스트 그는 누구인가?』, 문학동네, 2006
전설에서부터 현대에 이르기까지 문학을 비롯한 여러 예술 장르에서 창조되어 온 파우스트 인간상의 다양한 면모를 각 분야의 독일문학 전공자들이 면밀하고 세심하게 연구 분석한 책이다.

페터 뵈르너, 『괴테』, 송동준 옮김, 한길사, 1998
괴테의 '포괄적' 다양성을 괴테의 다양한 텍스트를 근거로 소상히 논증하고 있는 평전이다.

제1영역 · 문학과 예술

마츠오 바쇼오의 하이쿠
마츠오 바쇼오

● 유옥희 계명대학교 일본어문학과 교수

한적함이여
바위에 스며드는
매아미 울음

閑さや岩にしみ入る蟬の聲

동북기행(おくの細道) 도중에 들른 릿샤쿠지(立石寺). 절 주위에 바위가 많다. 한적한 절간에 매미 소리만 바위를 뚫을 듯이 들려온다. 매미 소리로 인하여 산사의 정적감은 더욱 깊어진다. 왕적(王籍)의 "매미 울어 숲은 점점 고요해지고 새가 지저귀니 산은 더욱더 그윽하다"와 같은 세계. '바위에 스며든다'는 표현에서 차가운 바위의 감촉과 매미(씽씽매미로 추정)의 가늘고 맑은 소리가 연상되어 여름 산사의 청징(淸澄)함이 강조된다. 계어는 '매미'(여름).

『마츠오 바쇼오의 하이쿠』는 일본 문화의 한 전형으로 세계에 알려진 정형시 '하이쿠(俳句)'를 번역한 책이다. 하이쿠라고 하면 누구나가 가장 먼저 떠올리는 작가가 마츠오 바쇼오(松尾芭蕉, '마쓰오 바쇼'라고도 읽음, 1644~1694)라고 할 수 있는데, 이 책은 그의 대표작을 발췌하여 연대별로 나열한 것이다.

하이쿠는 찰나적 미와 허무를 바탕으로 하는 일본인의 계절적인 정서, 그리고 적나라함과 직설적인 표현을 거부하는 일본인의 언어습관 등을 이해하는 데 도움이 된다. 마츠오 바쇼오라는 하이쿠 작가는 향락적 상업자본주의가 만연해 있던 17세기 일본에서 상인들의 우스개 말장난놀이에 지나지 않았던 초기 하이쿠를 계층과 시공을 초월하여 인간정서의 심연에 와 닿을 수 있는 예술로 승화시킨 인물이다.

일본을 알기 위해서는 하이쿠를 알아야 하고 바쇼오를 알아야 한다고 할 만큼 이 두 가지는 일본 문화를 이해하는 키워드가 되고 있다. 작품을 감상하기 전에 먼저 이 책 말미의 〈해제〉를 읽으면 '하이쿠·바쇼오·일본'의 관계를 잘 알 수 있다. 이하 '하이쿠'라는 시의 특성과 '바쇼오'의 하이쿠 세계를 살펴보고 이 책을 읽는 재미에 대해 이야기해 보고자 한다.

하이쿠란 아래와 같은 5/7/5의 운율(총 17자)로 이루어진 짧은 정형시이다.

> 녹초가 되어
> 여숙(旅宿) 찾을 무렵이여
> 아련한 등꽃
>
> ─『마츠오 바쇼오의 하이쿠』, 유옥희 옮김, 민음사, 1998, 66쪽

「草臥て宿かる比や藤の花」라는 원작의 번역이며, 하이쿠에는 제목이 따로 없다. 읽을 때는 5/7/5로 나누어 "ku-ta-bi-re-te/ya-do-ka-ru ko-ro-ya/fu-ji-no-ha-na"라고 소리 내어 읽는데 그 때문에 하이쿠를 번역할 때도 운율과 의미 단락에 따라 위와 같이 3행으로 번역하는 경우가 많다. 시가 극히 짧고 함축적이어서 이 책에서는 이해를 돕기 위해 역자가 평석(評釋)을 달아 두었다.

평석 끝에 '계어(季語)'라는 것을 명시하고 있는데, 이는 하이쿠가 '짧음'을 이용하여 촌철살인(寸鐵殺人)의 효과를 노리기 위해 필요로 하는 최소한의 형식이다. 계어는 계절을 나타내는 언어인데, 영원무궁한 것보다 찰나적 변화의 미를 기본 바탕으로 하는 일본 시가의 특성을 대변한다. 소나무나 대나무와 같은 사철 푸른 것은 계어가 될 수 없다. 위 작품의 경우는 '등꽃'이 봄의 계어인데, 일본이 자랑하는 『겐지모노가타리(겐지 이야기)』와 같은 고전 이래 등나무 등걸에 연보랏빛으로 늘어져 피는 등꽃송이는 환상적인 아름다움과 늦봄의 나른한 감각을 나타내는 기호가 되고 있다. 따라서 위의 "녹초가 되어/여숙 찾을 무렵이여"라는 앞구절에 표현된 여행길의 피로감과 적절하게 어우러져 노곤한 여수(旅愁)가 언외에 묻어나는 것이다.

위 작품의 마지막 다섯 글자는 원작은 「藤の花」(fu-ji-no-ha-na)인데, 우리말로 번역하면 '등꽃' 2음절이어서 역자가 '아련한'이라는 의역을 넣어 5음절을 맞추고 있다. 한일 양국 고유어의 음률의 차이 때문에 번역을 할 때 말을 가감하여 운율을 맞추는 것이 좋은지 아니면 의미 자체만 전달하는 것이 좋은지는 하이쿠 번역의 고심거리이기도 하다.

하이쿠는 일본이 서민사회로 이행할 14세기 무렵, 5/7/5/ 7/7의 운율을 지닌 와카(和歌)라는 고유 시를 여러 명의 문인들이 5/7/5 와 7/7로 번갈아 읊던 일종의 '집단적 놀이'에서 기원한다. 따라서 같은 집단 내에서 설명을 생략하고 함축적인 미학을 노릴 수 있는 장점이 있었다. 하이쿠가 5/7/5만의 독립된 시로 정착된 후에도 그런 집단주의적 문예의 특성이 잔재해 있다. 예컨대 "키사카타여/빗 속의 서시 얼굴/자귀 꽃"(『마츠오 바쇼오의 하이쿠』, 78쪽) 같은 경우도 '키사카타(象潟)'라는 지명이 지닌 음울한 풍정과 미간을 자주 찌푸렸다는 중국의 미인 서시(西施), 밤이면 잎을 닫는 '자귀 꽃'의 이미지 세 가지가 시작(詩作)을 하는 공동체 내에서 설명 없이 미적 공감대를 창출할 수 있었던 것이다.

일본에서 하이쿠는 단시형(短詩形)이라는 장점으로 인해 민중들 사이에 널리 보급되어 명실상부한 서민시로 자리잡고 있다. 하이쿠 창작을 위한 구회(句會)도 상당히 많이 조직되어 전문 하이쿠 시인으로 혹은 취미 활동으로 행해지고 있다.

하이쿠는 20세기 초 이미지를 중시한 짧은 무운시(無韻詩) 운동이 일어났을 때 서양에 알려졌다. 구미 각국에서는 동양예술에 대한 동경과 함께 하이쿠를 선명한 이미지의 시로서, 혹은 선적(禪的)인 깨달음의 시로서 이해하고 오늘날에 이르러서는 자기들 나라의 언어로 하이쿠를 읊기도 한다. 우리나라에서는 아직 일반인에게는 생소하지만 근래 류시화를 비롯한 시인들의 관심의 대상이 되고 있다.

마츠오 바쇼오는 상업자본을 기반으로 한 향락주의가 만연했던 에도(1603~1867) 시대에 우리나라의 김삿갓처럼 평생을 방랑하고 만년의 윤선도처럼 자연에 몰입하여 살았던 인물이다. 그리하여 하이쿠라는 짧은 시를 서민의 애환과 웃음을 담는 민중시로 발전시켰다.

바쇼오는 결혼도 하지 않고 삭발은 했지만 결코 승려는 아니었다. 오히려 가장 인간적인 형태로 몸소 체험을 하는 가운데 변화유전(變化流轉)하는 우주자연의 섭리와 진실한 감동의 불변성과 자신의 아이덴티티를 끊임없이 모색하여 조금씩 세계를 깨달아 가는 과정을 하이쿠에 담은 것이다.

바쇼오 창작의 근간은 아래와 같이 요약될 수 있다.

"먼저 산 사람들에게 배우라."
"조화의 오묘함을 직접 체험하고 찰나의 아름다움을 잡으라."
"변화유전하는 자연의 섭리 앞에 겸허하라."
"모자람에 자족하고 세월로 인한 빛바랜 아름다움을 느껴라."
"깨달음의 경지에서 속된 일상으로 돌아오라."
"만물에 대한 연민을 유머로 승화시켜라."
"내 마음[心]에 중심을 두지 말고 물[物] 속으로 들어가 합일하라."
"시는 짓[作]는 것이 아니라 감동이 저절로 말이 되어[成] 나온 것이다."

농민이자 말단 무사의 아들로 태어난 바쇼오는 체계적으로 학문을 배울 기회를 전혀 갖지 못한 사람이었다. 그러나 "눈 내린 아침/홀로 마른 연어포를/씹고 앉았다"에서 느껴지듯이 극한의 빈한한 경지에서 장자와 두보, 소동파 등의 한적(漢籍)과 방랑시인 사이교(西行)를 비롯한 일본의 고전을 홀로 독습하고 그들의 세계를 직접 체험하기 위해 암자를 털고 방랑의 길에 나선다.

시은(市隱)으로서의 은둔의 시간과, 눈으로 보고 귀로 들어가며 온몸의 오감(五感)으로 자연을 체험하기 위한 방랑을 거듭하며 비감할 정도로 절실하게 자신의 문학을 모색했다. 그리하여 크게는 "거친 바다여/사도 섬에 가로놓인/밤하늘 은하"와 같이 광대무변한 우주의 의미와, 작게는 "자세히 보니/냉이꽃 피어 있는/울타리로다"와 같은 노변의 잡초의 의미와, "산 채로다가/한 덩이로 꽁꽁 언/해삼이여"와 같이 생명 있는 모든 것에 대한 '연민'을 낮지만 힘있는 목소리로 외치고 있다.

하이쿠가 서민시로서 정착할 수 있었던 배경에는 '연민'에서 나아가 서민의 고통을 위무하는 '해학'을 빼놓을 수가 없다. 예컨대 "겨울바람이여/볼이 부어 찡그린/사람의 얼굴"에 그려진 겨울날 볼거리를 앓는 사람의 웃지도 울지도 못할 우스꽝스런 모습에서, "도미 자반의/잇몸도 추워라/어물전 좌판"에 그려진 저잣거리의 풍경에서 알 수 있듯이, 속(俗)된 것에서 시심을 찾고 서민의 고단한 삶을 유머로 승화시키는 것이다. 이는 바로 바쇼오의 '고오귀속(高悟歸俗)'의 정신, 즉 '높은 깨달음의 경지에서 속(俗)으로 돌아가라'라는 글쓰기 자세의 실현이다.

물질의 지나친 풍요와 상대적인 극심한 빈곤이 교차되는 이 시대에 현란한 언어를 배제하고 '너'와 '내'가 무언의 교감을 나눌 수 있음을 가르쳐준다. 이 책의 뒷표지 글에 씌어 있는 것처럼 바쇼오는 "방랑에 병들어/꿈은 마른 들판을/헤매고 돈다"라는 시를 남기고 인생을 마감했다. 그는 서술을 극도로 부정하고 최소한의 상징적인 언어와 여백으로 감동을 주는 시를 토해 내었다. 그의 시는 "인간은 근원적으로 얼마나 고독한 존재인가", "얼마나 주어진 것에 자족하며 살 수 있는가", "마음을 열 때 무심히 넘겼던 자연의 오묘함이 얼마나 감동적으로 다가오는가"를 생각게 함으로써 고통을 안고 살아가는 이 시대의 우리에게 진정한 삶의 의미를 일깨워 준다.

시(詩)라는 것이 자연이나 인생에 대해 일어나는 감흥을 함축적이고 운율적인 언어로 표현한 것이라면, 함축과 리듬이 최대의 관건이 된다. 그런 면에서 최소한의 언어로 그 함축과 리듬을 살린 하이쿠는 시의 극단의 형태일 수도 있는 것이다. 오늘날은 17음마저 파괴하여 "기침을 해도 나 혼자"(오자키)와 같이 더 짧음을 추구하는 사람도 있다. 지나친 은유나 암시가 들어 있을 때는 수수께끼와도 같아서 전혀 시적인 감흥이 동반되지 않을 수도 있다는 점에 하이쿠의 폐쇄성이 있기도 하지만, 근원적인 희로애락의 감정은 국경과 인종, 민족 등 시공을 초월할 수 있다.

1998년부터 우리나라에도 점차적으로 일본문화가 개방되어 많은 부작용도 드러나고 있다. 이때의 '문화'는 부가가치를 지닌 상업을 목적으로 한 것이어서 사람들의 심성을 황폐케 할 수도 있지만 우리의 시조나 일본의 하이쿠를 통해서 이루어지는 문화 교류는 정서적 교감을 통한 상호 이해의 최선의 방법일 수 있을 것이다.

★ 추천도서와 읽을거리

유옥희, 『바쇼 하이쿠의 세계』, 보고사, 2002
　바쇼오의 생애와 사상, 작품세계를 분석하고 한국의 윤선도와의 비교도 시도하고 있다.
마츠오 바쇼, 『바쇼의 하이쿠 기행 1 : 오쿠로 가는 작은 길』, 김정례 역주, 바다출판사, 1998
　바쇼오의 기행문 『오쿠노 호소미치』를 면밀한 주석과 함께 번역하고 있다.
유옥희, 『芭蕉俳諧の季節觀』, 東京 : 信山社, 2005
　바쇼오의 하이쿠에 나타난 계절적 정서를 일본인의 자연관과 전통시가의 바탕 아래 풍토적, 역사적으로 고찰하고 있다.
요사 부손, 『하이쿠 열일곱 자로 된 시』, 최충희 옮김, 박이정, 2000
　18세기의 하이쿠 시인 요사 부손의 하이쿠를 번역하고 평석을 붙인 책이다.
류시화 엮음, 『한 줄도 너무 길다』(하이쿠 시 모음집), 이레, 2000
　시인 류시화가 나름대로 발췌한 일본의 고전, 근대 하이쿠를 번역한 것이다. 원문과 평석은 없다.

제2영역

사회와 문화

제2영역 · 사회와 문화

31

미디어의 이해
마셜 맥루언

● 이호규 동국대학교 신문방송학과 교수

많은 사람들은, 기계 자체가 아니라 기계를 가지고 한 일이 기계의 의미나 메시지라고 말하곤 한다.

테크놀러지의 효과는 의견이나 개념의 수준에서 발생하지 않는다, 감각의 비율 혹은 감각의 패턴을 어떠한 저항도 없이 천천히 바꾼다.

모든 매체들은 인간의 감각의 연장이다.

핫 미디어란 하나의 감각을 강조하는 것으로서 (……) 예를 들면, 사진은 시각을 강조함으로써 매우 높은 정세도를 갖고 있다. 이용자가 채워 넣거나 완성해야 할 것이 별로 없다. 반면에, 쿨 미디어는 하나의 감각이 핫 미디어보다는 낮은 강도로 전달되는 것이다. 예를 들면, 만화의 경우가 그러하다.

원시적인 인간은 서구 문자문화의 인간이 만들 수 있었던 것보다 훨씬 힘있는 우주라는 기계 속에 살았다. 귀의 세계는 눈의 세계가 일찍이 할 수 있었던 것에 비해 보다 더 포용적이고 포괄적이다. 귀는 초감각적이다. 눈은 쿨하고 비밀착적이다. 귀는 우주적인 공포 속에 인간을 내던지지만 문자문화와 기계적인 시간에 의하여 확장된 눈은 끝없는 음향의 압력과 반향으로부터 안전하고 일정한 간격과 몇 개의 섬을 남겨두는 것이다.

1965년에 마셜 맥루언(Marshall McLuhan, 1911~1980)은 1962년에 발간한 『구텐베르크 은하계(The Gutenberg Galaxy)』에 이어서 『미디어의 이해 : 인간의 확장(Understanding Media : The Extensions of Man)』에서 그의 커뮤니케이션 매체에 관한 이론을 보다 심화시키고 있다. 맥루언은 토마스 아퀴나스의 감각이론, 심리학의 게슈탈트(Gestalt) 이론, 그리고 제임스 조이스 등과 같은 상징주의를 표방하는 학자들의 영향을 받았다. 이를 바탕으로 하여 그는 사람이 주변환경을 파악하고 이해하는 데 있어 각자의 공유감각(the sensus communis)이 중요하다고 주장하고 있다. 공유감각은 사람의 내부에서 활동하는 여러 감각들 사이의 동시적 상호작용을 말한다. 즉, 사람의 5감각(청각, 시각, 촉각, 후각, 미각)들의 상호작용을 일컫는다. 이 공유감각은 개인들의 내부에서 작동하기도 하지만 맥루언이 강조하고자 한 것은 집단적 수준 혹은 문화나 문명의 전체적 수준에서도 존재한다는 것이다. 즉, 해당 사회에서 어떠한 문제를 어떻게 바라보는가를 말한다. 따라서 이러한 공유감각은 한 문명 내에서 보이지 않는 배경(ground)으로 작동하고, 이를 바탕으로 구체적인 물질의 형태인 전경(figure)으로 나타난다.

　맥루언은 여타 학자들과는 달리 일관된 하나의 이론적 체계를 확립하기보다는 커뮤니케이션 매체 자체를 어떻게 바라보아야 하는가에 대한 화두를 우리들에게 던져주고 있다. 맥루언이 『미디어의 이해』를 집필할 당시의 상황은 대부분의 학자들이 커뮤니케이션 효과에 연구의 초점을 두고 있었다. 라디오와 텔레비전이 나타나면서 과연 대중매체가 일반인들에게 어떠한 효과를 초래하는가에 대한 관심이 지대했었다. 그러나 맥루언은 '미디어는 메시지이다'라는 경구를 통해 우리에게 커뮤니케이션 매체의 중요성을 강조하였다.

　맥루언의 커뮤니케이션에 대한 접근 방법은 당시의 커뮤니케이션 접근 방법과는 커다란 차이를 보였다. 맥루언은 섀넌과 위버(C. E.

Shannon & W. Weaver) 등에 의해 제시된 '도관(pipeline)' 모델, 즉 커뮤니케이션을 도관의 양쪽 끝에 있는, 송신자로부터 수신자에게로 메시지가 일방향성으로 전달되는 과정으로 파악하는 전통적인 이해 방식에 대해 의문을 표명하였다. 이러한 전통적인 커뮤니케이션에 대한 이해 방식은 당시의 다수의 커뮤니케이션 학자들이 진리라고 인식했던 것이다. 그러나 맥루언은 당시의 다수의 커뮤니케이션 학자들이 커뮤니케이션 매체는 단지 내용을 전달하는 용기일 뿐이라고 생각하는 것은 커뮤니케이션에 대한 연구를 매우 편협하게 할 뿐이라고 역설하였다.

맥루언이 『미디어의 이해』의 부제에서 밝혔듯이 커뮤니케이션 매체는 사람들의 감각기관과 육체의 연장이라고 보고 있다. 예를 들면, 라디오는 사람의 귀의 연장이고, 텔레비전은 눈과 귀의 연장이라는 것이다. 맥루언은 기존의 학자들이 매체가 전달하는 내용이 일반 수용자들에게 영향을 주는 효과보다는 매체의 형식성으로 인해 사람들이 각 매체가 전달하는 메시지를 어떻게 받아들이는가에 관심을 두고 있다. 예를 들면, 인쇄술이 나타나면서 사람들은 입으로 글을 읽기보다는 눈으로 정보를 수용하게 되었다. 요즈음 우리는 책을 읽는다고 하는 것보다는 책을 본다는 말을 많이 사용한다. 또한 인쇄술이 글을 선형으로 배열한 관계로 사람들은 선형적인 사고를 하게 되었다는 것이다. 이렇게 맥루언이 강조하고 있는 '미디어는 메시지이다'는 미디어가 전달하는 내용보다는 사람들로 하여금 자신의 주변 환경을 어떻게 인지하는가에 영향을 끼친다는 것이다.

맥루언의 커뮤니케이션 매체 이론을 좀더 이해하기 위해서는 환경으로서의 광의의 매체와 커뮤니케이션 매체 자체를 뜻하는 두 가지의 상관관계를 살펴볼 필요가 있다. 그는 첫 번째의 미디어를 '배경(ground)으로서의 미디어'로 파악하고 있으며, 두 번째의 미디어를 '전경(figure)으로서의 미디어'로 파악하고 있다. 사람들은 글이 나타나기 전에는 말과 자신의 다섯 가지의 감각을 통해 커뮤니케이션을 하였다. 당시의 사람들은 효율적인 커뮤니케이션을 하기 위해서는 커뮤니케이션하고자 하는 내용을 암기해야 했다. 또한 다른 사람들에게 효과적으로 전달하기 위해서는 자신의 목소리를 사람들이 듣기 좋게 할 수 있음이 중요했다. 이에, 당시의 사회에서 권력을 갖고 있는 사람들은 대부분이 웅변가였다. 또한 내용을 암기하기 위해서는 대체로 시(詩)의 중요한 요소인 운율을 이용할 수밖에 없었다. 일례로『일리아드』와『오디세이아』가 서사시임이 여실히 증명하고 있다. 당시의 말에 의한 커뮤니케이션이 지배적인 시대에는 모든 사람들이 한 곳에 모여 있어야 하기 때문에 커뮤니케이션의 내용이 상황의존적일 수밖에 없었다. 커뮤니케이션에 참여하는 사람들이 공통적으로 경험하였던 사항들 이외에는 대화의 내용이 될 수가 없었다.

 노래와 이야기 그리고 대화 등에 바탕을 둔 말에 의한 커뮤니케이션 세상은 다음 단계인 '필사(筆寫)에 의한 시기(chirographic phase)'로 옮겨가게 된다. 필기를 통해서 인류는 문명의 구체적인 형태를 드러내게 된다. 즉 한층 조직화된 사회의 형성, 물질문명의 확장을 통해 생산력의 증대, 그리고 소리가 아닌 다른 수단으로 정보를 전달하고 저장할 수 있게 된 것이다. 다시 말하면 필기라는 커뮤니케이션 매체의 형태가 등장함에 따라 비로소 과거의 일들을 기록으로 남길 수 있었으며 동시에 미래의 행위를 예측 통제할 수 있는 형식화된 법칙들을 만들어갈 수 있었다는 것이다. 필기라는 미디어의 구체적인 형식이 설형문자이든 상형문자이든 혹은 다른 상징적인 글자이든 간에 이들 필기 미디어는 기존의 언어에 의한 청각적 세상을 무력화시켰다.

 또한 음성 알파벳은 그것이 지니는 매체로서의 양식적 특성, 즉 누구나 쉽게 빨리 배울 수 있다고 하는 특성 때문에 매우 보편적이고 민주적인 매체라고 할 수 있다. 따라서 필기와 음성 알파벳이라는 미디어는 서구 문명의 혁명적 발전과 원초적, 청각적 세계의 해체에 결정적인 요소라고 할 수 있다. 이렇게 커뮤니케이션 매체의 형식에 따라 사람들이 주변환경을 어떻게 인지하고 해석하는가에 영향을 주고 있음을 맥루언은 보여주고 있다.

맥루언의 커뮤니케이션 매체에 대한 강조는 많은 학자들로부터 기술결정론자라는 비난을 받아왔다. 즉, 맥루언은 기술이 사회를 변화시키는 데 중요한 요인이라고 강조한 나머지 그 이외의 것을 간과하고 있다는 것이다. 그러나 이러한 비난은 맥루언의 배경과 전경의 관계를 잘못 이해하고 있었기 때문이다. 맥루언은 '미디어는 메시지이다'라는 다소 공격적인 경구를 통해 커뮤니케이션 매체가 커뮤니케이션 내용보다 중요하다고 하였지만, 커뮤니케이션 매체가 사회변화를 가져오는 데 필요충분조건보다는 일종의 이바지하는 인자로 인식하였다. 환경의 속성, 즉 공통감각의 변화로 인해 전경이 변하고 전경의 변화는 다시 환경을 어떻게 인지하는가에 영향을 준다.

매체와 사회의 변화를 설명하기 위해 맥루언은 커뮤니케이션 매체를 '핫(hot) 미디어'와 '쿨(cool) 미디어'로 나누어 논의하고 있다. 핫 미디어와 쿨 미디어의 구분은 매체가 전달하는 정보의 양에 따라서 결정된다. 예를 들면 핫 미디어라고 하는 라디오와 사진의 경우 매체가 전달하는 정보의 양이 충실하기 때문에 수용자가 참여할 수 있는 여지가 쿨 미디어보다 매우 낮다. 전화와 같은 쿨 미디어는 전달하는 정보량이 적기 때문에 송신자와 수신자의 상호작용이 핫 미디어보다 매우 높다고 보고 있다. 이렇게 매체의 성격에 따라 수신자의 인지와 더 나아가 사회의 변화에 영향을 준다.

언젠가부터 커뮤니케이션 분야에서 그리 주목을 받지 못하였던 맥루언에 대한 논의가 요즈음 활발하게 진행되고 있다. 그 이유는 아마도 우리가 맥루언이 예견했던 테크놀러지가 중요한 부분을 차지하는 삶을 살고 있기 때문이라 생각한다. 인터넷 시대가 되면서 우리는 과거와는 다른 삶의 형태를 갖게 되었다. 또한 다양한 디지털 커뮤니케이션 매체들은 기존의 아날로그 시대와는 매우 다른 모습을 우리에게 보여주고 있다. 이러한 이유로 맥루언이 주장하였던 '미디어는 메시지이다' 라는 경구가 다시 부활하는 것이 아닌가!

맥루언의 커뮤니케이션 사상을 좀더 이해하기 위해서는 무엇보다도 중요한 것이 맥루언의 초기 저작인 『구텐베르크의 은하계』이다. 이는 구텐베르크의 인쇄술이 나타나기 전과 나타난 후의 시대를 비교하면서 커뮤니케이션 매체와 시대의 특징의 관계를 서술하고 있다. 이외에 맥루언의 친구이자 제자인 월터 J. 옹(Walter J. Ong)의 『구술문화와 문자문화(Orality and Literacy : The Technologizing of the World)』를 강력하게 추천한다. 옹은 그의 책에서 사람의 커뮤니케이션 매체의 변화와 세계관의 변화에 대해 기술하고 있다. 맥루언의 저작들은 대학생들에게는 이해하기가 매우 난해하므로 여기서는 생략하기로 한다. 앞에서도 언급하였듯이 맥루언이 상징주의의 영향을 받아서인지 그의 논의의 대부분이 은유의 형태로 이루어지고 있기 때문이다. '미디어는 메시지이다' 도 바로 커뮤니케이션 매체의 중요성을 강조하기 위한 은유이다.

★ 추천도서와 읽을거리

월터 J. 옹, 『**구술문화와 문자문화**』**, 이기우 · 임명진 옮김, 문예출판사, 1995**
　이 책은 사람의 커뮤니케이션 수단이 구술의 형태에서 글자, 특히 인쇄의 형태로 이행하면서 의식에 어떠한 변화를 가져왔는가를 추적한 책이다.

마샬 맥루한, 『**구텐베르크 은하계**』**, 임상원 옮김, 커뮤니케이션북스, 2001**
　이 책은 근대성이 시작되면서 현재의 인류가 무엇을 얻었고 무엇을 잃었는가를 피력하고 있다. 문자문화보다는 구술문화의 특징들을 논의하면서, 문자의 출현으로 몸과 머리가 분리된 인류가 근원적 인지 틀인 다차원적인 것을 상실한 것에 대해 서술하고 있다.

제2영역 · 사회와 문화

32

감시와 처벌
미셸 푸코

● 오생근 서울대학교 불어불문학과 교수

    사회의 감금 조직은 신체에 대한 현실적 지배와 동시에 신체에 대한 영속적 관찰을 확고히 한다. 그것은 자체의 본질적 속성으로서 권력의 새로운 경제학에 가장 부합하는 처벌 기구이자 권력의 경제학이 필요로 하는 지식의 형성을 위한 도구이다. 그것은 자체의 일만 감시적인 작용에 힘입어 이러한 이중의 역할을 수행할 수 있게 된다. 그것은 오랫동안 여러 가지 결정 · 분할 · 등록의 방법들을 통해서 인간의 행동을 객관화시켜 온 그 방대한 시험행위가 펼쳐지기 위한 조건들 가운데 가장 단순하고 가장 조잡하며, 가장 물리적이면서도 가장 필요한 것이었을지 모르는 그러한 하나의 조건이었다. 우리가 '종교재판하듯이 심문하는' 사법의 시대에 뒤이어 '시험 중심의' 사법 시대로 접어들었고, 훨씬 더 일반적인 방식으로 시험 절차가 사회 전체를 그토록 폭넓고 뒤덮고 부분적으로 인간에 관한 과학을 낳을 수 있었다면, 이러한 진전의 중요한 수단은 다름 아닌 수많은 감옥의 메커니즘들 사이에서 이뤄지는 긴밀한 교차와 다양성이었다. 감옥에서 인간 과학이 유래했다고 말할 필요는 없다. 그러나 여러 인간과학이 형성될 수 있고 인식구조에서 모든 대변동 효과를 초래할 수 있었다면, 그것은 인간과학이 특수하고 새로운 권력 양태, 이를테면 신체에 관한 어떤 정책, 다시 말해서 축적된 사람들을 순종적이고 유용한 것으로 만드는 어떤 방법에 의해 유도되었기 때문이다.

1926년 10월 15일 파리의 남서쪽에 있는 지방도시 프와티에서 태어났다. 1945년 프랑스의 최고 수재들이 모이는 파리고등사범학교에 입학하여 철학, 역사, 심리학 등에 깊은 관심을 갖고 공부하였다. 훗날 고등사범학교 친구들은 푸코가 종종 이상한 행동을 하고 비상식적인 생각을 많이 표현한 학생이었지만, 늘 책을 읽고 악착같이 공부한 수재였음을 증언한다. 그의 이상한 행동은 '광기'의 증세 같은 것이라고 말할 수 있다. 자살의 강박관념 때문에 몇 차례 자살을 시도한 적도 있었고, 밤에 몰래 기숙사를 빠져나와 동성연애자들의 바에 갔다 온 다음에는 여러 시간동안 후회와 수치심 때문에 앓아눕기도 했다고 한다.

1961년에 그의 박사학위 논문이자 광인에 대한 오랜 연구와 관심의 결실인 『고전주의 시대의 광기의 역사』가 간행되었다. 유명한 『말과 사물』은 1966년에 나왔는데, 사르트르주의자들은 이 책을 사르트르의 휴머니즘에 대한 선전포고로 받아들였고, 공산당의 지식인들은 지식사 혹은 에피스테메의 불연속성과 근대에 나타난 '인간의 죽음'이라는 이 책의 논리를 신랄하게 비판한다. 1970년에 콜레주 드 프랑스(College de France)의 사상체계사 석좌교수로 임명되었고, 1975년에 『감시와 처벌』을 발간하였다. 현대의 감옥과 현대인의 감시사회를 계보학적으로 규명한 이 책은 사회의 타자인 범죄자와 비행인들에 대한 사법과 권력의 문제를 부각시키면서 권력의 기술과 전략, 혹은 권력과 지식의 관계를 파헤친 책으로 마르크스의 『자본론』에 비유되기도 한다. 『감시와 처벌』이 『자본론』과 비교될 수 있는 것은, 이 책이 생산관계와 생산력과의 모순을 통한 자본주의적 생산양식을 비판한 마르크스의 작업과는 달리, 노동 중심의 사회형태로부터 규율과 감시, 정보 중심의 사회로 변화한 자본주의 세계의 지배관계와 권력의 구조를 독특한 시각으로 분석하였기 때문이다. 푸코는 『감시와 처벌』 이후 『성(性)의 역사』(총 6권)를 방대하게 기획하여 쓰다가 세 권만 완성하고 1984년 6월 25일, 후천성면역결

핍증(AIDS)으로 안타깝게도 58세의 나이로 타계하였다.

푸코는 기존의 철학자들과는 달리 형이상학적 주제를 탐구의 대상으로 삼지 않고, 현실에서 볼 수 있는 광기, 감옥, 성의 문제를 천착하였다. 그는 이러한 연구뿐 아니라 사회 참여에도 적극적이었다. 그가 본격적으로 사회 참여 혹은 정치 참여에 뛰어든 계기는 흔히 5월혁명이라고 부르는, 젊은이들이 주도한 1968년 5월의 사건이었다. 그는 젊은이들의 주장에 귀를 기울이면서 경직되고 억압적인 부르주아 사회구조를 개혁하는 일에 동참할 결심을 한다. 그는 죄수들의 인권을 옹호하는 활동을 펴는 한편, 감옥제도의 개선을 위한 단체(G.I.P.)를 결성하고 여기서 주도적 역할을 수행한다. 또한 그는 프랑스 밖의 세계 각 지역의 독재국가에서 자행되는 온갖 정치적 탄압에 저항하고 투쟁하는 인사들을 지원하는 운동에도 참여한다. 이러한 사회 참여의 모습에서 알 수 있듯이, 그가 강조하는 지식인의 윤리는 우선 개인적인 이해관계를 떠나서 자기자신을 버리고 희생할 수 있어야 하고, 자신의 생각과 타인의 생각을 변화시킬 수 있어야 하며, 끊임없이 자기자신에 대해서 문제의식을 갖고 질문할 수 있어야 한다는 것이다.

푸코는 『감시와 처벌』에서 도시 한가운데 세워진 감옥의 의미를 계보학적으로 규명하면서 현대사회에서 권력과 개인의 관계를 새롭게 바라보았다. '감옥의 탄생'이라는 부제가 보여주듯이, 이 책의 주제인 감옥의 제도가 생성되고 확립된 것은 18세기 말부터 19세기 초까지라고 할 수 있는데, 감옥이 탄생하기 전의 범법자들에게 부과된 것은 왕권을 과시하기 위해서 고문, 화형, 참수 등 가혹한 신체형이 중심이었다는 것이다. 18세기 말부터 감옥의 제도가 확립되면서 감옥은 단순히 죄수들의 자유를 박탈하는 역할에 그치지 않고, 수감 기간 내내 죄수를 훈련시키고 교화하는 일을 수행하는 교도소 역할을 병행하게 되었다는 것이다. 또한 19세기 초 감옥 안에서 죄수를 전방위로 감시하는 판옵틱(panoptic, 일망감시체계)의 장치가 개발된 것도 감옥의 탄생과 함께 이뤄진 주목할 만한 변화인데, 이것은 감옥 밖의 사회에서 개인을 통제하고 감시하는 권력의 통치방식과 상동관계를 갖게 된다. 또한 감옥의 이런 제도는 가령 공장, 학교, 군대, 병원과 같은 기관의 운영방식과 동일한 구조를 갖고, 사회 전체로 확산된다는 것이다.

현대사회에서 감옥제도의 정착 혹은 승리는 사회를 규율사회로 만들고 개인을 규율에 길들여지게 만든다. 규율이 내면화 된 개인은 권력 앞에서 주체가 아닌 기계처럼 변형된다. 개인을 유익하고 생산적인 도구로 만드는 권력의 기능을 푸코는 '권력의 미시물리학'이라고 말하는데, 결국 권력의 미시물리학이 알게 모르게 끊임없이 작동하는 현대사회란 개인을 감시하고 통제하는 규율사회이며 감시사회이다. 이 사회에서 개인은 끊임없는 심문, 끊임없는 조사(시험), 끊임없는 관찰의 대상에서 결코 자유로울 수 없는 것이다.

우리 사회에서 감옥은 필요한 제도이다. 그러나 이런 제도 때문에 초래되는 감옥의 역기능은 얼마나 많은가. 또한 감옥이 사회 안정에 절대적인 기관으로서 죄수를 교화하는 역할을 제대로 수행할 수 있는지는 확실치 않다. 문제는 감옥이 개인을 얼마나 교화할 수 있는지 아는 것이 아니라, 근대적 감옥의 규율과 함께 개인에 대한 권력의 억압과 권력에 대한 개인의 예속이 오늘날 정보사회에서 더욱 강화되어 간다는 것을 분명히 의식하는 일이다. 푸코의 『감시와 처벌』을 읽은 후에 우리는 인권의 의미가 무엇이고, 범죄와 처벌의 정당성은 무엇이며, 자유의 범위가 어디까지인가를 진지하게 생각해 볼 수 있다.

★ 추천도서와 읽을거리

미셸 푸코, 『감시와 처벌 : 감옥의 역사』, 오생근 옮김, 나남출판, 2003
　푸코의 철학과 이 책의 의미를 설명한 해설이 덧붙여 있다.

이광래, 『미셸 푸코 : '광기의 역사' 에서 '성의 역사' 까지』, 민음사, 1989
　현대 프랑스 철학의 흐름 속에서 푸코의 지적 계보를 설명하고, 『감시와 처벌』을 포함한 주요 저작들의 내용을 해설하고 있다.

마크 포스터, 『푸코와 마르크스주의』, 조광제 옮김, 민맥, 1989
　자본주의 사회의 생산양식을 규명한 마르크스와 현대사회의 권력과 정보양식을 설명한 푸코를 비교하듯이 쓴 책이다.

디디에 에리봉, 『미셸 푸코』 상·하, 박정자 옮김, 시각과 언어, 1995
　푸코의 삶과 학문의 도정을 치밀하게 재구성한 전기이다.

제2영역 · 사회와 문화

33

계몽의 변증법
호르크하이머 · 아도르노

● 민형원 덕성여자대학교 철학과 교수

   진정한 계몽은 계몽 이상의 것, 즉 소외된 자연에서 인지되는 자연이다. 자신과 분리된 자연인 정신의 자기 인식 속에서 자연은 선사시대와 같이 스스로에게 말을 건다. 그러나 자연은 더 이상 전능함을 의미하는 마나와 같은 별칭을 통해 직접 자신을 드러내는 것이 아니라, '눈먼 불구의 모습'으로 나타난다. 자연의 함몰은 자연 지배에 원인이 있지만 자연 지배가 없다면 정신은 존재할 수 없다. 스스로 '지배'임을 고백하고 자연 속으로 퇴각하는 결단을 통해 정신은 자신을 바로 자연의 노예로 만드는 지배에의 교류를 분쇄할 수 있다. 인식 자체를 포기하지 않고는 필연성으로부터의 도피인 진보와 문명을 멈출 수 없더라도, 인류는 필연성에 대항하기 위해 세운 벽들―제도들, 즉 자연의 예속화로부터 언제나 사회로 되돌려진 지배의 술책―을 적어도 더 이상은 미래의 자유를 위한 보증으로 오인하지 않는다. 문명의 진보는 언제나 지배도 세련화시켰지만 동시에 지배의 제거에 관한 시각 또한 새롭게 만들어냈다. 그렇지만 실제 역사가 제거 수단이 증가한다고 그만큼 감소하지 않는 고통의 실에 의해 짜여진 피륙이라면, 고통을 제거하려는 시각은 '개념'에 의지한다. 왜냐하면 개념은 학문으로서 인간을 자연과 유리시키기도 하지만, 맹목적인 경제의 경향에 학문적 형태로서 묶여 있는 사유의 자기 성찰로서 불의를 영구화하는 거리를 측정할 수 있도록 해주기 때문이다. 주체 속에 있는 자연의 기억―이 기억을 완성시키는 것은 곧 모든 문화 속에 숨겨져 있는 있는 진리를 찾아내는 것이다―을 통해 계몽은 지배 일반과 대립한다.

『계몽의 변증법(*Dialektik der Aufklärung*)』(1947)은 프랑크푸르트학파의 두 명의 중요한 사상가인 호르크하이머(Max Horkheimer)와 아도르노(Theodor W. Adorno)의 공저이다. 전자는 프랑크푸르트학파의 제도적 근거가 된 '사회연구소(Insitut für Sozialforschung)'의 2대 소장 및 제2차 세계대전 이후 프랑크푸르트 대학 총장 등의 활동을 통해 뛰어난 행정가로서의 역량도 보였으나, 아도르노는 전후 프랑크푸르트 대학에서 철학과 사회학을 가르치는 한편, 여름 동안 국제적인 전위음악가들의 워크숍인 '다름슈타트 주간(Darmstädter Woche)'에의 적극적 참여를 통해 불레즈(P. Boulez), 슈토크하우젠(K. Stockhausen), 카겔(M. Kagel) 등의 20세기 후반을 대표하는 작곡가들에 심대한 영향을 주었으며, 자신의 고백에 따르면 자신은 사상가로보다는 작곡가로 이해되기를 바라던 인물이다. 그는 이론적으로는 특히 미학의 영역에서 큰 족적을 남겼다.

제2차 세계대전 종전 무렵 망명지 미국에서 집필된 『계몽의 변증법』은 저자들의 여러 가지 상이한 시대적 사건들에 대한 직접적 경험을 근거로 해서 쓰였다. 이들 사건들 가운데서도 가장 중요한 몇 가지를 든다면, 서유럽에서의 사회주의적 혁명의 전반적인 좌절, 파시즘의 급속한 부상과 집권, 스탈린에 의한 마르크스주의의 관료주의적 테러 체제에로의 정착, 그리고 미국 대중문화의 인간의 사회화 과정에 있어서의 가공할 역기능에 대한 목격 및 아우슈비츠의 대학살과 히로시마의 원자폭탄 투하 등과 같은 역사의 종말을 예감하게 하는 묵시록적 사건들이었다.

『계몽의 변증법』의 저자들은 이러한 사건들을, 단지 "역사상에 나타난 우연하고 일회적인 단순 사고"로만 보지 않고, 그들이 '동일성의 사고'라고 부른 서양의 '이성'에 의해 일관되게 추진되어 온 '지배의 총체적 확산의 과정으로서의 서양의 역사'가 필연적으로 도달할 수밖에 없었던 불가피한 재앙으로 보았다. 때문에 『계몽의 변증법』은 "세계사의 철학적 구성"을 통해, 일관되게 진보를 지향한다고 믿었던 역사가 왜 "진정한 인간적 상태에 들어서는 대신에 새로운 야만 가운데로 침몰하게 되었는가"를 규명하고자 했고, 저자들은 역사가 필연적으로 이러한 파국에 이르게 된 원인은, 인류가 자기보존을 위해 시작한 자연의 지배가 사회적 지배를 낳고, 이러한 외적 자연의 지배와 사회적 지배가 마침내 인간의 내적 자연의 지배를 가져왔다는, 지배의 총체적 확산에서 찾았다. 때문에 '지배이론'과 '(도구적) 이성비판'이 이 저작의 핵이 된다.

1) 지배이론

(a) 자기보존과 자연지배의 출발: 역사는 인류가 위협적인 자연에 직면하여 느끼게 된 "과격한 신화적 불안"에 쫓기며, "모든 생명체의 진정한 법칙"인 '자기보존의 법칙'에 따라, 맹목적으로 자연지배의 길을 택함으로써 시작되었다.

(b) 사회적 지배의 출현: 자연지배는 고립된 개인들의 개별적 행위로서가 아니라 집단적 사회적 행위로서, 사회라는 테두리 가운데서 언제나 수행되었다. 역사의 진행 가운데서 점점 강화되어 가는 자연지배는 사회적 지배의 강화를 전제로 해서만 가능했다. 사회적 지배는 자연지배의 필연성으로부터 파생한 이차적 지배형식이다.

(c) 내적 자연의 지배의 필연성: 외적 자연을 지배하려는 총체적 시도와 이로부터 파생된 사회적 지배 가운데서, 주체는 점차 적대적 자연과 사회를 상대로 자기보존을 관철할 수 있기 위해, 육체, 감정, 본능 등과 같은 자신의 내적 자연을 합리적 통제 아래 굴복시키게 된다.

지배는 외적 자연이나 다른 인간만을 대상으로 하는 것이 아니라, 자기 자신의 내적 자연까지도 대상으로 해서 진전되었고, 외적 자연에 대한 지배는 점차로 주체의 내면에로 이행되어, 내적 자연에 대한 지배로 내면화되었다.

그러나 삶과 행복에의 본능과 직결되어 있는 내적 자연이야말로 모든 인간적 행위의 실천적 목표 설정과 욕구 표현의 마지막 근거로서 인간의 모든 역사적 실천의 최종적 텔로스이기에, 내적 자연의 체계적 지배는 결국 "잠재적으로는 자기보존을 위해 지배를 시작했던 주체 그 자체의 말살", 즉 인간의 '자기부정'을 의미한다. 그리고 이러한 "내적 자연의 부정과 더불어, 외적 자연지배의 목적뿐만 아니라 삶의 목표 그 자체가 부정된다. (……) 그 순간, 삶의 모든 목표와 사회적 진보, 인간의 합리성, 의식 그 자체가, 부질없는 (공허한) 것이 된다."

2) (도구적) 이성비판 : 지배와 동일성의 사고

『계몽의 변증법』은, 자기보존을 위해 시작된 자연지배가 끝내는 숨막히는 사회적 지배와 기형화된 주체를 결과로서 낳게 되는 이러한 지배의 보편적 확산 과정을 추동하고 있는 것이 '동일성의 사고'라고 본다. 바꿔 말한다면 진보하는 문명의 과정은 동일성 사고의 총체적 확산 과정이었고, 동일성의 사고란, 자연지배의 수단으로서 질적으로 상이한 모든 대상들을 동일한 양적 계산으로 환원(동일화)시키려는 개념적 사고와, 사회적 지배의 수단으로서 질적으로 전혀 다른 다양한 재화들(=사용가치)을 동일한 가치기준(=교환가치)에로 환원시키고 있는 교환에 의해 조직된 사회와, 내적 자연지배의 수단으로서 개개의 주체들의 상이한 의식과 본능을 동일한 스테레오타입으로 환원시키려는 문화산업, 이들 모두를 배후에서 추동하고 있는 근본적 사고를 말한다. 그리고 이 동일성의 사고야말로 진보로서의 역사를 추동하는 원동력으로 믿었던 '이성'의 다른 이름일 뿐이다.

『계몽의 변증법』은 위기에 처한 현대가 반드시 반성·점검하고 넘어

가야만 하는 여러 가지 문제들을 제시하고 있는 매우 생산적인 저작이다. 특히 앞절에서 『계몽의 변증법』의 핵심적 테제로 소개한 '지배이론'과 '이성비판'은 후속 세대들에 의해 적극 수용되어 오늘날의 지적 담론의 핵심적 화두로서 계승되고 있다.

 1) 자연지배를 중심으로 하는 그의 지배이론은 이후 유럽 68세대에 의해 적극 수용 발전되어, 사회적으로는 '환경운동'의, 정치적으로는 '녹색당'이 지향하는 이념의 사상적 근본 골격을 이루고 있다.

 2) 아도르노의 이성비판은—최초 이성비판을 본격적으로 제기한 것은 니체였다. 아도르노의 첫 번째 조교였던 하버마스에 의해 의사소통이론으로 변용되거나, 혹은 프랑스 포스트모더니스트들, 특히 푸코와 데리다 등이 이어받아, 오늘날의 철학적 작업의 중요한 화두가 되고 있다.

 1) 인간해방에 있어서 자연지배(=환경) 문제의 중요성 : 『계몽의 변증법』의 현대의 위기에 대한 역사철학적 진단이 얼마나 획기적인가는, 마르크스의 그것과의 비교를 통해 쉽게 이해될 수 있다.

 마르크스와는 달리 아도르노는 현대에 이르러 과학·기술을 통해 만개한 생산력을 동일성의 사고(=이성)에 의해서 가차없이 추진된 자연지배의 결과로 보기 때문에, 마르크스에서처럼 생산력의 발전이 낡은 생산관계(=사회적 지배)와 점차적으로 모순관계에 이르고, 끝내는 낡은 생산관계를 전면적으로 타파하리라는 해방적 국면을 더 이상 생산력 가운데서 발견하지 못하게 된다.

 마르크스가 주로 분석한 시민사회의 사회적 지배의 핵심으로서의 교환을 중심으로 한 자본주의적 생산관계뿐 아니라, 과학과 기술이 구현하고 있는 생산력까지도, 실은 지배의 변증법에 의해서 철저히 규정되고 있기 때문에, 마르크스에서와 같은 생산관계와 생산력 사이에서 거의 자동적으로 비롯하는 역사의 해방적 역동성은 바랄 수 없게 된다.

오히려 과학·기술을 수단으로 하는 맹목적인 자연지배는 저 막강한 파괴적 가능성 때문에 심지어 인류의 존속에 대한 심각한 위협으로까지 보이며, 기술적 진보는 더 이상 사회적 욕구의 균등한 충족을 위한 전제도, 보장도 아닐 뿐 아니라, 자동화된 생산력의 발전은 오히려 이성적 삶의 물질적 근거까지도 파괴할 수 있는, 이성의 도착된 표현으로서 이해되게 된다. 때문에 해방된 사회는, 마르크스까지도 사로잡혀 있는 일방적인 생산력의 증강만을 지향하는 서양 근대의 맹목적인 강박관념으로부터의 해방을 전제로 해서만 생각될 수 있을지 모른다. 진정한 인간해방을 지향하는 사회적 지배의 지양은 자연지배의 지양과의 관계에서만 생각될 수 있다.

2) 도구적 이성비판 : 종래의 이론적 전통에서와는 달리 인간해방이라는 텔로스에 이르게 하는 진보의 절대적인 긍정적 수단으로서 이해되던 이성은, 자연 및 사회와 인간의 내적 자연의 지배를 위한 도구로서 보편사적 퇴행의 장본인으로서도 이해될 수 있게 된다. 이성의 이러한 도착의 본질은 모든 것을 인간의 자기보존이라는 목적을 위한 수단으로 규정함으로써, 자기보존을 절대화하게 되면서, 이성이 지배의 도구로 퇴화하여 반이성적인 것으로 도착되었다는데 있다.

이성이 일관되게 추진한 역사 가운데서의 진보의 지배가 지배의 진보라는 역사적 퇴행을 가져왔음이 분명하게 된 지금, 이성은 곧 진보이며, 이는 곧 좋은 삶이라는 등식의 설정만큼 당혹스러운 것이 없게 되었다. 이러한 이성의 위기에 대한 자각은 ① 인간이 단지 이성을 잘못 사용한 데서 비롯한 것인가, ② 혹은 이성 자신이, 혹시 억압과 지배의 세균을 그 자체 내에 지니고 있는 것이 아닌가 하는 물음에로 이어질 수 있다. 바꾸어 말하면, ① 이성의 자본주의적, 혹은 사회주의적 사회 가운데서의 특수한 사용·관리방식으로부터 비롯하는 것인지, 혹은 ② 인간과 자연, 인간과 사회의 교섭방식의 틀을 규정하는 능력으로서의 이성의 내재적 본질로부터 비롯하는 것인지를 진지하게 생각해야 한다.

★ 추천도서와 읽을거리

이순예, 『아도르노와 자본주의적 우울: 계몽의 변증법에서 미학이론까지 아도르노 새롭게 읽기』, 풀빛, 2005
　계몽의 변증법을 이해 해석하는 과정에서 아도르노의 논점을 파악하고, 더 나아가 아도르노에 대한 저자의 이해력을 드러내고 있는 책이다.

제2영역 · 사회와 문화

34

국가론
플라톤

● 박종훈 동국대학교 윤리문화학과 교수

〔소크라테스가 말했다.〕 "좋다. 그러면 기능을 갖는 모든 것이 그 자체의 독특한 탁월함(excellence)을 갖고 있지 않겠는가? 다시 같은 보기들을 들어보자. 눈들은 어떤 기능을 갖는다고 하지 않는가?"

〔트라시마코스가 대답했다.〕 "그렇습니다." "또한 눈들은 그들 자체의 독특한 탁월함을 갖지 않는가?" "눈들 또한 그들의 탁월함을 갖습니다." "그러면 귀들은 어떤 기능을 갖는가?" "그렇습니다." "그리고 어떤 탁월함을 갖는가?" "그리고 어떤 탁월함을 갖습니다." "그리고 이외 모든 것에도 마찬가지 아니겠는가?" "그렇습니다." "그러면 다음을 보게나, 만약 눈들 자체의 독특한 탁월함 대신에 눈들이 결점을 갖고 있다면, 눈들은 그들의 기능을 올바르게 수행할 수 있겠는가?" "어떻게 그렇게 할 수 있겠습니까?" (……)

"그러면 다음 주제는 바로 이것이다. 즉 영혼 이외에 어떤 것으로도 수행할 수 없는 어떤 기능이 있겠는가? 예를 들면, 주의를 기울이기, 다스리기, 심사숙고하기 등과 같이 말이다. 우리는 이런 보기들을 영혼이 아닌 어떤 것, 즉 그것이 그들의 특별한 특징들이다라고 말해야만 하는 것으로 귀속시킬 수 있는가?" "아닙니다." "그리고 삶의 경우는 어떤가? 그것은 영혼의 한 기능이 아닌가?" 그가 대답했다. "당연히 그렇습니다." "그러면 영혼은 확실히 그 자체의 독특한 탁월함을 가질 것인가?" "그럴 것입니다." "그리고 만약 그 자체의 독특한 탁월함이 상실된다면, 그것은 그 자체의 기능을 잘 수행할 것인가 아니면 그렇게 할 수 없겠는가?" "잘 수행하지 못할 것입니다."

플라톤(Platon, ? B. C. 428~?347)은 소크라테스(Socrates, ? B.C. 470~399)와 더불어 고대 아테네의 대표적인 사상가로 널리 알려져 있다. 그는 아테네 명문가의 아들로 태어났지만, 일찍이 아버지 아리스톤(Ariston)을 여의었다. 하지만 그의 어머니 페릭티오네(Perictione)는 당시 관습에 따라 세력가였던 피릴람페스(Pyrilampes)와 재혼하였다. 그리고 『국가론(The Republic)』의 주요 등장인물들인 아데이만투스(Adeimantus)와 글라우콘(Glaucon)이 그의 형들이다. 이와 같은 환경에서 플라톤은 어릴 때부터 장차 아테네의 정치가로서의 꿈을 가졌을 것으로 짐작된다.

하지만 플라톤의 성장에서 전환점은 소크라테스와의 만남과 그의 죽음이다. 이들이 만났던 시기는 불확실하다. 그러나 『국가론』에서 그의 형들이 소크라테스를 잘 알고 있다는 점에서 이들의 만남은 플라톤이 현실 정치에 많은 관심을 갖기 시작했던 시기에 이루어졌을 것으로 볼 수 있다. 그리고 플라톤은 소크라테스의 독특한 대화 방식에 상당한 영향을 받았고, 이것이 소크라테스 사후 그가 소크라테스의 「대화」들을 정리한 계기가 되었다. 특히 플라톤은 자신의 저서들에서 철저하게 소크라테스의 「대화」를 기록하는 방식을 통해 자신의 이상을 드러내고자 했다. 왜냐하면, 첫째, 플라톤은 소크라테스의 죽음 이후 아테네 정치 현실을 떠났기 때문이고, 둘째, 새로운 형태의 정의롭고 지혜로운 수호자를 양성하기 위해 그의 여생을 아카데미(the Academy, B. C. 386년 창설) 교육에 헌신했기 때문이다.

플라톤이 아테네 정치 현실을 떠났던 계기, 즉 소크라테스의 처형은 당시 아테네 정치상황이 혼란스러웠음을 보여준다. 플라톤이 태어나 성장했던 시절의 아테네 정치 현실의 중심에는 과두정치(oligarchy)와 민주정치(democracy) 간의 끊임없는 갈등이 자리잡고 있었다. 당시 아테네는 오랜 기간 페르시아 전쟁의 후유증과 펠레폰네소스 전쟁을 겪고 있었다. 아테네에서 정치권력 투쟁은 전쟁의 결과에 따라 과두정치세력 또는 민주정치세력의 승리로 끝났다. 플라톤이 28세였을 때 소크라테스는 처형당했다. 이 당시 아테네는 급진적 민주정치와 과두정치를 경험하면서, 보다 온건한 민주정치, 즉 분별력 있고 합리적인 판단에 따라 행동하는 민주정치를 받아들였다. 플라톤은 소크라테스가 처형당하기 전까지만 해도 이 정치에 적극적으로 참여하고자 했다. 그러나 그가 사회를 올바르게 개혁한다고 믿었던 당시 아테네 민주정치가 가장 올바르다고 믿었던 한 사람을 처형했던 사건은 아테네 정치 현실의 근본적인 모순을 플라톤에게 보여주었다. 플라톤은 이 사건을 계기로 더 이상 정치 현실의 장에서 자신의 무의미한 경력 쌓기를 포기했다.

결국 플라톤의 주된 관심은 끊임없이 치고받는 정치세력들 간의 권력 쟁취가 아니라, 가장 올바른 사람이 주도할 수 있는 가장 올바른 나라, 즉 정의로운 국가(polis)의 탐구로 나아갈 수밖에 없었다. 그는 아테네와 같이 지속적인 정치세력 간의 권력투쟁은 국가의 모든 상황을 악화시킬 수밖에 없고, 이를 해결할 수 있는 유일한 방법이 바로 정의로운 개인과 국가를 확립하는 것이라고 확신했다. 그리고 그는 오직 진정한 철학가, 즉 진정으로 지혜를 사랑하는 사람들만이 자신의 이상을 실현할 수 있다고 보았다. 다시 말해, 플라톤은 소크라테스의 죽음과 같은 비극을 예방하기 위해, 지혜와 사랑이 정착된 공동체를 확립하는 것을 궁극적 과제로 삼았다.

무엇보다 『국가론』을 이해하기 위해, 우리는 'Republic'이란 단어를 오늘날 정부의 형식으로 이해해서는 안 된다. 왜냐하면, 당시에 그것은 개인이 삶을 영위하는 데 필요불가결한 공동체를 지칭하는 단어이기 때문이다. 또한 당시 아테네의 총 인구수는 30만 명 이하로 알려져 있다. 여기서 선거권을 가진 인구수는 4만 5천 명 정도이다. 이는 오늘날 중소

도시에 해당하는 규모와 비슷하다. 그러므로 우리는 '국가'의 의미를 아테네와 같은 도시공동체(polis)를 지칭하는 의미로 이해해야 한다.

대체로 『국가론』은 플라톤 중기 「대화」들 가운데 하나의 저서로 꼽힌다. 이런 점에서 플라톤은 주인공으로서 소크라테스를 등장시키면서도, 자신의 근본적인 신념들을 보다 뚜렷하게 제시한다고 볼 수 있다. 예컨대, 영혼과 신체, 영혼의 불멸, 상기설, 형상이론, 시가 및 신화, 정치이론, 인식론과 같은 그의 많은 입장들이 담겨 있다. 그러나 이 작품을 읽을 때, 우리는 플라톤의 가장 절실한 질문, "정의는 무엇인가?"를 항상 염두에 두어야 한다.

이 질문은 단순한 추상적인 문제가 아니다. 정의가 무엇인지를 알기 위해, 정의로운 영혼, 정의로운 개인, 정의로운 국가가 무엇인지를 말해야만 한다. 이런 점에서 『국가론』은 정의로운 것으로부터 시작해서 그것으로 끝을 맺는다. 플라톤에게서 그 질문은 실천적인 문제가 된다. 간단히 말해, 『국가론』은 영혼-개인-국가에 연결되어 있는 플라톤의 윤리적 고민과 성찰을 담고 있다.

정의로운 것은 그 자체로 정의로운 것이며, 합리적 영혼의 지적 추론에 의해서만 인식되는 것이다. 그 자체로서 정의로운 것은 그 결과에 상관없이, 개인과 국가를 모두 개선시키고, 행복을 이끌게 된다. 하지만 인간은 비합리적 욕구들에 의해 좌우될 수 있기 때문에, 정의로운 것은 교육에 의해 인도될 필요가 있다. 특히 음악 교육 및 체육 교육을 통해 어릴 때부터 정신과 신체의 적절한 조화 및 단련을 강조한다(2권과 3권). 정의로운 국가는 정의뿐만 아니라, 지혜, 용기, 절제의 덕을 갖추고, 실현함으로써, 모든 시민들에게 행복을 가져다 준다(4권). 물론 이러한 나라는 네 가지 덕들을 갖춘 개인들의 영혼을 통해서만 확립될 수 있다. 그리고 정의로운 수호자들과 국가의 지속적인 육성 및 전개를 위해서는 교육뿐만 아니라 자녀 양육 또한 공동의 관리 아래 있어야 한다. 그래서 남녀평등의 양상에서, 정의로운 수호자의 자질을 갖춘 여성 또한 자녀 양육과 가족의 부담 없이 교육을 통해 수호자로 양성될 수 있는 가능성을 갖는다(5권).

또한 교육에서 진리를 제공하고 이를 인식하는 사람에게 힘을 부여하는 선의 이데아를 설명한다. 교육에서 이와 같은 진리 인식의 과정에 대한 플라톤의 설명은 태양의 비유, 선분의 비유(6권), 그리고 동굴의 비유로 널리 알려져 있다. 이를 위한 연령별 교육과목 및 과정은 18세부터 20세까지 군대 복무, 30세까지 산술, 기하학, 천문학 등의 교육, 35세까지 변증술 교육, 50세까지 실무경험, 50세 이후는 그들 생활의 모든 행위와 지식의 모든 부문에서 탁월했던 사람들이 스스로를 완성케 하는 단계로 구성된다(7권).

플라톤은 국가의 정치체제를 다섯 가지로 분류한다. 첫째, 위의 교육과정을 거쳐서 선발된 지혜롭고 선의 이데아를 인지하고 이를 실천하는 통치자들에 의한 정치, 둘째, 명예욕에 사로잡힌 지배자들에 의한 정치, 셋째, 재산의 크기만으로 통치자가 결정되는 과두정치, 넷째, 부자들을 패배시키고 평등권과 자유만을 강조하는 민주정치, 마지막으로 민중의 자유에 대한 욕망을 이용해서 통치자의 욕구만을 충족시키는 참주정치이다. 플라톤은 각 체제에서 사람들이 어떤 삶을 경험하는지를 검토하고, 어느 것이 정의로운 사람, 국가를 실현하는 것인지를 고찰한다(8권과 9권). 결국 정의로운 사람, 즉 선의 이데아를 인식하고 다시 현실에서 이를 실천하는 사람, 다시 말해, 덕들을 조화롭게 계발하는 삶을 사는 사람들은 언젠가는, 심지어 죽어서도 당연한 보상을 받게 된다. 왜냐하면, 그 자신의 정의로운 영혼은 변하지도 사라지지도 않기 때문이다(10권).

플라톤 사상이 오늘날 분화된 학문의 다양한 영역에 많은 영향을 미치고 있다는 점은 주지의 사실이다. 특히 윤리학, 정치학, 철학, 신학 부분에 미친 영향은 매우 크다. 그러나 우리가 『국가론』 자체만을 놓고 본다면, 몇 가지 입장들은 주목할 만하다.

전체적으로 보면, 고대 아테네의 삶과 문화 연구의 중요한 자료가 된다. 이 작품에서 플라톤이 자신의 이상적인 공동체에 관한 입장을 전개했지만, 그것은 자신의 현실 경험에서 비롯된 것이다. 예컨대, 당시 그가 직접 경험했던 혼란의 시기에서 그는 올바른 개인과 행복이 정의로운 공동체를 통해서만 가능하다고 보았다. 이를 위해 플라톤은 당시 혼란의 폐단들을 심도 있게 비판한다. 또한 이 작품은 아테네 교육 일반의 연구에도 상당한 영향을 미친다. 『국가론』에 기술된 그의 교육과정에 대한 견해는 스파르타의 교육체계의 일정한 영향을 받았다. 그러나 플라톤은 스파르타의 교육체계가 신체적 강함만을 강조한다고 비판하면서, 영혼의 덕들을 계발해서 행복한 삶을 이끌 수 있는 교육과정, 즉 초등교육부터 대학교육에 이르는 교육체계의 중요성에 초점을 둔다. 이런 점에서 『국가론』은 오늘날 덕과 인격교육, 그리고 교육체계의 기본적 자료로서의 가치를 갖는다고 볼 수 있다.

하지만 당시 아테네의 현실을 전혀 고려하지 않고, 이 작품에 언급된 일부 견해만을 취한다면, 논란의 여지는 많다. 예컨대, 남녀평등, 성 관계, 결혼, 자녀양육 및 재산의 공동 관리, 교육의 국가 관리 등을 들 수 있다. 합리적 영혼의 정의를 위해서는 모든 비합리적 욕구들은 제거되어야 한다. 플라톤은 이와 같은 욕구들 가운데 공동체에 가장 위협이 되는 것이 바로 가족과 사유재산으로 보았다. 단순한 차원에서 보면, 이 부분은 오늘날 개인주의와 집합주의 간의 논쟁에서 역사적 자료로 검토될 수 있다. 또한 플라톤의 남녀평등, 성 관계와 자녀양육의 공동 관리에 관한 입장은 오늘날 여성해방운동, 특히 페미니즘보다 더 과격하게 여겨질 수 있다. 그러므로 이 작품에 담긴 내용을 오늘날 상황에서 재해석하고 적용하는 데에는 일정한 주의가 요구된다.

★ 추천도서와 읽을거리

토마스 알렉산더 슬레작, 『플라톤 읽기』, 임성철 옮김, 한양대학교 출판부, 2001
　『국가론』을 비롯한 많은 플라톤의 「대화편」을 읽는 독자들이 그 특징과 설명을 이해하는 데 도움이 될 것이다.

칼 R. 포퍼, 『열린사회와 그 적들 I : 플라톤과 유토피아』, 이한구 옮김, 민음사, 1982(초판), 2006(개정판)
　역사주의를 토대로 전체주의와 전체주의에 대한 비판의 맥락에서 플라톤 사상의 사회적, 정치적, 역사적 의미와 그 쟁점을 파악할 수 있게 해준다.

A. 매킨타이어, 『윤리의 역사, 도덕의 이론』, 김민철 옮김, 철학과현실사, 2004
　고대부터 오늘날에 이르는 윤리학의 역사에서 플라톤의 『국가론』이 차지하는 위치와 그 영향을 가늠해 볼 수 있을 것이다.

R. L. 네틀쉽, 『플라톤의 교육론』, 김안중 옮김, 서광사, 1989
　플라톤의 『국가론』에서 교육사상과 체계를 개인과 사회, 영혼을 토대로 이해하는 데 도움이 될 것이다.

제2영역 · 사회와 문화

35

국부론
애덤 스미스

● 박순성 동국대학교 북한학과 교수

아마 애덤 스미스처럼 자신의 시대를 완전히 포괄한 경제학자는 다시 나오지 못할 것이다. 그렇게 침착하고 완고함에 빠지지 않고 악의를 품지 않으면서 철저히 비판적이며 몽상적 이상에 빠지지 않고서도 낙관적인 사람은 아무도 없었다. 확실히 그는 자기 시대의 신념을 공유하고 있었다. 실은 그가 그런 신념을 만들어내는 데 일조했다. 당시는 인도주의와 이성의 시대였다. 인도주의와 이성은 가장 잔인하고 폭력적인 목적으로 악용될 수 있었지만 스미스는 결코 광신적 애국자나 변호가, 타협가가 아니었다. 그는 『도덕감정론』에서 이렇게 썼다. "이 세상의 모든 노고와 소란은 도대체 무엇을 위한 것인가? 탐욕과 야망의 목표, 부와 권력과 명성을 추구하는 목표는 무엇인가?" 『국부론』이 스미스의 대답을 대신해 준다. 부와 영광을 쟁취하기 위한 모든 추악한 소동은 보통 사람들의 복지에 기여할 때 궁극적인 정당성을 갖는다.

── 로버트 L. 하일브로너, 『세속의 철학자들(The Worldly Philosophers): 위대한 경제사상가들의 생애, 시대와 아이디어』 중에서

어떤 위대한 인물을 소개해야 할 때, 종종 우리는 다른 위대한 인물이 그에 대해 이미 내놓은 평가에 기대고 싶어진다. 애덤 스미스(Adam Smith, 1723~1990)에 대해서도 예외가 아니다. 20세기가 낳은 위대한 경제학자들 중의 한 명인 하일브로너(Robert L. Heilbroner)의 애덤 스미스에 대한 평가는 언제 읽어보아도 경청할 만하다.

> 아마 애덤 스미스처럼 자신의 시대를 완전히 포괄한 경제학자는 다시 나오지 못할 것이다. 그렇게 침착하고 완고함에 빠지지 않고 악의를 품지 않으면서 철저히 비판적이며 몽상적 이상에 빠지지 않고서도 낙관적인 사람은 아무도 없었다. 확실히 그는 자기 시대의 신념을 공유하고 있었다. 실은 그가 그런 신념을 만들어내는 데 일조했다. 당시는 인도주의와 이성의 시대였다. 인도주의와 이성은 가장 잔인하고 폭력적인 목적으로 악용될 수 있었지만 스미스는 결코 광신적 애국자나 변호가, 타협가가 아니었다. 그는 『도덕감정론』에서 이렇게 썼다. "이 세상의 모든 노고와 소란은 도대체 무엇을 위한 것인가? 탐욕과 야망의 목표, 부와 권력과 명성을 추구하는 목표는 무엇인가?" 『국부론』이 스미스의 대답을 대신해 준다. 부와 영광을 쟁취하기 위한 모든 추악한 소동은 보통 사람들의 복지에 기여할 때 궁극적인 정당성을 갖는다.

하일브로너의 평가는 지나치지 않다. 사회주의적 이상을 추구한다고 공언했던 공산주의 국가들은 20세기 말 대부분 붕괴하였으며, 일부 남아 있는 공산주의 국가들조차 개혁·개방을 통해 자본주의로 되돌아오고 있다. 신자유주의적 사회경제질서가 지구촌 전체를 장악하면서, 국민 대다수의 행복을 지향하던 복지국가도 설득력을 잃어가고 있다. 신자유주의라는 극단적인 사회경제사상이 현실에서 지배력을 발휘하고 있는 것이다. 그런데 이처럼 자유자본주의의 원리가 철저하게 세상을 지배할수록, 애덤 스미스의 자유주의 사회경제사상은 오히려 '인간의 얼굴을 한 자본주의'라는 지난 세기 인류의 꿈을 떠올리게 한다. 그의 자유주의는 자신이 살았던 당대에는 중상주의적 개입국가에 반대하는 자유방임주의로 해석되었지만, 신자유주의가 지배하는 이 시대에는 보통 사람들의 복지와 존엄을 옹호하는 민주적 평등주의로 해석될 수 있는 가능성을 담고 있다. 애덤 스미스의 『국부론』이 현대의 고전이 될 수 있는 까닭은 한편으로는 개인의 경제적 자유를 주창하던 18세기 후반의 시대정신을 반영하면서도, 다른 한편으로는 시대를 초월하여 자본주의 근대문명에 대한 비판과 인류의 미래에 대한 희망을 담고 있기 때문이다.

스코틀랜드 동쪽 해변의 작은 도시 커콜디(Kircaldy)에서 1723년 태어난 애덤 스미스는 글래스고 대학과 옥스퍼드 대학에서 공부한 후, 스코틀랜드로 돌아와 교육자와 저술가로 활동하였다. 『도덕감정론』을 1759년 출간하여 유명해진 스미스는 귀족 자제의 개인교사가 되어, 그의 교양교육을 위한 유럽 대륙 여행에 동반자가 되었다(1764~1766). 스미스는 여행 직후 고향에 돌아와 평생을 독신으로, 자신의 어머니와 사촌누이와 함께 살았다. 그는 『도덕감정론』을 발간할 당시부터 이미 구상하고 있던 『국부론』을 거의 20년에 걸친 준비 끝에 마침내 1776년 발간하였다. 말년에는 세관장으로 활동하면서 자신의 주요 저작인 『국부론』과 『도덕감정론』을 수 차례 수정하였다. 스미스는 1790년 자신의 생을 마감하였는데, 죽기 직전 『도덕감정론』의 6판 출판을 위해 대대적인 개정 작업을 벌였다.

우리가 익히 알고 있듯이 스미스는 경제학자로, 『국부론』을 통해 경제학을 사회과학의 하나로 자리잡게 한 저술가로 알려져 있다. 그러나 사회사상사에서 그리고 개인의 지성사에서 보면, 일찍이 스미스는 『국부론』으로보다는 『도덕감정론』으로 먼저 알려졌다. 스미스 당시는 경제학이 독립된 학문으로 인정되기 전이었기 때문에, 경제학을 도덕철학자나 정치철학자들이 많이 가르쳤다. 스미스는 1740년대 말부터 에든버러에서, 그리고 1750년대 초부터는 글래스고에서 수사학, 논리학, 도덕철학 등을 가르쳤는데, 그의 강의 가운데에는 경제학이라고 불릴 만한 내용들이 많이 들어 있었다. 스미스는 자신의 도덕철학 강의에 기초하여 『도덕감정론』이라는 자신의 첫번째 저서를 펴냈다.

그 후 17년이 지나 스미스는 자신의 두번째이자 마지막 저서인 『국부론』을 출간하였다. 『국부론』은 『도덕감정론』보다 훨씬 더 세인들의 주목을 받았다. 사실 많은 사상가들 중에서 자신의 생애에 단 두 권의 책을 내고, 그 두 권의 책으로 세계적인 사상가가 된 사람은 드물 것이다. 그런데 스미스는 자기 자신이 『국부론』의 저자가 아니라 『도덕감정론』의 저자로 남기를 원하였다. 하지만 이러한 자신의 의사와는 달리 스미스는 후대에 『국부론』의 저자로 알려졌으며, 21세기에도 여전히 경제학자로 알려져 있다.

『국부론』의 원제는 '국민들의 부의 성질과 원인에 대한 연구'이다. "국민의 연간 노동이 국민에게 생필품과 편의를 제공하는 원천이다."는 당시로서는 매우 획기적인 명제로 시작하는 『국부론』은 모두 다섯 편으로 구성되어 있다. 1편은 노동생산력 향상의 원인과 생산물 분배의 원리(가치론·분배론), 2편은 자본의 성질·축적·활용(자본론), 3편은 국부증진의 역사(경제사), 4편은 중상주의와 중농주의에 대한 비판(경제학사), 5편은 정부 역할과 재정(재정학)을 다루고 있다.

『국부론』에 대한 전통적 해석에 따르면, 애덤 스미스의 경제사상은 경제인의 자유를 절대적 가치로 내세우는 몇 가지 명제로 요약된다. 첫째, 근대사회의 모든 개인은 근본적으로 자신의 이익을 추구하는 경제인이다. 둘째, 개별 경제인은 사익을 추구하는 경제행위를 통해 자신도 모르게 사회 전체의 이익을 증대시킨다. 셋째, 근대사회(스미스는 이를 상업사회라 불렀다)는 사회 전체의 경제발전을 위해 경제인의 자유로운 경제활동을 보장해야 한다. 넷째, 경제인의 자유로운 경제활동을 보장하는 시장경제체제는 사회 전체의 정치적·사회적 발전을 가져온다. 우리는 『국부론』에서 발견되는 이러한 경제사상을, 자유자본주의 경제체제를 사상적·이론적으로 옹호하는 경제적 자유주의라고 부른다.

경제적 자유주의의 기본 원리는 '보이지 않는 손'이라는 은유를 통해 가장 효과적으로 표현되고 있다.

> 각 개인이 최선을 다해 자기 자본을 국내 산업의 지원에 사용하고 노동생산물이 최대의 가치를 갖도록 노동을 이끈다면, 각 개인은 필연적으로 사회의 연간수입을 그가 할 수 있는 최대치가 되게 하려고 노력하는 것이 된다. 사실 그는 공공의 이익을 증진시키려고 의도한 것도 아니며 그가 얼마나 기여하는지도 알지 못한다. 해외 산업보다 국내 산업의 지원을 선호함으로써 그는 오직 자신의 안전을 의도한 것이고, 노동생산물이 최대의 가치를 갖도록 그 노동을 지도함으로써 그는 오직 자신의 이득을 의도한 것이다. 그는 이렇게 함으로써〔다른 많은 경우와 같이〕보이지 않는 손(invisible hand)에 이끌려 그가 전혀 의도하지 않은 목적을 증진시키게 된다. (……) 그는 자기 자신의 이익을 추구함으로써 종종 그 자신이 진실로 사회의 이익을 증진시키려고 의도하는 경우보다 더욱 효과적으로 그것을 증진시킨다.

애덤 스미스의 『국부론』이 발간 당시부터 현재에 이르기까지 자유자본주의를 옹호하는 저서로 이해되고 있다고 하더라도, 조심스러운 독자는 『국부론』 속에서 불편부당한 양심을 가진 도덕철학자였던 스미스의 평등주의적 사회경제사상을 발견하지 않을 수 없다. 『국부론』 속에서 스미스는 철학자와 짐꾼 사이에 천부적 재능의 차이가 크지 않음(1편 2장)을, 법률이 고용주와 노동자에 대해 공정하지 않음(1편 8장)을, 노동자들에게 적절한 임금을 지불해야 함(1편 8장)을, 노동자들이 경제적 조건 때문에 사회적 여론의 형성에서 소외되고 있음(1편 11장)을, 정부는 대다수 국민을 형성하고 있는 노동빈민을 위한 공공교육을 실시해야 함(5편 1장)을 주장한다. 스미스는 사회구성원들의 인간다운 삶을 보장하기 위해서는 시장만이 아니라 정부도 반드시 필요하다고 주장하고 있는 것이다.

사실 애덤 스미스는 자신이 가장 이상적인 상태로 생각하는 '완벽한 자유와 정의의 자연적 체계(the natural system of perfect liberty and justice)'를 위해 『국부론』을 저술하였으며, 이러한 질서를 실현하기 위해서는 두 가지 조건이 필요하다고 말하고 있다. 첫째, 경제학은 계급의 이익이 아니라 사회 전체의 이익이 증대하는 원리를 밝혀야 한다. 둘째, 경제학자뿐만 아니라 정치가·입법가도 불편부당해야 하며, 사회 전체의 이익에 봉사할 수 있어야 한다. 사회의 양극화가 심화되고 있는 오늘날, 우리는 『국부론』에서 자유와 정의를 함께 생각하고 사회 전체의 이익과 불편부당함을 추구하는 사회경제사상가 애덤 스미스의 모습을 발견해야만 한다.

★ 추천도서와 읽을거리

스미스의 사회·경제사상을 온전하게 이해하려면 반드시 그의 다른 저작인 『도덕감정론』을 읽어야 한다. 이미 말했지만 스미스는 사후에 자신이 『국부론』의 저자가 아니라 『도덕감정론』의 저자로 남기를 원했다. 우리는 『도덕감정론』에서 스미스가 자신의 '보이지 않는 손'이라는 유명한 구절을 『국부론』과는 다른 맥락에서 사용하고 있다는 사실도 발견하게 될 것이다.

외국어로 된 고전을 원서 그대로 읽는다면 얼마나 좋겠는가. 스미스 탄생 200주년을 기념하여 옥스퍼드 대학교 출판부에서 발간한 『애덤 스미스 전집』이 소위 '비평본'이라고 할 수 있다. 하지만 좋은 번역서는 원서에 못지않다. 『국부론』은 김수행의 번역본(동아출판사, 1992)을, 『도덕감정론』은 박세일·민경국의 번역본(비봉출판사, 1996)을 읽어야 한다. 시간이 없고 스미스 사회경제사상의 맛만 보고 싶다면, 『애덤 스미스의 지혜』(벤자민 로지 엮음, 박순성 옮김, 자유기업센터, 1998)를 찾으면 되겠다.

고전을 읽을 때 반드시 필요한 것이 연구서이다. 국내에서도 애덤 스미스에 대한 연구서는 꾸준히 증가하고 있다. 시간 여유가 있을 때 읽을 만한 연구서로는 조순 등의 『아담 스미스 연구』(민음사, 1989), 이근식의 『애덤 스미스의 고전적 자유주의』(기파랑, 2006), 박순성의 『아담 스미스와 자유주의』(풀빛, 2003), 김광수의 『애덤 스미스의 학문과 사상』(해남, 2005)이 있다.

국외에서 나온 스미스의 전기 중 간편하면서도 읽을 만한 것으로는 D. D. 라파엘(Raphael)의 *Adam Smith* (Oxford : Oxford University Press, 1985 ; 『**애덤 스미스 : 경제학의 아버지**』, 변용란 옮김, 시공사, 2002)와 R. H. Campbell & A. S. Skinner의 *Adam Smith* (London : Croom Helm, 1982)가 있다. 시간은 없고 재미는 찾고 싶을 때에는 장상환이 번역한 로버트 L. 하일브로너의 『**세속의 철학자들 : 위대한 경제사상가들의 생애, 시대와 아이디어**』(이마고, 2005) 중 3장 〈애덤 스미스의 놀라운 세계〉를 읽기를 권한다.

제2영역 · 사회와 문화

36

군주론
니콜로 마키아벨리

● 박명호 동국대학교 정치외교학과 교수

"자기를 충실히 따르는 세력을 확보하지 못한 지배자는 지위가 항상 불안하다."

"방어란 오로지 자기 혼자 힘으로 했을 때에만 훌륭하고 확고하며 오래 지속되는 것이다."

"지도자가 명성을 얻으려면 거창한 사업을 일으키고 위력을 떨쳐야 한다. 위대하고 탁월한 명성을 얻기 위해서는 모든 조치에 최대한의 노력을 기울여야 한다."

— **니콜로 마키아벨리, 『군주론』 중에서**

"성과를 올리는 사람들이 공통적으로 갖고 있는 것은 자신의 능력과 존재를 성과로 연결시키기 위해 끊임없이 노력하는 실행능력뿐이다."

— **피터 F. 드러커, 『프로페셔널의 조건』 중에서**

"어릴 때부터 꼭 하고 싶었던 일을 하는 사람이 대체로 행복하다."

"탁월함은 모든 차별을 압도한다."

— **강인선, 『힐러리처럼 일하고 콘디처럼 승리하라』 중에서**

『군주론』(1532)의 저자 니콜로 마키아벨리(Niccolo Machiavelli, 1469~1527)는 13세기 이후 여러 명의 행정관을 배출한 피렌체의 명망가 집안에서 태어났다. 아버지는 법률가였지만 경제적으로 어려웠다. 마키아벨리 스스로 "즐거움 이전에 인고(忍苦)를 배워야 했다."라고 했듯이 그의 교육도 학교보다는 가정에서 이뤄진 것으로 보인다. 독학은 역설적이지만 지나친 인문주의 교육에 따른 폐해를 극복할 수 있도록 했고, 『군주론』을 비롯한 그의 여러 저작에서 볼 수 있는 독창성과 생동적인 표현을 가능하게 했다.

마키아벨리는 1498년부터 피렌체의 제2서기관장직에 올라 내정과 군사를 맡았다. 하지만 1512년 당대의 세력가 메디치 가문이 피렌체로 복귀하면서 어려움을 겪게 된다. 이탈리아 피렌체는 레오나르도 다빈치와 미켈란젤로를 길러낸 곳이다. 메디치 가문은 당대의 유명한 예술가, 과학자, 상인 등을 초빙하고 모여들도록 하여 르네상스를 주도했다. 예술가와 과학자, 귀족과 상인, 교황과 평신도 같은 전혀 다른 역량을 한데 모아 창조와 혁신이 가능한 빅뱅 현상이 일어나게 되었다. 프란스 요한슨이 현대의 기업경영전략으로 필요하다며 재생시킨 '메디치 효과(medici effect)'가 바로 이것이다.

하지만 마키아벨리는 1513년 반역 음모에 연루되어 기소되었고 출감한 후에도 감시의 대상으로 전락하고 만다. 마키아벨리는 「축복받은 정령들의 노래」를 만들어 메디치 가문의 자비를 구해 보려 했으나 성공하지 못했다. 그는 아버지로부터 물려받은 교외의 사유지에 은둔하며 저작에 몰두했다. 바로 이때 나온 것이 『군주론』이다. 사실 『군주론』도 마키아벨리 본인의 생계를 해결하는 동시에 메디치 가문의 눈에 들어보려는 노력의 산물이었다. 마키아벨리가 "제발 나를 좀 알아 달라."고 애걸복걸하면서 군주에게 바친 것이 『군주론』이었다.

마키아벨리가 『군주론』을 저술한 시기의 이탈리아는 혼란 그 자체였다. 이탈리아 반도는 군소 국가들로 분열되어 있었고 끊임없이 외세의 위협에 시달려야 했다. 이러한 상황에서 '마키아벨리는 어떻게 하면 통일된 공화국의 발전을 지향할 수 있을까'라는 의문에 매달리게 된다. 분열과 위협이라는 악조건 속에서 이탈리아의 구원이라는 이상적 목표를 실현하기 위해서 필요한 것은 강력한 군주라고 마키아벨리는 생각했다. 정치적 혼란 상태의 조국 이탈리아가 강력한 군주에 의해 구원되어야 한다고 믿었던 것이다. 공화국의 발전이라는 일관된 목표를 가진 마키아벨리의 노력의 결정체가 바로 『군주론』이다. 『군주론』은 1513년 원고가 완성되었다. 하지만 1532년 정식 출판될 때까지 사람들은 필사본 형태로 책을 읽었다. 그 내용에 대한 논란이 거세게 일어 1559년 교황 파울루스 4세에 의해 교황청의 '금서목록'에 오르기도 했다.

훗날 '마키아벨리즘'이라는 용어로 더 많이 알려진 『군주론』의 핵심은 정치행위가 종교적 규율이나 전통적, 도덕적, 윤리적 가치로부터 자유로워야 한다는 것이다. '정치'는 도덕으로부터 분명하게 구별된 고유의 영역이라는 것이다. 당시 분열과 외세의 위협에 직면한 이탈리아가 강력한 군주의 지도력을 바탕으로 통일되어야 한다고 마키아벨리는 생각했다. 이러한 역할을 수행해야 하는 군주는 국가를 유지하고 통치하기 위해 우선 권력에 대한 야심과 용기가 있어야 한다고 그는 믿었다. 나아가 현실적으로 필요하다면 잔인할 수도 있어야 한다고 보았다. 권력을 얻고 유지하고 궁극적으로 확대하려면 권모술수(權謀術數)에 밝은 마키아벨리스트가 되어야 한다는 것이다. 군주가 갖춰야 할 정치기술을 정리한 것이 『군주론』이지만 군주에게만 국한된 것은 아니다. 권력의 세계에 있는 모든 행위자에게 공통된 것이다. 권력세계라는 상황과 인간의 본성을 보면 당연한 것이라고 본 것이다. 마키아벨리는 "사랑받는 존재가 될 것인가, 아니면 두려운 존재가 될 것인가."라고 묻는다. 그는 인간은 은혜도 모르고 변덕도 심하며 자신의 이익만 우선하는 존재로 보았다. 따라서 인간은 두려운 자보다는 사랑하는 자를 더 쉽게 배반한다. 따라서 "함정을 알려면 여우여야 하고 늑대를 혼내 주기 위해 사자여야 한다."고 말했다. 그렇다고 마키아벨리가 권력추구자로서의 인간을 이상적으로 본 것은 아니다. 그가 갈망했던 것은 오히려 선하고 순수한 인간사회였다. 그가 "인류가 타락하지만 않았어도 이 모든 기술은 필요하지 않았을 것이다."라고 한 것은 그러한 고민의 한 단면을 보여준다.

마키아벨리의 『군주론』은 근대정치학을 개척한 저서로 평가된다. 권력현실에 대한 객관적 분석을 통해 근대정치학의 초석을 놓았다. 그 동안 이상론적으로 인식되었던 정치의 영역을 구체적 현실로 바꿔 놓았다. 이상적 목표를 추구하는 것이 정치지만 현실적 정치의 수단은 가장 '현실적'이어야 한다. 즉, 시대상황과 인간의 본성에 부합하는 정치기술을 가져야 한다는 것이다. 현대정치학에서 주류를 이루고 있는 현실정치에 대한 미시적 분석의 토대가 된 것이 『군주론』이다. 오늘날 우리는 '마키아벨리즘', 또는 '마키아벨리스트'라는 용어를 어렵지 않게 접할 수 있다. 정치의 현실적 측면을 가장 적절하게 표현한 것이기 때문이다. 과연 정치란 무엇인가? 이상적 목표의 달성을 위한 정치의 기술은 현실적이어야 하는가? 서로 다른 다양한 생각과 목표를 가진 사람들의 노력을 한데 모아 공동의 목표를 달성하기 위해 지도자는 마키아벨리스트여야 하는가?

사례 1 : 정치란 (그가 엊그제 말했듯이) '한 시대의 조류와 그 조류에 역행하는 파도 사이에서의 선택'으로 인식되는 듯하다. 또 정치란 '역사와의 독대'에서 '여론과 일치하지 않는 선택'을 취하는 기술을 뜻하는 것으로 볼 수 있다. 그러면서 노 대통령은 그런 선택을 이벤트화(化)하고 특유의 화법으로 포장해서 적절한 타이밍에 전달하는 전략을 구사해 왔다고 생각한다.(김대중 칼럼 「盧 대통령에게 정치란 무엇인가」, 《조선일

보》, 2006. 1. 27)

사례 2 : 열린우리당 정동영 고문은 "박근혜 대표는 지금 의회주의자가 아니라 장외주의자가 돼 있습니다. 박 대표는 권력을 잡기 위해 수단과 방법을 가리지 않는 마키아벨리적인 인물입니다."라고 비난했다. 그러자 박근혜 대표는 "마키아벨리식 정치를 한다고 하는데 노인들은 선거하지 마라 이런 식으로 말하는 게 마키아벨리식 정치가 아닌가?"라고 맞받았다.(SBS 저녁뉴스, 2006. 1. 19)

우리는 여러 사람으로 이뤄진 조직 속에서 살아간다. 기업에 취업을 하는 경우도 그렇고 자신의 사업을 하는 경우도 마찬가지다. 무인도에서 혼자 살아가는 것이 아니라면 싫든 좋든 사람들과 관계를 맺으며 살아갈 수밖에 없다. 이 과정에서 피할 수 없이 발생하는 것이 권력관계이다. 막스 베버는 권력을 "타인의 힘을 거슬러 자신의 의지를 관철할 수 있는 능력"이라고 했다. 또한 버트런드 러셀은 "의도한 효과를 만들어 내는 힘"이라고 보았다. 어떻게 정의하던 결국 "(누군가를) 강제로 복종시키는 힘"이다. 경우에 따라 복종해야 하는 입장일 수도 있고 다른 사람을 복종시켜야 할 입장에 있을 수도 있다. 피하고 싶어도 사회생활을 유지하는 한 피할 수 없는 상황이다. 그렇다면 어떻게 대처해야 할까? 이 물음에 대한 해답을 찾는 데 일부 도움을 줄 수 있는 것이 『군주론』이다. 이제 대학생활을 시작하며 미래의 삶을 준비하는 새내기들에게 꼭 읽었으면 하는 책이다. 일독을 권한다.

★ 추천도서와 읽을거리

시오노 나나미, 『나의 친구 마키아벨리』, 오정환 옮김, 한길사, 2002
  마키아벨리의 저작과 편지들을 바탕으로 그의 시대적 배경과 그가 자라온 과정, 『군주론』을 집필하게 된 동기 등을 알기 쉽게 서술하고 있다. 권모술수의 이론가로만 알려져 있는 마키아벨리를 좀더 깊이 이해하는 데 도움이 된다.

퀜틴 스키너(Quentin Skinner)·셸던 울린(Sheldon Wolin), 『마키아벨리의 이해』, 강정인 편역, 문학과지성사, 1993
  다양한 주제를 다루고 있는 마키아벨리 전문 연구자들의 논문을 선별하여 번역한 마키아벨리 사상 입문서.

제2영역 · 사회와 문화

37

꿈의 해석
지그문트 프로이트

● 김영민 동국대학교 영어영문학과 교수

    꿈은 완벽한 심리적 현상이며, 정확히 말해 소원 성취이다. 또한 우리가 이해할 수 있는 깨어 있는 동안의 정신활동 속에 배열될 수 있으며, 아주 복잡한 정신활동에 의해 형성된다. 그러나 이러한 인식을 반기려는 순간 많은 문제들이 우리를 덮친다. 꿈-해석의 결과 꿈이 성취된 소원을 묘사한다면, 이 소원 성취는 무엇 때문에 의아하고 이상한 형식으로 표현되는 것일까? 꿈-사고가 어떤 변화를 겪기에 눈을 뜰 때 우리의 기억에 남아 있는 것 같은 외현적 꿈이 형성되는 것일까? 이러한 변화는 어떤 경로를 통해 이루어지는 것일까? 꿈으로 엮어지는 재료는 어디서 비롯되는 것일까? 우리가 꿈-사고에서 볼 수 있었던 많은 특성들은 어디서 유래할까? 예를 들어 꿈-사고들은 서로 모순되는 것일까? 과연 꿈은 우리 내면의 심리적 사건에 관해 새로운 것을 알려줄 수 있을까? 그리고 그 내용은 우리가 낮 동안 믿었던 의견을 정정해 줄 수 있을까?

    (……) 우리의 다음 관심사는 이것이 꿈의 보편적 특성인지 아니면 우리 분석의 출발점이 되었던 꿈 〈이르마의 주사꿈〉의 우연한 내용인지 알아내는 것이다. 왜냐하면 우리가 모든 꿈은 일종의 의미와 심리적 가치를 가지고 있다는 것을 발견할 태세를 갖추고 있더라도, 이 의미가 모든 꿈에서 동일하지 않을 가능성은 열어 두어야 하기 때문이다. 우리가 다룬 첫 번째 꿈은 소원 성취였다. 그 밖에 두려움을 성취시키는 꿈도 있을 수 있고, 아니면 성찰을 내용으로 하는 꿈, 단순히 추억을 재현하는 꿈도 가능하다. 그렇다면 다른 종류의 소원-꿈이 존재하는가 아니면 오로지 소원-꿈만이 존재하는가?

지그문트 프로이트(Sigmund Freud, 1856~1939)는 1856년 5월 6일 체코의 모라비아 지역 프라이베르크라는 조그마한 마을에서 태어나, 중산층 유대인 부모 아래서 자랐다. 아버지 야콥 프로이트는 양모업자였고, 어머니 아말리아는 20년 연하로 두 번째 부인이었다. 프로이트에게는 아버지의 첫 부인에게서 난 2명의 이복형과 7명의 동생이 있었는데, 이복형 중 한 사람은 프로이트의 비슷한 나이 또래였다. 프로이트에게는 가톨릭 신자인 유모가 있었는데, 그의 어머니 같은 역할을 하였다. 이러한 복잡한 가족관계와 상황이 오이디푸스 콤플렉스 같은 정신분석학적 개념을 형성하는 데 일조하였다.

17세 때 프로이트는 비엔나 대학 의대에 입학한다. 대학 시절부터 프로이트는 진화론과 자연과학을 신봉하게 되고, 후에 신경병리학자로서 존경받는 의사가 되었는데, 장 마르탱 샤르코(Jean-Martin Charcot)라는 프랑스의 유명한 신경학자 밑에서 히스테리아(hysteria)로 알려진 정서불안 치료에 관심을 가지고 연구하게 되었다. 비엔나로 돌아와서 프로이트는 생리학자이자 의사인 요제프 브로이어(Josef Breur)와 협동연구를 하게 되었는데, 히스테리아를 앓고 있는 안나 오라고 알려진 브로이어의 환자를 접하면서, 최면술을 이용하여 과거의 상흔을 기억하여 불러일으킴으로써 증상을 제거할 수 있는 방법을 발견하게 되었다. 1885년에는 프로이트와 브로이어 공저로 "구술치료"라고 알려지기도 한 카타르시스적 방법을 기록한 『히스테리아 연구』(1895)를 출판하기에 이르렀다.

1886년 비엔나에 돌아온 프로이트는 요제프 브로이어와 공동연구를 통해 히스테리 증상에 대한 집중적인 연구를 하고, 이후 1900년에는 『꿈의 해석』을, 1905년의 『성의 이론에 관한 세 편의 논문』에서는 더 나아가 정신과 성의 복합적 발전단계를 구순기, 항문기, 남근기로 나누어 오이디푸스 콤플렉스의 형성을 설명하였다. 제1차 세계대전 때는 무의식과 의식의 세계와 이드, 자아, 초자아의 작용의 상관관계에 관한 논문을 썼다. 이후 『토템과 터부』(1913), 『쾌락의 원칙을 넘어서』(1920), 『문명과 불만』(1930) 등에서 궁극적으로는 자신의 정신분석적 통찰력을 응용하여 농담, 말의 실수, 인종 지리학적 데이터, 종교와 신화, 그리고 심지어는 현대문명에 대한 다양한 현상을 규명하였다. 프로이트는 결국 인간의 정신세계를 이해하는 데 지대한 공헌을 한 노력이 인정되어, 1935년 그의 80회 생일 바로 직전 영국 왕실 의학회의 명예회원으로 임명되었고, 나치가 오스트리아를 병합하던 때인 1938년 영국으로 망명하자마자 1939년 9월 23일 사망하였다.

프로이트는 인류정신사에서의 세 가지 발견이 인간을 스스로 가장 수치스러운 존재로 인식하게 한다고 지적하고 있다. 그 세 가지란, 첫째, 인간이 우주의 중심이 아니라는 갈릴레오의 발견, 둘째, 인간이 피조물 가운데 영장이 아니라는 발견, 셋째, 인간이 자신의 정신을 통제할 수 없다는 자신의 발견이라는 것이다. 이 발견 이후 프로이트는 정신병리학의 중심이자 모든 자아발전의 주요한 원동력인 성(性)에 관한 이론과 무의식의 발견에 대해 구체적 이론과 실천적 담론을 제시하면서, 금세기에 가장 많은 논의가 되고 영향력이 지대한 과학자이자 정신분석학의 창시자로 알려지게 되었다. 프로이트가 서구 사상에 끼친 가장 위대한 공헌 중의 하나를 흔히 무의식의 발견이라고 지적하고 있다. 프로이트가 주장하는 무의식의 개념은 인식이 여러 층으로 존재하며 표층 아래에서 사고가 생성된다는 것을 제안하였다는 점에서 선구자적으로 받아들여지고 있다. 이러한 문맥에서 프로이트는 꿈을 무의식에 이르는 왕도라고 천명하고 의식적인 사고의 논리와는 다른 무의식의 논리를 『꿈의 해석』에서 제시하고 있는 것이다.

『꿈의 해석』에서 프로이트는, 꿈이 이루어지는 과정에 내재된 복합적인 상징적 과정을 분석하여 "꿈은 무의식적 소망 이면에 숨겨진 위장된 표현"이라는 명제를 제시하면서, 인간의 정신에는 의식적으로 항상 접근할 수 없는 기억과 정서가 보존되어 있다고 주장한다. 프로이트는 현대인들의 모든 문제를 유아기의 상흔 혹은 트라우마나 다른 억압된 정서를 추적함으로써 해결해 나갈 수 있다고 보고, 꿈 속의 무의식적 표층에 감정이 위장된 형태로 파묻혀 있다는 사실과 단편적인 꿈의 기억이 이렇게 파묻힌 감정을 드러내는 데 도움을 준다는 사실을 발견했다. 프로이트는 꿈은 소망의 성취이며 궁극적으로 이러한 소망은 억압되거나 좌절된 성적 욕망의 결과라고 주장하고, 이러한 욕망을 둘러싸고 있는 불안이 때로 꿈을 악몽으로 전환시킨다고 보고 있다.

구체적으로 『꿈의 해석』은 자아를 소개하고 꿈의 해석과 연관된 무의식의 이론을 설명하고 있다. 프로이트에 따르면 꿈은 소망 성취의 모든 형태를 나타내며, 현재의 것이건 과거의 기억 속의 어떤 것이건 간에, 무의식에 의한 여하한 종류의 갈등을 해결하려는 시도라는 것이다. (후에 『쾌락의 원칙을 넘어서』에서는 소망의 성취로 나타나지 않는 꿈에 대해서 논의하고 있다.) 그러나 무의식에서의 정보가 부당하게도 현란한 형태로 나타나기 때문에, 전의식의 검열장치가 의식에서 변경되지 않고 등장하는 것을 허락하지 않는다. 꿈을 꾸는 동안 전의식은 깨어 있을 때보다 더 이러한 의무에 느슨하지만 주의를 기울이기는 한다. 따라서 무의식은 검열을 통해서 생성시키려는 정보의 의미를 왜곡시켜야만 한다. 그러므로 꿈에서의 이미지는 드러나 보이는 있는 그대로의 이미지가 아니라, 무의식의 구조에 대해 정보를 줄 수 있는 보다 깊은 해석이 필요하게 되는 것이다.

『꿈의 해석』은 무의미하게 보이는 꿈을 이해할 수 있는 삶의 언어로 번역하는 것을 말한다. 프로이트가 무의식에 이르는 왕도로서의 꿈을 재해석하게 된 후, 프로이트 당대까지 해결하지 못했던 인간의 문제를 해결하게 되었고, 인간에 대한 상을 변화시켰으며, 심리학, 사회 전반, 그리고 철학과 이론을 포함한 학문세계, 대중문화의 영역 등 인간의 지성사와 일상생활에 코페르니쿠스적인 의식의 전환을 가져온 교두보 역할을 하게 되었다. 특히 앨프레드 히치콕 같은 감독의 영화는 프로이트적인 무의식의 꿈의 세계가 발현되는 열림의 장이기도 하다. 이 외에도 문학비평 이론, 페미니즘 이론, 성 담론 등의 중요한 근간이 되어 왔다. 의학적 임상의 이론적 근거와 틀을 제시하여, 말을 통해 환자가 증상을 치료할 수 있게 되었다.

★ 추천도서와 읽을거리

캘빈 S. 홀, 『프로이트 심리학』, 민희식 옮김, 정민미디어, 2003
마르트 로베르, 『정신분석 혁명 : 프로이트의 삶과 저작』, 이재형 옮김, 문예출판사, 2000
크리스티앙 비에 책임편집, 『오이디푸스』(피귀르 미틱 총서 1), 정장진 옮김, 이룸, 2003

제2영역 · 사회와 문화

38

리바이어던
토머스 홉스

● **박효종** 서울대학교 국민윤리교육과 교수

　자연은 인간을 신체적으로나 정신적인 기능에 있어서 평등하게 만들었다. 이런 능력의 평등으로부터 목적을 얻고자 하는 똑같은 희망이 생기게 된다. 두 사람이 동일한 대상에 대해 소유하고 싶은 욕구를 가지나 (양이 충분하지 못해) 서로 만족할 수 없을 때 두 사람은 적이 된다. 힘과 의지를 통해 더 이상 자신에게 위협이 되는 어떤 힘도 없다는 것을 볼 때까지 가능한 한 모든 사람을 지배하려는 것은 자연스럽다. 그리고 이것은 자기보호를 위해 요구되는 것으로 인정된다.
　사람의 본성 가운데에는 분쟁의 세 가지 주된 원인이 있는데, 첫째, 경쟁심은 사람들을 무엇인가 얻기 위해 공격하게 만든다. 둘째, 자기 확신의 결핍은 안전을 확보하기 위해 공격하게 만들며, 셋째, 영광에 대한 욕구는 명성을 얻기 위해 사람을 공격적으로 만든다. 따라서 모든 사람을 떨게 만드는 공통의 힘(common power)이 없는 동안 사람들은 '만인에 대한 만인의 투쟁' 같은 전쟁 상태에 놓이게 된다.
　전쟁은 단지 전투 행위에만 있는 것이 아니라 전쟁을 하겠다는 의지가 충분하게 알려진 시간의 흔적 안에도 있다. 전쟁의 최악의 결과는 지속적인 공포와 폭력적인 죽음에 대한 위험이 상존한다는 데 있다. 이런 때의 인간의 삶은 고독하고, 비참하고, 괴롭고, 잔인하고 그리고 짧다.

1588년에 태어난 토머스 홉스(Thomas Hobbes, 1588~1679)는 영국에서 내전이 발발했을 무렵 50세가 되었다. 만일 내전이 벌어지지 않았더라면, 위대한 정치적 상상력의 소산인 『리바이어던(The Leviathan)』은 출현하지 않았을는지 모른다. 그의 지적 호기심과 관심은 다른 데 있었기 때문이다. 고전에도 관심이 있었고 17세기의 신철학과 과학에도 열정적이었다. 그리고 오랜 세월 귀족 가문에서 가정교사로 일했다. 왕과 의회 사이에 격렬한 다툼이 일어나자 그는 두 가지 대안을 선택한다. 하나는 '평화의 철학'을 구축하는 데 몰두한 것이며, 다른 하나는 내전으로부터 피신하여 파리로 가서 나중에 복권된 찰스 2세의 가정교사로 일한 것이다.

　1660년 찰스 2세의 복권 이후 홉스는 과거 자신의 제자였던 왕의 신임을 얻었다. 그러나 왕의 많은 지지자들은 홉스에 대한 왕의 호의에 회의적이었다. 그들의 눈으로 볼 때 태도가 일관되지 못한 홉스의 사상과 존재는 수치스러운 것이었으며 위험스럽기까지 했다. 실제로 홉스는 누가 권력을 가졌든지 간에 그와 더불어 일할 수 있었다. 그러나 이러한 태도는 기회주의보다는 원칙에서 비롯된 것이었다. 그의 열망은 특정 정파가 아니라 평화였기 때문이다. 1642년의 크롬웰은 반란을 일으킨 '평화의 파괴자'였기 때문에 홉스는 크롬웰의 뜻에 반대했으나, 1651년의 크롬웰은 '평화의 보증자'였기 때문에 지지한다. 홉스는 『리바이어던』 이외에도 많은 저작을 남겼다. 주로 40세부터 시작된 주요 저서로는 『법학요강(The Elements of Law)』(1640), 『시민론(De Cive)』(1642), 『물질론(De Corpore)』(1655), 『인간론(De Homine)』(1658), 『비히모드(Behemoth)』(1668) 등을 들 수 있다.

　사회계약의 범주로 정치권력을 조망한 『리바이어던』은 1651년에 출간되었으며, 논리와 구도상 다른 모든 책들을 압도했다. 가장 획기적인 것은 당시로서는 계약론자들 사이에 유행했던 통치자와 백성들 사이의 계약의 개념을 포기했다는 점이다. 물론 홉스는 고전적 계약론의 많은 요소들을 취하고 있다. 자연 상태와 대비되는 정치사회도 그 가운데 하나다. 그러나 중요한 것은 평등의 상태가 전쟁 상태에 불과하며, 질서보다는 무질서의 상황으로 전락한다는 점이다. 홉스는 질서의 기본으로 '정의'보다는 '평화'에 주목하고 있다. 물론 정치권력의 존재 이유로서 정의에 관한 가치는 중요하다. 일찍이 아우구스티누스는 "정의가 없는 왕국은 강도집단이 아닌가" 하고 반문했다. 그럼에도 불구하고 정의를 목표로 하는 권력 비전이 문제가 될 수 있는 것은 정의가 사소하고 값싼 구호로 전락할 위험성이 있기 때문이다. 정의는 정의감을 가진 의로운 사람 못지않게 이기주의적 요구와 불만을 가진 사람에 의해서도 오·남용될 수 있기 때문에 시민적 무질서를 야기할 수 있다. 정의를 부르짖는 양측이 자신의 비전의 구현을 위해 정의의 개념을 왜곡할 경우 사회 전체가 내전 상황으로 붕괴될 수 있겠는데, 홉스는 영국의 내란 역시 이 때문에 발생하였다고 생각하였다. 그가 살아 있었다면, 남북전쟁을 초래한 1860년대 미국의 상황에 대하여도 같은 방식으로 진단하였을 것이다. 그러므로 무엇이 정의로운가를 결정하는 절대적인 책임을 주권자에게 맡겨버리자는 것이 홉스의 생각이다.

인간은 본성상 평등하고 자유로운 존재라는 것이 홉스의 주장이다. 그러나 이러한 자연적 평등과 자유는 사람들 모두에게 결코 유리한 조건이라고 볼 수 없다는 점에서, 또 인간의 평등과 자유가 정치권위에 제약이라기보다는 오히려 무제한적인 정치권위를 정당화시키는 요인으로 간주하고 있다는 점에서 홉스적인 특이성이 발견된다.

"삶 자체는 욕망 없이는 불가능하다" 그리고 "이 생활의 행복은 인간이 때때로 욕망의 대상이 되는 사물들을 얻는 데 지속적으로 성공하느냐에 달려 있다"라고 설파한 것처럼, 인간의 생활은 끊임없이 욕망을 만족시키고자 하는 생활이다. 인간은 욕구하면서도 또 사고와 추론 능력을 가진 존재로 자신의 욕구를 달성하기 위한 수단을 찾는 데 필연적으로 몰두할 수밖에 없다. 홉스는 이것을 인간의 힘(power), 즉 권력이라고 지칭한다.

인간이 내면적으로 권력을 추구하고 있는 존재라는 사실은 인간이 직면하게 될 어려움이나 시련의 성격에 대하여 매우 시사적이다. 인간의 생활은 권력을 위한 투쟁으로 치닫기 때문이다. 그 결과 인간의 자연적 관계는 경쟁적 관계로 전이되며, 그 경쟁은 방법과 수단을 가리지 않을 정도로 격화된다. 결국 인간관계는 '상호 두려움'의 관계로 발전하기에 이르는데, 여기서 홉스는 '불신(不信)', 즉 '믿음 없음'을 뜻하는 'diffidence'라는 용어를 사용한다. 즉 경쟁자와의 다툼에 의해서 자기 자신이 박멸되지나 않을까 하는 두려움으로서, 이 두려움은 홉스가 말하는 '예상적 두려움'으로 치닫게 된다. 이 예상적 두려움은 '공격이 최상의 방어'라는 형태로 나타난다. 그러므로 경쟁과 두려움으로 인하여 인간의 자연 상태는 '만인의 만인에 대한 투쟁(bellum omnium contra omnes)'으로 전락하게 된다.

자연 상태에서의 투쟁은 홉스가 파악하는 인간 욕구의 또다른 현저한 특성에 의해서 악화된다. 그것은 '허영을 위한 욕구(desire for glory)'다. 허영이란 '인간 자신의 권력과 능력에 대한 상상으로부터 나오는 즐거움'으로서, 이 욕망 역시 반사회적인 것이다. 사실 여기서 홉스는 영국 내전의 비극과 관련하여 권력을 장악하고 있는 왕당파 사람들이나 반란자인 의회파들로부터 분출되는 '허영을 위한 욕구'에서 그 원인을 찾고 있다.

이러한 상황의 자연 상태에서 인간은 법으로 자신들을 통치할 어떤 초월적 권력인 '리바이어던'을 만들어 전쟁의 문제를 해결한다. 생명의 보존과 평화의 구축이야말로 홉스의 신민들이 자신의 주권을 '리바이어던'에게 바치는 유일한 근거가 된다. 결국 홉스의 사회계약론의 핵심은 평화론에 있다고 할 수 있다.

『리바이어던』의 현저한 영향이라면 두 가지를 들 수 있을 것 같다. 하나는 정치권력의 계약론적 함의이다. 지금 우리에게는 정치권력을 계약의 범주나 대의의 개념으로 접근하는 것이 자연스럽다. 그러나 17세기에 계약이나 대의의 개념으로부터 정치권력의 정당성을 이끌어내는 것은 마치 전쟁사에서 기관총을 발명한 것처럼 획기적인 것이다. 정치가 평등한 존재들 사이의 계약이며, 또한 통치자는 신의 뜻이 아니라 다른 시민들의 뜻을 대변한다는 점에서 권위와 권력을 행사할 수 있다는 사실은 왕이 사람들의 대리자가 아니라 신의 대리자라고 하는 왕권신수설이 유행했던 시절을 보면 하나의 혁명적인 사상이 아닐 수 없다.

홉스야말로 이러한 혁명을 일으킨 존재다. 물론 홉스는 민주주의적 계약을 말한 사람은 아니다. 홉스의 계약은 로크와 달리 자기 자신의 모든 것을 바치는 '소외의 계약(contract of alienation)'이며, 리바이어던은 절대권위를 정당화하는 상징이기 때문이다. 하지만 정치권위와 권력을 계약의 범주로 접근할 경우, 정치권위와 권력은 민주적 함의를 가질 수밖에 없다. 리바이어던 권위의 존재 이유가 신민들의 안녕과 복리에 있는 한, 민주적 요구를 경청할 수밖에 없기 때문이다.

두 번째로 『리바이어던』의 평화론에 주목해 보자. 사회 속에 삶의 의미를 매우 다르게 이해하는 다양한 사회적 집단들이 존재하는 것은 피할 수 없는 사실이다. "인간에게 가장 좋은 삶은 어떤 것인가." 하는 오래된 질문에 대한 정답은 있을 수 없다는 것이 사실이든 아니든, 우리들 가운데 그 누구도 다른 사람들에게 그들의 근본적 입장이 잘못되었다고 설득할 수 있는 지적 자원을 가지고 있지 못하다. 이처럼 삶의 방식이 어쩔 수 없을 만큼 달라서 어느 쪽이 더 우월한지에 대한 결론을 내릴 수 없는 경우, 그 가운데 어느 하나를 헐뜯지 말고 그저 둘 사이에 평화가 유지되도록 노력하는 것이 어떨까. 갖가지 종교전쟁과 영국 내전의 여파 속에서 펜을 든 홉스는 "자신들이 가장 좋다고 생각하는 바에 따라 바울이나 베드로 혹은 아폴로를 추종했던 초기 기독교인들의 독립성"을 지지했다. 그렇다면 '좋은 삶' 혹은 이상적인 사회가 무엇인가에 대한 생각은 같지 않지만, 노력을 통해 관용을 실천하고 서로의 차이점을 존중하면서 서로를 대할 수 있지 않을까.

★ 추천도서와 읽을거리

토머스 홉스, 『리바이어던』 1~4(박영문고 253~256), 이정식 옮김, 박영사, 1984
이 책은 완역본으로는 유일한 것인데, 현재 절판된 상태이다.

토머스 홉스, 『리바이어던』(삼성 세계사상전집 9), 한승조 옮김, 삼성출판사, 1982
이 책은 마키아벨리의 『군주론』과 함께 묶어서 번역한 책(임명방 옮김)으로 『리바이어던』은 완역이 아니라 1장 〈인간에 대하여〉와 2장 〈국가에 대하여〉만 번역되어 있다.

D. D. 라파엘, 『도덕과 정치』(삼성문화문고 137), 최명관 옮김, 삼성미술문화재단, 1980
이 책은 라파엘(D. D. Raphael)의 *Hobbes, Morals and Politics*를 번역한 것으로, 홉스 사상에 대한 비중 있는 해설서이다.

리차드 턱 외, 『홉즈의 이해』, 강정인 편역, 문학과지성사, 1993
이 책은 Richard Tuck, *Hobbes*, Oxford, 1989. Sheldon Wolin, *Politics and Vision*, Boston, 1960, 제8장, Laurance Berns, *Thomas Hobbes*, in Leo Strauss and Joseph Cropsey(eds.) *History of Poltical Philosophy*, Second Edition, Chicago, 1973을 편집하여 번역한 것이다.

김용환, 『리바이어던: 국가라는 이름의 괴물』, 살림, 2005
이 책은 국내에 출판된 홉스 사상에 관한 연구서 가운데 가장 종합적이고 체계적인 내용을 담고 있는 저서이다.

제2영역 · 사회와 문화

39

미국의 민주주의
알렉시스 드 토크빌

● 서병훈 숭실대학교 정치외교학과 교수

　내 의견으로는 합중국의 현 민주제도의 주요한 폐단은 유럽에서 흔히 주장되고 있듯이 그 제도의 취약성에 있는 것이 아니라 막강한 그 세력에 있다. 그 나라가 누리는 지나친 자유보다는 폭정에 대해서 충분한 보장책이 마련되어 있지 않은 상태가 내 보기에는 더 경계할 대상이다. 어느 개인이나 당파가 합중국에서 부당한 처우를 당한다면 누구에게 호소할 수 있을까? 여론에 호소하자면 여론도 다수로 이루어진다. 입법부에 호소하자면 입법부도 다수를 대표하여 묵시적으로 다수에 복종한다. 행정권에게 호소한다면 행정권도 다수에 의해 임명되며 다수의 수중에서 소극적 도구 구실을 한다. 공권력은 다수가 무장한 것이며 배심원은 다수에게 사법사건을 청취할 권리를 부여한 것에 지나지 않는다. 또한 일부의 주들에서는 재판관들마저 다수에 의해서 선출된다. 그러나 당신이 불평하는 조치들이 아무리 부당하고 불합리한 것이라고 해도 당신은 가능한 한 그것에 복종해야 한다. 한편 입법권이 반드시 다수의 감정의 노예로 되는 일이 없이 다수를 대표하도록 구성될 수 있다면, 행정권이 권한을 적절히 나누어 가지도록 구성될 수 있다면, 또한 사법권이 다른 두 개 권력으로부터 독립을 유지할 수 있도록 구성될 수 있다면, 민주적이면서도 별로 폭정의 위험성을 가지지 않는 정부를 이루게 될 것이다. 그렇다고 오늘날 합중국에서 폭정이 자주 일어나고 있다는 말은 아니다. 그러나 폭정에 대한 확실한 방벽이 전혀 없다는 점, 그리고 정부를 부드럽게 만드는 요인들은 그 법률에 있다기보다는 그 나라의 상황과 생활 태도에서 찾을 수 있다는 점을 나는 주장한다.

알렉시스 드 토크빌(Alexis de Tocqueville, 1805~1859)은 프랑스 명문세가의 후예이다. 프랑스 대혁명의 여파로 그의 일가족이 큰 피해를 보았다. 베르사유 법원에서 판사로 근무한 후, 교도소 행정의 개선 방안을 모색하기 위해 1831년 4월 미국 여행길에 올랐다. 9개월에 걸친 미국 탐방을 마친 뒤, 1835년 『미국의 민주주의(De la Démocratie en Amérique, 영어명 Democracy in America)』 제1부를 출판했다. 이 책이 대성공을 거두면서 그는 약관 36세에 프랑스 학술원 회원이 되었다. 뿐만 아니라 의원, 외상으로도 활약하는 계기가 되었다. 이어 제2부가 1840년에 나왔는데, 역시 큰 성공을 거두었다. 토크빌은 1856년 『구체제와 혁명(The Old Regime and the French Revolution)』을 쓰고 나서, 3년 뒤 폐결핵으로 세상을 떠났다.

오늘날 적지 않은 사람들이 민주주의에 대해 실망하고 있다. 자유와 평등이라는 숭고한 이념이 '방탕과 하향평준화'로 전락하면서 환멸의 대상이 되기까지 한다. 토크빌은 민주주의의 가장 큰 특징을 평등, 특히 생활조건의 평등에서 찾았다. 그러면서 평등이 지나쳐 개인의 자유를 해치게 되는 것이 민주주의의 치명적 약점이라고 생각했다. 그는 민주주의의 이런 어두운 모습을 주목하면서 그 부작용을 예방하기 위해 애썼다.

그는 자신이 물려받은 귀족주의의 역사에 대해 대단한 자부심을 느꼈다. 그러나 토크빌은 민주주의가 거스를 수 없는 시대의 대세라고 생각했다. 민주주의를 막는 것은 신의 의지를 거역하는 것이라고까지 말했다. 평등이 고상함과는 거리가 멀지 몰라도 보다 정의로운 것이다. 민주정치를 가장 능란한 정부라고 할 수는 없지만, 그 어떤 유능한 정부도 이룰 수 없는 것을 만들어낸다. 활동, 충만한 힘, 이런 것들이 민주정치의 진정한 장점이다.

이런 전제 위에서 토크빌은 민주주의가 주는 새로운 이익을 찾고자 했다. 우리에게 선택의 여지가 없다면, 좋은 경향을 북돋우고 나쁜 경향을 최대한 억제해야 한다. 신이 부여한 사회적 운명을 최대한 잘 이용하는 방법은 무엇이고 새로운 세계를 위한 새로운 정치학은 어떻게 정립할 수 있을 것인가? 평등 원리가 노예 상태와 자유, 지혜와 야만, 번영과 비참한 상태 중 어느 곳으로 인간을 이끌고 가는가 하는 것은 전적으로 우리 자신에게 달렸다. 그는 이런 믿음으로 『미국의 민주주의』를 썼다.
  어떻게 하면 자유와 민주주의 '둘 다' 발전시킬 수 있을 것인가? 어떻게 하면 프랑스를 시대의 흐름과 화해시킬 수 있을 것인가? 이를 위해 토크빌은 신생 민주국가 미국의 성공 사례를 주목했다. 『미국의 민주주의』를 쓰면서도 그의 눈은 항상 자신의 조국을 향하고 있었던 것이다.

  토크빌은 평등, 특히 생활조건의 평등이야말로 미국 민주주의의 제일 큰 특징이라고 판단했다. 문제는 평등에 대한 집착이 지나치면 자유가 위축될 수밖에 없다는 데 있다. 그는 이 점을 무엇보다 우려했다. 그런데 미국에서는 평등과 더불어 자유도 잘 지켜내고 있었다. 토크빌은 그 비결을 알고 싶었다.
  평등은 좋은 것이다. 굳이 과거 신분사회의 병폐를 상기하지 않더라도, 평등은 그 자체가 합목적적인 것이라고 할 수 있다. 그런데 토크빌은 평등에도 두 가지 종류가 있음을 환기시킨다. '당당하고 정당한 평등'은 평범한 사람도 위대한 사람의 대열로 끌어올린다는 점에서 좋은 것이다. 그러나 약한 자가 강한 자를 자기들 수준으로 끌어내리는 '저급한 평등'도 있다. 이런 평등을 추구하는 사회에서는 자유가 아니라 평등이 1차적 목표가 된다. 그리고 차라리 노예 상태에 빠지더라도 평등 없이는 못 산다.
  토크빌이 볼 때, 민주주의는 시기하는 감정이 충만한 정치사회체제이다. 따라서 하층계급은 자기들보다 우월한 사람들을 국정에서 제외시키려 하는 은밀한 본능을 가지고 있다. 아메리카인들은 뛰어난 재능을 가진 사람들을 두려워하지 않지만 좋아하지도 않는다. 아무리 능력 있는 사람도 비굴한 태도를 취하지 않는 한 정치적으로 성공하기 어렵다. 미국에서 위대한 정치가를 볼 수 없는 이유가 여기에 있다.

이런 평등제일주의는 민주주의의 또다른 그늘인 개인주의와 결합을 하게 된다. 토크빌은 개인주의를 "자신에게만 모든 감정을 집중하면서 동료와 사회로부터 떠나 자신만의 성에 안주하는 잘못된 판단"이라고 규정한다. 그러면서 자신에 대해 열정적으로 과도한 애착을 느끼는 이기주의와 구분한다. 토크빌은 평등이 개인 고립을 심화시키면서 개인주의도 덩달아 깊어져 간다고 보았다.

민주주의 아래에서 각 개인은 고립에 대한 두려움 때문에 다수와 더불어 행동하고 싶은 갈망을 가진다. 다수, 즉 여론의 힘이 커지는 이유가 여기에 있다. 자기만의 독자적 판단을 하기에는 버거운 터라 권위를 따라야 하겠으나 평등주의는 지적으로 뛰어난 사람을 인정하고 싶어하지 않는다. 가장 손쉬운 방법은 다수의 뒤에 자신을 숨기는 것이다.

과거 프랑스 앙시앵 레짐(L'Ancien Régime)에서 '국왕은 오류를 범할 수 없다'고 했는데, 이제 아메리카에서는 그것이 '다수는 오류를 범할 수 없다'로 바뀌었다. 다수의 결정 앞에서는 누구나 입을 다문다. 다수는 실질적, 윤리적 권력을 장악한다. 개인의 행동뿐만 아니라 의지에도 작용한다. 모든 도전과 토론까지 억압한다. 신체는 자유롭게 내버려 두지만 영혼은 얽매이고 있다. 미국만큼 사상과 언론의 진정한 자유를 결여한 나라가 또 없다. 위대한 작가, 정치가가 나올 수가 없는 것이다. 민주주의가 정신의 자유를 오히려 제약하고 있는 것이다.

토크빌은 이런 사실에 경악한다. 그런데 미국은 평등 과잉의 위험에 노출되어 있음에도 다수의 전횡이 생각만큼 심각하지 않다. 토크빌은 그 이유를 분석한다. 우선은 미국의 독특한 상황, 즉 무진장한 서부 개척지와 자유 개인에 열려 있는 경제적 기회 등을 생각해 볼 수 있다. 중앙집중화를 막아주는 지방자치의 활성화도 중요한 변수가 된다. 토크빌은 언론의 역할과 함께 각종 사회적, 경제적, 지적 중간집단의 활발한 활동을 매우 중요하게 생각한다. 이들 조직은 자유시민으로 하여금 자기 사회에 대해 애착과 소속감을 가지게 한다. 책임감과 자존심(자기 중요성)을 느낌으로써 군중 속에 매몰되는 것을 방지해 준다. 자유의 소중함에 대해 깊이 자각하게 해준다. 공공문제에 대한 참여를 통해 자기 이익 중심적 시각에서 벗어나 주변 동료 이웃들과 협력하게 되는 것이다. 토크빌은 엄정한 법조계, 그리고 배심원 제도도 미국 민주주의가 건강을 잃지 않는 이유가 된다고 보았다.

결국 토크빌은 평등이 초래하는 악에 대한 오직 한 가지 처방은 정치적 자유를 늘리는 길밖에 없음을 선언한다. "모든 권위는 다수의 의지에서 나온다." 그러나 "국민이 정치적으로 무엇이든지 할 권리를 가진다는 생각은 온당하지 못하다." 무제한 권력은 본래 사악하고 위험한 것이다. 인간이 스스로 타락하는 것을 막는 유일한 방법은 어느 누구에게도 무제한 권력을 주지 않는 것이다. 민주정치가 실패한다면, 그것은 그 힘과 잠재력을 오용하기 때문이다. 『미국의 민주주의』는 완전한 평등이 우리들의 숙명이라면, 자유로운 제도에 의해 평등이 이루어져야 한다는 점을 거듭 역설한다.

이 책은 한정된 경험과 부정확한 정보를 바탕으로 무리하게 일반화를 시도했다는 지적을 받지만, 장차 미국과 러시아가 신흥강국으로 발돋움할 것이고, 미국이 인종문제로 고생할 것이라는 점을 맞히는 등 빼어난 식견과 안목을 자랑한다.

민주주의가 시대의 거스를 수 없는 대세라는 것은 토크빌이 살던 당시보다 지금에 더 적합한 말이다. 그는 민주주의에 대한 나름대로의 애정 위에 그 부정적 양상을 적시했다. 우선 평등이 차이에 대한 부정으로 나아가서는 안 된다는 것을 강조했다. '귀족문화'에 대한 향수를 통해 능력 있는 개인의 자유로운 자기개발이 사회 전체의 발전에 유익함을 주장했다.

나아가 평등이 자유를 저해하면 평등 그 자체도 의미를 상실할 수 있음을 경고했다. 특히 여론과 다수를 앞세운 관습, 전통, 문화의 압박 때문에 개인의 창의력이나 '이유있는 반항'이 무시되면 안 된다는 사실을 누차 강조했다. 이것은 대중사회와 인터넷 문화의 부정적 결합에 대한 우려가 높아가는 현 시점에서 그 시사점이 더욱 크다.

누가, 어떻게 민주주의의 목에 방울을 달 것인가? 토크빌은 평등의 과잉이 낳는 문제점을 자유의 확대와 시민의 적극적인 참여를 통해 해소하고자 했다. 나아가 언론과 사법부의 깨어 있는 역할을 주문했다.

또한 그는 평등과 자유를 내세우는 대중사회의 경박함과 물질만능주의에 대해 질타하고 있다. 물질을 좇는 사람들은 늘 바쁠 수밖에 없다는 지적은 촌철살인의 맛을 느끼게 해준다. 정신문화가 꽃피어야 민주주의도 발전한다는 말은 두고두고 아프게 들린다.

★ 추천도서와 읽을거리

김성건 외, 『알렉시스 드 또끄빌을 찾아서 : 민주주의와 '마음의 습속'에 대한 사상』, 학문과사상사, 1996

    『미국의 민주주의』에 제시된 토크빌의 사상을 분석, 정리한 연구서이다.

세이무어 마틴 립셋(Seymour Martin Lipset), 『미국 예외주의 : 미국에는 왜 사회주의 정당이 없는가』, 문지영 · 강정인 · 하상복 · 이지윤 옮김, 후마니타스, 2006

    토크빌이 미국 민주주의에 관한 저술을 준비하면서 처음 사용한 것으로 알려진 용어인 '미국 예외주의'의 역사와 내용, 그 긍정적 부정적 결과들을 살펴봄으로써 토크빌의 관찰 이후 미국 사회와 미국의 민주주의가 어떻게 발전해 왔는지에 관한 유용한 정보를 제공한다.

제2영역·사회와 문화

40

민주주의와 그 비판자들
로버트 달

● 신윤환 서강대학교 정치외교학과 교수

국가를 통치함에 있어 인민에 의한 통제는 역사적으로 아주 드물었을 뿐만 아니라 다른 결사체들 ─종교적, 경제적, 사회적 결사체들─ 을 운영하는 데 있어서는 더욱 이례적인 것이었다. 이들 결사는 흔히 형태에 있어서는 위계적이고 실제에 있어서는 독재체제였다. 거시적 역사적 관점에서 볼 때 민주적 정부하에서 산다는 것은 인류에게 '자연스러운' 것이 아니었다. 그것은 상궤를 벗어난 것이며, 적어도 벗어난 것이어왔다. 최근에 이르기까지 지배적 이데올로기, 정치철학, 그리고 기록으로 남겨진 신념들은 민주주의를 '자연스런' 정부 형태로 생각하지 않았다. 오히려 지배적 이데올로기들은 위계질서를 인류 사회의 자연스런 질서로 간주하였다. 그렇지만 저자가 서문에서 밝혔듯이 하나의 겉치레의 이상(理想)으로, 지배적 이데올로기의 한 구성 요소로, 그리고 지배자를 정당화하는 하나의 신화로, '민주주의'는 오늘날 거의 보편적인 것이 되었다. (……) 적어도 이데올로기적 주장에는 국민의, 국민에 의한, 국민을 위한 정부는 지구상에서 사라지지 않았다. 오늘날 거의 모든 체제들은 이것이 그들이 지지하는 기준이라고 주장한다.

로버트 달(Robert A. Dahl, 1915~)은 20세기 최고의 정치학자라고 불릴 만큼 정치학의 흐름과 발전에 엄청난 영향을 끼쳤다. 달은 대학 졸업 후 잠깐 행정부에 몸담았던 경력을 제외하고는 30대 초반의 젊은 시절부터 73세의 나이로 퇴임하게 되는 1988년까지 모교인 예일 대학에서 오로지 연구와 강의에만 전념했던 학자였다. 그가 교수로서 봉직하는 동안 예일 대학 정치학과는 학과 평가에서 줄곧 1위를 고수하였고, 달의 제자들은 세계 전역에 흩어져 저명한 정치학자로서 명성을 날렸다. 달은 1966~1967년도 미국 정치학회 회장을 지냈으며, 예일 대학 재직 시절에는 이 대학 최고의 학자들에게 주어지는 스털링(Sterling) 석좌교수직을 수여받았고, 미국 학술원, 철학회, 과학원 등의 회원으로 선정되어 당대 최고의 석학으로 추앙을 받았다.

달은 130여 편의 연구논문 외에도 무려 열네 권이나 되는 단행본을 썼는데, 이 모든 책들이 정치학 분야에서 문제작이나 필독서가 될 정도로 그의 연구는 중요하고 독창적인 것으로 평가받고 있다. 그 중에서도 『민주주의 이론 서문(A Preface to Democratic Theory)』(1956), 『누가 다스리는가?: 한 미국 도시에서의 민주주의와 권력(Who Governs?: Democracy and Power in an American City)』(1961), 『다두정(多頭政, Polyarchy)』(1971), 그리고 『다원 민주주의의 딜레마(Dilemmas of Pluralist Democracy)』(1982)는 민주주의에 대한 달의 생각이 어떻게 전개되고 변화해 가는지를 잘 보여주는 대표작들로 손꼽힌다. 달은 은퇴한 이후에도 왕성한 저작 활동을 벌여 일생 동안 연구해 온 여러 성과들을 『민주주의와 그 비판자들(Democracy and Its Critics)』(1989), 『민주주의론(On Democracy)』(2000), 『미국 헌법은 얼마나 민주적인가?(How Democratic Is The American Constitution?)』(2001) 등 세 권의 책으로 정리하였는데, 그 중 여기서 소개하는 첫 번째 책은 민주주의에 관한 자신의 모든 연구성과들을 집대성한 걸작이라고 할 수 있다.

여느 사회과학적 연구들과 마찬가지로 달의 저작들 역시 당시의 시대적 상황과 밀접한 관련을 맺고 있다. 1970년대 초반까지 출판된 그 초기 연구들은 모두 미국의 민주주의를 강력하게 옹호하는 것들이었다. 구체적으로 민주주의를 과학적으로 개념화하고 그 이론을 정립하거나 (『민주주의 이론 서문』 및 『다두정』), 미국 민주주의가 결코 그 비판들처럼 소수의 엘리트나 과두제에 의해 지배되고 있지 않음을 경험적으로 입증하고자 한 연구들이다(『누가 다스리는가?』). 당시 미국은 제2차 세계대전과 냉전 시기를 거치면서 파시즘과 공산주의라고 하는 전체주의 체제와 싸우고 있었으며, 미국의 민주주의가 이러한 체제에 비해서는 우월하다는 점을 확신하고 있었기 때문이다. 또한 이러한 전체주의 외에도 민주주의를 내걸긴 했어도 그 요건을 갖추지 못한 사이비 민주주의나 불완전한 민주주의와 구별하기 위해 현실 속에서 찾아볼 수 있는 민주주의 체제로서 '다두정'이란 개념을 제시하였던 것이다.

미국 민주주의에 대한 달의 신념과 확신은 1970년대 중반 이후 변화의 조짐을 보인다. 이러한 변화는 당시 미국을 혼란과 충격으로 몰아넣었던 흑인 폭동, 워터게이트 사건, 베트남전 개입과 패배 등 미국의 민주주의와 자본주의 체제가 복합적인 취약성과 모순을 드러내기 시작한 것에 기인하였던 것 같다. 달은 특히 『다원 민주주의의 딜레마』라는 책에서 다원주의의 기반이 되는 여러 조직들, 특히 대기업들이 민주화되지 못하고 이러한 조직들 간에 존재하는 불평등한 정치적 자원의 배분이 민주주의의 작동을 방해하고 있다고 주장하였다.

『민주주의와 그 비판자들』은 미국 민주주의에 대한 강력한 옹호나 엄중한 비판을 가했던 앞선 저작들과 달리 그 장단점 모두를 한 장의 대차대조표에 담아 미국의 민주주의를 객관적이고 공평하게 분석하려 하였다. 이는 동유럽의 현실적 사회주의 체제가 한계를 드러내고, 적지 않은 제3세계의 권위주의 체제가 민주주의적 전환을 맞고 있던 1980년대 이후의 시대적 상황을 반영하는 것이라고 볼 수 있다.

 이 책은 달이 일생동안 천착해 온 민주주의 체제를 둘러싼 핵심적인 쟁점들을 총정리하고 자신의 모든 연구 결과를 종합한 민주주의 연구 완결편이라고 할 수 있다. 400쪽(번역본 682쪽)에 달하는 방대한 저작에서 달은 민주주의의 대안적 체제나 이념, 그리고 변형된 민주주의 체제를 내세우는 정치이론가에 대해 도덕적, 경험적, 논리적 비판을 치밀하고 끈기 있게 제기하는 한편, 현실적인 민주주의 체제가 드러내는 문제점과 한계를 솔직하게 시인하고 있다. 그리하여 달이 도달한 결론은 민주주의가 서서히 그 성과를 드러내는 꾸준한 힘을 가지고 있다는 믿음과 현실 민주주의 체제가 적지 않은 문제점과 한계를 드러낸 만큼 계속하여 질적 전환을 거쳐야 할 것이라는 경고였다.

 달은 이 책의 제1부에서 현대 민주주의 체제의 기원과 역사를 훑어본다. 민주주의 체제는 그리스 도시국가의 민주주의, 공화정의 전통, 대의정부론, 그리고 정치적 평등주의가 역사적으로 진화, 수렴한 체제인데, 이 각각의 원형적 민주주의 체제들은 모두 나름대로의 장단점을 갖고 있었다. 이러한 기원을 가진 오늘날의 민주주의 체제는 아직도 해결하지 못한 그러한 약점들과 민족국가나 자본주의가 만들어내는 다른 종류의 문제점을 노정하고 있다.

 이 책의 제2부는 민주주의 이념과 체제의 가장 강력한 비판자요 도전자인 두 대안적 이론을 검토하고 있다. 하나는 자율적인 개인들이 강압으로부터 완전히 벗어나 자유로운 사회를 자발적으로 건설한 이른바 '국가 없는(stateless) 체제'를 옹호하는 무정부주의이다. 그러나 무정부주의는 국가 없는 사회에서조차 강압은 있을 수밖에 없으며 이러한 체제를 현대세계는 허용하지 않는다는 점에서 실현 가능성이 없다고 달은 비판한다. 다른 또 하나의 강력한 대안은 달이 '수호자주의(guardianship)'라고 명명한 체제다. 이 체제는 정신적인 측면에서나 지식의 수준이라는 차원에서 일반인들보다 뛰어난 소수의 엘리트들이 다스리는 체제이다. 플라톤이 말하는 '철인왕(哲人王, philosopher-king)'이나 스키너(B. F. Skinner)가 『월든 투(Walden II)』(1948)에서 그린 심리학자 왕이 바로 이 수호자에 해당한다. 그러나 달은 오늘날 민주사회에서조차 적지 않은 사람들이 고대하는 이 체제는 도덕적인 견지에서 매우 위험한 발상이며, 정치 활동과 공공선 실현에서 일반국민들을 대표하거나 대행하는 수호자나 전문인이 따로 있을 수 없다고 비판한다.

제3부에서 달은 민주주의의 철학과 원리를 꼼꼼하게 정리해 주고 있다. 민주주의야말로 자유를 최대한 보장하며, 인간을 개발하고, 개인적 이익을 보호해 주는 데 필요한 정치적 과정이라는 것이다. 그래서 민주주의는 제도적으로 효과적인 참여가 이루어져야 하며, 투표권이 평등하게 주어져야 하고, 정치 사안에 대해 충분한 이해가 전제되어야 하며, 정부나 소수의 엘리트가 아닌 시민들 개개인이 마지막 결정을 할 수 있는 권리를 가지고 있어야 하며, 마지막으로 모든 정상인 성인 남녀들을 포괄하여야 하는 것이다. 그러나 현실은 어떠한가?

제4부에서는 민주주의가 현실적으로 해결하지 못하는 크고 작은 본질적인 약점들을 지적하고 이를 근본적으로 해결하겠다고 약속하는 대안들을 비판적으로 검토한다. 완벽한 결정 방법의 결여, 특히 다수결주의의 약점과 불가피성, 실질적인 권리, 재화, 이익과 조화를 이루어야 하는 과정의 문제, 과정과 기본권의 충돌 가능성, 민주적 단위의 규모 문제 등은 완벽한 민주주의 체제의 실현을 아주 힘들게 하는 것들이다.

따라서 달은 제5부에서 민주주의에 대한 기대 수준을 다소 낮춘다. '다두정'이라고 자신이 명명한 현실적인 민주주의 체제는 ①선출된 대표들에 의한 정책 통제 ②자유롭고 공정한 선거 ③보통선거권 ④공직피선거권 ⑤표현의 자유 ⑥대안적 정보원 ⑦결사적 자율성이 보장되는 체제로서, 이는 제3부의 엄격한 민주주의 요건을 현실적 제약성에 맞춰 완화한 것이라고 볼 수 있다. 달은 다두정이 비록 최소한의 민주주의에 불과하다는 비판에 직면해 있지만, 그래도 앞서 말한 자유 보장, 인간 개발, 이익 보호라고 하는 민주주의의 이상과 공공선을 궁극적으로 실현 가능하게 하는 현실적인 민주체제라고 본다. 마지막으로 제6부에서 달은 다두정의 한계인 형식적인 참여와 규모의 문제를 극복하는 제3의 질적 전환을 민주주의의 미래 과제로 제시하며 글을 맺는다.

이 책을 통해 체계적으로 종합, 정리된 달의 연구 성과들은 두 가지 점에서 중요한 유산을 남겼다. 첫째는 민주주의 개념에 대한 합의를 도출해 내었다는 것이다. 그가 작명한 다두정이란 표현이 널리 쓰이는 것은 아니지만 그가 '자유와 참여' 또는 '경쟁과 포괄성'으로 정의한 그의 민주주의 개념은 이제 표준적인 것으로 받아들여지고 있다. 둘째, 달이 끊임없이 제기해 온 민주주의 체제의 취약성과 문제점은 정치학자들의 주요 연구과제이자 쟁점으로 자리잡았다. 각종 경기 규칙과 결정 방법의 장단점, 효과적인 참여와 최종 통제를 가능하게 하는 적정 규모의 모색, 실질적 권리와 이익을 보장할 수 있는 다두정의 가능성, 다두정의 선결 요건과 기대 효과, 민주체제의 이행과 공고화 등 민주주의와 관련된 핵심적 쟁점들을 정치학의 연구과제로 설정한 학자가 바로 달이었다고 말할 수 있다. 이러한 쟁점은 미국정치, 비교정치, 정치경제, 정치철학, 연구방법론 등 정치학의 여러 하위 분야에 널리 걸쳐 있다.

★ **추천도서와 읽을거리**

데이비드 비담(David Beetham)·케빈 보일(Kevin Boyle), 『민주주의를 이해하는 여든 가지 물음』, 유네스코 한국위원회 기획, 이창호·윤병순 옮김, 오름, 1997
"민주주의란 무엇인가?", "다수결은 항상 민주적인가?", "왜 여성 당선자는 많지 않을까?", "정치자금을 정부가 지원해야 할까?" 등 민주주의에 관한 가장 기본적이고도 중요한 질문 여든 가지를 던지고, 그에 대해 알기 쉽게 간결한 설명을 제시하는 민주주의 입문서이다.

제2영역 · 사회와 문화

41

법의 정신
몽테스키외

● 김상겸 동국대학교 법학과 교수

    나는 헌법과의 관계 속에서 정치적 자유를 형성하는 법과, 시민과의 관계 속에서 정치적 자유를 형성하는 법을 구분한다. 자유라는 말처럼 여러 가지의 의미를 가지고 있으며, 사람의 마음에 다양한 영향을 준 말도 없다. 즉 모든 사람은 그들 자신의 관습과 기호에 가장 적합한 정체에 자유라는 이름을 적용하였다. 따라서 일반적으로 자유는 공화정에 존재하며, 군주정에서는 배척되었다고 말하여진다. 결국 민주정에서는 인민들이 그들이 원하는 대로 대부분 행동하는 듯 보이기 때문에 이러한 종류의 정체가 가장 자유로운 것으로 간주되었고 인민의 권력은 자유와 혼동되었다.

    정치적 자유는 결코 무제한의 자유로 이루어진 것은 아니다. 국가에 있어서, 즉 법에 의해 지배되는 사회에 있어서 자유란 단지 그가 원하는 바를 행할 수 있고 또한 그가 원하지 않는 바를 하도록 강요받지 않는 것을 의미한다. (……)

    모든 국가에는 세 종류의 권력이 있다. 입법권, 만민의 법에 관한 사항을 집행하는 권력 및 시민법에 관한 사항을 집행하는 권력. 입법권과 집행권이 한 사람이나 또는 한 무리의 지사들의 수중에 집중된다면, 자유는 존재할 수 없다. 만약 재판권이 입법권과 결합된다면 시민의 생명과 자유는 자의적 권력에 노출될 것이다. 만일 한 사람이나 또는 군주, 귀족 혹은 인민과 같은 한 무리가 이 세 가지의 권력, 즉 법을 만드는 권력, 공공의 의결을 집행하는 권력 및 각 개개인의 범죄와 불화를 재판하는 권력을 행사한다면 모든 것은 사라지고 말 것이다.

샤를 루이 드 스콩다 몽테스키외(Charles Louis de Secondat, Baron de la Bréde et de Montesquieu, 1689~1755)는 1689년 프랑스 보르도의 법조인 집안에서 태어났다. 그는 7세에 어머니를 여의고, 1700년 11세에 아버지 곁을 떠나서 모(Meaux) 부근의 오라토리오회 수도사가 운영하는 학교에 입학하여 고전을 배웠다. 1705년 보르도로 돌아와 보르도 대학에서 법률학을 전공하여 1708년에는 법학사가 되었고, 이어서 보르도 법원의 변호사가 되었다. 그 후 1713년까지 파리에 머무르며 법률을 연구하였다.

1713년 보르도로 돌아온 그는 아버지의 사망으로 백부의 보호 아래 잔느와 결혼하였다. 1714년 보르도 고등법원의 평정관이 된 후 1716년부터 1726년까지 같은 법원의 원장으로 지냈다. 또한 그는 1716년부터 보르도 아카데미 회원으로 들어가 물리학, 동식물학 등의 분야에서 여러 논문을 발표하기도 하였다. 1721년에는 당시 프랑스의 정세를 편지 형식으로 풍자한 작품 『페르시아 인의 편지』를 익명으로 발표하였다. 그는 재치와 기교에 넘친 이 작품으로 인하여 파리 사교계에서 유명해졌다.

1726년 관직에서 물러난 몽테스키외는 1728년부터 독일, 이탈리아, 헝가리, 영국 등 유럽 각국을 여행하면서 영국에 3년간 체재하였다. 그는 여행하는 동안 각국의 정치와 경제에 관하여 관찰하고 기록하였다. 1734년에는 『로마 성쇠의 원인에 관한 고찰』을 출간하였다. 그리고 1748년에 20여 년 동안 준비해 온 『법의 정신』을 출간하였다. 이 책은 출간되고 나서 금서 목록에 올랐으나 그 후 2년 동안 22판을 발행할 만큼 폭발적인 반응을 불러일으켰다. 그러나 『법의 정신』을 출판한 후 체력이 약해진 그는 1755년 64세로 파리에서 세상을 떠났다.

몽테스키외가 출생하여 활동하던 시기는 1688년 영국의 명예혁명과

1689년 권리장전 등 근대로 가는 변화의 길목에 유럽이 휩싸이기 시작하던 때였다. 당시 프랑스는 군주제 아래 상업자본에 기초한 중상주의가 자리잡고 있었다. 초기 자본주의의 전형인 중상주의는 복지국가를 추구하였으나 현실적으로는 거의 불가능하였다. 사회 중심의 중상주의는 봉건제도의 타파를 통한 자유주의 운동의 근간이 되었다. 18세기 중반 이후 개인 중심의 중농주의가 등장하면서 개인의 자유를 중시하는 자유주의가 본격적으로 시작되었다.

몽테스키외는 18세기를 풍미한 프랑스의 법학자이면서 문학가였지만, 무엇보다도 프랑스 계몽주의를 대표하는 사상가들 중 한 사람으로 계몽주의자였다. 계몽주의자들은 인간의 이성에 대한 절대적 신뢰를 바탕으로 하여, 인간이 스스로의 힘으로 사고하고 행동함으로써 인간 사회를 진보시킬 수 있다고 보았다. 그렇기 때문에 구시대의 정치, 종교, 사회, 사상 등에 대해서 비판적이었으며, 특히 종교적으로는 무신론에 가까웠고, 절대왕권의 전횡에 대하여 매우 비판적이었다. 그는 20년에 걸쳐 준비한 『법의 정신』에서 법을 선천적 · 보편적 원리에서 생각하는 것이 아니고 구체적으로 각국에서 실시되고 있는 법 형태 · 법 체제의 경험적인 사회학적 비교 고찰에 두었다. 그는 이 책에서 당시 영국의 제도를 본받아 국가권력은 입법권 · 집행권 · 재판권으로 분리되어 있어야 하고, 국가권력들은 서로 균형을 유지하고 있어야 한다는 것을 주장하였다.

『법의 정신』은 모두 6부로 구성되어 있고, 각 부는 관련된 주제별로 여러 편으로 나누어져 총 31편으로 기술되어 있다. 먼저 제1부는 법 일반론에 대하여 고찰하고 있으며, 제2부에서는 국가에 있어서 법의 역할과 정치적 자유, 제3부는 법과 풍토의 관계를 기술하고 있다. 이어서 제4부에서는 상업에 관한 법에 대하여, 제5부에서는 법과 종교와의 관계 및 종교법에 대하여, 제6부에서는 상속법과 시민법의 기원과 변천 과정에 대하여 정리하고 있다.

　몽테스키외의 『법의 정신』의 원명은 『로마법 계승으로서의 프랑스 및 제 봉건국가의 법에 관한 연구로서 정치·풍토·종교·교역 등에 관한 법의 정신 또는 그 연구』이다. 이 원명에서 보듯이 로마법과 게르만법으로 대별되는 유럽의 법제사에서 로마법의 영향을 받은 프랑스법의 원류를 찾아서 통시적 관점에서 프랑스법에 내려오는 법의 정신이 무엇인지 찾고자 한 것이다. 이런 법의 역사를 추적해 가는 과정에서 법은 인간의 이성으로부터 나오지만, 한 국가의 정치체제나 풍토·종교·상업과 생활방식 등과의 관계에서 법의 보편적 정신을 나온다고 보았다.

　몽테스키외는 법의 보편적 정신은 개인의 자유와 평등의 보장, 그리고 사회적 평화의 달성에 있다고 보면서, 법의 본질, 정치체제와 정치적 자유에 관한 고찰을 통하여 접근하고자 하였다. 이를 위하여 제1부에서는 먼저 법과 사물의 관계에 대하여 언급하면서 자연법과 실정법에 대하여 논하고 있다. 불변하는 자연법의 존재와 달리 사회를 형성하여 생활하는 인간에게는 실정법이 필요하고, 이러한 실정법은 한 국가의 정치체제와 관계 속에서 인간을 규제하게 된다. 정치체제는 민주정, 귀족정과 군주정 등으로 나눌 수 있는데, 인민 전체가 주권을 갖는 민주정과 인민의 일부가 주권을 갖는 귀족정을 공화정으로 보았고, 군주정은 1인 통치 형태로서 법에 의하지 않고 1인의 자의와 의지에 의하여 통치된다는 점에서 전제정으로 규정하였다. 이 세 유형의 정체 원리는 법에 의하여 정해지기 때문에 제2부에서는 정치적 자유가 보장되어야 한다는 것을 주장한다.

　자유란 인간이 자신의 의사에 따라 행동한다는 신념 속에 있는데, 이러한 자유는 정치적 자유와 시민적 자유로 나눌 수 있고, 정치적 자유란 법이 지배하는 사회에서 원하는 것을 할 수 있고 원하지 않는 것을 강제되지 않을 자유를 말한다. 정치적 자유는 권력분립을 통하여 보장되는

데, 권력분립은 입법권, 집행권과 재판권 등 3권으로 나누고 각각의 권력은 독립된 국가기관에 의하여 행사되어야 한다고 한다.

제3부에서는 풍토가 인간에게 어떤 영향을 미치고 법과 어떤 관계에 있는지에 대하여 기술하고 있다. 여기서는 인간의 생활은 자신이 거주하고 있는 지역의 풍토에 영향을 받고 있으며, 이에 따라 법의 내용도 정해진다는 것이다. 즉 인간의 생활환경에 따라서 법의 목적과 내용이 정해지기 때문에 법의 정신은 이런 환경과도 관련이 있다고 한다. 이어서 제4부에서도 마찬가지로 인간의 경제생활과 관련하여 법의 의미를 찾고 있으며, 제5부에서는 종교와 관련하여 종교가 법에 미치는 영향이 어느 정도인지 논하고 있다. 그리고 제6부에서는 로마법에 대한 검토를 통하여 통시적 관점에서 법의 정신을 찾고 있다.

몽테스키외의 『법의 정신』은 무엇보다도 '권력분립' 때문에 유명해진 저작이다. 권력분립에 관한 내용은 『법의 정신』 제11편에 나와 있는데, 이 편은 정치적 자유에 관한 부분이다. 몽테스키외에 있어서 자유는 법이 허용하는 것을 할 수 있는 권리이며, 권력분립은 그러한 자유를 보장하기 위한 제도이다. 몽테스키외는 이 책에서 국가권력을 기능상 입법권, 행정권, 사법권 등으로 나누어 이른바 '3권분립'을 주장하였으며, 각 권력이 귀속하게 되는 기관을 엄격하게 분립하면 그들 기관 상호간에 견제와 균형이 이루어져 그 결과 시민의 자유와 권리가 보장될 수 있다는 것이 권력분립 원칙이다. 그는 18세기 중엽 사법권을 포함한 입법권, 행정권의 3권분립을 체계화하였고, 이는 미국의 독립혁명과 프랑스 혁명을 통해 실현되었다. 1787년 미국의 연방헌법과 1791년 프랑스 헌법은 권력분립 원칙에 입각하여 제정되었으며, 이미 1789년 프랑스 인권선언 제16조는 "권리의 보장이 확보되지 아니하고 권력의 분립이 규정되어 있지 않은 사회는 헌법을 가졌다고 할 수 없다."라고 규정하였다.

이 권력분립 원칙은 오늘날 대부분의 민주적 법치국가에 구성원리로서 자리잡고 있다.

> ★ 추천도서와 읽을거리
>
> 장세용, 『몽테스키외의 정치사상』, 한울, 1995
> 　『법의 정신』에 초점을 맞추어 몽테스키외의 정치사상을 조명한 개괄적 입문서이다.

제2영역 · 사회와 문화

42

사회계약론
장 자크 루소

● 김상겸 동국대학교 법학과 교수

    나는, 인간이 자연 상태에서 생존하는 것을 방해하는 많은 장애물의 저항력이 강해져서, 각 개인이 자연 상태에서 계속 생존하기 위해 사용할 수 있는 힘을 능가하는 시점에 인간이 도달했다고 생각한다. 그렇게 되면, 이 자연 상태는 더 이상 존속할 수 없게 된다. 그래서 인류는 생존양식을 바꾸지 않으면 멸망해버릴 수밖에 없는 위치에 도달하였다.
    그러나 인간은 새로운 힘을 더 만들어낼 수는 없고 다만 이미 있는 힘을 결합하여 방향을 새로 정할 수밖에 없으므로, 인간이 생존하기 위해서는 단결에 의하여 힘의 총화를 이룩함으로써 장애물의 저항을 극복할 수 있는 길을 마련하는 수밖에 없다. 또 이 단결의 힘은 단 하나의 원동력에 의하여 움직이고, 전체를 여기에 조화롭게 협력시키는 수밖에 없는 것이다.
    이 힘의 총화는 다수인의 협력에 의해서만 이루어질 수 있다. 그러나 개인의 힘과 자유가 자기보존을 위한 가장 기본적인 수단인 이상, 어떻게 각자가 자기자신의 이익을 손상시키지 않고 또 자기를 돌보아야 할 의무를 소홀히 하지 않으면서 (전체에 협력하기 위하여) 힘과 자유를 희생할 수 있는가? 내 주제와 관련하여 볼 때, 이 어려운 문제는 다음과 같은 말로 표현될 수 있을 것이다. "구성원 전체의 공동의 힘으로 각자의 신체와 재산을 방어하고 보호하며, 각 개인은 전체에 결합되어 있지만 자기자신에게밖에 복종하지 않고, 이전과 같이 자유로울 수 있는 하나의 결합 형태를 발견하는 것", 이것이 바로 사회계약이 해결해 주는 근본 문제인 것이다.

장 자크 루소(Jean-Jacques Rousseau, 1712~1778)는 1712년 6월 28일 스위스 제네바에서 시계공 이작 루소의 둘째아들로 태어났다. 태어난 지 9일 만에 어머니를 잃은 루소는 그의 형과 함께 숙모의 손에서 자랐다. 루소가 열 살이 되던 해 아버지와 형이 떠나고, 제네바 근처 보셰의 랑베르시에(Lambercier) 목사에게 위탁되어 초보 교육을 받았다. 1724년 열세 살이 되던 해에는 한 조각가의 도제로 들어가 일하다가, 열여섯 살에 그곳을 떠나 스위스와 프랑스 여러 지방을 전전하면서 방랑생활을 하였다.

1731년 그가 열아홉 살이 되었을 때 방랑생활을 접고 샹베리의 드 바랑스 남작 부인을 만나서 정착하였다. 거기서 그는 약 7년 동안 생애에서 가장 행복한 나날을 보내면서, 볼테르의 작품을 비롯한 상당수의 서적을 읽고 교양을 쌓아나갔다. 1740년 루소는 드 바랑스 부인을 떠나 가정교사 자리를 구하여 리용으로 갔다. 그 후 파리로 옮겨 디드로도 사귀고 '음악의 신기호법'에 관한 논문도 발표하였다. 1743년에는 베니스 주재 프랑스 대사인 몽테뉴의 비서로 일하면서 정치에 대하여 새로운 관심을 갖게 되었다. 그러나 몽테뉴와의 불화로 헤어진 후 파리로 돌아와 생활하다가 1745년 아홉 살 연하의 테레즈 르봐쇠르와 만나 1755년까지 다섯 명의 자녀를 가졌으나 모두 고아원에 위탁하였다.

1750년 루소는 디종 아카데미의 현상응모에 「학문과 예술에 관한 논고」로 당선되면서 학계에 진입하였다. 그 후 그는 1755년 『인간불평등기원론』, 1761년 『신(新) 엘로이즈』 등을 발표하였고, 1762년에는 『사회계약론』과 『에밀』을 발간하였으나, 이 두 권은 판금 조치되고 체포령이 내려지자 스위스로 피신하였다. 1766년에는 데이비드 흄의 초청으로 영국을 방문하였고, 곧 돌아와 『대화――루소의 장 자크 심판』, 『고독한 산책자의 몽상』 등을 집필하였다. 1778년 루소는 에르므농빌에 정착하였으나 그 해 7월 뇌일혈로 사망하였다. 프랑스 혁명 후 1794년 국민공회는 그의 유해를 위인의 전당인 팡테옹(Pantheon)으로 이장하였다.

루소가 태어나서 활동하였던 18세기는 유럽에 있어서 변화가 태동되던 시기였다. 프랑스는 봉건제도 아래 귀족계급과 같은 특권층의 착취와 낭비가 심하였으나, 다른 한편에서는 농민과 노동자 등 인민의 생활은 피폐해지는 등 사회적 불평등이 심화되고 있었다. 이런 사회적 갈등 속에서 프랑스는 계몽주의자들에 의하여 근대 시민사회를 이끌어 갈 사상을 구축하였고, 루소는 그 시기의 대표적인 사상가였다. 비록 루소는 1789년 프랑스 대혁명을 보지는 못하였으나, 이 혁명의 밑거름이 되기에 충분한 사상을 제공한 계몽주의자였다.

『사회계약론』은 루소의 정치적 관심으로부터 출발한다. 그는 1743년 베니스 주재 프랑스 대사인 몽테뉴의 비서로 일하면서 정치에 대하여 새로운 관심을 갖게 되었다. 그러나 몽테뉴와의 불화로 헤어진 후, 모든 사회현상은 결국 정치에 의하여 좌우된다는 것을 토대로 사회제도와 정치적 부조리로 하여 차별이 발생한다고 생각하였다. 올바른 사회질서가 확립되기 위해서는 정치제도의 정립이 관건이었고, 이에 루소는 정치제도론을 구상하기 시작하였다. 그는 올바른 정치제도의 확립에는 정치권력의 정당성 획득이 핵심이라고 생각하였고, 이를 위해서는 정치권력의 본질과 근거를 규명하는 것이 필요하다고 보았다. 정치권력 내지 정치적 권위가 정당성을 갖기 위해서는 사람들의 자유의지에 의한 동의가 필요하고, 이러한 동의를 구하는 방법이 바로 사회계약이라는 것이다. 루소는 『사회계약론』을 통하여 인간사회를 끌어가는 정치에 있어서 무엇보다도 인간의 자유가 중요하다는 것을 알리고자 하였다.

『사회계약론』은 모두 4부로 구성되어 있으며, 각 부는 여러 장으로 나뉘어 개별 주제들이 서로 연관성을 갖고 기술되어 있다. 먼저 제1부에서는 사회계약의 본질에 대한 일반적인 고찰을 다루고 있다. 제2부에서는 주권, 국민, 법에 대해서 다루고 있으며, 제3부에서는 정부의 구성원리와 정부의 형태, 정부의 설립과 주권에 대하여 언급하고 있다. 그리고 제4부에서는 일반의사의 본질과 함께 투표와 선거, 로마시대의 정치와 통치형태 및 시민종교 등에 대하여 논하고 있다.

제1부에서 루소는 왜 『사회계약론』을 쓰게 되었는지 피력하면서, 인간사회에서 정당하고 확고한 정치원칙이 어떤 것인지 자신의 생각을 펼치고 계약의 본질에 관한 일반론을 전개한다. 그는 우선 인간이 자유롭게 태어난 존재임에도 사회의 틀에 얽매이게 되는 현실을 지적한다. 가족이란 공동체로부터 시작되는 인간사회에 있어서 질서는 모든 질서의 기초가 되고 이는 계약에 의하여 성립된다고 한다. 그렇지만 루소는 힘에 굴복하는 것은 불가피하지만 의지적인 행위는 아니고, 힘을 바탕으로 형성된 사회는 불법이라고 한다. 그 이유는 아무리 강한 힘도 어떠한 정당한 권리를 만들어내지 못하기 때문이다. 사회계약은 자연적으로 발생할 수밖에 없는 불평등을 도덕적이고 합법적인 방법으로 평등하게 만드는 것이다. 그래서 인간은 사회계약을 통하여 시민의 신분을 갖게 된다.

제2부에서는 주권과 법에 관하여 논리를 전개한다. 루소는 주권이란 일반의사의 행사이므로 양도될 수도 없고 분할될 수도 없다고 한다. 그렇기 때문에 일반의사의 정당한 행위로서 주권의 행위는 모든 인민에게 평등하게 권리와 의무를 부여하고, 주권자는 전체로서의 인민만 인정할 뿐이다. 또한 주권의 행위는 사회계약을 기반으로 삼고 전체가 그 구성원 각자들과 맺는 계약행위이기 때문에 전체의 이익을 도모하고 공공의 힘과 최고 권력을 보장받고 있기에 확고하다. 그리고 사회계약에 의하여 정치체는 생명력을 갖게 되며, 이러한 정치체제는 법에 의하여 보장된다. 법이란 사회적 결합의 계약조건으로 일반의사에 따라서 제정되며 인민 전체를 대상으로 적용된다. 법의 제정은 인민의 자유와 평등을 보장하기 위한 목적을 가지며, 지역과 시대에 따라 변한다.

제3부는 정부와 다양한 형태의 정부에 관하여 기술하고 있다. 국가에

있어서 정부가 필요한 것은 법을 집행하기 위함이다. 루소는 정부를 다양하게 분류하고 있는데 인민 전체에 의한 정부를 '민주정'이라고 하고, 소수의 사람에게 맡겨진 정부를 '귀족정'이라고 하며 한 사람에 의한 정부를 '군주정'이라고 한다. 어떤 정부가 국가에 적합한 정부인지 여부는 국가의 상황에 따라 다르다. 국가에 있어서 정부의 수립은 계약에 의해서가 아니라 법에 의한 것이기 때문에 정부의 타락을 막기 위해서는 의회에 의하여 주기적으로 통제를 받아야 한다.

제4부에서는 로마 정치사를 통하여 특수한 정치체제를 고찰하고 있다. 루소는 로마의 정치체제였던 호민관제, 독재집정관제, 통제관제 등을 논한 후 시민종교에 대하여 언급한다. 그는 일반의사가 때때로 잘못 인식된다 할지라도 항상 영속적이고 변함이 없기 때문에 결코 파괴될 수 없으며 항상 절대 다수에 의해 결정되어야 한다고 주장한다. 그리고 그는 국가의 보장과 전체 또는 다수의 이익을 위해서는 때때로 제한된 독재가 필요할 때도 있다고 한다.

루소는 『사회계약론』에서 어떻게 인간이 자유와 평등을 확보할 수 있는지 여부와 일반의사를 관철할 수 있는 정치체를 만들 수 있는지 여부를 고찰하였다. 그는 사람들이 생존하기 위하여 공동체를 구성하고, 공동체의 구성원들은 이전에 가지고 있었던 권리를 공동체 전체에 전면적으로 양도하여 신체와 재산을 지킬 수 있는 사회계약을 맺어야 한다고 주장하였다. 그리고 사람들은 기존의 모든 특권을 포기하고 대등한 입장에서 일반의지에 의한 새로운 정치체를 형성해야 한다고 하였다. 루소의 『사회계약론』은 근대 시민사회의 형성에 기여하면서 직접민주주의의 요구를 촉발시켰다. 그의 인민주권론은 근대 유럽에서 시민혁명의 사상적 토대가 되었고, 그 후에도 각국의 민주주의에 커다란 영향을 미쳤다.

★ 추천도서와 읽을거리

김용민, 『루소의 정치철학』, 인간사랑, 2004
　루소의 정치사상 전반에 대한 지식을 얻을 수 있는 전문적인 연구서이다.

제2영역 · 사회와 문화

43

상상의 공동체
베네딕트 앤더슨

● 이호규 동국대학교 신문방송학과 교수

    민족성과 민족주의, 혹은 같은 어원을 가진 민족됨과 민족주의는 특수한 종류의 문화적 조형물이다.
    서유럽에서 18세기는 민족주의의 여명기일 뿐만 아니라 종교적 사고 양태의 황혼기이다. 계몽주의와 합리적 세속주의의 세기는 그 자신의 근대적 어둠도 동반하였다. 종교적 믿음이 쇠퇴했다고 해서 믿음이 일부 진정시켰던 고통이 사라진 것은 아니다. 낙원의 붕괴로 숙명만큼 종잡을 수 없는 것도 없게 되었다. 영혼의 구원이 어리석은 생각이라면 다른 형태의 연속성만큼 더 절실하게 필요한 것이 없었다. 따라서 숙명을 연속성으로, 우연을 의미 있는 일로 전환시키는 세속적인 작업이 필요하다. 이러한 목적에 민족이라는 개념보다 더 적합한 것은 별로 없었으며 현재도 별로 없다.
    우연을 운명으로 바꾸는 것이 민족주의의 마술이다.
    민족주의는 의식적으로 주장된 정치적 이데올로기와의 결합에 의해서가 아니라 민족주의 이전에 있었던 더 큰 문화체계와의 결합에 의해서 이해되어야 한다. 민족주의는 그 문화체계로부터 나왔고 또한 그 문화체계에 대항하여 나온 것이다.
    인쇄자본주의는 언어에 새로운 고정성을 부여하였다. 민족이란 주관적 개념에 매우 중요한 고대성의 이미지를 심는 데 도움을 주었다.

우리는 한국 사람이라고 하는 감정을 어떻게 갖게 되었는가? 국내 여행을 하면서 만나게 되는 다양한, 그리고 면식이 없던 사람들이 나와 같은 한국 사람이라고 하는 의식은 어디에서 비롯되는가? 즉, 민족의식은 어디에서 어떻게 나타나는가? 같은 민족이라고 하는 판단의 기준은 무엇인가? 등에 대한 민족과 민족의식을 규정하고자 많은 학자들이 노력하였으나 자신들의 입장에 따라 매우 다양한 해석을 내리고 있다. 이로 인해 민족 혹은 민족의식에 대한 합의된 개념을 확립하기가 어려운 실정이었다. 민족에 대한 관점은 크게 두 가지가 있다. 민족은 고대로부터 존재해 온 것이라는 관점과, 다른 하나는 근대 자본주의 발전과정에서 생겨난 구성물이라는 관점이다. 이러한 상황에서 베네딕트 앤더슨(Benedict Anderson)은 1983년 『상상의 공동체 : 민족주의의 기원과 전파에 대한 성찰(Imagined Communities : Reflections on the Origin and Spread of Nationalism)』에서 과연 사람들은 자신들이 어디에 소속되는가에 대한 감정을 어떻게 갖게 되는가에 관하여 서술하였다.

베네딕트 앤더슨의 『상상의 공동체』는 민족주의의 역사적 기원에 관한 책이다. 민족을 정의하는 데 있어서 민족국가 내의 대부분의 사람들은 서로 알지도 못하기 때문에 물리적인 영토는 중요한 사항이 아니다. 학교, 지도, 사진, 그리고 텔레비전을 통한 교육에 근거하기 때문에 추상적인 수준에서 존재한다. 바꿔 말하면, 민족은 정보의 흐름으로 인해 각 구성원들의 마음에 존재하고 있다. 중요한 점은 사람들이 서로 면 대 면의 접촉을 할 수 있는 경계를 넘어서서 생각할 수 있음이다. 민족의 개념을 규정하기 위해 앤더슨은 지난 3세기 동안의 사회·기술의 발달과 민족의식 출현의 상관관계에 대하여 언급하고 있다. 앤더슨은 민족은 명시적인 제도에 의해서가 아니라 문화적인 산물이라고 하고 있다.

민족주의는 다음의 세 가지 문화적 개념들이 쇠퇴하면서 나타난 새로운 변화들 간의 상호작용을 통해 서서히 생겨나기 시작하였다. 첫째, 종교 공동체의 쇠퇴이다. 민족 공동체가 생기기 이전에는 기독교, 불교, 이슬람교 등 거대한 종교 공동체가 사람들의 의식을 지배하고 있었다. 중심 지향적이고 계층적인 종교 이념은 왕조 국가에 그의 정당성을 부여하였다. 하지만 이러한 중심 지향적인 중세의 우주관은 변화를 겪게 된다. 중세 이후 교회 세력이 약화되면서 사람들은 의지할 수 있는 다른 무언가를 찾게 되었다. 교회 세력의 약화는 중세 시대에 선택받은 자들만이 사용할 수 있는 신성한 문자였던 라틴 어의 영향력 감소를 가져왔다. 중세 시대에 라틴 어는 곧 신의 목소리를 직접 접할 수 있는 권한이 있는 사람들만이 사용할 수 있는 문자였으며, 따라서 라틴 문자는 신성한 존재로 각인되어 있었다. 이로 인해 중세 시대에는 몇몇 선택받은 자들만의 공동체가 중요한 역할을 하였다. 기존 종교 공동체의 쇠퇴는 종교개혁(Reformation)을 가능하게 하였다.

둘째, 왕조의 몰락이다. 중세 시대에 국가는 왕이 살고 있는 중앙을 중심으로 구성되어 있다고 인식되어 있었다. 이웃 나라들과 접경을 이루는 변방의 경우에는 중앙의 주권이 제대로 영향력을 행사하지 못하였음을 의미한다. 그러나 중앙 중심의 국가 개념이 사라지면서 사람들은 중앙의 권위를 의심하기 시작하였다. 중앙 위주의 권력체계가 붕괴되고 그에 따라 개인의 자유와 권리에 대한 요구가 증대되면서, 자신들이 국가를 만들 수 있는 능력을 갖고 있다는 자신감 등이 프랑스와 미국의 혁명을 가져왔다. 그럼으로써 절대적인 권력을 부정하고 일반인들도 중요한 역할을 할 수 있게 되었다.

이외의 중요한 변화는 시간 개념의 변화이다. 중세 시절에는 과거, 현재, 미래의 구분이 없이 단지 인생은 순간이라는 의식이 있었다. 그러나 사람들이 자신의 삶이 달력의 시간에 맞추어 움직인다고 하는 의식을 갖게 되면서, 민족은 역사의 행로를 따라 앞으로 꾸준히 움직이는 견실한 공동체라고 생각하게 되었다. 즉, 민족이란 고대성을 지닌 것이 아니라 산업사회 발전과 함께 새롭게 만들어진 근대적 가치이자 사회·문화적으로 형성되어진 것이라는 생각이다.

중세 말기 이후에 나타난 사회, 문화, 정치 등의 변화와 더불어 민족의식을 가능하게 한 주요 요소로서 앤더슨은 15세기 말경 인쇄술과 더불어 나타난 인쇄자본주의를 지적하고 있다. 인쇄자본주의는 인쇄를 이용하여 다양한 작품들을 일반 사람들에게 다량으로 배포할 수 있게 하였다. 국가가 일부 선택된 사람들의 전유물이 아니라 일반인들이 역사의 주인이 되면서 중세 시대의 신성한 문자로 인식되었던 라틴 어가 아닌 일반 사람들이 사용하는 언어로 인쇄물이 출판되기 시작하였다. 이로써 인쇄된 출판물이 이제는 더 이상 일부 권력층의 사람들만이 접근할 수 있는 것이 아니게 되었다. 인쇄업자들은 많은 독자들의 욕구를 충족시킬 수 있게 되었으며 궁극적으로 모든 사람들을 위한 문화의 중심 역할을 하게 되었다. 인쇄술의 발달로 신문, 소설 등이 대량 출판되면서 동시성이라는 새로운 개념이 생겨났고, 동시성은 수평적 공동체와 언어 공동체를 가능하게 하였다. 이러한 이면에는 16세기의 종교개혁이 있었다. 프로테스탄티즘은 인쇄된 종교 서적을 통해 그들의 교세를 확장시켰으며 이로 인해 식자층이 늘어나게 되었다. 라틴 어는 구교의 언어로 간주되었고, 일반 사람들에게 다량으로 유포시키기 위해서는 그들이 사용하는 언어로 출판할 필요가 있었다.

민족주의의 발생은 위에서 언급한 정치·사회·문화의 변화들이 가져온 결과로 나타났다. 민족 언어의 발생은 사람들 사이에 아이디어의 교환을 촉진시켰다. 인쇄 언어의 등장에 따라 출현하고 발달한 언어들이 새로이 공식적인 언어로 자리잡게 됨으로써 민족의식과 상상의 공동체의 발생을 가능하게 하였다. 동시에 일반 사람들이 이해할 수 있는 언어를 통해 활발하게 커뮤니케이션을 할 수 있었다. 이렇게 같은 언어를 사용하는 공간 안에서는 많은 사람들이 같이 살고 있다고 하는 의식을 갖게 되었다. 이전에는 사람들의 결속력을 유지하는 수단이 단지 친족, 주종관계, 개인의 충성심 등이었으나, 새로 형성된 부르주아지들은 자신들의 유대관계를 인쇄자본주의를 매개로 하여 상상의 기반에서 유지하였다. 공통의 언어 사용과 아울러 특히 중요한 것은 자신과 비슷한 사람들이 존재하고 있다는 것을 사진이라는 시각 매체를 통해 알게 되었음을 의미한다.

 이렇게 앤더슨은 민족주의는 이데올로기도 아니고, 철학도 아니고, 더구나 민족주의를 표방하고 촉진하는 공식적인 선언도 없기 때문에 추상적인 개념이라고 지적하고, 이에 따라 민족주의를 상상된 정치 공동체로 규정하고 있다. 그러므로 매우 제한적일 수밖에 없다. 같은 민족이라고 생각하는 사람들은 대개가 서로 만난 적도 없고 서로 알지도 못하기 때문이다. 그러나 개인들의 마음속에는 그들과 같이 삶을 영위한다는 이미지가 있다. 민족 국가 내의 민족주의 개념은 공통의 특성과 공통의 언어, 종교, 그리고 인종 등에 의해 단일화된 특성을 공유하는 일종의 공동체 감정이다. 민족주의는 물리적으로 존재하지 않는 곳에 민족을 형성시킨다. 따라서 민족은 상상의 공동체이다.

 앤더슨에 의하면, 동일한 언어를 사용하는 민족이라고 하는 의식을 갖게 하는 데 신문이 중요한 역할을 하였다. 신문이 매일 등장하면서 사람들에게 다음의 의식을 갖게 하였다. 신문을 통해 사람들은 다른 사람들의 경험을 공유하게 되었고 또한 내가 알고 있는 경험을 다른 많은 사람들도 읽고 있을 것이라고 하는 의식을 갖게 되었다. 신문이 민족의식을 고취시키는 데 간접적인 역할을 하였다는 앤더슨의 주장은 마셜 맥루언이 그의 초기 저작인 『구텐베르크 은하계』에서 주장한, 사람들은 비로소 신문을 통해 자기 자신을 볼 수 있었다는 주장과 매우 밀접하다. 시각의 이미지를 강조하는 사진들에 나타나는 일반인들의 모습과 그들이 사용하는 언어들의 유사성을 감지하면서, 사람들은 자신들과 유사한 많은 사람들이 세상에 공존하고 있다는 사실을 자각하게 되었다.

이렇게 중세 이후 나타난 민족주의는 세월이 흐르면서 현대에는 물리적인 이동성의 증가, 관료화의 증대, 그리고 현대적인 교육체계의 확산들로 특징지어진다. 앤더슨은 18세기 이후 나타난 민족주의의 근원을 사회변화들의 상호작용에 근거한 상상의 공동체이기 때문에 상상에 근거한 민족주의 의식은 영구불변한 것이 아니며 시대, 정치체제, 경제, 그리고 사회구조의 특징에 따라 변할 수 있다고 주장하고 있다. 따라서 상상의 공동체는 다양하게 나타날 수가 있음을 강조하고 있다. 앤더슨의 상상의 공동체 주장은 민족을 구성하는 데 있어 커뮤니케이션의 중요성을 강조한 데 그 의의가 있다. 그러나 앤더슨이 민족주의를 수평적인 유대관계 형성에 초점을 맞춘 반면에, 에릭 홉스봄(Eric Hobsbawm)은 『1780년 이후의 민족과 민족주의(Nations and Nationalism since 1780: Programme, Myth, Reality)』(1990)라는 저서에서 민족주의는 가공된(invented) 것으로서 정치 엘리트들에 의해 조성된 상징을 의미한다고 주장하고 있다. 정치 엘리트들은 혁명시대에 그들의 지위를 유지지하기 위한 수단으로서 민족주의를 이용하였다. 어니스트 겔너(Ernest Gellner)는 그의 저서 『민족과 민족주의(Nations and Nationalism)』(1983)에서 민족주의를 일종의 이데올로기로 간주하면서, 개인들이 느끼는 감정으로 보았다. 국가와 지식인들이 공공교육과 문화산업 등을 이용하여 일반인들의 유대관계를 조성하였다. 민족주의는 농경시대와는 달리 산업사회에서 나타났다고 한다. 그 이유로서는 산업사회에서는 노동의 효율성을 위해서 동일한 언어와 문화가 필요하였기 때문이다. 이렇게 지금까지도 민족과 민족주의를 바라보는 다양한 시각이 존재하고 있음을 알 수 있다.

앤더슨의 상상의 공동체 논의에 대해 제기된 비판은 그의 논의가 무엇보다도 서구 중심의 논리로서 민족과 민족주의의 출현에 대한 논의를 전개한 데 있다. 만약에 앤더슨이 한국을 연구 대상으로 하였을 경우에는 어떠한 결과가 나타날 것인가? 한국의 경우는 서구와는 달리 단일 민족이, 비록 여러 국가로 분열된 경우도 있었지만, 고대부터 하나의 공동체를 형성해 왔다. 민족의식이 출현할 당시에 지배계급들은 어떠한 역할을 하였는지에 대한 논의가 결여되어 있다. 베네딕트 앤더슨의 친형인 페리 앤더슨은 그의 저서 『절대주의 국가의 계보』에서 절대왕조의 출현에 대한 역사적 기원을 서술하고 있다. 그는 봉건체제의 몰락으로 인해 드러난 지배자들의 위기를 극복하고자 절대왕조가 나타났다고 서술하고 있다. 이외에도 산업혁명 과정에서 자본가 계급은 전국적인 시장 확보를 위해 민족주의 형성에 어떠한 영향을 미쳤는가? 등의 질문이 제기된다. 마지막으로, 앤더슨은 민족주의의 출현을 수평적인 유대관계로 간주하고 있는데, 과연 중세 이후 나타난 민족과 민족주의는 누구를 위한 것이었는지에 대한 의문이 제기되고 있다.

★ 추천도서와 읽을거리

임지현, 『민족주의는 반역이다』, 소나무, 1999
민족주의에 대한 이론적 규명과 아울러 서양 민족주의의 역사와 구체적인 변용, '인종청소'로 대변되는 극우적 민족주의의 폐해와 한국 민족주의의 소아병적 증상에 이르기까지 다양한 스펙트럼에서 흥미롭게 민족주의를 조명하는 도발적 연구서이다.

제2영역 · 사회와 문화

44

소유의 종말
제러미 리프킨

● 김광웅 서울대학교 행정대학원 교수

시장은 네트워크에게 자리를 내주며 소유는 접속으로 바뀌는 추세다. 기업과 소비자는 판매자와 구매자로서 시장에서 재산을 교환하던 근대경제의 기본 구도를 포기하기 시작했다. 그렇다고 해서 재산이 사라진다는 뜻은 아니다. 천만의 말씀이다. 재산은 엄존한다. 하지만 재산이 시장에서 교환되는 빈도는 크게 줄어들 것이다. 새로운 경제에서 재산을 장악한 공급자는 재산을 빌려주거나 사용료를 물린다. 또는 입장료, 가입비, 회비를 받고 단기간 사용할 수 있는 권리를 준다. 근대경제의 중요한 특성이었던 판매자와 구매자의 재산 교환은 네트워크 관계로 이루어지는 서버와 클라이언트의 단기 접속으로 바뀐다. 시장은 여전히 살아남겠지만 사회에서 시장이 차지하는 비중은 점점 줄어들 것이다.

수천 년 동안 반독립 영역에서 존재해 왔고 때에 따라서는 시장의 영향을 받기도 했지만 단 한 번도 시장에 흡수당한 적은 없었던 문화인간이 공유하는 경험이 이제 새로운 통신기술이 일상생활을 지배하는 추세 속에서 점점 경제영역으로 끌려들어가고 있다. 공산품이 지배하던 시절에는 소유권을 가지는 것이 중요했지만 상업화된 전자통신기기와 온갖 종류의 문화생산과 상품에 의해 점점 지배당하는 글로벌 경제에서는 경험세계에 접속할 수 있는 권리를 확보하는 것이 무엇보다도 중요하다.

제러미 리프킨(Jeremy Rifkin)은 1945년 미국 콜로라도 주 덴버에서 태어나 일리노이 주 시카고에서 성장했다. 1967년 펜실베이니아 대학 와튼 스쿨에서 경제학을 전공하고, 터프츠 대학 플레처 스쿨에서 국제관계학 석사학위를 받았다.

리프킨은 지난 30년 동안 25개국 200여 개 대학에서 강연을 하였다. 1994년에는 와튼 스쿨 간부 교육 프로그램 (Wharton School's Executive Education Program)의 시니어 멤버(fellow)가 되었는데, 그곳은 그가 전세계의 CEO, 회사 중역들에게 과학과 기술의 새로운 트렌드, 세계 경제의 사회와 환경에 대한 영향에 관하여 강의를 하던 곳이다.

한편 그는 미국을 비롯한 세계적인 공공정책을 결정하는 데 상당한 영향력을 발휘해 왔고,《The National Journal》지는 연방정부의 정책을 수립하는 데 있어서 미국에서 가장 영향력 있는 150인 중의 한 사람으로 리프킨을 선정하였다.

현재 리프킨은 자신이 설립한, 워싱턴 D.C.에 있는 경제동향연구재단 (The Foundation On Economic Trends: www.foet.org))의 대표로 있다. 이 조직은 경제에 도입된 새로운 기술의 경제적, 환경적, 사회적인 영향을 검토한다.

1990년대 미국은 IT산업의 부흥에 힘입어 '신경제'라고 불리는 유례없는 호황을 구가했다. 주가지수는 연일 상승했고 사람들은 연일 쇼핑몰 등에서 카드를 긁어댔다. 지금 당장 돈이 없더라도 할부로 가전제품, 오디오 세트, 자동차 등을 사들였다. 이렇듯 모두들 소유하기에 정신이 팔려 있을 때, 리프킨은 당당히『소유의 종말(The End of Work)』(1995)이라는 책을 내놓았다.

"리프킨은 그의 저서『소유의 종말』에서 부상하고 있는 신경제 시스템의 특징에 대해 다음과 같이 언급하고 있다. 물리적 공간에서 사이버 스페이스로의 이동과 국가 내 시장에서 세계적 네트워크로의 이동, 전통적인 지적 재산권과 새로운 개방자원 접속모형(open-source access models) 사이의 충돌과 시너지 효과, 증가하고 있는 공동소유에 대한 선호와 종전의 경쟁자·공급자·배급자 사이의 저축 자산 이익 협약(gain savings agreements), 종래의 재화·용역 간 교환에서 인간의 시간과 경험을 매매하는 서비스 교환으로의 변환, 문화상품과 새로운 문화 기반 산업의 출현."*

『소유의 종말』에서 리프킨이 제시하는 바는 세계 경제에 일어나고 있는 심오한 변화이다. 특히 우리가 비즈니스를 하는 방식을 근본적으로 바꾸기 시작한 새로운 경제 모델을 강조하고 있다.

상업의 본질에 있어서 거대한 변화가 일어나고 있으나, 아직 미디어는 그러한 변화를 감지하지도 시험하지도 못하고 있다. 새로운 정보와 텔레커뮤니케이션 기술, 전자 상거래 그리고 세계화는, 시장자본주의가 중상주의와 달랐던 것처럼, 시장자본주의와 다른 새로운 경제적 시대를 가능케 하고 있다. 새로운 세기에, 시장은 사업을 수행하는 방법에 있어서 천천히 네트워크에 길을 내주고 있다.

상업 부문의 이러한 근본적인 리스트럭처링에는 몇 가지 이유가 있다. 첫째로, 경제활동의 빠른 속도는 분절적 시장에 기초한 교환행위가 다가오는 세기에 뒤처지도록 만들었다. 새로운 시대에는 모든 상품이 정보 집약적이고 지속적으로 업그레이드되기 때문에 모든 것은 누군가 소유하는 상품이라기보다는 접속할 수 있는 서비스로 여겨진다. 고정된

....

*이하 내용은 http://www.foet.org/lectures/lecture-age-access.html에서 발췌, 번역한 것이다.

자산을 교환하고 소유하는 개념은 모든 것이 지속적으로 진화하는 사회에 있어서 시대착오적인 것이 된다. 둘째로, 전자 상거래는 상품판매에 따른 전통적인 이윤을 줄이면서 시장에 근거한 거래비용을 0으로 감소시킨다. 셋째로, IT 기술은 경제활동의 지속적인 흐름을 가능하게 하고 상업을 연속적인 선형 모형에서 순환적인 절차로 변형시킨다. 즉, 시장에서의 경제활동은 태생적으로 분절적이고 제한적이지만 네트워크에서의 경제활동은 중단되지 않고 영속적이다. 미래에, 개별적인 교환시장은 멤버십, 리스, 렌탈, 시간공유 그리고 여타 시간을 기반으로 한 접속형태의 네트워크 관계에 자리를 내주게 된다.

단선적인 시장에 기초한 상업모형에서 매매되는 것은 상품이다. 그러나 네트워크 모델에 기초한 절차에서 매매되는 것은 인간의 시간 그 자체이다. 왜냐하면 구(舊)경제에서는 물질자원이 희귀하고 가치가 있었으나 신경제에서는 인간의 시간이 희귀한 자원이기 때문이다. 그래서 그는 시산(時産)을 가장 중요한 가치로 친다. 요지는 교환경제에서 상품이 시장이지만 네트워크 경제에서는 각 개인의 경험이 궁극적인 시장이다.

『소유의 종말』은 많이 읽히기도 했지만, 지본사회(地本社會)가 자본사회(資本社會)를 거쳐 뇌본사회(腦本社會)로 가는 길목에서 생산양식이며 지배양식, 그리고 생활(삶의) 양식이 어떻게 변해 갈 것인가를 예단하는 매우 훌륭한 작품으로 평가되며 그 영향력이 지대하다고 하겠다. 더욱이 인간이 소중하게 생각하는 문화 가치며 시간, 그리고 교환보다 네트워크상에 담기는 내용의 변화 같은 것은 암시하고 시사하는 바가 매우 크다고 하겠다.

참고로, 레이 커즈와일(Ray Kurzweil)은 여섯 단계의 도약을 그린다. (1) 첫 번째 도약은 물리학과 화학의 시대였다. 원자구조에 관한 정보가

지배했다. (2) 두 번째 도약은 생물학의 시대였다. DNA 정보가 주종을 이룬다. (3) 세 번째 도약은 뇌의 시대이다. 뇌신경 패턴의 정보가 지배한다. (4) 네 번째 도약은 기술의 시대이다. 하드웨어와 소프트웨어 정보가 주종이다. (5) 다섯 번째 도약은 기술과 인간지능이 창발하는 시대이다. 생물학의 방법(인간의 지능을 포함해서)이 해석학적으로 확대되는 인간 기술의 토대에 통합된다. (6) 여섯 번째 도약은 우주가 잠에서 깨어나는 시대이다. 우주에 있는 물질과 에너지의 패턴이 지적 과정과 지식과 더불어 포화상태가 된다. 다시 말해서 비생물학적인 인간지능이 전 우주에 널리 퍼진다.

★ 추천도서와 읽을거리

앞으로 세상이 어떻게 바뀌어 갈 것이라고 예증하는 책들은 매우 많다. 세 권의 책을 읽기를 권한다.

다니엘 핑크, 『새로운 미래가 온다』, 김명철 옮김, 한국경제신문사, 2006

에릭 드 리에마탱, 『우리의 삶을 변화시킬 미래 희망 콘서트』, 최정은 옮김, 눈과마음, 2006

Ray Kurzweil, *The Singularity is Near*, Viking Adult, 2005

제2영역 · 사회와 문화

45

슬픈 열대
클로드 레비-스트로스

● 임돈희 동국대학교 사학과 교수

나는 여행이란 것을 싫어한다. 또 탐험가들도 싫어한다. 그러면서도 지금 나는 나의 여행기를 쓸 준비를 하고 있다. 내가 이 일을 결심하기까지는 꽤 오랜 시간이 걸려야 했다.

그러므로 하나의 전체로서의 문명은 매우 복잡하게 된 하나의 메커니즘으로서 표현될 수 있다. 비록 그 메커니즘을 존속이라는 우리 우주의 최대의 희망으로서 간주해 보고 싶지만, 그것의 진실한 기능은 물리학자들이 말하는 '엔트로피' ─ 말하자면 타성, 무력증 ─ 를 만들어내는 것이다. 주고받는 모든 대화나 인쇄된 각행(各行)은 두 사람의 대화자 사이에 하나의 커뮤니케이션을 확립하며, 두 개의 상이한 면에서 이미 존재하였고, 또 그렇기 때문에 보다 큰 조직도를 지니게 되었던 것을 평준화시킨다. 최고도로 전개된 형태 속에서 이 해체의 과정을 연구하는 학문의 이름은 '인류학(anthropologie)'이라기보다는 '엔트로폴로지(entropologie : 엔트로피의 학문)'라고 써야 할 것이다.

야만인들이여 안녕! 그리고 여행이여 안녕! 그러나 그 대신 인간성이 그것의 꿀벌처럼 부지런한 노동을 방해하는 것도 견디어낼 수 있는 짧은 기간 동안에, 사고의 이쪽과 저쪽에서 존재했고, 지금도 존재하는 인간의 본질을 파악해 보자.

『슬픈 열대(Tristes Tropiques)』의 저자는 클로드 레비-스트로스(Claude Lévi-Strauss, 1908~1991)이다. 그는 1908년 벨기에의 브뤼셀에서 태어났지만 곧 프랑스로 이주하여 교육을 받고 학자로서 활동하였다. 그는 법과 철학을 전공하였지만 1935년 브라질의 상파울루 대학에 사회학 교수로 가게 된 것을 계기로 인류학에 입문하게 되었다. 그가 1935년부터 1939년까지 브라질에 체류하는 동안 카두베오족과 보로로족, 남비콰라족과 투피 카와이브족에 대한 조사를 한 것이 인류학적인 연구의 시작이라고 볼 수 있다. 브라질에서 프랑스로 1939년에 돌아왔으나 제2차 세계대전으로 인하여 영국군 통역장교로 근무하다 미국으로 망명하게 되었다. 보아즈(F. Boas), 로위(R. Lowie) 등 많은 미국의 인류학자들과 학문적 교류를 갖게 되고 언어학자인 야콥슨(R. O. Jakobson)과 알게 되어 구조언어학의 영향을 받게 된다.

1949년 소르본 대학 박사학위 논문으로 제출한 『친족의 기본구조』가 출판되자 인류학계의 즉각적인 주목을 받게 된다. 영국의 인류학자들이 친족을 공동 조상의 자손에 기초한 것으로 보는 견해에 대해 레비-스트로스는 친족을 여자를 교환함으로써 두 가족 간의 동맹관계로 해석하는 색다른 견해를 내놓았기 때문이다. 인류학계에서는 구조인류학의 창시자로 잘 알려져 있지만 레비-스트로스가 일반인에게 강한 인상을 심어준 것은 『슬픈 열대』(1955)라는 저서를 통해서이다. 1959년에는 '콜레주 드 프랑스'에 사회인류학 강좌를 창설하고 후학을 양성하였다. 1962년에는 『야생의 사고』를 출판하여 프랑스 지성계에 열띤 논란을 불러왔다. 그의 또다른 역작으로는 1964년에서 1971년에 걸쳐 출판된 네 권의 『신화학』(제1권 『날것과 요리된 것』, 1964; 제2권 『꿀에서 재로』, 1965; 제3권 『식사법의 기원』, 1968; 제4권 『벌거벗은 인간』, 1971)이 있다.

당시에 프랑스 지성계를 풍미했던 문명과 야만의 이분법적 사고에 대해 레비-스트로스는 반론을 제기한다. 프랑스의 인류학자 레비-브릴

(Lucien Lévy-Bruhl)에 의하면 미개인은 논리 이전의(pre-logic) 사고방식을 가졌다고 본다. 따라서 문명인과 미개인의 사고방식은 질적으로 다르다고 주장한다. 즉 진화론적인 문화사관이다. 그러나 레비-스트로스는 미개인과 문명인의 사고는 다르지 않으며 미개인의 사고도 문명인만큼 논리적, 과학적이라고 주장한다. 미개인과 문명인은 그들이 보는 사물에 대한 관심과 분류하는 방식이 다를 뿐이라고 주장한다. 이와 같은 레비-스트로스의 문화상대주의 관점은 『슬픈 열대』에서 아마존 지역의 원주민을 보는 시선에서도 잘 나타나 있다.

당시 미국의 인류학계는 보아즈를 중심으로 문화상대주의가 풍미하고 있었다. 그러나 이 문화상대주의는 문화특수주의와 맞물려 있다. 각 문화는 고유하고 독특하다는 생각이다. 그러나 레비-스트로스는 인류 문화의 보편성을 추구하고 있다. 레비-스트로스가 창시한 구조주의 인류학이란 바로 인류문화의 보편성에 기초한 것이라고 볼 수 있다. 즉, 문화에는 언어에서와 마찬가지로 표층구조와 심층구조가 있다는 것이다. 겉으로 나타나는 문화는 서로 각기 다르게 표현되지만 심층적인 구조는 인류의 모든 문화가 같은 구조를 가지고 있다는 것이고, 그의 구조주의 인류학은 이 보편성의 법칙을 추구한다고 볼 수 있다.

1955년에 출판된 『슬픈 열대』는 나오자마자 많은 사람들에게 깊은 감명을 주었다. 1930년대의 여행기이지만 유럽의 심오한 지적 전통의 섭렵과 철학적 명상과 아마존 원주민들의 생생한 민족지적(民族誌的)인 생활을 넘나드는 자서전적인, 그리고 문학적 표현이 현란한 역저이다. 이 책에는, 레비-스트로스가 1935년부터 1939년까지 브라질에 체류하는 동안 1935년에서 1936년 사이에 방학을 이용하여 3, 4개월 간 카두베오족과 보로로족에 대해 실시한 현지조사와, 1938년 1여 년간의 여정으로 남비콰라족과 투피 카와이브족에 대해 벌인 현지조사 등의 연구 기록들을 싣고 있다. 더불어 이 부족들에 대한 민족지적인 연구뿐만 아니라, 이들을 연구하게 된 과정과 연구가 끝난 후의 후기까지 서술하고 있다.

이 책은 총 9부로 이루어져 있다. 제1부는 1941년 제2차 세계대전 중 프랑스에서 미국으로 망명하기 위해 밀항하는 과정을 담았고, 제2부는 1935년 브라질 상파울루 대학의 초빙교수로 가게 된 경위와 인류학에 관심을 갖게 된 과정을 기술하고 있다. 제3부는 적도지역 농무지대로부터 상파울루에 도착하기까지 신세계 탐구에 관하여 서술하고 있으며, 제4부는 브라질 도착 후에 겪은 일상생활과 그 주변 환경에 대한 내용이다. 제5부는 카두베오족에 관한 현지조사기록으로서, 특히 신체장식의 예술에 관해 자세히 논하고 있다. 제6부는 보로로족의 친족생활, 장례의식, 종교생활에 대해 특별한 관심을 갖고 쓰고 있다. 제7부는 밀림 깊숙이 사는 남비콰라족을 찾아 험난하고 위험한 밀림을 뚫고 나아가는 여정과, 남비콰라족의 일상생활, 가족생활 등에 대해 생생히 묘사하고 있다. 제8부는 투피 카와이브족의 사회조직, 족장의 역할, 의무, 권리 등에 관해 자세히 기록하고 있다. 제9부는 인도, 파키스탄의 여행기가 추가되어 있다. 그는 여기서 불교, 기독교, 이슬람교에 대한 자신의 견해를 피력하고 있다.

『슬픈 열대』는 천의 얼굴을 가진 책이다. 유럽의 방대한 지적 편력을 경험할 수 있기도 하고, 인류학자의 생생한 현지조사 경험에 동행할 수도 있으며, 카두베오족의 뛰어난 예술을 감상할 수도 있다. 그러나 무엇보다도 세계 최고 지성 중의 한 사람이었던 레비-스트로스와 우수에 찬 대화를 즐길 수 있기도 하다.

『슬픈 열대』는 책을 읽는 모든 이들을 슬프게 한다. 문명의 야만적인 행위, 문명사회가 미개사회를 파괴할 수 있고, 또한 그러한 파괴 행위가 발전이란 명목으로 정당화되는 그런 서구 문명의 횡포를 목도하는 것이 슬프다. 그리고 그러한 논리 속에서 사라져 가는 인류의 중요한 문화 자산인 미개 문화를 지켜보는 것은 참담한 일이다. 그것을 목격하고 증언해야 하는 레비-스트로스 자신은 더욱 슬프다. 『슬픈 열대』의 첫 문장은 다음과 같다. "나는 여행과 탐험가를 싫어한다. 그렇지만 이제 나의 여행담을 얘기하려고 한다." 우리는 이제부터 레비-스트로스의 특유의 여행에 동행하면서 서구의 인간에 대한 방대한 지적 전통, 특히 그가 영향 받은 마르크스주의, 프로이트 이론 그리고 지질학 등이 그 자신이 실제로 보고 듣고 만나는 낯선 원주민과 자연풍경을 어떻게 해석하고 엮어 나가는지 듣게 될 것이다. 레비-스트로스의 『슬픈 열대』는 인류학적 현지조사를 기반으로 한 학술조사서로, 뛰어난 문학적 수사로도 문학상을 수여받을 가치가 충분하였으나 소설이 아니라는 이유로 수여하지 못하는 것을 프랑스 문학계가 애석해했다는 후문이다.

★ 추천도서와 읽을거리

주경복, 『레비스트로스: 슬픈 열대와 구조주의자의 길』, 건국대학교 출판부, 1996
레비-스트로스의 생애를 서술하고, 『슬픈 열대』를 중심으로 그의 구조주의 이론과 인류학의 특징을 쉽고 간결하게 풀어서 정리한 적은 분량의 책이다.

에드먼드 리치, 『레비스트로스』, 이종인 옮김, 시공사, 1998
레비-스트로스의 구조주의 인류학을 높이 평가하면서도 그 한계와 문제점을 예리하게 지적하였다. 레비-스트로스 사상을 이해하는 입문서이자 비평서이다.

한국정신문화연구원 사회연구실 엮음, 『레비스트로스의 인류학: 사회학과 신화학』, 한국정신문화연구원, 1981

강신표 엮음, 『레비-스트로스의 인류학과 한국학』, 한국정신문화연구원, 1983
1981년 정신문화연구원의 초빙으로 레비-스트로스가 방한하였다. 위의 두 책은 이를 계기로 한국정신문화연구원에서 그의 학술 전체를 분석하여 소개하였고, 발표회에서 행한 레비-스트로스와의 토론 등의 성과물을 한국학과 관련하여 다시 정리하였다.

제2영역 · 사회와 문화

46

역사와 계급의식
마르크스주의 변증법 연구

게오르크 루카치

● 홍윤기 동국대학교 철학과 교수

프롤레타리아트의 실천적 목표가 전체사회의 **근본적** 변혁이라는 바로 이 이유에서 프롤레타리아트는 부르주아 사회를 그 정신적, 예술적 산물 등등과 더불어 방법의 **출발점**으로 파악한다. 매개 범주의 방법론적 기능이란, 바로 이것의 도움으로 부르주아 사회의 제반 대상들에 필연적으로 부과되는 내재적 의미들이—비록 부르주아 사회에서는 이것들이 직접적으로 출현치 못하고 이에 따라 부르주아 사유 안에서는 그 사상적 반영물이 결여되어 있지만—객관적으로 출현할 수 있으며, 그래서 프롤레타리아트의 의식 속으로 고양될 수 있다는 데서 찾아진다. 다시 말해서 부르주아 계급이 이론적으로 직접성에 매몰되어 있는 반면 프롤레타리아트는 바로 이 직접성을 초월한다는 사실은 우연도 아니며, 또 순수한 과학이론적 문제도 아니라는 것이다. 오히려 이러한 두 이론적 태도의 차이에서 양 계급의 사회적 존재의 차이가 표현되는 것이다. 물론 프롤레타리아트의 입장에 바탕을 둔 인식은 객관적으로 과학적으로 더 우월하다. 프롤레타리아트의 입장에서 나온 인식에는 방법적으로 부르주아 시대의 위대한 사상가들이 얻고자 분투를 거듭했던 제반 문제들의 방법적 해결이 함축되어 있으며 실질적으로는 부르주아 사상가로서는 도달할 수 없었던 자본주의에 대한 적절한 역사적 인식이 함축되어 있다. (……) 결국 문제는 뚜렷하게 설정된 셈이다. 의문을 이렇게 설정하는 것만으로도 벌써 해답으로 가는 길과 그 가능성은 주어진 셈이다.

헝가리 수도 부다페스트에서 은행가의 아들로 태어난 게오르크 루카치〔Georg Lucács, 헝가리 어 표기로 죄르지 루카치(György Lukács)라고도 함, 1885. 4. 13~1971. 6. 4〕는 20대 초반까지 부다페스트에서 모더니스트로 성장하였다. 청년 루카치는 입센이나 스트린드베리, 하우프트만 등의 연극에 열중하였다. 1906년에서 1915년까지 독일 베를린과 하이델베르크에서 루카치는 게오르크 짐멜을 비롯하여, 막스 베버, 에른스트 블로흐 등과 같은 20세기 초 독일의 대표적 지식인들과 교류하였다. 1915년 부다페스트로 돌아온 루카치는 당시 막 시작된 제1차 세계대전과 1917년 러시아 10월혁명의 영향 아래 1918년 헝가리 공산당에 입당하여 지도적 마르크스주의자로 활약했다. 그러나 그는 1923년에 출간된 『역사와 계급의식』으로 인해 1924년 6월의 코민테른 제5차 총회에서 스탈린의 수하인 지노비예프로부터 격심한 비판을 받았다. 1923년에서 1933년까지 루카치는 베를린에서 저술 활동을 하였으나, 1933년 나치 집권 이후 모스크바로 망명하였다. 제2차 세계대전 이후 헝가리에서 신생 헝가리 공산주의 정권에 참여하여 헝가리 학술원 회원으로 활약하였다. 그는 이때 공산당과 뜻을 달리하는 지식인들의 숙청에 앞장섰다는 의혹을 받기도 했지만, 스탈린 사후 공산당 개혁파의 스탈린주의 청산 운동에 참여하여 1956년 짧은 기간 임레 나지(Imre Nagy) 개혁파 정권의 교육상을 지냈다. 하지만 그 뒤 소련군의 개입으로 이 헝가리 내부 혁명은 곧 진압되고 그는 가혹한 숙청을 당해 루마니아 유배와 자기비판 조치를 거쳐 간신히 당내에서 정치적 수명을 이어갔다. 비록 일관되게 반스탈린주의 입장을 견지한 것으로 평가되기는 하지만 1971년에 마감된 그의 삶의 여정은 반민주적 공산주의 국가의 전체주의 분위기에 압살된 지식인의 어려운 삶을 비극적으로 보여준다.

루카치의 사상적 활동이 난숙기에 달했던 1915년에서 1929년까지의 서유럽은 전쟁과 파시즘, 그리고 사회주의 혁명이 서로 충돌하면서 현대에 들어와 쌓아올렸던 모든 문화적 성취물과 정신적 가치들이 파탄에 빠진 시기였다. 이런 상황에서 진정한 20세기를 열었다고 평가되는 1917년의 러시아 사회주의 10월혁명은 진보적 서구 지식인들에게 기존의 자본주의 사회구조와 어떻게 결별하면서 새로운 사회주의는 어떤 방식으로 세워갈 것인가에 대한 고민을 자극하였다. 바로 이런 맥락에서 부르주아 문화와 사회질서는 어떻게 평가하고, 그것을 대치할 프롤레타리아트의 의식은 어떻게 규정지으며, 나아가 '혁명'을 실천할 혁명적 정당의 조직과 지도 이념은 어떻게 정립하는 것이 바람직한 것인가 하는 등의 문제가 제기되었다. 이 문제들에 대한 루카치의 고찰은 단지 마르크스주의 정당과 지식인들에게 토론의 의제를 제공한 수준을 넘어 파시즘에 비판적이고 서구의 현실에 절망하면서 미래를 모색하던 당대 세계의 진보적 지식인 전반에 걸쳐 대안질서의 수립 문제를 주제로 한 사상적 자극제의 역할을 한 것으로 받아들여졌다.

이 책은 1919년에서 1922년 사이에 쓰거나 발표한 8편의 논문으로 이루어진 논문집이다. 이 책의 가장 핵심적인 문제의식은 러시아 10월혁명이 성공한 요인을 '계급의식'의 측면에서 철학적으로 구명하는 것이다. 즉 루카치가 보기에 러시아 혁명은 경제력에서 정치권력 그리고 폭력에 이르는 강고한 힘을 가졌던 자본주의 사회의 지배세력인 부르주아가 역사에서 결정적으로 패배하고, 그보다 훨씬 열세였고 피지배계급의 위치에 있던 프롤레타리아트가 혁명적 정당의 주도로 새로운 사회를 만들 임무를 맡게 되는 운명적 역사극이다. 그런데 어떻게 그것이 가능했던가? 루카치가 이 러시아 혁명을 가능하게 했던 동인을 설명하기 위해 제출한 일련의 분석 개념이 바로 '계급의식'과 '사물화'이다.

마르크스가 『자본론』을 통해 수행한 자본주의 경제에 대한 방대한 연구는 자본주의에 비판적이었던 많은 이론가와 혁명가들에게 경제주의적 신념을 확신시켰다. 즉, 마르크스가 분석해 보인 자본주의적 경제질서는 그 자체의 모순에 의해 '역사적으로' 거의 필연성을 갖고 붕괴하게 되어 있다는 것이다. 따라서 자본주의가 붕괴할 때까지 필요한 일은 자본주의 경제질서 때문에 가장 치명적으로 착취당하는 계급, 즉 프롤레타리아트 계급에게서 자본주의를 전복시킬 정치적 의지가 성숙되기를 기대하거나 조장하는 것이다. 그런데 러시아 사회주의 혁명에 비추어 볼 때 이런 경제주의적 신념, 또는 루카치의 표현대로, '속류 마르크스주의'의 문제는 자본주의적 경제질서 '안'에서 살아가는 프롤레타리아트 계급 구성원들에게 자본주의를 전복하겠다는 의식과 의지가 "직접적이고도 자연적으로" 생성될 것으로 믿는다는 것이다.

그러나 어떤 한 질서를 '혁명적으로' 전복하기 위해서는 그 질서가 지배하는 '현실 전체'에 대한 "총체적 인식"이 있어야 한다. 왜냐하면 어떤 질서에 대한 혁명이란 그 질서의 한 부분 또는 몇 부분을 개혁하거나 혁파하는 정도로 이루어지는 것이 아니기 때문이다. 더구나 프롤레타리아트는 자본주의적 경제질서의 어느 한 부분이 아니라 그 전체에 의해 착취당하고 억압당한다. 따라서 프롤레타리아트가 자신의 처지를 혁명적으로 개선하기 위해서는 자본주의의 현실 전체, 즉 그것이 '현재 있는 그대로의 상태'와 아울러 그것이 '현재 있지 말아야 할 그런 계기'에 이르기까지 '그 모든 것을 인식'하지 않으면 결코 혁명적 활동이 나오지 않는다.

바로 여기에서 부르주아가 세상과 자신을 인식하는 의식, 즉 부르주아 계급의식의 특징이 드러난다. 그것은 기존의 질서가 모든 이에게 좋다고 세상과 자기 자신을 기만하는 '허위의식'이다. 그리고 이 허위의식은 자본주의 질서를 떠받치는 현실적인 힘이기도 하다. 왜냐하면 그것은 현재의 질서를 불변의 것으로, 결코 바뀌지 말아야 할 것으로 끊임없이 정당화하고 수호하는 힘이기 때문이다. 그리고 이런 의식은 기존 질서의 불변성에 대한 확신으로 그 자체가 '사물화'되어 있으며, 세상과 자기 자신에게 그릇된 신념과 지식을 재생산한다.

그에 반해 프롤레타리아트의 의식은 현재의 질서를 변화할 것으로, 그리고 변화시켜야 할 것으로 인식하고 또 인식해야 한다. 세상과 자기에 대한 프롤레타리아트의 바로 이런 의식은 사실의 뭉치 속에서 사물화되는 것, 즉 현재 있는 것이 바로 고정불변의 진리이며, 이 세상은 현 상태에서 더 이상 나아질 수 없다는 그런 생각에 사로잡히는 것에 끊임없이 저항하지 않으면 안 된다. 따라서 프롤레타리아트의 혁명적 실천을 위한 의식은 자기가 속한 계급사회를 보여주는 현재의 개별적이고 부분적 사실들의 전체뿐만 아니라 그것들을 근본적으로 동요시키고 있는 계급들 사이의 관계들까지 보여주는 "구체적 총체성"까지 담아야 한다. 계급의식은 그 계급에 속한 개인들의 생각이나 느낌의 총합이나 평균이 아니라 그런 생각이나 느낌을 낳게 하는 사회질서와 그 모순의 심층구조에 대한 가장 혁명적인 반응 속에서 그 진정한 모습을 드러낸다.

루카치의 계급의식론은 현존하는 계급들의 '허위의식'을 설명함과 동시에 혁명 주체로서의 프롤레타리아트가 그 계급적 위상 때문에 가져야 하는 '진정한 의식'을 묘출하는 이론이기도 하다. 이 이론에 입각하여 혁명적 마르크스주의자로서 루카치는 한편으로는 혁명이 역사발전의 필연적 산물로 도래할 것이라는—제2인터내셔널과 부하린의— '경제주의적 기계론'에 저항하고, 다른 한편으로는 노동자의 의식의 성숙으로 사회혁명이 가능하다는—로자 룩셈부르크의— '혁명자생론'을 비판하였다. 하지만 루카치의 계급의식론은 생산력의 지속적 발전과 그에 부합하지 못하는 생산관계의 모순에 의해 사회혁명의 필연성뿐만 아니라 사회주의 사회의 발전까지도 설명하려는 스탈린의 '생산력주의'에는 저항하지 못하였다. 역사의 객관적 발전이 혁명을 가능하게 만든다는 관점에서 볼 때 루카치의 계급의식론은 계급의 주관적 조건을 부각시킴으로써 의지만능주의(主意主義)에 빠질 우려가 있었다. 그러나 더 큰 위험은 대중의 계급의식에 대한 당적 책임을 강조하는 루카치의 계급의식론이 당에 대해 부담스러울 정도로 대중연관성을 강조함으로써 이미 레닌 생전에 그 마각을 드러내고 있던 스탈린 개인숭배와 공산당의 관료화에 큰 지장을 초래할 것이라는 부담이었다.

루카치의 이 책은 비트겐슈타인의 『논리철학 논고』 및 『철학적 탐구』, 그리고 하이데거의 『존재와 시간』과 더불어 각기 언어분석철학, 실존주의, 서구 마르크스주의 및 비판 이론 등 20세기 철학사의 3대 조류를 규정한 3대 철학서의 하나로 평가되기도 한다. 무엇보다 이 책은 마르크스주의로 '철학할' 수 있다는 것을 가장 잘 보여준 것으로 정평이 있다. 마르크스를 혁명과 당의 조직이라는 실천 영역에서 계승한 사람이 레닌이라면, 루카치는 서구 문명사 차원에서 마르크스주의의 의의를 철학적으로 표현했다. 즉 그는 프롤레타리아라는 범주를 실천 범주가 아니라 철학의 범주로 사유할 수 있도록 승화시켰다. 하지만 이 책의 운명은 그렇게 행복하지 않다. 소련이 레닌에 이어 스탈린주의로 나아가는 과정에서 "관념론적 냄새가 짙은" 루카치 이론은 당파적 혁명가들에게 달갑지 않게 받아들여졌다. 따라서 루카치는 책을 출간하자마자(1923) 공산당의 비판에 부딪혔고 스탈린주의자들의 압박으로 결국 10년 만에 스스로 책의 가치를 부정하는 지경까지 가고 말았다. 그러나 굳어버린 이데올로기, 혁명을 위한 수단으로 전락한 공산주의 사상과 갈등하는 이 책의 '비판정신'은 서유럽 마르크스주의의 발전에 지대한 영향을 미쳐 특히 그의 '계급의식'이나 '사물화' 개념은 자본주의와 행정주의의 효율성 이데올로기에 침윤된 서구 현대사회를 비판적으로 통찰하는 데 결정적인 분석도구로 채용되었다. 특히 이런 개념들은 프랑크푸르트학파의 비판이론 형성에 결정적으로 기여하였다. 즉 마르크스가 상품 구조로 사물화의 체계를 파악했다면, 루카치는 막스 베버의 생각을 빌려 사물화를 의식과 관련시켰다. 이에 따르면 자본주의적 합리화 과정이란 인간 이성이 스스로 마비되는 과정이 된다. 자본주의적 합리화 과정에 대한 이 같은 비판은 호르크하이머의 '도구적 이성' 비판, 아도르노의 '계몽의 변증법', 마르쿠제의 '일차원적 인간' 비판 등에서 다양하게 변주되어 나타났다.

★ 추천도서와 읽을거리

게오르크 루카치, 『역사와 계급의식 : 마르크스주의 변증법 연구』는 박정호, 조만영 두 역자에 의해 번역되어 1985년 거름출판사에서 활판본으로 처음 출간되었다. 그 뒤 1999년 같은 출판사에서 활판본을 디지털화하여 재간하였으나, 그 과정에서 기술적 오류로 인쇄에서 많은 문제가 발생하였다. 루카치 사상에 관한 개괄서로는 게오르게 리히트하임, 『루카치』(이종인 옮김, 시공사, 2001)가 있으며, 전문적인 입문서로는 김경식, 『게오르크 루카치』(한울아카데미, 2000)가 있다.

제2영역 · 사회와 문화

47

열린 사회와 그 적들
카를 포퍼

● 홍원표 한국외국어대학교 정치외교학과 교수

　이 책은 우리의 문명, 즉 인간다움과 합리성, 평등과 자유를 목표로 한다고 기술될 수 있는 문명, 사실은 아직 유아기 상태이지만 인류의 수많은 지적 지도자들에 의해 그렇게도 자주 버림받아 왔음에도 불구하고 계속 성장하고 있는 문명이 직면한 몇 가지 어려움을 묘사하고 있다. 이 책은 우리의 문명이 탄생의 충격으로부터, 즉 마술적인 위력에 순종하는 부족적인 사회나 '닫힌사회'에서, 인간의 비판력을 자유롭게 허용하는 '열린사회'로의 이행의 충격에서부터 아직은 완전히 회복되지 못했음을 보이고자 한다. 이 책은 이런 이행의 충격이 문명을 전복시켜 부족주의로 되돌아가고자 애써 왔고 그리고 지금도 여전히 그러고자 애쓰고 있는 여러 반동적 운동을 야기시킬 수 있었던 한 요인이라는 것을 보여주고자 한다. (……) 이렇게 함으로써 이 책이 전체주의와 전체주의에 대한 줄기찬 투쟁의 의미를 이해하는 데 도움이 되었으면 한다.
　나아가 이 책은 열린사회의 여러 문제들에 대한 비판적이고 합리적인 과학적 방법의 적용을 검토해 보려고 시도할 것이다. (9장에서 설명되는 것과 같이) 내가 '유토피아적 사회공학(utopian social engineering)'에 반대되는 의미로서 '점진적 사회공학(piecemeal social engineering)'이라 부른 민주적인 사회 재구성의 원리들을 분석하며, 사회적 재구성의 문제에 대한 합리적 접근을 방해하는 몇몇 장애물들을 제거하고자 한다.

카를 포퍼(Sir Karl Raimund Popper, 1902~1994)는 1902년 오스트리아 빈 출생으로 유대인 가정에서 태어났다. 아버지 시몬(Simon)은 저명한 법률가로서 사회·정치적 쟁점에 관심을 갖도록 포퍼를 지도하였고, 어머니 예니(Jenny)의 음악 교육은 포퍼가 주관성과 객관성의 차이에 대한 독창적 해석을 형성하는 데 많은 영향을 미쳤다.

포퍼는 16세 때 고등학교를 자퇴한 후 사회활동과 직장생활을 하며 빈 대학에서 철학, 수학, 물리학, 심리학을 배운 덕분에 고등학교 자격시험에 합격하고, 빈 대학에 정식으로 입학하였다. 그는 빈 음악아카데미에 참여하였으며, 1924년 초등학교 교사 자격증을 취득하였다. 1928년에는 「사유 심리학의 방법론에 대하여」란 주제로 박사학위를 받았다. 당시 빈(Wien) 학파는 논리실증주의 과학철학에서 강한 영향을 발휘하였다. 포퍼는 이들과 교류하면서도 반증주의를 제창하였으며, 1934년 『논리 연구』를 출간하였다. 독일과 오스트리아에서 전체주의가 확산되던 1937년 뉴질랜드로 이주하여 캔터베리 대학의 교수로, 1946년 이후 런던정치경제대학(LSE) 교수로 재직하였다.

포퍼는 1938년부터 1943년까지 집필한 『열린사회와 그 적들(The Open Society and Its Enemies)』을 1945년에 출간하였다. 이후 포퍼는 과학철학자와 사회사상가로서 명성을 얻게 되었으며, 『과학적 발견의 논리』, 『추측과 반박』, 『객관적 지식』 등 주요 저작을 출간하였다. 그는 이를 통해 과학과 '비과학(non-science)'을 구분하고 과학적 지식의 점진적 발전에 기여하는 비판적 합리주의 인식론을 제창하였다. 그는 1965년 기사 작위를 받았으며 1969년 교수직을 퇴임한 이후 1994년 서거할 때까지 적극적으로 활동하였다.

포퍼는 1919년 좌파 정치에 깊이 관여하였고, 한때 마르크스주의자가 되었다. 10대에는 경제, 계급투쟁, 역사에 대한 마르크스주의적 관점에 매혹되었지만, 자본주의의 몰락과 공산주의의 궁극적 승리에 이르는 변증법적 도약을 강조하는 이데올로기에 자극을 받았다. 그러나 그는 사회주의 노동자들이 암살당하는 사건을 목격하면서 이데올로기의 무용성을 깨닫게 되었다.

카를 포퍼는 나치가 오스트리아를 침공했다는 소식을 들은 1938년 3월 『열린사회와 그 적들』을 집필하기로 결정하였다. 그는 이 책의 집필을 마쳤던 1943년까지 히틀러의 계속적인 군사적 승리를 목격하였으며, 서구 문명이 새로운 암흑시대의 직접적인 위협에 직면하였다는 점을 직시하였다. 이러한 상황에서 그는 전체주의 이념을 정확히 이해함으로써 이를 저지하고 자유의 가치와 이념을 전파하고자 노력하였다. 『역사주의의 빈곤』(1944)과 『열린사회와 그 적들』은 민주적 자유주의를 강력히 옹호하면서 전체주의의 기초가 되는 주요 철학적 전제들을 신랄하게 비판하고 있다.

이 책을 관통하는 핵심적인 개념어들 가운데 중요한 두 가지는 역사주의와 전체주의이다. 포퍼는 현대 전체주의의 뿌리가 서구 문명만큼이나 오랜 전통을 가지고 있다고 지적하고, 전체주의의 재출현을 방지하는 지적 노력으로서 합리적 사회개조를 방해하는 역사주의를 비판하는 데 역점을 두고 있다. 따라서 그는 이 책을 통해 열린사회의 철학을 정립하는 과정에서 위력을 발휘하고 있는 역사주의와의 투쟁을 계보로 정리하고 있다.

포퍼는 역사주의를 네 가지 유형으로 분류하고 있다. 역사주의는 "역사가 특수한 역사법칙이나 진화적인 법칙에 의해 지배되며, 우리는 이 법칙을 발견할 경우 인간의 운명을 예언할 수 있다."는 원리를 기저로 하고 있다. 제1권에서 가장 오래된 형태의 역사주의로 선민사상을 제시하였으며, 헤라클레이토스의 철학을 자연적 역사주의로, 플라톤의 정치철학을 정신적 역사주의로 규정하였다.

초기의 역사주의는 역사의 발전에 있어서 사회생활의 부족적인 형태를 강조한다. 역사주의의 시대적 변형에 불구하고 역사발전의 주체는 부족, 선택된 민족, 인종, 계급 등 유기체적인 전체로 규정된다는 것이 포퍼의 기본 전제이다. 포퍼는 이러한 역사 해석의 틀에 입각해 (유기체적) 전체/개인이란 대립쌍을 설정하고 있다. 이러한 대립쌍은 열린사회와 닫힌사회라는 구도에도 적용되었다. "열린사회는 개개인이 개인적 결정을 내릴 수 있는 사회이며, 반면에 닫힌사회는 마술적 사회 또는 부족사회, 집단적 사회"를 의미한다. 포퍼는 이 구도 아래 역사적 패턴을 추적하고 있다.

제1권에서는 페리클레스, 소크라테스 등 '위대한 세대'의 정신과 '닫힌사회', 즉 부족주의 전통을 형성한 플라톤을 대비시키고 있다. 제2권에서 포퍼는 프랑스 혁명이 위대한 세대의 연속적 이념을 재발견하다는 점을 강조하면서도 닫힌사회를 정당화하는 이념체계의 대변자로서 헤겔과 마르크스를 상정하였다. 포퍼는 현대역사주의의 스승으로 헤겔과 마르크스를 들고 있다. 보편적 역사법칙을 제시한 "헤겔은 모든 역사주의의 원천이며, 헤라클레이토스, 플라톤, 아리스토텔레스의 직접적 후예이다." 특히, 헤겔은 현대전체주의의 급속한 성장을 위한 근원이 되었다는 것이다. 즉, 전체주의는 자유와 이성에 대한 영속적인 반동에 불과하다. 제2권 3~5장에서 마르크스의 역사결정론과 경제결정론을 해부함으로써 마르크스주의가 역사주의의 가장 '순수하고' 정교한 하나의 형태라는 점을 강조하고 있다. 한마디로, 포퍼는 이러한 예언적 철학이 왜 이성을 거부하는가를 밝히고 있다.

포퍼가 이해한 마르크스는 소크라테스와 칸트와 더불어 이성이 인류 통합의 기초라고 믿는 합리주의자였지만, 계급 이익을 강조함으로써 합리주의의 신념을 약화시켰다. 합리주의는 비판적 논증에 귀를 기울이고 경험으로부터 배우는 태도이며, 비합리주의는 이성보다 감정과 열정에 호소하여 인간의 문제를 해결하려는 태도이다. 따라서 무비판적 합리주의와 비판적 합리주의의 가운데 어느 것을 선택하는가는 개인의 도덕적 결단의 문제로 귀착된다. '비판적 합리주의'는 인간 이성이 지닌 비판적 기능을 존중하지만 그것을 절대화하지 않으며, 이성의 한계를 인정함으로써 비판적 노력에 의한 오류를 제거하여 진리에 접근하자는 인식론을 제시하였다. 열린사회는 이러한 과학적 인식론을 수용될 때 비로소 가능하게 된다. 따라서 그는 닫힌사회의 인식론적 기초를 두고 있는 형이상학적 사회공학으로부터 벗어나 점진적 사회공학을 사회의 민주적 개혁에 적용시키는 데 역점을 두고 있다.

포퍼는 정당정치에 결코 관여하지 않았지만, 다양한 형태의 정치인들에게 강렬한 인상을 주었다. 이들은 자신들의 정책 프로그램과 제안을 정당화하기 위해 포퍼의 '열린사회'라는 용어를 이용하고 있다. 이 개념은 민주국가의 기본적 목표로 광범위하게 수용되어 왔다. 포퍼는 결정에 책임을 지고 사회 규제를 비판할 수 있는 개인의 역할이 민주사회 발전에 얼마나 중요한가를 제시하였다. 따라서 전체주의와의 지적 투쟁을 담고 있는 이 책은 시대적 한계를 넘어서 민주적 수정을 통해 사회를 발전시켜야 하는 오늘날에도 중요한 인식론적·실천적 기반을 제공하고 있다. 무엇보다도, 이 책은 과학철학과 사회·정치철학을 연구하는 학생들이 읽어야 할 현대의 고전이라고 할 수 있다.

★ 추천도서와 읽을거리

칼 포퍼, 『추측과 논박 : 과학적 지식의 성장』, 1 · 2, 이한구 옮김, 민음사, 2001
카를 포퍼의 과학사상의 핵심을 다룬 책이다. 20세기 초반 전통적 형이상학을 거부하고 철학을 언어와 의미의 문제로 환원시켰던 논리실증주의를 비판하면서 반증주의에 대해 언급하고 있다.

신중섭, 『포퍼와 현대의 과학철학』, 서광사, 1992
이 책은 포퍼의 비판적 합리주의가 '열린사회'와 어떻게 연관되는가를 설명하고 있으며, 현대 과학철학에 미친 영향을 다각도로 설명하고 있다.

프레데릭 라파엘, 『포퍼』, 신중섭 옮김, 궁리, 2001
이 책은 '열린사회'에 대해 탐구하는 포퍼의 과학철학뿐만 사회철학, 정치철학, 역사철학과 생애를 다룬 책이다. 포퍼의 탐구는 역사주의에 대한 동경에서 벗어나 열린사회를 구현하려는 데 목표를 두고 있다.

제2영역 · 사회와 문화

48

의사소통행위이론
위르겐 하버마스

● 선우현 청주교육대학교 윤리교육과 교수

　의사소통행위의 기본 개념을 나는 첫 번째 중간고찰에서 전개한다. 그 개념은 서로 맞물린 세 가지 주제군으로의 접근통로를 연다. 첫째, 이성의 인지적-도구적 축소에 저항하는 의사소통적 합리성의 개념이다. 나는 이 합리성 개념을 회의적 고찰에 충분히 견딜 수 있게 전개하였다. 둘째, 생활세계와 체계의 패러다임을 결합하는 2단계 사회 개념이다. 두 패러다임은 단순히 수사적 방식으로 결합하는 데 그치지 않는다. 마지막으로 오늘날 점점 더 두드러지게 나타나는 사회병리의 유형들에 대한 설명이다. 나는 그러한 사회병리의 유형들을 의사소통적 구조를 갖는 삶의 영역들이 형식적으로 조직된 자립화된 행위체계들의 명령 아래 놓이게 되었다는 가정으로 설명한다. 그러니까 의사소통행위이론은 사회적 삶의 연관을 근대의 역설들에 초점을 맞추어 파악하고자 하는 것이다.
　서론은 합리성 문제가 외부로부터 사회학에 부가되는 것이 아니라는 명제를 내놓는다. 사회이론이고자 하는 사회학은 모두 (그것도 항상 규범적 내용을 갖는) 합리성 개념을 세 가지 차원에서 사용해야 하는 문제에 직면한다. 그런 사회학은 주요 행위 개념들이 합리성을 함축하는지를 따지는 메타 이론적 물음도, 의미 이해를 통해 대상영역에 접근하는 것이 어떤 합리성을 함축하는지를 따지는 방법론적 물음도, 그리고 마지막으로 사회의 근대화가 어떤 의미에서 합리화로 기술될 수 있는지를 묻는 경험적-이론적 물음도 피할 수 없다.

위르겐 하버마스(Jürgen Habermas, 1929~)는 1929년 독일 뒤셀도르프에서 부유한 관리의 아들로 태어나 굼머스바하에서 성장하였다. 어린 시절 '나치 소년단'에서 활동하기도 했던 하버마스는 제2차 세계대전이 끝난 뒤, '유태인 대학살'에 관한 기록영화를 본 후 엄청난 정신적 충격과 함께 치열한 사회적 문제의식을 키워 나갔다. 대학에 진학해서는 철학뿐 아니라 문학, 역사학, 경제학 등 다양한 학문 영역에 관심을 기울였다. 본(Bonn) 대학에서 『절대자와 역사』로 박사학위를 취득하였으며, 교수 자격 논문으로 제출된 『공론영역의 구조변화』를 1962년 책으로 출간하기도 하였다. 1964년에 호르크하이머(M. Horkheimer) 후임으로 프랑크푸르트 대학의 철학 및 사회학과 교수로 취임하였는데, 이때 취임 강의가 〈인식과 관심〉이었으며 같은 제목의 저서 『인식과 관심』을 1968년 출간하였다. 이후 학생운동권과의 논쟁을 계기로 교수직을 사임한 후 1981년까지 스타른베르크에 있는 막스-프랑크 연구소 소장을 지냈다. 이 기간 동안 『후기자본주의의 정당성 문제』(1973)와 『역사유물론의 재구성』(1976) 등의 책을 펴냈다. 1981년 『의사소통행위이론』을 출간하였으며, 이를 계기로 1983년 프랑크푸르트 대학 교수로 재취임하였다. 이후 1995년 퇴임할 때까지 『근대성의 철학적 담론』(1985), 『사실성과 타당성』(1992) 등 철학적으로 의미 있고 중요한 연구 성과를 지속적으로 내놓았다. 그와 함께 이미 60년대 초반, '실증주의 논쟁'을 시작으로 '좌파 파시즘 논쟁', '해석학 논쟁', '체계이론 논쟁', '포스트모더니즘 논쟁', '형이상학 논쟁' 등 사회철학적 논쟁을 열정적으로 벌여 왔다.

이처럼 치열한 학문적 삶을 살아온, 현존하는 서구 최고의 철학자 가운데 한 사람으로 평가받고 있는 하버마스의 사상적 핵심이 고스란히 담겨 있는 책이 바로 『의사소통행위이론』이다. 하버마스가 이 책을 쓸 수밖에 없었던 당시의 시대적 상황과 계기는 크게 두 가지로 요약될 수 있다. 그 하나는 그때까지 사회비판을 주도해 온 '비판이론'이 비판의 규범적 토대를 상실해 버림으로써 사회비판이 불가능하게 되었을 뿐 아니라 해방사회의 구현을 위한 기획 또한 더 이상 추진할 수 없게 된 현실이다. 다른 하나는 이성에 대한 회의적 시각을 넘어 이성 자체의 '해체'를 공공연히 주창하는 '반(反)이성주의적' 분위기가 급속히 확산되어 나가고 있던 상황이다. 이 같은 부정적 현실이 하버마스로 하여금 "사회비판과 해방사회의 구현을 여전히 가능케 하는 새로운 비판의 척도를 수립하는 과제, 그것도 비(非)이성이 아닌 이성 자체에서 확립하는 과제"를 수행하게 만들었던 것이다.

하버마스의 『의사소통행위이론』은 이러한 과제를 수행하는 도정에서 이루어진 철학적 성과물이다. 무엇보다 이 책에서는 흔히 '언어철학으로의 전환'이라고 말해지는 '패러다임 전환'이 이루어지고 있는데, 이를 통해 하버마스는 당시의 비판적 사회이론을 위기에 처하게 만든 난제들을 '잠정적으로' 해결할 수 있는 발판을 확보할 수 있었다.

이 가운데 특히 주목할 것이 호르크하이머와 아도르노로 대변되는 비판이론 1세대에 이르러 상실되었던 사회비판의 규범적 토대를 재확보하는 방안의 제시이다. 잘 알려진 것처럼, 비판이론 1세대는 '근본적 목표에 대한 비판적 성찰의 책무를 방기한 이성이 총체적으로 도구화되어 가는 사태'와 그로 인해 야기된 도구적 이성의 전횡에 대한 고발을 '문명비판'의 초점으로 삼고 있었다. 하지만 그러한 비판을 수행하는 준거점으로서의 이성마저 총체적 도구화로 인해 이미 몰가치적인 도구적 이성으로 변질된 것임이 밝혀지면서 비판이론은 더 이상 비판을 제기할 수 없는 상황—보다 정확히 말해서, 비판을 제기하는 이성 자체의 성격을 제대로 규명할 수 없는 상황—에 처하고 말았다. 이성이 더 이상 비판의 토대로서 기능할 수 없는 지경에 이르러, 비판이론은 마침내 이성의 전면적 부정에로 선회하면서 목표 상실의 파산적 상태에 빠져들게 되었던 것이다.

하지만 하버마스가 보기에 이성의 총체적 도구화를 비판적으로 지적할 수 있다는 사실은 이미 '서구 합리성은 곧 도구적 합리성'이라는 등식이 성립할 수 없음을 말해 준다. 다시 말해 '도구적 이성의 만연'이라는 '합리화의 비합리적 귀결'에 대해 비판을 제기할 수 있는, 규범적 차원의 합리성을 비판이론은 '암묵적'으로 이미 전제하고 있음을 가리키는 것이다. 하지만 의식철학의 '주체/객체 모델'에 기초한 이성 개념에 집착하고 있던 비판이론가들은 '일면적으로 도구화된 합리성' 개념을 합리성의 유일한 형태로 이해하는 한계를 드러내고 말았다. 그에 따라 '상호주관성'의 차원에 내재하는 '포괄적 합리성'의 지평을 고려하지 못한 채, '미메시스'와 같은 감성적 차원에서 비판의 토대를 찾고자 했던 것이다.

이 같은 상황에서 하버마스는 현실비판의 규범적 토대로서 '의사소통 합리성'을 정초(定礎)하여 제시함으로써 사회비판과 인간해방의 기획을 계속해서 추진할 수 있는 길을 열어 놓았다. 여기서 드러나듯이 『의사소통행위이론』은 기존의 '주체 중심적 이성'의 한계를 넘어서 '상호주관적 이성'으로서 의사소통합리성을 정초하고 이에 기초하여 '비판적 사회이론'을 새롭게 정립하려는 하버마스의 이론 기획이 중심적 내용을 이루고 있다.

말할 것도 없이 이러한 이론 기획에서 핵심적 역할을 수행하는 것은 '포괄적 합리성'이자 '절차적 합리성'으로서의 의사소통합리성 개념이다. 포괄적 합리성이란 근대적 문화 영역의 분화에 상응하는 세 차원의 합리성 복합체, 즉 '인지-도구적 합리성', '도덕-실천적 합리성', '심미-표현적 합리성'의 상호 균형과 공존을 통해 이루어진 합리성을 말한다. 이는 합리성이 일면적으로 도구화되거나 축소되는 사태를 비판할 수 있는 기준점을 제공하며, 동시에 이로부터 벗어날 수 있는 방안으로서 "일면화된 합리성을 본래 세 차원의 합리성으로 구성된 포괄적 합리성으로 복귀시킬 것"을 제안한다. 다음으로 절차적 합리성이란 상호비판과 논거를 통해 각자의 주장을 정당화하는 일련의 '담론적 절차 과정'에서 발현되는 합리성으로서, 이는 비판과 그러한 비판이 제기되는 관점이 보편타당한 것임을 확증해 준다.

하버마스는 이처럼 의사소통합리성에 입각하여 '정태적 차원'에서 사회비판을 제기하고 있을 뿐 아니라 나아가 '목적합리성/의사소통합리성'의 범주적 구분을 사회진화론의 지평에로 확대하여 '체계/생활세계의 2단계 사회이론'으로 정식화한다. 여기서 그는, 체계가 자신의 형성을 가능케 한 토대인 생활세계를 식민화하는 현상, 즉 '체계의 논리'가 자신의 관할 영역을 벗어나 생활세계를 침범하여 의사소통합리성에 뿌리를 두고 있는 '의사소통구조'를 자신의 논리로 대체함으로써 초래되는 '생활세계의 내적 식민화' 테제에 대한 비판적 해명을 통해, '동태적 차원'에서 근대화의 역설을 규명한다. 이와 함께 체계의 논리를 본래의 영역에 되돌려 놓음으로써, 생활세계의 의사소통구조를 본래의 상태로 회복하고 체계와 생활세계, 양자가 상호 균형적으로 공존토록 함으로써 근대화의 병리현상이 극복되고 계몽의 기획이 지속될 수 있음을 보여주고자 한다.

이 같은 내용을 중심으로, '비판적 사회이론의 정립 기획'을 설득력 있게 규명하고 있는 의사소통행위이론이 갖는 철학적 의의와 의미는—'선구적 사회이론'이나 동시대의 '경쟁적 사회이론'과 비교해 볼 때—다음과 같이 정리해 볼 수 있다. 첫째, '근대화 과정'에서 초래된 합리화의 비합리적 결과, 즉 '근대화의 역설'을 불가피한 것으로 수용했던 베버(M. Weber)의 '비관론적 사회이론'과 그러한 입론을 계승하여 이성의 도구적 총체화로 시대 진단을 제시했던 비판이론의 '체념적 문명비판론'에 대항하여, 그러한 역설 내지 모순의 본질을 해명하고 그에 대한 해결책을 제시하고 있다. 둘째, 일시적인 계몽의 역설, 즉 '사물화'가 초래되었지만 그럼에도 노동에 기초한 생산력의 발전을 통해 그러한 부정적 사태를 극복하고 인간해방을 이룰 수 있다고 본 마르크스(K. Marx)의 '낙관론적 실천유물론'에 대해, 그러한 입론이 지닌 '근거의 빈약성'을 지적함과 동시에 인간해방의 근본 토대로서 '절차적 담론이론'을 새로운 방안으로 제시하고 있다. 셋째, 이성과 계몽에 관한 회의적 관점에서 이성의 해체를 주창하는 푸코(M. Foucault) 등의 '반(反)이성주의'에 맞서, 이성과 그것의 능력을 바탕으로 자율적 해방사회의 구현이 여전히 가능하다는 사실을 설득력 있게 논증해 보이고 있다. 넷째, 사회의 전개과정을 객관적으로 분석·해명하는 데 치중한 나머지 규범적 비판의 대상과 관점을 제거하고 사회적 진보의 방향성을 상실해버린 루만(N. Luhmann)의 '몰가치론적 체계이론'에 대항하여, 현실비판의 규범적 척도를 유지하면서 여전히 사회의 발전을 담보할 수 있는 실천적 방안을 제시하고 있다.

하지만 상실되었던 사회비판의 규범적 토대를 재확립하는 등의 이론적 성과에도 불구하고, 『의사소통행위이론』의 핵심 개념인 의사소통합리성은 현실사회의 왜곡성을 비판·평가하는 척도로서 작용할 뿐 현실적 문제를 해결함에 있어 실질적인 역할을 수행하지 못한다는 비판이 줄곧 제기되어 왔다. 이에 하버마스는 담론적 절차과정에서 드러나는 절차적 합리성으로서의 의사소통합리성이 사회문제를 해결하고 사회혁신을 도모하며 해방사회의 구현을 추동하는 '정치적 실천력의 원천'임을 논증해 보이고자 하는데, 이는 특히 『사실성과 타당성』에서 '의사소통행위이론'을 '법철학적 정치이론'으로 재편하는 작업을 통해 구체화되고 있다.

이상에서 살펴 본 『의사소통행위이론』의 주요 논의들은 한국사회를 분석하는 새로운 이론틀로서 우리의 관심을 끌기에 충분한 점이 있는데, 그것은 비록 원칙적인 수준에서 제시된 것이긴 하지만, 각자의 주관적 이해득실의 차원을 떠나 '이성적 대화'를 통해 다양한 사회적 문제들을 해결할 수 있는 전망을 우리에게 제시하고 있다는 점이다. 특히 부의 분배를 둘러싼 '계층(급) 간 대립' 이외에 '지역 간 갈등' 나아가 '남북한 간 민족분단'의 문제까지 앞으로 해결해 나가야 할 우리에게 이러한 '대화의 철학'은 문제 해결의 실마리를 제공해 줄 수 있을 것으로 보이기 때문이다.

★ 추천도서와 읽을거리

윤평중, 『푸코와 하버마스를 넘어서 : 합리성과 사회비판』, 교보문고, 1997
　방대한 내용의 하버마스의 비판적 사회이론을 쉽고 평이하게 서술한 책으로서, 하버마스 철학을 처음 접하는 초보자들에게 매우 유익한 안내서의 역할을 할 것으로 보인다.

발터 레제-쉐퍼, 『하버마스 : 철학과 사회이론』, 선우현 옮김, 거름, 1998
　난해하기 이를 데 없는 하버마스 철학의 전체적인 윤곽과 구성 내용의 핵심을 일목요연하게 정리·제시하고 있는 책으로서, 하버마스 철학에 대해 일정 정도 공부한 이들에게 유용할 것으로 생각한다.

장춘익 외 11인, 『하버마스의 사상』, 나남, 1996
　하버마스의 철학에 대해 국내 철학자들의 연구 성과를 묶은 책으로서, 하버마스의 사회철학에 대해 주제별로 보다 심도 있는 논의와 연구를 수행하는 데 도움을 줄 것으로 보인다.

선우현, 『사회비판과 정치적 실천 : 하버마스의 비판적 사회이론』, 백의, 1999
　하버마스의 비판적 사회이론에 관한 본격적인 철학 연구서로서, 특히 '의사소통행위이론'에 대해 깊이 있는 연구를 시도하고자 하는 이들에게 유익한 지침서가 되리라고 생각한다.

제2영역 · 사회와 문화

49

자본론
카를 마르크스

● 홍기현 서울대학교 경제학부 교수

　우리의 노동자는 생산과정에 들어갈 때와는 다른 모습으로 생산과정으로부터 나온다는 것을 인정하지 않으면 안 된다. 시장에서 그는 '노동력'이라는 상품의 소유자로서 다른 상품의 소유자와 상대하고 있었다. 즉, 상품 소유자에 대해 상품 소유자로서 상대하였다. 그가 자본가에게 자기의 노동력을 판매하였을 때의 계약은 그가 자기 자신을 자유롭게 처분한다는 사실을 이를테면 흰 종이 위에 검은 글씨로써 증명한 것이었다. 거래가 완결된 후에야 비로소 그는 '자유로운 행위자'가 결코 아니었다는 것, 그가 자유롭게 자기의 노동력을 판매할 수 있는 기간은 그가 어쩔 수 없이 그것을 판매하여야만 하는 기간이라는 것, 사실상 흡혈귀는 "착취할 수 있는 한 조각의 근육, 한 가닥의 힘줄, 한 방울의 피라도 남아있는 한" 그를 놓아주지 않는다는 것이 판명된다. 노동자들은 자기들을 괴롭히는 뱀으로부터 자신을 '방어'하기 위하여 단결하지 않으면 안 된다. 그리고 노동자들은 자기 자신이 자본과의 자발적인 계약에 의해 자기 자신과 자기의 가족들을 죽음과 노예상태로 팔아넘기는 것을 방지해 줄 하나의 법률(즉, 아주 강력한 사회적 장벽)을 제정하도록 하나의 계급으로서 강요하지 않으면 안 된다. '양도할 수 없는 인권'이라는 화려한 목록 대신 법적으로 제한된 노동일이라는 겸손한 대헌장이 등장하는데, 그것은 "노동자가 판매하는 시간은 언제 끝나며 자기 자신의 시간은 언제 시작되는가"를 비로소 명확히 밝혀주고 있다. 이전과 비교해서 얼마나 큰 변화인가!

19세기 이후 발간된 경제학의 저서 중에서 현실경제에 가장 영향을 많이 끼친 책을 선택하라면 카를 마르크스(Karl Heinrich Marx, 1818~1883)의 『자본론』을 선택하는 사람이 가장 많을 것이다. 이는 그의 책을 통해 사회주의 사상이 소위 과학적 사회주의로 체계화됨에 따라, 현실의 사회주의자들에게 가장 영향을 주게 되고 이들의 사상에 따라 건설된 많은 사회주의 국가들이 현실의 국제관계에 20세기 동안 가장 큰 영향을 주게 되었기 때문이다.

사상사적으로 볼 때도 마르크스의 『자본론』은 가장 논란이 심한 경제학의 고전이라고 볼 수 있다. 그의 책이 현실적 사회주의 운동의 방향과 긴밀하게 결부됨에 따라 『자본론』의 해석을 둘러싸고 많은 논쟁이 일어났었다. 이러한 현실적 논란에도 불구하고 실제 『자본론』의 내용은 자본주의 구조에 관한 체계적 설명을 담고 있어서, 다른 경제학 책이나 마찬가지로 지극히 무미건조하게 보인다. 이는 마르크스가 평생의 동지인 엥겔스(Friedrich Engels)와 같이 집필한 『공산당 선언』이 현실적인 사회주의 운동의 지침으로 사용하기 위해 열정적인 논조로 집필된 것과는 극히 대조적이다. 사실 독일에서 철학박사학위를 받았던 마르크스는 학계 진출이 좌절된 후 독일 사회 비판과 국제사회주의운동에 전념했으나, 유럽에서 추방된 뒤 현실사회주의운동에서 한 걸음 물러나 런던에서 십수 년간 경제학 공부에 몰두하여 『자본론』의 원고를 완성하였다. 말하자면 자본주의에 관한 지극히 추상적이고 이론적인 책이 현실사회주의 운동의 바탕이 됨으로써 현실에 큰 영향을 주게 된 것이다.

이러한 관련성은 대부분의 사회주의 국가가 몰락하거나 자본주의로 전환하고 있는 요즈음에도 어느 정도 지속되고 있다. 즉 자본주의 체제에 대한 이해와 그 비판을 위해서 여전히 『자본론』이 유효한 텍스트의 하나가 되고 있다. 물론 그 영향력이 크게 감퇴한 것은 부인할 수 없지만 말이다.

마르크스는 1818년 독일의 트리에라는 작은 도시에서 유태인 법률가의 아들로 태어났다. 그는 본(Bonn) 대학에 입학하였으나, 보다 자유로운 베를린 대학으로 옮겨 공부하였다. 당시 베를린 대학에서는 헤겔 철학이 지배적이었는데, 특히 젊은 철학자들은 헤겔의 변증법의 영향을 받아 역사적 유물론을 탐구하고 있었으며 당시 기성 권력층을 비판하였다. 이 때문에 마르크스는 예나 대학에서 철학박사학위를 받았음에도 불구하고 학계에 진출하지 못하고 권력층을 비판하는 신문을 발간하는 일에 종사하였으며, 결국 신문이 폐간되자 프랑스 파리로 옮겨 사회주의자들과 교류하였다. 당시 마르크스는 프랑스 사회주의자들의 '공상적' 경향을 비판하고 역사와 현실에 입각한 유물론적 변증법을 완성함으로써 사회주의의 이론가로서 입지를 굳히게 되었으며 국제사회주의 운동의 전면에 나서게 된다.

그러나 이러한 활동으로 말미암아 결국 유럽에서 사실상 추방되어 런던으로 근거지를 옮겼으며, 오랫동안 고전파 경제학을 독학한 후 발간한 책이『자본론』이다. 이 책의 독일어판은 1867년에 1권이 발간되었으며, 나머지 2, 3권은 엥겔스가 편집하여 마르크스가 죽은 해인 1883년 이후에 발간되었다.

마르크스는『자본론』의 모두에서 자본주의의 이해를 위해 가장 단순한 단위인 상품의 속성을 분석해야 한다고 전제하면서 자신의 이론을 전개한다. 마르크스의『자본론』에 의하면, '상품'은 사용을 통해 효용을 얻는 '사용가치'와 판매를 통해 다른 상품과 교환될 수 있는 '교환가치'라는 이중적 성격을 가지고 있다. 그런데 사용가치는 소비자가 주관적으로 얻는 것이므로 교환가치와 비례하지 않으며, 상품의 속성이기는 하지만 교환가치를 결정하는 요인은 아니다. 이러한 생각은 당시 영국 고전파 경제학에서 공통된 것이었으므로 당시 학계 수준에서는 큰 문제가 되지 않았으나, 현대경제학에서 개발된 한계효용가치론에 바탕을 둔 수요이론에 비추어보면 큰 오류를 갖고 있다.

그렇지만 마르크스는 노동가치론을 심층적으로 발전시켜 나름대로 체계화시킨 업적이 있다. 마르크스는 교환가치는 모든 상품의 공통적 요소인 노동의 산물이라는 사실에 의해서 발생한다고 말한다. 즉 교환가치는 생산과정에서 직접 투입되거나 원료에 체화된 노동량의 합에 의해서 결정된다는 것이며, 자본주의에서는 경쟁에 의해 모든 상품은 투하노동량에 의해서 그 가치가 결정된다는 것이다. 이러한 마르크스 경제학의 전제를 후대의 마르크스 경제학자들은 '가치법칙(law of value)'이라고 부르고 있는데, 편의상 이론적 전제나 공리라고 해석하면 될 것이다.

그런데, 가치법칙을 맞다고 할 때 한 가지 커다란 의문점이 생긴다. 즉 만약 모든 상품이 그 가치대로 교환된다면 경제 전체적으로 잉여가 발생하는 이유는 무엇인가, 라는 질문이다. 마르크스는 단순히 상품을 판매할 때 차익이 발생한다는 통속적 견해를 비판하고 잉여가 발생하는 메커니즘을 알기 위해서는 생산과정에 주목해야 한다고 주장한다. 그런데 노동력을 제외한 생산요소는 생산과정에서 교환가치를 지불한 것만큼 그대로 최종생산물의 가치에 이전되므로 가치창출에 기여할 수 없다. 잉여 발생의 미스터리를 풀 수 있는 답을 마르크스는 노동력 상품의 이중성에서 찾고 있다.

노동력 상품의 이중성이란 사용가치와 교환가치라는 두 가지 속성을 갖는 상품의 속성과 다르지 않다는 성질이다. 즉 실제 생산과정에서 노동력을 사용한 만큼 유용한 제품이 생산되는 데 비해서, 노동력의 교환가치는 사용가치와는 달리 노동력 자체를 재생산하는 데 들어간 노동에 의해서 평가되기 때문이다. 즉 노동자가 일정한 노동력을 재생산하기 위해서는 일정한 상품을 소비해야 하고, 따라서 노동력의 가치는 재생산 비용에 의해 결정된다. 그렇지만 실제 생산과정에서는 노동자에게 지불된 것 이상으로 일하게 되므로 실제 일한 시간과 지불받는 시간의 차이만큼 잉여가 발생한다고 본다. 사실상 마르크스의 모든 경제학적 논의는 잉여가 노동착취에 기인한다는 전제 아래 출발하고 있다.

사실 노동가치론에 입각하여 이윤을 노동착취의 산물이라고 본 것은 고전파의 리카도(Ricardo) 경제학을 이어받은 리카도파 사회주의자의 생각이었지만, 마르크스는 이를 가치법칙이라는 것과 연결시켜 자본주의 전체 과정에 걸쳐 철저히 적용하여 체계적인 경제학을 만든 공헌을 하였다.

마르크스는 자본주의하에서 잉여를 증대시키고 경쟁에서 이기기 위해서 끊임없이 기계화를 도모하게 되는데, 이렇게 되면 결국 잉여의 원천인 노동 사용이 상대적으로 줄게 되는 경향을 가져온다는 사실을 발견하였다. 이러한 경향은 결국 이윤을 저하시키는 내부적 모순을 불러온다. 따라서 이윤율의 저하는 결국 주기적인 공황을 발생시키고, 자본주의를 불안정하게 하는 근본 원인이 된다. 이러한 추세에 대응하기 위해 자본가는 끊임없이 기술을 발전시키고, 독점화를 시도하지만 잉여가치의 원천인 산 노동이 상대적으로 배제되는 내적 모순을 극복할 수는 없다. 결국 자본주의는 생산의 사회화와 노동자의 조직화를 발생시켜 사회주의로 전환되는 운명을 맞게 된다.

여기에서 마르크스는 자본주의는 내부적 모순에 의해서 사회주의로 전환될 수밖에 없음을 과학적으로 밝혔다고 생각한다. 이는 마르크스의 변증법적 유물론 시각에서 자본주의를 체계적으로 해명한 결과이다.

『자본론』을 경제학의 고전으로서 평가한다면 B학점 정도로 평가할 수 있다고 본다. 우선 『자본론』이 기여한 바를 보면 고전파 경제학의 노동가치론을 나름대로 체계화하여 이론을 진전시킨 데 있다. 사실 리카도 경제학에서 노동가치론은 현실에 100% 맞지는 않지만 근사식으로서 유효하다는 어정쩡한 해석을 내놓고 있는 데 비해서, 마르크스는 일단

이론적 전제로서 노동가치론을 견지하고 나서 이를 확대할 수 있을 만큼 확대하여 이론적 범위를 최대한 넓혔다. 이를 통해 경쟁과정, 독점화 과정, 경기변동에까지 이를 적용시켰다.

나아가 『자본론』의 3권을 보면 19세기 말 당시 변화하고 있는 자본주의의 모습을 잘 관찰하여 그 의미를 밝히고 있다. 금융자본의 번창으로 인한 산업자본의 지배와 부재 주주의 등장으로 인한 금융시장의 불안정과 생산과정에서 실질적 주인의 사멸을 관찰하고, 자본의 수출을 통한 제국주의화 과정의 단초를 잘 설명하고 있다. 이는 당시 다른 경제학 고전에 비해 앞선 성과라고 생각된다.

그렇지만 마르크스는 당시 주류 경제학계와 교류 없이 거의 독학에 의해서 경제학을 공부하였으므로, 수요의 중요성과 효용이 수요에 주는 영향을 계속 무시하는 한계를 가지고 있었으며, 생산과정의 분석에 있어서도 노동자와 자본가의 대립만을 강조하여 복합적인 인간관계 분석을 너무 지나치게 일면적으로 분석하고 있다. 이는 『자본론』이 20세기 중반 이후 그 현실적 적합성을 잃게 하는 요인이 되었다. 말하자면 『자본론』을 현대경제학의 관점에서 평가한다면 그 점수는 C학점 이하로 낮아지게 되는 셈이다.

『자본론』은 전세계적으로 일부 대학을 제외하고는 경제학 수업에서 잘 강의하지 않는 책이다. 따라서 많은 사람들이 이 책을 백안시하기도 하고, 또 소수의 사람들은 이 책의 내용에 지나치게 심취하여 객관적으로 이론을 받아들이지 못하고 있는 형편이다. 그렇다면 『자본론』을 잘 읽는 방법은 무엇인가. 그것은 『자본론』도 하나의 이론체계에 바탕을 둔 책이므로 보편적인 과학의 판단 기준을 가지고 책을 읽는 것이다.

과학사학자인 토머스 S. 쿤은 이론체계의 평가 기준으로 논리적 일관성, 현실적 적합성, 단순성, 연구 성과의 풍부성, 그리고 발전 가능성이라는 다섯 가지 기준을 제시했다. 이 기준 중에서 크게 보아 일관성과 단순성을 한 가지 측면으로, 나머지 적합성, 풍부성, 발전 가능성은 다른 측면으로 하여 두 가지 기준으로 생각한다면, 사실상 이 두 기준은 서로 상충된다. 이론가의 임무는 이러한 양대 기준에서 적절한 타협책을 찾는 것으로 보인다.

이러한 기준을 고려할 때, 마르크스 경제학은 단순성이라는 특성을 과도하게 가지고 있다고 보인다. 마르크스 경제학은 노동착취설이라는 기본전제 아래 일관된 설명논리를 갖고 있어서 일단 기본전제를 받아들이면 다른 설명들은 비교적 쉽게 이해되는 단순한 체계를 갖고 있다. 사실 이러한 단순성이 마르크스 경제학의 최대의 매력이자 최대의 약점이다.

실제로 생산과정에서 잉여가 발생하는 과정은 조직 내의 인간관계의 산물이므로 복잡 다양한 측면을 가지고 있다. 생산과정을 탐구하더라도 이를 모두 자본가와 노동자의 대립으로만 분석하지 못하는 점이 많다. 이를테면 노동자 간의 연합, 자본가 간의 합종연횡, 경제규모를 증가시키기 위한 국가의 역할과 같은 측면은 양자 대립이라는 단순한 틀로서 분석하기는 힘들다. 물론 마르크스도 『자본론』의 2, 3권에서 이러한 점들을 분석하고 있으나, 노동착취설이라는 기본틀이 현실의 다양한 모습을 담기에는 부족하며, 때때로 현실을 왜곡하여 파악하게 만들기도 한다.

말하자면 『자본론』은 노동자와 자본가의 대립이라는 자본주의의 한 측면만을 확대해석한 책으로서 나름대로 창의적이지만 현실을 잘 담아내기에는 한계를 가진 책으로 생각해야 할 것이다. 다만 다른 고전과는 달리 현실사회주의와 결부됨으로써 이론적 문제점을 있는 그대로 인정하지 않고 마르크스 자신의 의도를 과도하게 옹호하려는 경향과 이에 대한 반작용으로서 마르크스의 기여를 전혀 인정하지 않으려는 지적 편견 때문에 객관적으로 책을 읽는 것이 힘들게 되어 있는 것이 안타까울 뿐이다.

★ 추천도서와 읽을거리

벤 파인·알프레도 새드-필호, 『마르크스의 자본론』, 박관석 옮김, 책갈피, 2006
『자본론』의 기본 개념과 문장들에 대한 분석을 통해 마르크스 핵심 사상에 비교적 용이하게 접근하도록 도와주는 『자본론』 해설의 고전이다.

제2영역 · 사회와 문화

50

자본주의 · 사회주의 · 민주주의
슘페터

● 송일호 동국대학교 경제학과 교수

    이 책은 사회주의 문제에 관한 거의 40년간에 걸친 사색과 관찰과 연구의 대부분을 읽기 쉬운 형태로 엮어 보려는 노력의 소산이다. 민주주의의 문제가 지금 이 책에서 차지하고 있는 위치에까지 진출하게 된 까닭은, 사회주의적 사회질서와 민주주의적 정치방식과의 관계에 관한 나의 견해를 피력함에 있어서 어느 정도 광범한 후자의 분석을 빼놓을 수 없었기 때문이다.
    나의 일은 예상했던 것보다 어려운 것이었다. 나는 나의 생애를 통한 갖가지 계제에, 비사회주의자들이 보통 경험하는 것보다 더 많은 관찰 기회를 가졌고, 또 내가 본 모든 것에 대하여 나는 인습에 얽매이지 않은 태도로 반응해 왔는데, 정리되어야 했던 잡다한 소재들은 부분적으로는 이러한 나 개인의 견해와 경험을 반영하고 있다. 나에게는 이의 흔적을 지워버릴 생각은 조금도 없었다. 만일 내가 그런 흔적을 제거하려고 했었더라면, 이 책이 불러일으킨 관심의 대부분은 사라지고 말았을 것이다.

슘페터(Joseph Alois Schumpeter, 1883~1950)는 오스트리아에서 태어나 미국에서 활동한 20세기 전반을 대표하는 세계적인 이론경제학자이다. 그는 1908년 약관 25세에 첫 저작인 『이론경제학의 본질과 주요 내용』을 간행한 데 이어 1912년에는 독창적인 구상에 의한 대저 『경제발전의 이론』을 발간하여 주목을 받았다. 1932년 슘페터는 본(Bonn) 대학의 교수직을 사임하고 미국으로 이주하여 하버드 대학 교수로 취임한다. 계량경제학회를 창립하고 미국경제학회 회장을 역임하기도 하였다. 그는 경제와 사회 전반의 문제에 대한 40여 년의 사색의 결정으로 이루어진 『자본주의·사회주의·민주주의(Capitalism, Socialism and Domocracy)』(1942)에서 순수한 경제학의 범위를 넘어 사회학과 정치학을 포함한 광범위하고도 깊은 통찰을 보여주고 있다. 또한 거의 모든 학설로부터 최량의 것을 계승하고 종합해서 독자적인 이론체계를 창조한 점은 슘페터의 공헌이자 그의 특징이기도 하다. 그는 1950년 67세의 나이로 미국경제학회 일을 마치고 코네티컷 집으로 돌아와 시카고 대학에서 요청한 강의 준비를 하던 중 조용히 타계하였다.

『자본주의·사회주의·민주주의』를 발간하기 3년 전, 슘페터는 두 권의 대저 『경기순환론』을 발간하였다. 이 책은 이론과 역사 그리고 통계를 종합해서, 알프레드 마셜(Alfred Marshall)의 3부작에 필적하는 논리적 체계를 보여주는 동시에, 마르크스에 대항하는 자본주의 과정의 새로운 분석을 제시함으로써 경제학의 모든 문헌 중 가장 위대한 업적으로 꼽히고 있다. 그러나 이 대작은 경제학계에 큰 영향을 미치지 못하고 묻히게 되는데, 그 이유로는 케인스(John Maynard Keynes)의 『일반이론』이 시대적으로 선풍적인 인기를 끌고 있었기 때문이다. 슘페터의 『경기순환론』이 정책적 대안의 제시가 미흡했다는 약점을 지닌 반면, 케인스의 『일반이론』은 세계대공황을 극복하는 정책적 대안을 제시하여 케인스는 당대 최고의 경제학자로서 명성을 얻게 된 것이다. 그러나 슘페터는 여러 가지 어려운 상황에도 굴하지 않고 『경기순환론』에 이어 불후의 명작인 『자본주의·사회주의·민주주의』를 발표하여 대성공을 거두게 된다. 슘페터는 이 저서를 통해 자본주의와 사회주의와의 명쾌한 논리적 비교, 그리고 민주주의 성공조건 등을 제시함으로써 독보적 이론체계를 세웠다. 그는 경제사회학적인 고찰에서 자본주의의 발전에 따라 기업가의 기능이 쇠퇴하는 것과 정부의 개입이 증대함에 따라 민간 부문의 활약이 약화되는 것 등의 요인도 함께 고려하여 독특한 자본주의 붕괴론을 이끌어냄과 동시에 사회주의가 어떻게 하면 민주주의적으로 될 수 있는가 하는 비교체제론적인 분야에까지 시야를 넓혀 설명하고자 하였다.

이 책은 전체 5부로 구성되어 있는데 제1부 〈마르크스 학설〉에서는 슘페터의 마르크스 이론에 대한 비판을 주 내용으로 하고 있다. 슘페터는 하나의 경제체제가 발전하면서 스스로 다음 단계에서 탄생할 체제의 골격을 만들어간다고 하는 마르크스의 사물의 유기적 발전 논리는 수용하되, 노동가치설을 비롯한 일련의 이론에 대해서는 반박을 하면서 결국 마르크스의 이론에 의해서는 자본주의 붕괴의 과정을 설명할 수 없음을 주장하고 있다. 제2부 〈자본주의는 살아남을 수 있는가〉에서는 다각도로 자본주의의 미래에 대해 예측하고 있는데, 자본주의의 붕괴를 주장하는 마르크스와 자본주의의 쇠퇴를 전개하는 케인스학파의 공통점을 찾아내 논리적인 반박을 시도하고 있다. 두 학파의 공통점인 투자기회의 소멸 원인인 인구의 감퇴와 개발지역의 소멸에 대해 명쾌한 논리로써 반박을 하고 그 반박은 60여 년이 지난 오늘날 사실로 드러나고 있다. 제3부 〈사회주의는 작동할 수 있는가〉에서 그는 사회주의가 작동할 수 있다는 주장을 세 가지 측면으로 나누어 설명하고 있다. 슘페터가

정의하는 사회주의는 자본주의를 그 하나의 특수 형태로서 내포하는 산업사회에 대응하는 것으로서, 생산수단 및 생산과정의 지배권이 중앙정부에 귀속되어 있는 제도적 유형이다. 첫 번째로, 이와 같이 정의되어 있는 사회주의가 논리적으로 모순 없이 작동할 수 있는가에 대해 사회주의에서도 합리적인 경제 계산이 가능하다는 입장을 밝히고 시장경제의 메커니즘이 없는 사회주의는 합리적인 경제 계산을 할 수 없다는 기존의 이론을 전면 반박하였다. 둘째로, 자본주의와 사회주의의 경제 능률을 비교 분석하고 있는데 이 비교에서 사회주의에 유리한 것은 불확실성의 배제에 의한 비용, 과잉생산력의 경제 후생적 이용 가능성, 실업 배제의 가능성, 공적 사적 영역의 충돌 해소에 의한 능률의 향상 등을 꼽으며 사회주의가 성공적으로 작동 가능함을 시사하고 있다. 마지막으로 사회주의의 작동 여부는 같은 사회주의라도 어떠한 사회적 조건에서 탄생하는가에 따라 커다란 차이가 있음을 지적하고 있다. 슘페터는 이를 성숙한 상태와 미성숙 상태로 나누어 구분하고 전자의 전형으로서 영국을, 후자의 전형으로서 러시아를 상정하여 논리를 전개하고 있다.

제4부 〈사회주의와 민주주의〉에서는 민주주의가 성공할 수 있는 조건을 크게 네 가지로 분류하고 있는데, 그 첫 번째 조건은 정치에 있어서의 인적 수준이 충분히 높아야 하고, 두 번째 조건은 정치적 결의의 유효범위를 지나치게 광범위하게 확장시켜서는 안 된다는 것이다. 세 번째 조건은 민주주의적 정부는 목적 달성을 위해 강력한 의무감과 단결심을 구비한 잘 훈련된 관료의 서비스를 확보할 수 있어야 하며, 마지막 네 번째 조건으로 유권자는 정치꾼에 의해 농락당하지 않을 만한 높은 지성적·도덕적 수준을 가지고 있어야 한다는 것이다. 이러한 슘페터의 민주주의를 위한 성공 조건은 우리나라의 정치적 상황에 주는 시사점이 무엇인가를 되돌아보게 하는 대목이라 하겠다.

제5부 〈사회주의 정당의 역사적 개관〉에서는 마르크스 이후 사회의

정치 경제 정세와 그 속에서 활동한 사회주의 정당들의 성쇠의 역사를 마르크스주의를 중심으로 서술하고 있는데 이 자체가 하나의 커다란 업적으로 평가받을 수 있을 정도로 슘페터의 주관적인 관찰력이 돋보이는 내용으로 구성되어 있다.

슘페터는 케인스와 더불어 20세기 전반을 대표하는 경제학자로 단순히 분류하기에는 그의 연구 범위가 다양하고 광범위하다. 슘페터의 학문적 공헌은 크게 두 가지로 나눌 수 있는데, 첫 번째는, 그는 모든 분야에서 최량의 것을 선택하여 계승하고 그것들을 집대성하는 데 성공한 학자라고 평가할 수 있겠다. 특히 '혁신'은 현대경제이론에 커다란 개념으로 등장하고 있으며 어떤 의미에서 왈라스적 분석과 마르크스적 분석과의 결합으로도 보인다. 그의 저서는 각기 서로 다른 이론들과 대립적인 동시에 절묘한 조화를 이루며 독창적이고도 종합적인 성격을 띠고 있다. 특히 그의 이론체계에 있어서의 사회학적 분석과 순수이론적 분석과의 훌륭한 조합은 그의 능력을 보여주는 한 단면이라 평가할 수 있다. 그의 두 번째 학문적 공헌은, 그의 저서에 나타난 광범위한 문헌 지식과 모든 학설이나 사상을 객관적으로 공평하게 판단하는 능력과 날카로운 통찰력을 통해 풍부한 역사감과 훌륭한 구성 등 학설사가로서 높은 평가를 받고 있다는 것이다. 슘페터의 이러한 능력은 그가 죽고 나서 발간된 『경제분석의 역사』(1954)에서 유감없이 발휘되고 있는데, 그의 학문적 생애 역시 최후의 대작으로 훌륭히 마무리되고 있다.

★ 추천도서와 읽을거리

박순성, 『아담 스미스와 자유주의』, 풀빛, 2003

    이 책은 오랜 세월 동안 지속되어 온 애덤 스미스에 대한 편견과 고정관념을 재조명하고, 그의 사상이 근대 시민사회를 넘어 인간 사회 자체에 대한 비판적이면서도 이상주의적인 전망을 발견하려고 노력한 대사상가였음을 주장하고 있다.

한국사회경제학회, 『신자유주의와 국가의 재도전』(《사회경제평론》 13호), 풀빛, 1999. 10

    이 책은 신자유주의를 둘러싼 논쟁들을 소개하고, 더 나아가 시장경제와 민주주의의 대립과 타협이라는 본질적인 문제에 대해 국가의 의미와 역할을 강조하고 있다.

정운영, 『노동가치이론연구』, 까치, 1993

    저자는 인간의 노동이 가치를 창조한다는 마르크스주의 정치경제학을 재조명하고, 이 이론이 계급투쟁의 논리적 토대이고 계급투쟁은 노동가치이론의 실천적 수단이라고 믿으며 진보적 사회과학이 걸어야 할 길이라고 주장하고 있다. 자본주의 경제학을 배우는 학생들의 균형된 시각을 키운다는 측면에서 일독을 권한다.

John Maynard Keynes, *The General Theory of Employment, Interest, and Money*, HBJ edition, 1964

    이 책은 슘페터와 동시대에 학문적으로 쌍벽을 이룬 케인스의 역작으로, 정부의 시장 개입의 필요성을 역설하여 세계대공황을 극복케 한 이론을 소개하고 있다.

제2영역 · 사회와 문화

51

자유론
존 스튜어트 밀

● 허남결 동국대학교 윤리문화학과 교수

　나는 이 책에서 자유에 관한 아주 간단한 단 하나의 원리를 천명하고자 한다. 이를 통해 사회가 개인에 대해 강제나 통제―법에 따른 물리적 제재 또는 여론의 힘을 통한 도덕적 강권―를 가할 수 있는 경우를 최대한 엄격하게 규정하는 것이 이 책의 목적이다. 그 원리는 다음과 같다. 인간 사회에서 누구든―개인이든 집단이든―다른 사람의 행동의 자유를 침해할 수 있는 경우는 오직 한 가지, 자기 보호(self-protection)를 위해 필요할 때뿐이다. 다른 사람에게 해를 끼치는 것을 막기 위한 목적이라면 당사자의 의지에 반해 권력이 사용되는 것도 정당하다고 할 수 있다. 이 유일한 경우를 제외하고는 문명사회에서 구성원의 자유를 침해하는 그 어떤 권력의 행사도 정당화될 수 없다. 본인 자신의 물리적 또는 도덕적 이익(good)을 위한다는 명목 아래 간섭하는 것도 일절 허용되지 않는다. 당사자에게 더 좋은 결과를 가져다 주거나 더 행복하게 만든다고, 또는 다른 사람이 볼 때 그렇게 하는 것이 현명하거나 옳은 일이라는 이유에서, 본인의 의사와 관계없이 무슨 일을 시키거나 금지시켜서는 안 된다. 이런 선한 목적에서라면 그 사람에게 충고하고, 논리적으로 따지며, 설득하면 된다. 그것도 아니면 간청할 수도 있다. 그러나 말을 듣지 않는다고 강제하거나 위협을 가해서는 안 된다. 그런 행동을 억지로라도 막지 않으면 누군가가 다른 사람에게 나쁜 일을 하고 말 것이라는 분명한 근거가 없는 한, 결코 개인의 자유를 침해해서는 안 되는 것이다. 다른 사람에게 영향을 주는 행위에 한해서만 사회가 간섭할 수 있다. 이에 반해 당사자에게만 영향을 미치는 행위에 대해서는 개인이 당연히 절대적인 자유를 누려야 한다. 자기 자신, 즉 자신의 몸이나 정신에 대해서는 각자가 주권자인 것이다.

『자유론(On Liberty)』(1859)의 저자 존 스튜어트 밀(John Stuart Mill, 1806~1873)은 영국의 철학자이자 경제학자로서 근대 자유주의와 민주주의의 발전에 커다란 공헌을 한 사상가이다. 그는 개인들의 자유로운 입장 표명, 즉 사상과 언론의 자유가 사회 및 역사의 변화에 결정적인 영향을 미친다는 철학적 신념을 가지고 있었다. 그와 같은 태도는 밀의 학문적 관심이 자연스럽게 과학적 지식과 개인의 자유 및 행복의 증진에 초점이 맞추어지는 결과로 나타났다. 말년의 그가 잠시 하원의원으로 정치에 발을 들여놓은 것이나 역사상 처음으로 여성의 참정권을 주장하게 된 것 등은 모두 그의 이런 인식과 무관하지 않은 것으로 보인다. 그런 점에서 밀은 후대의 논평자들로부터 '생각과 행동'이 거의 완벽하게 일치했던 흔치 않은 자유주의 이론가였다는 평가를 듣기도 한다.

그는 특히 학교 문턱을 한 번도 드나든 적이 없는 독특한 교육 배경을 가진 사람으로 유명하다. 역사가이자 공리주의 철학자로서 데이비드 리카도나 제러미 벤담 등 당대의 주류 지식인들과 폭넓게 교류하고 있던 아버지 제임스 밀의 철저한 도제식 개인교습을 받으면서 성장기를 보낸 것으로 알려져 있다. 3세 때부터 그리스 어를 배웠고 8세 때에는 라틴 어를 배워야 했다. 그가 맨 처음 읽은 그리스 어 원전은 『이솝 우화』였다. 아버지 제임스의 영재 교육은 아들과 함께 산책하면서 전날 읽은 책의 내용을 외우고 토론하는 방식으로 이루어졌다. 이 과정에서 어린 밀은 혼자 고민하고 사색하는 가운데 스스로 문제를 해결하지 않으면 안 되었다. 여기서 각인된 아버지의 모습은 존경하지만 따뜻한 위안은 기대하기 어려운 어딘가 '무서운 아버지'였다. 그 후유증은 이른바 '정신적 위기(mental crisis)'로 묘사되는 일종의 성장통을 앓는 직접적인 원인이 되기도 한다. 그의 나이 20세 무렵에 찾아온 지적, 정신적 혼란은 이성 외에도 시와 음악을 비롯한 예술적 감수성이 얼마나 중요한 것인가를 새삼 깨닫는 계기가 되었다.

그의 일생에서 또 하나 잊을 수 없는 사건은 평생의 지적 동반자이자 친구이며 아내이기도 했던 해리엇 테일러(Harriet Taylor)와의 만남이다. 두 사람이 처음 만난 것은 밀이 24세이고 해리엇이 23세 때이던 1830년 여름이었다. 이 무렵 해리엇은 유복한 사업가와의 사이에 두 아이를 둔 평범한 가정주부였다. 그 후 20여 년 동안 계속된 두 사람의 교제는 세상을 떠들썩하게 만들었지만 결코 부정한 관계는 아니었다는 것이 주변 사람들의 한결같은 회고이다. 두 사람은 1851년 마침내 결혼이라는 사랑의 결실을 맺게 된다. 하지만 기다림은 길고, 행복의 순간은 짧았다. 1858년 가을, 두 사람이 남부 프랑스로 여행하던 도중 아비뇽에서 해리엇이 패혈증에 걸려 갑자기 죽고 말았기 때문이다. 사랑하는 아내를 프랑스 아비뇽에 묻은 다음, 밀은 곧바로 두 사람 간의 지적 대화와 토론의 산물인 원고 뭉치를 출판사로 넘겼고, 이듬해 2월 단행본으로 나온 책이 바로 이『자유론』이다.『자유론』의 첫머리에 나오는 밀의 〈헌사〉는 지금 읽어도 가슴이 뭉클할 정도로 아내에 대한 사랑과 존경심을 잘 표현해 주고 있다. 그는 1873년 "내가 할 일은 끝났다"는 말을 남기고 67세의 나이로 눈을 감으면서 아비뇽의 아내 무덤 곁에 묻어달라는 유언을 남겼다.

밀은『자유론』외에도『논리학 체계』,『정치경제학 원리』,『대의제 정부에 대한 고찰』,『공리주의』,『여성의 예속』,『종교에 대한 세 편의 에세이』,『사회주의론』등을 포함한 총 33권의 전집을 남길 만큼 왕성한 필력을 자랑했다.

밀과 동시대인들이 살다간 19세기 중후반은 서구의 역사에서 대단히 의미 있는 상황들이 전개되고 있었다. 이 기간 동안 영국은 나폴레옹과의 전쟁을 승리로 이끌었고, 다른 한편으로는 산업혁명과 제국주의를 지향하면서 세계에서 유일하게 '해가 지지 않는 나라'로 군림하기 시작했다. 그와 같은 변화의 와중에 내부적으로는 부의 독점과 양극화 현상이 사회문제로 대두되었고 이에 따른 노동자 계급의 정치적 욕구도 급팽창했다. 이에 대한 영국인들의 반응은 19세기 중반을 기점으로 보다 구체적인 모습을 띠게 된다. 예컨대, 경제적 영역에서는 자유경쟁의 원리에 대한 회의와 정부의 기능 강화, 즉 시장 개입 필요성을 제기하는 목소리가 나오기 시작했고, 정치적인 영역에서는 보통선거권을 기반으로 하는 자유주의와 민주주의의 결합, 즉 자유민주주의 체제를 확립하기에 이르렀던 것이다. 이 모든 시대적 변화가 평화로운 가운데 안착할 수 있었던 것은 무엇보다도 『자유론』의 저자 밀의 공헌이 크다. 그는 자유주의의 원리에 입각하여 산업화와 민주화의 필요성을 역설하면서도 지나친 경쟁과 개혁이 초래할지도 모를 위험성을 경계하는 지적 균형감각을 잃지 않았다. 밀의 이런 고민과 사색의 흔적들이 고스란히 『자유론』에 담겨 있다.

그의 인식에 따르면 현대사회의 한 특징이라고 볼 수 있는 "사회적 평등 및 여론정치의 필연적인 발달은 인류에게 사상 및 행동의 획일이라는 압제적인 멍에"를 가져다 줄 개연성이 그 어느 때보다도 높다. 이런 시기일수록 성격발달의 다양성과 이를 위한 충분한 자유의 보장은 인류의 진보에 무엇보다도 중요하다고 본 것이다. 지금 우리가 누리고 있는 유무형의 자유들이 상당 부분 밀의 『자유론』에 이론적 토대를 두고 있다는 점을 고려해 본다면 그가 『자유론』을 저술한 의도는 더욱 공감을 불러일으킨다.

『자유론』은 서론을 포함하여 총 5장으로 구성되어 있는 100여 쪽 분량의 소책자지만 대다수 사람들이 근대의 고전으로 인정하고 있을 정도로 명저이다. 제1장 〈서론〉에서는 책의 주제와 논의의 방향이 언급되어 있다. 저자에 의하면 『자유론』의 핵심 주제는 '필연론'과 반대되는 개인의 '자유의지'가 아니라 '시민의 자유 또는 사회적 자유'와 관련된 것이다. 즉, 개인의 자유와 국가권력의 상관관계를 다루고 있다는 말이다. 제2장 〈사상과 언론의 자유〉에서는 다른 의견을 가질 수 있는 자유와 이를 표현할 자유가 보장되지 않으면 진리의 발견은 불가능하다고 주장하면서 이에 대한 네 가지 근거를 제시한다. 제3장 〈복지의 한 요소로서의 개별성〉은 개별성의 자유로운 발달이야말로 복지의 핵심적 요소들 중의 하나라는 사실을 거듭 강조하고 있다. 밀은 개별성에 대한 존중은 개인의 발전과 사회의 복지 증진에 직접적인 기여를 할 것이라고 믿는다. 뿐만 아니라 이런 인식의 공유는 개인의 자유와 사회적 통제 사이의 갈등을 해소할 수 있을 것이라고 말한다. 제4장 〈개인에 대한 사회 권위의 한계〉는 말 그대로 사회가 개인의 자유에 대해 행사할 수 있는 권한의 한계를 밝히고 있다. 그 기준은 '다른 사람에게 해를 끼치지 않는 한' 개인은 무제한의 자유를 향유할 수 있는 권리를 가진다는 것이다. 제5장 〈적용〉은 위에서 제기된 원리들을 구체적인 현실문제와 관련지어 논의하고 있다. 예컨대, 그는 매매춘, 도박, 노예제, 교육, 정부의 역할 등에 대해 실제로 '개인적 자유의 원칙'이 '사회적 복지의 원칙'과 어떻게 조화될 수 있는가를 구체적으로 설명하고 있다.

자유에 관한 밀의 입장은 『자유론』의 출판 이후 지금까지 끊임없는 관심과 비판의 대상이 되고 있다. 흔히 밀의 『자유론』은 평범한 개인들의 자유를 논한 것이 아니라 사회의 엘리트층에게나 통용될 자유를 지지하고 있다는 점에서, 그리고 대중을 계몽하려고 하는 경향을 보이고 있다는 점에서 일종의 '도덕적 전체주의'를 조장하고 있다는 비판을 받기도 한다. 그럼에도 불구하고 『자유론』이 '사상과 언론의 자유'에 관한 한 가장 강력한 옹호의 논변을 제공하고 있는 저술 가운데 하나라는 데에는 아무도 이의를 제기하지 않는다. 한편, 『자유론』은 고전적 자유주의에서 근대적 의미의 자유주의로 이행하는 과정에서 하나의 연결고리 역할을 하고 있다는 점에서 자유주의 정치사상사에서도 높은 평가를 받는다. 그러나 그의 자유주의적 견해를 둘러싸고 해석상의 논란이 끊이지 않는 것은 자유와 공리성 및 개별성과 사회성이 상충할 경우 밀이 뚜렷한 해결책을 제시하지 못하고 있기 때문이다. 그럼에도 불구하고 밀의 과도기적 자유주의 사상은 훗날 신자유주의(New Liberalism)의 형성에 많은 영향을 미쳤다는 평가를 받고 있다.

★ 추천도서와 읽을거리

J. S. 밀, 『공리주의』, 이을상 · 김수청 옮김, 이문출판사, 2002
밀의 자유 개념을 윤리학의 분야로 확장, 적용한 저술로 개인의 이익(자유의 실현)과 다른 사람의 이익을 동등하게 고려할 것을 요구한 책이다. 흔히 제러미 벤담의 '양적 공리주의'를 이른바 '질적 공리주의'로 수정 보완한 것으로 유명하다.

에리히 프롬, 『자유에서의 도피』, 이상두 옮김, 범우사, 1985
세계 여러 나라에서 번역, 애독되고 있는 '자유'에 대한 명저이다. 저자는 어떤 속박으로부터의 탈출을 의미하는 '소극적 자유(freedom from~)'에서 한 걸음 더 나아가 건설적 자기극복 또는 획득에 의한 자유를 의미하는 '적극적 자유(freedom to~)'로의 이행을 주문하면서 이런 노력을 소홀히 할 때 일어날 수 있는 '자유에서의 도피(escape from freedom)'에 대해 강한 어조로 경고하고 있다.

앤서니 기든스, 『제3의 길』, 한상진 · 박찬욱 옮김, 생각의 나무, 1998
오늘날 세계인들의 지적 관심사가 되고 있는 사회주의의 경직성과 자본주의의 불평등성을 극복하는 이른바 제3의 길을 제시하고자 함으로써 출판 당시 '세계를 바꾸는 책'이라는 찬사를 들은 바 있다. 이러한 새로운 정치 모델의 실험에서도 자유의 문제는 여전히 중심 테마가 되고 있다.

제2영역 · 사회와 문화

52

제2의 성
시몬 드 보부아르

● 조주현 계명대학교 여성학과 교수

해방된 여성은 이제 막 탄생 중이다. 그녀가 스스로를 소유할 수 있게 될 때 아마도 랭보의 다음과 같은 예언이 실현될 것이다. "시인들이 생기게 될 것이다! 여성의 한없는 노예상태가 깨어질 때, 여성이 자기 힘으로 자신을 위하여 살아가게 될 때, 남성은—지금까지는 밉살스러운—여성을 놓아주게 되므로, 여성도 또한 시인이 될 것이다! 여성은 미지의 것을 발견할 것이다. 그녀들의 관념의 세계는 우리들 남성의 관념의 세계와 다를 것인가? 여성은 이상하고, 이해할 수 없고, 불쾌하고, 즐거운 무엇을 발견할 것이다. 우리는 그것을 파악할 것이고 그것을 이해할 것이다." (그러나) 여성의 '관념의 세계'가 남성의 관념의 세계와 다를지는 알 수 없다. 왜냐하면 여성은 남성들의 상황과 똑같은 상황에 도달하는 것을 통해 해방을 찾게 될 것이기 때문이다. 여성이 어느 정도까지 (남성과의) 다름을 유지할 수 있을지, 또 그 다름이 어느 정도로 중요성을 간직하고 있을 것인지는 현재로서는 진정 예측하기 어려운 문제다. 확실한 것은 지금까지 여성의 가능성들이 억압되고 있었으며 인류사회에 반영되지 않았고, 이제 여성이 여성 자신의 이익을 위해서 그리고 인류 모두의 이익을 위해서 자신의 기회를 잡게끔 허락할 시점이 되었다는 것이다.

프랑스의 철학자이자 작가인 시몬 드 보부아르(Simone De Beauvoir, 1908-1986)는 1949년 41세의 나이에 『제2의 성』을 출간했다. 『제2의 성』은 서구의 제2차 여성해방운동(1968~1980)의 성서로 평가될 정도로 현대여성해방운동과 페미니스트들에게 강력한 영향력을 행사한 책이다. 21세에 소르본 대학 철학과를 졸업할 때 철학 교수 자격시험에서 사르트르가 1등, 보부아르가 2등을 한 것은 유명한 일화이다. 통상 보부아르는 그녀의 독자적 업적보다는 그녀의 삶으로—사르트르와의 관계, 그리고 가사노동, 결혼, 모성을 거부한 점—세인들의 관심을 받아왔다. 그러나 최근의 보부아르 연구들은 보부아르가 일방적으로 사르트르의 영향을 받았다기보다는 상호영향을 주고받았으며, 독자적인 철학(모호성의 윤리학, 상황적 주체성 등)을 정립한 것으로 평가한다. 실제로 보부아르의 사상에는 사르트르 이외에도 후설, 하이데거, 메를로-퐁티, 베르그송, 마르크스의 영향이 녹아들어 있는 것으로 알려져 있다. 보부아르의 철학적 작업에 대한 후대 페미니스트 철학자들의 재평가의 결과로 보부아르는 『케임브리지 철학 정전 선집』에 플라톤, 아리스토텔레스, 비트겐슈타인, 사르트르 등 남성 철학자들과 나란히 선정됐다.

서구 사회는 1880~1920년대의 제1차 여성해방운동의 결과로 여성들이 참정권을 획득하고 이후 여성들이 사회에 진출하는 것을 목격하면서, 이제 남녀평등이 이루어진 상황에서 여성해방을 요구하는 것은 진부한 주장이며 여성은 여성이기보다 보편적 인간임을 선언해야 한다는 주장이 주도하게 됐다. 그러나 보부아르는 이 당시의 (추상적) 평등 논의의 자기기만성을 비판하고, 여성이 놓여 있는 구체적인 상황에 대한 이해를 통해서만이 여성이 보편적 인간성을 구현할 수 있는 길을 찾을 수 있다고 주장했다. 보부아르는 여성이 어떻게 자신에게 부여된 타자성에 순응하게 되는지, 즉 "여자로 만들어지는지"를 이해함으로써 궁극적으로 남성의 타자로 존재하는 것에서 벗어나 해방된 여성의 보편성을 획득하는 방법을 제시하고자 했다. 여성의 타자성이 노동계급, 흑인, 유태인의 타자성과 근원적으로 다른 이유는 후자는 상대집단과 서로를 타자화시키려는 관계적/경합적 성격을 띠고 있는 반면, 여성은 남성과 관계적/경합적 성격을 가질 수 있을 만큼의 여성 공동의 역사적 기억이나 문화, 집단성조차 형성하지 못한 원초적인 타자성의 성격을 갖는다는 점에 있다.

불어로 972페이지의 방대한 규모로 완성된 『제2의 성』은 1권 〈사실과 신화〉와 2권 〈체험〉으로 구성되어 있다. 1권은 다시 3부로 나뉘어 각기 운명, 역사, 신화를 다룬다. 1부 〈운명〉에서 보부아르는 당대의 가장 선진적인 지식으로서의 생물학, 정신분석, 마르크스주의가 여성의 타자성을 어떻게 설명하고 있는지를 보여주면서 그 논지들의 환원론적 특징을 비판한다. 2부 〈역사〉에서는 서구 역사상 여성의 타자성이 어떤 행적으로 드러났는지를 추적한다. 3부 〈신화〉에서는 문학작품에 구현된 여성의 타자성의 특징들을 보여준다. 전체적으로 1권에서의 보부아르의 입장은 이미 여성을 근원적인 타자로 전제한다는 데 있다. 그러나 이같은 입장은 2권에서 완전히 다른 모습으로 나타난다.

『제2의 성』 2권은 "여자는 태어나는 것이 아니라, 만들어지는 것이다"라는 유명한 문장으로 시작한다. 즉 여성은 사회적 구성물이기 때문에, 사회적 현실이 현재와 다른 방식으로 제도화된다면 여성은 지금과 다른 모습으로 구성될 수 있다는 것을 함의하고 있다. 2권은 총 4부로 구성되어 있으며 각기 〈형성〉(유년기, 소녀시절, 성경험의 시작, 레즈비언), 〈상황〉(결혼, 어머니, 사회활동, 매춘 여성과 첩, 중년·노년여성, 여성들의 상황과 특징), 〈정당화〉(자기도취에 빠진 여성, 사랑에 빠진 여성, 영성에 빠진 여성), 〈해방〉(독립적인 여성, 결론)을 주제로 다루고 있다. 이같이 여성들이 놓여 있는 거의 모든 상황을 다루면서 보부아르는 여성들이 스스로의 타자성을 깨닫고 그것을 극복하려고 하지 않는 한, 즉 독립성을 확보하여 궁극적으로 해방된 여성으로 나아가지 않는 한, 여성들의 어떠한 시도도 열등한 종으로서의 여성의 범주를 벗어나게 할 수 없음을 주장하고 있다.

여성이 놓인 상황에 대한 날카로운 이해, 해박한 지식과 지성, 위트는 행간마다 강렬한 향기를 발하여 출간 후 50여 년이 지난 현 시점에도 여전히 여성들의 의식을 일깨우는 힘을 발휘하고 있다.

『제2의 성』이 제2차여성해방운동의 바이블로 평가되고 있음에도 불구하고, 『제2의 성』은 이후 페미니즘 이론사에서 매우 논쟁적인 위치에 놓이게 된다. 보부아르의 여성해방 방법론이 타자에서 벗어나 주체가 되는 것이라 할 때, 그 주체가 (자유롭고, 진정한) 남성 주체를 정형으로 하고 있다는 점에서, 보부아르는 성차(sexual difference)를 부정하고 평등을 실현하려는 것으로 읽히기 때문이다. 확실히 여성해방의 길에 대한 보부아르의 입장은 모호함과 모순을 보여주고 있다. 예를 들면, 앞의 인용문에서 보듯이 보부아르는 "여성은 남성들의 상황과 똑같은 상황에 도달하는 것을 통해 해방을 찾게 될 것"이라고 주장하면서도, 다른 한편으로 "남성과 여성 사이에는 언제나 어떤 차이들이 있을 것"이라고 주장하기 때문이다.

1980년대 이후 등장한 페미니즘 이론들 중에 여성적 차이, 즉 여성적 에로티시즘, 모성, 윤리를 존중하는 여성중심주의(gynocentrism)는 보부아르가 남성적 가치를 규범으로 하고 있다고 비판했으며, 프랑스의 후대 페미니스트들인 크리스테바, 이리가레이(Irigaray), 씨수 등 여성적 글쓰기와 여성문화를 주창한 이들은 보부아르가 남근 중심적 철학 안에 머물고 있는 순진한 "계몽적" 인간주의를 표방하고 있다고 비판했고,

섹스, 젠더, 섹슈얼리티를 모두 담론적 효과로 수렴시킨 후기구조주의 페미니즘은 보부아르가 갖고 있는 상황으로서의 몸에 대한 전제를 부정했다.

  그러나 다른 한편, 성차는 물리적 실체라는 주장과 성차는 담론적 효과일 뿐이라는 주장 사이에서, 즉 본질주의와 구성주의 사이에서 보부아르의 모순적 주장은 다시 한 번 섹스/젠더 구분 논쟁과 관련하여 현재적 함의를 갖게 되었다. "몸은 상황이다."는 보부아르의 주장은 섹스/젠더를 분리하지도, 섹스/젠더를 함몰시키지도 않는 제3의 대안을 찾을 수 있게 하기 때문이다. 몸은 실체로도, 문화로도, 경험되는 것이 아니며, 불가분의 "상황"으로 체험되는 것이라고 할 때, 후기구조주의처럼 섹스/젠더의 구분은 불가능해지면서, 동시에 후기구조주의와는 달리 개별여성의 주체성(자유의지)은 더욱 강화된다.

★ 추천도서와 읽을거리

『제2의 성』은 1949년 불어판 출간 이후, 1953년에 무려 140쪽을 빠트린 상황에서 영어판으로 번역됐다. 현재 영어판은 수많은 오역과 축약으로 인해 재번역에 대한 학자들의 요구가 거센 상황이다. 한국에는 **조홍식 옮김(을유문화사)**이 가장 원문에 충실하다. 그러나 여전히 오역이 많이 보이며, 특히 보부아르의 현상학적 개념이 충실히 반영된 형태로의 번역을 읽기 위해서는 더 오랜 시간을 기다려야 할 것 같다.

Simone de Beauvoir, *The Ethics of Ambiguity*, New York : Citadel Press, 2000

어린 시절의 경험이 어떻게 자기 기만(bad faith)의 변증법으로 발전하는지를 드러냄으로써 우리가 자유를 포용하는 방식을 보여주는 책이다.

Toril Moi, *Simone De Beauvoir : The making of an intellectual woman*, Oxford : Blackwell, 1994

불란서 페미니즘을 영어권에 소개한 것으로 유명한 토릴 모아가 쓴 보부아르의 전기이다. 보부아르의 페미니즘에 초점을 맞추어 구성했다.

Sara Heinamma, *Toward a Phenomenology of Sexual Difference : Husserl, / Merleau-Ponty, Beauvoir*, New York : Rowman & Littlefield Publishers, Inc., 2003

보부아르의 사유의 선을 따라가면서 그동안 드러나지 않았던 『제2의 성』의 중층적 논의들을 복원시킨 책이다.

제2영역 · 사회와 문화

53

제3의 길
앤서니 기든스

● 조동기 동국대학교 사회학과 교수

    사회민주주의자들에게 자유란 행위의 자율성을 의미해야 한다. 그런데 행위의 자율성은 나아가 보다 넓은 사회 공동체의 관여를 요구한다. 제3의 길 정치는 집산주의를 버리고, 개인과 공동체 사이의 새로운 관계, 즉 권리와 의무에 대한 재규정을 모색한다.

    우리는 '책임 없이 권리 없다'는 말을 새로운 정치의 주요 모토로서 제시할 수 있다. 정부는 약자 보호를 포함하여 시민과 다른 사람들에 대한 일련의 책임들을 가지고 있다. 그러나 구식 사회민주주의는 권리를 무조건적인 요구로서 취급하는 경향이 있었다. 개인주의의 팽창과 함께 개인적 의무가 확대되어야 한다. 예를 들어 실업 급여는 적극적으로 일자리를 찾아야 할 의무를 수반해야 한다. 그리고 복지제도가 적극적인 구직 활동을 좌절시키지 않도록 하는 것은 정부에 달려 있다. 도덕적 원리로서 '책임 없이 권리 없다'는 것이 복지 수혜자뿐만 아니라, 모든 사람들에게 적용되어야 한다. 사회민주주의자들이 이 점을 강조하는 것은 매우 중요하다. 정치적 권리에도 그런 경향이 있듯이, 그렇지 않으면 그 원칙이 궁핍한 사람들에게만 적용될 수 있기 때문이다.

영국의 사회학자 앤서니 기든스(Anthony Giddens, 1938~)는 현대사회학계, 나아가서 사회과학 전반에서 있는 가장 영향력 있는 사회이론가 중의 한 사람이다. 그의 초기 저작은 주로 고전사회학의 대가들인 마르크스(K. Marx), 베버(M. Weber), 뒤르켐(E. Durkheim)의 업적에 대한 비판적 재해석과 종합을 추구하는 것이었다. 이러한 연구를 바탕으로 국가의 폭력성, 친밀감, 위험사회 등과 같은 근대성(modernity)과 관련된 다양한 주제도 탐구함으로써, 기든스는 현대사회이론의 발전에도 중요한 기여를 하였다. 기든스의 『제3의 길』(1998)은 그를 사회학의 범위를 넘어 일반적인 사회이론가 또는 정치이론가의 반열에 올려놓은 중요한 저작이다.

영국의 맥락에서 보자면 '제3의 길'은 전통적 사회민주주의의 복지만능과 대처주의적 신자유주의의 시장 만능을 모두 비판하고 그 대안으로 제시된 이념이다. 사회민주주의적 복지정책은 노동 의욕의 저하를 초래하였고 신자유주의는 사회불평등을 확대하는 한계를 노출하였다. 제3의 길은 이러한 실패를 경험으로 삼아 평등과 효율을 동시에 추구하는 새로운 정치이념이다.

『제3의 길』은 〈사회민주주의의 개조〉라는 부제를 달고 있는데 이는 제3의 길의 정치적 전통을 보여주는 중요한 단서이다. 유럽의 맥락에서 사회민주주의는 역사적으로 몇 차례의 변형을 겪어 왔다. 19세기 말의 사회민주주의는 자본주의의 종말을 추구하는 마르크주의 이념과 유사한 것이었던 반면에, 20세기 이후의 사회민주주의는 다원주의적 정치 및 사회주의적 시장경제와 접목되었다. 영국의 경우 1970년대 사회민주주의 이념이 심각한 위기를 겪으면서 1980년대 신자유주의에 기반 한 대처주의(Thatcherism)가 지배적인 정치이념으로 자리를 잡게 되지만, 그 또한 불평등의 확대와 같은 심각한 문제를 초래하게 된다. 제3의 길은 이러한 20세기의 전통적 사회민주주의와 신자유주의를 지양하는 '진보적 중도 좌파'의 정치이념으로서, 모든 형태의 극단주의, 사회적 배제, 절망의 정치를 뛰어넘는 새로운 이념적 지향이다.

영국보다 넓은 맥락에서 보자면 제3의 길의 등장 배경에는 전통적 복지정책의 한계, 마르크스주의에 대한 불신, 그리고 이러한 변화의 바탕이 되어온 기술적 변화가 자리잡고 있다. 『제3의 길』은 새롭게 변화된 상황에서 요구되는 정책방향과 정치철학으로서의 새로운 사회민주주의의 미래와 전망에 대한 기든스의 분석을 제시한 저작이다.

기든스에 따르면 제3의 길 정치의 핵심 내용은 여섯 가지로 요약될 수 있다. 소련의 붕괴 이후 좌우라는 이념적 패러다임의 한계 인식, 국가와 시민사회 간의 균형 추구, 권리와 함께 책임감에 대한 요구, 공급 지향의 경제정책 개발, 기회의 평등 추구, 세계화에 대한 진지한 고려가 그것이다. 기든스가 보기에 경제적 관리의 한 형태인 사회주의는 '기력을 다한' 기획이다. 1980년대 말 소련과 그 주변 국가의 붕괴이후 현실적으로 사회주의는 사실상 종언을 고한 것과 같고, 이론적 기획이라는 측면에서도 사회주의는 죽은 것과 다름없다. 한편 '자유시장'을 신봉하는 신자유주의 이념은 국가(특히 복지국가)에 대한 부정적이고 비관적인 입장을 가지고 있다. 기든스가 보기에 이러한 신자유주의는 '배제적 사회'를 만들어냄으로써 사회불평등을 확대시키는 결과를 초래하였다. 이에 따라 기든스는 전통적 사회주의와 신자유주의라는 두 가지 정치이념의 중간을 지향한다.

기든스는 21세기 서구 사회는 세 가지 주요한 사회혁명을 경험하고 있다고 주장한다. '세계화', '개인생활의 변화', 그리고 '자연과 인간의 관계 변화'가 그것이다. 기든스가 보기에 이러한 사회혁명은 제2차 세계대전 이후로 지속되어 온 정치적 관행과 방식이 더 이상 지속될 수 없다는 것을 의미한다. 평등이라는 해방의 정치를 지향했던 사회주의나 시장의 자유를 외쳤던 신자유주의는 이러한 사회적 변혁을 제대로 따라잡지 못했다는 것이다.

제3의 길 철학은 이러한 새로운 도전에 대응하여 진보적 가치에 대한 지속적인 추구를 강조한다. 그것은 세 개의 토대를 가지고 있는데, 첫 번째는 정부가 특권을 배제하고 모든 집단에게 평등한 기회를 촉진해야 한다는 사고이다. 두 번째는 시혜적 복지의 정치와 배제적인 사회적 포기의 정치 모두를 거부하는 상호 책임감의 윤리이다. 마지막 세 번째는 시민들이 스스로 행동할 수 있도록 권리강화를 추구하는 것이다.

기든스의 제3의 길은 그의 '후기근대(late modern)' 사회의 특성 및 세계화에 관한 논의와 밀접히 관련되어 있다. 기든스는 후기근대사회가 제기하는 기술적 위험은 부담이 아니라 일종의 기회가 되고 있으며, 세계화도 긍정적인 동인이 될 수 있다고 주장한다. 기든스가 보기에 후기근대사회는 탈전통적 사회이다. 탈전통화라는 사회적 변혁은 새로운 정치적 쟁점을 제기하면서, 과거의 해방의 정치가 여전히 중요하지만 새로운 생활의 정치가 등장함을 보여준다. 과거 해방의 정치는 개인들이 노동, 가정, 문화적 역할을 일종의 운명으로 수용할 것을 전제로 하는 반면에, 새로운 생활의 정치는 사회적 존재의 모든 영역에 대한 문제 제기를 요구한다.

기든스는 후기근대사회에서 생활의 정치가 직면하는 주요 제도적 긴장은 '노동, 가정, 성별, 세대'라는 네 가지 축을 중심으로 형성된다고 본다. 이는 후기근대사회를 살아가는 개인들이 직면하는 새로운 '의사결정 행렬'이다. 직업, 연령, 성별 등에 대한 사회적 정체성이 변화되고 있으며, 이에 따라 이들 요인들이 후기근대사회에서 새로운 정치의 대상이 되고 있다.

기든스는 대화민주주의라는 새로운 개념을 주장한다. 대화민주주의는 자유민주주를 바탕으로, 서로 대화하는 신중하고 성찰적인 개인과 사회집단을 토대로 형성된다. 기든스는 이러한 대화민주주의가 '민주화' 과정에서 자유민주주의를 사회의 모든 영역으로 확장시키고 심화시킬 것으로 전망한다.

나아가서 기든스는 범세계주의적인 다원주의의 가치를 주장하는데, 이는 시민적 결사체의 개념을 세계적으로 일반화시킨 것으로 볼 수 있다. 범세계주의적 다원주의는 '차이(difference)'의 긍정적 가치를 중요시하며, 개인과 집단의 책임을 강조한다. 범세계주의는 인간생명의 고귀함, 개인의 자율성 등과 같은 보편주의적 가치에 토대를 두고 있으면서도 차이를 존중하는 보편주의 이념이다.

요컨대 『제3의 길』의 철학적 비전은 좌우간의 또는 국가와 시장의 역할에 대한 비생산적인 논쟁을 극복하고, 경제와 사회가 세계화의 요구와 압력에 적극적으로 대응할 수 있도록 해주는 새로운 정치철학을 모색하는 것이다. 공산권의 붕괴이후 전통적인 정치이념이 큰 설득력을 얻지 못하는 상황에서 제3의 길은 정치에 대한 새로운 이념과 방향을 제시하고 있다.

기든스의 『제3의 길』은 흔히 중도 좌파 노선의 이념과 사상적 토대를 제공한 중요한 저작으로 평가되고 있다. 오늘날 세계적으로 많은 국가에서 중도 좌파가 정권을 잡고 있다. 이들 국가는 모두 전통적인 좌파의 신조나 정책에서 벗어나 새로운 방식으로 좌파적 가치의 구현을 추구한다. 제3의 길은 많은 사회민주주의자들에게 광범위하게 수용되면서 이데올로기적 및 정책적 혁신의 이념적 토대를 제공하고 있다. 제3의 길은 1990년대 미국의 빌 클린턴(B. Clinton), 독일의 게하르트 슈뢰더(G. Schroeder), 그리고 현재의 영국의 토니 블레어(T. Blair) 정부가 취했던 정책 지향이다. 특히 영국에서 제3의 길은 토니 블레어 및 신노동당 정부와 밀접한 관련을 가지고 있으며, 기든스는 흔히 토니 블레어 총리의 지적 지도자로 불린다. 오늘날 제3의 길을 둘러싼 논쟁은 미국과 유럽, 아시아, 오세아니아와 남미 등 전세계에서 이루어지고 있다.

제3의 길은 발전적인 의견의 수렴과 타협이 어느 때보다도 절실히 요구되고 있는 한국사회의 상황에도 유용한 이념적 지향을 보여준다. 보수와 진보, 성장과 분배 간의 이념적 대립이 첨예화되고, 계급, 세대, 지역, 성별에 등에 따른 다양한 차별과 대립이 지속되는 상황에서, 제3의 길은 한국사회의 발전적인 지향점 모색을 위한 새로운 철학을 제시하고 있다. 그러나 이 책은 영국 또는 서구의 역사와 경험에 바탕을 두고 있기 때문에, 진정한 의미에서 사회민주주의의 실험이 없었던 한국사회에서 제3의 길 정치이념이 가지는 현실적 적합성에 대한 비판적 독해가 요구된다.

『제3의 길』은 방대한 사고를 길지 않은 저서에 담아내다 보니 야심찬 정치이념과 새로운 개념에 대한 정교화가 부족하고, 철학적 논의에 보다 많은 비중이 주어지고 있기 때문에 구체적인 정책 프로그램에 대한 제안이 상대적으로 빈약한 편이다. 기든스의 제3의 길 철학에 관심이 많은 독자들은 기든스가 후속적으로 내어놓은 제3의 길 정치에 대한 논쟁도 읽어볼 필요가 있다.

★ 추천도서와 읽을거리

에릭 홉스봄·스튜어트 홀, 『제3의 길은 없다』, 노대명 옮김, 당대, 1999
    영국의 대표적 사학자인 홉스봄과 문화이론가 홀이 서로 다른 시각에서 앤서니 기든스로 대표되는 이른바 '제3의 길' 노선의 허구성을 비판한 연구서이다.

앤서니 기든스, 『제3의 길과 그 비판자들』, 박찬욱 외 옮김, 생각의 나무, 2002
    『제3의 길』의 속편에 해당하는 책으로, 그 동안의 비판에 대한 기든스의 대답과 제3의 길에 대한 구체적인 실천 방안이 제시되고 있다.

제2영역 · 사회와 문화

54

프로테스탄티즘의 윤리와 자본주의의 정신

막스 베버

● **양영진** 동국대학교 사회학과 교수

현재 영리 추구가 가장 자유로운 곳인 미국에서 종교적·윤리적 의미를 박탈당한 영리 추구는 드물지 않게 그 추구에 스포츠의 특성을 부여하는 순수한 경쟁적 열정과 결합되는 경향이 있다. 미래에 이 겉껍질 안에서 살 자가 누구인지, 이 엄청난 발전의 마지막에 전혀 새로운 예언자나 혹은 옛 정신과 이상의 강력한 부활이 있을지, 아니면——이 둘 다 아니고——일종의 발작적인 오만으로 장식된 기계화된 화석화가 있을지는 누구도 모른다. 만일 후자의 경우라면 물론 이 문화발전의 '최후의 인간'에 대해서는 다음과 같은 말이 옳은 것이 될 것이다. 즉 "정신 없는 전문가, 가슴 없는 향락자 : 이 공허한 인간들은 인류가 전례 없는 단계에 도달했다고 생각할 것이다."

그런데 이는 가치 판단과 신앙 판단의 영역에 들어서는 것이며 이 책과 같은 순수한 역사적 설명이 다룰 문제가 아니다. 이 책의 과제는 오히려 이상의 서술을 통해 금욕적 합리주의가 사회정책적 윤리의 내용에 대해 갖는 중요성, 그리고 가정집회에서 국가에 이르는 사회공동체의 조직과 기능에 대해 갖는 중요성을 지적하는 것이다. 그리고 나서는 이 금욕적 합리주의가, 인문주의적 합리주의와 그 생활 이상과 문화적 영향 그리고 철학적, 과학적 경험주의의 발전, 기술적 발전, 정신적 문화재 등에 대해 갖는 관계가 분석되어야 할 것이다.

이 책에 대한 전형적인 오해들

독일의 저명한 사회학자 막스 베버(Max Weber, 1864~1920)가 학문적 생애 중기에 학술지에 나누어 발표한 이 책『프로테스탄티즘의 윤리와 자본주의의 정신』(1904~1905, 앞으로는『개신교 윤리』로 줄여서 칭함)에 대해 대부분의 사회학 이론 주해서나 개론서에서는 다음과 같이 해설하고 있다.

첫째, 이 책에서 베버는 합리적 자본주의가 개신교, 특히 칼뱅교로부터 기인한 것이라고 본다. 둘째, 베버는 개신교의 윤리가 자본주의를 낳게 한 유일한 원인이라고 주장하면서, 마르크스의 유물론적 역사해석을 대치하려 노력하였다. 셋째,『개신교 윤리』의 가장 중요한 학문적 공헌은 개신교의 윤리와 자본주의의 정신 사이에 존재하는 인과관계를 세계 최초로 밝혀낸, 소위 말하는 '베버 명제 (Weber thesis)'를 제시하고 입증한 것이다. 넷째, 자본주의란 형태의 경제적 행위는 17, 18세기경 서유럽에서 최초로 생겨났으며, 세계 그 어느 다른 지역에서도 유례를 찾아볼 수 없다. 다섯째, 자본주의를 특징짓는 것은 합리적 사고방식과 조직이며, 이러한 합리주의는 또한 근대 서구 문명에만 독특한 것이다.

일견 분명하고 또 그럴듯하게 보이는 위와 같은 다섯 가지 서술 모두는 불행히도 '참'이 아닌 '거짓'이다. 진술의 어느 부분이 어떻게 틀렸으며 왜 틀릴 수 밖에 없는가 하는 세부 사항은 다음 절에서 하나하나 다룰 것이다. 필자가 여기서 강조하고 싶은 것은, 모든 '고전'들의 운명이 그러하듯, 베버의『개신교 윤리』도 그 유명함에 반비례하여 전혀 읽혀지지 않고 있다는 사실이다. 혹시 읽을 경우는 부분만이 읽혀지고 있는 듯하며, 또한 대충 읽은 사람들끼리의 상충하는 아전인수격 해석들이 난무하는 경향마저 보이는 듯하다.

풍부하고 다양한 내용을 담고 있어 어느 독자가 언제 꺼내 읽더라도 새로운 생각의 실마리를 건져낼 수 있는 좋은 책이 '고전'이요 '명저'라면, 그에 관한 몇 자 안 되는 해제나 서평은 그야말로 '식은' 커피처럼 맛없고 쓸모 없는 것이다. 그러나 인터넷 게임에 푹 빠져 고전은커녕 신문도 읽기 싫어하고, 논술 대비 다이제스트 수험서 몇 줄 읽고 방대한 원전을 다 읽은 양 행세하는 요즈음 학생들 풍조를 잘 알기에 몇 자 안 되는 해제나마 올바로 써서 독자들이 제대로 된 이해를 해보고 싶다는 호기심을 불러일으키기 위해 이 글을 계속 쓰기로 한다.

바른 이해를 지향하는 출발점

베버는 1864년 4월 21일, 법률가이자 정치인이었던 아버지와 독실한 종교인이었던 어머니 사이의 장남으로 에르푸르트에서 태어났다. 1920년 6월 14일 뮌헨에서 폐렴으로 세상을 떠날 때까지 그가 살았던 56년간은, 독일 전체의 사회 정치적 구조가 긴장과 모순에 가득 찬 시기였다.

독일의 복잡한 사회 정치적 분위기는 영국이나 프랑스보다 늦게 일어난 독일의 산업혁명과 그와 관련된 경제구조의 변화 때문이었다. 영국은 1850년 이래 급속도로 산업화가 추진되었으나 독일은 자본주의적 공업화로의 이행이 그보다 훨씬 늦은 19세기 말경에야 시작되었고, 그 주변 여건도 영국의 경우와는 상당히 달랐다. 바꿔 말하자면, 산업발전의 후발국인 독일사회가 부닥친 여러 가지 문제들을 근본적으로 해결해 보려는 문제의식이 베버로 하여금 고대, 중세 및 근대 자본주의의 여러 현상에 관심을 돌리게 한 듯하다.

한편 어머니의 영향 때문인지 베버는 어렸을 때부터 종교에 대해 남다른 지적 관심을 지니고 있었다. 예컨대 그는 일찍이 16세 때 구약성서를 원어로 연구하고 싶어 누구도 강요하지 않는 히브리 어를 혼자서 공부하였다. 이어 대학생활 전반에 걸쳐 많은 종교 관련 서적들을 독파하고 신학 과목들을 수강하였다.

이와 같은 종교와 자본주의라는 두 가지 관심의 결합으로 나타난 『개신교 윤리』라는 저술은, 일반에 널리 알려진 것처럼 세계 최초로 '개신교'와 '자본주의'를 연결시키는 가설적 명제를 제시한 것은 전혀 아니었다. 당시 칼뱅교와 자본주의 사이의 밀접한 '선택적 친화력'에 대한 논의는 오랫동안 학계 내부에서 공공연하게 떠돌던 주제였다. 따라서 베버는 소위 '베버 명제'라고 알려진 자신의 주장에 대해 전혀 독창성을 부여하지 않고 있다. 다만 베버가 시도한 것은, 새로운 명제를 널리 퍼뜨리려는 것이 아니라, 일반인들도 지난 200여 년 간에 걸쳐 어렴풋하게나마 알고 있는 개신교와 자본주의와의 관계를 보다 학문적이고 체계적으로 탐구해 더 명쾌하고 설득력 있게 설명해 보려는 것이었을 뿐이다. 따라서 널리 퍼져 있는 오해처럼 베버가 유물론적 역사관을 의도적으로 반박하기 위해 역사에 대한 유심론적 해석을 견강부회 한 것도 전혀 아니다.

베버 자신의 말을 직접 인용하자면『개신교 윤리』의 내용은 "일반적으로 파악하기가 대단히 어려운, 그러나 대단히 중요한 문제—즉 어떤 종교적 관념들이 경제정신 또는 경제체제의 정수(ethos)에 끼친 영향—의 한 측면에 접근"하고자 시도한 것이다. 그것은 다시 말하자면 "현대 경제적 삶의 정신과 금욕적 개신교의 합리적 윤리관과의 관계"에 대한 연구이다.

인간문명 속의 모든 사건들은 기본적으로 단일한 요소, 즉 경제적 하부구조에 의해 결정된다는 마르크스의 기본적 주장에 베버는 반대한다. 따라서 종교개혁은 자본주의 발흥의 결과로 나타난 현상이라는 마르크스주의자들의 해석에 반대하여 베버는 하나의 대안적 가설을 제시한 것이다. 그는 만약에 개신교 특히 칼뱅교의 도덕적·종교적 추진력이 없었더라면, 경제적 '전통주의'로부터 벗어나 경제활동의 점증하는 합리성 추구로 이행하는 급격한 변동과정은 엄청난 저항에 부딪혔으리라고 본다.

그러나 베버는 개신교가 자본주의라는 새로운 경제 형태의 출현에 공헌하였다고 단순하게 주장하지 않았다. 오히려 그는 개신교 특히 칼뱅교가 이미 오래 전부터 존재하고 있던 자본주의라는 경제 형태 속에 직업윤리라는 형태로 새로운 '정신' 또는 '정수'를 불어넣음으로써 근대 서구에서만 특이하게 나타난 현상, 즉 '자본주의의 정신'을 만들어냈다고 주장한다. 즉 개신교의 윤리로부터 출현하게된 것은 자본주의의 '정신(spirit;Geist)'이지 결코 '자본주의' 그 자체는 아니다(이때 베버가 말하는 '자본주의의 정신'은 베버 비판자들이 오해한 '자본주의 정신'이나 '자본가 정신'과는 전혀 다른 것이다). 따라서 개신교 윤리는 자본주의의 '원인'이 아니라 '자본주의의 정신'의 '원천(source)'일 뿐이다. 그리고 이 '자본주의의 정신'은 자본주의의 출현을 야기시킨 것이 아니라, 이미 존재하고 있던 자본주의의 합리화와 확장·발전에 공헌한 것이다. 또한 개신교의 윤리란 자본주의의 발전을 설명하는 유일한 원인이 아니라 그것을 도와준 많은 요인들 중 단지 하나의 요인에 불과할 뿐이다.

많은 사람들이 잘못 알고 있는 것처럼 베버는 『개신교 윤리』 속에서 통상적으로 서구에서의 자본주의의 발흥을 설명하는 많은 여타의 요인들—예컨대 화폐·상업무역·기술발전·정치적 중앙집중·법적 합리화·세속주의·사치품 등의 영향—을 무시하거나 배제하고 있는가? 전혀 그렇지 않다. 오히려 이러한 모든 요인들은 서로 다른 중요성을 지니며 핵심적 역할을 하였다고 베버는 본다. 『개신교 윤리』를 쓰게 된 의도를 분명히 하기 위하여 베버는 다음과 같이 책의 결론을 맺고 있다.

> 본고에서 우리는 금욕적 프로테스탄티즘이 개신교도들의 동기에 끼친 영향의 사실성과 방향이라는 단 하나의, 그러나 매우 중요한 측면을 추적해 보려고 하였다. 그러나 장차는 그 반대로 프로테스탄티즘의 금욕주의 자체가 그 생성과 특질에서 사회의 문화적 제 조건, 특히 경제적 조건으로부터 어떠

한 영향을 받았는가를 탐구해 보는 것이 절대 필요하다. (······) 그러므로 일방적인 유물론적 역사·문화해석을 마찬가지로 일방적인 유심론적·인과론적 역사·문화해석으로 대치하려는 것은 물론 필자의 의도가 아니다. 양자는 다 같이 가능하다. 그러나 그 어느 쪽도 연구의 준비 작업으로서가 아니라 결론으로서 주장된다면, 역사적 진리의 해명에 대한 그것의 기여도는 감소되고 만다.

좀더 알아보고 싶은 흥미가 생겼다면

사실은 개인과 역사, 그리고 개인과 역사가 상호작용하여 이루어내는 사회변동을 '합리화 과정의 분석'이라는 틀로 이해하려는 베버의 전체 사상체계에 대한 설명으로부터 이 글을 시작했어야 했는지도 모른다. 그러나 그 작업은 제한된 지면 때문에 아예 시도조차 하지 못했다. 그래서 올바른 베버 이해를 제대로 추구하려면 우선 『막스 베버 사회학의 쟁점들』(대우학술총서, 양영진·배동인 외 지음, 민음사, 1995)부터 시작하기 바란다.

『개신교 윤리』를 포함하여 40여 권에 이르는 전체 베버 저작들 중 비교적 널리 알려진 논문들의 일부를 번역 편집해 놓은 『막스 베버 선집』(임영일·차명수·이상률 편역, 까치, 1991)은 원전 읽는 재미를 느끼게 해준다. 그보다 쉽게 베버 사회학을 맛보려면 『막스 베버의 학문과 사상』(이종수 편저, 한길사, 1981)도 권할 만하다.

소련과 동유럽의 현실사회주의 국가들의 몰락 이후 베버에 대한 학문적 관심들이 많아져, 잘 찾아보면 웬만한 베버 저술들은 한글 번역본이 대개 나와 있으나 번역의 수준이 고르지 못해 크게 추천하고 싶지는 않다. 독일어는 잘 못해도 영어는 웬만큼 된다면 『개신교 윤리』의 경우 한글 번역본보다는 영역본, 예컨대 *The Protestant Ethic and the Spirit of Capitalism* (New York: Charles Scribner's Sons, 1958)을 권한다.

도도히 흘러가는 큰 가람과 같은 베버의 학문세계에 대한 입문이 독자 여러분의 대학생활과 인생살이에 커다란 도움이 되기를 빌 뿐이다.

★ 추천도서와 읽을거리

이종수 편저, 『막스 베버의 학문과 사상』, 한길사, 1981
막스 베버의 광범위한 학술과 이론 및 사상을 개괄적으로 정리한 책으로서, 기본적인 내용을 쉽게 설명하고 있다.

양영진·배동인 외, 『막스 베버 사회학의 쟁점들』(대우학술총서), 민음사, 1995
막스 베버의 사회학을 둘러싼 논쟁점들을 보다 심층적으로 분석한 것으로서, 올바른 베버 이해를 위해 사회과학도는 읽을 필요가 있다.

막스 베버, 『막스 베버 선집』, 임영일·차명수·이상률 편역, 까치, 1991
관심이나 문제의식이 강한 학생들은 막스 베버의 원전을 직접 읽는 재미를 맛볼 수 있다.

제3영역
역사와 철학

제3영역 · 역사와 철학

55

에티카
베네딕투스 데 스피노자

● 최인숙 동국대학교 철학과 교수

"나는 **자기원인**이란 그것의 본질이 존재를 포함하는 것, 또는 그것의 본성이 존재한다고 생각할 수밖에 없는 것이라고 이해한다.

같은 본성을 가진 다른 것에 의하여 한정될 수 있는 사물은 자신의 유(類) 안에서 **유한하다**고 일컬어진다. 예컨대 어떤 물체는 우리가 항상 달리 더 큰 어떤 것을 생각하기 때문에 유한하다고 일컬어진다. 마찬가지로 사유는 다른 사유에 의하여 한정된다. 이에 반하여 물체는 사유에 의하여 한정되지 않으며, 사유도 물체에 의하여 한정되지 않는다.

나는 **실체**란 자신 안에 있으며 자신에 의하여 생각되는 것이라고 이해한다. 즉 그것의 개념을 형성하기 위하여 다른 것의 개념을 필요로 하지 않는 것이다.

(……) 오직 자신의 본성의 필연성에 의해서만 존재하며, 자기자신에 따라서만 행동하게끔 결정되는 것은 **자유롭**다고 한다. 그러나 다른 것에 의하여 특정하게 규정된 방식으로 존재하고 작용하도록 결정되는 것은 **필연적**이라거나 **강제되었다**고 한다.

나는 존재가 **영원한** 것에 대한 단순한 정의에서 나온다고 생각하는 한, 영원성을 통하여 존재 자체를 이해한다.

베네딕투스 데 스피노자(Benedictus de Spinoza, 1632~1677)는 유대계의 네덜란드 인으로서, 그의 가족은 이단자 탄압을 피해서 포르투갈에서 네덜란드로 망명한 집안이다. 그는 렌즈를 갊으로써 생계를 유지했는데, 이 직업은 중요한 기술을 필요로 하는 것으로서 그 당시 광학과 관련이 있는 새로운 과학에 스피노자를 연결시켜 주었다. 그는 한때 하이델베르크 대학의 철학 교수로 초빙된 일이 있었으나, 사상의 자유의 제한이 있을 것을 염려하여 이를 사절하였다. 그의 저술 가운데 『데카르트 철학의 제 원리』와 『신학-정치론』은 생존시에 출판되었고, 그의 가장 위대한 저서인 『기하학적 방법으로 증명된 윤리학(Ethica in Ordine Geometrico Demonstrata)』(이하, 『에티카』)은 사후에 출판되었다. 그 외에도 『국가론』, 『지성개선론』 등이 있다.

『에티카』는 철학에 대한 스피노자의 생각을 포괄적으로 담고 있는 철학책이다. 스피노자는 철학이란 사람이 가질 수 있는 최고의 진지하고 의미 있는 탐구라고 생각했다. 명예, 재물, 쾌락은 대부분의 사람들이 얻고자 하는 것이지만, 이것들은 모두 물거품 같은 것이며, 우리의 마음을 진정으로 행복하게 해주는 것이 되지 못한다. 스피노자는 영원하고 무한한 것에 대한 사랑만이 진정한 행복과 기쁨을 가져다 줄 수 있다고 생각했으며, 철학은 바로 이러한 것을 탐구하는 일이라고 보았다. 철학의 목표를 이와 같이 생각했기 때문에 스피노자는 자신의 주요 저서에 『에티카』(윤리학)라는 이름을 붙이게 되었다.

『에티카』는 총 5부로 이루어져 있다. 『기하학적 방법으로 증명된 윤리학』이라는 원래의 명칭이 가리키고 있듯이, 각 부는 공리와 정의로 시작되고, 그 다음에 나오는 명제들은 공리와 정의 그리고 앞선 명제들에 의거하여 증명된다. 이렇게 볼 때 『에티카』는 연역적으로 조직된 체계로서 제시되고 있다. 그러나 지식에 관한 스피노자의 논의를 통해서 볼 때, 그가 미리 공리와 정의를 알고 있었고, 비로소 그 다음에 차례로 명제들이 풀려나왔다고 생각하지 않았다는 것을 알 수 있다. 스피노자는 데카르트처럼 자기가 주장하는 지식을 발견의 순서에 따라서 서술한 것이 아니다. 그보다는 그가 책을 쓰기 시작하기 전에 이미 그의 전체의 철학사상이 형성되었다고 보아야 한다. 자신의 철학사상이 형성된 뒤에, 철학이라는 것이 복잡하고 어렵다는 사실을 감안하여, 철학을 해설하는 방법으로 수학의 방법을 채택한 것이다.

위에서 말했듯이, 『에티카』는 진정한 철학에 대한 스피노자의 포괄적인 생각을 담고 있는 책이다. 진정한 철학에 대한 포괄적인 생각을 담고 있는 책은 형이상학, 인식론, 심리학, 윤리학 등을 모두 포함하고 있어야 한다. 왜냐하면, 이 세계가 무엇인지(형이상학)를 우선 알아야 하고(인식론), 우리의 다양한 심리적인 상태에 대해 알아야 하고(심리학), 그리고 이러한 앎의 바탕에서 자신의 삶의 전 과정을 어떻게 만들어갈지에(윤리학) 대해 성찰할 수 있어야만 우리들은 비로소 참다운 삶을 살 수 있다고 말할 수 있다. 스피노자는 이러한 포괄적인 체계를 『에티카』라는 책 속에 담고 있다.

이 세계가 무엇인지에 대해 논의함에 있어서 실체, 자연, 신이 핵심적인 개념이며, 실체 개념과의 관계에서 속성과 양태 개념에 대한 이해가 필수적이다.

스피노자에 따르면 신은 기독교적 전통에서 말하는 세계의 창조자가 아니다. 신은 자연을 초월하는 존재가 아니라 바로 자연이다. 자연은 어떠한 목적을 지니고 있는 존재가 아니라, 필연적으로 운행되는 하나의 체계이다. 신, 즉 자연은 동시에 실체이다. 실체란 그것이 존재하기 위하여 다른 어떤 것도 필요로 하지 않는 것이다. 이러한 정의는 데카르트에서와 동일하다. 그러나 그 의미를 더 들여다보면 데카르트와 스피노자의 실체는 차이가 있다.

데카르트 철학에서 실체에는 무한실체와 유한실체가 있다. 무한실체는 신이고, 유한실체는 정신과 물질이다. 그리고 정신의 속성(본질)은 '생각함'(사고)이고 물질의 속성은 '연장'(크기)이다. 이에 비해, 스피노자 철학에서 실체는 신이자 자연이다. '생각함'과 '연장'은 실체의 무한한 속성들(본질들) 중 우리의 지성이 지각할 수 있는 두 가지 속성일 뿐, 각기 구별되는 두 실체에 속하는 본질이 아니다. 그렇기 때문에 정신과 물질은 실체의 양태(변용)이지, 그 자체로 실체가 아니다. 이 세상에 존재하는 것은 그것이 무엇이든 유일한 실체이거나 또는 이 실체의 양태이다. 저 유일한 실체를 떠나서는 아무것도 존재할 수 없으며 아무것도 이해될 수 없다고 스피노자는 논하면서 데카르트를 논박하고 있다.

스피노자는 『에티카』에서 인간의 정신의 본성 및 정서의 본성을 길게 논하고 있는데, 그 목적은 결국 우리들이 자신의 정신과 정서의 본성을 정확히 인식함으로써 참으로 행복한 삶을 영위할 수 있다는 것을 논하고자 함이다. 스피노자는 자연의 모든 존재는 자기자신의 보존을 희구한다고 말한다. 그런데 자기자신을 제대로 보존하기 위해서 우리들은 자신의 본성에 대한 적합한 인식을 필요로 한다. 자신의 본성에 대해서 부적합한 인식을 지님으로써 우리들은 오히려 자신을 망칠 수도 있기 때문이다.

우리들은 자신을 잘 보존하기 위해서 진실로 이성적이어야 한다. 우리는 정념을 극복해야 하며, 우리의 삶의 능동적인 부분을 키워야 한다. 우리가 이성의 지시를 따라서 살 경우에만 우리는 사회의 조화를 촉진하고, 이웃의 행복을 증진하며, 스스로의 인격 실현의 기쁨을 맛볼 수 있다고 스피노자는 생각하는 것이다. 그리하여, 잘못된 인식에 얽매인 노예의 상태로 살기보다는 지성에 근거하여 자유의 상태로 사는 것을 스피노자는 참다운 윤리학, 에티카로 보고 있다. 우리가 이성 또는 지성에 비추어 세상을 바라볼 때, 자연의 모든 사건은 실체로서의 신, 즉 자연의 필연적인 전개이다. 그렇기 때문에 개인의 주관적인, 왜곡된 판단에 근거하여 일희일비하는 것은 적합한 진리를 인식하지 못한 데서 기인한다고 스피노자는 논하고 있다. 그러므로 우리들은 필연적 존재로서의 신에 대한 정신의 지적인 사랑을 통해서 각자 자신의 능동적인 힘, 자유, 고요한 행복을 증진시키는 삶을 사는 것이 최상의 윤리라고 스피노자는 보고 있다.

스피노자의 형이상학에서 논의되고 있는 실체 이론은 많은 사상가들 및 문필가들에게 영향을 주었다. 신, 즉 자연 그리고 실체라는 도식은 범신론으로 이해되면서, 특히 서양의 전통적인 초월적 신의 개념에 만족하지 못하는 이들에게 많은 관심을 환기시키게 되었다. 예를 들어 괴테, 셸링 등이 그러하다.

그리고 현대에 정신과 신체의 조화로운 관계에 대한 이론에 관심이 커지면서 사람들은 스피노자의 '코나투스(conatus)'의 개념이 이러한 문제를 해석하기에 매우 좋은 이론이라고 보기도 한다. '코나투스'는 스피노자 철학에서 자기의 존재를 유지하려는 노력, 추구, 욕망을 일컫는 말로서, 인간 존재를 포함한 모든 존재의 본질을 뜻한다.

★ 추천도서와 읽을거리

질 들뢰즈, 『스피노자의 철학』, 박기순 옮김, 민음사, 1999
스피노자와 그의 윤리학적 철학을 자세히 설명하고 그의 이론이 지니고 있는 철학사적 의미와 의의를 자세히 담고 있는 책이다.

제3영역 · 역사와 철학

56

금강경

● **고영섭** 동국대학교 불교학과 교수

무릇 형상이 있는 것은(凡所有相)
모두 허망한 것이니(皆是虛妄)
만일 모든 형상을 형상 아닌 것으로 보면(若見諸相 非相)
곧 여래를 보느니라(卽見如來).
— **여리실견분(如理實見分) 제5**

마땅히 색에 머물러서 마음을 내지 말고(不應住色生心)
마땅히 성향미촉법에 머물러서 마음을 내지 말 것이니(不應住聲 香味觸法生心)
마땅히 머무르는 바 없이(應無所住)
그 마음을 낼지니라(而生其心).
— **장엄정토분(莊嚴淨土分) 제10**

모든 불경에는 저자가 기록되어 있지 않다. 인연에 의해 생겨난 것에는 '나'라고 할 만한 것이 없기 때문이다. 붓다(Buddha)의 직설을 암송하여 기록한 아함경전군들과 달리 대승경전들은 찬불승(讚佛僧)들에 의해 이루어졌다. 하지만 이들 경전들 역시 불설(佛說)의 핵심인 중도 연기의 가르침을 담고 있는 한 붓다의 가르침으로 인정되며 저자는 모두 붓다로 귀결된다. 붓다는 존재의 실상을 있는 그대로 보게 되면 행위(業報)는 있으나 주체(作者)는 없다고 역설한다. 불교적 인간의 연기(緣起)적 삶은 소유와 집착과 분별의 최소화 내지 무화를 이상적인 삶의 태도로 삼는다. 이러한 모습은 『화엄일승법계도』를 저술한 의상(625~702)의 태도에서 잘 나타나고 있다. 그는 '이름이 없는 참된 근원(無名眞源)'으로 돌아가기 위해 자신의 저작에다 '의상'이란 이름을 기록하지 않았다. 이처럼 불경에서의 저자의 부재는 '나'와 '나의 것'에 대한 집착을 넘어서기를 역설하는 불교의 보편적인 어법이 반영되었기 때문이다.

부파불교 출가자들은 어떻게 하면 미혹(迷惑)으로부터 비롯된 업식(業識)과 그로부터 생겨난 고통(苦痛)을 벗어날 수 있는가를 고민했다. 그래서 근본불교의 무아설(無我說)에 위배되지 않으면서 윤회의 주체를 상정하였다. 하지만 윤회의 주체로서 상정된 몇몇 실체적인 개념들이 무아설에 위배된다는 비판을 받았다. 그들은 거기에서 벗어나기 위해 고요한 승원에 앉아서 자신의 본성을 깨닫는 일과 윤회의 주체를 쪼개는 일에 몰입했다. 진리(法)와 행위(業)를 성찰하려는 그들의 사유는 매우 번쇄해졌고 이내 사변적으로 흘러가 버렸다. 재가 불자들은 교단으로부터 점점 멀어져 갔다. 그리고 그들은 출가자를 매개하지 않고 스스로 붓다를 만나고자 했다. 재가자들은 벌판에다 붓다의 진신에서 나온 사리를 모신 불탑(佛搭)을 세우며 예배하기 시작했다.

재가자들은 붓다의 사리를 모신 불탑에다 자신의 공양물을 올리며 그곳에서 신앙운동을 계속해 갔다. 이내 불탑 주위로 재가 불자 교단이 형성되었고 경제권이 집중되었다. 아울러 색신(色身)과 법신(法身) 두 측면으로 제기되었던 붓다의 몸에 대한 종래의 해석에서 한 걸음 더 나아가 수행의 결과로서의 몸인 보신(報身)에 대한 해석을 시도하였다. 그리고 이상적인 인간상으로서 '보살(Bodhisattva)'의 개념도 등장시켰다. 이렇게 되자 승원을 중심으로 한 출가 교단은 심각한 경제적 위기에 부딪히게 되었다. 출가 교단은 막 성립되고 있는 대승 경권(經卷)의 봉안과 전파라는 공덕(功德) 사상의 제창을 통해 불탑 신앙의 물줄기를 되돌리기 시작했다. 그러자 벌판의 탑들은 출가 교단의 승원 안에 속속들이 세워졌고 이제 탑 속에는 사리 대신 경전들이 봉안되어 갔다. 점차 대승불교 운동의 주체가 바뀌어갔다. 뒤이어 그들은 붓다 전생의 이타 보살행에 따른 전기 형식의 문학을 일구어갔다. 이러한 흐름 속에서 『금강경(金剛經)』과 같은 반야부의 대승경전들이 탄생되었다.

반야부에서 독립된 『금강경』에는 반야 계통 경전의 핵심적인 메시지인 '공(śūnya)' 사상에 대해서는 어떠한 언급도 하지 않고 있다. 바로 이 점을 통해 우리는 이 경전이 대승불교의 대표적 용어인 '공'이라는 개념이 정착되기 이전에 생겨난 성립된 최초기의 대승경전임을 알 수 있다. 다만 이 경전은 '공'이라는 말 대신에 '허망(虛妄)', '꿈(夢)', '허깨비(幻)', '물거품(泡)' '그림자(影)', '이슬(露)', '번개(電)' 등과 같은 비실체적 존재의 이미지를 통해 '공' 사상을 보여주고 있다. 뿐만 아니라 대승보살의 생활과 수행에 관해 서술하고 있으면서도 '보리심(bodhicitta)'이라는 용어가 단 한 번도 사용하고 있지 않다. 또 경전 속에 기술된 "이 이상 없는 올바른 깨달음을 향해 마음을 일으킨다"는 표현은 근본불교 이래 사용되고 있는 정형적 표현일 뿐 대승불교 특유의 것이 아니라 할 수 있다. 이러한 몇 가지 이유로 인해 『금강경』은 대승적 색채가 엷은 경전이라 할 수 있을 것이다.

존재 혹은 대상의 비실체성에 대한 『금강경』의 역설은 곧 그것들에 대한 무분별(無分別), 무주착(無住著), 무소유(無所有)의 의미로 확장되고 있다. 즉 이 경전은 '있는 것(有)'과 '없는 것(無)', '인 것(其)'과 '아닌 것(未)', '하나(一)'와 '여럿(多)', '같은 것(同)'과 '다른 것(異)' 등 개념 쌍들에 대한 분별을 뛰어넘고, '나'와 '나'의 것에 대한 주착을 뛰어넘으며, 존재하는 것에 대한 깊은 소유의식을 부정하고 있다. 또 이 경전에는 소승(小乘)에 대한 대승(大乘)이라는 상대적인 의식도 또렷하지 않다. 이 점 역시 이 경전이 대승과 소승이라는 대립 관념이 생겨나기 이전에 성립된 것임을 보여주는 근거가 된다.

대승불교는 인간의 구원이라는 원대한 종교적 이념을 구현하기 위해 시작되었다. 때문에 불탑 신앙을 경권(經卷) 신앙으로 대체하였다고 해서 이 운동이 멈춰지는 것은 아니었다. 이미 가속도가 붙었던 대승의 흐름은 막 성립되기 시작한 대승경전의 탄생과 함께 더욱더 심화되어 갔다. 이 과정에서 이제 유형의 사리를 공경하는 불탑 신앙이 무형의 진리를 공경하는 경권 신앙으로 변주되어 갔다. 이러한 사실은 이 경전의 저자가 사리를 모신 불탑을 향한 칠보(七寶)의 보시, 공양, 공경, 예배의 노력도 붓다의 진실한 말씀 한 구절을 전하는 공덕에 미치지 못함을 역설하고 있는 대목에서 잘 드러나고 있다.

이 경전의 저자는 유형의 사리보다 무형의 진리가 중요함을 강조하고 있다. 무형의 진리는 곧 모습이 없는 진실한 모습인 '공(空)'의 진리를 일컫는다. '공'의 개념은 반야부를 꿰뚫는 키워드이며 이 '공'은 곧 '분별이 없는 지혜(無分別智)'의 다른 이름이다. 저자는 바로 무분별지의 터득이 그 어떠한 것보다 가치 있는 것임을 역설하기 위해 반야부 경전을 찬술한 것으로 보인다. 이러한 노력에 힘입어 연기―무자성―공성―자비의 사상은 반야부의 본질이자 불교의 본질로서 자리잡을 수 있었다.

가장 초기에 성립된 반야계 경전은 대략 기원전 1세기경에 성립된 『팔천송반야경』(도행반야경)을 기점으로 확장과 축약을 거듭하면서 탄생하였다. 확장된 것들은 『십만송반야경』(대반야경), 『이만오천송반야경』(대품반야경 : 광찬/방광반야경), 『일만팔천송반야경』 등이다. 축약된 것들은 4세기에 완성된 것으로 보이는 『금강경』(5,400여 자), 『반야심경』(260자)과 별역인 『이천오백송반야경』, 『칠백송반야경』 등이 출현하였다. 이 반야부의 정수에 해당하는 부분이 『금강경』이며, 『금강경』의 갖춘 이름은 『금강반야바라밀경』이다. 이 경은 본디 독립경이 아니라 현장(玄奘, 602~664) 삼장이 번역한 『대반야경』 600권 속의 제9회 577권인 『능단금강분』이었다. 이것을 별도로 번역하여 독립시킨 것이 『금강반야바라밀경』으로 불려지게 된 것이다.

현장이 번역한 『반야심경』과 달리 우리나라에서는 구마라집 삼장(鳩摩羅什, 348~413) 번역의 『금강반야바라밀경』이 널리 읽히고 있다. 중국 남조시대의 호불 황제인 양 무제(武帝, 464~549)의 아들 소명태자(昭明, 501~531)는 이 경전의 내용을 32부분으로 나누었다. 그리고 32분 각 분절(分節)의 내용을 개관하여 다섯 글자로 응축한 제목을 덧붙였다. 그의 적절한 분단(分段)과 제명(題銘)은 오늘날까지 그대로 활용되고 있다.

이 경전의 이름에서 '금강(vajra)'은 본디 무엇이든지 '자를 수 있는(能斷, cchedika)' '가장 강한 쇠(金中最強, vajra)'를 뜻하며, '반야'는 우리의 집착과 무지를 '벽력같이 내려치는 지혜'를 일컫는다. 이들 의미를 아울러 보면 '무엇이든지 자를 수 있는 금강과도 같은 지혜'가 된다. 이것은 구역 삼장 달마급다(達磨笈多)의 '능단반야경(能斷般若經)'과 신역 삼장 현장과 의정(義淨)이 번역한 '능단금강반야경(能斷金剛般若經)'에서도 잘 드러나고 있다.

우리가 오랫동안 쌓아온 무지 장애(所知障)와 번뇌 장애(煩腦障)를 깨뜨리려면 금강저(金剛杵) 같은 굳센 방망이가 필요하다. 여기서 한 걸음 더 나아가 이제 방망이에도 집착하지 않으려면 그 '금강조차 잘라낼 수 있는' 금강 지혜의 칼이 요청된다. 이렇게 증폭되는 '금강'과 '지혜'의 강력한 이미지는 실체에 머무르려는 우리들의 인식을 타파하는 투철한 부정 정신의 표현이라 할 수 있다. 우리는 자기에 대한 부정과 존재에 대한 부정 위에서 비로소 커다란 자유를 성취할 수 있다. 『금강경』이 유정(有情)들의 존재 방식에 대해 자세히 해명하고 있는 것도 이러한 까닭에서이다.

　이 경전은 인식, 사유, 판단 능력을 지닌 생명체인 유정의 출생 방식에 대한 인도 고유의 아홉 가지 분류(九類衆生)를 다시 세 범주로 분류하여 해명하고 있다. 즉 포유류처럼 '태에서 나거나(胎生)', 조류처럼 '알에서 나거나(卵生)', 미생물이나 작은 곤충처럼 '물이 고인 습한 곳에서 나거나(濕生)', 천상이나 지옥의 중생 또는 죽은 뒤의 존재처럼 '천상이나 허공이나 일정한 방식에 의탁하지 않고 형태가 없이 어떠한 변화에 의해 생겨나는 것(化生)'의 네 가지 출생 방식(四生)으로 나누고 있다. 또 형태를 가진 모든 생물인 유색(有色)과 형태가 없는 무색(無色)의 두 가지 형태(二色)로 나눠보고 있다. 나아가 시각(눈)·청각(귀)·후각(코)·미각(혀)·촉각(피부) 오관의 감관을 지닌 존재들(有想)과 물리적인 오관의 감관을 지니지 않은 천상의 존재들(無想), 물리적인 오관의 감관을 지녔다고도 지니지 않았다고도 말할 수 없는 드높은 존재들(非有想非無想)인 세 가지 감관(三想)을 지닌 부류로 갈라보고 있다.

　뿐만 아니라 제법무아(諸法無我)의 구체적인 표현인 아상(我相, 我想), 인상(人相, 補特伽羅想, pudgala), 중생상(衆生相, 有情想, sattva), 수자상(壽者相, 命者想)의 부정까지 언급하고 있다. 즉 브라만교에서 말하는 연기를 부정하는 어떠한 고정적인 실체로서의 아트만(atman)의 부정, 부파시대의 독자부(犢子部)의 '오온도 아니고 오온을 떠나서 존재하는 것도 아닌' 비즉비리온(非卽非離蘊)으로서의 존재(我)의 부정, 존재를 유정(有

情)·무정(無情)으로 구분하는 생각의 부정, 자이나교의 순수 영혼인 지바(jīva, 命) 또는 지바아트만(jīvātman, 命我)에 대한 생의 부정을 통해 실체적인 인식의 접근을 철저히 부정하고 있다. 이들 사상(四相)은 반야부 경전이 성립될 당시의 주요 종교 또는 학파였던 바라문교(힌두교), 자이나교, 부파의 독자부설을 부정하고 나아가서는 초기 대승의 유정·무정론까지 비판·반성하는 맥락에서 규정된 것들이다. 따라서 『금강경』의 사상(四相)은 연기·무자성·공성의 인식틀 위에서 정립된 '무아' 철학의 다른 표현이라 할 수 있다.

이 경전은 생명과 생명체의 분류 위에서 이들의 모양과 이들에 대한 분별과 집착과 소유의 생각들을 깨뜨리기 위해 다시 강한 논리 형식을 부가하고 있다. 즉 긍정(有), 부정(無), 긍정종합(亦有亦無), 부정종합(非有非無)의 4구와 이것을 더 펼친 '백비(百非)'의 논리 위에서 '즉비(卽非)'~'시명(是名)'의 논리를 적극적으로 원용한다. 이러한 예는 "부처님이 설한 반야바라밀은 곧 반야바라밀이 아니며 그 이름이 반야바라밀이다"라고 하거나 "일체의 모든 상을 떠난 이를 곧 이름하여 부처님이라 하기 때문이다"고 언급하는 대목에서 잘 나타나고 있다. 이러한 부정은 보다 강한 긍정을 내오기 위한 논리 방식인 것이다. 그러므로 '즉비'는 대상에 대한 부정으로 끝나는 것이 아니라 그것에 대한 집착을 깨뜨린 뒤에 그 존재를 다시 긍정하는 논법인 것이다. 어떠한 대상에 대한 집착을 멸하는 것(滅執)은 곧 지혜의 달을 가득 채우기(滿空) 위한 것이다. 그리고 그 논리의 근저에는 대상에 대한 집착을 탈각하기 위한 방편설이 개재되어 있는 것이다.

그러므로 존재의 진실한 모습을 보기 위해서는 "형체로 나를 보거나(若以色見我) 소리로 나를 구하면(以音聲求我) 이 사람은 삿된 길로 나아가(是人行邪道) 여래를 볼 수 없느니라(不能見如來)"라고 힘주어 설하는 것이다. 『금강경』의 강력한 언설은 유형과 유색에 대한 집착을 끊어버리려는 것이며, 언어로 포장된 외피를 걷어내기 위한 처방인 것이다. 따라서 『금강경』의 메시지에는 유형과 유색 및 언어의 포장을 벗어내지 않고서는 존재의 참다운 모습(實相)을 보지 못한다는 역설(逆說)이 자리해 있다. 하여 눈앞에 보이는 것만을 가치로 알고 좇는 현대인들은 이 메시지 앞에서 강한 충격을 받게 된다. '내'가 깨어지는 바로 그 지점에서 비로소 보이지 않는 것들에 대한 인식의 전환이 싹틀 수 있는 것이다. 그러기 위해서는 우리들의 인식 속에서 진리를 왜곡하는 언어의 속성을 걷어내는 것에서부터 출발해야만 한다.

뿐만 아니라 이 경전은 집착 없는 마음과 수행의 완성, 보시의 완성, 악업의 소멸까지 언급하고 있다. 즉 어떠한 얽매임이나 헤아림을 넘어서기 위해서는 "일체의 상념을 버리고 더없이 올바른 깨달음을 향해서 마음을 일으키지 않으면 안 된다"(제14장)고 역설하고 있다. 또 보살의 여섯 가지 수행 덕목 중에서 보시와 인욕과 지혜 3종의 바라밀에 대해 언급하고 있다. 뿐만 아니라 경전은 "여래에 의해서 교설된 '지혜의 완성'은 지혜의 완성이 아니다"(제13장)고 설한다. 동시에 모든 만물은 실체가 없기에 변화하고, 연기적으로 존재한다는 진리를 꿰뚫어 보는 지혜조차도 실체시하지 말라고 설한다. 그리하여 수행자로 하여금 완성이라는 환상에 이끌려 수행하는 것이 아니라 지속되는 완성이자 종착역이 없는 완성을 자각하기에 이르게 하고 있다. 또 남에게 무엇을 주는 보시 가운데에서 물욕을 갖지 않는 재시(財施)는 곧 탐욕심을 내지 않음으로써 보시의 무한한 행위가 이루어지도록 하고 있으며, 가르침을 혼자서만 간직하지 않는 법시(法施)는 곧 가르침을 실천하는 일 그것이 바로 가르침의 시여(施與)임을 언표하고 있다. 나아가 타인에 대한 설법을 통해 남들로부터의 멸시와 천대를 유발하게 되고 그로 인해 전생의 악업을 자각하게 되며, 그 멸시와 천대를 금생에 받는 것으로 인해 악업의 소멸이 이루어져서 붓다의 깨달음을 체득하게 된다고 가르친다.

많은 반야 계통의 경전 중에서 『반야심경』 다음으로 널리 읽히는 『금강경』은 중국에 전해지고부터는 '여래 마음자리의 요문'이라고 하여 스승과 제자 사이에서 지속적으로 전해졌다. 특히 중국 선종의 5조인 홍인(弘忍)이 종래의 『능가경』(4권본) 대신 『금강경』을 혜능(惠能)에게 내려주면서부터 중국 선종의 흐름은 크게 바뀌게 되었다. 이것은 이 경전이 제시하고 있는 '공' 사상에 기초한 윤리적 실천의 강조 때문이라고 할 수 있다. 또한 이 경전은 선종의 유수한 선사들의 어록 및 선시의 탄생에도 깊은 영향을 끼쳐 독자적인 가풍을 탄생시켰다. 해서 존재 혹은 대상에 대한 철저한 무분별(無分別)과 무주착(無住著)과 무소유(無所有)로 표현되는 이 경전의 메시지는 불교 정신의 중심 개념으로 자리잡았다. 나아가 선법을 주축으로 교법을 아우르는 조계선종의 소의경전이 되기에 이르렀다. 이제 이 경전은 선의 미학에 기초한 각종 인테리어 및 건축, 회화, 조각, 공예 등의 미술, 그리고 음악과 무용 및 다도 등에 이르기까지 강력한 영향을 미치고 있다.

★ 추천도서와 읽을거리

무비, 『금강경 강의』, 불광출판부, 1994
　『금강경』의 특징과 내용을 쉽게 강의한 책이다.

김용옥, 『도올 김용옥의 금강경강해』, 통나무, 1999
　『고려대장경』 판본에 근거하여 경문의 강해와 우리말 옮김을 시도한 책이다.

나카무라 하지메(中村元) 외, 『불전해제사전』, 춘추사, 1977 / 정승석 엮음, 『불전해설사전』, 민족사, 1989
　『금강경』의 특징과 내용 및 연구서들을 소개하고 있다.

나카무라 하지메, 『불교경전산책』, 박희준 옮김, 민족사, 1990
　『금강경』 및 여러 경전의 특징과 내용을 쉽게 소개한 책이다.

이동철·최진석·신정근 엮음(고영섭 외 집필), 『21세기의 동양철학: 60개의 키워드로 여는 동아시아의 미래』(을유문화사 창립 60주년 기념도서), 을유문화사, 2005
　동양철학의 주요 개념 60개를 고전과 현대의 두 축으로 푼 책이다.

고영섭, 『우리 불학의 길』, 정우서적, 2004
　순수학과 응용학의 중도적 회회로 우리 불학의 방법론을 모색한 논구이다.

제3영역 · 역사와 철학

57

니코마코스 윤리학
아리스토텔레스

● 허남결 동국대학교 윤리문화학과 교수

    만일 덕이 자연도 그렇듯이 어느 기술보다도 더 정확하고 더 좋은 것이라고 한다면 덕은 중간을 목표로 삼는 성질을 가져야 한다. 여기서 덕이라고 하는 것은 물론 도덕적인 덕이다. 정념과 행동에 관여하는 것은 이 덕이고, 또 정의와 행동에 과도와 부족과 중간이 있으니 말이다. 가령, 공포나 자신감이나 욕망이나 분노나 연민이나 그리고 일반적으로 쾌락과 고통은 너무 많이 혹은 너무 적게 느껴질 수 있는 것인데, 그 어느 경우에나 좋은 일이 못 된다. 그러나 마땅한 때에, 마땅한 일에 대하여, 마땅한 사람들에게 대하여, 마땅한 동기로, 그리고 마땅한 태도로 이런 것을 느끼는 것은 중간적이며 동시에 최선의 일이요, 또 이것이 덕의 특색이다. 이와 마찬가지로 행동에도 과도와 부족과 중간이 있다. 그런데 덕은 정념과 행동에 관계한다. 그리고 이것들에 있어서 과도나 부족은 일종의 실패인데, 이에 반하여 중간은 칭찬받는 것이요, 일종의 성공이다. 그리고 칭찬받는 것과 성공한다는 것은 둘 다 덕의 특징이다. 그러므로 덕은 일종의 중용이다. 그것은 이미 본 바와 같이, 중간이 되는 것을 목표로 삼기 때문이다. 또 실패한다는 것은 여러 방면에서 가능한데 성공한다는 것은 오직 한 방면에서만 가능하다. 이런 이유 때문에도 과도와 부족은 악덕의 특징이요, 중용은 덕의 특징이다. "사람이 선하게 되는 길은 오직 하나로되, 악하게 되는 길은 여럿이니라." 그런즉, 덕이란 중용에서 성립하는 행위선택의 성품이다. 이때의 중용은 우리와의 관계에 있어서의 중용이요, 이 중용은 이성적 원리에 의하여, 그리고 또 실제적인 지혜를 가지고 있는 사람이 그것을 결정할 때에 표준으로 삼을 원리에 의하여 결정되지 않으면 안 되는 것이다.

아리스토텔레스(Aristotle, B. C. 384~322)는 그리스 북부 마케도니아의 작은 도시 스타기라(stagira)에서 궁정의사 니코마코스의 아들로 태어났다. 그는 17세 때 플라톤이 세운 아카데미아에 들어가 스승 플라톤이 죽을 때까지 20여 년 동안 이곳에서 학문을 연마했다. 플라톤이 죽은 뒤 아리스토텔레스는 한동안 아테네를 떠나 트로이 인근의 아소스와 레스보스 등지를 여행하며 학생들을 가르치고 책을 쓰면서 시간을 보내기도 했다. 그 후 마케도니아로 초빙되어 필리포스(Philippos) 왕의 아들의 가정교사가 되는데, 이 왕자가 그 유명한 알렉산더 대왕이다. 기원전 335년경 아테네로 돌아온 그는 소크라테스가 사색하며 산책했다고 전해지는 아폴론 신전 부근의 숲속에 도서관과 박물관이 완비된 거대한 상아탑 리케이온(Lykeion)을 설립하고 제자 양성과 학문 연구에 몰두했다. 그러나 이러한 평화는 기원전 323년 알렉산더 대왕의 갑작스러운 죽음과 함께 없었던 일이 되고 만다.

마케도니아의 영향권에서 벗어난 아테네에는 반(反)마케도니아 분위기가 급속도로 확산되었고 마케도니아 출신이었던 아리스토텔레스는 정치적으로 매우 곤란한 처지에 놓이게 되었다. 결국 아테네 법정에 신성모독죄로 고발된 아리스토텔레스는 소크라테스의 억울한 죽음을 떠올리고 "아테네 시민들이 다시 한 번 철학에 대하여 죄를 저지르는 것을 막기 위해 떠난다"는 말을 남기고 아테네를 벗어나 칼키스(Chalcis)로 피신한다. 이듬해 그는 과로와 만성 소화불량이 원인이 되어 62세의 나이로 생을 마감하였다.

아리스토텔레스는 생전에 실로 다양한 분야에 관심을 가지고 수많은 글과 천 권이 넘는 책을 썼다는 기록이 있으나 현재 남아 있는 저서로는 『정치학』, 『수사학』, 『범주론』, 『자연학』, 『동물지』, 『영혼론』 등 그 중 일부에 불과한 실정이다.

플라톤이 예술적 영감과 풍부한 상상력을 지닌 이상주의자였던 데 반해, 아리스토텔레스는 냉정한 논리와 조직적 사고를 중시하는 합리적인 사람이었다. 이런 두 사람의 입장 차이는 르네상스 시대의 화가 라파엘로(S. Raffaello)가 그린「아테네 학당」이라는 그림에서 극명하게 드러나고 있다. 플라톤은『티마이오스』(자연에 관한 책)라는 책을 들고 오른손 손가락으로 하늘을 가리키고 있는 반면, 아리스토텔레스는 왼손에『에티카』(인간에 관한 책)를 들고 오른손으로 땅을 가리키고 있는 것이다. 이것은 플라톤이 진리를 초월적 세계에서 찾고 있다는 것을, 그리고 아리스토텔레스는 진리를 현실적인 공간 안에서 찾고 있다는 것을 형상화한 의미를 가진다. 그가『니코마코스 윤리학(Ethica Nicomachea)』을 쓰게 된 배경은 이런 인식과 결코 무관하지 않은 것이다.

이 책의 제목과 관련하여 전해져 내려오는 이야기도『니코마코스 윤리학』을 저술한 아리스토텔레스의 의도를 짐작케 하고 있어 우리들의 흥미를 자아낸다. 아리스토텔레스에게는 피티아스(Phythias)와의 사이에 딸 하나와, 헤르필리스(Herphyllis)와의 사이에 아들 하나를 두었는데, 그 아들의 이름이 바로 니코마코스였다. 니코마코스는 아버지 아리스토텔레스가 죽었을 때 아직 어렸고 훗날 전쟁터에서 젊은 나이에 전사한 것으로 알려져 있다. 이런 정황과 연관지어 일부 학자들은 이 저작이 아들 니코마코스에게 남긴 윤리 지침서라고 해석하고 있는 것이다. 그래서 불어판『니코마코스 윤리학』은 그 제목이『니코마코스에게 주는 윤리학(L'Ethique á Nicomaque)』으로 불린다. 이것은 아리스토텔레스가 어린 아들 니코마코스에게 말해주거나 또는 바친다는 뜻을 함축하고 있다. 그런 관점에서 본다면『니코마코스 윤리학』은 아리스토텔레스가 자신의 아들 니코마코스에게 강의하는 형식을 빌려 행복에 이르는 데 필요한 덕목과 그것의 실천 방법을 자세하게 서술하고 있는 책이라는 해석이 가능해진다.

『니코마코스 윤리학』은 『에우데미아 윤리학(Ethica Eudemia)』과 겹치는 제 5, 6, 7권을 포함하여 총 열 권으로 구성되어 있으며 대체로 다음과 같은 내용을 담고 있다.

제1권: 우리가 생각할 수 있고 도달할 수 있는 최고선은 행복이라는 것과 나아가 행복의 정의, 그리고 행복이란 완전한 덕을 달성하기 위해서는 덕의 본성을 알아야 한다고 말한다. 덕은 지적인 덕과 도덕적인 덕으로 나누어진다.

제2권: 도덕적인 덕을 다루고 있다. 여기서 덕은 탁월성〔아레테(arete)〕의 의미를 포함한다. 도덕적인 덕은 지나침과 모자람을 피하고 중용을 취하는 것이다. 그러나 중용은 절대적이거나 산술적인 어떤 중간지점이 아니다. 중용의 덕이란 '적절한 때에, 적절한 근거 위에서, 적절한 사람에 대해, 적절한 동기를 가지고, 적절한 방식으로' 행동할 때 비로소 달성될 수 있는 그 무엇이다.

제3권: 도덕적인 덕을 유의적인 것과 무의적인 것으로 나누어 구체적으로 설명하고 있다. 용기와 절제, 방종 등에 관해 말하면서 도덕적인 덕은 자유로운 선택과 숙고의 과정을 거친 행위임을 상기시킨다.

제4권: 재물, 명예, 긍지, 노여움, 수치, 교제 등과 관련된 중용의 덕을 논하고 있다.

제5권: 정의를 보편적인 정의와 특수한 정의로 나누어 설명한 다음, 분배의 정의와 시정의 정의, 교환의 정의, 정치적 정의 등을 함께 다루고 있다.

제6권: 지적인 덕을 논의하고 있으며 실천적인 지혜와 철학적인 지혜의 관계에 대해 구체적인 설명을 덧붙이고 있다.

제7권: 쾌락과 관련하여 자제력이 있는 사람과 자제력이 없는 사람의 행동을 비교한 뒤, 쾌락은 선이 아니라고 하는 견해에 대해서도 자신의 입장을 밝히고 있다.

제8~9권 : 인간의 행복에 우애는 필요하고도 고귀한 것이라고 말하며 우애의 상호성 및 우애의 종류와 성격에 대해서도 자세하게 논의한다.
제10권 : 다시 쾌락과 행복의 문제로 되돌아가 행복은 결국 관조적 삶임을 강조하고 그것이 갖는 몇 가지 우월성에 대해 말하면서 결론을 맺고 있다.

아리스토텔레스의 『니코마코스 윤리학』은 무엇보다도 현실세계 속의 인간을 문제삼고 있는 것이 특징이다. 그에 따르면 모든 인간은 행복을 추구한다. 이런 사실은 아리스토텔레스의 시대에나 2300여 년이 지난 지금도 크게 다를 바 없는 보편적인 진리이다. 그렇다면 우리는 어떻게 그 행복을 달성할 것인가? 이 책은 바로 그 행복에 이르는 길을 가르쳐 주고 있다. 좀더 구체적으로 말하면 그것은 곧 중용의 실천이다. 너무 모자라서도 안 되고 너무 지나쳐도 안 되는 것이 중용의 세계이다. 그리고 행복은 오직 인간에게만 고유한 능력, 예컨대 이성의 활동에서 찾아야 한다고 힘주어 말한다. 다시 말해 이성의 활동과 능력을 최대한 발휘하는 것이야말로 행복이라는 것이다. 이는 육체적 차원에만 머물지 않는 보다 높은 차원의 정신적 활동에서 얻을 수 있다. 그런데 이 모든 것은 '나'의 욕망과 자유란 다른 사람의 희생과 구속 없이는 결코 실현될 수 없다는 도덕적 전제를 필요로 한다. 그런 점에서 인간은 본질적으로 사회적인 동물일 수밖에 없다. 이와 같은 아리스토텔레스의 가르침은 2천 년 가까이 서양 지성사를 지배해 온 핵심 사상이었다. 근대에 이르러 칸트의 의무론과 벤담 및 밀이 제창한 공리주의와 같은 원리윤리학에 밀려 잠시 주도권을 빼앗긴 감이 없지 않으나 20세기에 들어 다시 '덕론'이 부활되는 조짐을 보이는 것은 아리스토텔레스의 윤리학이 여전히 영향력을 미치고 있다는 증거이다. 뿐만 아니라 서양의 도덕철학은 근본적으로 아리스토텔레스의 윤리학을 비판적으로 수정, 계승한 것임을 아무도 부인하지 못한다. 그런 의미에서 아리스토텔레스는 사실상 서양 윤리학의 창시자라고 해도 조금도 지나친 말이 아닐 것이다.

★ 추천도서와 읽을거리

J. O. 엄슨, 『아리스토텔레스의 윤리학』, 장영란 옮김, 서광사, 1996
아리스토텔레스의 윤리학에 대한 최고의 입문서라는 평가를 받고 있는 책으로 아리스토텔레스적 사유의 다양한 측면들을 예증하는 현대의 사례들이 알기 쉽게 잘 설명되어 있다.

알래스데어 매킨타이어, 『덕의 상실』, 이진우 옮김, 문예출판사, 1997
이 책은 제9장 〈니체인가, 아니면 아리스토텔레스인가?〉를 중심으로 앞부분은 덕에 관한 도덕체계가 상실된 이후의 상태(서양의 자유주의적 개인주의에 대한 비판)를 기술하고 있고, 뒷부분은 개인주의를 극복할 수 있는 덕 윤리(새로운 덕 윤리의 모형)를 찾아 서양 전통을 설화적으로 재구성하고 있다. 말하자면 저자는 2천여 년 전의 아리스토텔레스와 마찬가지로 현재의 우리도 여전히 '우리는 어떤 인간이 되기를 원하는가?'라고 되물어야 한다고 주문하고 있는 셈이다

리처드 루빈스타인, 『아리스토텔레스의 아이들』, 유원기 옮김, 민음사, 2004
기독교와 이슬람교 및 유대교가 어떻게 서로 힘을 합쳐 고대 그리스의 지혜를 재발견하고 암흑천지의 중세에 한 줄기 희망의 빛을 던지게 되었는가를 감명 깊게 서술하고 있는 책이다. 그것은 역설적으로 이슬람 문명 속에서 꽃피우게 된 아리스토텔레스의 부활에서 비롯되었다는 것이 저자의 지적이다. 이는 중세 교회와 대학의 근본적인 변혁뿐만 아니라 르네상스의 사상적 배경이 되었다고 본다. 그런 점에서 우리 모두 어떤 의미에서는 아리스토텔레스의 아이들인지도 모른다.

58

담마파다(법구경)

● 신성현 동국대학교 불교학과 교수

(1) 오늘은 어제의 생각에서 비롯되었고
　　현재의 생각은 내일의 삶을 만들어간다.
　　삶은 이 마음이 만들어내는 것이니
　　순수하지 못한 마음으로 말과 행동을 하게 되면
　　고통은 그를 따른다.

(24) 신념은 줄기차게 타오르며
　　언제나 궁극적인 목적을 잊지 않는 이,
　　그의 행위는 순수하며
　　그 자신의 일을 주의 깊게 하는 사람
　　저 완성된 삶을 향해 나아가는 사람
　　그는 영원히 깨어 있는 이다.
　　그는 이 축복 속에서 영원히 깨어 있는 이다.

『담마파다(Dhammapada)』는 부처님의 가르침을 전하고 있는 수많은 경전 가운데서도 가장 오래된 경전의 하나이다. 따라서 원초적이며 왜곡됨이 없으며 순일하고도 진실한 부처님의 원음을 생생히 들려준다. 담마파다는 인도 고대 언어인 팔리(巴利, Pāli) 어로 되어 있다. 담마파다(Dhammapada)는 팔리어의 두 단어를 합친 말이다. 담마(Dhamma)는 '진리'이며, 파다(pada)는 '말'을 뜻한다. 따라서 우리말로 번역하면 '진리의 말씀'이라는 뜻이며 한역(漢譯)되어 『법구경(法句經)』으로 전한다.

부처님께서 열반에 드신 직후 두 제자인 가섭과 아난은 500명의 깨달은 이들과 함께 모여 부처님의 말씀을 정리하여 후대에 전하였다. 그것이 남전(南傳)에서는 『니카야(Nikaya)』 또는 『아가마(Āgama)』, 북전(北傳)에서는 『아함(阿含)』이라는 경전으로 기록되어 남아 있다. 『담마파다』는 남전에서는 『니카야』 5부 가운데 『쿳다카니카야(Khuddaka Nikaya)』에, 북전에서는 『아함부』에 들어가 있다. 특히 5부 『니카야』 중에서도 가장 오래된 경전의 하나이다. 때문에 경전에서는 당시 부처님께서 살아계실 때의 숨결이 고스란히 숨쉬고 있다고 할 수 있다. 또한 부처님께서 우리에게 진정으로 당부하시고자 한 가르침이 무엇인지를 잘 알 수 있는 경전이다.

『담마파다』는 모두 26장으로 되어 있다. 각 주제들에서 보듯 현실적이며 일상적인 삶의 주제를 다루고 있다.

제1장 오늘〔Yamaka Vagga, 쌍서품(雙敍品)〕
인간의 행동 규범에 관한 내용이다. '—하면'이라는 긍정과 '—하지 않으면'의 부정문을 반복하여 '쌍서품(雙敍品)' 또는 '대구(對句)의 장'이라고 한다.

제2장 깨어 있음〔Appamada Vagga, 방일품(放逸品)〕
근면에 대하여 찬탄하고 절제된 생활과 부절제한 생활을 비교해 가면서 절제된 생활을 할 것을 당부하고 있다.

제3장 마음〔Citta Vagga, 심의품(心意品)〕

마음에 대한 긍정적인 면과 부정적인 면을 노래한 시구이다.

제4장 꽃〔Puppha Vagga, 화향품(花香品)〕

아름다운 꽃과 쾌락의 꽃을 비유를 들어 꽃을 따는 사람만이 가장 아름다운 꽃을 발견하듯 깨달은 이만이 죽음의 고통을 정복할 것을 설명한다.

제5장 어리석은 이〔Bala Vagga, 우암품(愚闇品)〕

어리석음에 대하여 비판한다. 어리석은 이와 같이 가는 것은 고통스러운 일이니 외롭더라도 차라리 홀로 가라는 간절한 가르침이 담겨 있다.

제6장 현명한 이〔Pandita Vagga, 현철품(賢哲品)〕

현명한 자에 대한 찬탄한다.

제7장 새벽의 사람〔Arahanta Vagga, 아라한품(阿羅漢品)〕

거룩한 성자인 아라한에 대하여 시로서 찬양한다.

제8장 천보다도 백보다도〔Sahassa Vagga, 술천품(述千品)〕

제8장의 모든 시구는 백 또는 천이라는 숫자로 시작하고 있다.

제9장 마라〔Papa Vagga, 악행품(惡行品)〕

선을 행하고, 악을 멀리할 것을 설명하고 있다.

제10장 폭력〔Danda Vagga, 도장품(刀杖品)〕

폭력에 대한 비판이다.

제11장 늙어감〔Jara, 노모품(老耄品)〕

젊은 시절에 마음닦기를 게을리 하게 되면 늙어서 비참하게 된다는 시구가 설명되어 있다.

제12장 자기 자산〔Atta Vagga, 기신품(己身品)〕

'나' 자신을 다스리는 방법에 대한 시구이다.

제13장 이 세상〔Loka Vagga, 세속품(世俗品)〕

깨달은 이에 대한 찬탄이다.

제14장 깨달은 이〔Budddha Vagga, 불타품(佛陀品)〕

제15장 행복〔Sukha Vagga, 안락품(安樂品)〕

진정한 행복은 무엇이며, 그것은 어디에 있는지를 시구로 설명하고 있다.

제16장 쾌락〔Piga Vagga, 애호품(愛好品)〕

사랑이 주는 쾌락보다도 그 쾌락 뒤에 오는 고통이 심하기 때문에 이를 깨닫고 쾌락의 길로 가지 말라는 가르침이다.

제17장 분노〔Kodha Vagga, 분노품(忿怒品)〕

분노에 대한 가르침으로 분노가 그 제어력을 잃어버리게 되면 고삐가 풀린 말과 같이 걷잡을 수 없다. 그러므로 고삐가 풀리기 전에 분노라는 미친 말을 잘 다스리라는 가르침이다.

제18장 더러움〔Mala Vagga, 진구품(塵垢品)〕

죽음의 공포와 무지에 대하여 설명하며 무지를 가장 추한 것으로 노래하고 있다.

제19장 올바름〔Dhamattha Vagga, 주법품(住法品)〕

정의에 대하여 설명하고 있다. 무엇이 정의이며 진정한 의미에서 나이 드신 어른이란 어떤 사람인가 등에 대하여 설명한다.

제20장 진리의 길〔Magga Vagga, 도행품(道行品)〕

불교사상의 핵심이라고 할 수 있는 세 가지 진리인 삼법인과 네 가지 성스런 진리인 사성제에 대한 시구이다.

제21장 여러 가지〔Pakinnaka Vagga, 광연품(廣衍品)〕

여러 가지의 주제를 다루고 있다.

제22장 어둠〔Nlraya Vagga, 지옥품(地獄品)〕

저 어둠의 심장인 지옥에 대하여 설명하고 있다.

제23장 코끼리〔Naga Vagga, 상유품(象喩品)〕

화살을 맞고도 그 고통을 참고 견디는 코끼리처럼 구도자는 온갖 고난과 그독을 묵묵히 참고 견디며 살아가라는 가르침이다.

제24장 욕망〔Tanha Vagga, 애욕품(愛欲品)〕

걷잡을 수 없이 뻗어나가는 욕망의 흐름을 지혜롭게 다스려 가라는 가르침이다.

제25장 수행자〔Bhikkhu Vagga, 비구품(比丘品)〕

진정한 수행자는 누구이며 진정한 수행자가 되기 위해서는 어떻게 해야 하는가를 설명하고 있다.

제26장 브라만〔Brahmana Vagga, 바라문품(婆羅門品)〕

진정한 '브라만'이란 그 자신의 행위에 의해서, 말에 의해서, 그리고 또 생각에 의하여 그 영혼이 상처를 받지 않는 사람, 아니 이 셋을 지혜롭게 다스릴 줄 아는 사람이 진정한 브라만이라고 설명하고 있다.

『담마파다』 26장은 모두 423수의 시로 이루어졌다. 각 시에서는 저 깨달음을 향하여 부지런히 정진하라는 부처님의 절절한 당부가 담겨 있다. 그러면서도 한편으로는 우리가 현실의 삶을 어떻게 살아가야 하는지에 대한 질문과 해답이 하나하나의 시구에 녹아 있기에 감동적이다.

(1) 오늘은 어제의 생각에서 비롯되었고
　　현재의 생각은 내일의 삶을 만들어간다.
　　삶은 이 마음이 만들어내는 것이니
　　순수하지 못한 마음으로 말과 행동을 하게 되면
　　고통은 그를 따른다.

(24) 신념은 줄기차게 타오르며
　　언제나 궁극적인 목적을 잊지 않는 이,

그의 행위는 순수하며
  그 자신의 일을 주의 깊게 하는 사람
  저 완성된 삶을 향해 나아가는 사람
  그는 영원히 깨어 있는 이다.
  그는 이 축복 속에서 영원히 깨어 있는 이다.

(60) 잠 못 드는 사람에겐 기나긴 밤이여
  지친 나그네에겐 머나먼 이 길이여
  불멸의 길을 찾지 못한 저 어리석은 이에겐
  너무나 길고 지겨운 이 삶이여.

(129) 모든 생명은 폭력을 두려워한다.
  모든 생명은 죽음을 두려워한다.
  이를 깊이 알아서
  죄 없는 생명을 함부로 죽이거나 죽이게 하지 마라.

(283) 한 그루의 나무가 아니라
  욕망의 숲 전체를 베어버려라.
  위험은 이 욕망의 숲으로부터 온다.
  나무와 이 숲 전체를 베어버리게 되면
  그대는 이제
  이 욕망의 숲으로부터 자유롭게 된다.

(332) 어머니가 되는 것은 기쁜 일이요
  아버지가 되는 것도 기쁜 일이다.
  성직자가 되는 것은 기쁜 일이요

진정한 수행자가 되는 것은 더욱 기쁜 일이다.

　시는 주로 단독의 시를 모으고 있으나 때로는 둘 또는 몇 개의 게송이 무리를 이루고 있다. 초기 불교의 교단 내에서 다양한 형태로 전해지고 있던 시를 모아서 편집한 것이라 생각된다. 편집 시기는 기원전 4~3세기경이라고 보이는데 그 기원이 훨씬 오래된 시도 있다. 웅대한 불교 성전 속에서도 가장 오래된 것으로서 불교 윤리적인 가르침을 가르치기에 불교 입문의 지침이 된다. 뿐만 아니라 보석처럼 빛나는 문자로서 붓다의 참뜻을 전하고 있어 그 가치가 높이 평가되고 있기에 예로부터 가장 널리 불교도에게 애송되어 왔다.
　『담마파다』는 긴 시간동안 널리 다양한 언어로 번역되어 수많은 불교도에게 읽혀졌다. 아니 변함없이 앞으로도 읽혀질 것이다. 시간과 공간을 넘어 21세기를 사는 우리에게도 그 하나하나의 시구는 우리에게 부처님의 말씀을 직접 듣는 듯한 감동을 자아내는 것은 부처님께서 우리도 당신처럼 살라는 바람이 『담마파다』에 녹아 있기 때문이 아닐까.

★ 추천도서와 읽을거리

상가세나, 『백유경(百喩經)』, 현각 옮김, 민족사, 2001
백 가지의 교훈적인 비유를 모은 경전이다. 『백유경』 속에 등장하는 대부분의 이야기는 자기의 이익이나 명예에 눈이 어두운 나머지 스스로를 망쳐버리는 어리석은 사람들에 대한 이야기이다.

이동봉, 『현우경(賢愚經)』, 홍법원, 1990
인생의 삶 그자체를 비유와 인연이야기로써 설명하고 있다. 어진 자와 어리석은 자를 대비하여 불교의 진면목을 보여주고 있다.

마명(馬鳴), 『붓다차리타〔(Buddhacarita), 불소행찬(佛所行讚)〕』(다르마 총서 1), 김달진 역주, 고려원, 1988
고대 인도의 불교 시인 마명(馬鳴) 대사가 서술한 궁정 서사시이다. 많은 불전 중에서도 가장 뛰어난 것으로서 아름다운 시로 붓다의 생애와 그 교의 및 인격을 찬탄함으로써 인격적인 감화를 사람들의 가슴에 불러일으킨다.

제3영역 · 역사와 철학

59

도덕형이상학의 기초
임마누엘 칸트

● 최인숙 동국대학교 철학과 교수

　세상 안에서나 세상 밖에서나 제한 없이 선하다고 생각할 수 있는 것은 오로지 선의지뿐이다. 이해력, 기지, 판단력, 그리고 그 밖에 정신의 재능이라고 불릴 수 있는 것들, 혹은 용기, 단호함, 자신이 의도한 바에 대한 지구력 같은 기질도 의심할 나위 없이 여러 가지 관점에서 선하고 바람직하다. 그러나 이것들은 또한 의지가 선하지 않다면 극도로 악하고 해로울 수도 있다. (……) 권력, 부, 명예, 심지어 건강, 그리고 아주 평안한 상태 및 자신의 상태에 대해 만족하는 것은 행복이라는 이름으로 자신감을 가져다 준다. 이때 마음에 미치는 이 기질들의 영향 및 이와 더불어 또한 전 행위원칙을 바로잡아 보편적이고 합목적으로 만들어주는 선의지가 없다면, 이 기질들은 흔히 사람들을 자만심에 빠트리기도 한다. (……)
　자연필연성은 작용하는 원인들의 타율성이었다. 왜냐하면 모든 작용(결과)은, 어떤 다른 것이 인과성에 대해 작용하는 원인을 규정하는 법칙에 따라서만 가능하기 때문이다. 그렇다면 의지의 자유란 자율성, 즉 의지의 성질이 스스로 법칙이 되는 것 외에 달리 무엇일 수 있겠는가? 그런데 의지가 모든 행위에서 스스로 법칙이라는 명제는, 준칙 자신을 또한 보편적 법칙으로 삼을 수 있는 그러한 준칙에 따라서만 행위하라는 원칙을 나타낼 뿐이다. 이것이 바로 정언명법의 공식이고 도덕성의 원칙이다. 그러므로 자유의지는 도덕법칙 아래에 있는 의지와 동일한 것이다.

임마누엘 칸트(Immanuel Kant, 1724~1804)는 동(東)프루시아의 쾨니히스베르크(현재, 러시아의 칼리닌그라드)에서 출생하여 일생을 고향에서 조용히 살았다. 그의 부모는 칸트를 경건주의의 전통 속에서 양육하였다. 칸트는 쾨니히스베르크 대학에서 수학하고, 모교에서 수년 동안 사강사(私講師, Privatdozent : 예비 교수)로 지내다가 1770년에 교수가 되었다. 그는 철학뿐만 아니라 물리학도 연구하였으며, 그의 초기 저술에는 『천체들에 관한 이론』, 『바람에 관한 이론』 등이 있다. 주요 저서에는 『순수이성비판』, 『미래의 모든 형이상학을 위한 프롤레고메나』, 『도덕형이상학의 기초』, 『실천이성비판』, 『판단력비판』, 『도덕형이상학』, 『이성의 한계 안에서의 종교』 등이 있다.

칸트 철학은 흔히 전비판기와 비판기로 구분되는데, 비판기의 저서로서 『순수이성비판』, 『실천이성비판』, 『판단력비판』 등이 핵심적인 저서로 꼽힌다. 『순수이성비판』은 자연의 객관적 인식의 문제를 다루며, 『실천이성비판』은 인간의 행위 법칙 문제를 다루고, 『판단력비판』은 미와 예술 및 유기적 자연 전체에 대한 인식의 문제를 다루고 있다.

『실천이성비판』이 출판되기 전에 칸트는 이 책의 예비적인 의미를 지니는 『도덕형이상학의 기초』를 세상에 내놓았으며, 그리고 『실천이성비판』이 출판된 후 한참 후에 『도덕형이상학』을 내놓는다. 『도덕형이상학의 기초』를 통해서 칸트는 앞으로 정초할 자신의 윤리학을 선보이고 있는 것이다.

칸트의 윤리 이론은 그 이전의 서양 전통 윤리 이론과도 구별되고, 동양 윤리 이론 일반과도 구별된다. 동양에서나 서양에서나 사람들은 대체로, 우리들이 바람직한, 선한 행위를 해야 하는 이유는 인간은 심정적으로 이미 그러한 행위는 옳은 데 비해서, 그에 대립되는 행위는 악하다고 '느끼는' 존재로 태어났기 때문이라고 말한다. 즉 우리들은 '감정적으로' 선하다고 생각되는 행위에 대해서는 찬동의 마음을 느끼고, 선하지 못하다고 생각되는 행위에 대해서는 부정적인 마음을 느낀다는 것이다. 이것을 칸트는 도덕 '감정' 이라고 부른다.

유교 윤리에서 우리는 이러한 내용을 측은지심(惻隱之心)이라는 개념을 통해서 쉽사리 이해할 수 있다. 무엇이 옳은 행위인가에 대한 판단 근거로서 측은지심을 지지하는 입장에서는 바로 우리 마음의 즉각적인 반응을 내세운다. 불쌍하거나 부당한 조건에 놓여 있는 사람에 대해서 인간이라면 누구나 즉각 측은지심을 느낀다는 것이다. 여기에 어떤 이론적 추론이 필요한 것이 아니다.

칸트는 이러한 입장을 지지하지 않는다. 어떤 행위가 옳은지를 우리는 우리가 본성적으로 가지고 있는 이성 능력에 의해서 인식한다. 이성의 통찰로써 인간 일반에 대해 보편적으로 바람직한 행위가 무엇인지 우리들은 우선 인식해야 한다. 이성의 통찰에 의할 때 인간은 절대적인 자유의지의 존재이다. 절대적 자유의지의 존재로서의 인간은 자기자신에게만, 또는 자기와 관계있는 사람에게만 도움이 되고, 이익이 되는 행위를 윤리적으로 선한, 바람직한 행위라고 생각할 수 없다. 즉 절대적 자유의지의 존재라면, 자기자신의 경우에 대해서만 예외의 판단을 내릴 수 없다. 그리고 절대적 자유의지의 존재로서의 인간은 행위의 결과에 따라서 판단하기보다는 행위의 동기에 따라서 판단해야 한다. 칸트의 윤리학에서는 오로지 순수한 동기에 의해서 한 행위만이 '도덕적'이다. 칸트의 윤리학에서 도덕적이라는 말은 오로지 행위자의 순수한 동기에서 비롯하는 행위만을 뜻한다. 그리고 옳은 행위를 하는 것이 인간의 의무이기 때문에 행하는 마음이 순수한 동기이다.

그러면 순수한 동기에서, 순수한 의무에서 행하는 행위가 옳다(도덕적이다)는 것을 어떻게 아는가? 그것은 자신의 마음을 들여다봄으로써 직접적으로 알 수 있다. 아무리 훌륭한 성현의 말씀이라도, 아무리 좋은 책일지라도 그것은 외부의 권위이다. 칸트가 말하는 도덕적 근거는 바로 자신의 마음이다. 칸트는 이것을 이성의 사실이라고 말한다. 우리의 마음, 이성 안을 들여다보면, 우리는 직관적으로 무엇이 옳은지를 인식할 수 있다는 것이다.

그러면 어떻게 행하는 것이 옳은가(도덕적인가)? 모든 사람들을 수단으로서가 아니고 목적 자체, 인간 자체로 대하며, 내가 행하고자 하는 바가 언제나 보편적 행위법칙에 타당할 수 있도록 행동해야 한다. 칸트는 이러한 행위 법칙을 정언명법(定言命法)이라고 이름 붙인다.

자신을 포함해 모든 사람들을 목적 자체로 대하는 것이 바람직하다는 것을 우리는 직관적으로 안다. 이것을 아는 데는 장기적인 교육이나 많은 지식이 필요한 것이 아니다. 우리가 그러한 행위 법칙을 이미 선험적으로 인식할 수 있는 이유는 인간은 본성적으로 이성의 소유자이기 때문이다.

칸트 철학에 따르면 인간은 이원적 존재로서, 한편으로는 자연에 속한다면, 다른 한편으로는 자유에 속한다. 여기에서 자유란 행위 면에서 인간은 자신의 절대적인 자유의지의 능력을 사용할 수 있는 존재라는 의미이다.

칸트 철학에서 인간은 자연의 다른 존재들과 구별되는 존엄성을 지닌 존재이다. 인간의 존엄성은 자연의 인간이 아니라 자유로서의 인간에 근거한다. 즉 인간이 자연 안에서 어떠한 상황에 처해 있든, 자신이 마치 절대적인 자유의지를 소유한 존재인 양, 자신뿐 아니라 모든 사람들을 목적 자체로 대함으로써 인간의 존엄성이 고양될 수 있다고 칸트는 말한다.

"세상 안에서나 세상 밖에서나 제한 없이 선하다고 생각할 수 있는 것은 오로지 선의지뿐이다."

칸트는 자신의 이론철학의 핵심적인 저서로서 『순수이성비판』에서는, 이 책에서 정립하는 이론이 '코페르니쿠스적 혁명'에 비견되는 사고방식의 혁명에 의한 것이라고 말하고 있지만, 자신의 윤리학에 대해서는 그러한 주장을 하고 있지 않다. 그러나 칸트의 도덕철학의 최고 원리에 대한 이론(『도덕형이상학의 기초』와 『실천이성비판』을 통해 정립되는) 또한 '코페르니쿠스적 혁명'에 비유될 수 있다. 왜냐하면 칸트의 도덕철학은 그 이전의 윤리 이론에 토대를 두고 있지 않으며, 그 이후의 윤리 이론에 대해서는 윤리학의 근본 이론으로서 역할을 하기 때문이다.

이러한 이유로, 칸트 이후의 윤리학자들 중에 칸트의 이론에 대립적인 위치에 서는 사람일지라도 자신의 이론을 설득력 있게 주장하기 위해서는 칸트의 윤리학을 타당한 논의에 의해 논박해야 하는 것은 필수적인 일이 되었다. 즉 오늘날 윤리학을 크게 구분할 때, 한편은 칸트의 입장의 윤리학이고 다른 한편은 공리주의 윤리학이라고 할 수 있다. 칸트의 윤리학은 의무론적 윤리학, 직각론적 윤리학, 동기주의 윤리학, 형식주의 윤리학 등의 명칭으로 불리기도 한다. 이에 비해 공리주의 윤리학은 결과주의 윤리학, 목적론적 윤리학, 상대주의 윤리학 등의 명칭으로 부를 수 있다.

★ 추천도서와 읽을거리

이마누엘 칸트, 『도덕형이상학을 위한 기초 놓기』, 이원봉 옮김, 책세상, 2002
    이 책은 원래의 제목을 직역한 것으로서, 앞에서 소개한 『도덕형이상학의 기초』와 같은 책이다.

제3영역 · 역사와 철학

60

동방견문록
마르코 폴로

● 정병준 동국대학교 사학과 교수

푸주〔지금의 중국 남부 복건성(福建省) 복주(福州)〕를 떠나, 강을 건너 동남쪽으로 닷새 거리를 가는 동안 줄곧 훌륭한 도시와 촌락을 보게 된다. 모든 물자가 풍부하고 언덕과 계곡과 평원이 있으며, 짐승과 새와 같은 사냥감이 많다. 주민들은 교역과 수공업으로 살아가며, 대칸(즉, 쿠빌라이칸)에게 복속되어 있다. 닷새 거리를 다 가면 매우 크고 훌륭한 도시 차이톤〔지금의 복건성 천주(泉州)〕에 도착한다.

이 도시에는 값비싼 보석과 크고 좋은 진주를 비롯하여 비싸고 멋진 물건들을 잔뜩 싣고 인도에서 들어온 배들이 정박하는 항구가 있다. 만지(즉, 남중국)의 상인들은 이 항구에서 주변의 모든 지역으로 간다. 수많은 상품과 보석이 이 항구로 들어오고 나가는 모습은 보기에도 놀라울 정도인데, 그것들은 이 항구도시에서 만지 지방 전역으로 퍼져나간다. 여러분에게 말해두지만 기독교도들의 지방으로 팔려 나갈 후추를 실은 배가 한 척 알렉산드리아나 다른 항구에 들어간다면, 이 차이톤 항구에는 그런 것이 100척이나 들어온다. 이곳은 세계에서 상품이 가장 많이 들어오는 두 개의 항구 가운데 하나라는 사실을 여러분은 알아야 할 것이다.

이 차이톤 지방에는 틴주라는 곳이 있는데, 설명하기 어려울 만큼 크고 작은 각종 자기가 만들어진다. 이 도시를 제외하고는 어느 도시에서도 그렇게 좋은 자기를 만들지 못한다. 그것들은 그곳에서 세계 각지로 실려 나간다.

마르코 폴로(Marco Polo)는 1254년에 이탈리아 베니스 상인의 아들로 태어났다. 그가 출생하기 직전에 아버지 니콜로 폴로와 숙부 마페오 폴로는 상업을 위해 동쪽으로 떠났다. 하지만 전쟁으로 귀로가 막히자, 형제는 콘스탄티노플과 크리미아 반도의 솔다이아에서 동방으로 우회하려다가 몽골인 고관을 만나 멀리 중국의 원(元)나라까지 가게 되었다. 두 사람이 원나라의 황제인 쿠빌라이에게 유럽의 사정을 자세히 전하자, 쿠빌라이가 그들을 환대한 뒤 교황에게 보내는 특사로 임명하였다. 쿠빌라이의 친서를 가지고 15년 만에 귀국한 두 사람은 다시 교황의 요청에 따라 원나라로 출발하였다. 그때 니콜로 폴로가 당시 17세였던 마르코 폴로를 함께 데리고 갔다.

　마르코 폴로 일행은 1271년에 베니스를 출발하여 동지중해 연안에 이른 다음, 육로로 먼 거리를 여행하여 다시 쿠빌라이를 만났다. 그리고 17년 동안 그곳에 머문 후 쿠빌라이의 허가를 얻어 일가가 함께 해로로 중국을 출발하여 동남아시아와 인도를 거쳐 1295년에 귀국하였다. 그리고 마르코 폴로 자신이 보고 들은 것을 루스티켈로(Rustichello)라는 사람에게 구술하여 만들어진 것이 바로 『동방견문록(東方見聞錄, Travels of Marco Polo)』이다.

　이 책의 원제목은 『세계의 서술(Divisamento dou monde, 영어로는 Description of the world)』이다. 말하자면 유럽 이외의 모든 지역에 관한 기술이라는 뜻이다. 우리나라에는 『동방견문록』이란 이름으로 널리 알려져 있는데, 이것은 제국주의 시대에 일본인들이 서양과 동양을 이분법적으로 구분하여 사용한 제목을 그대로 차용한 때문이다. 마르코 폴로 시대에는 아직 서양과 동양이라는 이분법적인 사고가 보편화되지 않았다. 따라서 『동방견문록』이란 제목은 자칫 저자의 생각과 의도를 호도할 위험도 있다. 그러나 이제는 워낙 오랫동안 사람들의 입에 회자되어 그것을 억지로 『세계의 서술』이라 바꾸어 부르기에도 어색한 느낌이

든다. 이 글에서도 『동방견문록』이란 제목을 그대로 사용하였다.

  마르코 폴로가 동방을 여행하였던 기간은 그야말로 몽골 인이 세계를 석권하던 시기였다. 칭기즈칸이 정복 활동을 개시한 이래, 아들 우구데이, 그 아들 구육, 또 우구데이의 동생 톨루이의 아들 뭉케가 차례로 대칸을 계승하는 사이에, 몽골 제국의 영역은 계속 팽창하여 북중국과 서아시아를 뒤덮었고 동유럽에까지 그들의 말발굽이 미치기도 하였다. 1260년에 뭉케에 이어 동생 쿠빌라이가 대칸에 올랐을 때 몽골 제국은 역사상 초유의 거대한 규모였다. 쿠빌라이는 1276년에 남송(南宋)의 수도인 항주(杭州)를 함락시키고, 1279년에는 남송을 완전히 정복하였다.

  그러나 쿠빌라이는 즉위 후 같은 몽골 인들로부터 큰 도전을 받았다. 특히 우구데이의 손자로서 중앙아시아에 세력을 가지고 있던 카이두의 도전은 격렬하였다. 여기에 다른 황금 가문이 가세하면서 몽골 제국은 결국 몇 개의 세력으로 분할되었다. 쿠빌라이는 중국과 그 북부 초원지대만을 지배하게 되었고 나라 명칭도 중국식으로 바꾸어 원(元)이라고 하였다. 그런 사이에 마르코 폴로가 1271년에 베니스를 출발하여 몽골 인들이 지배하던 지역을 통과하여 원나라로 갔고, 또 귀국길에도 바닷길을 이용하여 나아가 바그다드에 수도를 둔 일 한국(汗國)을 경유하였다. 『동방견문록』을 제대로 음미하기 위해서는 당시 몽골 인들의 세계 지배에 대한 기초지식이 매우 중요하다.

  마르코 폴로는 원나라에서 관리를 지냈다. 어느 학자에 의하면 중국을 지배한 몽골 인은 수십만 명에 지나지 않은 반면, 통치를 받은 중국인은 1억이 넘었다. 그리하여 몽골 인은 색목인(色目人)을 대거 기용하여 수족으로 활용하였다. 색목인이란 중국인이 아닌 다양한 외국인들을 말하며 그 숫자는 대략 천만 명이었다고 한다. 마르코 폴로도 색목인의 한 명이었던 것이다.

  『동방견문록』은 모두 232개의 작은 장들로 구성되어 있다. 이들은 그 순서와 내용에 따라 다시 크게 8편으로 나눌 수 있다. 1편은 마르코 폴로가 여행을 떠나게 된 이유와 전체 여행 경과가 개괄적으로 기술되어 있다. 서편(序篇)이라고도 할 수 있는 부분이다. 2편은 동지중해 연안에서 시작하여 몽골 인이 지배하던 이라크와 이란을 포함한 서아시아 지역에 관한 견문이다. 3편은 아프가니스탄에서 파미르 고원 지대를 넘어 지금의 중국 신강성(新疆省) 지역인 타림 분지의 중앙아시아에 관한 견문이 적혀 있다. 4편은 원나라의 수도인 상도(上都)와 대도(大都)의 모습과 쿠빌라이의 통치 내용이 상세하게 기술되어 있다. 상도는 내몽골에 위치하였고, 대도는 지금의 북경(北京)이다. 5편은 마르코 폴로가 견문하였던 중국 북부, 사천(四川), 운남, 미얀마 지역에 관한 것이다. 이때 중국 북부는 이전에 금나라가 지배하던 지역이었으며, 카타이라고 불렀다. 6편은 남송이 지배하던 중국의 동남부 지역에 관한 기술이다. 이 지역은 만지라고 불렀다. 7편은 마르코 폴로 일가가 천주(泉州)를 출발하여 바닷길로 귀국하면서 견문한 것들이다. 8편은 중앙아시아 대초원 지대와 북극 지방에 관한 것인데, 이는 모두 전해들은 것들이다. 사실상 유럽을 제외하고는 당시까지 유럽 인에게 알려진 모든 세계를 포괄하고 있다.

　마르코 폴로의 견문기는 일찍이 유례를 찾을 수 없을 정도로 장대하고 소중한 기록이다. 특히 그 당시까지 막연하게만 알려져 있던 중국의 내부 상황을 유럽에 처음으로 소개하였다는 점에서 중대한 의미를 갖는다. 당시 중국은 비록 몽골 인의 지배를 받았다고 해도, 비견될 만한 것이 없을 정도로 고도의 문명과 문화를 자랑하고 있었다. 견문기에는 이러한 것을 목도한 경이로움이 곳곳에 적혀 있다. "그것을 보지 않고도 믿을 사람은 아무도 없을 것이다."라는 식이다.

　견문기에는 놀랄 만큼 정확한 기록들이 많다. 원나라에서 발행하였던 지폐에 관한 기록은 그 종류까지 정확하게 사실과 일치하고 있으며, 대도 · 항주 · 천주 등의 도시들에 대한 묘사는 다른 사료에 의해 그 신빙성이 입증될 뿐 아니라 어디에서도 찾아볼 수 없는 상세함으로 인해 지금도 연구자들 사이에서 일급 사료로 평가받고 있다.

물론 견문기에는 진실성이 의심 가는 부분도 있다. 그러나 마르코 폴로가 살던 시대의 인식 수준을 함께 고려할 필요가 있다. 다른 문명에 대한 거의 완전한 무지, 초자연적인 현상에 대한 경외, 종교적 권위와 기적에 대한 무조건적인 맹신 등이 그들을 지배하고 있었다. 설령 진실성이 의심되는 것이라고 해도, 마르코 폴로는 그것이 진실이라고 믿었던 것으로 보인다. 오히려 그는 이러한 허구를 통해 그 자신과 동시대인들의 관념 세계의 일부를 우리에게 생생하게 보여주고 있는 것이다.

책이 출판된 후 많은 유럽인들이 그의 이야기를 흥미진진하게 읽으면서도 그것을 그대로 믿는 사람은 거의 없었다. 이야기는 그가 꾸며낸 환상으로 간주되었고, 그의 이름은 허풍쟁이 또는 거짓말쟁이라는 말이 되었다. 그가 임종하는 자리에서 견문록의 내용이 거짓이라는 자백을 하라고 종용한 사람까지 있었다. 그러자 마르코 폴로는 웃으면서 "아직 내가 본 것의 반도 다 말하지 못했다."라고 했다고 한다.

몽골 군이 항주를 점령하기 직전에 그곳의 인구는 100만 명 이상으로 세계에서 가장 큰 도시였다. 이에 비해 당시 이탈리아에서 번성한 도시들은 대략 5만 정도였다. 마르코 폴로가 왜 그렇게 중국의 도시들에 대해 감탄을 연발하였고, 유럽 인들이 그의 이야기를 믿을 수 없었던가를 쉽게 이해할 수 있을 것이다. 여기에다 당시 유럽 인들은 크리스트교적 도그마 사상에 빠져 있어 가톨릭교 세계 바깥에 또 하나의 고도의 문명 세계가 존재하고 있다는 사실을 인정할 수 없었던 것이다.

『동방견문록』은 당대의 유럽 인들에게 미지의 세계에 대한 호기심과 탐구욕을 크게 자극하였다. 오늘날의 우리들에게도 이 책은 낯선 세계에 대한 흥미로운 체험을 시켜주기에 충분하다.

★ 추천도서와 읽을거리

마르코 폴로, 『마르코 폴로의 동방견문록』, 김호동 역주, 사계절, 2000
    이 책은 우리나라 최초의 『동방견문록』 완역본이다. 책의 앞부분에는 김호동의 상세한 해제가 실려 있다.

W. 프랑케, 『동서문화교류사』, 김원모 옮김, 단국대학교 출판부, 1995
    이 책은 중국과 서양의 교류를 통사적으로 기술한 것이다. 마르코 폴로가 중국을 다녀간 시기의 중국과 서양의 상호인식에 대한 내용이 알기 쉽게 기술되어 있다.

스기야마 마사아키, 『몽골 세계제국』, 임대희 등 옮김, 신서원, 1999
    이 책은 유라시아 대륙을 지배했던 몽골제국 전반에 관해 기술한 것이다. 마르코 폴로가 중국을 다녀갔을 시기의 유라시아 대륙의 상황을 이해하는 데 유익하다.

잭 웨더포드, 『칭기스칸, 잠든 유럽을 깨우다』, 정영목 옮김, 사계절, 2005
    이 책은 칭기즈칸이 어떻게 하여 광대한 유라시아 제국을 건설할 수 있었는가를 매우 재미있게 기술하고 있다. 몽골 군이 유럽에 당도하였을 때 유럽에는 약탈할 것이 아무 것도 없었다고 한다.

제3영역 · 역사와 철학

61

맹자

● 유흔우 동국대학교 철학과 교수

"감히 여쭈어보겠습니다마는, 무엇을 호연지기라고 하는 것입니까?"
"말로 설명하기는 힘드네. 호연지기의 기는 지극히 크고 지극히 굳센 것인데. 그것을 곧게 구는 것으로 길러서 해(害)가 되는 것이 없으면 하늘과 땅 사이에 가득 차게 되는 것일세. 호연지기의 기는 정의(正義)와 정도(正道)에 병행하는 것으로, 그것이 없으면 허탈이 오네. 그것은 모인 정의에서 생겨나는 것이지 정의가 밖에서 엄습해 와서 그것을 잡아내는 것은 아닐세. 행동하는 것이 마음에 통쾌하지 않은 점이 있으면 허탈이 오는 것일세. 나는 그래서 고자는 정의를 안 적이 없다고 말하는 것일세. 그는 정의를 외재적인 것으로 여기기 때문일세. 반드시 의로운 일이 있다면 그것을 그만두지 말고, 마음을 망령되이 갖지 말고, 무리하게 잘되게 하려고 하지 말게. 송(宋)나라 사람이 한 것같이 하는 일이 없도록 하게. 송나라 사람 중에 자기가 심은 곡식 싹이 자라나지 않는 것을 안타까이 여겨 싹을 뽑아올린 사림이 있었네. 그 사람은 피곤해하면서 집으로 돌아가 집안 사람들에게, '오늘은 지쳤다. 나는 싹이 자라나는 것을 도와주었다'고 말했는데, 그 사람의 아들이 뛰어가 싹을 보았더니 싹은 말라버렸더라네. 천하에 싹이 자라나는 것을 도와주지 않는 사람은 적네. 무익하다고 버려두는 사람은 김매어 주지 않는 것이고, 무리하게 잘되게 하려는 사람은 싹을 뽑아올리는 것이니, 무익할 뿐만 아니라 도리어 해치는 것일세."

맹자(孟子)의 이름은 가(軻)이다. 생존 시기는 기원전 372년에서 289년까지로 추정된다. 지금의 산동성(山東省) 추현(鄒縣)에 있었던 추(趨)에서 출생하였다. 노(魯)나라의 귀족으로 알려진 맹손씨(孟孫氏)의 후손이었으나 어려서 아버지를 여의고 가난한 집에서 어머니를 의지하며 살았다. 어려서 '맹모삼천지교(孟母三遷之敎)'와 '단저교자(斷杼敎子)'의 고사로 유명한 어머니의 엄격한 가정교육에 의해 유가 사상의 영향을 받았고, 성장해서는 공자의 손자인 자사(子思)의 문하생에게서 체계적인 유가 교육을 받았다. 중년 무렵부터 15여 년 동안 여러 나라를 돌아다니며 자신이 구상한 인정(仁政)과 왕도(王道)를 주장하였으나, 당시 제후들이 찾는 것은 부국강병이나 외교적 책모이었기 때문에 그의 학설은 받아들여지지 않았다. 당시 사람들은 맹자의 학설이 현실과 동떨어진 지나치게 이상적인 주장이라고 생각하였다.

만년에 정치 무대를 떠나 고향에 돌아온 맹자는 가르치고 배우는 일에 힘썼다. 이 시기에 주목할 활동은 만장(萬章) 등과 같은 마음이 맞는 몇몇 제자들과 함께 『맹자』를 펴낸 일이다. 『맹자』는 본래 내서 7편과 외서 4편의 총 11편으로 되어 있었으나 외서는 맹자의 작품이 아니며, 남송 때 이미 없어지고 말았다. 따라서 현존하는 『맹자』 7편이 유일하다. 하지만 그 속에는 맹자의 주요 사상이 담겨 있고 그의 평생의 발자취가 남아 있기 때문에 맹자를 연구하는 데 으뜸가는 자료가 되고 있다.

맹자가 생활한 전국(戰國)시대는 전통적인 봉건 종법제가 큰 충격을 받았던 시기였다. 각 제후국들이 변법(變法)을 통한 국력 증강에 몰두하면서 천하의 통일을 기약하던 매우 혼란한 시기였다. 이 시기에 유명한 백가쟁명(百家爭鳴) 운동이 발생하였다. 그런데 백가쟁명의 고조는 유학(儒學)의 지위를 크게 위협하는 것이었다.

공자가 기초를 마련한 유학은 춘추시대 말기에 커다란 세력을 가진 현학(顯學)이 되었으나 공자의 주장은 아직 사회의 보편적 동의를 얻지 못하고 있었다. 전국시대에 들어 백가쟁명이 한층 고조되는 가운데 도가나 묵가와 같은 당시의 현학이 유학을 공격하자, 유학은 역사의 무대 밖으로 떨어질 위기를 맞게 된다. "양주와 묵적의 언론이 세상에 가득 차서 천하의 언론은 양주에게 돌아가지 않으면 묵적에게 돌아간다."(『맹자』「등문공 하(滕文公 下)」편)라는 맹자의 말은 이와 같은 역사적 상황을 반영하고 있다.

농사일(耕)과 전쟁(戰)을 장려하고 폭력정치(覇道)를 제창하는 법가가 생겨난 것도 전국시대의 일이다. 또 당시는 종횡가(縱橫家)가 정치적 권모술수로 강력한 지위를 얻고 있었다. 법가의 패도는 유가의 왕도와 정면으로 배치되는 것이고, '합종(合縱)'이나 '연횡(連橫)' 주장의 권모술수는 실천면에서 '성인의 경지에 도달한다(成聖)'라는 유가의 인격적 이상을 부정하는 것이었다.

맹자는 유학에 대한 양주학파와 묵가학파의 공격을 특별히 주목하였는데, 그 이유에 대해 "양주와 묵적의 도가 없어지지 않으면 공자의 도는 드러나지 않으니, 그것은 사설(邪說)이 백성을 속여 인의(仁義)를 막아버리기 때문이다."(『맹자』「등문공 하」편)라고 한다. 도가 계열의 양주학파 이론은 개인 원칙을 일방적으로 강조하는 위아(爲我)주의이고, 묵가의 겸애(兼愛)와 상동(尙同) 주장은 주체와 집단을 단순히 동일한 것으로 간주함으로써 개인의 가치를 경시하는 전체주의 이론이었다. 이 둘은 양극단에 속하는 이론이다. 맹자는 공자를 계승하기 위해서는 우선 이 양극단의 이론 모두를 배제해야 한다고 생각한 것이다.

맹자는 자신이 직면하고 있었던 "어떻게 다시 유학을 일으킬 것인가."라는 시대적 문제를 해결하기 위해 '백가쟁명' 운동에 적극적으로 투신하여 여러 학파와 각기 다른 형식의 논쟁을 벌였다. 이로 말미암아 그는 당시 사람들로부터 '논쟁을 좋아하는(好辯)' 사람이라는 비난을 받았다. 맹자는 "어쩔 수 없어서 그런 것이다."(『맹자』「등문공 하」편)라 대답하고, 유가의 이론적 역량을 키우는데 전심전력하였다.

'호변(好辯)'이라는 형식을 통하여 제자백가를 비판하고, 유가의 정통 관념을 굳게 지키는 것이 『맹자』의 주요 내용이자 거기에 반영되어 있는 시대 배경이다.

『맹자』 7편은 각각 상하(上下)로 구분되어 있고, 각 편 첫머리에는 두 글자 내지 세 글자로 된 편명이 붙어 있다. 변론조 문장으로 예부터 명문으로 여겨진 『맹자』는 맹자의 사상을 알 수 있는 유일한 책이며, 또 전국시대의 양상을 전하는 흥미 있는 내용으로 되어 있다. 주자학(朱子學) 이후로 『맹자』는 『논어』, 『대학』, 『중용』과 더불어 '사서(四書)'의 하나로서 유교의 주요한 경전이 되었다.

『맹자』의 주요 내용 대부분은 공자·묵자·노자의 사상을 역사적 전제로 하고 있다. 공자가 정초한 인문(人文) 중시와 인도(仁道) 원칙은 맹자 사상의 역사적 선구이다. 묵자의 도전 및 『노자』의 유가 사상에 대한 비판 또한 맹자가 이론적으로 대응하고자 하였던 역사적 전제에 해당한다.

우주·자연과 사람의 관계에 관한 논의(천인관계론) 또한 『맹자』의 주요 내용이다. 일반적으로 하늘(天)은 자연을 가리키며 사람(人)은 자연에 상대되는 인문(문명화)을 가리킨다. 공자는 문명사회가 자연 상태보다 낫다는 것을 인도(仁道) 원칙으로 설명한다. 인문의 강조는 다른 학파와 구별되는 유가의 특징이다.

맹자는 하늘과 사람의 구별에 특별한 지위를 부여하는데, 이 둘의 차이는 사람과 짐승의 구분으로 나타난다. 그는 이러한 구분을 통해 "무엇이 인간으로 하여금 자연을 넘어서게 만드는가?"라는 문제를 탐색한다. 공자는 인간의 행위가 어떻게 자연을 초월할 수 있는가에 대해 많은 설명을 하지 않았지만 맹자는 이론적 해석을 시도하여 사단설(四端說)과 성선론(性善論)을 제시하였다. 아울러 인정설(仁政說)을 내놓아 법가의 폭력의 원칙을 부정하였다.

사람의 작용(人力)과 외부의 천명 사이의 충돌 문제도 공자와 맹자가 깊은 관심을 가졌던 문제이다. 외부의 객관적이고 필연적인 천명과 대립 관계에 있는 주체의 자유를 확보하는 문제는 인간의 도덕 활동에서 매우 중요한 문제인데, 맹자는 '나에게 있는 것(在我者)'과 '외부에 있는 것(在外者)'의 구분을 통해 도덕 등의 영역에서 누리는 주체의 자유를 강조한다. 이는 당시의 명정론(命定論)에 대한 부정이다.

양주와 묵적에 대한 비판에서 개인과 집단의 관계 문제에 관한 맹자의 생각을 엿볼 수 있다. 개인과 집단의 문제에서 양주와 묵적은 각각 하나의 극단을 대표한다. 맹자는 이 양극단을 비판하고, 자아의 주체성에 보다 주목한다. 맹자는 개인과 집단의 화해와 통일을 이룰 것을 주장한다.

묵자에 대한 비판은 의리론(義利論)과 연결된다. 맹자는 공리(功利) 원칙의 강화를 제창하는 묵가 사상에 대응하여 도의론(道義論)을 강조한다. 이욕론(利欲論)에서는 '욕심을 적게 할 것(寡欲)'을 주장하였다.

『맹자』는 또 매우 중요한 윤리학의 문제를 다루고 있다. 그것은 바로 도덕의 충돌이라는 문제이다. 서로 다른 도덕 원칙들 사이의 충돌 문제가 유학에서는 항상 경(經)과 권(權)의 관계로 전개된다. 맹자는 임기응변(權變)을 끌어들여 '경'의 강조가 독단론과 권위주의로 흐르는 것을 방지하고자 하였다.

『맹자』는 왕도가 행해지는 이상적 사회를 보여주고 여기에 다시 어짊(仁)과 지혜(智)가 통일된 이상적 개인을 설정하고 있다. 맹자 인격 학설의 특징은 사회를 대아(大我)로, 개인은 소아(小我)로 간주, '소아'라는 인격 영역을 설정한 데서 구체적으로 드러난다. 맹자는 인의예지(仁義禮

智)라는 측면에서 완전한 자아는 어떤 품격을 갖추고 있어야 하는가를 고찰하고 있다. 그의 결론은 "사람은 누구나 요순(堯舜)이 될 수 있다."는 것이다. 문제는 '완전한 인간이 되는 길(成人之道)'은 어디에 있는가 하는 것인데, 맹자의 성선설은 이상적 인격을 기르는 일을 인성(人性) 문제와 연결한 것이다.

『맹자』의 주요 내용 모두는 제자백가들의 공통적인 화제와 깊은 관련이 있다. 『맹자』를 읽을 때, 우선 그 배경 논쟁을 이해하는 것은 많은 도움이 된다.

공자가 유학의 창시자라면 맹자는 그 완성자이다. 이처럼 맹자의 '아성(亞聖)'으로서의 문화적 지위와 역사적 영향은 전부 유학과 관계되어 있다. 유학은 맹자를 통해 보다 풍부한 내용을 갖추고, 보다 심오한 이론적 역량을 보여주게 된다. 유학이 자기 전통을 계승하고 백가쟁명 속에서도 이론적 우세를 유지하게 해준 것은 맹자의 덕분이었고, 이 이론적 작업을 보충해 주는 것이 '사설을 없애고', '방자한 말을 몰아내는 것'이다. 다시 말해 논쟁을 통해 유가 이외의 학설이나 관점을 배척하는 것이다.

이론적인 면에서 『맹자』는 항상 『순자(荀子)』와 비교된다. 하지만 인정을 구상한 맹자로 인해 유가의 인도 원칙은 보다 넓은 내용과 보편 규범의 기능을 갖게 되었고, 맹자의 언급과 보충을 통해 유가의 가치 취향은 고정된 형태로 변모하게 되는 것이다. 후세에 공자와 나란히 공맹(孔孟)으로 부르는 것도 이와 같은 유학의 발전 과정에 바탕을 두고 있는 것이라 말할 수 있다.

맹자는 또 반드시 언어 해석을 기초로 하여 자신의 마음으로 작자의 마음을 헤아린다는 것을 핵심 내용으로 하는 '이의역지(以意逆志)'라는 문예비평 방법론 또는 문학해석 방법론의 개창자이다. 이 방법은 전통적인 해석 방법인 '단장취의(斷章取義)', '이사해지(以辭害志)'와 구별되는 것으로 중국의 고전해석학 영역에서 맹자의 영향은 실로 컸다.

★ 추천도서와 읽을거리

『맹자』의 주요 주석으로는 우선 한(漢) 조기(趙岐)의 주(注)가 있고, 송(宋) 주희(朱熹)의 『맹자집주(孟子集注)』, 그리고 청(淸) 초순(焦循)의 『맹자정의(孟子正義)』가 있다. 『맹자』를 처음 접하는 사람에게는 양백준(楊伯峻)의 『맹자역주(孟子譯注)』가 좋은 참고가 된다.

제3영역 · 역사와 철학

62

목민심서
정약용

● 황인규 동국대학교 역사교육과 교수

　백성을 사랑하는 근본은 아껴 쓰는 데 있고, 아껴 쓰는 것의 근본은 검소함에 있다. 검소해야 청렴할 수 있고, 청렴해야 자애로울 수 있으니, 검소함이야말로 목민하는 데 있어서 가장 먼저 힘써야 할 일이다. 어리석은 자는 배우지 못하고 무식해서 산뜻한 옷에 좋은 갓을 쓰고 좋은 안장에 날랜 말을 타는 것으로 위풍을 떨치려고 한다. 그런데 노회한 아전들은 신임 수령의 인품이 어떠한가를 그의 의복과, 안장을 얹은 말의 차림새로 알아본다. 만약 사치스럽고 화려하면 씽긋 웃으며 "알 만하다" 하고, 만약 검소하고 질박하면 놀라며 "두렵다"고 한다. 길거리의 아이들이 부러워하는 것을 식자들은 더럽게 여기는 법이니, 대체 무슨 이익이 있겠는가? 어리석은 자는 남들이 부러워한다고 착각하겠지만, 부러워하기는커녕 도리어 미워한다. 자기의 재산을 축내고, 자기의 명예마저 손상시킨데다 남의 미움까지 사게 되니, 어리석은 짓 아닌가? 무릇 사치스러운 짓은 어리석은 사람이나 할 일이다.

『목민심서(牧民心書)』는 조선 후기의 실학자 정약용〔丁若鏞, 1762(영조 38년)~1836(헌종 2년)〕이 지방행정의 일선 책임자인 수령들의 행정지침서로서, 고을에 부임하는 날부터 퇴임할 때까지 지켜야 할 사항들을 기록해 놓은 것이다(48권 16책).

정약용은 다산(茶山)·여유당(與猶堂) 등의 호로 불렸으며, 남인 가문 출신으로 정조(正祖) 연간에 문신으로 활동하였으나, 청년기에 접했던 서학(西學)으로 인해 장기간 유배생활을 하였다. 그는 26세부터 4~5년간 천주교에 경도되었으나 신유사옥으로 천주교를 엄금하자 더 이상 천주교를 믿지 않았다. 오히려 그는 유배지인 강진에서 18년간 여러 선사들과 교유하였고 특히 아암 혜장(兒庵 惠藏, 1772~1811) 선사와 조선 후기의 대선사이자 다도(茶道)의 정립자인 초의 의순(艸衣 意恂, 1786~1866)에게 가르침을 베풀었고 불교적 저술도 많이 남겼다. 그는 율곡 이이(栗谷 李珥)나 지봉 이수광(芝峰 李睟光, 1563~1628)에게서 볼 수 있듯이 친불교적인 성향을 지니고 있었으며, 동림사(東林寺)에서 독서할 때 도우(道友)인 연담 유일(蓮潭 有一, 1720~1799) 선사와 설파 상언(雪坡 尙彦, 1707~1791) 등 선사들과 교유하기도 하였다. 이처럼 그는 이전의 주자 학자처럼 타학문을 배척하거나 반대하지 않았고 중국 고대의 경전인 5경부터 18세기 일본의 유학에 이르기까지 독서와 공부는 매우 넓었고 유(儒)·선(禪)·도(道) 또는 육왕학(陸王學)까지도 수용하고자 하였다. 실로 그가 섭렵한 학문은 인문학·사회과학·자연과학·병법 및 무술·건축·의술에 두루 걸쳐 있다. 그의 학문과 사상은 단지 이론에 머물지 않고 백성들의 삶에 도움이 되는 구체적인 개혁안을 내놓았다. 그는 이전의 성리학이 주장하는 무형의 추상물인 천리(天理)나 이(理)를 세계의 지배질서로 보지 않고 당연한 현상으로 받아들이지 않았다. 임금과 신하, 남편과 아내, 지주와 전호 등의 신분관계도 바뀔 수 있으며 불합리한 사회제도도 개혁되어야 한다고 주장하였다. 그는 "통치자가 백성을 위해 존재하는가, 백성이 통치자를 위해 존재하는가?' 하는 질문을 던지며 백성들의 필요에 의해 통치자를 선출하였기 때문에 통치자는 백성을 위하여 존재한다고 주장했다.

이러한 그의 사상이 담긴 것이 바로 『육경사서(六經四書)』와, 『목민심서』와 더불어 일표이서(一表二書)라고 불리는 『경세유표(經世遺表)』와 『흠흠신서(欽欽新書)』 등 모두 500여 권에 이르는 방대한 저술이다. 그 가운데 『목민심서』는 다산학의 정점이자 핵심이라고 평가받고 있다.

그는 이미 17, 18세기 이래 한국 실학의 완성자·집대성자라고 불리었고 『목민심서』는 19세기 후반 지방수령으로 부임하는 관리들이 필사해 갔다고 하며, 『강진군읍지』에 의하면 갑오농민전쟁 때 동학군들이 『경세유표』와 『목민심서』 등을 '정다산 비결(丁茶山秘訣)'이라 하여 수중에 지니고 있었다고 한다.

1910년 일제에 의해 국권을 빼앗기자 국치(國恥)를 통분하며 절명시(絶命詩) 4편을 남기고 음독 순국하였던 매천 황현(梅泉 黃玹, 1855~1910)은 "다산의 대표적인 저술인 육경사서는 몸을 수신하는 수기치인(修己治人)의 학(學)이고 일표이서(一表二書)는 남을 다스리는 치인지학(治人之學)"이라고 하였다.

그의 사상은 전통 성리학을 비판하는 새로운 학문체계라는 의미에서 1930년대 조선학 운동에서 다산학(茶山學)이라 불리기 시작하였다. 일제 강점기 국학운동가였던 위당 정인보(爲堂 鄭寅普, 1892~?)는 "다산 선생 1인에 대한 연구는 곧 조선사의 연구요, 조선근세사상의 연구요, 조선 심혼의 명예(明翳)의 내지 전 조선의 성쇠와 존망에 대한 연구"라고 극찬하였다. 일본의 석학으로 『목민심서』와 『아언각비(雅言覺非)』를 일역(日譯)한 호소이 하지메(細井肇)는 "다산의 심오하고 측량키 어려운 학식에는 참으로 탄복하지 않을 수 없다."고 칭찬을 아끼지 않았다.

이렇듯 그는 한국 사상사에 있어서 역사적 비중이 가장 큰 인물이다.

한국 고대를 대표하는 원효(元曉) 선사와 중세를 대표하는 퇴계 이황(退溪 李滉)과 견줄 만하다. 때문에 현대에 이르러서도 남북의 역사학자들이 가장 좋아하는 인물이며, 그의 유배지인 강진의 다산초당은 많은 사람들의 역사 기행 가운데 제일의 후보지로서 각광을 받고 있다.

그가 가장 중점으로 삼은 것은 토지제도와 백성을 직접 다스리는 목민에 관한 것이다. 이러한 그의 개혁안을 담은 책이 바로 앞서 언급한 일표이서(一表二書), 즉 『경세유표』와 『목민심서』와 『흠흠신서』이다. 그 가운데 『경세유표』는 국가 전반에 걸친 개혁안이고, 『목민심서』는 지방행정에 대한 개혁안이며, 『흠흠신서』는 원통한 죄(冤罪)를 없애도록 법은 신중하게 형률을 적용하라는 내용이다.

그는 주례(周禮)의 천관체제(天官體制)에 따라서 천관(天官, 吏)·지관(地官, 戶)·춘관(春官, 禮)·하관(夏官, 兵)·추관(秋官, 刑)·동관(冬官, 工)을 『경세유표』로 서술하려고 했으나 완성치 못하였다. 즉 하관에 이르러 간략하게 서술하다가 중지했다. 그는 당시의 농민 문제가 매우 심각하여 하관 부분을 서술하다가 『목민심서』를 집필하였다. 그러나 『경세유표』의 수령고적조의 내용은 『목민심서』의 기본적 구조를 이루었다.

『목민심서』는 기존의 지방제도를 개혁하고자 하였고 지방행정의 운영자인 수령과 아전의 인품과 덕성을 기르는 것이 가장 중요하다고 하였다. 수령의 청렴성을 빗대어 "선비의 청렴은 여자의 순결과 같다."라든가 "수령이 청렴하지 않으면 백성들은 그를 도둑으로 가리켜 그들이 마을을 지날 때 욕하는 소리가 많아질 것이므로 수치스러운 것이다."라고 하였다. 아울러 지방행정의 직접적인 실무를 담당하였던 아전도 백성들에게 직접적인 폐해를 줄 수 있는 점을 강조하면서 적극적인 감독이 필요하다는 점을 강조하였다.

『목민심서』는 부임(赴任)·율기(律己)·봉공(奉公)·애민(愛民)·이전(吏典)·호전(戶典)·예전(禮典)·병전(兵典)·형전(刑典)·공전(工典)·

진황(賑荒)・해관(解官)의 12편으로 구성되고 다시 각 편은 6조로 나뉘어 모두 72조로 되어 있다.

이 중 6편은 조선왕조의 기본법전인『경국대전(經國大典)』의 6전(典)을 근거로 하여 목민관의 실천책을 자세하게 밝혔다. 즉, 이전(吏典)은 관리의 기율 문제를 다룬 것으로, 아전(衙前)・군교(軍校)・문졸(門卒)의 감독을 엄격하게 하고 수령의 보좌관인 좌수(座首)와 별감(別監)의 임용도 보다 신중히 하고 수령은 현인(賢人)의 천거를 잘해야 한다고 하였다. 호전(戶典)은 농촌의 진흥과 백성들의 삶을 편안하게 하라고 주장하였다. 전정과 조세를 공평하게 운영하고 호적의 정비와 부역의 균등 실시를 잘해야 한다고 하였다. 예전(禮典)은 예법과 교화・흥학에 중점을 두어야 한다고 하였고 병전(兵典)은 국방시책을 말한 것이다. 당시 백성들의 폐해가 가장 컸던 황구첨정이나 방군수포 등을 폐지하는 등 군정에도 힘을 기울여야 한다고 하였다. 형전(刑典)은 청송・형옥을 신중하게 할 것을 제시한 것이며, 수령은 교도(教導)한 다음에 형벌을 내려야 한다고 하였다. 공전(工典)은 산림・산택 등을 합리적으로 운영하라고 하였다. 진황(賑荒)은 수령의 실무에 속하는 빈민 구제시책으로, 6조로 편성되었다. 해관(解官)은 수령이 임기가 차서 교체되는 과정을 적은 것으로, 6조로 이루어졌다. 그는 이러한『목민심서』를 찬하면서『자찬묘지명(自撰墓誌銘)』에서 "만약 하늘이『목민심서』의 뜻을 받아들이지 않으면『목민심서』를 불질러 버려도 좋다."고 자부하였다.

『목민심서』는 조선 초 이후 청렴을 강조하여 만들어진 수령의 지침서인『목민심감(牧民心鑑)』,『임관정요(臨官政要)』,『선각(先覺)』을 계승했다고 할 수 있으나 지방행정의 원리는 관리의 입장이 아닌 백성의 편에 서서 관의 횡포와 부정부패를 고발하고 있다.

『목민심서』는 1901년 광문사에서 간행한 이후 1969년 민족문화추진회와 1977년 대양서적(大洋書籍), 1981년 다산연구회(茶山研究會)에서 각각 국역본이 간행된 후 최근에 여러 역자들에 의해 국역이나 역주사업이 이루어지고 있다.

★ 추천도서와 읽을거리

최근의 번역서로는 이민수와 노태준의 책이 대하기 쉽다. 좀더 깊이 연구, 독서할 경우에는 다산연구회의 역주본을 보는 것이 좋고 이를 정선한 책도 읽기 쉽다.

정약용, 『목민심서』(사르비아 총서 201), 이민우 옮김, 범우사, 2000

정약용, 『신역 목민심서』(홍신한문신서 8), 노태준 역해, 홍신문화사, 1981(초판), 2002(개정판)

정약용, 『국역 목민심서』 I~III(고전국역총서 37~39), 민족문화추진회 편집, 민족문화추진회, 1969

정약용, 『역주 목민심서』 I~VI, 창작과비평사, 다산연구회 역주, 1978~1985

정약용, 『정선 목민심서』, 다산연구회 편역, 창작과비평사, 2005

제3영역 · 역사와 철학

63

물질문명과 자본주의
페르낭 브로델

● 양홍석 동국대학교 사학과 교수

내 주의를 끈 것은 이러한 연쇄 '시리즈' 그리고 '장기지속'이다. 이것들은 지난 모든 풍경의 소실점과 수평선을 그린다. 이것들은 질서를 부여하고 균형을 잡아주면 영속성을 이끌어낸다. (……) 여기에서 작물, 의류, 주택, 또 도시와 시골 사이의 오래되고 결정적인 구분 등에 관해서는 (……) 장기적인 상수가 더 우리의 주목을 끈다. 이 느린 진화에 더 수월하게 따르는 것은 인간 역사의 다른 어느 영역보다도 물질생활이다. (……) 수많은 문화적 자산들 사이에 관계를 정리시키는 것, 다시 말해서 질서를 정립하는 것, 그것이 문명이다. (……) 물질생활이나 일상적인 경제생활이라는 유연성 없는 경제구조 앞에서 자본주의는 원하는 대로, 또 가능한 대로 간섭해 들어갈 수 있는 영역, 또는 반대로 포기할 수 있는 영역을 선택할 수 있다. 그리하여 이 요소들을 가지고 끊임없이 자신의 구조를 다시 만들며, 그러면서 조금씩 조금씩 다른 구조들을 변형시킨다.

페르낭 브로델(Paul Achille Fernand Braudel, 1902~1985)은 프랑스 북동부의 뫼즈에서 출생하였다. 그는 소르본 대학에서 역사 및 지리 공부를 하였으며, 1932년까지 알제리의 고등학교에서 보낸 교편 생활의 경험을 통하여 지중해에 특별한 관심을 가졌다. 브로델은 제2차 세계대전 중 독일군 포로수용소 시절에 논문의 초고를 작성, 전쟁이 끝난 후 학위논문으로 제출하였고 1949년 출판하였다. 이 대작이 바로『펠리페 2세 시대의 지중해와 지중해 세계』이다. 이 저서는 당시까지 단편적인 인물이나 정치사 서술에 만족하던 역사 서술 양식을 한 차원 더 끌어올려, 전체사적인 차원에서 역사 서술을 과감히 시도함으로써 역사학의 새로운 지평을 열었다는 평가를 받고 있다. 이후 1958년에 쓴「장기 지속」이라는 논문은 브로델의 주저인 동시에 그가 관계한 아날(Annales)학파의 정체성을 대표하는 저술이다. 이것은 지리적인 구조와 정치적인 사건을 통일적으로 수용한 종합적인 전체사 개척의 표본이 되었다. 그리고 1979년 출간된『물질문명과 자본주의(Civilisation matérielle, économique et capitalisme, 15e~18e siècle)』는 15세기 이후 약 300년간 경제와 연관된 일상생활사를 총체적으로 분석하고, 이후 세계경제라는 지리적인 개념으로 자본주의 진행을 서술한 것이다. 결국 1984년 그는 아카데미 프랑세즈 회원으로 선출되는 영예를 획득하였을 뿐만 아니라 당대 지식인 세계로부터 '역사학의 교황'이라는 칭호를 받았다. 그의 명성은 1985년 10월 83세의 노역사가의 학문적 업적을 기리는 역사학 축전이 무려 3일간에 걸쳐 개최되었을 때 절정에 이르렀다. 그러나 애석하게도 한 달 후 그는 사망하였다. 당시 프랑스 언론은 '최초의 노벨역사학상 수상자'라는 명예로 고인을 추모하였다.

브로델(또는 그가 속한 아날학파) 이전의 역사 서술은 주로 인물 위주의 서술이거나 특정 정치적 사건에 대한 해석, 혹은 특별히 경제사의 경우에서 볼 수 있는 계급관계를 바탕으로 한 유물론적인 서술의 경계를 벗어나지 못했다고 해도 과언이 아닐 것이다. 이러한 전통적인 역사학에서 탈피하여 당시대사에 대한 포괄적인 이해를 목표로 삼아 결국 총체적인 시스템의 구조를 분석하는 가히 혁명적이라고 할 수 있는 시도를 보여준 역사학자들의 모임이 바로 아날학파였다. 그러므로 브로델을 이해하기 위해서는 먼저 '아날'에 대한 이해를 필요로 한다.

아날이란 1929년 뤼시앵 페브르와 마르크 블로크가 창간한 역사학 잡지 《경제사회사 연보(Annales d'histoire économique et sociale)》에서 출발한다. 역사학 분야의 새로운 지평 확대를 목적으로, 이 잡지의 기고자들은 최초로 학제 간 연구를 시도하여 전통적인 역사학의 편협주의적인 연구 방법에서 탈피하였다. 그들은 지리학, 인류학, 철학, 경제학 등 여러 인접학문을 과감하게 도입하였다. 그들에게 있어서 역사학은 지금과는 다른 여타 인접학문의 방법론을 수용할 때 보다 분명하고 보다 폭넓게 과거를 이해할 수 있는 것으로 보였다. 이들이 보여주었던 전반적인 노력과 실험은 매우 성공적이었고 그들이 남긴 저작들은 지금도 역사학 분야의 간과할 수 없는 고전으로 평가를 받고 있다. 그 후 이 학파는 여러 번 잡지의 명칭을 바꾸었다. 그럼에도 그들이 보여주었던 관심, 즉 구조와 전체사의 화두, 그리고 이후 새롭게 부가된 현재의 측면에서 보는 과거에 대한 관심 문제는 이들 학파가 지속적으로 추구하던 테제였다.

특히 1956년부터 1968년까지 아날을 이끌었던 인물이 바로 브로델이었다. 또한 그는 구조의 발견자였다. 그는 역사학과 역사학자가 해야 할 임무란 지금까지 역사학의 중요한 임무였던 과거 속에 나타나는 변화 양상보다는 오랜 기간 지속되는 시간의 역사를 파악할 필요가 있고, 그 속에 존재하는 구조의 패턴을 이해하는 것이라고 보았다. 그는 또한 전체사의 발명자였다. 역사학이 특정 부분으로의 파편화가 진행될 때 이들 모두를 포괄하는 서술을 꿈꾸었던 마지막 인물이었던 것이다.

지난 10년간 포스트모더니즘적 역사학의 눈에서 볼 때, 아날에 대한 비판은 냉혹했다. 아날은 '지리적 결정론에 가까운 구조주의', '인간 없는 구조'라고 폄하되었고, 또다른 한편으로 전형적인 모던 역사의 표본이라고 간주받기에 이른다. 아날학파가 '구조학적 접근'의 역사로 단순하게 이해되는 데 결정적인 역할을 한 인물을 지적하라면 단연 브로델을 들 수 있을 것이다.

이 책은 15세기부터 약 300년간의 경제와 일상생활을 다루고 있다. 제1·2권에서는 전산업화 시기의 유럽의 경제생활을 물질문명(물질생활), 시장경제, 자본주의로 삼분하여 설명하고 있다. 전체적으로 인간 일상생활의 전반을 묘사하고 있어, 사실 오늘날 유행하는 일상사의 모범이라고 할 수 있다. 3권에서는 이 세 개의 개념을 시간의 흐름에 따라 자세하게 재조명하고 있다.

특히 이 책은 스케일 면에서 단연 압도적이다. 우선 그가 다루었던 시대의 범위가 300년 동안이라는 것도 거시적이지만, 지리적·공간적인 경계에서 보면 유럽적인 시각과 경계를 벗어나 오늘날 비유럽지역인 아프리카, 아시아, 아메리카를 포괄하여 다루고 있다.

이 방대한 저서를 구체적으로 이해하려면 브로델이 서술의 화두로 끌어낸 물질생활의 삼분 구조에 대한 정의를 이해할 필요가 있다. 브로델의 언급에 의하면 지금까지 산업혁명 이전의 경제생활을 분석하는 경제학자나 역사학자들은 주로 경제활동의 유통에 해당되는 영역(시장경제 영역: 시장, 기업, 자본주의적 투자)에만 연구 초점을 맞추어 왔다고 한다. 그러나 이것으로 전산업화 시대의 경제생활을 완벽하게 역사적으로 조망할 수 있을 것인가? 브로델은 이러한 접근에 대해 상당히 회의적이다. 그는 상대적으로, '투명한' 부문과 흔히 기록이 불충분하여 쉽게 역사적으로 파악하기 힘든 두 개의 '불투명한' 층이 있다고 한다. 투명한 시장경제의 상하층에 존재하고 있는 자본주의와 물질문명(물질생활) 부문을 종합해서 파악 할 때, 특정 시공간의 경제생활의 전체를 무리 없이 파악할 수 있다고 브로델은 보고 있다.

그의 표현에 따르면 투명한 시장경제 밑의 지표층에는 물질문명이라는 층이 존재한다. 이 층의 특징은 "경제활동이 덜 형식적이며, 자급자족적이거나 아주 좁은 범위 내에서 재화와 용역을 물물교환하는" 장이다. 그러므로 투명한 시장경제의 측면에서 보면 물질문명은 시장적 기능 밖에 존재하며 시장을 교란하는 역할을 수행하는 것이다.

비공식적인 층으로서 물질문명과 함께 시장을 교란하는 동일한 역할을 수행하는 또다른 층이 자본주의라는 층이다. 이 층은 시장경제층의 "밑이 아니라 그 위로 활동적인 사회적 위계가 높이 발달"되는 층으로 물질문명과 같이 시장을 교란하는 역할을 수행한다. 이 조직층은 "자신에게 유리하게 교환과정을 왜곡시키며 기존 질서를 교란"한다. 그들의 음모는 의식적일 수도 무의식적일 수 있다. 그러나 시장경제 영역에 비해 비정상적이며 "소란스러움"을 만들어낸다. 16세기 제노바 상인, 18세기 암스테르담 상인들이 바로 이러한 층을 구성하고 있었다. 그들은 자의적으로 유럽을 비롯한 세계경제를 특정 상업상의 기술을 총체적으로 장악하여 경제적인 특권을 형성하였던 것이다. 산업시대 이전의 전통사회의 영역에서 시장경제의 투명성을 벗어나 있는 영역이며 빠른 속도로 부상하고 있는 이러한 비투명성의 영역을 브로델은 자본주의의 영역이라고 명명하였다. 그러므로 전산업화 시기의 물질문명과 자본주의를 이해하기 위해서는 투명한 경제생활 공간인 시장경제뿐만 아니라 다른 불투명한 영역의 조사도 수반해야 함을 브로델은 논증하는 것이다. 그는 다음과 같이 말하였다. 이 시대를 파악하기 위해서는 우선 "하나보다는 차라리 서로 대립되고 어깨를 겨루며 심지어 서로 상반되기까지 하는 여러 개의 진화 과정"의 파악이 필요하고 "하나가 아니라 여러 개의 경제가 있음을 인식"하는 것이 중요하다.

  브로델의 저작에 매혹되는 이유가 단지 이러한 거시적인 패러다임의 완결성 또는 특정 역사시대의 경제생활에 대한 다층구조에 대한 폭넓은 해석이 보여주는 웅장함에만 한정되는 것은 결코 아닐 것이다. 브로델은 이러한 전제된 삼분 도식을 바탕으로 해서 당시의 수많은 역사적인 문제들에 대한 적절한 해석과 해답을 시도한다. 시장의 역할과 구조, 상인의 성격, 자본주의 본질적인 기원과 성격, 생산과 교환의 의미와 역할에 대한 역사적인 해답이 바로 그것이다. 뿐만 아니라 의식주, 에너지원과 야금술, 혁신적인 발명(화약, 나침반, 종이), 화폐와 수송 수단에 대한 인간의 일상생활의 전반에 대한 심층적인 분석을 하고 있어 이전의 정치사나 사건사에 익숙해 있던 우리는 그를 통하여 밑으로부터의 역사, 민중생활의 역사 서술의 한 선구적인 모습을 만나게 되는 것이다.

  아날학파는 제1세대 뤼시앵 페브르, 마르크 블로크, 제2세대 페르낭 브로델, 제3세대 조르주 뒤비, 자크 르 고프, 엠마뉘엘 르 로아 라뒤리, 제4세대 로제 샤르티에 등 그 각각의 특징과 다양성의 스케일을 살펴보았을 때, 단순화된 구조적인 접근의 역사학으로 단정할 수는 없다. 특히 이들 역사가들이 추구하였던 가치 덕목들, 즉 학제 간의 연구방법론, 당시대적인 문제에 대한 관심, 총체적인 문명사에 대한 이해는 1980년대 말에 오면 포스트모더니즘의 영향, 현실사회주의의 변모 등으로 재차 변화를 수용하게 된다.

  포스트모더니즘에서 보기에 역사학은 언어의 인공물에 불과한 것이었다. 그들에게 역사학의 대의, 즉 과거의 규명이라는 목표는 결코 가능한 것이 아니었다. 만일 그들에게서 역사학이 어느 정도라도 긍정적으로 이해될 수 있다면 그것은 오직 개인의 의지가 투입된 면에서의 역사 가치에 한정된다. 그러므로 그들만의 역사는 개인의 역사, 즉 미시적인 이해(미시사)에만 만족하는 것이다. 그러므로 포스트모더니즘의 역사학은 문학으로 선회하게 된다.

　오늘날 미시사 또는 문화사가들은 브로델의 구조와 전체사에 대한 반발로부터 출발한다. 그러나 그들이 잊지 말아야 할 것은 역사의 주요한 목적 중의 하나는 과거를 '파편화'하는 것이라기보다는 과거의 '종합'을 지향하는 것이라는 점이다. 슬프게도 브로델은 과거를 총천연색의 거대 화면과 거대 담론장에서 파악하려는 역사주의의 마지막 세대의 인물이 되었다. 그 이후에 오면 역사학이 지금까지 온전하게 보전하여 왔던 그 학문의 정체성, 진정성과 같은 가치들은 사라지게 된다.

★ 추천도서와 읽을거리

김응종, 『아날학파의 역사세계』, 아르케, 2001
　페르낭 브로델 등 7명의 대표적인 아날학파의 역사학자들에게 나타난 연구 경향과 방법 이론을 설명하고 있다.
김응종, 『페르낭 브로델:지중해 · 물질문명과 자본주의』, 살림, 2006
　페르낭 브로델의 대표작인 『필리페 2세 시대의 지중해와 지중해 세계』와 『물질문명과 자본주의』를 중심으로 그 의의와 한계를 밝혔다.

제3영역 · 역사와 철학

64

밀린다팡하

● 조용길 동국대학교 불교학과 교수

"호흡에는 영혼이 없다. 들이마시는 숨과 내쉬는 숨은 신체 구조의 계속적인 활동에 지나지 않는다."
— 「아난타카아야의 영혼에 관한 문답」 중에서

"대왕이여, 인간이나 사물의 연속은 불꽃과 같이 꼭 이와 같이 지속됩니다. 생겨나는 것과 없어지는 것은 별개의 것으로 보이지만 지속(순환, 윤회)되는 것입니다. 이리하여 존재는 같지도 않고 서로 다르지도 않으면서 최종단계의 의식으로 포섭되는 것입니다."
— 「무아설은 윤회의 관념과 모순되지 않는다」 중에서

"대왕이여, 지나가 버렸거나 끝나 버렸거나 없어져 버린 과거에 대해서 시간은 존재하지 않습니다. 그러나 시간은 결과를 낳거나 결과를 낳는 선천적인 가능성을 갖거나 딴 곳에 다시 태어나게 될 사상에 대해서 존재합니다.
죽어서 딴 곳에 다시 태어날 존재에게 시간은 존재하며, 죽어서 딴 곳에 다시 태어나지 않을 존재에게 시간은 존재하지 않습니다. 완전히 자유롭게 된 (완전한 열반에 도달한) 존재에게 시간은 존재하지 않습니다. 완전히 해탈했기 때문입니다."
— 「시간은 존재하는가?」 중에서

이 경전은 팔리(巴利, Pāli)어 성전에 속한다.

경전(經典, sūtra)은 부처님의 본디 원전(原典)을 의미하며, 후대의 고승 대덕과 학자나 왕들에 의해 시대별로 이해하기 쉽도록 형성된 것을 성전(聖典)이라고 부르는 것이 불교계에서의 일반적 통례이다.

한역본(漢譯本)인 『나선비구경(那先比丘經)』은 팔리 어본의 아주 오래된 경전과 내용이 거의 일치하고, 스리랑카 불교에서는 이 『밀린다팡하(Milindapanha)』를 거의 경전에 가깝게 취급하고 있을 정도로 그 가치를 인정받고 있다. 번역자인 서경수 교수는 동국대학교 교수와 인도 네루대학교 교환교수로 재직한 바 있다.

이 성전은 기원전 150년경, 서북인도를 지배한 그리스 왕 메난드로스(Menandros, 인도명 밀린다(Milinda)]와 불교 경전에 정통한 학승 나가세나(那先) 사이에 오고 간 문답서, 즉 대론서(對論書)인데 당시의 동·서양 사이의 가치관이나 종교관, 세계관을 비교 연구하는 데 있어서 둘도 없는 자료 가치를 갖고 있다. 이 경전에 나오는 그리스 왕 메난드로스는 정복자로서가 아닌 당시 유럽을 석권한 그리스의 지성을 대표한 지성인의 입장에 서서 동·서의 지혜로움을 역사상 처음으로 교류한 점에서 더욱 그 가치를 높이 평가받고 있다. 21세기 초인 오늘날 현대 미국과 유럽에서 영문판으로 다시금 널리 읽히고 있으니 그 가치가 더욱더 고양되고 있다.

1) 현대인을 위한 불교입문서

『밀린다팡하』, 즉 『밀린다왕문경』은 불교의 다른 경전과는 그 성격이 크게 다르게 구성되어 있다. 그것은 불교에 관한 지식이 전혀 없고, 더구나 인도 문화권과는 전혀 다른 헬레니즘 문화권에서 자란 그리스 왕이 불교의 전문적 지식을 갖춘 학승(學僧)을 향해 예리한 질문과 비판을 통해 불교를 이해하려고 애쓰고 있기 때문이다. 불교가 어렵다고 선험적으로 파악하고 "불교는 대단히 이해하기 어렵다."고, 그럼에도 불구하고 사람들은 어쩐지 불교를 알고 싶어하고 불교의 본질을 파악하고 싶어한다.

이러할 때 『밀린다팡하』를 읽어 가면 질문의 하나하나가 조금도 낡았다는 느낌을 주지 않고, 지금 우리들이 질문하여 의문을 풀고 싶다고 생각한 문제들이 바로 그리스 인 왕에 의해 던져지고 있다. 그래서 나가세나 장로 고승의 해답도 우리들의 심금을 울리는 것이다. 풍부하고 구체적인 사례를 들어 설명하는 방식은 인도 일반의 특색이지만, 유식한 학승이 알기 어려운 불교 교리를 아주 쉽게 해명하려고 하는 자세에 호감이 간다.

2) 왕자론(王者論)과 현자론(賢者論)

밀린다 왕은 나가세나 장로 고승과 대론(對論)함에 있어 현자론에 근거하는 입장을 지키고 있다. 여기에서는 불교가 그리스 인에게도 개방된 종교였다는 사실이 전제되어야 한다. 인도는 그 옛날이나 오늘날에도 계급제도를 고수 유지하므로 외국인은 모두 오랑캐로 취급하는 경향이 있다. 그리스 인이 인도 사회와 문화 속으로 뛰어들기 위해서는 아무래도 바라문교 이외의 종교에 의존하지 않을 수 없게 된다. 이럴 때, 불교는 모든 사람들에게 개방된 종교이므로 그리스 인에게는 적격이었을 것이다. 불교 교조인 부처님[붓다(Buddha)] 자신부터가 계급제도를 타파할 것을 강조하셨다. 모든 사람이 혈통이나 출신에 의해 귀하고 천함이 결정되는 것이 아니고, 만민은 평등하며 각자의 행위[업(業), karma]가 귀하고 천함의 기준이 된다고 가르치셨다. 그러므로 불교가 그리스 인에게 합리적인 가르침으로 환영받았으리라는 것은 더 말할 나위도 없다. 그리스 인뿐만 아니라, 그 뒤 인도에 침입한 여러 민족 가운데는 불교를 보호하고 불교신자가 된 예가 많다. 밀린다 왕과 나가세나 장로 고승 사이에 대론의 근거를 고찰함에 있어 이 같은 사회적·문화적 상황과 교류를 고려해야만 한다. 밀린다 왕은 제왕의 덕과 위엄을 가지고 통치에 임했던 것 같다. 그는 자기 스스로 정의를 수호하는 왕임을 표방하고 있었다. 푸르탈코스가 쓴 그의 전기에 의하면 "그는 정의의 통치자였고, 백성들 사이에 신망이 대단히 두터웠다."라고 되어 있고 사후에는 그의 유골을 여러 곳으로 나누어 담고 기념탑들을 세운 것으로 전해진다.

밀린다 왕이 제왕의 위엄을 가지고 통치에 임했다 함은 『밀린다왕문경』 첫 편에 그것을 입증하는 문답이 있다. 이 문답이 바로 대화를 원만하게 성립케 하는 기반을 제공해 주고 있음을 알 수 있다.

"대왕이여, 만일 그대가 현자로서 나와 대론한다면 나는 그대와 대론할 것입니다. 그러나 만일 그대가 왕자로서 대론한다면 나는 그대와 대론하지 않을 것입니다."

나가세나 장로 고승은 정치적 압력이나 제왕의 위엄보다는 언론의 자유와 진리 탐구의 기치를 내걸어 양자가 동등한 입장에 서서 현자의 자세를 제시하고 이 현자의 자세에 대론의 기반이 있음을 명확하게 제시한 것이다.

이 경전은 〈서장(序章)〉, 〈대론(對論)〉, 〈논란(論難)〉 등 크게 세 항목으로 구성되어 있다. 〈서장〉 부문에는 그리스 인의 도시와 왕, 나가세나의 전생(前生) 이야기, 해후 등의 내용이 들어 있고, 〈대론〉 부문은 총 7장으로 구성되어 있는데, 제1장은 이름, 나이에 관한 문답과 고승대덕의 위엄, 영혼과 출가 목적에 관한 내용으로 되어 있다. 제2장에는 윤회와 무아에 대한 확신적인 문답, 해탈의 경지, 윤회의 주체에 관한 것, 생사윤회에서 벗어남, 지혜·계행·신행·정진·삼매〔三昧, 사마디(samadhi)〕에 관한 것 등의 내용이 실려 있으며, 제3장에는 시간과 공간에 관한 것, 영적인 정신적인 것에 관한 것 등이, 제4장에는 업(業)과 불교의 우주구조설, 열반의 증득(證得)에 관한 항목이 있으며, 제5장에는 부처님에 관한 내용이, 제6장에는 부처님의 32사상과 기억에 관한 내용이, 제7장에는 염불·수행·신통·사후의 탄생까지의 시간, 37조도품(助道品)의 칠각지(七覺支) 등의 내용이 현란하게 전개되고 있다. 〈논란〉 부분은 보시에 관한 네 가지 장애와 부처님의 지도 이념 등의 내용을 담고 있다.

3) 솔직 담백한 불교도의 생활상

밀린다 왕은 불교 교단이나 교리에 관하여 자신이 의문으로 삼고 있는 점들을 솔직하게 질문하고 있다. 예를 들면 불교의 출가자는 고행자(苦行者)라고 왕은 여기고 있었는데 그 생각은 잘못인 것을 알게 된다. 부처님은 막연한 고행주의를 배제했기 때문이다. 그러나 당시 그리스인 왕의 눈에는 힌두교의 바라문이나 고행주의자인 사문(沙門, śramana)이나 출가 수행자인 부처님의 제자들이나 구별하기 어려웠던 것도 사실이다. 불교 수행자는 열두 가지 두타행(頭陀行)을 통해 나무 밑에서 수행하고, 명상과 참선을 하며, 탁발로 얻은 음식만을 먹는 수행을 통해 번뇌 망상을 제거하는 수행을 한다. 고행과는 전혀 다른 것이다.

그러나 왕이 생각하기에는, 고행하지 않아도 깨달음을 얻을 수 있고, 출가하지 않은 재가 신자도 깨달아 지혜로울 수 있는데, 굳이 고행을 할 필요가 있을 것인가 하는 의문에서 나온 깊은 사려이기도 하다. 누구나 다 깨달으면 부처가 될 수 있는데 그저 고행과 기도만으로 이상세계를 이룩할 수는 없는 것이 아닌가 하는 왕의 깊은 통찰력은 소승적·소아적 불교가 아닌 대승적·대아적 부처님의 올바른 가르침을 내비치고 있는 귀중한 경전이다.

『밀린다팡하』의 특색은 부처님께서 반열반(般涅槃) 하신 뒤 교단의 필수 사항을 알아볼 수 있는 두 가지 사실을 간직하고 있다.

첫째는, 부처님 반열반 뒤, 불교 교단을 어떻게 잘 지켜서 후대에 전하느냐 하는 사항이었으며, 여기에 대한 강렬한 열망을 이 경전에서 살펴볼 수 있다는 것이다. 역사적인 실존(實存) 성자로서 우리에게 가르침을 베푼 부처님께서는 기원전 후의 시대에 와서는 신비적·절대적 존재로 신격화되었다. 신격화·절대화된 부처님에 대한 가르침을 실천하려는 강력한 교단은 굳은 신념과 결의가 필요하게 되었다. 그런 과정에서 출가 위주의 교단이 우위에 설 수밖에 없었다. 이러한 출가 위주의 관념이 『밀린다팡하』에 일관하고 있음이 그것이다. 출가자 우위를 강조하면서도 출가자들의 자각을 촉구하고 교단을 지키는 재가 신도들에게는 출가자를 보호하여 실천수행을 도우면서 출가자와 동일한 깨달음을 얻는 경지를 또한 촉구하고 있음이다. 즉 사부대중(四部大衆)의 불교며 대승적 생활불교를 지향하면서 교단이 사회의 그 중추적 역할을 담당하는 형태이다. 이것이 대중사회불교를 지향하는 『밀린다팡하』의 적극적인 가르침이다.

둘째는, 당시 불교 교단이 여러 갈래로 해석했던 중요한 교리들, 즉 심리론(心理論), 선악업보론(善惡業報論), 윤회론(輪廻論), 해탈 열반론(解脫涅槃論), 수도론(修道論), 불신론(佛身論), 아라한론(阿羅漢論), 재가자론(在家者論) 등이 이 성전에 모두 언급되고 있다는 사실이다. 예컨대, 아비달마구사론(阿毘達磨俱舍論) 같은 경우는 복잡하고 어려우나 이 경전은 간명하고 선명하게 그 정곡과 의표를 찔러주고 있어, 왕과 스님 간의 대화를 읽다 보면 바로 눈앞에서 벌어지고 있는 대화를 듣고 있는 것처럼 현장감과 긴박감이 잘 드러나 있다. 의문에 의문을 달지 않고 안이하고 평이하게 쉽게 치우쳐 버리는 중생들의 사회에, 이 『밀린다팡하』는 우리의 존재에 대한 의문을 끝까지 추구하도록 촉구하여 소중한 인생관, 세계관, 우주관(宇宙觀)과 생사관(生死觀)까지도 확립시켜 줄 수 있으며, 종교, 철학의 탐구에도 손색없는 지침서가 될 수 있을 것이다.

★ 추천도서와 읽을거리

불전간행회 엮음, 『밀린다왕문경』 1, 동봉 옮김, 민족사, 1997

불전간행회 엮음, 『밀린다왕문경』 2, 이미령 옮김, 민족사, 2000
　위의 두 책은 『밀린다팡하』, 즉 『밀린다왕문경』을 가장 원문에 충실하게 번역하였다.

이시카미 젠오, 『미란타왕문경』, 이원섭 옮김, 현암사, 2001
　경의 원래의 형태로 보이는 〈대론〉을 중심으로, 경의 내용과 함께 해설을 곁들였다.

제3영역 · 역사와 철학

65

사기
사마천

● 정병준 동국대학교 사학과 교수

나 사마천은 저술에 전념하였지만, 7년 후 이릉(李陵)의 사건에 연루되어 감옥에 갇히고 말았다. 그 때 나는 비감한 심정으로 탄식하였다. "이는 나의 죄 때문이다! 궁형(宮刑)을 받아 신체가 훼손되었으니 다시는 쓸모가 없게 되었구나!" 형을 받은 후 나는 자신을 깊이 성찰하면서 다음과 같은 생각을 하게 되었다. 즉 『시경(詩經)』과 『상서(尙書)』의 뜻이 은미(隱微)하고 문장이 간약(簡約)한 것은 작자들이 자신의 뜻을 그 안에 표현하고자 하였기 때문이다. 옛날 서백(西伯 : 周나라의 文王)은 유리(羑里)에 구금되자 『주역(周易)』을 확충하였으며, 공자(孔子)는 진(陳) · 채(蔡) 사이에서 곤경에 처하자 『춘추(春秋)』를 지었고, 굴원(屈原)도 쫓겨난 후에 『이소(離騷)』를 지었다. 좌구명(左丘明)은 실명한 이후에 『국어(國語)』를 지었고, 손자(孫子)는 다리를 절단하는 형벌을 받고 병법을 저술하였다. 또 여불위(呂不韋)가 촉(蜀)으로 유배된 이후에 그가 편찬한 『여람(呂覽)』(즉, 『呂氏春秋』)이 세상에 전해졌으며, 한비자(韓非子)도 진(秦)에서 수감되자 「세난(說難)」 · 「고분(孤憤)」 편을 지었다. 『시경』에 수록된 300편의 시도 대체로 성현(聖賢)이 발분하여 지은 것이다. 이들은 모두 마음에 울결(鬱結)된 것이 있으나 그 뜻을 직접 표현할 수 없었기 때문에 과거의 사실을 서술하여 미래에 그 뜻을 전하였던 것이다.

『사기(史記)』는 신화시대인 황제(黃帝)시대부터 시작하여 오제(五帝) 와 하(夏), 상(商), 주(周) 왕조를 지나 저자 사마천(司馬遷, B.C. 145~?) 자신의 시대인 전한(前漢) 무제(武帝) 만년까지 약 3천 년의 역사를 기술한 통사(通史)이다.

사마천은 이 책의 편찬 목적을 스스로 밝혀 "하늘(天)과 인간의 관계를 구명하고 고금의 변화를 관통하는 원리를 찾아내어 스스로 일가를 이루려고 한다(成一家之言)."고 하였다. 그때까지 일가를 이룬 학문은 많았지만, 하나의 학문 분야로서의 사가(史家)는 없었다. 앞선 전국시대(戰國時代)에 제자백가(諸子百家)가 쟁명하였지만, 그 안에 사가(史家)는 없었던 것이다. 사마천의 의도는 멋지게 성공을 거두어 『사기』 출현 이후에 사학은 하나의 학문으로서 완전히 자리잡게 된다. 나아가 당대(唐代) 이후에는 문헌 분류 방식이 경(經)·사(史)·자(子)·집(集)이라는 네 부문으로 고정화될 정도로 사학은 비중 있는 학문이 된다.

사마천은 『사기』를 저술하면서 기전체(紀傳體)라는 형식을 창안하였다. 즉 「본기(本紀)」, 「세가(世家)」, 「서(書)」, 「표(表)」, 「열전(列傳)」이라는 다섯 부문으로 된 형식이다. 이 중 「본기」는 제왕(帝王)의 역사를 기록한 것으로 하늘의 중심인 북극성을 상징한다. 「세가」는 제후급 인물의 역사를 기록한 것으로 북극성 주위에 포진한 28개의 별자리, 즉 28수(宿)를 상징한다. 「열전」은 이외의 중요 인물들에 대한 기록으로서 28수 이외의 뭇별들에 비유된다. 기전체라는 것은 「본기」와 「열전」을 합하여 만든 명칭이다.

『사기』의 「본기」에서 흥미로운 것은 「항우(項羽)본기」와 「여태후(呂太后)본기」이다. 항우는 한(漢)왕조를 세운 유방(劉邦)에 앞서 한때 중국의 패권을 장악하였지만, 황제가 아니었다. 당시 황제는 그 자신이 명목상으로 세운 의제(義帝)였다. 그럼에도 불구하고 사마천이 「의제본기」가 아닌 「항우본기」를 설정한 것은 그 시기에 항우가 중국의 실질적인 중심자였다고 본 때문이다. 「항우본기」에는 "정사(政事)는 항우에서 나왔으며 이름하여 패왕(覇王)이라 하였다."라고 명기하였다.

여태후도 황제가 아니었다. 그녀는 유방의 조강지처로서 한왕조가 건국되면서 황후가 되었다. 고조(高祖) 유방을 이은 아들 혜제(惠帝)가 일찍 죽자 여태후는 소제(少帝)라는 아이를 형식상 황제로 세운 후 권력을 장악하였다. 「여태후본기」에는 "모든 명령은 여태후에게서 나왔고 그녀는 황제 전용어인 제(制)라는 용어를 사용하였다."라고 하였다. 사마천이 생각한 「본기」는 형식상의 제왕의 기록이 아니었던 것이다. 이러한 것은 곧이어 도래한 유교 시대에 편찬된 『한서(漢書)』 등의 유가(儒家) 사서들이 외형적 명분(名分)을 중시하였던 것과 차이가 있다.

「세가」에 대해 사마천은 "30개의 수레바퀴 살이 하나의 축을 중심으로 회전하는 것같이 28개의 별자리가 북극성을 중심으로 회전하면서 무궁토록 운행한다. 이는 신하들이 충성과 신의로서 도(道)를 행하며 군주를 받드는 것에 비유할 수 있다. 그래서 「세가」 30편을 만들었다."(권130, 「태사공자서(太史公自序)」)라고 한다. 공자의 경우에는 제후가 아니었지만, 그 업적이 제후의 그것에 해당된다고 하여 「세가」에 기록되어 있다.

「서」에 대해서는 "예악의 변화, 달력의 개정, 군사, 산천, 귀신, 인간과 하늘의 관계 등에 대해 종류별로 8편으로 나누어 그 변화를 살폈다."(「태사공자서」)라고 한다. 「서」는 후대에 명칭이 「지(志)」로 바뀌고, 「지리지(地理志)」, 「형법지(刑法志)」, 「병지(兵志)」 등의 다양한 항목이 추가되어 지금의 역사 연구에 편리함을 제공하고 있다. 「표」는 일종의 연표이다.

『사기』에서 가장 높은 평가를 받는 것은 「열전」이다. 사마천 자신도 이 부분에 가장 심혈을 기울였다는 것은 총 130권(=篇) 중 「열전」이 70권을 점하고 있는 것을 통해서도 알 수 있다. 「열전」은 이 세상을 살다간 개개 인간들에 대한 기록이다. 여기에는 뛰어난 활동을 보인 한 개인의 전기가 있는가 하면, 「유림 열전(儒林列傳)」이나 「혹리 열전(酷吏列傳)」 등과 같이 같은 부류의 인간들을 모아 함께 기술한 것도 있고, 또 「흉노 열전」과 「조선 열전」과 같이 주변 나라에 대한 기술도 있다.

「열전」에서 사마천이 기술하려고 한 것은 제왕과 제후를 중심으로 돌아가는 세계에서 단순하게 피동적으로 살다간 인간들의 모습이 아니다. 말하자면 주어진 여건 속에서 이 세계를 나름대로 움직이며 살다간 인간들을 살펴보려고 하였던 것이다. 곧 주체를 중시한 사관이다. 『사기』에서 「열전」이 가장 많이 읽히는 이유도 여기에 있다.

이렇듯 사마천의 세계관은 천문(天文)과 밀접한 관련이 있다. 실제 그의 집안은 대대로 황실의 천문관을 지냈고 그 역시 가업을 이어 천문관이 되었으며, 『사기』의 편찬 역시 부친의 개인적 과업을 이은 것이다. 물론 당시의 천문관은 후대와 달리 폭넓은 문필을 담당하고 있었다.

한대(漢代)에는 일반인 사이에서도 '천인상관설(天人相關說)'이 크게 유행하고 있었다. 천인상관설이란 하늘과 인간이 밀접한 관계를 가지고 서로 맞물려 돌아간다는 인식이다. 사마천도 이 설을 신용하였음은 두 말 할 나위가 없다.

사마천이 생존하였던 시대적 상황 역시 『사기』의 세계관에 영향을 미쳤다고 보인다. 무제 시대는 한마디로 거대한 정치적 통합의 완성기였다. 주왕조의 분권적 봉건체제가 와해된 이후, 중국사회는 춘추·전국 시대라는 대분열의 시대를 경험하였다. 이러한 상황은 진(秦)제국의 출현으로 일단 종식되고 중앙집권적인 군현(郡縣)제도가 시행되었다. 그러나 이 새로운 제국은 곧 붕괴되었고 중국사회는 다시 혼란에 빠져들었다. 이러한 혼란을 극복하고 등장한 것이 한(漢)제국이다. 한은 봉건제와 군현제를 절충한 군국제(郡國制)를 채택하였다. 그러나 시간이 지나 무제 시대에 이르면 사실상 군현제로 바뀌고 이른바 '황제지배체제'

가 완성되었다. 주변국들도 중국에 굴복하였다. 당시 사람들의 눈에 지상세계가 제왕을 축으로 정연하게 돌아간다고 보이는 것도 어쩌면 자연스러운 일이다. 부언하면 황제지배체제는 20세기 초까지 존속하였다.

그러나 사마천은 이러한 추세를 그대로 옹호한 것이 아니었다. 『사기』에는 이전의 순수함과 활달함이 사라지는 것에 대한 아쉬움이 곳곳에 드러나 있다. 자유인으로 살았던 유협(遊俠)들의 세계를 기술한 「유협 열전」은 그러한 예의 하나이다.

사마천의 필체는 때때로 이상하리만큼 정열을 보인다. 이것은 그가 『사기』를 편찬하던 도중에 일어난 이릉(李陵) 사건과 관련이 있다. 흉노에게 패한 이릉이라는 인물을 변호하다가 무제의 분노를 사 궁형(宮刑)에 처해지게 되었던 사건이다. 조상(영혼) 숭배 신앙이 강했던 중국에서 궁형은 사형 다음으로 무거운 형벌이며, 치욕이었다. 그가 치욕을 견디며 살아남은 것은 『사기』를 완성하기 위한 것이라는 변론이 곳곳에 표현되어 있다. 또한 승자보다 불우한 영웅에 더 큰 관심을 보이고 있다. 백이(伯夷), 오자서(伍子胥), 항우(項羽), 굴원(屈原), 가의(賈誼), 한신(韓信), 주아부(周亞夫) 등은 일종의 자화상이며, 이 책의 압권에 해당한다.

「백이 열전」에 쓴 사마천의 논평은 "하늘의 도(道)는 항상 선인(善人)의 편에 있다고들 한다. 그런데 백이와 숙제는 어질고 행동이 깨끗했지만 굶어죽었다. 또 공자가 가장 칭찬하였던 안연(顔淵)은 자주 끼니를 굶다가 일찍 죽었다. 하늘이 선인에게 보답함이 이러한 것인가. 도척(盜跖)은 날마다 죄 없는 사람을 죽이고 사람의 생간을 먹었다. 성격이 포악하고 도당을 모아 멋대로 다녔으나, 장수하며 세상을 누렸다. 이것은 무슨 이치인가. 나는 이러한 사실이 혼란스럽다. 천도(天道)는 정말 이러한 것인가."라고 하였다. 천도를 믿었던 사마천의 신음소리는 다른 곳에서도 여러 차례 확인된다.

『사기』의 영향으로 후한(後漢) 초에 반고(班固)의 『한서』가 출현하였다. 반고는 독실한 유가였다. 그는 유가 사상을 기준으로 인간과 역사를 재단하며 기술하는 전범을 만들어 후대 사학에 새로운 차원의 영향을 미치게 된다.

★ 추천도서와 읽을거리

이성규 편역, 『사기 : 중국고대사회의 형성』, 서울대학교 출판부, 1987
　이 책은 『사기』에 관한 해설과 함께 『사기』에서 중요하고 재미있다고 생각되는 내용을 시대별과 주제별로 발췌하여 번역한 것이다. 중국고대사를 원문을 통해 이해하는 재미를 맛보게 한다.

민두기 엮음, 『중국의 역사인식』 상(上), 창작과비평사, 1985
　이 책에는 중국사학사에 관한 글들이 다수 수록되어 있는데, 『사기』에 관한 글도 두 편이 실려 있다. 이성규 교수의 「『사기』의 역사서술과 文史一體」, 가지 노부유키(加地伸行) 교수의 「사마천의 세계」가 그것이다.

버튼 윗슨, 『위대한 역사가 사마천』, 박혜숙 옮김, 한길사, 1995
　이 책은 서양인의 시각에서 『사기』에 관한 전면적인 분석을 통해 사마천의 역사 세계를 기술한 것이다. 시각이 재미있고 내용이 명쾌하다.

제3영역 · 역사와 철학

66

삼국유사

일연

● 김상현 동국대학교 사학과 교수

환웅이 무리 3천 명을 거느리고 태백산 꼭대기의 신단수 밑에 내려오니, 이곳을 신시라고 불렀다. (……) 이때 곰 한 마리와 범 한 마리가 같은 굴에서 살았는데, 늘 신웅에게 사람 되기를 빌었다. 이에 신웅이 신령한 쑥 한 다발과 마늘 스무 개를 주면서 말했다. "너희들이 이것을 먹고 백 날 동안 햇빛을 보지 않는다면 곧 사람이 될 것이다." (……) 곰은 기한 지 21일 만에 여자의 몸이 되었으나, (……) 여자가 된 곰은 (……) 항상 단수 밑에서 아이 배기를 축원했다. 환웅은 이에 임시로 변하여 그와 결혼하였다. 그가 임신하여 아들을 낳았으니, 이름을 단군 왕검이라고 일렀다. 왕검은 요 임금이 왕위에 오른 지 50년이 되는 경인년에 평양 성에 도읍을 정하고 비로소 조선이라고 불렀다.

―「고조선」 중에서

산세는 거북의 머리와 같은데 위에는 한 그루의 대나무가 있어 낮에는 둘이 되고, 밤에는 합하여 하나가 되는 것이었다. (……) 왕은 배를 타고 나가 그 산에 들어가니, 용이 검은 옥대를 받들어 왕에게 바쳤다. 왕은 용을 맞아 같이 앉으면서 물었다. "이 산과 대나무가 혹은 갈라지기도 하고 혹은 합해지기도 하니 무슨 까닭이냐?" "(……) 이 대나무란 물건은 합쳐야만 소리가 나게 되므로 성왕께서 소리로서 천하를 다스리게 될 상서로운 징조입니다. 왕께서는 이 대나무로 피리를 만들어 불면 천하가 화평해질 것입니다. (……)" 왕은 (……) 사자를 시켜 대나무를 베게 한 다음 바다에서 나왔다. (……) 왕은 돌아와서 그 대나무로 피리를 만들어 월성의 천존고에 간직해 두었다. 이 피리를 불면 적병이 물러가고, 질병이 낫고, (……) 바람이 가라앉고, 물결은 평온해졌다. 이 피리를 만파식적이라 부르고 국보로 삼았다.

―「만파식적」 중에서

보각국사 일연(普覺國師 一然, 1206~1289)은 젊은 날을 수행으로 보내고 만년에는 온 나라의 사표인 국사가 되었고, 승속(僧俗)이 다투어 공경하고 사모했던 선승(禪僧)이었다. 그러나 오늘 우리들의 인식에는 고승보다는 『삼국유사』를 저술한 사가(史家)의 모습이 부각되어 있다. 일연은 9세 어린 나이로 고향 경산을 떠나 불교에 귀의한 후 여러 곳을 다니며 수행하고 교화했다. 일연은 출가 수행자였지만 일찍부터 역사에 대한 관심이 남달랐던 것 같다. 그의 여행을 자료 수집을 위한 현지 답사라고 말하기는 어렵지만, 자료 수집이나 유물·유적에 대한 관찰은 남달랐고, 역사가의 노력 그것이었다. 『삼국유사』에는 일연이 직접 목격했던 유물·유적에 대한 관찰기와 현지에서 찾아낸 고문서 등의 사료, 그리고 각지에 전해지던 설화 등이 많다. 이에 유의하면, 『삼국유사』가 일연 평생 정진의 소산이란 평은 과장이 아니다. 물론 이 책은 70대 만년에 운문사와 인각사 등지에서 집필된 것이다.

꿈 속에서라도 세속에는 가지 않겠다던 승려 일연은 무엇 때문에 세속의 역사에 관심을 가지게 된 것일까? 아마도 그것은 고려사회의 위기 의식으로부터 비롯되었을 것이다. 일연이 살았던 13세기 고려사회는 암울했다. 안으로는 백년 무신정권의 횡포로 찌들고, 밖으로는 야만 몽고의 침략과 간섭이 거듭된 시련의 시대였다. 고종 18년(1231)부터 시작된 몽고의 침략은 1258년까지 무려 6차에 걸쳐 약 30년 동안이나 계속되었다. 온 나라가 야만의 침략에 모진 수난을 당했다. 개경으로 환도한 이후에도 80여 년이나 원의 간섭으로 모진 시련을 겪어야 했다. 두 차례에 걸친 일본 정벌에 동원되어 목숨을 잃기도 했고, 모진 채찍 아래에서 전함을 만들었으며, 초근목피로 연명했고, 고이 키운 딸자식을 야만의 손아귀에 빼앗기고 통곡하기도 했다. 이처럼 13세기 고려사회는 폭압과 침략으로 강산이 유린되고 슬픈 사람들의 가슴은 멍들었으니, 그것은 위기의 시대였다. 야만 몽고의 말발굽에 짓밟힌 민족의 자존심과 난파의 현실은 오랜 문화 전통을 자랑하던 민족의 수치였고 시련이었다. 일연은 민족의 현실적 시련을 견디면서, 민족 과거의 역사와 미래의 희망을 『삼국유사』 속에 담고자 했던 것이다.

일연의 시야는 역사 기록과 설화와 시가 등으로 열려 있었고, 귀족과 백성들의 삶을 차별하지 않았으며, 거지와 노비도 따뜻한 눈으로 보았다. 불교와 원시종교도, 선종과 교종도 구별하지 않았다. 그의 시야는 열려 있어서, 역사적인 삶도, 문학적인 상상력도, 종교적이고 철학적인 인생의 해석도 함께 녹였다. 그리하여 『삼국유사』에는 문학과 역사와 철학이 함께 어우러져 있는 것이다. 중요한 것은 의미 있는 삶이었을 뿐이다. 오늘 우리가 무엇을 할 것이며, 무엇이 의미 있고 가치 있는 삶인가? 『삼국유사』에는 많은 설화를 수록했는데, 역사적 사실보다도 그 사실의 가치를 상징적으로 말해준다. 『삼국유사』에 전하는 설화 중에는 삶이나 존재에 대한 깊은 통찰과 의미 있는 함축을 담고 있는 경우가 적지 않다. 우리들의 삶에서 무엇이 더 소중하고 의미 있는 것인지를 일깨워 준다.

일연의 사관은 불교에 토대했고, 불교의 역사관은 업설(業說)에 바탕한다. 역사란 인간의 온갖 업들이 모여서 빚어지는 것이다. 어제의 행위가 원인이 되어 오늘의 결과로 나타나고, 오늘의 행위는 또한 내일의 원인이 된다. 업이란 인간 행위의 일반을 의미하지만, 의지적 행위를 강조한다. 인간이 받는 길흉화복이 하늘의 뜻에 의해 좌우된다거나 운수나 운명의 힘에 의해 전개된다고 믿지 않았다. 역사의 새로운 전환을 위해서는 의지적이고 자각적인 행위에 의해 공덕을 닦아야 한다. 그리고 업설은 연기설을 그 기저로 하고 있다. 역사란 시간과 공간 속에서의 인간 활동의 발자취를 의미하기에 연기(緣起)가 곧 역사다.

『삼국유사』는 충렬왕 7년(1281)경에 편찬되었지만, 그 초간(初刊) 시기는 분명하지 않다. 이 책에는 〈무극기(無極記)〉라고 명기한 두 기록이 있는데, 일연의 원고에 제자 무극(無極)이 첨가한 것이다. 공민왕 10년에 작성된 『경주선생안(慶州先生案)』에 『삼국유사』가 인용되고 있어서 고려 후기에 이 책의 유통 사실을 확인할 수 있다. 그러나 아직 확인된 고려 판본은 없고, 조선 초기 판본이 가장 오래된 것으로 조사되고 있다.

『삼국유사』는 전체 5권 2책으로 되어 있고, 권과는 별도로 왕력(王歷)·기이(紀異)·흥법(興法)·탑상(塔像)·의해(義解)·신주(神呪)·감통(感通)·피은(避隱)·효선(孝善) 등 9편목으로 구성되어 있다. 「왕력」은 삼국·가락국·후고구려·후백제 등의 간략한 연표이다. 「기이」편은 고조선으로부터 후삼국까지의 단편적인 역사를 57항목으로 서술하였는데, 1·2권에 계속된다. 「기이」편의 서두에는 이 편을 설정하는 연유를 밝힌 〈서(敍)〉가 붙어 있다. 「흥법」편에는 삼국의 불교 수용과 그 융성에 관한 6항목, 「탑상」편에는 탑과 불상에 관한 사실 31항목, 「의해」편에는 신라의 고승들에 대한 전기를 중심으로 하는 14항목, 「신주」편에는 신라의 밀교적 신이승(神異僧)들에 대한 3항목, 「감통」편에는 신앙의 영이감응(靈異感應)에 관한 10항목, 「피은」편에는 초탈고일(超脫高逸)한 인물의 행적 10항목, 「효선」편에는 부모에 대한 효도와 불교적 선행에 대한 미담 5항목을 각각 수록하였다. 이처럼 5권 9편 144항목으로 구성된 『삼국유사』의 체재는 『삼국사기』나 『해동고승전』과는 다른 특징이 있다. 중국 세 고승전(高僧傳)의 영향을 받았지만, 이것과도 다른 체재이다.

『삼국유사』의 체재는 정사인 『삼국사기』는 물론 불교사서인 『해동고승전』과도 다르다. 이 책의 체재는 10과(科)로 분류한 중국의 세 고승전의 경우와 비슷하지만, 「왕력」·「기이」·「효선」 등과 같이 다른 것도 있다. 『삼국유사』는 삼국의 역사 전반을 서술하지도 않았고, 삼국의 불교사 전체를 포괄하지도 못하였다. 저자의 관심을 끈 자료들을 선택적으로 수집, 분류한 자유로운 형식의 역사서이다. 이 책의 내용에는 불교사 기록이 많지만 그렇다고 전체를 불교사서로 보기는 어렵고, 많은 설화를 수록하고 있다고 설화집으로 보기도 어렵다. 이 책은 저자가 서명에서 밝히고 있듯이, 사가의 기록에서 빠졌거나 자세히 드러나지 않은 것을 드러내 표현한 삼국의 유사(遺事)인 것이다.

  고려 후기의 전적에 『삼국유사』가 인용된 예는 단 한 번 확인되지만, 조선 초 이후의 여러 문헌에는 이 책이 자주 인용되었다. 부정적인 평가에도 불구하고 이 책은 조선시대에 적지 않은 영향을 주었다. 『삼국유사』가 학문적 관심의 대상이 되거나 또는 한국고대사 연구의 기본 사서로 적극 활용되기 시작한 것은 대개 20세기 초였다. 『삼국유사』의 현재적 의미는 그 어느 역사서보다도 더 중요하다. 오늘날 『삼국유사』는 우리 민족의 고대 역사, 지리, 문학, 종교, 언어, 민속, 미술, 신화 등에 대한 원천적인 자료를 전해 주는 보고로 평가되고 있다. 『삼국유사』는 신화와 전설의 보고며, 고대어 연구의 귀한 자료를 전하고 있으며, 또한 14수의 향가는 우리나라 고대문학 연구의 값진 자료다. 이 책은 한국 고대미술의 주류인 불교미술에 관한 자료를 제공해 주고 있는데, 특히 「탑상」편의 기사는 탑과 불상, 건축 등에 관한 정보를 전해 주고 있다. 이 책에 전하는 화랑에 관한 자료는 종교적이고 풍류적인 성격의 것이 많아 『삼국사기』와 다른 특징이 있다. 이처럼 우리나라 고대 문화에 관한 다양한 자료를 수록해서 전해 주고 있는 『삼국유사』는 민족문화의 연원을 탐구하는 이들에게 무궁한 길잡이다. 암울한 13세기를 살면서도 절망하지 않고 기록을 남겨 오늘에 전해 준 일연의 노력은 세월이 흐를수록 빛나고 있는 것이다.

★ 추천도서와 읽을거리

고운기 글, 양진 사진, 『위대한 국사 일연을 묻는다』, 현암사, 2006
　일연 스님에 대한 전기를 다양한 사진을 곁들여서 평이하게 서술하였다.
정병삼, 『일연과 삼국유사』, 새누리, 1998
　일연 스님의 생애와 한국 사학사상에서 『삼국유사』를 살펴보고, 중요 부분을 발췌, 정리하였다.
한국정신문화연구원 엮음, 『역주 삼국유사』 1~5, 강인구·김사진·김상현·장충식·황패강 역주, 이회문화사, 2002~2003
　『삼국유사』에 대한 역주가 매우 자세한, 전문가가 읽어볼 만한 책이다. 『삼국유사』에 관심이 많은 학생에게 열람을 권한다.

제3영역 · 역사와 철학

67

서유견문
유길준

● 한철호 동국대학교 역사교육과 교수

증공국이 다른 여러 독립국과 같은 여러 가지 권리를 행사한다면 세계 가운데 당당한 하나의 주권국이다. (……) 위협과 핍박 아래서는 (……) 억지로 백 번 승인하였다 하더라도 한 공법 조항으로 소멸되는 것이다.
── 「나라의 권리」

사람 위에도 사람이 없고, 사람 아래에도 사람이 없다. 천자도 사람이고 서민도 또한 사람인 것이다.
── 「국민의 권리」

후대에 이르면서 (……) 편당하는 제도도 그 면목을 일신하게 되었다. (……) 이러한 일들이 사실은 (……) 일신의 사사로운 욕심으로 이해관계 때문에 싸우려는 생각이 아니므로 편이라고 해도 편이 아니고 당이라고 해도 당이 아니다. (……) 참으로 나라의 복이고 국민들의 이익이다.
── 「당파를 만드는 버릇」

한 집안의 흥망성쇠도 그 집안사람들이 학업을 닦았는가 아닌가에 달렸으며, 한 나라의 부강과 빈약도 그 국민들이 학문을 많이 하였는가 아닌가에 달렸다. (……) 그렇다면 어떠한 학업을 허명이라고 하는가? 이치를 캐지 않고 문자만 숭상하여 청춘부터 백발이 다 되도록 시와 문장 공부만 혼자 즐기되, 그 학업을 이용하고 후생하는 방법을 강구하지 못하는 경우다.
── 「학문의 갈래」

우리나라의 근대사를 이야기할 때 가장 먼저 떠오르는 인물 중의 한 사람은 바로 구당(矩堂) 유길준(兪吉濬, 1856~1914)이다. 그의 생애 자체가 전통사회에서 근대사회로 넘어가는 역사적 격동기의 파란만장한 역정을 잘 보여주기 때문이다. 그는 양반 출신으로서 입신양명을 위한 한학 위주의 과거 준비에 전념하였고 뛰어난 글재주로 명성을 얻기도 하였다. 그러나 1873년경 그는 박규수(朴珪壽)를 만나면서부터 중국의 개화 관련 서적을 읽고 김옥균·박영효 등과 교류하였으며, 과거제도의 폐지를 적극 주장하기에 이르렀다.

유길준은 1881년 조사시찰단의 수원(隨員)으로 일본의 근대적 상황을 시찰한 뒤 게이오 의숙(慶應義塾)에 입학하여 최초의 일본유학생이 되었다. 그는 임오군란을 계기로 귀국한 뒤 신문 발간 작업을 주도하였으며, 「세계대세론」 등을 집필하여 국제정세를 논하고 개화를 적극 주장하였다. 1883년 그는 보빙사(報聘使)의 수행원으로 미국을 시찰한 뒤 매사추세츠 주 바이필드의 거버너 더머 아카데미(Governor Dummer Academy)에 입학해서 최초의 미국유학생이 되었지만, 갑신정변으로 원래 계획했던 대학 진학을 포기하고 말았다. 귀국 직후 그는 체포되었지만, 그의 재능을 아낀 정부의 보호 아래 비교적 자유롭게 연금 생활을 하면서 각종 외교문서와 「지제의(地制議)」 등 개혁안, 그리고 『서유견문(西遊見聞)』을 집필하였다.

갑오개혁이 단행되자 정계에 복귀한 유길준은 군국기무처 의원·내각총서·내부협판 등을 역임하면서 개혁을 실질적으로 주도해 나갔다. 하지만 명성황후(민비) 시해사건과 단발령으로 반일 감정이 고조되는 상황에서 1896년 2월 아관파천으로 인해 일본으로 망명하고 말았다. 그는 일본 체류 중 쿠데타도 모의하고 『이태리 독립전사』 등을 번역하거나 『대한문전(大韓文典)』을 집필하는 데 힘썼다. 1907년 일본이 헤이그 밀사 파견을 빌미로 고종을 퇴위시킨 다음, 정미7조약을 강제로 체결하자 유길준은 이에 강력하게 반대하였다. 이로 인해 그에 대해 거부감을 지녔던 국민도 점차 호감을 갖게 되었다. 또한 1907년 8월 귀국 후 그가 일체의 관직을 거절한 채 흥사단(興士團) 등을 설립하여 국민의 자질을 향상하기 위한 교육운동에 전념하자 심지어 고종도 각종 지원을 아끼지 않았고, 유학자마저도 그를 선각자로 인식하게 되었다.

이와 같이 유길준이 개화사상가·정치가로서 활약했던 시기는 개항을 계기로 외압이 가중되는 동시에 전통사회의 제반 모순이 심화되고 있었던 역사의 격변기였다. 이러한 상황 속에서 그는 외세의 국권침탈을 막아내고 자주독립을 유지함과 아울러 근대적 사회를 수립하려고 최선의 노력을 기울였다. 『서유견문』은 이러한 과제를 해결하기 위한 고뇌에 찬 산물이었다.

유길준이 『서유견문』을 집필하게 된 계기는 일본과 미국유학 시절에 마련되었다. 우선 일본유학 당시 그는 일본이 구미 국가들과 조약을 체결한 이후 그들의 장점을 받아들여 부국강병을 이룩하였다고 인식하고, 1882년 여름 독서와 일본 경험을 바탕으로 견문기를 저술하기 시작하였다. 때마침 조미수호조약의 체결 소식이 전해지자 그는 국민들에게 널리 읽힐 의도로 서양의 제도와 문물을 소개하는 책을 집필하는 데 심혈을 기울였다. 귀국한 뒤 그는 일본유학 중 완수하지 못했던 『일동견문기(日東見聞記)』의 편집에 다시 착수했으나 그 원고를 빌려주었다가 돌려받지 못하고 말았다.

이어 그는 미국유학 시절에도 일종의 미국견문기를 집필했지만, 완전히 정리하지 않은 채 궤짝 속에 넣어 두었다. 그러나 갑신정변으로 귀국한 뒤 1887년 가을경 그 원고의 대부분이 없어졌다는 사실을 알고, 그는 남은 부분을 토대로 잃어버린 부분을 증보하여 1889년 늦봄에 20편으로 구성된 『서유견문』을 완성하였다. 이 과정에서 그는 각종 외국서적을 참고하였지만, 참고서적을 단순히 베끼는 데 그치지 않고 외국과 우리의 것을 서로 비교함과 아울러 이에 대한 자신의 견해를 피력하는 데 주력하였다. 주목할 만한 사실은 그가 한글을 "우리 선조들이 창조하신 문자"로 인식하고, "오히려 순 한글만을 사용치 못했음을 불만스럽게 생각"하면서 국한문혼용체를 사용했다는 점이다. 여기에는 청국과의 종속관계를 부정하고 조선의 자주를 강조하려는 의도가 들어 있었지만, 그 목적은 상하귀천과 남녀노소를 불문하고 국민에게 세계정세를 쉽게 널리 이해시키려는 데 있었다.

유길준이 연금 상태에 있었던 탓에 『서유견문』은 한동안 햇빛을 보지 못하였다가 갑오개혁 중인 1895년 4월 25일 탈고된 지 6여 년 만에 도쿄 교순사(交詢社)에서 1천 부를 출판하기에 이르렀다. 그는 이 책을 판매하지 않고 정부 고관을 비롯한 당시의 유력자들에게 기증함으로써 자신이 주도하던 갑오개혁의 필요성과 정당성을 홍보하는 데 주력하였다고 한다. 따라서 『서유견문』은 원래의 집필 의도대로 국민들에게 널리 읽히지는 못하고 말았다.

『서유견문』은 총 20편, 556쪽으로 구성되었는데, 그 내용상 세계의 지리(1~2편), 서양의 정치·경제·교육제도(3~14편), 서양의 관습과 문명(15~18편), 그리고 서양의 주요도시(19~20편) 등 네 부분으로 구분된다. 『서유견문』은 단순한 서양 소개서나 견문기가 아니라 유길준의 사상과 입장이 고스란히 담겨 있는 개화사상서였다. 이 책의 내용 중 14편 「개화의 등급」은 그의 독창성이 가장 돋보이는 부분이다. 서양의 제도와 문물을 소개하는 데 중점을 둔 대부분의 항목과는 달리 「개화의 등급」에는 개화의 개념과 방법뿐만 아니라 개화에 대한 그의 입장이 잘 드러나 있다.

먼저 유길준은 "무릇 개화라 하는 것은 인간의 천사만물(千事萬物)이

지선극미(至善極美)한 경지에 이르는 것"이라고 개념을 정의하고 역사를 진보적·발전적인 것으로 파악하였다. 또한 그는 개화를 행실·학술·정치·법률·기계·물품의 개화로 구분한 다음 이들을 총합해야 비로소 개화를 구비할 수 있다고 보았다. 그 가운데 '오륜(五倫)'과 '사람의 도리'를 가리키는 행실의 개화는 오랜 세월을 거쳐도 변하지 않지만, 그 외의 개화는 시대와 지역에 따라 달라지는만큼 형세를 참작하고 서로의 사정을 비교하여 장점을 취하는 것이 개화하는 자의 대도(大道)라고 인식하였다. 아울러 그는 자기의 시세와 처지를 잘 헤아려서 경중과 이해를 판단한 다음에 앞뒤를 가려서 차례로 시행할 것을 강조하였다. 우리의 장점과 전통을 바탕으로 삼아 자주적으로 현실의 사정에 맞게 개화를 추진하자는 주장이다.

이처럼 시세와 처지를 고려하지 않은 채 외국의 것만을 숭상하고 자기 나라의 것을 업신여긴 개화당을 개화의 죄인으로, 외국인과 외국의 것을 무조건 배척하고 자기 자신만을 최고라고 여기는 수구당을 개화의 원수로 신랄하게 비판한 점에서 단적으로 드러나듯이, 그는 현실의 상황과 여건을 중시하는 현실주의적·점진적인 개혁론자였다. 이와 동시에 그는 반개화자를 권고하여 실행케 하고, 미개화자를 가르쳐서 깨닫게 하는 개화자의 책임과 직분에 충실하려고 노력함으로써 개화의 주인으로서 개혁을 주체적·적극적으로 추진해야 된다고 주장하였다. 특히 그는 정부의 역할을 중시하여 정부가 지혜로써 안 되면 용단과 위력으로라도 개혁을 추진해야 된다는 논리를 전개하였는데, 이는 갑오개혁을 추진하는 정당성의 근거를 이루었다.

아관파천으로 유길준이 일본으로 망명함에 따라 『서유견문』 역시 자유롭게 유포되지 못하는 불운을 겪게 되었다. 그럼에도 이 책은 '시의에 합용한' 서적으로 인식되어 공립소학교 혹은 사립학교의 교과서로 활용되었고, 『독립신문』·『황성신문』 등에 원문 그대로 인용되거나 그 논지가 실리기도 하였으며, 수많은 지식인·정치가·계몽운동가들에게도 부단히 읽혀졌다. 비록 『서유견문』은 신문지 대용으로 국민에게 널리 읽혀지기를 바랐던 그의 원래 출간 목적에는 부응하지 못했지만, 개화사상을 확산시키고 개혁의 필요성과 당위성을 알리는 데 커다란 영향을 끼쳤다. 그가 평생을 바쳐 해결하려고 했던 자주독립과 근대국민국가의 건설이란 시대적 과제가 본질적으로 여전히 숙제로 남아 있는 오늘날 『서유견문』은 우리에게 적지 않은 시사점을 던져주고 있다.

★ 추천도서와 읽을거리

유동준, 『유길준전』, 일조각, 1987
　전기의 형태로 유길준의 일생을 묘사하고 있다.
김봉렬, 『유길준 개화사상의 연구』, 경남대학교 출판부, 1998
이광린, 『유길준 : 닫힌 사회에 던진 충격』, 동아일보사, 1992
윤병희, 『유길준 연구』, 국학자료원, 1998
　위의 세 책은 유길준의 개화사상을 비롯한 각종 사상을 한국의 근대상 모색과 관련하여 연구한 역사학계의 전문 연구서이다.
유길준, 『유길준전서』 1~5, 유길준전서 편찬위원회 엮음, 일조각, 1971
　유길준에 대한 관심이나 문제의식이 왕성한 학생들이 그의 다양한 논저를 직접 음미할 수 있는 책이나, 분량이 적지 않다.

제3영역 · 역사와 철학

68

선가귀감
서산대사

● 최창술(법명 : 현각) 동국대학교 선학과 교수

"세존께서 세 곳에서 마음을 전한 것은 선지가 되었고, 한평생 말씀하신 것은 교문이 되었다. 그러므로 선은 부처님의 마음이고, 교는 부처님의 말씀이다. (……) 그러므로 누구든지 말에 팔리면 꽃을 드신 것이나 빙긋이 웃은 일이 모두 교의 자취만 될 것이고, 마음에서 얻으면 세상의 온갖 잡담이라도 모두 교 밖에 따로 전한 선지가 될 것이다."

"배우는 이들은 모름지기 산 말을 참구할 것이요, 죽은 말을 참구해서는 안 된다. (……) 참구하는 공안에 대해서 간절한 마음으로 공부하기를 마치 닭이 알을 품듯 하며, 고양이가 쥐를 잡듯 하고, 굶주린 사람이 밥 생각하듯 하며, 목마른 사람이 물 생각하듯 하며, 어린애가 엄마 생각하듯 하면, 반드시 꿰뚫을 때가 있으리라. (……) 참선에는 반드시 세 가지 요긴한 것이 있어야 한다. 첫째는 큰 신심이고, 둘째는 큰 분심이며, 셋째는 큰 의심이다. 그 중에서 하나라도 빠지면 다리 부러진 솥과 같아서 아무 소용이 없다."

"말을 배우는 사람들은 말할 때는 깨친 듯하다가도 실제의 경계에 부딪치면 그만 아득해진다. 이른바 말과 행동이 서로 같지 않다는 것이다."

서산대사(西山大師)는 중종 15년(1520) 3월 26일 평안도 안주에서 태어났다. 스님의 속성은 최씨(崔氏)이며 이름은 여신(汝信)이다. 법명은 휴정(休靜)이고 호는 청허(淸虛)와 서산(西山)이 있다. 우리가 흔히 서산대사라고 부르는 것은 묘향산 서대(西臺)에서 오래도록 주석하셨기 때문에 붙여진 호이다. 또 금강산 백화암(白華庵)에 주석했던 인연으로 백화도인이라고 불리기도 하며, 선교양종판사(禪敎兩宗判事) 자리에서 물러난 후에는 퇴은(退隱)이라 했다.

스님은 9세 때 어머니를 잃고, 이듬해 아버지마저 타계하여 의지할 데 없는 몸이 되었다. 하지만 스님의 비상한 글재주가 이 고을을 찾아왔던 원님의 눈에 띄어 성균관에 들어가게 되었다. 어느 날 스님은 스승을 따라 전라도에 가게 되었다. 그때 스승이 상을 당해 상경하게 되자 글방 친구들과 함께 산천 구경을 나섰다. 그리하여 스님은 지리산 쌍계사에서 숭인(崇仁) 스님을 만나 불경을 배우고, 부용 영관(芙蓉靈觀) 선사에게 선을 배우게 된다. 당시 스님의 나이가 18세였다. 그리고 21세가 되어 깨달은 바 있어 출가 득도하게 된다. 출가한 지 8년 만에 어떤 마을을 지나가다가 닭이 우는 소리를 듣고 기연을 만나게 된다.

스님은 선과에 급제하여 교종판사를 거쳐 선종판사로 있다가 3년 만에 사임한다. 이후 임진왜란이 일어나자 69세의 노구를 이끌고 승의병을 일으켰다. 이때 팔도십육종도총섭(八道十六宗都總攝)에 임명된다. 명나라의 이여송(李如松)은 스님을 칭송하는 다음과 같은 시를 남겼다.

공명을 마다하고 도만 닦아 오더니
나라일 위급하매 큰스님 나오셨네.

전란이 잦아들고 임금이 환궁하자 스님은 늙은 몸으로 군사를 맡을 수 없다는 이유로 도총섭의 직책을 사임했다. 그리고 사명(泗溟)과 처영(處英) 두 제자를 천거하고 산으로 돌아갔다. 그 뒤 선조 37년(1604) 1월 23일 묘향산 원적암에서 제자들을 모아 놓고 설법을 하였다. 스님은 당시의 진영을 보고 다음과 같은 게송을 남긴 채 좌탈입망(坐脫立亡) 하였다.

팔십 년 전에는 저게 나이더니
팔십 년 후에는 내가 저인가.

서산대사가 이 책을 저술할 당시인 조선시대는 불교의 박해가 심하였다. 조선의 건국 이후 300년 이상 국가적인 배불정책으로 말미암아 교단의 상황은 누란지위의 상황에 처하게 되었다. 성종·연산군·중종을 거치면서 사찰은 기방으로 변하거나 파괴되었으며, 심지어 불상을 녹여 무기를 만들기도 하였다.

이처럼 불교의 명맥이 끊길 위기에 처하게 되자 벽송지엄(碧松智嚴)은 대혜(大慧)와 고봉(高峰)의 간화선풍을 고취시키면서 선교(禪敎)를 쌍수(雙修)하였다. 이러한 때에 명종 왕대에 문정왕후가 등장하여 실추된 불교를 재흥시키고자 보우를 등용하여 팔도의 선교(禪敎)를 맡겨 고목에 꽃이 피는 듯하였다. 그러나 왕후가 죽게 되자 불교는 또다시 유생들에 의해 짓밟히는 상황이 재연됐다. 이때 일선(一禪)과 영관(靈觀)이 선교를 진작하려 노력하였으나 이것마저도 물거품이 되고 말았다.

이런 가운데 서산을 중심으로 하는 선풍이 그 명맥을 유지하여 자못 그 법계가 융성하였다. 임진왜란을 계기로 널리 알려진 서산은 쓰러져 가던 조선의 선풍을 새롭게 진작시킨 감로와 같은 존재였다.

서산 스님은 『선가귀감(禪家龜鑑)』 외에도 『선교결』, 『선교석』, 『심법요초』, 『삼가귀감』, 『청허집』 등의 저술을 남겼다. 이들 저술에 뚜렷하게 나타나고 있는 특징은 어디까지나 선(禪)을 위주로 하는 교(敎)의 강조였다. 『선교석』이나 『선교결』의 본래 의도는 선이 주(主)이고 교가 종(從)인 입장을 벗어나지 못하였다. 이는 선법의 중흥에 대한 서산의 열망이었는지도 모른다. 또한 참선 수행에 있어서는 무자(無字) 화두를 강조함으로써 임제 정통을 꾀하였고, 한편으로는 염불(念佛)과 정토(淨土) 사상을 강조함으로써 일반사람들에게 불법(佛法)을 널리 선양하고자 하는 의도를 드러내고 있다.

『선가귀감』의 내용은 참선 수행과 수행자에 대한 경책 등이 주를 이루고 있다. 서산은 수행자들에게 다음과 같이 스스로를 돌이켜보라고 당부하고 있다. 즉, "부모와 나라와 스승과 시주의 은혜인 사은(四恩)이 깊고 높은 것을 돌이켜보아야 한다.", "지·수·화·풍의 네 가지 요소로 만들어진 더러운 이 육신은 일순간도 멈추지 않고 썩어가고 있다.", "사람의 목숨이라는 게 숨 한번 들이쉬고 내쉬는 데 있다는 것을 알고 있는가?"와 같은 내용을 통해 수행의 절박성을 일깨우고 있다.

또 "일찍이 부처님이나 고승을 만나고서도 그대로 지나치지는 않았는가?", "곁에 있는 사람들과 쓸데없는 잡담이나 하며 허송세월을 보내지 않았는가?", "분주히 시시비비를 일삼고 있지 않는가?", "화두가 어느 때나 확연히 들리고 있는가?", "금생에 기필코 부처님의 지혜를 이룰 수 있을까?", "앉고 눕고 편할 때에 지옥의 고통을 생각하는가?"와 같은 질문들을 던지며 수행자들이 일상생활 속에서 수시로 점검해야 할 도리들을 세심하게 열거하고 있다.

이 밖에도 수행자가 지켜야 할 법칙이라 할 수 있는 내용들도 간곡히 설파하고 있다. 즉, "사음(邪淫)을 하면서 참선 수행하는 것은 모래알을 쪄서 밥을 짓는 것과 같고, 살생하면서 참선 수행하는 것은 자신의 귀를 막고 소리를 지르는 것과 같으며, 도둑질하면서 참선 수행하는 것은 깨진 그릇이 가득 차기를 바라는 것과 같고, 거짓말하면서 참선 수행하는 것은 똥으로 향을 만들려는 것과 같다."고 하면서 이 같은 것은 모두 악마의 길로 가는 잘못된 수행이라고 경책하고 있다.

　오늘날같이 무질서한 성 윤리가 범람하는 시대가 올 것을 예견이라도 한 듯 정곡을 찌르는 내용을 담고 있다. 무절제한 성의 범람은 에이즈(AIDS)라는 가공할 만한 질병의 공포가 엄습하는 사회를 만들고 말았다. 도덕의 붕괴는 인간의 삶을 어디까지 내몰지 아무도 모른다. 살생을 한다는 것은 자비심을 끊는 것이다. 살생의 대상은 인간과 인간의 관계만이 아니다. 인간이 자연을 파괴하는 것은 결국 인간의 삶과 질을 파멸로 이끄는 행위임을 알아야 할 것이다.

　도둑질은 무기를 들고 남의 집 담을 넘고, 안방을 뒤져 가는 것만이 도둑질이 아니다. 남의 몫을 '내'가 차지하는 것도 두말 할 나위 없는 훔치는 행위이다. 이는 '나'의 복과 덕이 치명적으로 손상을 입는 것이다. 거짓말은 진실을 눈멀게 하는 짓이다. 한 번의 거짓말은 그것이 진실처럼 보이게 하기 위해 거듭거듭 거짓말을 연발함으로써 거짓이 겹겹으로 포장되는 결과를 초래한다. 하지만 이것은 진실이야말로 어떤 웅변보다 감화력이 크다는 사실을 모르는 소치에서 비롯된 일이다.

　『선가귀감』은 참선 수행하는 데 반드시 세 가지 요긴한 것이 있다고 말한다. 즉, 첫째는 대신심(大信心)이고, 둘째는 대분심(大憤心)이며, 셋째는 대의심(大疑心)이다. 만약 이 가운데 하나라도 빠지면 다리가 부러진 솥과 같아서 소용없이 되고 만다고 가르치고 있다.

　흔히 우리는 자신이 못하고 못 지킨 일에 대해서 미온적이고 온정적인 단안을 내리곤 한다. 그 일은 어찌어찌 했기 때문이라고 변명을 하기 일쑤이다. 하지만 이 같은 태도는 금물이다. 왜냐하면 H2O의 경우 두 수소와 하나의 산소가 배합되어야만 소중한 물이 되는 것이다. 그 이상이나 이하 무엇으로도 답이 될 수 없지 않은가. 개는 'dog'이다. 그런데 배열을 반대로 하면 'god'이 된다. 어떻게 배열을 하느냐에 따라서 개와

신이라는 범접하기 어려운 상황이 되고 마는 것이다. 피타고라스는 아름다움 뒤에는 수(數:정연한 배열)가 있다고 역설한 바 있다. 인간의 모든 삶에서 그래야 할 일이라면 꼭 그렇게 해야지 그 원칙을 벗어나면 상상할 수 없는 일이 벌어지고 만다. 이는 마치 사람의 장기가 각기 자기 위치에서 자기 몫을 잘 수행해야지 그렇지 못할 경우 생기는 신체의 불균형은 상상하기 어려운 결과를 초래하는 것과 같다.

불교가 조선의 건국이념에 밀려 퇴보를 거듭하고 있던 때 교단은 교단대로 양분되어 있었다. 교(敎)는 교가 옳다 하고, 선(禪)은 선이 옳다고 하고 있었다. 그러나 서산은 선과 교의 근원은 어디까지나 세존(世尊)이라고 가르쳤다. 선과 교가 나누어진 것은 가섭과 아난이다. 말하자면 "말없음으로써 말없는 데에 이르는 것이 선이고, 말로써 말없는 데 이르는 것을 교"라고 한다. 또한 "마음은 선법이고 말은 교법"이라는 것이다. 따라서 법은 비록 한 맛이지만 각각의 견해가 천지만큼이나 다르기 때문에 선과 교로 갈라진 것이다.

하지만 마음으로부터 진정으로 터득한다면 저잣거리의 잡담도 좋은 설법이 될 뿐만 아니라 새소리와 같은 자연의 소리도 깊은 실상을 설하는 소리로 들리는 것이다. 그러므로 보수 선사는 주먹다짐하는 광경을 보고도 본래면목(本來面目)의 도리를 활짝 깨우쳤는데 그것이 다 선과 교의 깊고 옅음을 설명한 것이다.

서산은 당시 어지러운 교단 상황에 대해 "선과 교는 같은 뿌리"라는 견해를 통해 이 둘을 하나로 융해시키고자 하는 의도를 『선가귀감』 곳곳에서 드러내고 있다. 옳고 그름을 따지는 시시비비라는 것도 사실 지극히 주관적인 것이다. '나'를 기준으로 보았을 때 옳기도 하고, 그르기도 한 것이다. 집단의 경우도 같은 자(尺)가 적용되게 마련이다. 과일 씨 속에 들어 있는 벌레가 어찌 광대한 세상을 상상할 수 있을까? 『선가귀감』에는 갈등 속에서 벗어나지 못하고 번뇌하는 중생들을 향한 서산스님의 간절한 절규가 메아리치고 있음을 느낄 수 있다.

★ 추천도서와 읽을거리

휴정, 『선가귀감』(한국불교전서 제7책), 동국대학교 출판부, 1986
조선시대 고승들의 세계를 한문본으로 소개하고 있다.

최현각 편역, 『선어록산책』, 불광출판부, 2005
중국의 선사 24명과 한국의 선사 27명의 깨침의 세계를 망라했다.

청허 휴정, 『선가귀감』, 박재양·배규범 옮김, 예문서원, 2003
한문본과 언해본을 동시에 실으면서 교감과 역주를 곁들였다. 관심이 많은 학생에게는 이 책을 권한다.

배규범, 『사명당』, 민족사, 2002
사명당의 일대기를 평이하게 서술한 책이다.

휴정, 『선가귀감 : 서산대사집』, 법정·박경훈 옮김, 대양서적, 1973
『선가귀감』과 함께 서산대사 휴정의 논저를 살펴볼 수 있다.

제3영역 · 역사와 철학

69

성찰
르네 데카르트

● **최인숙** 동국대학교 철학과 교수

나는 신체나 감각 기관에 매여 있어서 이것들 없이는 현존할 수 없는 것이 아닐까? 그러나 나는 세계 안에는 아무것도 없으며, 하늘도 땅도 정신도 물체도 없다고 나 자신을 설득하였다. 그렇다고 하면 나도 없다고 설득한 것이 아니었던가? 결코 그렇지는 않다. 내가 나 자신에게 어떤 것을 설득했다고 하면, 확실히 나는 있었다. 그러나 누군지는 모르지만 아주 유능하고 아주 교활한 기만자가 있어서, 온갖 재주를 부려 항상 나를 속이고 있다. 그렇지만 그가 나를 속인다고 하면, 내가 있다는 것은 의심할 여지가 없는 일이다. 그가 마음껏 나를 속이게 하라. 그러나 내가 나 자신을 어떤 무엇이라고 생각하고 있는 동안은 그는 결코 나를 아무것도 아닌 것이 되게 할 수는 없다. 이리하여 이에 대해서 충분히 생각하고 모든 것을 주의 깊게 살펴보고 나서 다음과 같이 결론짓지 않을 수 없다. 나는 있다, 나는 현존한다는 명제는 내가 이것을 말할 때마다 혹은 정신에 의하여 파악할 때마다 필연적으로 참이라고(이러한 내용을 데카르트는 『방법서설』과 『철학의 원리』에서는 "나는 생각한다, 그러므로 나는 존재한다."라고 표현하고 있다).

르네 데카르트(René Descartes, 1596~1650)는 프랑스 귀족 출신으로서, 라 플레슈에 있는 예수회 학교에서 교육을 받았다. 아버지가 별세한 후에도 살아가는 데에 넉넉할 정도의 수입이 있었다. 파리의 사교생활에 권태를 느껴 스물한 살 때 학문적인 연구생활을 위해 조용한 곳을 찾기로 결심하였다. 그는 자신이 원하는 조용한 곳을 찾아 네덜란드의 군대에 2년 동안 입대한 다음, 다시 2년 동안 바바리아 군대에 들어갔다. 나중에 그는 또 프랑스 군대에서 3년 동안 복무하였다. 1629년에는 당시 서구에서 사상의 자유가 가장 잘 보장되어 있었던 네덜란드로 이주하여 20년 동안 생활하였다. 그 동안에도 그는 프랑스의 수도승인 메르센느 신부(파리에 있던 그의 거처는 유럽 지성인들의 중심이었다)를 통하여 주로 지식인들과 접촉을 유지하였다. 1649년에 스웨덴의 크리스티나 여왕의 초청을 받고 궁정을 방문하였는데, 스웨덴의 찬 기후로 인하여 병을 얻어 그곳에서 사망하였다. 데카르트의 저술은 광학, 기상학, 태양계의 형성, 일월식 및 조수(潮水) 등 그 당시의 여러 가지 과학적 문제들도 다루고 있다. 그는 해석기하학의 기본원리를 제시하기도 했다. 그의 중요한 철학적 저술로는 『방법서설』, 『제1철학의 성찰』(신의 현존 및 인간의 영혼과 육체의 실재적 구별을 논증함, 이하 『성찰』로 표기) 『철학의 원리』, 『정신 지도를 위한 규칙』 등이 있다.

데카르트는 그의 젊은 시절, 새로운 과학자들 특히 갈릴레이의 발견에는 자연을 인식하는 데에 우리의 사고를 일깨워주는 것이 많다고 생각했다. 그는 새로운 철학을 수립하고자 했으며, 새로운 철학은 전통적 굴레를 벗어나 새로운 과학이 이룩한 업적을 정당화하는 동시에, 과학의 발전을 위한 길을 닦고, 현재와 미래의 모든 과학적 지식을 신, 인간, 우주에 관한 포괄적인 체계 속에 지녀야 한다고 생각했다.

『방법서설』에서나 『성찰』에서나 데카르트는 자기의 사상을 지적 전기의 형식으로 서술하고 있다. 이 두 책은 저자 자신의 심적 발전을 강조한 점에서, 그리고 인간의 계몽과 행복의 새로운 시대가 도래하고 있다고 믿는 낙관적인 견해에서 볼 때 근대적 정신의 특색을 나타낸다고 있다고 할 수 있다. 데카르트는 근대철학의 아버지로 인정받고 있는데, 이것은 특히 그가 중세철학의 전통에서 벗어나 절대적인 신의 존재 문제를 포함하여 모든 존재를 우리 자신의 의식에 나타나는 관념(생각)을 통하여 논했다는 점에서 그러하다. 다시 말해서 데카르트가 인식의 출발점을 자기의식 및 자기인식에 두었다는 점에서 사람들은 그를 근대철학의 문을 새로이 연 철학자로 간주한다는 것이다.

『성찰』은 총 6개의 성찰로 이루어져 있다. 제1성찰은 의심할 수 있는 가능한 모든 것에 관하여 의심하기를 시도한다. 즉 현실적으로 일어날 수 있는 문제들에 대해서만이 아니라, 이론적으로 가능한 문제들에 이르기까지 의심하기를 시도한다는 뜻이다. 사람들은 데카르트의 이러한 회의를 '방법적 회의'라고 부른다. 제2성찰은 인간의 정신의 본성에 관하여 논하고 있는데, 여기에서 데카르트는 정신이 신체보다 더 쉽고 직접적으로 인식될 수 있다고 논하고 있다. 제3성찰에서는 절대적 존재인 신은 필연적으로 존재할 수밖에 없다고 논하고 있다. 그리고 신의 존재 증명을 통해서 물질적 존재 인식에 정당성을 부여해 준다. 제4성찰은 우리의 판단의 참과 거짓에 관하여 논하고 있고, 제5성찰은 물질적 사물의 본성에 관하여 다루고 있으며, 더불어 신이 현존한다는 것을 서술하고 있다. 제6성찰은 물질적 사물의 현존 및 정신과 신체의 실재적 구별에 관하여 다루고 있다.

데카르트가 이 6개의 성찰을 서술하는 방식은 전문적 철학자들의 글쓰기 방식과 많은 차이가 있다. 이 차이는, 그가 다루고자 하는 문제를 실제적으로 자신의 마음속에서 흘러가는 순간순간의 생각을 놓치지 않고 긴장감을 가지고 추적하면서 논함으로써 결과 했다고 할 수 있다. 그렇기 때문에 독자들도 데카르트의 입장에 서서 데카르트가 다루는 문제를 동일한 의식의 과정을 통해서 추적함으로써 이해하려고 하는 것이 매우 중요하다.

　데카르트는, 종래에는 참된 것이라고 생각했던 것들이 종종 거짓된 것으로 드러남을 생각하고, 학문을 확고한 토대 위에 세우기 위해, 조금이라도 의심할 이유가 있는 것이라면 무효로 돌리기로 한다. 그리하여 자신이 의지하고 지내던 생각들을 검토해 보기로 한다. 종래에 참되다고 생각하던 것 중에 가장 쉽사리 머리에 떠오르는 것은 우리들이 감각을 통하여 받아들인 것들이다. 그런데 우리들이 감각을 통해서 받아들이는 사물들에 대한 인식에서 우리들은 그것이 나중에 오류로 판명되는 경우를 체험하는 경우가 허다하다. 그렇다면 대수학이나 기하학 같은 학문은 어떠한가? 만일에 악한 신이(서양에서 전통적으로 신은 절대선의 존재라고 이해되는 것과 달리) 우리가 끊임없이 속임을 당하도록 우리의 사고를 조작해 놓았다고 가정한다면, 대수학이나 기하학의 문제에 대해서도 우리는 보편적이고 객관적인 진리를 가지고 있다고 논증할 수가 없다.

　이렇게 의심하기를 의도적으로 계속 밀고 나감으로써 데카르트는 자기자신뿐 아니라 주위의 모든 사물들, 수학적인 지식, 신의 존재에 이르기까지 말 그대로 모든 것을 거짓된 것으로 가정하며, 나아가 존재하지 않는 것으로 상정한다. 그러나 이 모든 것이 존재하지 않는다고 상정한다고 하더라도, 이렇게 상정하고 있는 그 무엇은 있어야만 한다. 그 무엇을 데카르트는 '나'(물체적 존재로서의 '나'는 아니다)라고 표현하고 있으며, 이 '나'는 '내'가 어떤 것을 의심하고, 부정하고, 긍정하고, 의지하고, 의지하지 않으며, 상상하며, 감각하며, 이해하는 동안에 '있다'(이것을 데카르트는 『방법서설』과 『철학의 원리』에서 "나는 생각한다, 그러므로 나는 존재한다'로 표현하고 있다). '나'의 이러한 모든 활동을 데카르트는 '생각함'에 포함시킨다. 데카르트에서의 '생각함'은 우리의 모든 의식 현상을 다 포함한다. 우리가 의식하는 한, 즉 의식이 깨어 있는 동안 생각한다. 이러한 의미에서 이해할 때 데카르트를 단순히 추상적인 이성론자(합리론자)로 보는 것은 데카르트의 사유를 아주 좁게 한정시키는 결과가 될 것이다. 데카르트는 우리의 의식 현상 전반을 '생각함'이라는 본질을 통해서 철저히 천착하고자 했다는 점에서 매우 현대적이라고 할 수 있다.

데카르트는 대표적인 이원론 철학자로 꼽힌다. 이원론은 이 세계의 근원을 두 가지의 서로 다른 존재로 봄을 일컫는다. 정신적 존재의 본질은 '생각함'인 데 비해서 물질적 존재의 본질은 '연장(延長)'이다. 연장은 크기를 갖는다는 것을 뜻하며, 크기를 갖는 존재는 동시에 공간을 차지할 수밖에 없다. 그러나 '생각하는 존재'는 오로지 '생각함'만을 본질로 갖고, '크기'는 갖지 않기 때문에 또한 공간을 차지할 필요가 없다. '생각함'을 본질로 하는 존재와 '연장'을 본질로 하는 존재는 말 그대로 '본질적으로' 서로 구별되는 존재이다. '본질적으로 구별되는 존재'는 존재하는 데에 각기 다른 법칙을 필요로 하며, 각기 다른 법칙을 필요로 하는 존재를 전통 철학에서는 '실체'라고 불렀다. '실체'는 그 자신이 존재하기 위해서 자신 외의 다른 것을 필요로 하지 않는 독립적이며 지속적이며 참으로 있는(우연적으로 있는 것이 아니라) 존재이다.

데카르트의 이러한 이원론적 실체론은 정신과 물질(신체), 인간과 자연의 존재를 근본적으로 구별함으로써, 근대 이후 서양 산업문명의 기본 원리의 바탕으로 인정되었으며, 현대의 많은 문명 비평가들은 데카르트의 이러한 이원론적 관점이 근대 문명의 폐해의 원인이 되기도 했다고 주장한다.

17세기에 데카르트의 영향력은 막대하였다. 데카르트가 명성을 떨치게 된 원인에는 그가 과학의 혁신을 옹호하는 사상가였다는 점도 커다란 역할을 했다. 그리고 그의 인식론과 형이상학은 철학의 발전을 위하여 많은 영향을 미쳤다. 데카르트의 이론이 언제나 지지받은 것은 아니었다고 할지라도 그의 문제의식은 지속적으로 논의의 대상이 되었다.
　데카르트가 미친 영향의 하나는 정신과 신체의 관계 문제를 논의의 중심으로 끌어들였다는 사실이다. 데카르트는 정신과 신체의 이원론을 지지하면서도 동시에 정신과 신체의 상호작용설을 주장함으로써 그의 이원론은 이론상 모순을 지니게 되었다. 그러나 현실적으로 정신과 신체가 상호작용하는 듯이 보인다는 점에서 그는 이 양자의 상호관계 및 상호작용을 주장했다. 그리고 이러한 주장은 그 후 많은 관점에서의 논쟁을 야기했다.
　근대철학에 미친 데카르트의 영향의 또 하나의 방향은, 자아에 대한 의식 내지 인식을 세계에 대한 인식의 조건으로 본 점이다. 자아에 대한 인식만이 직접적인 확실성을 가지며, 자아에 대한 인식은 이제 인식론의 확립을 위한 기본 조건으로 되었다. 실로 근대철학에 미친 데카르트의 영향 가운데 가장 커다란 것은, 그 이후의 철학자들로 하여금 철학적 탐구는 자아로부터, 즉 자아의 내면적인 의식의 상태와 자아의 주관적인 심상으로부터 시작해야 한다고 생각하도록 만들었다는 사실이다. 현대철학에서는 근대에서만큼 데카르트의 철학이 막강한 영향력을 갖는 것은 아닐지라도, 데카르트의 자아의 철학은 여전히 마음·정신·심리·인지현상 등을 논할 때 기본적으로 논의되는 이론이다.

★ 추천도서와 읽을거리

프레드릭 코플스톤(Fredrick C. Copleston), 『합리론』, 김성호 옮김, 서광사, 1998
　데카르트뿐만 아니라 라이프니츠, 스피노자, 말브랑슈, 파스칼 등 칸트 이전 시기 대륙을 중심으로 전개된 합리론의 대표적 철학자들의 생애와 사상을 폭넓게 다루고 있어 데카르트의 철학을 합리주의 철학사 전체 맥락에서 조명하는 데 도움이 된다.

안쏘니 케니(Anthony Kenny), 『데카르트의 철학』, 김성호 옮김, 서광사, 1991
　데카르트 철학의 핵심 주제들을 개괄적으로 소개하면서도 각 주제를 형성하는 여러 논증들에 대한 분석적 검토를 병행함으로써 데카르트 철학의 전모를 파악하는 데 유용하다.

제3영역 · 역사와 철학

70

역사란 무엇인가
에드워드 핼릿 카

● 양홍석 동국대학교 사학과 교수

해석이나 사실의 선택 및 정리는 다같이 쌍방의 상호작용을 통하여 미묘한 반무의식적인 변화를 겪게 됩니다. 뿐만 아니라 역사가는 현재의 일부이고 사실은 과거에 속하는 것이기 때문에 이 상호작용에는 현재와 과거 사이의 상호관계가 아울러 내포되는 것입니다. 역사가와 역사상의 사실은 서로가 필요한 것입니다. (……) 역사란 역사가와 사실 사이의 상호작용의 부단한 과정이며 현재와 과거와의 사이의 끊임없는 대화입니다.

— 제1장 「역사가와 사실」 중에서

역사는 두 가지 어의의 어느 쪽으로 보나 (……) 하나의 사회적 과정인 것이며, 개인은 사회적 존재로서 이에 관여되고 있는 것입니다. (……) 역사가와 그 사실과의 상호작용이라는 상호과정은 (……) 추상적인 고립된 개인들 사이의 대화가 아니라 금일의 사회와 지난날의 사회와의 대화인 것입니다. (……) 과거는 현재의 빛에 비쳐졌을 때에만 비로소 이해될 수 있는 것이며 또한 현재도 과거의 조명 속에서만 충분히 이해될 수 있는 것입니다.

— 제2장 「사회와 개인」 중에서

영국의 역사가 에드워드 핼릿 카(Edward Hallett Carr, 1892~1982)만큼 그 이력이 다양한 경우도 드물 것이다. 그는 외교관이었고 저널리스트였으며, 동시에 역사가이며 정치가로서 생을 살았다. 카는 케임브리지 트리니티 칼리지를 졸업한 후 1916년부터 1936년까지 약 20년간 외교관으로 파리평화회담, 국제연맹에 관여하였고 1920년부터 러시아 주재 외교관으로 파견됨을 기회로 러시아 문학과 역사에 심취하였다. 러시아에 대한 카의 열정의 결과물은 바로 도스토에프스키, 마르크스, 바쿠닌에 대한 뛰어난 평전이었다. 그는 1936년 역사학자의 길로 방향 전환 후 자신의 외교생활의 경험과 바탕으로 다수의 국제외교관계 저서를 출판하게 된다. 카는 제2차 세계대전에 해당되는 1941년부터 1945년까지 《더 타임스(The Times)》 편집을 맡았다. 이후 1945년 집필에 들어가 거의 30년간 열정과 혼신을 다하여 총 14권으로 이루어진 기념비적인 저작이 바로 『소비에트 러시아사』였다. 이 저작에 대하여 당시 언론은 "20세기 영국 학자가 쓴 가장 중요한 저작 가운데 하나"라고 극찬을 하였다. 1961년 그는 또다른 기념비적인 저서를 출판하였는데 그것이 바로 『역사란 무엇인가(What is History)』이다. 카는 이 책에서 역사학의 존재 가능성을 역사의 실천성에 두었다. 그런 측면에서 민주주의적 사회주의자로서 어느 정도 좌파적인 행동주의가 이 책에 스며들어 있다. 1960~1970년대 세상은 이러한 역사 실천 이론을 갈구하던 시대였다. 20세기를 대표한 지성은 1982년 11월 3일 90세를 일기로 이 세상과의 끈을 놓았다. 다음은 자신이 한때 편집을 맡았던 《더 타임스》 부고 기사이다. "카의 저작들은 그의 태도만큼이나 예리했다. 냉정한 외과의사의 메스로, 그는 우리 시대의 가까운 과거를 샅샅이 해부했다. 의심할 나위 없이, 카는 여러 세대의 역사가들과 사회 사상가들에게 뚜렷한 흔적을 남겼다."

카는 1961년 1월에서 3월까지 케임브리지 대학 내의 저명한 역사가를 기념하기 위해 개설된 트레벨리안 강좌에서 강의를 하였고 그 강의를 기초로 하여 책으로 출판되었으며 BBC방송을 통하여 일반 대중에게도 소개되었던 저서가 바로『역사란 무엇인가』이다.

카의 담론은 곧 선풍적인 인기를 끌게 된다. 이 책이 관심을 끌게 된 것은 다분히 당시 유럽의 전체적인 지적 분위기에서 찾을 수 있다. 당시 유럽의 지성계는 정체성의 위기라는 상황에 직면하였다. 그들은 지금까지의 역사가 과연 진보의 역사였는가에 대해서 회의를 품게 되었다. 특히 그들의 의문은 과연 "역사란 무엇인가"에 대한 본질에 대한 의문에까지 직면하게 된다. 이유인즉 19세기까지 서구 유럽은 유럽 중심적 세계관을 가지고서, 세계의 지도적인 문명의 창조자로서 자긍심을 가지고 있었다. 그들의 "이성 중심적인 문명의 발전론"에 대한 확신은 과거 르네상스 이후 인간이 신에 도전한 이래 새로 발견했던 보편적이고 불편부당한 가치 판단의 질량이었다. 인간이 이러한 '이성'이라는 질량을 가지게 됨으로써 그들은 이성의 힘을 빌려 자신들을 맹신하였다. 그리고 이성주의에 사로잡힌 인간들은 역사를 끊임없는 진보로 인식하였다. 이 무한한 낙관론 속에서 그들은 역사가 미래에도 지속적으로 진보를 향해 나아갈 것이라는 확신에 가득 찬 전망을 하였다. 그리고 역사학은 바로 이러한 진보를 확인하는 학문이라고 확신하였다. 즉 과거 사실 자체가 바로 진보를 확인하는 것이라는 믿음이었다.

그러나 이러한 확고한 낙관적인 진보주의의 믿음에 일침을 가하는 사건들을 인류는 경험하게 된다. 즉 유럽의 지성들의 눈에 비친 세계는 역사란 진보의 기록이라고 판단할 수 없는 참혹한 현실의 소용돌이 바로 그것이었다. 그것은 제1차 세계대전과 제2차 세계대전이었던 것이다. 엄청난 수의 인간을 단지 독단적인 이데올로기를 위해 희생하는 상황에서, 유럽의 지성들은 결코 역사를 진보의 과정이라고 인식할 수 없었던 것이다.

특히 전쟁의 결과는 더 한층 유럽의 자존심을 짓밟는 것이었다. 전후 세계는 이제 유럽에서, 유럽 인에 의해서 움직이는 역사가 결코 아니었다. 새로운 주도 국가들이 나타났다. 세계는 미국이나 소련을 중심으로 움직이고 있었던 것이다. 미국은 유럽 인들의 눈에서 볼 때 '유럽의 딸'에 불과한 국가였다. 그리고 유럽 인에 비친 러시아는 항시 유럽과는 동떨어진 낙후된 나라로밖에는 결코 간주되지 않았던 국가에 불과했다.

그러므로 유럽 인의 눈에 비친 현실의 역사는 결코 진보의 과정이라고 상정할 수 없는 것이었다. 즉 역사는 그들의 시야에서 볼 때 완전히 새로운 중심으로 이동하고 있었던 것이다. 더불어서 과거 제국주의 시대의 영광이었던 그들의 식민지들도 하나 둘씩 독립을 하여 그들의 영향력에서 벗어나고 있었다. 이러한 상황에서 그들이 본 역사는 결코 진보의 과정이라고 볼 수 없는 것이었다. 바로 이들이 본 역사는 쇠퇴, 퇴보의 과정에 다름없는 것이었다.

바로 이러한 역사적 조건에서 과연 뒷걸음치는 역사를 연구할 필요가 있는가에 대한 회의와 허무주의가 유럽의 학계를 지배하였다. 특히 역사학에서는 과거의 사실에 대한 회의, 사실들의 권위에 대하여 의문시하게 되었다. 즉 역사적 사실들이 진보의 내용이 아니라, 퇴보를 드러낸다면 그러한 사실에 대해 의미를 두어야 할 것인가 의심을 품게 되었고, 나아가 역사학의 존재 위상에까지 의구심을 갖게 되었다. 이제 역사학의 존립 자체를 거부하게 된 것이다. 즉 사실이 그 자체로서 어떤 의미 ─예를 들면 진보의 내용─를 담아내지 못한다면 역사학은 역사가들이 역사적 사실들을 자의적으로 선택하고 해석한 허구에 가까운 것으로 생각하게 된 것이다. 역사가 카는 이러한 지성의 위기 상황을 극복하고, 역사학의 본질을 정확하게 규정하면서, 역사학을 배워야 될 가치 있는 과학적인 학문으로 다시 부상시키는 작업을 하였던 것이다.

이 책은 우선 역사 학문의 본질에 대한 분석과 그 정의로부터 논의를 전개한다. 카에게 역사학이란 사실만을 밝히는 것만으로 이루어지는 것이 아니고 역사가의 개인적인 주관도 또한 중요한 것이었다. 물론 역사학은 과거의 사실을 규명하는 것이 목적일 것이다. 그러므로 역사가들이 과거 사실을 규명하는 노력에서 벗어날 수는 없을 것이다. 그러한 노력은 역사학의 존립 목적과 관계되기 때문이다. 그러나 본질적으로 과거를 규명하는 것은 불가능한 영역에 속한다는 것이다. 여러 가지 면에서 인간의 소양은 인간의 과거를 규명할 수 없는 제약의 측면을 가지고 있음을 지적하는 것이다. 또한 인간과 그 인간이 다루는 역사는 마찬가지로 여러 가지 한계적인 차원에서 어느 정도 굴절된 시각으로 과거를 볼 수밖에 없음을 인정해야 한다는 것이다. 카는 다음과 같이 지적했다. "역사란 현재 역사가와 과거의 사실들 사이에 끊임없이 이루어지는 대화"이며, 이 대화를 통하여 역사학은 과거를 완벽하게 재현할 수는 없지만 궁극적으로는 완전한 역사에 도달할 수 있다는 것이다.

카에게 있어서 '역사적 사실'이란 과거의 수많은 사실들 중에서 역사가가 관심을 가지고 탐구를 했을 때 비로소 형성되는 것이다. 그러므로 역사 연구에서 의미를 갖는 것은 과거의 사실들에 대한 단순한 연대기적 기술이 아니라, 그것을 해석하고, 설명하고, 평가하는 것이 보다 본질적인 것이라고 그는 주장한다. 그는 '역사적 사실'이란 "생선가게 좌판 위에 놓인 생선이 아니라 광활하고 접근할 수조차 없는 대양을 마음껏 헤엄쳐 달리는 물고기와 같다."고 표현한다. 이 경우 역사가가 물고기를 건져올리는 것은 역사가의 문화적인 소양과 관점에 영향을 받는다는 것이다.

어떤 역사든 과연 그 속에 내재하고 있는 소위 '역사적 사실'들이 순수한 의미에서 객관성과 공정성을 결코 유지할 수 없다는 것이다. 카의 논의에 따르면 원칙적으로 인간의 사회생활에서 나타나는 모든 사물과 현상은 '역사적 사실'이 될 수 있지만, 그것이 반드시 '역사'가 되는 것은 아니라는 것이다. 카의 말을 빌려보자. "역사가가 역사를 정확하게 썼다고 칭찬받는 것은 건축가가 잘 말린 목재를 썼다거나 잘 혼합된 콘크리트를 썼다고 해서 칭찬받는 것과 마찬가지이다." 그는 또한 "케사르가 루비콘이라는 작은 강을 건넜다는 것이 역사적 사실로 되었음은 역사가들이 그것을 역사라고 판단했기 때문이며, 그 전 혹은 그 후에 수백만의 다른 사람들이 루비콘을 건넌 사실에 대해 관심을 갖지 않는 것은" 그것이 역사가 될 수 없다고 판단했기 때문이라고 지적한다.

지금까지 카는 역사학이 사실을 밝히는 데 있어 그 과정이 결코 간단하지 않음을 언급하였다. 다시 말해 '역사적 사실'이란 결국 역사가들에 의해 작업될 때 '역사'가 된다고 했다면, 결국 역사학의 본질은 상대적이고 주관적이라는 점을 인정하는 것이었다. 이제 카는 이 책에서 자신의 신념을 특별히 언급할 필요가 있었다. 그것은 바로 진보에 대한 확고한 자신의 신념이다. 카는 비록 역사학이 과거를 규명하는 데 한계가 있고, 역사 탐구의 과정에서 진보의 내용을 확인받을 수 없다고 하더라도 결코 실망하지 말아야 한다는 특별한 언급을 하고 있다. 역사가 진보의 과정이라는 것을 입증하지 못한다고 해서 역사학이 가치를 잃는 것이 아니라는 것이다. 결국 "역사학은 궁극적으로 과거를 밝힘으로써 현재를 이해하고, 그 현재를 출발점으로 해서 미래를 조망하는 사람들에게 앞으로 나아갈 길을 제시하는 것"이다.

요컨대 카는 역사학이 완전한 역사를 성취하지 못한다고 해서, 그리고 역사가 진보의 과정임을 입증할 수 없다고 해서, 또한 당시대 진보를 확인할 수 있는 역사적 전개가 나타나지 않는다고 해서, 허무주의적인 피안으로 빠져들려는 지성에게 경고를 보내는 것이다. 카는 다음과 같이 일갈하였다. "떳떳한 이름의 역사라는 것은, 역사 자체의 방향 감각을 찾고 이것을 믿는 사람들만이 쓸 수 있는 것입니다. 우리가 걸어온 방향에 대한 믿음은 우리들이 가고 있는 방향에 대한 믿음과 굳게 연결되어 있습니다. 미래에 계속해서 진보를 이루어나갈 수 있으리란 믿음을 잃어버린 사회는 과거에 그 사회가 이루어낸 진보에 대해서도 무관심하게 될 것입니다."

카의 저서는 역사학이 진화해야 할 목표를 구체적으로 제시하였다. 특히 그의 역사학에서 보이는 사회과학적 접근 태도와 진보에 대한 확고한 신념, 그리고 이 모든 작업을 수행할 인간 주체에 대한 확고한 믿음은 60년대 이후 사회 변화를 염원하는 시대의 요구에 부응했던 것이다. 전통적인 역사학이 실증주의적 신앙에 입각하여 무비판적으로 몰두하는 무미건조한 역사를 재생산하고 있을 때, 역사학을 살아 있는 학문으로, 즉 이론과 해석의 학문으로 패러다임의 전환을 시도했던 것이다. 그러므로 이 책이 준 영향은 단지 지성계에만 한정된 것은 아니었다. 카의 이 저서가 일으킨 반향은 가히 세계적이었다. 사회 개혁과 변혁을 준비하는 60년대와 70년대 세계의 젊은이들은 『역사란 무엇인가』를 읽고, 또 한편으로 카의 역사란 "현재와 과거의 대화"라는 구절을 남용(?)할 정도였다. 물론 60년대와 70년대의 역사학 분야에서 다양성 있는 해석을 통해 역사의 백가쟁명을 이루도록 그 길을 열어놓은 것도 카가 미친 영향이라고 할 수 있을 것이다.

카는 역사와 역사가는 당시대적인 가치를 반영할 수밖에 없음을 지적하였다. 카가 목도한 시대는 이성의 한계를 극복해서 새로운 과학적 역사학을 이루어내야 하고, 현재적인 관점에서 과거를 이해하여 진보와 변혁의 메시지를 역사학이 제공해야 했다. 그러나 지금은 카가 주시했던 세계보다 더욱 복잡해졌다. 포스트모더니즘 역사학에서는 역사의 인과성, 과학성보다는 언어적 사고를 중요시한다. 롤랑 바르트나 비트겐슈타인에서 보듯, 언어는 권력이며, 우리는 언어를 통해서 세계를 이해하고, 언어의 한계가 우리 세계관의 한계가 되고 있다. 그러므로 오늘날의 역사학은 과학성보다는 문학성에 초점을 맞춘다. 역사도 문화적 텍스트로 이해하고 풀어내야 한다. 이 점을 간과한다면, 카가 말하는 대화는 권력을 가진 주체와 타자 간의 일방적인 대화일 뿐이며, 카가 부단히 강조했던 진보도 주체인 서구 문화의 팽창일 따름일 것이다.

★ 추천도서와 읽을거리

데이비드 캐너다인 엮음, 『굿바이 E. H. 카』, 문화사학회 옮김, 푸른역사, 2005
영국 중심의 서양 역사학자들이 E. H. 카의 『역사란 무엇인가』 출간 40주년을 기념하여 이를 재평가하면서 그간의 역사 발전에 따라 새로운 방향을 모색하고 있다.

김현식, 『포스트모던 시대의 '역사란 무엇인가'』, 휴머니스트, 2006
포스트모던 시대에 서서 편지의 형식을 통해 E. H. 카의 『역사란 무엇인가』의 공과를 면밀하게 재음미하며 인간적인 역사 이론의 밑그림을 그리고 있다.

제3영역 · 역사와 철학

71

열하일기
박지원

● 황인규 동국대학교 역사교육과 교수

　이제 사람들이 진실로 이적을 물리치려면 중화의 끼친 법을 모조리 배워서 먼저 우리 나라의 유치한 문화를 열어서 밭갈기, 누에치기, 그릇굽기, 풀무불기 등으로부터 공업·상업 등에 이르기까지도 배우지 않음이 없으며, 남이 열을 한다면 우리는 백을 하여 먼저 우리 인민들에게 이롭게 한 다음에, 그들로 하여금 회초리를 마련해 두었다가 저들의 굳은 갑옷과 날카로운 무기를 매질할 수 있도록 한 뒤에야 중국에는 아무런 장관이 없더라고 이를 수 있겠다.
　그러나 나와 같은 사람은 하사(下士, 하류의 선비)이지마는 이제 한 말을 한다면, "그들의 장관은 기와 조각에 있고, 또 똥부스러기에도 있다."고 하련다.
　대개 저 깨어진 기와 조각은 천하에 버리는 물건이지만, 민간에서 담을 쌓을 때 담 높이가 어깨에 솟을 경우, 다시 이를 둘씩 또 둘씩 포개어서 물결 무늬를 만든다든지, 혹은 넷을 모아서 둥근 고리처럼 만든다든지, 또는 넷을 등지워서 옛 노전(魯錢)의 형상을 만들면 그 구멍난 곳이 영롱하고 안팎이 서로 어리비쳐서 저절로 좋은 무늬가 이루어진다. 이는 곧 깨어진 기와쪽을 버리지 아니하여 천하의 무늬가 이에 있다 할 수 있을 것이다.

『열하일기(熱河日記)』는 박지원이 44세 되던 1780년(정조 5년) 5월 25일에 청나라 고종 건륭제(1711~1799)의 칠순 축하식에 참석차 떠나는 그의 팔촌형 진하별사(進賀別使)의 정사(正使) 박명원(朴明源)을 따라 북중국과 남만주 일대를 견문하고 10월 27일 서울에 도착하기까지 5개월 동안의 견문을 적은 연행일기이다(26권 10책).

박지원(朴趾源, 1737~1805)은 본관이 반남(潘南)이며, 호는 연암(燕巖)이다. 그는 홍대용(洪大容)·박제가(朴齊家) 등과 함께 청나라의 문물을 받아들여야 한다는 북학파(北學派)의 거두였다.

인조 15년(1637) 이후 조선조 말에 이르는 250여 년 동안 500회 이상의 청나라 사절이 있었고, 이에 100여 종이 넘는 연행록이 등장하였는데, 박지원의 『열하일기』도 이러한 배경하에서 저술된 것이다. 명나라 사행(使行)을 조천(朝天)이라 한 것에 비해 청나라의 사행을 연행(燕行)이라 구별해서 사용되었다.

열하는 오늘날 승덕(承德)이며, 북경에서 230킬로 떨어진 하북성 동북부, 난하지류인 무열하(武烈河) 서안(西岸)에 위치하고 있다. 이 무열하 연변에 온천이 많아 겨울에도 강물이 얼지 않는다고 해서 열하(熱河)라고 불린다. 열하 지방은 역사상 한족과 이민족과의 격전지로 유명했던 곳이며, 청나라 건륭제 때에 이르러 국경도시로 발전하였다. 그곳에 피서산장(避暑山莊)이라는 별궁이 지어져 매년 황제가 순행하는 등 북경 다음가는 정치적 중심지였다. 때문에 이때의 연행사절은 당시 황제가 머물고 있었던 열하까지 가야만 했다.

박지원은 연행길에 오르기 전에 그보다 앞서 다녀온 척화파 김상헌(金尙憲)의 후손인 김창업(金昌業, 1658~1721)의 『연행일기(燕行日記)』(1712~1713)나 홍대용(1731~1783)의 연행록인 『연기(燕記)』(국문본은 『을병연행록』)(1765~1766)와 『건정동필담〔乾淨衕筆談, 일명 『회우록(會友錄)』〕 등의 연행록을 숙독했을 것이다.

『열하일기』는 김창업의 『연행일기』를 비롯한 대부분의 연행록처럼 견문한 내용을 날짜순으로 적는 일기체식이나 홍대용의 『연기』처럼 주제 중심의 기사체 서술 방식의 장점을 취하는 독특한 방식으로 서술되었다. 『열하일기』는 압록강을 넘을 때부터 시작하여 북경을 거쳐 열하까지 갔다가 북경에 다시 돌아올 때까지의 부분만 일기체로 서술되어 있고 북경에서 머물면서 관광하던 부분은 잡록(雜錄)·시화(詩話)·필담(筆談)·소초(小抄)의 형식으로 기술하였다. 북경에서 조선으로 돌아오기까지의 부분은 기록하지 않았다. 즉 대부분의 연행록과는 달리 전 연행과정을 서술하지 않고 주제를 중심으로 하면서도 장면 중심의 입체적 서술을 하였다. 「막북행정록(漠北行程錄)」,「태학유관록(太學留官錄)」등 10여 편을 설정하고 그 표제도 연행록(燕行錄)·연행잡록(燕行雜錄)·연기(燕記)·연행일기(燕行日記) 등의 평범한 표제 대신 '열하일기'라고 하였다. 그리고 열전이라 할 만큼 조선의 사절에 대한 상하층의 인물뿐만 아니라 대부분의 연행록에서 다루지 않은 하층인까지도 포함한 각계 각층의 다양한 중국인들을 생생하게 묘사하고 자신도 잘 묘사하였다.

각 권의 내용은 「도강록(渡江錄)」,「성경잡지(盛京雜識)」,「일신수필(馹迅隨筆)」,「관내정사(關內程史)」,「막북행정록」,「태학유관록」,「환연도중록(還燕道中錄)」,「경개록(傾蓋錄)」,「심세편(審勢編)」,「망양록(忘羊錄)」,「곡정필담(鵠汀筆譚)」,「찰십륜포(札什倫布)」,「반선시말(班禪始末)」,「황교문답(黃教問答)」,「피서록(避暑錄)」,「피서녹보(避暑錄補)」,「양매시화(楊梅詩話)」,「동란섭필(銅蘭涉筆)」,「옥갑야화(玉匣夜話)」,「행재잡록(行在雜錄)」,「금료소초(金蓼小鈔)」,「환희기(幻戲記)」,「산중잡기(山莊雜記)」,「구외이문(口外異聞)」,「황도기략(黃圖紀略)」,「알성퇴술(謁聖退述)」,「앙엽기(盎葉記)」 등으로 구성되었다.

그 가운데 「관내정사」에는 백이(伯夷)·숙제(叔齊)의 이야기와 우암(尤菴)의 이야기 등이 실려 있다. 특히 「호질(虎叱)」은 박지원의 소설작품 중에서 「허생(許生)」과 함께 가장 뛰어난 것이다. 북곽 선생(北郭先生)과 동리자(東里子)의 남녀 주인공을 등장시켜서 당시 사회의 부패한 모습을 잘 드러냈다는 평가를 받고 있다.

「태학유관록」에는 열하 지방의 태학(太學)에 머무르면서 중국 학자들과 지전설(地轉說)에 대하여 토론한 내용이다. 「심세편」은 조선의 오망(五妄)과 중국의 삼난(三難)을 기술하여 북학(北學) 사상을 담고 있다. 「망양록」은 중국 학자와 음악에 대하여 다룬 내용이다. 「옥갑야화」는 역관들의 신용 문제를 들먹이면서 허생의 이야기를 다루었으며, 후에 「허생전」이라고 알려졌다. 「금료소초」는 의술에 대한 이야기이며, 「구외이문」은 고북구(古北口) 밖에서 들은 60여 종의 기이한 이야기이다. 「황도기략」은 중국 황성(皇城)의 문물과 제도 등 38여 종의 내용이다. 「알성퇴술」은 순천부학(順天府學)에서 조선관(朝鮮館)에 이르는 동안의 견문기이며, 「앙엽기」는 홍인사(弘仁寺)에서 이마두총(利瑪竇塚)에 이르는 주요 명소 20곳을 견문한 내용이다.

이러한 『열하일기』는 그가 귀국하던 당시부터 주목을 받았다. 특히 1832년 중국에 다녀온 김경선(金景善)의 『연원직지(燕轅直旨)』에서는 김창업의 『연행일기』와 홍대용의 『연기』를 연행록 가운데 가장 뛰어난 것으로 평가하였다. 반면에 『열하일기』는 정조로부터 문체가 순정(醇正)하지 못하다는 평을 듣기도 하였으나 그 후 많은 지식층에게 큰 영향을 끼쳤다.

무엇보다도 『열하일기』는 저자 박지원이 북학을 주장하게 된 이유는 그의 독특하고 진보된 사상에서 찾아볼 수 있다. 그는 우리가 살고 있는 현실의 세계는 드넓고 끊임없이 변화해 가고 있다고 보고 한정된 우리의 감각에만 의존하는 것은 매우 상대적이고 정확하지 못하다고 생각했다. 때문에 잘못된 선입견을 버리고 보다 열린 자세로 임해야 한다고 하였다. 예컨대 그는 「환희기」에서 여러 기이한 동물이나 인종들 그리고 물건과 요술 등을 열거하면서 좁은 안목으로는 올바르게 세상을 볼 수 없다고 하였다. 그리고 현실과 동떨어진 잘못된 관념에서 벗어나기 위해서는 시야를 달리해서 볼 수 있어야 한다고 하였다. 「곡정필담」에서 지도에 관한 이야기를 논하면서 지구 중심에서 달이나 별·태양 등의 큰 천체로부터 지구를 바라볼 수 있는 안목을 지녀야 한다고 하였다. 「막북행정록」에서 한밤중에 한 집에서 자다가 조선의 사절에게 얼떨결에 맞게 된 중국 청년의 사례를 들면서 조선인들의 의관에 대한 자부심이 소중화주의(小中華主義)에 빠진 것에 불과하다고 보았다.

또한 결코 현상이나 사실에 대한 감각적 인식에 그치지 말고 그 안에 내재되어 있는 본질을 꿰뚫어 보아야 한다고 하였다. 즉 청나라의 발전을 인정하였던 대부분의 당시 북학파의 인식은 청나라를 오랑캐로 치부하는 것보다는 진일보한 생각이라 규정하였다. 하지만 그러한 발전을 가져오게 된 청나라의 지배층의 숨은 고통도 생각해야 하고 그러한 발전된 문명의 원천이 어디에서 연유하는 것인지 알아야 한다고 하였다. 그는 「역마를 달리며 적은 수필(馹迅隨筆)」에서 중국에서 가장 유명한 곳은 결코 이름난 역사 유적·유물이나 자연의 풍광 그리고 웅장한 건축과 상업의 발달 등에 있는 것이 아니라 오히려 기와 조각(瓦礫)이나 똥 부스러기(糞壤)에 있다고 보았다. 이러한 하찮은 물건이라고 버리지 않고 실제의 생활에 활용하는 청나라 사람들의 실용적 정신이야말로 그들의 발전된 문명의 원천이라고 보았다.

이렇듯 그의 진보된 사유 방식이 바로 그의 북학파의 정신이라고 할 수 있으며 이전의 우암(尤菴) 송시열(宋時烈) 등과 같은 산림(山林)들의 화이관적(華夷觀的) 질서로 북벌(北伐)을 부르짖은 것에 대하여 실리적인 북학을 주장하였다. 이른바 북벌에서 북학으로의 전환이며, 그의 손자 박규수(朴珪壽, 1807~1877) 등 개화사상가들에 영향을 끼쳐 근대적 사상으로 전환하게끔 하였다.

그의 『열하일기』는 반계(磻溪) 유형원(柳馨遠)의 『반계수록(磻溪隨錄)』 과 성호(星湖) 이익(李瀷)의 『성호사설(星湖僿說)』, 초정(楚亭) 박제가(朴齊家)의 『북학의(北學議)』 등과 함께 뛰어난 것으로 평가된다. 특히 그의 것이 가장 뛰어나서 조선의 연행문학(燕行文學) 중에서 백미(白眉)라 불리고 있다.

그래서 한말의 학자 창강(滄江) 김택영(金澤榮, 1850~1927)이 지적한 바와 같이 "연암의 글은 추사(秋史)의 글씨와 단원(檀園)의 그림과 함께 근세 조선문화의 삼절(三絶)"이라 했던 것이다.

간본(刊本)으로는 1901년 김택영이 『연암집(燕巖集)』 원집과 그것에 이어 간행한 속집 권1·2(고활자본)가 있다. 1911년 광문회(光文會)에서 활판본으로 간행되었고, 1932년 박영철(朴榮喆)이 간행한 신활자본 『연암집』 별집 권11~15에도 전편이 수록되어 있다. 보유편도 있으며, 1956년 대만대학(臺灣大學)에서 대학 소장본을 영인하기도 하였다. 1983년 민족문화추진위원회에서 한글로 번역한 『국역 열하일기』 2책이 있으며, 1955년 북한의 리상호가 국역한 본과 최근에 한글본도 일부 발견되었다.

> ★ 추천도서와 읽을거리
>
> 이가원의 번역서를 보면 좋으며, 순 한글로 된 북한 리상호의 국역본이 대하기 쉽다.
> 박지원, 『국역 열하일기』 I·II, 이가원 옮김, 민족문화추진회, 1985(재판)
> 박지원, 『열하일기 역주』, 이가원 옮김, 정음사, 1986
> 박지원, 『열하일기』 상·중·하, 리상호 옮김, 1955(북한, 연암 탄생 150주년 완역본); 보리, 2004

제3영역 · 역사와 철학

72

우파니샤드

● 김호성 동국대학교 인도철학과 교수

그러므로 이제 (브라흐만에 대하여) '(……)이 아니다', '(……)이 아니다'라고 하는 가르침이 있다. 왜냐하면 '(……)이 아니다'라고 하는 것 이상의 (가르침이) 없으며, 그보다 더 뛰어난 다른 (가르침이) 없기 때문이다.
— 『브리하드아란야카 우파니샤드』 II. 3. 6.

아, 자아는 보여져야만 하고, 들어져야만 하며, 생각되어져야만 하고, 명상되어져야만 한다. 오, 마이트레이여, 아트만을 보는 것에 의하여, 듣는 것에 의하여, 생각함에 의하여, 지혜에 의하여 이러한 모든 것들은 알려진 것이다.
— 『브리하드아란야카 우파니샤드』 II. 4. 5

마음이 브라흐만이라고 명상하는 것은 개인적인 자아와 관련된 것이며, 허공을 브라흐만으로 명상하는 것은 신과 관련된 것이다. 이렇게 개인적인 자아와 신에 관련한 두 가지 가르침이 있다.
— 『찬도갸 우파니샤드』 III. 18. 1.

'우파니샤드'라는 말은 인도의 고전을 기록한 언어인 산스크리트이다. 그래서 해석이 필요하다. '앉다'라는 뜻을 갖는 동사 어근 'sad'에 '가까이'라는 뜻을 가진 접두어 'upa'와 '아래로'라는 뜻을 갖는 'ni'가 결합된 형태이다. 즉 upa - ni -√sad = upaniṣad가 되는 셈이다. 그러니까, 우파니샤드라는 말은 어원적으로 볼 때, '앉음'에서 왔음을 알 수 있다. 이 서명(書名)을 굳이 번역하자면, '가까이 다가와서 앉음(近坐)'이라고 할 수 있다. 그렇다면 누가 누구에게 다가가서 앉는다는 말일까? 바로 제자가 스승에게 다가가서 앉는다는 말이다. 스승이 제자에게 말한다. "가까이 다가와서 앉아라." 다가가 앉은 제자에게 스승은 가르침을 준다. 제자는 다시 스승이 되고 새로운 제자에게 자기가 스승으로부터 전해 받은 진리를 전해 준다. 그들의 계보가 『브리하드아란야카 우파니샤드』 같은 데에서 나오고 있다. 그러나 그들이 곧 『우파니샤드』의 저자라고 말할 수는 없다. 주인공일 뿐이다.

그러니까, 현재 존재하는 200개가 넘는 『우파니샤드』들에는 모두 기록자로서의 저자 이름이 전해지고 있지 않다. 저자는 없다. 이에 대해서 상상력이 움직이는 방향은 둘이다. 하나는 신이 지었다고 생각하는 것이며, 다른 하나는 신이나 인간이 지은 것이 아니라 원래부터 존재한다고 보는 방식이다. 물론 이 두 경우 모두 『우파니샤드』라는 문헌이 갖는 진리성을 높이고자 하는 의도를 갖고 있다.

인도의 정신문화사에서 『우파니샤드』가 최고(最古)의 문헌은 아니다. 그 자리는 『베다』〔Veda, 이는 '지식(知識)'이라는 뜻〕에게 내주어야 한다. 그런데, 이렇게 말하는 것 자체에는 다소 어폐가 없지 않다. 왜냐하면, 『우파니샤드』와 『베다』를 구분하는 것은 현재 학자들의 판단일 뿐이기 때문이다. 인도에서는 예부터 『우파니샤드』를 『베다』 문헌 속에 집어넣어서 이해하고 있다. 애당초 좁은 뜻의 『베다』〔이를 상히타(Saṃhitā), 본

집(本集)이라 한다]가 있고, 거기에 덧붙여져서 『베다』의 종교적 측면을 더욱 확대·부연해 간 것이 『브라흐마나(Brāhmaṇa, 梵書)』이며, 철학적 측면을 더욱 확대·부연해 간 것이 바로 『우파니샤드』이다. 따라서 『우파니샤드』는 넓은 뜻의 『베다』의 마지막 부분이라 할 수 있다. 그런 의미에서 '베단타(Vedānta, 베다의 끝)'라고도 말해진다.

그렇다면, 왜 현대의 학자들은 『베다』와 『우파니샤드』를 구분하여 말하고 있을까? 좁은 뜻의 『베다』와 『우파니샤드』 사이에는 동질성도 있지만, 그것보다는 차이성을 더욱 크게 인식하고 있기 때문인 것으로 생각된다. 좁은 뜻의 『베다』는 기본적으로 수많은 신들을 노래하고 있다. 다신교의 입장을 취하고 있었던 것이다. 그러니까 신들에 대한 제사를 강조하면서, 의례가 그 중심에 놓여 있었다고 보았다. 물론, 이러한 다신교적 경향을 넘어서서 많은 신들을 하나로 아우를 수 있는 원리에 대한 사고가 이미 좁은 뜻의 『베다』 속에 등장하고 있다. 그러나 전체적으로 볼 때 『우파니샤드』에 이르러 보다 본격적으로 하나의 원리를 탐구하게 되었으니, 바로 '참나'를 의미하는 아트만(ātman)이나 브라만(brahman) 개념의 등장이 바로 그것이다. 이제, 『우파니샤드』라는 텍스트(를 지은 저자)의 의도 역시 이 아트만 혹은 브라만을 인식케 하는 데에 두어지게 되었던 것이다.

『우파니샤드』가 이룩한 가장 위대한 업적은 사람들로 하여금 밖으로 향하려는 시선을 거두어 스스로의 내면을 보게 했다는 데에서 찾을 수 있다. 이제 신에게 스스로의 문제 해결을 위탁하려는 태도를 포기하고, 자기 스스로의 존재를 확인하고자 한다. 여기서 우리는 진리 혹은 온 우주의 삼라만상을 근거지우는 하나의 원리를 찾아 헤매고 다녔던 구도자의 의문을 상상할 수 있게 된다.

"도대체 진리란 무엇인가?", "나를 구원해 줄 절대자는 누구이며, 어디에 존재하는 것일까?" 이러한 제자들의 질문 앞에 선 스승은 말한다. "그것은 바로 너이다."(『찬도갸 우파니샤드』) 이 가르침을 내면화한 젊은 구도자가 깨달음을 얻었을 때, 그는 또한 외친다. "내가 곧 브라만이다."(『찬도갸 우파니샤드』) 이러한 격언들은 『우파니샤드』의 입장을 핵심적으로 나타내고 있으므로, '위대한 격언'으로 불린다.

나는 아트만이다. 나는 브라만이다. 그렇다면, 당연히 "이 아트만은 저 브라만이다."(『브리하드아란야카 우파니샤드』)라는 말도 성립될 것이다. 브라만과 아트만은 하나다. 이러한 범아일여(梵我一如)를 인식하는 것, 절대자는 밖에서가 아니라 내 안에 이미 존재하고 있음을 아는 것을 곧 해탈이라 한다. 그러한 인식이 가능하다면, 우리에게는 더 이상 윤회가 있을 수 없게 된다. 여기서, 우리는 『우파니샤드』의 수행법이 제사의례가 아니라 명상에 있음을 다시 한 번 더 확인하게 된다.

『우파니샤드』의 수행법이 명상이지만, 언어를 떠난 명상을 의미하는 것이 아님은 주의할 만하다. 철저하게 언어에 의지하여, 언어로부터 출발하는 명상을 추구해 간다. 먼저 스승으로부터 가르침을 듣고(聞), 그 내용에 대해서 심사숙고를 해가면서(思), 마침내는 명상에 들어서 내가 곧 아트만임을 인식하는(修) 세 단계를 밟아나간다. 내가 곧 브라만이며 아트만일 뿐만 아니라, 온 우주 안의 어떠한 존재도 브라만 아닌 것은 없다. 그 무엇(X)이든지 모두 브라만이다. 이렇게 구체적인 사물 하나하나를 브라만으로 승화하여, "그렇다"고 인식해 가는 명상법을 염상(念想, upasāna)이라고 말한다. 이렇게 염상을 통하여, 문득 스스로 아트만이고 스스로 브라만임을 깨닫게 되었을 때 우리는 기쁨으로 충만하게 된다. 왜냐하면, 물질 등의 겉껍질을 다 벗어던진 아트만은 기쁨만으로 이루어져 있다고 『타이티리야 우파니샤드』는 말하고 있기 때문이다.

『우파니샤드』는 『베다』의 가르침을 종합하고, 다시 그 이후의 모든 사상사의 원천이 되어 준다. 우선, 힌두교로 흘러들어가는 물줄기를 따라가면 그 어떤 학파이든지 그 존립 근거를 『우파니샤드』에서 찾는다. 그 중에서도 가장 큰 영향은 베단타학파에서 찾아볼 수 있다.

앞서, 『우파니샤드』 그 자체를 베다의 끝이라는 의미에서 베단타라고도 부른다는 점을 지적했지만, 베단타학파에서는 『베다』의 궁극적 의미(이 역시 '베단타'라는 말의 뜻이다)를 『우파니샤드』에서 찾는다. 다만, 앞서 말한 것처럼 『우파니샤드』는 대화록이나 시편으로 볼 수 있을 뿐, 체계적인 철학 논문이라 할 수 없다. 이 점을 보충하여, 『우파니샤드』의 가르침을 철학화한 텍스트가 출현하였으니 바로 『브라마 수트라』이다. 샹카라(śaṃkara)와 같은 철학자가 주요한 『우파니샤드』를 주석함으로써 베단타 철학을 정립해 간다.

한편, 『우파니샤드』는 불교에도 적지 않은 영향을 미친다. 앞서 말한 윤회와 해탈이라는 사유는 그대로 불교 안에서도 발견된다. 그보다 더욱 중요한 것은, "내가 곧 브라만이다."라는 『우파니샤드』의 위대한 격언이 불교에 이르러 "내가 곧 부처이다."로 변했다는 점이다. 구조적으로는 동일하다. 다만, 아트만이 현상 너머 존재하는 궁극적 실체를 가리킴에 반하여 부처는 형이상학적 실체를 의미하는 말이 아니다. 중생의 성품과 부처의 성품이 다르지 않다는 점에서 공(空)인 셈이다. 아트만의 유(有)와는 정반대의 내용을 불교는 갖고 있다.

★ 추천도서와 읽을거리

원문은 역시 산스크리트를 아는 역자가 옮긴 『**우파니샤드** I·II』(이재숙 옮김, 한길사, 1996)를 읽을 수밖에 없다. 그리고 내용의 의미를 파악하기 위해서는 라다크리슈난의 『**인도철학사 I**』(이거룡 옮김, 한길사, 1998)을 참고할 수 있을 것이다.

제3영역 · 역사와 철학

73

육조단경

● 강문선(법명 : 혜원) 동국대학교 선학과 교수

"혜능이 동산(오조 홍인대사)에게서 법을 얻고 갖은 괴로움을 다 받아서 목숨이 실낱같더니, 오늘 사군과 관료 승니 도속과 더불어 이렇게 하나의 모임으로 함께하게 되니 이것이 어찌 수많은 겁의 인연이 아니리오.

또한 이것은 과거 생에 모든 부처님 회상에서 한 가지로 선근을 심었기 때문이라. 이제 바야흐로 불법 중의 으뜸이 되는 돈교(頓敎)의 법을 듣는 인연이 되었으니 이 가르침은 앞의 성인들께서 전하는 바이요, 이 혜능 자신의 지혜가 아니니 원컨대 옛 성인들의 가르침을 배우고자 하는 사람들은 각자가 마음을 깨끗이하여 듣고 또한 각자 의심을 제거하면 역대 성인과 다름이 없을 것이다."

혜능 대사께서 다시 대중을 향하여 말했다. "선지식들이여! 보리반야의 지혜를 세상 사람들이 본래 갖추고 있지만 마음이 어리석어 스스로 깨닫지 못하나니 모름지기 큰 선지식의 인도하심을 빌려서 견성을 하도록 해야 한다.

어리석은 사람과 지혜로운 사람의 불성자리에는 차별이 없는 것이니 다만 불성을 깨닫고 깨닫지 못함만이 다르다는 것을 알아야 한다. 그러므로 어리석음과 지혜로움이 있을 뿐이다."

중국불교사에서 중국 선(禪)의 근본적인 가르침이 처음 설해진 것은 『육조단경』(이하 『단경』, 676~745년 사이에 성립)부터다. 현재 한국의 조계종은 선불교가 중심이며, 이 선맥은 중국 광동성 소주(韶州)의 조계산 보림사에서 교화한 중국 선종 제6대 혜능의 선지(禪旨)를 계승한 것이다. 『단경』은 혜능의 종지(宗旨)를 이해하는 데 중요한 텍스트가 된다. 그것은 바로 한국 선(禪)을 이해하는 길이기도 하다.

『단경』은 달마계 남종선의 조사인 혜능이 소주의 자사(刺史, 文官職) 위거(韋據)의 청에 응해 대범사(大梵寺)에서 행한 수계설법을 문인(門人)인 법해(法海)가 기록한 것이다. 청정심을 몰록 깨치는(頓悟) 법문을 도속(道俗)에게 널리 전하고자 하는 것이 목적이다.

중국 선종 제1조가 되는 보리달마가 서인도에서 중국으로 건너와, 불법의 근원은 중생심이 불성(佛性)임을 체험하는 것이며, 이는 '벽관(壁觀)'이라는 선(禪)을 통해서 이루어짐을 가르치고 이를 계승한 것이 선종이다. 제5조 홍인의 제자에게는 수많은 선자(禪者)들이 있었고 그 중 교학에 밝고 유교, 노장학 등에도 박학한 신수(神秀, 605~706)가 상수제자였다. 홍인의 이러한 교단에 남쪽 변방에서 혜능이 온 것이다.

혜능(638~713)은 속성이 노씨, 범양 사람이며 영남(대수령의 남쪽)에서 홀로 된 모친을 모시다가 22세, 불교와 인연이 있어서 북쪽 황매산에 가서 홍인을 만난다. 홍인에게 지혜를 인정받은 혜능은 곁에서 8개월간 시봉한 후 법을 잇게 된다. 다시 남방으로 돌아가 16년간 유행하다가 인종의 『열반경』 강의를 들은 것이 인연이 되어 그곳에서 삭발하고 스님이 된다. 그 후 보림사에서 선을 가르치고 다수의 제자를 배출하고 76세 입적하였다.

『단경』은 혜능의 선(禪)사상집이다. 19세기 말, 돈황에서 발견된 이후 많은 이본(異本)이 있다. 여기에서는 돈황본을 중심으로 그 내용을 살펴본다. 설법집의 형태를 갖춘 『단경』은 우선 혜능 자신의 인생에 대해서 말한다. 대개 불자는 자신에 대해서라기보다 불타의 교설이나 자신의 교설에 대해서 말한다. 그런데 혜능은 그렇지 않다. 자신이 태어난 곳이 남방 영남임을 명시하고 집은 가난하고 그래서 학문을 배울 여지가 없었다는 것, 조악한 가운데서 한 객의 『금강경』 한 구절을 듣고 깨친 바가 있었다는 것이다. 스스로 마음의 밝음과 자유를 체험한 것이다. 혜능은 한걸음에 홍인의 곁에 도달하고 자신의 이러한 마음을 스승에게 보이기 위해서다. 당시 격조 높은 북방의 수행자와는 크게 달랐다. 그는 극히 평범하면서도 당시에 질시받는 백성인 것이다. 이런 자가 홍인을 상견하였다. 이들의 대화는 선종 사상의 근거가 된다.

홍인은 묻기를, "어디 사람이며 이 산에 와서 무엇을 구하겠다는 것인가?" 혜능은 "영남인이며 신주의 백성이며 무엇을 구하기 위해서가 아니라 불법을 구하기 위해서입니다." "그대가 영남인이라면 야만인이지 않는가, 어찌 감히 불법을 구한다 하는가." 혜능은 "사람에게는 남북이 있어도 부처에게는 남북이 없을 것이며 저는 오랑캐의 몸이지만 스님과 같사오니 부처의 성품에 무슨 차별이 있겠습니까."

당시 중국은 북쪽이 문화도시라고 여기고 남쪽은 야만이 사는 곳으로 차별을 둔 정서이다. 시골 태생인 주제에 어찌 감히 불법을 배우려고 함을 질책해 보는 대화다. 그러나 혜능이 스스로 '모든 중생에게는 불성이 있음'을 체험을 통해 확증한다. 선은 스스로 부처(佛)임을 깨닫기 위한 수행이고 체험이다. 혜능이 귀담아 들었던 『금강경』의 구절, "응무소주이생기심(집착에서 벗어난 마음이거라)"이다. 어디에도 걸림이 없이(無住) 사는(住) 삶이 선자(禪者)의 인생인 것이다. 바로 이러한 삶이 황매에 있음을 듣고 나선 것이다. 이것은 바로 『단경』의 중심 사상이 된다.

"나의 법문은 무념(無念)을 종(宗)으로 삼고 무상(無相)을 체(體)로 하고 무주(無住)를 본(本)으로 한다."라고 밝힌다. 모든 집착되는 생각을 버림으로써 자유로워질 수 있음을 강조하고 형상에 대한 집착과 차별에서 벗어날 때 평등한 것이며 이러한 자유와 평등이 무주라는 것이다. 이

같이 '무(無)의 자유'가 혜능의 선이다. 혜능은 이 같은 논점에서 종래의 불교 교설을 새롭게 해석한다. 삼신불(三身佛), 삼보(三寶), 사홍서원, 삼귀의 등에 대해서다. 부처에게서만 삼신이 있는 것이 아니라 그것은 우리 자신이라는 것, 즉 우리가 청정법신이며 원만한 부처이며 깨친 부처라는 것이다. 청정무구한 마음이 본래 우리에게 있는데 절대 밖에서 구하지 말라는 것. 혜능은 이처럼 대상적인 부처를 인정하지 않았다.

위거는 당시 유행하는 아미타불 숭배에 대해서, 염불을 하면 반드시 극락에 간다고 하는데 사실인가를 물었다. 혜능은 "서방정토는 멀기도 하고 가깝기도 한 것. 이것은 인간의 지혜의 정도에 따른 것이다. 미혹한 자는 자신의 마음을 닦지 않고 서방정토를 생각한다. 당연히 정토는 멀 것이고 자신의 마음을 청정히 한 자는 정토는 가까운 것"이라 했다. 그래서 '자성이 미혹하면 부처가 중생이며 자성을 깨치면 중생이 곧 부처'라고 하였다. 아미타불을 보려고 하는 민중에게 자신이 부처라고 하는 새로운 불교를 가르쳤다. 선의 특징이다.

『법화경』을 공부하기를 7년, 아직 정법에 미혹한 학자에게 혜능은 "『법화경』은 어떤 경인가?"라고 묻자, 법달은 『법화경』을 읽어 주었다. 혜능은 이를 듣고 "'부처님은 오직 일대사(一大事)의 인연으로 세상에 출현하셨다'라는 '일대사 인연'은, 마음이 형상에 집착하거나 안으로 공에 집착하면 미혹한 것이므로 이 미혹함을 제거하여 청정무구한 본성을 자각하는 것을 말한다."라고. 결국 부처님은 견성(見性, 깨달음)을 보이기 위해 출현했음을 의미한다는 것이다. 이는 『법화경』의 선적(禪的) 해석이다. 그리고 『단경』에서 "마음을 행하면 법화를 굴리고 행하지 못하면 법화가 (나를) 굴린다. 마음이 바르면 법화를 굴리고 마음이 삿되면 법화가 굴린다."라고 설한다. 우리는 많은 책을 읽는다. 그때 우리는 많은 책의 노예가 된다. 우리는 책의 노예가 되어서는 안 되며 책이 우리의 노예가 되어서도 안 됨을 혜능은 말한다. 자유로운 마음, 무심한 마음이야말로 노예로부터 벗어나는 지혜이다. 혜능의 사상과 설법의 방법은 이처럼 단순명해(單純明解)하다.

혜능은 유언으로 삼과(三科) 삼십육대(三十六代)법을 설했다. 이 법문은 결국 모든 것은 감각, 감각의 기관, 감각의 식(識)에서 나타난다는 것. 그러나 이것은 마음이 근원이고 모든 대립도 마음의 대립에서 일어나는 것, 따라서 마음이 자유로워졌을 때 모든 존재에 대한 집착에서 벗어날 수 있다는 것이다. 결국 앞에서 말한 무상, 무주, 무심의 자유를 강조하고 융통무애의 자유로운 마음을 강조한 것이다.

당시의 선은 고요히 앉아서 마음의 본체를 깨닫고 그래서 모든 집착에서 벗어난다는 것이었다. 혜능은 이 같은 선에는 관심이 없었다. 그의 선은 현실에서의 선, 간명직절(簡明直截)의 생동하는 선이다. 깨달음의 경지에 이른다는 것은 도덕성의 가치를 지닌 그런 것이 아니라 바로 이 자리에서 어떠한 것에도 괴로움이 없는 자유로운 마음, 인간의 본성을 깨치는 것이 진정한 깨달음에 이르는 것이다. 안록산의 난으로 난세를 사는 당시 민중의 마음에는 혜능의 선이 파고든다. 자유 활달, 그 어디에도 걸리지 않는 본성의 깨침이 민중에게 삶의 희망이 되는 선이었다.

이처럼 인간의 자유를 드러내고 지극히 자유로운 마음을 정치(精緻)하게 설한 것이 혜능의 『단경』이다. 무한경쟁의 이 시대에, 자유와 평등의 승리로 이끌어 주는 이 책은 우리에게 가장 소중한 성경이 될 것이다.

★ 추천도서와 읽을거리

김윤수 역주, 『육조단경 읽기』, 마고북스, 2003
『육조단경』의 내용을 풀어 설명하면서 그 난해한 불교적 특성을 현대적 감각에 맞게 파헤쳐 불교에 관심이 많은 사람들을 위한 길을 터놓은 책이다.

제3영역 · 역사와 철학

74

장자

● 김항배 동국대학교 명예교수

　사람의 생활방식은 천차만별이지만 요약하면 결국 두 가지뿐이다. 첫째는, 밖으로부터 무엇을 얻어 가져서 '저'를 풍요롭게 하거나, 만족과 성취를 얻고자 하는 생활태도이다. 둘째는, 가능한 한 제 스스로의 욕심이나 고집을 버리고 자연(自然) 그대로에 맡겨 자연과 하나가 되는 삶을 지향하는 길이다. 전자의 길은 끝까지 가더라도 '나'와 '나 아닌 자〔他〕'와의 대립과 모순을 극복할 수가 없다. 즉 '타(他)'를 향해서 '나'를 확대하려는 의지는 결국 대립과 갈등을 피할 수 없기 때문이다. 다만 겉으로 대립과 갈등을 어느 정도 완화시키는 제도나 장치를 하는 것이 고작인데, 이는 꾸밈일 뿐 대립과 갈등 그 자체를 해소시킬 수가 없다. 반대로 후자의 길은 '나'를 승화시켜서 '타'와 일치하는 길이다. 즉 더 이상 고집할 '나'가 없으므로 대립하거나 적대해야만 할 '타'도 없다. 그러므로 장자는 "지인무기(至人無己), 신인무공(神人無功), 성인무명(聖人無名)"이라 한다. 지극한 사람이란 곧 자기의식을 초극한 사람이다. 따라서 상식적인 의미의 자아(自我)가 따로 없다. 자아관념이 없으므로 타자(他者)도 없다. 즉 '무기(無己)'는 바로 '무타(無他)'와 통한다. 그러나 자타(自他)의 대립관념을 넘어섰다고 하여 아무것도 없게 되는 것은 아니다. 여전히 '나'는 그대로 '나'이다. 그러나 이 때의 '나'는 '타'와 다르지 않은 '나'이다. 그러므로 장자의 '무기'는 곧 '무타'인 동시에 '전기(全己)'이다. '나 아닌 것'이 없는 '나'이기 때문이다.

사마천의 『사기(史記)』를 보면, "장자(莊子)는 몽현〔蒙縣, 현재의 하남성(河南城) 상구현(商丘縣)〕 사람이며 이름은 주(周)이다. 일찍이 몽(蒙) 땅의 칠원리(漆園吏)가 되었다. 양(梁) 혜왕(惠王)이나 제(齊) 선왕(宣王)과 같은 시대의 사람이다. 그의 학문은 넓어서 두루 살펴보지 않은 바가 없으나, 그 요긴한 근본은 노자(老子)의 말에 귀착된다."고 하였다.

노자의 저서인 『도덕경(道德經)』의 저작 연대에 대해서 많은 이론(異論)이 제기되고 있는 것과는 달리, 장자의 시대 문제에 대해서는 학자들이 특별한 쟁론을 일으키지 않는다.

장자는 맹자(孟子)와 같은 시대의 사람인데, 당시는 천자(天子)의 지배력이 약화되어 제후들이 천하를 제패하기 위해서 부국강병에 온 힘을 기울였던 시대이다. 그래서 양 혜왕도 맹자에게 부국강병의 방법을 물었고, 이에 대해서 맹자는 "왕께서는 어째서 '이(利)'에 대해서만 말씀하십니까? 또한 '의(義)'가 있습니다."라고 대답한 것이다.

맹자는 당시의 혼란한 사회 문제의 원인은 각국이 자국의 이익만을 추구하여 투쟁을 일삼는 데 있다고 본 것이다. 그러므로 이의 해결을 위해서는 각국의 통치자들의 먼저 도덕심을 회복해야만 된다고 진단한 것이다. 이와는 달리, 장자는 단지 물리적 힘에 의한 통치에만 문제가 있는 것이 아니라, 지나치게 인위적인 문명과 제도에 의한 통치에도 문제가 있다고 보았다. 즉 통치자들이 자기 합리화를 위한 도덕률이나 법령만으로는 참으로 국민을 평안하고 복되게 해줄 수 없다고 본 것이다. 그러므로 통치자는 먼저 자기 중심적이고 인간 중심적인 모든 편협한 관념에서 벗어나서 우주와 인간 및 삼라만상을 관통하는 순수 자연의 대도(大道)를 깨달아, 이와 일치한 마음자리에서 무심(無心)하고 무욕(無欲)하게 국민을 다스려야 한다고 보았다. 이렇게 해야만 국민들 마음속에 본래 내재해 있는 도심(道心)이 개발되어 화목하고 복된 사회가 실현될 수 있다고 본 것이다. 이것이 이른바 '무위이치(無爲而治)', 즉 인위적인 조작 없이 다스리는 방법이라는 것이다.

『장자』는 내편(內篇), 외편(外篇), 잡편(雜篇)을 합하여 33편으로 되어 있다. 이 가운데 내편이 외편과 잡편보다 앞서 기술된 것이며, 장자가 직접 서술한 것이라고 보는 것이 학계의 통설이다. 그러므로 장자의 사상을 이해하려면 우선 내편을 근거로 삼아야 하며, 외·잡편은 장자의 언행을 후인들이 기록한 것이므로, 장자의 사상을 이해하는 데 필요한 보조적 자료가 될 수 있다. 또한 외·잡편은 장자의 사상을 부연 설명한 것이므로, 내편의 사상을 이해하는 데 도움이 될 뿐만 아니라, 후인들이 장자를 어떻게 이해하였는가를 엿볼 수 있는 좋은 자료이다. 그러나 여기서는 지면의 제약 때문에 그 모두를 살펴볼 수는 없고, 내편의 사상만을 압축해서 요약하려고 한다.

『장자』 내편 가운데서도 「소요유(逍遙遊)」와 「제물론(齊物論)」이 가장 중요하다. 먼저 「소요유」의 대의를 간략히 살펴보겠다. 「소요유」에서는 먼저 광대무변한 우주가 생명체들로 가득 차 있으며, 이들이 서로 생명적 공감과 교류를 하고 있음을 말한다. 또한 대자유를 증득하고자 하는 큰 뜻을 품은 사람을 대붕(大鵬)에 비유하여 그가 모든 사욕과 공명심을 극복하고, 대자유를 증득하여 대자연과 일치된 생명으로 거침없이 사는 모습을 묘사한다. 그러나 진정한 구도자는 개인의 자유에만 목적이 있는 것이 아니라, 모든 사람과의 진정한 화해와 평화에 그 목적이 있으므로 다시 인간 사회에 복귀한다. 장자는 이것을 대붕이 청천(靑天)을 등에 지고 거침없이 날아다니다가 다시 남쪽바다로 내려온다는 상징적 비유로 묘사한다. 결국, 장자가 생각한 가장 이상적 인간형은 초월과 복귀를 하나의 인격 속에 온전히 체현한 인간이다. 그러므로 장자는 "지인무기(至人無己), 신인무공(神人無功), 성인무명(聖人無名)"이라고 한다. 즉 지극한 사람은 자기가 없고, 신령한 사람은 공(功)이 없으며, 성스런 사람은 이름이 없다는 것이다. 자기가 없으니, 곧 타인도 없다. 즉 지극한 사람이란 바로 자신과 타인의 대립을 온전히 초극한 사람이라는 말이다. '공(功)'이란 이 편과 저 편이 구분된 다음의 일이다. 그런데 신인(神人)은 공이 없다고 하였으니, 이 편과 저 편의 구분이 없이 사는 사람이라는 뜻이다. '이름'이란 하나의 독립된 개별자로 규정된 다음의 일이다. 그런데 성인은 이름이 없다고 하였으니, 무엇이라고 규정할 수 없는 사람이라는 뜻이다. 이처럼 자타(自他)의 대립도 없고, 내 편이나 네 편의 구분도 없으며, 무엇이라고 규정할 수도 없이 사는 사람이 진정한 참사람이고, 이 참사람을 실현하는 것이 인간 공통의 궁극적 이상이며, 이 궁극적 이상이 실현될 때에만, 진정한 평화의 세계도 실현될 수 있다고 장자는 본 것이다.

「제물론」이란 제목은 두 가지로 해석할 수 있다. 첫째는 모든 사물에 대한 이론, 즉 '물론(物論)'들은 본질적 차별이 없이 평등하다는 의미이고, 둘째는 '제물(齊物)'에 대한 이론, 즉 모든 사물들이 본래 평등하다는 이론이라는 의미이다. 두 가지 뜻이 모두 일상적 지식이나 인식에 대한 비판을 함축하고 있다. 일상인들은 하나의 사물에 대한 판단이 서로 다를 때, 서로 다른 명제들 사이에는 본질적 차이가 있다고 믿는다. 예를 들어 "세계의 본질은 물질적인 것이다."라는 명제와 "세계의 본질은 정신적인 것이다."라는 명제가 제시된 경우에, 우리는 흔히 이 두 가지 명제는 완전히 다른 것이라고 믿는다. 그러나 물질 자체가 무엇이고, 정신 자체가 무엇인가를 완전히 해명하기 전에는 이 두 가지 명제가 어떻게 다른가를 우리는 이해할 수 없다. 우리가 '하나의 사물'이라고 말하는 것도 실제는 어떤 고정된 실체를 알고 난 다음에 하는 것이 아니다. 단지 우리의 감각에 그것이 동일한 것으로 반복해서 느껴지기 때문일 뿐이다. 즉 감각에 의한 동일한 형상(形象)이 우리들로 하여금 하나의 고정되고 고립된 사물이 있는 것처럼 믿게 할 뿐인 것이다. 즉 우리의 이율

배반적인 이성의 형식에 의해서 구분한 주장들이나, 우리의 감각에 의해서 믿어버린 사물들의 존재는 정확한 것이 되지 못한다는 것이다. 그러므로 자연의 실상을 깨닫기 위해서는 다른 통찰이 필요하다는 것이다. 이런 통찰은 주관적인 관념을 외부에 투사해서 만들어낸 거짓된 지식이 아니라, 오히려 우리의 감각과 이성의 형식에 얽매이지 않고, 우리의 심령을 본연의 순수성에로 환원할 때 드러난다고 본 것이다. 서양철학적 용어로 말하면, 모든 은폐성에서 벗어난 본연의 마음 또는 존재의 자기 현시라고 할 수 있다.

모든 분열과 대립의 현상은 분열되고 대립된 의식으로부터 산출된다. 그러므로 분열되고 대립적인 의식의 완전한 초극이 곧 대립적인 현상의 초극일 수 있다고 장자는 본 것이다. 밖에 있는 모든 것은 안으로부터 드러난 것이요, 반대로 말하면 안에 있는 모든 것들이 밖으로 드러난 것이기 때문이다.

「양생주(養生主)」에서는 소 잡는 사람의 이야기를 빌려서, 올바른 처세의 방법에 대해서 말하고 있다. 즉 소 잡는 사람이 소를 하나의 대상으로만 보면, 소와 사람 사이에는 장애가 없을 수 없다. 칼로써 소의 힘줄과 근육, 그리고 뼈를 자르다 보면 칼도 손상을 입게 된다. 그러나 소의 내부 기관에는 서로를 연결해 주는 통로가 있다. 그래서 소 잡는 사람이 감각에 의존하지 않고, 정신을 집중하여 칼로써 그 빈 통로를 지나면, 억지로 힘을 들이지 않고도 소가 해체된다. 여기서 소의 내부 기관이란 인간 사회의 복잡다단한 관계를 비유한 것이고, 칼이란 각 개인의 주관성을 비유한 말이다. 칼로써 빈 통로를 지난다고 하는 것은, 주관적인 모든 관념이나 욕망을 버리고 도(道)에 일치하는 마음으로 돌아가면, 모든 현상에 내재하는 도(道)의 본성 속에서 서로 통하게 되므로, 피차에 아무런 장애가 없다는 것이다.

「인간세(人間世)」, 「대종사(大宗師)」, 「덕충부(德充符)」, 「응제왕(應帝

王)」에 대해서는 지면상 상세히 논할 수가 없다. 다만 대체적인 요지만을 압축해 보면,「인간세」는 도(道)를 추구하는 사람이 이 세상에 나아가 어떻게 사람들을 일깨워줄 것인가를 말하고 있다. 일상인들에 대해서 우월 의식을 지녀도 안 되고, 다른 이들을 억지로 가르치려고 해서도 안 된다는 것이다. 먼저 자기 마음을 깨끗이 해야 되는데, 그러기 위해서는 무심(無心)의 경지에 들어가 자기의 존재조차도 의식하지 않아야 되며, 이런 지경에 들어가면 귀신도 의지하려고 하게 되어 모든 사람을 감화시킬 수 있다는 것이다.「대종사」는 도적(道的) 생명을 자기화한 경지에서 사는 사람에 대해서 말하고 있다. 이런 사람은 어떤 자연의 변화, 심지어는 천지개벽과 같은 일이 있더라도 놀라지 않으며, 그런 일에 그의 참생명이 손상을 받지 않는다는 것이다. 이런 사람은 생사(生死)와 이해(利害)를 동일하게 보며, 인간이나 만물을 생기 있고 복되게 할 수 있다는 것이다.「덕충부」에서는 도를 체득하여 덕성이 충실한 사람은 반드시 그 징험이 나타나게 된다는 것을 말하고 있다. 그런 사람에게는 육체적인 결함이 아무런 장애가 될 수 없으며, 특별한 능력이나 재능을 보이지 않으면서도 능히 사람들의 마음을 열어주고 일깨워주는 공덕이 있다는 것이다.「응제왕」에서는 이처럼 도덕을 온전히 체득한 사람은 세상에 응해서 제왕이 될 만한 사람이며, 그런 사람은 억지로 인위적인 법령을 만들어 인민을 다스리는 것이 아니라, 대도(大道)의 흐름에 순응함으로써 백성을 절로 평안하게 한다는 것이다. 이런 사람은 공적이 천하를 덮더라도 자기와는 상관이 없는 듯이 하고, 덕화(德化)가 만물에 미치더라도 인민은 누구에게 의지한 줄을 의식하지 못해서 아무도 그의 이름을 들먹이지 않는다. 그는 모든 것들로 하여금 절로 기쁘게 하지만, 아무도 그를 헤아릴 수 없는 경지에 서서, 아무런 사물도 없는 데서 노닌다.

★ 추천도서와 읽을거리

김항배, 『장자철학정해(莊子哲學精解)』, 불광출판부, 1992

『장자』 내편을 중심으로 중국 진대(晉代) 곽상(郭象)의 주석과 현대 노자·장자 철학 연구자의 대표자인 진고응(陳鼓應)의 주석을 해석하고 자신의 견해를 덧붙이면서, 아울러 자신의 논문들을 보론(補論)에 수록하고 있다.

안동림 역주, 『장자(莊子)』, 현암사, 1994

고금의 여러 주해서를 정리하여 『장자』 내편, 외편, 잡편의 원문과 주해 모두를 한 권에 담아냈다. 『장자』를 처음 접하는 한자에 익숙하지 않은 독자에게 적당하나, 간혹 저자 개인의 의역에서 영문학을 전공으로 한 저자의 한계가 엿보인다.

이강수, 『노자와 장자 : 무위와 소요의 철학』, 길, 1997

노자의 무위(無爲) 철학과 장자의 소요(逍遙) 철학을 함께 다루고 있다. 일반독자를 대상으로 평이하고 쉽게 기술한 노장 사상 입문서의 성격을 지닌다. 장자의 철학을 인간관, 지식론, 자연관, 양생술, 사회정치 사상, 미학, 철학 정신의 여러 각도에서 조명하고 있다.

후쿠나가 미쓰지(福永光司), 『장자(莊子) : 고대 중국의 실존주의』, 이동철·임헌규 옮김, 청계, 1999

일본에서 약 20년간에 걸쳐 50여 판이 발행되고, 5개 국어로 번역된 장자 철학의 해설서이다. 저자는 장자를 고대 중국의 실존주의자로서 이해하는 관점을 피력하고 있는데, 일반독자들이 읽기에도 큰 무리가 없다.

제3영역 · 역사와 철학

75

존재와 시간
마르틴 하이데거

● 김종욱 동국대학교 불교학과 교수

　세계-내-존재(In-der-Welt-sein)에는 그가 자기 자신에게 떠맡겨져서 그때마다 이미 하나의 세계 속에 던져져 있다는 것이 속한다. 현존재(Dasein)가 자기 자신에게 떠맡겨져 있다는 것은 불안 속에서 근원적 구체적으로 제시된다. '자기를 앞질러 있음'을 더 완전하게 표현하면, 하나의 세계 안에 이미 있으면서 자기를 앞지름이다. (……) 나아가 현존재의 현실적 실존은 일반적 무차별적으로 던져진 세계-내-존재-가능이 아니라, 언제나 이미 배려되는 세계 속에 몰입해 있음이다. (……) 그러므로 현존재의 존재론적 구조 전체의 형식적 실존론적 전체성은 다음과 같은 구조로 파악되지 않으면 안 된다. 현존재의 존재란 '(세계 내부적으로 만나는 존재자) 곁에 [몰입해] 있음으로써 (세계) 안에 이미 있으면서 자기를 앞지름'을 의미한다. 이 존재는 마음씀(Sorge)이라는 명칭의 의의를 충족시킨다.

『존재와 시간(Sein und Zeit)』(1927)의 저자 마르틴 하이데거(Martin Heidegger, 1889~1976)는 시대가 바뀌어도 언제나 기억될 20세기의 대표적인 철학자 중 한 사람이다. 1889년 9월 26일 성당지기의 아들로 태어난 그는 프라이부르크 대학에서 처음에는 신학을 공부했으나 2년 후 철학 쪽으로 완전히 방향을 바꾸어 중세 철학자 둔스 스코투스에 관한 논문으로 교수 자격을 취득했다. 프라이부르크 대학에서 에드문트 후설(Edmund Husserl)의 조교로 사강사(私講師) 생활을 시작했고, 마르부르크 대학에서 정교수로 1년간 근무한 뒤 후설의 후임으로 프라이부르크 대학에 부임하였다. 1933년 나치스 정권하에서 프라이부르크 대학 총장에 취임하였으나, 대학 문제에 개입하려는 나치당의 압력에 불복하여 10개월 만에 사임했다. 나치와의 불화로 제2차 세계대전 말기에는 참호 공사에 동원될 정도였으나, 나치스하의 총장직이 문제되어 종전 후 프랑스 점령군에 의해 교수직이 박탈되었다. 하지만 정화위원회는 그가 나치스와 관련이 없다고 결론을 내렸고, 1951년 복직되었다가 이듬해 명예교수로 퇴직하였다. 그 후 여러 곳에서 강연과 세미나를 계속하였으나 대부분의 시간을 슈바르츠발트의 토트나우베르크의 한적한 산장에서 사색과 저술에 전념하였다. 1976년 5월 26일 자택에서 부인에게 "감사한다."는 말을 끝으로 심장마비로 세상을 떠났다.

하이데거가 철학을 공부하던 1910년대는 근대의 종언 속에서 현대철학이 본격적으로 그 태동을 준비하던 여명기였다. 그는 지도교수였던 리케르트(H. Rickert)로 인해 신칸트학파의 영향 아래 있었으나, 후설이 프라이부르크 대학 철학과에 부임하여 그의 조교가 된 이후에는 현상학으로 완전히 탈바꿈하였다. 1922년에는 일본인 유학생들에게 후설의 『논리학 연구』를 강독하고, 그 사례금으로 토트나우베르크에 산장을 세울 정도로 후설에 경도되어 있었으나, 대학시절부터 공부해 온 서양철학사

전반에 대한 폭넓고 깊이 있는 지식은 그를 단순히 현상학의 후계자로만 머물게 할 수는 없었다. 아리스토텔레스와 스콜라 철학과 헤겔 등에 관한 통찰과 연구는 그의 사유의 테마를 인식론이 아니라 존재론 내지 형이상학으로 설정하게 만들었고, 후설이 창도한 현상학조차 기초존재론으로 해석하기에 이르렀다. 다시 말해 후설처럼 사유하는 주관의 구성적 능력과 그 구성력의 구현자인 선험적 절대 자아를 강조하기보다는, 이미 세계내존재로서 주변 세계와 관계를 맺으며 죽음을 향해 선구적으로 결단해 가는 인간 현존재의 실존적 상황이 그에게는 더 중요한 문제였다.

『존재와 시간』이라는 제명은 존재를 시간으로 해석한다는 의미이다. 따라서 하이데거는 이 책을 존재 물음에서부터 시작한다. 어떤 것이 존재하고 있다는 것이야말로 신비 중의 신비로서 철학자들의 영원한 테마였다. 그렇기 때문에 파르메니데스가 존재를 사유의 테마로 설정한 이래 플라톤, 아리스토텔레스, 스콜라 철학, 데카르트, 칸트, 헤겔 등에 이르기까지 존재는 언제나 철학의 기본 주제였다. 그러나 하이데거가 보기에 그들은 '존재한다(sein)'는 개념을 너무나도 자명한 것으로 여겨 그것을 보편적 명사로서 추상화시킨 다음, 오직 존재자들의 근거와 그런 근거의 장악을 통한 존재자들의 위계적 지배에만 관심이 있었다고 할 수 있다. 그러므로 이제 하이데거는 존재 물음을 원초적인 입장에서 다시 제기하며, 이 물음을 풀어가기 위해 인간이 존재를 어떤 식으로든 이해하며 살아가고 있다는 사실 또는 사태를 실마리로 삼는다. 이처럼 기본적으로 주어진 어떤 '사태 자체에로(Zu den Sache selbst)' 돌아가는 것이야말로 그의 스승 후설이 제시한 현상학의 대표적 구호였지만, 후설에게 사태 자체가 인간 의식의 구성 작용 현상을 가리키는 데 반해, 하이데거에게서 사태 자체란 인간이 이 세계에 내던져져 현실을 살아가면서 자신의 가능성을 향해 기획하고 있다는 현상을 의미한다. 따라서 주어진 현상의 해명에서부터 철학을 시작한다는 점에서 후설이나 하이데거나 모두 현상학자이지만, 전자의 현상이 인간의 의식 작용을 가리킨다면, 후자의 현상은 인간의 실존 사태를 함축한다고 할 수 있다. 이렇듯 다 같이 현상학이라 하더라도 의식현상학과 존재현상학으로 판이하기 때문에, 하이데거가 『존재와 시간』을 스승 후설에게 헌정했으나 스승은 그를 더 이상 현상학도로서 인정하지 않았던 것이다.

이 현실의 장 속에서 어떤 식으로든 나름대로 존재를 이해하고 있는 자이기에 하이데거는 인간을 현존재(Dasein)라고 부르며, 이런 인간 현존재의 존재론적 근원 구조를 세계내존재(In-der-Welt-sein)라고 규정한다. 그리고 이런 세계내존재로서의 현존재가 이 세계에 내던져져 현실을 살아가면서 자신의 가능성을 기획해 나가는 현상을 '주변에서 만나는 존재자에 몰입해 있으면서 자기를 앞지르며 이미 세계 내에 있음'이라고 해석하고, 이것을 '마음씀(Sorge)'이라고 부른다. 이럴 경우 현존재의 존재는 마음씀이다. 즉 인간이라는 현존재는 마음씀으로서 존재한다. 그런데 이런 마음씀은 이미 어떤 생활세계 속에서 이루어지는 세계내존재의 작용이기 때문에, 타자로의 관심이 차단된 의식 내재적 주관의 활동과는 다른 것이고, 그래서 이제 인간은 주관적 주체가 아니라 세계내존재로서의 현존재라고 묘사되는 것이다.

애당초 하이데거의 관심사는 인식론이 아니라 존재론이었기에, 인간 현존재를 죽음을 포함하는 전체성의 구도에서 탐구한다. 왜냐하면 인간은 자신의 죽음이라는 종말에 이르러서야 존재론적으로 완결된 구조를 갖게 되기 때문이다. 그런데 평균적인 일상 속에서 살아가는 인간은 이렇게 자신을 죽음이라는 전체성 속에서 성찰하지 못한 채 그때그때의 이익에 함몰되어 있는데, 이런 비본래적 퇴락(Verfallen)에 반해 인간 현존재가 자신을 전체성 속에서 통찰할 때 이를 본래성이라고 한다. '죽음에 이르는 존재(Sein zum Tode)'로서 인간 현존재는 각자 내면에서 부르는 소리 없는 말인 양심에 귀기울임으로써 자기의 본래성을 회복할 수 있고, 그리하여 그는 자신의 본래적 전체성, 즉 죽음을 향한 선구적 결의성을 획득할 수 있게 된다. 이제 하이데거는 이런 현존재의 본래적 전체성을 시간성에서 검토한다. 현존재의 존재 의미는 시간성이다. 즉 인간 현존재는 마음씀으로서 존재하고, 이런 마음씀의 가능 근거가 시간성이다. 하이데거에서 마음씀이란 '주변의 존재자에 몰입해 있으면서 이미 세계 내에 있으며 자기를 앞지르는 것'인데, 여기서 '주변 존재자에 몰입해 있음'은 퇴락하여 안일과 호기심을 일삼는 '현재'에서 가능하고, '이미 세계 내에 있음'은 자기가 이미 세상에 내던져져 있다는 '과거'에서 가능하며, '자기를 앞질러 있음'은 본래의 자기에로 도래하는 '미래'에서 가능하다. 이처럼 마음씀의 구조 계기는 시간성의 각 양상에 근거하며, 현존재는 이런 시간성의 통일성 속에서 본래적 자기인 실존으로 나아갈 수 있는 것이다.

이상에서 살펴보았듯이 하이데거는 『존재와 시간』에서 현존재의 근본 틀인 세계내존재를 그 일상성에서 구명하고, 현존재의 존재인 마음씀을 가능하게 하는 것이 시간성임을 해명함으로써, 인간 현존재를 실존론적—존재론적으로 분석하였다. 그리하여 이런 현존재 분석론을 기초 존재론으로 삼아 존재물음 일반으로 나아가는 존재 사유의 한 전형을 제시하였다. 이와 같은 성과는 100여 권에 이르는 하이데거 자신의 저작 중 그 핵심의 위치를 차지하는 것이며, 스승 후설의 의식현상학에 현상학적 존재론이라는 새로운 길을 배가한 것이고, 실존철학이라는 20세기를 풍미한 사조의 진원지가 된 것이기도 하다. 이로 인해 그의 저작은 수많은 현상학자들과 사르트르의 실존주의와 가다머의 해석학에 직접적인 영향을 미쳤다. 더욱이 하이데거가 서양 철학의 근본인 존재론을 현대적으로 변용하여 전통 형이상학의 맹점을 공격할 수 있는 토대를 제공하였다는 점은 서구의 근대를 비판적으로 성찰하는 푸코, 데리다, 들뢰즈 등의 포스트모던 철학자들에게도 심대한 영향을 미쳤다. 또한 서구 사상에 대한 비판의 단초를 제공했다는 점은 탈서구적 대안 사상으로서 불교와의 만남의 가능성을 보여주는 대목이며, 실제로 이런 만남은 니시타니 게이치(西谷啓治) 같은 일본 교토(京都)학파에서 시도되기도 하였다.

★ 추천도서와 읽을거리

소광희, 『하이데거 『존재와 시간』 강의』, 문예출판사, 2003
　하이데거의 『존재와 시간』을 번역한 저자가 수십 년간의 하이데거 강의를 토대로 『존재와 시간』을 원저의 차례대로 따라가며 해설하고 있다. 난해한 『존재와 시간』을 이해하는 데 최적의 길잡이 역할을 한다.

김형효, 『하이데거와 마음의 철학』, 청계, 2000
　하이데거는 인간 현존재를 '마음씀(Sorge)'의 존재로 파악하고 있는데, 저자는 이런 마음씀을 불교의 식(識) 작용과 비교하여 설명하고 있다. 하이데거의 『존재와 시간』을 불교 유식사상의 관점에서 해명하는 독창적인 저서이다.

이수정 · 박찬국, 『하이데거 : 그의 생애와 사상』, 서울대학교 출판부, 1999
　하이데거 철학의 국내 권위자 2인이 하이데거의 방대한 전기 · 후기 사유를 시기별, 주제별로 나누어 해설하고 있다. 하이데거 사상 전체를 조감해 볼 수 있는 훌륭한 개론서의 역할을 하며, 특히 부록의 참고문헌 목록은 매우 유용하다.

고형곤, 『선(禪)의 세계』, 동국대학교 출판부, 2005(개정 번역판)
　후설에서 하이데거로 이어지는 시간의 철학을 선불교 사상의 시각에서 해석한 독특한 저서로서 20세기 국내 철학 분야의 기념비적 명저로 간주된다. 특히 후반부의 한국 선(禪)사상 연구는 이 분야의 선구적 업적이며, 하이데거와 선사상을 대비한 소논문들도 매우 유용하다.

제3영역 · 역사와 철학

76

차라투스트라는 이렇게 말했다

프리드리히 빌헬름 니체

● 홍윤기 동국대학교 철학과 교수

정신이 더 이상 주인으로, 신으로, 여기지 않으려는 거대한 용은 무엇인가? **너는 해야 한다**. 이것이 그 거대한 용의 이름이다. 그러나 사자의 정신은 이에 대항하여 "**나는 원한다**."라고 말한다.

너는 해야 한다는 황금빛으로 번쩍이며 정신이 가는 길을 가로막는다. 그것은 비늘 짐승으로서 그 비늘마다 '**너는 해야 한다!**' 라는 명령이 금빛으로 빛나고 있다.

천 년 묵은 가치가 이 비늘들에서 빛난다. 그리하여 모든 용들 가운데서 가장 힘센 용이 말한다. "사물들의 모든 가치, 그것은 나에게서 빛난다."라고.

"모든 가치는 이미 창조되었다. 모든 창조된 가치, 그것이 바로 나다. 진실로 말하노니 **나는 원한다**라는 요구는 더 이상 있어서는 안된다!" 용은 이렇게 말한다.

형제들이여, 정신에 있어서 사자는 무엇 때문에 필요한가? 왜 무거운 짐을 견디는 짐승으로 만족하지 못하는가? 체념과 외경심의 짐승으로 말이다.

새로운 가치의 창조. 이것은 사자도 아직 이루지 못하는 일이다. 그러나 새로운 창조를 위한 자유의 획득. 이것은 사자의 힘이 할 수 있는 일이다.

자유를 쟁취하고 의무 앞에서도 신성하게 '아니오'라고 말할 수 있기 위해서는, 형제들이여, 사자가 되어야 한다.

라이프치히 근교의 뢰켄에서 루터파 목사의 아들로 태어난 프리드리히 빌헬름 니체(Friedrich Wilhelm Nietzsche, 1844. 10. 15~1900. 8. 25)는 이미 10세 때 작곡을 시도할 정도로 특출한 소질을 보였던 음악과 김나지움 시절에 그리스 고전어를 익히면서 발휘한 어학에서 천재적 능력을 인정받았다. 이 과정에서 그는 기독교적 가정의 분위기와는 사뭇 다른 그리스 및 로마 문명의 저류를 체험하였다. 어머니의 소원으로 본(Bonn) 대학에서 신학 공부를 시작했던 그는 인도 철학과 문화를 연구한 친구들과의 교유와 대학의 반교권적 분위기 속에서 기독교 신학의 공부를 포기하고 라이프치히 대학으로 옮겨 고전어 공부에 주력하였다. 이때 그는 쇼펜하우어의 염세 철학과 프리드리히 알베르트 랑게의 유물론 저술을 접하면서 결정적으로 기독교적 신념과 문화관을 포기하였다.

조숙한 천재였던 니체는 당시 최고로 인정받은 그리스 어 실력으로 25세에 고전문헌학에서 무시험 박사학위를 받고 바젤 대학 교수가 되었다. 여기서 바그너와 운명적인 만남을 갖지만 훗날 바그너의 속물적인 허영에 실망하여 그의 철저한 비판자가 되었다. 10년 동안 교수직에 있었던 니체는 건강 악화로 35세 나이에 교수직을 그만두고 이후 10년 동안 방황 속에서 반기독교적 신념에 입각한 새로운 철학에 대한 의욕으로 광적인 집필을 강행하였다. 그러나 『차라투스트라는 이렇게 말했다(Also sprach Zarathustra)』(1883~1885)를 비롯하여 『인간적인, 너무나 인간적인』, 『여명』, 『선악의 피안』, 『비극의 탄생』, 『도덕계보학』 등 그가 전력을 기울여 쓴 저술들은 당시로서는 너무나 파격적인 내용 때문에 몇몇 친우들만 겨우 이해했을 뿐인데 죽을 무렵에 가서야 주목을 받기 시작하였다. 44세 때에 결정적으로 정신이 무너진 그는 죽을 때까지 11년간 어머니와 누이로 이어지는 가족의 보호 아래 여러 가지 정신 치료를 받으며 살았다.

니체가 살았던 19세기 유럽은 부르주아 계급이 주도했던 현대 서구 문명이 정치, 경제, 사회, 문화 및 국제 관계에 있어 그 절정기에 도달하면서 동시에 자체 균열의 징후를 드러내던 시기였다. 무엇보다 19세기 유럽은 기독교의 신성과 계몽주의의 이성이 약속한 풍요와 질서의 삶을 거의 실현한 듯이 보였지만 유럽 각 나라들의 시민 생활은 새로운 사회적 빈곤, 대중들의 광범한 욕구 불만, 그리고 국민국가들 사이의 잦은 전쟁으로 인해 안에서부터 멍들고 있었다. 이 과정에서 유럽 사회를 지배하던 전통적인 기독교적 신앙과 현대적인 신념체계들은 생활과정에서 위기에 몰리는 인간의 절박한 생활감정을 해소시켜 주지 못하는 것으로 파악되었다. 바로 이 점을 예민하게 감지한 니체는 현대 서양이 아닌 고전 고대 및 비서양권의 문화에 대한 탁월한 소양을 동원하여 기독교적 신앙과 계몽주의적 이성에 대한 대안적 가치체계와 생활방식을 정립하려고 노력하였다. 즉 그는 더 이상 현대 유럽의 현실을 극복할 수 없는 기독교적 신앙과 현대적 이성이 없는 삶을 추구하였던 것이다.

모두 4부로 구성된 『차라투스트라는 이렇게 말했다』는 3년에 걸쳐 출간되었다(1부·2부 : 1883, 3부 : 1884, 4부 : 1885). 이 책의 과격한 내용을 꺼린 출판사들의 망설임으로 마지막 제4부는 니체가 자기 돈으로 40부를 인쇄하여 일곱 친구에게 증정하는 것으로 만족해야 했다.

'차라투스트라'는 본래 페르시아에서 기원하고 불을 숭배하는 배화교의 성인 '조로아스터'를 가리키는데, 니체는 자신의 '초인(超人) 사상'을 거의 종교적인 신념으로 설파하는 인물로 각색하였다. 니체는 이 책을 쓰기 직전 초인 사상의 근거인 "힘을 향한 의지"라는 생각을 내놓았다.

사람들은 보통 목숨을 지키면서 행복하게 사는 것이 인간의 본성이라고 생각한다. 그러나 니체는 그리스의 비극에 나오는 영웅들이나 광기의 신, 그리고 수많은 순교자를 낸 기독교의 역사를 연구하면서 경우에 따라서는 인간이 자기 생명을 포기하면서도 얻으려는 그 무엇이 있음을 눈치챘다. 이렇게 그저 목숨을 이어가는 것보다 더 귀중한 것을 인간은 흔히 행복 또는 이성이라든가 덕성, 정의라든가 아니면 인간에 대한 사랑, 자유, 국가, 민족 등으로 미화하였다. 그리고 인간은 그런 것들 자체에 더할 나위 없이 고귀한 가치가 있는 것처럼 생각하였다. '신'은 그런 목적을 가장 완벽하게 실현한 존재로 인간의 숭배를 받았다.

니체가 보기에 서양의 역사는 인간이 추구하는 모든 고귀한 가치들을 신의 이름이나 신의 모습 아래 발전시켜 온 과정이었다. 하지만 이런 고귀한 말들에는 이런 것을 추구함으로써 인간이 진짜 얻고자 하는 것이 숨겨져 있다. 그것이 바로 "힘" 또는 "권력"이다. 다시 말해서 인간이 고귀한 목적을 추구하고 성스러운 존재가 되려고 하며 끊임없이 신을 숭배한 것은 '인간 자신'이 힘있는 존재자가 되려는 강한 바람, 즉 "힘을 향한 의지" 때문이다. 따라서 인간이 생명을 포기하면서까지 이런 것을 추구했다는 사실은 '삶에의 의지'보다 '힘에의 의지'가 인간에게 더 근본적인 것이며, '삶에의 의지'보다 '힘에의 의지'가 인간에게 더 강력하게 작용하는 증거라는 것이다. 그럼에도 불구하고 인간은 신의 모습을 내세워 자신이 이렇게 힘있는 자가 되기를 바라고 있다는 사실을 교묘하게 숨겨 왔다. 왜냐하면 인간은 "인간이란 너무나도 불완전한 존재이며, 그런 인간을 사랑한다는 것은 자기 자신을 죽이는 일이다."는 나약한 자의식에 사로잡혀 스스로가 그 어떤 완성된 존재가 될 자신감이 없었기 때문이다. "너희들은 그 어떤 죄가 있어서가 아니라 편암함에 안주하려는 그 안일함 때문에 하늘을 향해 외쳐댄다."

그러나 이제 니체는 차라투스트라의 입을 빌려 "신은 죽었다."고 선언한다. 이유는 신의 이름으로 추구했던 그 모든 가치들이 그것을 추구하는 인간 자신에게 어떤 만족이나 기쁨도 주지 못했기 때문이다. "신은 죽었다."는 말은 지금까지 인간을 초월한 것, 즉 신의 모양으로 섬겨왔던 모든 것이 철저하게 무너졌음을 뜻했다. 인간은 자신이 나약한 존재임을 안다. 그러면서도 신에 기대어 남몰래 힘센 존재가 되고자 하였다. 그러나 이런 위선의 장막을 쳐줄 신은 더 이상 존재할 수 없다. 이제 인간은 단지 인간으로서, 오직 힘을 향한 의지를 통해 끊임없이, 나약한 자신을 넘어서는 초인이 되어야 한다. 초인이란 신이 없는 세계에서 자기에게 주어진 단 한 번의 삶인 자신의 운명에 대한 사랑을 바탕으로 자신의 행동에 절대적인 책임을 지는 존재이다.

그래서 차라투스트라는 이렇게 인간을 비판한다. "무엇이 나의 이성에 걸려 있단 말인가? 사자가 먹이를 탐하듯이 이성은 아는 것을 탐내지 않았던가? 이성은 빈곤함, 더러움, 그리고 연민스러운 위안거리일 뿐이다!" 이런 경멸은 인간이 지고의 가치라고 생각한 것들 모두에 해당된다. 신, 그리고 신의 이름으로 추구되던 모든 것들은 공격적 반란을 통해 파괴되는 것이 아니라 바로 이런 경멸을 통해 무시됨으로써 그 밑바닥에서부터 무너진다. 그래서 "인간들이 체험할 수 있는 가장 위대한 것이란 무엇인가? 그것은 저 위대한 경멸의 시간이다. 이 시간이 오면 인간의 행복이란 것, 그리고 인간의 이성이나 덕성도 인간에게 똑같이 구역질나는 것이 된다." 이렇게 무너진 것에는 모든 진리, 모든 가치, 인생의 모든 목적과 의미, 그리고 인간을 초월한 것으로 숭배받던 모든 우상이 포함된다.

그렇다면 이렇게 신이 죽은 세계, 그 모든 위대한 것들이 무너진 폐허에서 인간에게 남는 것은 무엇인가? 이제 더 이상 기댈 것, 이제 더 이상 숭배하고 존중할 것이 없는 인간 자신뿐이다. 인간 자신이라고 해 보았자 지금까지 고귀한 것에만 한눈팔던 정신에 의해 부당하게 무시되었던 그의 하찮은 몸뚱어리(육체)와 아슬아슬하게 숨겨온 힘에의 의지일 뿐이다.

인간의 이런 상태가 우선은 보잘것없는 것은 분명하다. 더구나 신의 보호 아래에서 그 보잘것없는 모습을 숨겨왔던 만큼 신이 죽은 지금 그 기댈 곳 없는 모습이 더욱 초라해진 것도 당연하다. "그대들은 벌레에서 인간으로 가는 길을 걸어왔다. 그러나 그대들 속에서는 아직도 많은 것이 벌레이다. 한때 그대들은 원숭이였다. 그런데 지금 아직도 인간은 그 어떤 원숭이보다도 원숭이답다." "진실로 인간은 더러운 강물이다. 이 더러운 강물에 휩쓸릴 것이 아니라 그것을 받아들이기 위해 인간은 벌써 하나의 대양이었어야 했다."

여기에서 차라투스트라는 인간에게 자신의 이 초라함을 넘어서라고 촉구한다. "나는 그대들에게 초인을 가르치겠다. 인간이란 극복되어야 할 그 무엇이다. 인간을 극복하기 위해 그대들이 할 일은 무엇인가? 지금까지 모든 존재물들은 자신을 넘어서는 그 무엇인가를 창조했다. 그런데도 그대 인간들은 이 위대한 밀물 앞에서 도리어 썰물이 되고자 하며, 인간을 극복하기보다 오히려 동물로 뒷걸음질치려고 하는가?" 이때 초인은 인간이 도저히 도달할 수 없는 하늘에서 인간이 도저히 이룰 수 없는 꿈을 내리퍼붓는 그런 동떨어진 존재가 아니다. 초인은 인간이 발붙이고 사는 이 땅에서 자라나는 이 땅의 진실이다. "초인은 이 땅의 참뜻이다. 그대들의 의지는 말하리라. 초인은 바로 이 땅의 참뜻이라고! 나의 형제들이여, 내가 그대들에게 바라노니, 이 땅에 꾸준히 충실하라. 너희들에게 이 땅 저 위에서나 바랄 희망을 설교하는 자들을 믿지 말라! 그걸 알든 모르든 그런 자들이야말로 독을 타넣는 자들이다. (……) 이 땅은 그런 자들에게 지쳤다."

따라서 인간이 이 땅에서 아직도 살아야 할 이유가 있다면 그것은 단지 목숨을 연명하며 하찮은 행복을 구하기 위해서가 아니라 초인이 되기 위해서이다. 그렇다면 이 위안거리나 찾는 나약한 인간이 어떻게 초인이 된단 말인가? 분명한 것은 이 초인에의 길에서 가장 커다란 방해는 그 길의 고달픔에 지친 자가 느끼는 외로움이다. 그러나 초인은 자기 자신의 이런 나약함이 자신을 가로막는 것을 경계하지 않으면 안 된다. 그의 고독은 그것이 아무리 괴로울지라도 자신에게 주어진 단 하나의 삶의 모습이다. 이렇게 자기 삶에 닥친 모든 것을 자기의 운명으로 사랑하는 것, 즉 운명애(運命愛, amor fati)가 초인이 이 세상과 자신을 대하는 기본적인 태도이다.

이 운명애를 바탕으로 인간은 자신의 의지를 실현해 가는 순간 하나하나를 마치 영원인 것처럼 살아야 한다. 그의 영원회귀설은 바로 이런 삶의 방식 속에서 자신의 삶이 그 삶을 사는 이 자신의 삶으로 영원히 되돌아온다는 것을 보여준다. 바로 이런 과정에서 자신이 할 일을 찾고, 그 일에 대해 철저하게 책임지다가, 죽음을 그 모든 삶의 완성처럼 담담히 맞으면서 산 것이든 죽은 것이든 존재하는 모든 것을 사랑하며 사멸해 가는 것이 초인의 길이다.

이 작품뿐만 아니라 짧은 기간에 쓰인 니체의 작품들은 모두가 20세기 들어와 세 번에 걸친 큰 파장을 일으킨다. 우선 20세기 전반기에 니체는 그 탈기독교적인 초인 사상으로 인해 사상적으로 영웅 숭배를 조장하는 것으로 오인받았다. 이것은 파시즘의 영향 속에서 초법적 해결을 갈구하던 대중들에게 히틀러 같은 지도자에 대한 무조건적 복종을 정당화하는 전체주의 이데올로기에 악용되었다. 그러나 니체의 진가는 20세기 후반기 1950년대에 들어 고유한 개인의 자아실현을 강조하는 실존주의가 사상적으로 큰 영향을 발휘하면서 특히 하이데거와 사르트르 등이 설파한 무신론적 실존주의와 실존주의적 휴머니즘의 선구자로 해석되면서 유감 없이 드러났다. 그리고 20세기의 마지막 20년 동안 니체는 그의 신랄한 계몽주의 비판으로 인해 푸코, 바타유, 리오타르 등의 포스트모던 사상의 원조로 비정되었다.

★ 추천도서와 읽을거리

니체, 『**차라투스트라는 이렇게 말했다**』의 번역본에는 두 권의 믿을 만한 판본이 있다. 그 중 하나는 장희창 번역으로 2004년 1월 민음사에서 출간되었고, 다른 하나는 **정동호** 번역으로 2000년 8월 **책세상**에서 나왔다. 니체 철학을 아주 쉽게 알아보려면 로이 잭슨, 『**30분에 읽는 니체**』(이근영 옮김, 중앙M&B, 2003)와 폴 스트래던, 『**신은 죽었다 니체**』(홍윤기 기획·감수, 김주희 옮김, 편앤런, 1997)가 있다. 니체 철학 전반에 대한 전문적인 해설서로는 백승영, 『**니체, 디오니소스적 긍정의 철학**』(책세상, 2005)과 뤼디거 자프란스키, 『**니체 : 그의 생애와 사상의 전기**』(오윤희 옮김, 문예출판사, 2003)가 신뢰할 만한 책이다.

제3영역 · 역사와 철학

77

화엄경

● 장애순(법명 : 계환) 동국대학교 불교학과 교수

마음은 화가와 같아 모든 세간을 그려 내나니
오온(五蘊)이 마음 따라 생기어 무슨 법이나 짓지 못함이 없네.
마음과 같아 부처도 그러하고 부처와 같아 중생도 그러하니
마음과 부처와 중생, 이 셋은 차별이 없도다.

만일 어떤 사람이 삼세(三世 : 과거 · 현재 · 미래)의
일체 부처님을 알고자 한다면
마땅히 법계(法界)의 성품을 관(觀)하라.
모든 것은 오직 마음이 지어낸 것이니라.

부처님께서는 45년 동안 수많은 경전을 설하셨는데, 이른바 세계문화 유산으로 등록된 『팔만대장경』이 그것이다. 이 중에서도 가장 먼저 설하신 경전이 바로 『화엄경(華嚴經)』이다.

그러나 『화엄경』은 처음부터 현재의 체제로 만들어진 경전이 아니라 전체적으로 사상을 같이 하는 여러 가지 단독 경전을 모아 집대성한 것이다. 그 시기는 대체로 4세기경으로 보고 있고, 장소로는 서역의 우전국(于闐國:현재, 중앙아시아 지역)이었을 것으로 추정하고 있다.

『화엄경』은 많은 분량으로 이루어져 있는 만큼 그 심오한 내용을 원고지 몇 장으로 설명한다는 것은 정말 '장님 코끼리다리 만지기'가 될 것 같아 걱정스럽다.

『화엄경』의 내용은 보통 부처님의 자내증(自內證)의 세계, 즉 깨달음의 세계를 그대로 묘사한 것이기 때문에 처음에는 사리불이나 목건련과 같은 부처님의 훌륭한 제자들도 벙어리와 귀머거리처럼 그 내용을 알아듣지 못했다고 전해지고 있다. 다시 말하면 그만큼 내용이 심오했다는 의미일 것이다.

그러나 한 방울의 거품을 보고서 바다 전체를 보았다고 하거나 반대로 바닷물을 다 마신 후에야 그 맛을 알겠다고 한다면, 이 또한 어리석은 사람이라 하지 않을 수 없다.

따라서 경전의 한 구절 한 구절의 낱말에 구애받지 않고 사실적이고 현실적으로 『화엄경』 전체를 하나의 대(大)서사시나 대(大)드라마로 이해한다면, 보다 친근감이 있는 경전으로 받아들일 수 있을 것이다.

『화엄경』의 갖춘 이름(經名)은 『대방광불화엄경』으로 경전 전체의 대의를 잘 담고 있기 때문에 그 뜻부터 풀이해 보도록 하자.

먼저 '대(大)'라고 하는 것은 크다는 뜻인데 단순히 작다는 소(小)에 대한 상대적 의미가 아닌 절대적인 의미의 '대'로서, 그 무엇과도 비교할 수 없는 극대(極大)를 말하고 있다. 이어서 '방(方)'이란 방정하다

바르다는 뜻이고 '광(廣)'은 넓다는 의미이므로 이를 합하여 '대방광'이라 하면 시공(時空)을 초월하고 있다는 뜻이 되고, 거기에 '불(佛)'을 붙이면 시·공을 초월한 부처님이라는 뜻이 된다.

그 다음 '화엄'의 원어는 '간다비유하(Gaṇḍavyūha)'인데 즉 여러 가지 꽃으로 장엄하고, 꾸민다는 의미이다. 다시 말하면 '화'는 깨달음의 원인으로써 수행에 비유한 것이고 '엄'은 수행의 결과로써 부처님을 아름답게 장엄하는 것, 즉 보살이 수행의 꽃으로 부처님을 장엄한다는 의미이다. 그러나 이때 중요한 것은 아름답고 향기로운 꽃들만을 뽑아서 장엄하는 것이 아니라, 길가에 무심히 피어 있는 이름 모를 잡초까지 모두 포함한다는 점이다. 그렇기 때문에 『화엄경』을 일명 『잡화경(雜華經)』이라고 부르는 이유도 바로 여기에 있다.

그러나 이러한 『화엄경』의 산스크리트 원본은 산실되어 버리고 단지 「십지품(十地品)」과 「입법계품(入法界品)」만이 현존하고 있으며, 한역(漢譯)은 두 가지의 대본(大本), 즉 『불타발타라(佛馱跋陀羅, Buddhabhadra)』와 『실차난타(實叉難陀, Śikṣānanda)』의 번역본이 있다. 전자는 번역된 권수가 60권이기 때문에 『60화엄』이라 하고, 또한 번역한 시대가 동진(東晋)이므로 『진경(晋經)』이라고도 부른다. 그리고 후자는 권수가 80권이기 때문에 『80화엄』이라 하고, 당나라 때의 번역이므로 『당경(唐經)』이라 부르고도 있다. 그 외에도 반야(般若)가 번역한 『40화엄』이 있으나, 이것은 대본(大本)의 「입법계품」에 해당하는 부분적인 번역이다.

그리고 9세기 말에 번역된 티베트본인 『서장화엄경(西藏華嚴經)』도 현존하고 있다. 이렇게 판본이 몇 가지나 되다 보니 자연히 구성조직도 조금씩 차이가 있는데, 즉 『60화엄』은 칠처팔회(七處八會 : 일곱 장소에서 여덟 번의 법회) 34품〔장(章)의 의미〕으로 구성되어 있고, 『80화엄』은 칠처구회(七處九會 : 일곱 장소에서 아홉 번의 법회) 39품으로 이루어져 있다. 그리고 크게 삼분(三分)하여 지상편(地上篇), 천상편(天上篇), 지상회귀편

(地上回歸篇)으로 나누기도 한다.

지금부터 『화엄경』의 중심 사상을 알아보자. 『화엄경』을 한마디로 말하면 실천적 보살행을 강조하고 있는 경전이다. 특히 「십지품」에서는 보살의 수행이 진행됨에 따라 마음이 향상되어 가는 과정을 환희지(歡喜地)부터 법운지(法雲地)에 이르기까지 열 단계로 나누어 설명하고 있다. 이것이 다소 추상적인 감이 없지 않은 데 비하여, 「입법계품」은 매우 구체적으로 친근감 있게 묘사하고 있다. 그리고 진리의 세계인 '법계(法界)에 들어간다(入)'는 의미의 「입법계품」은 『화엄경』의 마지막을 장식하는 부분인 동시에 경전 전체의 삼분의 일을 차지하는 중요한 내용을 담고 있다. 그래서 유럽 종교문학의 걸작이라고 하는 『천로역정(天路歷程)』에 비유되기도 한다.

그 내용을 살펴보면 '선재동자'라고 하는 젊은 구도자를 등장시켜 차례차례로 53인의 선지식들을 찾아가 가르침을 받고 결국 깨달음을 얻는 구도담(求道談)이다. 이러한 선재의 구도과정을 통해 정진(精進)이 바로 불교임을 강조하고 있다. 특히 여기서 주목해야 할 점은 선재동자가 가르침을 받고자 찾아가는 선지식, 즉 선재가 스승으로 삼는 대상은 지위와 신분 그리고 성별의 차별이 전혀 없다는 입장이다. 예를 들면 보살이나 비구·비구니를 비롯하여 국왕이 등장하는가 하면 외도(外道)와 바라문 그리고 상인과 어부, 심지어는 창녀까지도 있다.

여기서 우리는 다른 경전에서는 찾아볼 수 없는 신선한 충격을 받게 되는데 그것은 대승적인 평등사상의 발로이기도 하지만 무엇보다도 가르치는 스승과 가르침을 받는 사람이 결코 둘이 아니라는 것을 강조하고 있기 때문이다.

다시 말하면 『화엄경』을 일명 『잡화경』이라 하는 이유는 잡화, 즉 여러 가지 꽃으로 부처님을 장엄할 때 그 여러 가지 꽃 중에는 누구나 알고 있는 꽃은 물론이고 이름 모를 풀꽃까지도 포함하고 있듯이, 일체중생이 모두 '나'의 스승이 될 수 있다는 뜻을 내재하고 있는 것이다. 즉 '내'가 만나는 모든 사람들이 다 부처님이라는 의미이다.

왜냐하면 좋은 의미에서든 나쁜 의미에서든 우리는 상대가 있음으로써 배울 것을 얻기 때문이다. 그것은 마치 산에 흐트러지게 피어 있는 이름 모를 풀들도 우리가 무심히 지나치면 잡초에 지나지 않지만 한의사들 눈으로 보면 모두가 약초로 보인다고 한다. 이와 같은 맥락에서 똑같은 풀이라도 잡초로 볼 때는 잡초일 뿐이지만, 약초로 볼 때는 모든 풀이 약초가 되듯이 '내'가 상대를 선지식으로 볼 때는, 상대방도 역시 '내' 자신을 선지식으로 대해 줄 것이다. 물론 이렇게 되기까지는 수행이 필요하고 또한 그 수행 과정을 하나하나 쌓아간다는 것이 결코 쉬운 일은 아니다.

『화엄경』은 이 문제를 "초발심시변성정각(初發心是便成正覺: 처음 발심했을 때에 바로 깨달음을 이룬다)"이라는 논리로 간단히 설명하고 있다.

그리고 『화엄경』에서는 중중무진(重重無盡)한 연기의 세계도 설명하고 있는데, 즉 현상적으로 보면 개개의 사물들이 서로 아무런 연관도 없는 개체처럼 보이지만 사실은 서로 상관관계에 놓여 있다는 설명이다. 마치 바다의 섬들이 겉으로 보기에는 서로 떨어져 보이지만 바다 밑으로 보면 하나로 연결되어 있는 것과도 같다. 이것을 『화엄경』에서는 인다라망(因陀羅網)에 비유하여 설명하고 있는데, 소위 일즉다다즉일(一卽多多卽一)이라 표현되고 있는 사상이다.

다시 말하면 이름 모를 풀 한 포기에서 우주 전체의 모습을 보고 그 풀잎에 맺혀 있는 한 방울의 작은 이슬에서 온 중생의 아픔을 느끼는 원리이다.

그런데 이러한 사상은 경전에만 국한되고 있는 이론이 아니라, 현대 물리학에서도 충분히 증명이 되고 있어 더욱 공감이 된다. 예를 들면 우리 몸의 세포 하나하나에는 우리 몸을 복제할 수 있는 모든 정보가 다 들어 있기 때문에, 적어도 원리적으로는 세포 하나만 있으면 우리 몸 전체를 다시 만들어낼 수 있다고 한다. 즉 세포 하나를 통해 몸 전체의 정보를 알 수 있다는 것은 바로 일즉일체(一卽一切)의 원리가 그대로 적용된 셈이다. 이를 사회생활 속에 적용시켜보면, 우리는 서로가 연관관계에 있을 뿐만 아니라 모두가 소중하게 생각하여야 할 존재라는 것이 화엄사상의 기본 입장임을 알 수 있다.

★ 추천도서와 읽을거리

법정 스님, 『화엄경』, 동쪽나라, 2002
80권이나 되는 방대한 『화엄경』 가운데 그야말로 중요한 내용만을 엄선하여 엮은 것이다. 스님의 뛰어난 필치로 인해 참다운 불교적 삶이 무엇인지를 깨닫게 될 것이다.

고은, 『화엄경』(장편소설), 민음사, 1993
소설 형식으로 된 『화엄경』이다. 그러나 『화엄경』 전체가 아니고 「입법계품」에 해당하는 내용만으로 선재동자가 '53선지식'을 찾아가 결국 깨달음을 얻게 되는 과정을 잘 그려내고 있다.

카마타 시게오(鎌田茂雄), 『화엄경이야기』, 장휘옥 옮김, 장승, 1992
일본 학자가 지은 책이다. 『화엄경』을 이야기 형식으로 쉽게 풀었기 때문에 한 편의 장대한 드라마를 보는 것처럼 웅대하고 장엄한 우주관을 맛볼 수 있을 것이다.

계환, 『중국 화엄사상사 연구』, 불광출판부, 1996
『화엄경』의 세계는 너무나 광대무변하고 심오하다. 그렇다면 옛 조사스님들은 어떻게 공부하였을까? 즉, 인도·중국·한국·일본에 이르기까지 화엄사상사의 흐름을 일목요연하게 밝혀놓은 책이다.

제3영역 · 역사와 철학

78

석보상절

● 황인규 동국대학교 역사교육과 교수

태자가 가사산 고행림(苦行林)에 교진여(憍陳如) 등 다섯 사람이 있는 니련하(尼連河) 가에 오셔서(河는 江이다) 풀을 깔고 결가부좌하시고 맹세하시되(結은 겯다는 말이고 加는 더하다는 말이고 趺는 발등이고 坐는 앉다는 말이니 결가부좌는 오른편 발등을 왼편 무릎에 얹고 왼편 발등을 오른편 무릎에 얹어 서로 결어 앉는다는 말이다) '**부처가 되지 못하면 일어나지 않으리라**.'고 했다.

『석보상절』은 1447년(세종 29년)에서 1449년(세종 31년) 무렵 석가모니의 가계와 그의 일대기를 기록한 책이다. '석보상절(釋譜詳節)'이란 글자 그대로 불교의 종조(宗祖)인 석가모니의 가계와 그의 일대기를 엮되 중요한 내용은 자세하게, 그렇지 않은 것은 덜어버리고 기록한 것이라는 뜻이다. 『월인석보(月印釋譜)』 권1에 있는 「석보상절 서(序)」와 「어제월인석보서(御製月印釋譜)」에 의하면 이 책의 편역자는 수양대군(首陽大君)이며 안평대군(安平大君)과 김수온(金守溫)이 참여했다.

『석보상절』은 수양대군이 아버지 세종의 명을 받들어 편찬한 것으로, 독실한 불교신자였던 어머니 소헌왕후(昭憲王后) 심씨(沈氏, 1395~1446)의 명복을 빌기 위해 만든 불교 서적이다. 수양대군은 잘 알다시피 조카인 단종을 죽이고 왕위에 오른 세조로, 그의 아버지 세종에 이어 조선 전기 황금문화시대를 연 인물이다. 그는 대군 시절 안평대군과 더불어 『석보상절』을 편찬하는 등 유교시책이 전개되어 가는 중에도 호불(好佛) 사업을 펼쳤다. 그는 왕위에 올라서도 수미(守眉)를 묘각왕사(妙覺王師)라 부르고 혜각존자(慧覺尊者) 신미(信眉)와 그의 제자 학열(學悅)과 학조(學祖)를 삼화상(三和尙)이라고 부르면서 존경하였다. 『간경도감』을 설치하여 앞의 선사들, 김수온 등과 함께 『대장경』의 경판을 인출하고 많은 경전을 한글로 언해하는 등 간경 사업을 펼쳤다.

『석보상절』은 조선 왕조 초기의 불교학의 높은 수준을 말해주는 것으로 평가되고 있으나 그 존재가 알려지기 시작한 것은 20세기 초에 이르러서이다. 즉 한국의 불교사학의 개척자라고 평가받는 이능화(李能和) 선생이 1918년 『조선불교통사』를 엮으면서 『석보상절』의 존재를 처음으로 언급하였고 1929년 일본의 불교학자인 다카하시 도루(高橋亨) 박사가 『석보상절』 외에 『월인천강지곡(月印千江之曲)』, 『월인석보(月印釋譜)』가 더 있었음을 밝혔다. 그 후 동국대의 전신인 중앙불교전문학교(中央佛敎專門學校) 교수인 에다 도시오(江田俊雄) 박사가 1935년 황해도 여행 중 장수산의 한 사찰의 옛 탑에서『석보상절』의 권6·9·13·19의 4책(초간본, 현 국립중앙도서관 소장)과『월인천강지곡』몇 엽(葉)을 발견하였다. 1960년에 이르러『월인천강지곡』상권이 세상에 알려짐에 따라 단독 단행본으로서『석보상절』이 간행되었다는 사실을 확실하게 알 수 있게 해주었다. 이처럼『석보상절』은 동국대 교수들에 의해 발견되어 세상에 알려지게 되었는데 그 후 일부가 다음과 같이 더 발견되었다. 즉 『석보상절』의 권11의 1책(복각본, 현 심재완 교수 소장)을 1959년 심재완(沈載完) 교수가 경주 임휴사(臨休寺)의 주지 벽산당(碧山堂) 영주(永周) 스님의 속가에서 전해 오던 것을 입수하여 세상에 알려지게 되었다.

또한 이 책의 권23과 권24(현, 동국대 소장본)는 동국대 이병주 교수가 1966년 속리산 법주사, 청주 용화사 그리고 안성 칠장사에서 소장하였던 것을 발견하여 세상에 소개하였다. 그리고 1979년 천병식(千炳植) 교수가 이 책의 권3(복각본)을 소개하였으며 최근에 이르러(1991년) 권20과 권21이 더 발견되었다. 이와 같이『석보상절』은 모두 24권으로 간행되었지만 총 10권이 발견된 상태이며, 이 책을 보고 세종이 지은『월인천강지곡』과 세조가 이 책과 합본해서 만든『월인석보』에 그 내용의 일부가 남아 전해지고 있다. 때문에 발견 초기에 이들 책들의 존재에 대한 혼란이 있었던 것이다.

위에서 발견된 것은 한글 언해본들이며, 이에 앞서 한문으로 된 책이 있었음을 알 수 있는데『조선왕조실록』에 보이는『증수석가보(增修釋迦譜)』일 가능성이 많다.

『석보상절』의 내용은 중국에서 찬술된 부처님의 전기 중에서 가장 먼저 이루어진 양나라 승우(僧祐)의『석가보(釋迦譜)』와 당(唐)나라 때 도선(道宣) 선사가 665년에 서명사(西明寺)에서 편찬한『석가씨보(釋迦氏譜)』를 본떠 지은 것이다. 전자는 5권 34품으로 나누어 석가모니 일대의 교화하던 행적을 기록하면서 경·율의 글 가운데 뽑아 엮은 책이다. 후자는『석가씨약보』,『석씨약보』라고도 부르며, 전자를 1책으로 줄인 것으로, 석가씨의 내력과 석가모니를 비롯한 그의 일가 친족들과 후손들에 대한 전기이다.

『석가보』가 등장인물의 사건별로 편찬되었으나『석보상절』은 석가모니의 연대기를 중심으로 편찬되어 전기적(傳奇的) 성격이 짙다.『석가보』의 각 항목의 순서는 석가모니의 생애시 일어난 사건의 시간순으로 재배열하였다. 때문에 개별 사건의 시간적 연결을 위하여 앞뒤의 내용을 자연스럽게 저본으로 사용한 경전의 내용이 가감되고 앞의 두 경전 외에『약사경』,『법화경』,『아미타경』등 여러 불경에서 직접 번역하여 싣기도 하였다.

권3은 석가모니의 유아 및 성장시절과 출가 후의 6년 고행을 다룬 것이다.『석보상절』의 연대기에 의하면, 석가모니의 1세부터 30세까지의 팔상도(八相圖) 가운데 네 문을 돌아보다[사문유관(四門遊觀)], 성을 넘어 출가하다[유성출가(踰城出家)], 설산에서 수도하다[설산수도(雪山修道)] 부분이다.

권6은 석가모니의 32세부터 50대에 걸친 내용으로, 석가모니의 아들 라후라의 출가, 가섭의 출가, 기원정사의 건립, 여러 나라를 돌아다니면서 한 설법의 내용이다.

권9는 당나라 현장법사의『약사경』을 저본으로 하여 번역한 것이다. 권11은 석가모니의 일대기 가운데 끝부분에 해당하는 도리천(忉利天)의 설법과『지장경』을 번역하고 불상을 조성한 이야기, 석가와 마야 부인의 전생담이 주된 내용을 이루고 있다. 권13에서 권21은 석가모니 최후의 설법인『법화경』가운데 송나라 계환(戒環) 선사가 풀이한『법화경』7권본을 번역한 내용이며,『월인석보』에서는 권11에서 권19에 해당된다.

권23은 석가모니의 임종부터 다비식, 사리탑을 조성하는 내용으로, 쌍림에서 열반에 들다[쌍림열반(雙林涅槃)]에 해당하며,『월인석보』권

23의 끝부분 내용에 계속 이어진 듯하다.

권24는 전질(全秩)의 마지막 부분으로, 석가모니의 사후 제자들에 의해 경전의 결집과 아쇼카 왕의 불사 등 불법을 수호한다는 내용이다. 즉 경전의 결집, 아쇼카 왕의 불교 수호, 아쇼카 왕의 동생 선용(善容)의 출가, 용왕(龍王)의 사리탑 조성, 불탑의 공양 및 호법, 아쇼카의 태자 법익(法益) 등이 주된 내용이다.

『석보상절』의 간본 가운데 한자는 갑인자로 된 활자본이다. 당시의 활자 인쇄술로 미루어 많은 부수가 간행되지 못하였을 것이다. 그 후 전해지던 책도 없어져서 현재 초간본은 권6·권9·권13·권19·권23·권24가 각기 1책씩 전할 뿐이다. 복각된 중간본도 권3·권11의 2책만 전한다. 권3은 16세기 중엽의 중간목판본으로 천병식 교수가 소장하고 있다.

『석보상절』 각권의 소장처와 영인 상황은 다음과 같다. 권6·9·13·19의 4책은 국립중앙도서관에 소장되어 있으며, 1955년 한글학회에서 영인하고, 1991년 세종대왕기념사업회에서 역주 영인본을 발행하였다. 권11은 16세기 중엽의 중간목판본으로 호암미술관에 소장되어 있으며, 어문학회에서 영인(1959)하였다. 권23·권24는 초간활자본으로 동국대학교에 소장되어 있으며, 동악어문학회에서 영인(1967)하였다. 권23·24의 2책은 동국대학교에 소장되어 있으며, 초주갑인자 원본으로, 한글활자는 이들 책을 간행하기 위해 특별히 주조된 최초의 한글활자이다. 권23·24는 1963년 동국대학교 동악어문학회에서 영인하였다.

『석보상절』은 불교학사적으로 조선 초기 불경을 총동원하여 제작된 우리나라 최초의 역경으로 당시 불교학의 수준을 대변하는 것이다. 문학사적으로도 최고(最古)의 국문 산문 작품으로, 현대인이 읽어도 전혀 어색하지 않은 세련된 명문장이다. 위대한 종교적 작품이면서 한글로 된 산문 문학의 효시이다. 어학적으로 조선 왕조 초기의 고어휘·어법·음운·표기법 등은 15세기의 국어 연구 및 한자음 연구에 중요한 자료를 제공하고 있다. 서지학적으로는 갑인자(甲寅字)라고 일컫는 금속활자로 찍어낸 것으로, 훈민정음 창제 직후에 나온 초기 문헌으로, 『월인천강지곡』과 함께 최초의 국문활자본이란 점에서 값진 문화재이다. 김영배 교수가 편역한 『석보상절』(현대불교신서 57·58) 상·하(동국역경원, 1986)가 읽기 좋다.

★ 추천도서와 읽을거리

역주본이나 주해본이 있으나 김영배 교수가 편역한 『석보상절』이 읽기 좋다.
김영배 편역, 『석보상절』(현대불교신서 57·58) 상·하, 동국역경원, 1986
김영배, 『(주해) 석보상절』(제23·24), 일조각, 1972(초판), 2005(개정판)
세종대왕기념사업회 엮음, 『(역주) 석보상절』 1권(제6·9·11);제2권(제13·19), 세종대왕기념사업회, 1991

제4영역
자연과 과학

제4영역 · 자연과 과학

과학혁명의 구조

토머스 S. 쿤

● 조훈영 동국대학교 물리학과 교수

　이 두 가지 특성을 띠는 성취를 이제부터 '패러다임(paradigm)'이라고 부르기로 하는데, 이 용어는 '정상과학'에 밀접하게 연관된다. 이 용어를 선택함으로써 나는 실제 과학 활동의 몇몇 인정된 실례들—법칙, 이론, 응용, 기기법 등을 모두 포함하는 사례들—이 그로부터 과학 연구의 특정한 정합성의 전통이 나타나는 모델을 제공한다는 점을 시사하고자 한다. 이것들은 과학사학자들이 '프톨레마이오스의 천문학'(또는 '코페르니쿠스의 천문학'), '아리스토텔레스의 역학'(또는 '뉴턴의 역학'), '입자광학'(또는 '파동광학') 등의 제목 아래 기술하는 전통들이다. 여기서 거론된 제목들보다 훨씬 더 전문적인 다수 명칭들을 포함하여 패러다임의 연구는 과학도가 훗날 과학 활동을 수행할 특정 과학자 사회의 구성원이 될 수 있도록 준비시키는 것이다. 과학도는 거기에서 바로 그 확고한 모델로부터 그들 분야의 기초를 익혔던 사람들과 합류하게 되므로, 이후에 계속되는 그의 활동에서 기본 개념에 대한 노골적인 의견 충돌이 빚어지는 일은 드물 것이다. 그들의 연구가 공유된 패러다임에 근거하는 사람들은 과학 활동에 대한 동일한 규칙과 표준을 지키게 된다. 그러한 약속과 그것이 조성하는 분명한 여론 일치는 정상과학, 즉 특정 연구 전통의 출현과 지속에 불가결의 요소가 된다.

1922년 미국 신시내티에서 엔지니어인 사무엘 쿤의 아들로 태어난 토머스 S. 쿤(Thomas Samuel Kuhn)은 고등학생 시절에는 사회주의에 경도되어 활발한 학생활동을 했으며, 하버드 대학에서 물리학을 전공하고 1943년에 같은 대학에서 최우등 졸업을 하였다. 졸업 후 제2차 세계대전 말기에 잠시 참전하기도 한 그는 과학연구 및 개발연구소에서 2년간 일한 뒤 하버드 대학 물리학과 대학원으로 되돌아가서 장학금으로 학위과정을 밟는다. 그리고 당시 하버드 대학 총장이던 화학 전공의 제임스 코넌트 박사의 제안으로 자연과학개론 강의를 거들게 된다. 쿤의 과학사로의 방향 전환은 이 무렵부터 시작된다. 그 이후로 캘리포니아 대학 버클리에서 사학과 교수, 프린스턴 대학에서 과학사 및 과학철학과 교수를 거쳐 MIT의 언어학 및 철학과 교수로 재직하였고 1996년 6월에 타계하였다.

그의 저서로는 『과학혁명의 구조(The Structure of Scientific Revolutions)』(1962) 이외에 구체적인 과학혁명의 예를 다룬 『코페르니쿠스 혁명(The Copernican Revolution)』(1957)과 『흑체이론과 양자 불연속성』(1978), 과학 철학적 주제를 모은 논문집 『주요한 긴장(The Essential Tension)』(1977) 등이 있다. 그리고 몇 권의 공저가 있을 뿐이지만, 그의 저술에 대한 서평이나 논문은 수백 편에 이르고 있으며, 그의 업적을 주제로 한 수많은 학회 모임까지 결성될 만큼, 20세기 후반의 현대사상사에 가장 큰 영향을 미친 학자들 가운데 한 사람이다. 토머스 S. 쿤이 1996년 6월 17일, 73세에 후두암으로 사망했을 때, MIT의 제드 부발트 과학기술사 교수는 그를 "우리 시대의 가장 영향력 있는 과학사학자·과학철학자"로 평가했으며, 6월 19일자 《뉴욕타임스》에는 "그는 과학자들뿐만 아니라 경제학자, 역사학자, 사회학자, 철학자들 사이에도 상당한 논쟁을 촉발했다."는 조사(弔詞)를 실었다.

토머스 S. 쿤의 이론이 기본 골격을 갖추게 된 배경을 살펴보자. 1922년 오하이오 주 신시내티에서 태어나서 1943년 물리학 전공으로 하버드 대학을 수석 졸업한 쿤은 '과학연구개발연구소(OSRD)'에서 2년간 일한 뒤, 모교의 대학원 물리학과로 되돌아가 장학금(NRC)으로 학위 과정을 밟는다. 이 책의 〈서문〉에서 자서전적으로 술회하고 있듯이, 그는 화학자이면서 과학사에도 조예가 깊었던 모교의 제임스 코넌트 총장이 개설한 비자연과학 계열 대상의 자연과학개론 강의를 거들게 되면서 과학의 역사적 측면에 관하여 깊은 흥미를 느끼기 시작한다. 과학사에 대한 쿤의 관심은 1948년 하버드 대학 '신진 연구원(junior fellow)' 기간과 1951년 하버드 대학 교양과정 및 과학사의 강사와 조교수 경력을 거치면서 과학 사상의 혁명적 변화들에 대한 깊은 이해로 이어진다. 그리하여 10여 년간의 철학, 심리학, 언어학, 사회학 분야의 폭넓은 독서와 토론을 하는 과정에서 그의 과학혁명의 이론은 점차 형태를 갖추게 된다.

『코페르니쿠스 혁명』의 업적으로 학문적 역량을 널리 인정받게 된 쿤은 1956년 버클리 대학으로 옮겨서 과학사 과정의 개설을 주도하게 된다. 그리고 2년 뒤 스탠퍼드 대학의 행동과학고등연구센터에서 사회과학자들과 생활한 것을 계기로 '패러다임'이라는 개념의 창안에 이르게 된다. 그 시절 그는 사회과학자들 사이에서 그 분야의 주제나 방법의 본질에 관한 공공연한 논란이 빈번한 것에 충격을 받았고, 자연과학자들의 과학 활동에서 그런 종류의 근본적 문제들에 관한 논란이 덜하다는 사실과의 차이를 바로 과학 연구에서 패러다임의 역할이라고 인식하게 된 것이다. 패러다임(paradigm)이란 언어 학습에서 사용되는 '표준 예(exemplar)'라는 뜻의 단어이다. 과학 지식의 발전 이론에 이 용어가 도입된 것은 어느 측면에서는 언어학의 영향을 보여주는 셈이 된다. 쿤의 견해에 따르면, 학생들이 과학 교육에서 습득하게 되는 것은 흔히 논쟁을 불러일으키게 마련인 과학적 개념의 정의라기보다는 오히려 용어들이 사용된 예제들을 푸는 표준 방법에서이다. 이를 바탕으로 전문적인 과학 연구가 수행된다는 실제 과학의 특성에 주목함으로써, 과학 활동을 어학을 배우는 학생들이 표준형으로부터 여러 가지의 변형들을 이끌어내는 과정에 비유하게 된 것이 '쿤의 패러다임의 출현'을 낳았던 것이다.

이 책은 13개의 장과 추가 장으로 이루어져 있다. 첫 장부터 쿤은 과학에 있어서 역사의 역할과 중요성을 언급하면서 책 전체의 개요를 설명한다. 여기에서 쿤은 책의 목적이 "실제 탐구활동 자체의 역사적 기록에 근거한, 전면적으로 새로운 과학의 개념을 찾는 데 있다."고 설명한다. 2장에서는 정상과학(normal science) 이전의 단계, 즉 전-과학(前科學, prescience)에 대해 설명한다. 여기서 '정상과학'이란 하나의 패러다임 안에서의 과학 활동을 말한다. 결국 전-과학이란 전-패러다임 상태에서의 과학 활동이다. 전-패러다임 상태, 즉 패러다임 또는 후보 패러다임도 없는 경우에는 "어떤 과학의 발전에 관련되는 한 모든 사실들이 똑같이 적절한 것으로 보인다." 예컨대 18세기 전반기 전기에 대한 연구는 어떤 패러다임도 존재하지 않았기 때문에 혹스비(F. Hauksbee), 그레이(S. Gray), 데자귈리에르(Desagulieres), 뒤페(Du Fay), 놀레(J. Nollet), 윗슨(J. Watson), 프랭클린(B. Franklin) 등 여러 전기 실험연구가들이 전기의 본질에 대해 각자 다른 견해를 지니고 있었다고 한다. 5장까지는 주로 정상과학에 대해 서술한다. 전-과학 시대의 계속적인 경쟁은 지금까지 설명되지 않던 여러 가지 현상들을 포괄적으로 설명할 수 있는 이론과 실험모델 등이 등장하고 이에 대해 대부분의 연구자들이 동의하면서 정상과학의 시대로 넘어간다.

정상과학은 패러다임 안에서 이루어지는 과학 활동이다. 하지만 하나의 패러다임이 출현했다고 해서 어떤 문제가 완전히 해결되거나, 모든 문제가 해결되는 것은 아니다. 이렇게 패러다임은 모든 성공은 아니지만 성공의 약속이 된다. 정상 과학은 그러한 약속이 실현되는 과정이다. 그 실현의 과정은 패러다임에 의해 특히 명료해지는 사실에 관한 지식을 확대시킴으로써, 그러한 사실과 패러다임에 의한 예측 사이의 조화를 중대시킴으로써, 그리고 패러다임 자체를 좀더 명확히 정비함으로써 이루어진다. 이렇게 해서 정상과학은 일종의 퍼즐풀이에 비유된다. 어느 문제가 퍼즐로 분류되려면 그 문제의 해결이 확실시되어야 하며, 정답의 성격과 그러한 정답이 얻어지는 단계를 제약하는 일정한 규칙이 있어야 한다. 쿤에 의하면 "패러다임의 존재는 그 문제의 해결을 전제하고 있다." 그러므로 정상과학에서 "패러다임과 일치하지 않는 연구 결과는 과학자의 실수로 생각되며, 문제에 대한 해결을 찾지 못할 때에는 그 이론에서 잘못을 찾지 않고 과학자에게서 잘못을 찾는다." 따라서 과학 전체는 그렇지 않으나 정상과학은 누적적이다. 이미 존재하는 패러다임을 세밀하게 보완하고 확장할 뿐 근본적으로 새로운 문제를 제기하지는 않기 때문이다. 따라서 정상과학이 패러다임으로서 그 능력을 발휘하는 동안 많은 현상적 문제점들을 해결하면서 과학의 구조는 발전하며 팽창하게 되고 대부분의 과학자들이 패러다임의 옹호자가 된다. 그들은 그 경계 안에서 문제를 해결하고 수정을 하게 되며 패러다임이 바뀌지 않는 한 그 안에서 안주하게 될 것이며 새로운 패러다임이 생겨야만 그 위치가 뒤바뀌게 된다.

  6장 이후는 정상과학의 위기로부터 발생하는 과학혁명에 대한 설명이다. 정상과학의 시대에도 미지의 현상은 계속 발견된다. 그 중에는 패러다임의 기본이론과 모순을 빚는 변칙 사례들도 등장하게 될 것이다. 그러나 초기에는 이런 것들도 기존의 패러다임으로 예측된 정상적인 상태만 한계적으로 경험된다. 하지만 어느 단계에 도달하면 여러 과학자들이 무엇인가 잘못되었다는 것을 인식하게 되고 과거의 설명되지 못했던 것들과 관련짓게 된다. 이렇게 해서 기존의 패러다임은 불신되고 새로운 패러다임은 아직 확립되지 않은 과도기, '비상과학'의 시기가 된다. 하지만 이 비상과학의 시기는 정상과학의 시기보다 훨씬 짧은 것이 일반적이다. 변칙 사례로 인한 정상과학의 위기에 대한 과학자들의 대처 방식은 대개 세 가지 정도가 된다. 우선 문제가 정상과학에 의해 해결될 수 없는 것으로 과학자 집단에 의해 판명되는 경우이다. 이 문제는 과학적으로 불가사의한 것이 된다. 둘째, 현재의 발전 상태로는 해결할 수 없는 문제로 판단되어 다음 세대에 해결해야 할 문제로 넘겨지는 경우이다. 마지막으로 보다 도전적인 과학자, 혹은 과학자 집단에 의해 기존의 패러다임을 대체할 후보 패러다임이 출현하는 경우이다. 이 같은 새로운 패러다임이 기존 패러다임을 밀어내고 다수 과학자들에게 수용되면 과학혁명이 일어나고, 새로운 정상과학이 전개된다.

예를 들어, 변칙 사례를 기존의 틀 안에서 논리적으로 설명하기 힘들 때 과학자들은 이 패러다임을 대신할 수 있는 방법을 모색하게 되지만 기존 패러다임을 단번에 버리지는 않는다. 예컨대 천동설은 수천 년간 신봉되어 온 패러다임이었다. 처음 천체 및 여러 관측에 의해 천동설로 설명될 수 없는 현상이 발견되기 시작하였을 때는 관측자 스스로가 자신의 눈을 의심했다. 하지만 기존의 천동설로는 해명되지 않는 변칙 사례들이 축적되면서 몇몇 도전적인 과학자들이 대안 모색에 나섰다. 그래서 등장한 것이 코페르니쿠스의 지동설 체계이다. 하지만 이 대안은 초기에 여러 가지 한계를 가지고 있었다. 특히 천체의 운동은 항상 원의 형태를 가져야 한다는 점을 고수하여 성공적인 예측에 많은 한계를 지니고 있었다. 이 때문에 태양은 지구 주위를 돌고 지구 이외의 나머지 행성은 모두 태양의 주위를 돈다고 하는 천동설과 지동설의 절충론이 나와 한동안 많은 지지를 받기도 했다. 하지만 결국 지동설이 갈릴레이나 뉴턴 같은 뛰어난 후배 학자들의 지지를 받았고 새 패러다임이 된 것이다. 여기에서 뉴턴의 역할이 매우 중요하다. 그에 의해서 지동설은 그간 제기되었던 많은 문제들을 해결하거나 해결 가능성을 보여주는 하나의 패러다임 이론으로 체계화되었다. 그리고 여기에는 여러 관련 사실들을 통합하여 설명하는 합리적인 가설뿐만 아니라 관측된 사실을 해석하는 수학적 방법 등의 비교적 정밀한 연구 모델 및 규칙들이 포함되어 있다.

여기서 우리는 쿤의 패러다임 개념을 한번 살펴볼 필요가 있다. 그에 의하면 패러다임은 "어느 한 시기, 특정 분야에 대한 역사에서 반복되어 나타나는 여러 이론의 개념·관찰·장치에 적용되는 표준적인 설명이다." 또 패러다임에는 과학에 기본이 되는 이론과 법칙들, 기본적인 법칙을 다양한 상황에 적용하는 표준적인 방법, 도구적인 기술, 형이상학적인 원리, 이론의 선택, 평가, 비판과 관계된 원리 등이 모두 포함된다. 이 개념을 애매모호하게 사용하고 있다는 비판을 수용한 쿤은 재판(再版)을 위해 1969년에 쓴 후기(後記)에서 패러다임의 뜻을 두 가지로 구분했다. 패러다임이란 첫째로 "특정의 공동체 구성원들이 공유하고 있는 신념·가치·기술 등의 총체를 가리키는 개념"이고, 둘째로 "이러한 총체 중의 한 구성 요소를 의미하는 것으로서 구체적인 퍼즐풀이에 사용되는 모델과 실례를 의미하는 개념"이라는 것이다. 하지만 이것을 아는 것만으로 패러다임을 충분히 이해할 수는 없다고 생각된다.

토머스 S. 쿤은 다양한 방식에 의한 패러다임의 비교가 새로운 기준을 만들고, 정확한 예측이 가능하게 만들어주며 해결이 어려운 문제에 대한 대안을 제시하는 새로운 틀이 만들어진다고 보았다. 새로운 이론이 나타나면 기존의 정상과학이라고 믿어왔던 이론을 반박하고 그 논리적 허점을 파고들어 시험·확증·오류 입증의 과정을 거쳐 기존의 이론이 차지하고 있던 공간을 빼앗아 자기영역을 확보하게 된다고 설명한다. 이러한 이론 투쟁 과정의 연속이 과학의 역사가 되었으며 그것이 서양

과학의 구조를 이루는 근간이라고 보았던 것이다.

그의 이론의 밑바탕에는 과학의 항상적(恒常的) 진보 이념과 아울러 이 진보의 과정이 단선적으로 축적되기보다는 혁명이라는 비상적(非常的) 구조를 통해 이루어지며, 비축적적(non-cumulative) 진전을 이룬다는 생각을 전제하고 있다. 과학혁명의 선행구조로서의 정상과학의 개념을 살펴보면 정상과학이란, 과학자들의 공동사회가 통상적으로 연구활동을 수행하는 안정된 활동기를 말한다. 이 정상과학이 기존의 사고체계로는 설명할 수 없는 심각한 이상 현상에 제대로 대응하지 못하여 위기에 봉착하며, 그 결과 새로운 정상과학이 잉태되는 전환기를 맞이하게 되는 것이다. 이것이 곧 패러다임의 변화이며 사고의 전환이라고 할 수 있다.

쿤의 과학관은 20세기 현대사상 가운데 거의 모든 분야에 걸쳐 가장 심오하게 영향을 미치고 있는 사상이라고 해도 과언이 아니다. 그의 패러다임 명제가 실린 이 책은 1962년 그 초판의 출간과 동시에 열광적인 찬사와 비판의 대상이 됨으로써 광범위한 영역에서 '쿤 혁명'을 일으켰다. 그의 과학 변천 및 발전에 관한 이론은 특히 과학철학 분야에서 심각한 논쟁을 유발시켰고, 자연과학 분야는 물론이고 나아가서 사회과학 분야에 더욱 심오한 영향을 미치게 되었다. 이처럼 토머스 S. 쿤은 1970년대 이후 과학사회학자들에 영향을 주어, 과학 지식은 '발견'되는 것이 아니라 '사회적으로 구성된(socially constructed)' 것이라고 보는 구성주의 과학사회학을 탄생시키는 데 중요한 역할을 하였다. 실증주의의 종말 이후, 쿤이 철학적 논쟁에 새로운 초점을 제공하여, 제리 라베츠(Jerry Ravetz)나 파울 파이어아벤트(Paul Feyerabend) 등이 급진 과학운동 및 서구 과학에 대한 탈식민주의적 비판의 대부분을 주변화하기가 용이해졌다. 이 책에서 철학적 의제를 재정의함으로써, 과학적 탐구의 논쟁적이고 수사적인 측면 대신 구성주의가 과학 비판의 핵심이 되었다.

전통적인 과학철학의 수용이 미처 완료되기도 전에, 비교적 새로운 분야인 과학사의 연구 성과가 전해지면서 그 영향력의 파문은 자연과학 쪽이 아니라 사회학 쪽에서 먼저 일어났다. 격렬한 사회운동과 직접적으로는 전혀 관계가 없는 학자인 토머스 S. 쿤은 방대한 역사적 자료와 범존해 있는 과학적 발견의 주역들과의 생생한 인터뷰를 통해, 인간생활의 골격을 규정하는 데 가장 큰 기초조건을 형성하는 과학의 발전은 지속적이고 점진적인 형태로 이뤄지는 것이 아니라 불연속적이면서 혁명적인 형태로 발전되는 것임을 입증하려고 하였다.

이제 '패러다임'이라는 용어는 인문학과 사회학에서 더 많이 사용된다. 과학적인 사상이 현대의 사회 전반에 주는 영향을 고려해 볼 때 이 책은 전공 분야와 상관없이 현대를 사는 지식인으로서 사고하고 행동하는 방법을 제시하고 있다.

★ 추천도서와 읽을거리

조인래 편역, 『쿤의 주제들 : 비판과 대응』, 이화여자대학교 출판부, 1997
    비판과 대응이라는 논제 아래 쿤의 논점을 서술함으로써 그를 이해하려는 독자들에게 보다 큰 틀을 제시해 놓은 책이다.

제4영역 · 자연과 과학

80

게놈(GENOME):
23장에 담긴 인간의 자서전

매트 리들리

● 김선정 동국대학교 생명과학과 교수

    게놈이라는 책은 10억 개의 단어로 되어 있는데, 이것은 이 책 정도 크기의 책 5천 권이나 성경 800권 정도에 해당하는 크기이다. 만약 내가 이런 책을 1초에 한 단어씩 매일 여덟 시간씩 읽는다면 이것을 모두 읽는 데 한 세기가 걸린다. 만약 내가 이 책의 모든 문자를 1cm에 한 자씩 적어 넣는다면, 다뉴브 강(길이 2,860km)만큼의 긴 길이가 된다. 이렇게 어마어마한 책이 바늘 끝보다 작은 크기의 세포 안에서 현미경으로나 관찰할 수 있는 핵이라는 작은 구조물 속에 모두 들어 있다.

    게놈을 무턱대고 책에 비유한 것은 아니다. 문자 그대로 책이기 때문이다. 이 책은 디지털 정보가 1차원적으로 한 방향으로 길게 적혀 있고, 알파벳과 같은 부호를 다른 언어로 바꾸어 주는 코드가 있고, 코드에 따라 뜻을 해석하여 그룹으로 모아 놓았다. 이것이 게놈이다. 그러나 일반적으로 영어로 쓰여 있는 책들이 왼쪽에서 오른쪽으로 한 방향으로 쓰인 것에 비해, '게놈'이라는 이 책은 때로는 오른쪽에서 왼쪽으로 쓰이기도 하고 때로는 왼쪽에서 오른쪽으로 쓰이기도 하여 조금 더 복잡하다는 점이 다를 뿐이다.

저자인 매트 리들리(Matt Ridley)는 옥스퍼드 대학에서 동물학 전공으로 박사학위를 받았다.《이코노미스트(The Economist)》와《데일리 텔레그래프(Daily Telegraph)》에서 과학 저널리스트로 활동하였다. 생명과학을 주제로 일반인이 과학을 경험하고 탐구할 수 있도록 뉴캐슬에 설립된 국제생명센터의 의장이다. 현재, 부인인 신경과학자 애냐 허버(Anya Hurber) 그리고 2명의 자녀와 함께 영국에서 살고 있다. 저서로는『붉은 여왕(The Red Queen)』,『덕의 기원(The Origins of Virtue)』등이 있다.

2000년 봄에 미국의 클린턴 대통령이 백악관의 앞뜰에서 기자회견을 하는 한 장의 사진이 있다. 1985년에 시작하여 향후 20년 동안 수십 억 달러를 투자하여 인간의 유전자 전체를 해독하려는 야심찬 계획을 약 5년 앞당겨서 달성한 후에 인류 앞에 프로젝트의 완성을 선언하는 장면이다. 1970년대에 시작된 분자생물학의 놀라운 진보는 인간을 포함하여 지구상에 존재하는 생물들의 유전자 구조를 해독하고 기능을 밝히는 데 가속도를 붙여 왔다. 이러한 결과에 고무된 과학자들은 급기야 약 30억 쌍에 달하는 인간의 DNA에 존재하는 염기 서열 전체를 체계적으로 해독하려는 야심찬 계획을 수립하게 된 것이며, 이 계획의 초기 위원 중에는 제임스 듀이 웟슨(James Dewey Watson)이 포함되어 있었다. 이 연구는 막대한 예산이 투입되고 미국을 비롯한 여러 국가들이 컨소시엄을 이루어 시행하는 방대한 규모이어서 우주의 비밀을 벗기는 스타 프로젝트에 견주어서 '게놈 프로젝트(Genome Project)'로 명명되었다. 'Genome'이라는 용어가 국내에 소개될 때, 용어의 혼동이 있어서 '제놈' 혹은 '지놈' 등으로 발음되다가 '게놈'으로 정해졌다.

연구자들은 왜 게놈 전체의 해독에 도전하게 되었을까? 저자가 서문에도 소개하였듯이 사람의 유전자 모두는 23쌍의 염색체 속에 들어 있다. 세포에서 시작되는 생명활동이 모두 유전자의 산물인 RNA와 단백질들에 의해 조절되고 있다. 당뇨병과 관련된 인슐린, 암을 유발하거나 저해하는 단백질, 학습과 기억에 관련된 단백질 등 유전자의 산물들은 우리 몸의 기본적인 유지뿐만 아니라 암과 같은 질병과도 밀접하게 연관되어 있다. 따라서 생명현상을 완전히 이해하고 난치병을 치료하기 위해서는 유전자들에 대한 철저한 이해가 해결되어야 할 필요성이 제기된 것이다.

『게놈 : 23장에 담긴 인간의 자서전(GENOME : The autobiography of a species in 23 chapters)』은 총 23장으로 되어 있다. 인간의 염색체 개수가 보통 염색체 22쌍과 성염색체 1쌍으로 되어 있기에 각 장마다 한 개의 염색체에 대해 소개하고 있다. 각 염색체에는 수백에서 수천 개의 유전자가 존재하며 이들을 모두 합하면 약 3만 개가 채 되지 않는다. 이 숫자는 게놈 프로젝트가 완성된 후에 기존에 밝혀진 유전자의 수와 컴퓨터를 이용한 생물정보학의 도움으로 도출된 개수이다. 게놈 프로젝트가 완성되기 이전인 1990년대의 생물학 교과서에는 유전자의 개수가 약 10만 개로 서술되어 있으며, 이 책에서도 약 6만~8만 개로 잘못 소개되고 있다. 생물정보학 및 분자생물학의 계속적인 연구는 유전자의 수를 정확하게, 이를테면 28,724개라고 수년 내에 결론지을 것이다. 게놈 프로젝트의 결과로 여러 흥미로운 사실들이 알려졌다. 예를 들면, 인간보다 훨씬 하등한 초파리의 유전자 수도 약 2만 개 가까이 되어서 인간이 단순히 유전자 개수로 진화의 우월성을 주장할 수 없게 되었다는 점이다. 또한, 침팬지의 DNA 서열을 해독한 결과 인간과 98% 동일하다는 점이다. 이 책의 각 장은 각 염색체에서 밝혀진 대표적인 유전자들, 특히 유전병 등 질병에 관련된 것들을 주로 예를 들어서 이야기를 풀고 있다.

지금부터는 각 장에서 다룬 유전자의 특징을 알아보자. 1장에서는 글의 시작인만큼 유전자의 기원에 대해 주로 다루고 있다. 현재 유전자의 구성 물질은 DNA인데, 진화의 초기에는 RNA가 유전물질이라는 것이다. 진화 초기의 유전물질은 스스로 복제할 수 있는 능력을 갖추었어야 하며, RNA가 이 능력을 가지고 있다. 현재 남아 있는 self-splicing 활성이 이의 증거이며 토머스 체크(Thomas Cech)는 이 업적으로 노벨화학상을 받았다. 2장에서는 유전자의 염기 서열이 2%밖에 차이나지 않으면서 진화적으로는 엄청난 차이를 보이는 인간과 침팬지의 차이점에 대한 저자의 견해를 피력하고 있다. 1장과 2장에서 특정한 유전자를 다루지 않은 이유를 모르겠지만 독자들의 주목을 끌 만한 마땅한 유전자가 저자에게 보이지 않은 것으로 추측한다. 3장부터 드디어 유전자를 소개하고 있는데 알캅톤뇨증을 일으키는 homogentisate dioxygenase라는 효소를 소개하고 있다. 이 효소는 페닐알라닌을 분해하는 효소 중의 하나인데 이것에 돌연변이가 발생할 경우에는 질병이 발생하게 된다. 4장에서는 헌팅턴병(Huntington Disease)을 일으키는 유전자에 대해서 소개하고 있다. 이 질병에 걸리면 중년기가 되면서 사지의 경련 현상이 생기고 몸의 균형을 잃어 가며 결국 사망에 이르게 된다. 사실, 이 유전자의 정체는 1991년도에 밝혀져서 생물학계에 큰 반향을 일으켰는데, 글루타민 아미노산을 만드는 cag 코돈(codon)이 반복된 구간이 있으며 정상인은 반복 횟수가 6~30회 정도이지만 환자의 경우는 39회 이상 반복되어 있음이 밝혀졌다. 5장에서는 천식에 관련된 유전자에 대해 다루고 있다. 독자들이 유념할 점은 특정 생명현상, 예를 들어 천식에 관련된 유전자가 여러 염색체에 분산되어 한 가지 이상 존재할 수 있다는 점이다. 최근에 일부 생명공학 벤처기업에서 자녀들의 영재 유전자들을 검사해 준다는 광고를 보았는데, 학습에 관련된 유전자들이 한두 개가 아닐 것이며 지능은 이들의 복잡한 통합 작용에 의해서 학습이 성취됨을 인식해야겠다. 6장에서는 이 부분을 다루고 있으며 IGF2R이라는 유전자가 하나의 관련 유전자이다. 7번 염색체에는 언어 본능 유전자가 있으며 이는

11번 염색체에도 존재한다. 7장 다음에 X와 Y염색체를 소개하고 있다. 크기로 보았을 때, 이들 성염색체가 7번 다음으로 크기 때문이다. 참고로 염색체는 큰 것부터 1을 시작으로 번호를 부여하고 있다. 8장에서는 특별한 유전자의 소개 없이 반복 서열이라든가 의사유전자 등 비교적 전공에 가까운 개념을 소개하고 있다. 일반 학생이라면 살짝 지나쳐도 좋겠다. 9장에는 혈액형을 결정하는 galactosyl transferase라는 효소에 대한 유전자가 있다. 자신의 혈액형이 어떻게 결정되는지 이해할 수 있는 내용이 담겨 있다. 10장에는 CYP17이라는 유전자가 소개되어 있으며 이는 콜레스테롤로부터 테스토스테론 같은 성호르몬을 만드는 효소이다. 책을 소개하면서 지나치게 요약 위주로 설명하고 있으나, 책에서는 유명한 역사적 사건이나 사회 배경 등 저자의 해박한 지식을 동원하여 설명하고 있으므로 실제 책의 내용은 훨씬 흥미진진하다. 11장에서는 도파민 수용체를 만드는 D4DR 유전자를 소개하면서, 이것과 성격과의 관계에 대해 서술하고 있다. 12장에서는 팔다리 등 특정기관을 형성하는 데 결정적인 역할을 하는 Homeotic gene에 대해 다루고 있다. 13장의 유방암 유전자 BRCA1, 14장의 텔로머레이즈, 15장의 앵겔만 증후군 유전자, 16장의 학습관련 유전자 CREBP, 17장의 세포 자살 유전자 TP53, 18번의 종양억제 유전자가 여러 지식들과 함께 소개되고 있다. 특히 18장에서는 생명공학의 역사를 함께 소개하고 있으니 꼭 읽어보기 바란다. 19장에는 지방대사와 관련된 APOE 유전자, 20장은 광우병 유전자 PRP를 광우병의 역사적 진행과정과 함께 소개하고 있다. 21번 염색체를 하나 더 가지고 태어나면 다운증후군(Down's syndrome)이 된다. 22번 염색체에서는 특별한 유전자의 소개 없이 유전자와 우성학 및 개성과의 관계에 대한 저자의 견해를 피력하면서 집필을 마치고 있다.

게놈 프로젝트의 완성은 인체의 신비를 과학기술로 완전히 해석할 수 있다는 사실뿐 아니라, 질병을 완전히 퇴치할 수 있는 기대감을 주고 있다. 이와 함께, 개인 정보의 노출이라는 윤리 문제도 논쟁의 중심에 있다. 최근에 줄기세포 논란으로 일반인들이 배반포기 등의 전문용어를 쉽게 얘기하게 되었듯이 이 책은 게놈 프로젝트와 유전자 등의 제한된 개념을 풍부한 관련 정보와 함께 제공하고 있다.

★ 추천도서와 읽을거리

스티브 존스, 『유전자 언어』, 김희백 · 김재희 옮김, 김영사, 2001
유전자의 미스터리를 쉽고 재미있게 풀어낸 유전학 입문서로, 인간 유전학을 설명하고 그 의미를 짚어봄으로써 인간의 과거, 현재, 미래를 그려내고 있다.

니케이 바이오테크 편집부, 『유전자 비즈니스』, 강승우 옮김, 김영사, 2002
게놈 프로젝트의 완결을 계기로 급속도로 발전하고 있는 일본과 미국 그리고 유럽의 바이오테크놀러지의 상황과 향후 발전 방향을 제시하고 있다. 바이오 산업을 대상으로 제시한 최초의 단행본이다.

사토 도미오, 『성공유전자를 깨우는 생각의 습관』, 한은미 옮김, 삼진기획, 2004
사람은 누구나 스스로 성공할 수 있는 능력을 이미 갖추고 있다는 것이다. 저자는 그것이 바로 '성공유전자'의 힘이라고 주장한다.

킴 스티렐니, 『유전자와 생명의 역사』, 장대익 옮김, 최재천 감수, 몸과마음, 2002
이 책은 자연선택의 단위, 유전자 결정론, 적응주의, 소진화와 대진화의 관계, 멸종, 발생과 진화의 관계, 진화심리학의 지위 등 생명의 역사에 관한 거의 모든 개념적 쟁점들을 총망라하고 있다.

제4영역 · 자연과 과학

81

과학과 근대세계
알프레드 노스 화이트헤드

● 조훈영 동국대학교 물리학과 교수

    과학과 철학의 영역을 이처럼 구분하는 것은 간단한 작업이 아니었다. 그리고 사실 그것은 그것의 기초가 되고 있는, 틀에 박힌 전체의 취약성을 드러내는 것이었다. 우리가 인식하는 자연이란, 여러 물체, 빛깔, 소리, 향기, 맛, 감촉, 그리고 그 밖의 여러 신체적 감각들이 서로 얽혀 작용하면서, 그들 사이에 개재하는 간격에 의해 서로 격리되어 제각기 개별적인 형태를 지니며 나타나는 그런 패턴으로 공간 속에 나타난 것을 말하였다. 또한 자연 전체는 시간의 경과와 더불어 변화해 가고 있는 유동이다. 이 조직적인 전체상은 여러 사물로 이루어진 하나의 복합체로서 우리 앞에 나타난다. 그러나 17세기의 이원론은 이러한 전체를 양단시키고 있다. 즉 과학의 객관적 세계는, 공간과 시간 속에 단순 정위하면서 일정한 규칙에 따라 운동하고 있는 순수한 공간적 물질의 세계를 의미했다. 철학의 주관적 세계는 사유하는 정신의 주관적 내용을 형성하는 것들로서의 빛깔, 소리, 향기, 감촉, 신체적 느낌 등으로 이루어지고 있었다. 이 두 세계는 다같이 전반적인 유동을 공유하고 있지만, 데카르트는 측정된 것으로서의 시간을 관측하는 정신의 사유 형태에 귀속시켰다. 이 도식에는 명백히 하나의 치명적인 결함이 들어 있다. 정신의 여러 사유 형태는, 예컨대 빛깔과 같은 존재들을 주시의 대상으로서 정신 앞에 제시하는 기능의 것으로 나타난다. 그러나 이 이론에서 빛깔은 결국 정신 속에 있는 것에 지나지 않게 된다. 따라서 정신은 자기만의 사적 사유 세계에 갇혀 있게 되는 것처럼 보인다. 경험에 있어 주관과 객관의 완전한 합치는 하나의 사적인 정념으로서 정신 속에서 이루어지는 것이 된다.

알프레드 노스 화이트헤드(Alfred North Whitehead, 1861. 2. 15~1947. 12. 30)는 영국의 수학자로서, 1861년 2월 15일 영국의 동남단 도버 해협을 눈앞에 굽어보는 수려한 전원 소도시이며 휴양지로도 알려진 켄트 주 램즈게이트에서 태어났다. 그의 부친 알프레드는 성공회의 고위 성직자로 있으면서, 조부의 사업을 계승하여 그곳의 사립학교 교장직을 겸임하고 있었다. 종교적인 가정 배경은 훗날 그의 사상에 지울 수 없는 영향을 미쳤다. 화이트헤드는 10세에 부친으로부터 라틴 어를, 12세에 그리스 고전 중심의 가정교육을 받은 후, 14세에 샤번 중학에 들어가서도 주로 라틴 어와 그리스 어의 철저한 교육을 받는 한편 수학을 배웠다. 1880년 자연과학의 명문 케임브리지의 트리니티 칼리지에 입학하여 수학을 전공하면서 그로부터 1910년까지 30년간 오로지 수학과 기호논리학에 열정을 쏟았다. 1885~1911년 같은 대학의 강사, 1914~1924년 런던 대학 교수, 1924~1937년 미국 하버드 대학 철학 교수를 역임하였다. 처음에 G. W. 라이프니츠, L. A. 쿠튜라, H. G. 그라스만 등의 영향 아래 수학적 논리학(기호논리학) 연구에 종사하였고, 버트런드 A. W. 러셀과의 공저 『수학원리(Principia Mathematica)』(전3권, 1910~1913)를 저술하여 수학의 논리적 기초를 확립하려 하였다. 이어 근대의 새로운 자연과학, 특히 물리학의 철학적 기초를 고찰하여 『자연인식의 제 원리(An Enquiry Concerning the Principles of Natural Knowledge)』(1919), 『자연의 개념(The Concept of Nature)』(1920), 『상대성 원리(The Principle of Relativity)』(1922)를 집필하여 '사상(事象, event)'의 개념을 사용해서 자연에서의 모든 사상 상호간의 확급(擴及) 및 상입(相入)의 원리를 구명하였는데, 그는 이러한 자연과학에서도 항상 경험과 구상성(具象性)을 존중하고, 사변적(思辨的)·추상적 태도를 배척하였다. 도미(渡美) 후의 저서 『과학과 근대세계(Science and Modern World)』(1925)와 『관념의 모험(Adventures of Ideas)』(1933)은 '유기체(organism)'의 개념을 핵심으로 하는 그의 발전적·창조적 형이상학을 전개한 것이다.

1924년 63세가 된 화이트헤드는 하버드 대학 총장 로웰의 초청으로 하버드 대학의 철학 교수로 임용되었다. 이 시기는 그에게 과학철학을 포괄적인 형이상학적 철학으로 발전시킬 수 있는 계기가 되었다. 그의 철학 강의는 학생들에게 많은 영감을 불어넣었으며, 이는 1937년 명예교수가 되어 현직을 떠난 후에도 계속되었다. 도미 후의 첫 저작은 바로 이 책 『과학과 근대세계』였다. 이 책은 화이트헤드의 저서 중에서 가장 널리 알려진 것으로 비교적 덜 전문적인 저작이지만, 독창적이고 심오하며 난해하다는 점에서는 예외가 아니다. 영국의 비평가 허버트 리드는 화이트헤드의 『과학과 근대세계』를 가리켜 "데카르트의 『방법서설』 이래 과학과 과학철학 분야에서 가장 중요한 저서"라고 평했다. 근대 과학의 본질을 규명하고 그것이 어떻게 근대인들의 세계관에 영향을 끼쳤는가를 분석한 이 책은 과학철학 혹은 과학사상사의 뛰어난 고전 중 하나다. 수학자에서 출발해 유기체 철학이라는 독창적인 세계관을 주창한 철학자로 변신한 화이트헤드는 난해한 저서로 악명이 높다. 그러나 이 책은 공개 강연을 위해 쓴 원고로 근대 과학이 어떻게 근대적 세계관을 형성해 왔는지, 그리고 그 문제는 무엇인지를 평이하고 명료하게 설명하고 있다. 화이트헤드는 원래 수학자였고 제자였던 버트런드 A. W. 러셀과 함께 『수학원리』를 써서 수리논리학의 새로운 시대를 열었던 것으로도 유명하지만, 『과정과 실재』, 『관념의 모험』, 『이성의 기능』 등 일련의 저서를 통해 자신의 독창적인 유기체 철학을 세운 철학의 거인이기도 하다. 한편으로는 근대 과학적 세계관의 본질을 이해하기 위해, 그리고 21세기를 대비한 미래의 철학으로 여겨지는 화이트헤드의 사상이 담겨 있다.

이 책은 모두 13장으로 되어 있으며, 첫 장의 〈근대과학의 기원〉에서 현재 우리에게 영향 미치고 있는 과학의 발전을 가능하게 했던 선행조건들을 고찰하고 있다. 그 선행조건 중에서 수학의 발흥, 자연의 질서에 대한 본능적 신념, 합리주의가 중요한 것들이다. 특히 합리주의는 과학에 있어서 실험과 귀납적 추리 방법에 대한 호소로 나타난다. 〈사상사의 한 요소로서 수학〉에서는 인간 정신의 가장 독창적인 산물로서 수학이 어떤 근거에서 그러한 평가를 받을 수 있는지 고찰하고 있다. 수학은 추상적 학문이다. 따라서 수학은 우리가 지닌 추상관념에 의존하고 있다. 이러한 추상관념은 또한 보편적이며, 일반적이다. 나아가 수학의 공준 속에 포함되어 있는 완전한 패턴을 통찰하는 논리적이고 수학적인 추리의 조화는 가장 일반적인 미적 특성이기도 하다. 이러한 특성을 지닌 수학은 피타고라스로부터 시작하여 오늘날까지 자연과 인간에 대한 사유에 깊은 영향을 미치고 있다.

〈천재의 세기〉와 〈18세기〉에서는 17세기와 18세기에 나타난 과학과 철학적 사유의 발전과 특성을 소개해 주고 있다. 〈낭만주의적 반동〉에서 17세기와 18세기에 나타난 과학적 사유를 "인간을 항거할 수 없는 자연의 메커니즘에 무기력하게 협력하는 존재로 제시"한 것이라고 파악하면서, 이러한 기계론과 대비되는 유기체론의 흔적을 고찰하고 있다. 17·18세기에 근대 자연과학을 탄생시켰고, 이 시대의 과학은 뉴턴을 핵심으로 하며, 뉴턴 물리학의 성공은 과학 내의 사건으로 그치지 않고, 전통적인 세계관을 일변시켜 놓았다. 그것은 유럽 세계에 불행한 영향을 끼쳤고, 이 과학에 기초를 둔 세계관을 그는 "과학적 유물론"이라고 불렀다. 과학적 유물론을 배제한다는 것은, 기초가 되는 물리학의 기본 사상을 비판적으로 배척했다. 그것은 "물질은 시간, 공간 내에 단순히 위치를 점한다"는 사고 방식이다. 이 사고 방식의 성공, 이 사고 방식으로 환원될 수 없는 물리적 현상의 발견, 이 사고 방식의 난점을 타개할 새로운 사고 방식의 모색, 그런 것을 그는 명쾌하게 묘출해 내고 있다.
〈19세기〉에서는 낭만주의에서 나타난 유기체론적 사유 경향이 19세기에 발전하고 있는 과학, 즉 에너지설이나 분자 이론과 새롭게 발전하는 생물학과 진화론을 통해서 어떤 양상을 띠고 나타나는지를 추적하고 있다. 〈상대성 원리〉와 〈양자론〉에서는 시간과 공간의 개념에 대해서, 그리고 미시세계에 대하여 과학을 통해서 17세기와 18세기를 지배했던 과학적 유물론의 문제점들을 지적하면서, 유기체론을 옹호하려고 시도하였다. 〈과학과 철학〉에서는 과학이 철학사상에 미쳤던 영향들을 고찰하고 있다. 물질, 공간, 시간, 물질적 배치 구조의 변화에 관한 여러 가지 법칙 등이 더 이상 어찌할 수 없는 궁극적인 완강한 사실로 간주하는 과학의 객관주 때문에, 철학은 가령 데카르트의 철학에서 볼 수 있듯이 정신의 주관적 영역으로 퇴각하게 된다. 따라서 "17세기가 마감된 후, 과학은 유물론적 자연을 떠맡았고, 철학은 사유하고 정신을 떠맡게 되었다." 그러나 윌리엄 제임스가 데카르트의 자아, 실체로서의 자아를 공박하고, 또한 과학의 형이상학이라고 할 수 있는 과학적 유물론이 과학으로부터 도전받게 된다. 바로 이 점에서 화이트헤드는 생리학과 심리학, 그리고 현대물리학을 통해서 자신의 고유한 철학인 유기체설을 주장한다. 〈추상화〉와 〈신〉에서는 화이트헤드가 근대과학의 발전으로부터 유기체의 철학을 주장하면서 그 유기체의 철학을 보다 형이상학적 근거에서 해명하고 있는 부분이다. 그 자신이 '영원한 객체'라고 부르는 보편자의 문제와 신의 문제를 다루고 있다. 〈종교와 과학〉편에서는 과학적 세계관과 종교적 세계관의 충돌과 갈등을 다루고 있다. 화이트헤드에 의하면 이 두 영역은 서로 영향을 주지만, 그러나 서로 독자적인 영역이라고 설명하고 있다.
마지막 〈사회적 진보의 전제조건〉에서는 여러 문명사회가 직면하고 있는 문제들에 대한 과학의 영향을 고찰하고 있다. 근대과학이 우리에게 미친 영향은 바로 데카르트의 철학을 통해 잘 정형화되고 있다. 데카르트에 의하면 세계는 정신과 물질이라는 두 가지 실체로 되어 있다. 특히 물질에 의존함이 없이 독립하여 존재하는 실체로서의 정신의 가치는 한 개인이 지닌 개별적 가치뿐만 아니라, 홀로 존속할 수 있다는 생각을 가져왔다. 이러한 생각은 과학기술의 발전과 결합하여 개인주의라는 편협한 도덕관을 구성하게 된다. 그리고 근대과학은 미나 예술에 대한 중요성을 무시하는 경향에도 영향을 미쳤다.

일반적으로 근대과학자들은 자연을 바라볼 때 뒤에 숨어 있는 추상적인 관계와 법칙들을 보고 있다. 그러나 그들이 발견하거나 만들어낸 수학적 법칙은 자연과 동일한 것은 아니었다. 과학이란 원래 현상의 법칙성을 설명하기 위한 근사적 공식을 만들어내는 것일 뿐이다. 우리가 알고 있는 법칙이란 자연을 설명하려는 시도이지, 자연을 '그대로 묘사하는' 것은 아니다. "자연이 수학적이다."라는 말보다는 근대과학이 "자연을 수학화해서 이해했다."고 표현하는 것이 더 정확할지 모른다. 그에게 있어 현실의 세계는 창조적 세계이며, 그 밖의 다른 것이 되어서는 안 된다. 개개의 사물은 창조적 생명을 잉태하고, 저마다 개성적 생애를 전개하며, 전체로서의 세계의 창조적 전진에 참여한다. 실재하는 것은 창조적 전진의 과정(process)이다. 현실적으로 존재하는 사물은 파악(prehension)의 과정이며, 파악 활동을 통해서 스스로를 완성하게 하는 과정이다. 이 과정의 학설은 일체의 사물이나, 세계를 유기체로 보는 "유기체의 철학"이 된다. 그러나 "유기체의 철학"이 독단적 형이상학이 되어서는 안 되며, 자신의 정당성을 역사 속에서 입증해 보여야 한다. 그러기 위해서 그는 "과학적 유물론"과 역사적으로 대결한다.

따라서, 이 책을 통한 화이트헤드의 형이상학적 사색이 갖는 영향은 기초적 문제들을 철저하게 깊이 생각하고 있으며, 형이상학의 존재 이유를 과거의 많은 철학자들과는 달리, 절대적 진리성을 주장하는 태도를 취하지 않는다는 데 두고 있다는 점이다. 이러한 견지에서 그의 "유기체의 철학", 즉 형이상학 체계는, 현대의 전자장 이론, 상대성 이론, 양자역학 등의 물리학적인 새로운 개념이나 생물학의 새로운 식견과 모순되지 않는 체계일 뿐만 아니라, 그것들과 인간, 사회를 통일적으로 이해하는 하나의 창작적인 넓은 구도라는 것을 밝히고 있다. 이는 그의 형이상학이 앞날의 우리의 주체적 실천에 지표를 제공해 주는 동시에, 앞으로의 새로운 증거에 따라 창작을 다시 한다는 것을 전제로 하는 구도이기도 하다는 것이다.

★ 추천도서와 읽을거리

아이작 아시모프·자넷 아시모프, 『과학의 세계, 미지의 세계』 1·2(2권은 자넷 아시모프와 공저), 이창희·황성현 옮김, 고려원미디어, 1994(1권), 1995(2권)
과학의 세계를 설명하고 그 속에서 과학성이 담고 있는 수수께끼의 내용을 알기 쉽게 포괄적으로 서술한 책이다.

제4영역 · 자연과 과학

82

과학은 모든 의문에 답할 수 있는가

존 브록만 · 카틴카 매트슨

● 조훈영 동국대학교 물리학과 교수

궁극적으로 과학은 모든 의문에 답을 줄 수 있을까? 프랑스의 철학자 오귀스트 콩트는 이 물음에 대해 부정적인 견해를 가진 사람들 중 한 명이었다. 100년도 더 전에 그는 "항성들을 이루는 성분은 무엇인가?"처럼 답할 수 없는 질문을 던져 과학이 모든 답을 줄 수 없음을 입증했다. 그렇지만 이내 그의 생각이 잘못임이 입증되었다. 19세기가 채 끝나기도 전에 천문학자들은 그 문제의 답을 알아 내는 방법을 찾았다. 별빛이 프리즘을 통과해서 스펙트럼으로 분산될 때 우리는 산소, 나트륨, 탄소 등 여러 가지 성분을 나타내는 색을 발견할 수 있다. 결국 항성들도 우리 지구에서 찾아볼 수 있는 같은 종류의 원자들로 구성되어 있음이 밝혀진 것이다. 아서 C. 클라크는 이런 말을 한 적이 있다. "나이 든 과학자가 무언가가 불가능하다고 말한다면, 그건 백발백중 틀린 말이다." 콩트는 그런 학자 중 그러한 사람이었을 뿐이다.

지구상에서는 92개의 원자가 발견된다. 그런데 그 중에서 일부는 다른 것들에 비해 훨씬 풍부하다. (……) 서로 다른 종류의 원자들은 어디에서 온 것일까? 어떤 원자가 다른 원자에 비해 흔한 데에는 무슨 까닭이 있는 것일까? 그 답은 항성 자체에 있다. 상상할 수 없을 만큼 뜨거운 항성의 내부는 연금술사들의 꿈을 충분히 만족시켜 줄 수 있는 장소이다. 그곳에서 바로 비금속이 금으로 바뀌기 때문이다.

『과학은 모든 의문에 답할 수 있는가(How things are : A science tool-kit for the mind)』는 과학자이면서 인문사회학적 관심들을 자신의 연구의 중심축으로 삼고 있는 저명한 34명의 과학자와 사상가들의 글을 한데 엮은 책이다. 특히 주 편저자인 존 브록만은 출판물과 컴퓨터, 소프트웨어의 지적 재산권을 관리, 중개하는 브록만 사의 설립자이자, 웹 기반의 디지털 출판사인 콘텐트콤 사의 설립자 겸 회장이다.

이 책에서 〈과학에 대한 사고〉편의「고작 그것에 불과한 또는 그 이상의 무엇」의 저자인 매리언 스탬프 도킨스는 옥스퍼드 대학의 동물학과 연구 강사였으며, 섬머빌 대학의 연구원이었다. 연구 분야로서 동물의 복지와 보호, 특히 동물들의 고통에 관하여 연구했다.「'자연'과 '자연적'이라는 말의 의미」의 저자인 메리 캐서린 베이트슨은 미국 조지 메이슨 대학에서 인류학 및 영어를 가르치는 교수로서 언어학과 인류학에 관하여 여러 가지 주제로 집필하였다.「믿음에 대한 타당한 근거와 잘못된 근거」의 저자인 리처드 도킨스는 진화생물학자이며 옥스퍼드 대학의 동물학과 강사로서 동물행동의 진화과정 분야를 연구하였고, 『이기적인 유전자』의 저자이기도 하다.

〈기원〉편의「빅뱅 이전에는 무슨 일이 있었을까」의 저자인 폴 데이비스는 아델레이드 대학의 이론물리학자이자 자연철학 교수이며, 블랙홀과 우주기원 문제 등을 연구했다.「지극히 단순한 것에서 그렇게 풍부한」의 저자인 피터 W. 앳킨스는 옥스퍼드 대학 링컨 칼리지의 연구원이었으며, 화학자로서 그의 관심은 우주론과 과학이 문화에 미친 영향을 연구했다.「맨 처음 생명은 어떻게 태어날 수 있었을까」의 저자인 로버트 샤피로는 뉴욕 대학의 화학과 교수로서 주변환경의 화학적 물질이 우리의 유전 물질에 미치는 영향을 연구했다.「DNA만으로 쥐라기 공원을 만들 수 있는가」의 저자인 잭 코헨은 세계적으로 저명한 생식생물학자로 시험관 아기 연구소를 비롯해 그 밖의 여러 불임 연구소에 자문을 담당했다. 「작은 난자가 어떻게 복잡한 생명을 탄생시킬까」의 저자인 루이스 월퍼트는 유니버시티 칼리지와 미들섹스 의과대학에서 의학·응용생물학 교수로 재직하며, 그의 주된 연구 분야는 세포생물학·발생생물학이다. 「죽지 않는 생물과 죽는 생물들이 각각 잃는 것과 얻는 것」의 저자인 린 마굴리스는 저명한 생물학자로 매사추세츠 대학의 생물학 교수이다. 그녀는 제임스 러브록과 함께 그의 '가이아(Gaia) 가설'과 관련된 연구를 수행해 왔으며, 세포생물학과 미생물의 진화에 대한 연구에도 많은 기여를 했다.

〈진화〉편의 「진화론에 대한 몇 가지 오해와 두려움」의 저자인 스티븐 제이 굴드는 진화생물학자이자 고생물학자이며, 달팽이 유전학자이다. 「사람은 유인원에서 진화했는가」의 저자인 밀포드 H. 월포프는 미시간 대학 인류학 교수이며 인류학 박물관의 보좌 연구학자로 재직했다. 「근친상간은 왜 금기시되는가」의 저자인 패트릭 베이트슨은 케임브리지 대학의 인성학, 행동생물학 교수이며, 동물행동 발달연구 분야의 전문가이다. 「피부색이 다른 이유는 무엇일까」의 저자인 스티브 존스는 생물학자이자 UCLA 갈톤 실험실의 유전학 및 생물통계학부 책임자이다. 「포유류가 지구를 지배하게 된 까닭은 무엇인가」의 저자인 피터 워드는 워싱턴 대학 버크 박물관의 지질학 및 고생물학 분야의 책임자이자 캘리포니아 공과대학 교수이다.

「동성애는 돌연변이인가」의 저자인 안네 파우스토 스털링은 브라운 대학에서 생물학 및 의학 교수로 재직하고 있으며, 초파리의 발생유전학 분야에 대한 전문가다.

〈정신〉편의 「실수를 두려워 말라」의 저자인 다니엘 C. 데넷은 철학자로 인지과학 연구센터의 소장이자, 터프츠 대학의 철학 교수이다. 「정신은 뇌를 능가할 수 있는가」의 저자인 하오 왕은 논리학자로서 록펠러 대학에서 약 30년간 논리학 교수로 재직하고 있다. 「정신도 다윈의 메커니즘과 같은 방식으로 진화하는가」의 저자인 윌리엄 H. 캘빈은 워싱턴 의과대학의 이론 신경생리학자이다. 「평균이라는 수수께끼」의 저자인 마이클 S. 가차니가는 신경과학센터의 소장으로 캘리포니아 데이비스 주립대 신경학 및 심리학 교수이다. 「'다른 사정이 같다면'이라는 단서」의 저자인 파스칼 보이어는 케임브리지 킹스 칼리지의 선임연구원으로 인류학과 인지과학의 접점으로, 다양한 문화현상이 인간정신의 보편적 특성에 주는 영향에 관한 연구를 하고 있다. 「아주 중요한 또다른 관점」의 저자인 니콜라스 험프리는 이론심리학자로 옥스퍼드와 케임브리지 대학에서 연구와 강의를 하며, 시각과 연관된 뇌의 메커니즘에 대해서 중요한 발견을 했다. 「무엇을 알아야 하고, 어떻게 배워야 하는가」의 저자인 로저 C. 솅크는 컴퓨터 과학자이자 인지심리학자로 노스웨스턴 대학의 학습과학연구소 소장이자 전기공학, 컴퓨터 과학, 심리학, 교육학, 그리고 사회정책학 교수이다. 「우리는 어떻게 서로 의사소통을 하는가」의 저자인 댄 스페버는 파리에 있는 과학연구센터와 과학기술전문학교의 선임연구원이다. 「로제타석으로 풀어 본 뇌와 정신의 관계」의 저자인 스티븐 로즈는 옥스퍼드 대학 연구원, 런던 대학 연구원을 역임하였고, 뇌와 행동에 관한 연구 그룹을 결성하여 세포와 분자의 메커니즘 연구를 하였다. 「탈무드 읽기」의 저자인 데이비드 젤레른터는 예일 대학의 컴퓨터 과학 교수이며, 제3세계 인공지능 연구 분야의 세계적인 권위자이다. 「자신의 정체성과 벌이는 게임」의 저자인 셰리 터클은 MIT 공대의 과학사회학 교수로서 임상심리학자이다.

〈우주〉편의 「시간이란 무엇인가」의 저자인 리 스몰린은 이론물리학자로서 펜실베이니아 주립대학의 중력물리학 및 기하학센터의 연구원이다. 「불가능에서 진실을 배운다」의 저자인 앨런 H. 구스는 물리학자이며, MIT 공대 교수이다. 또 「대칭성, 그리고 실재라는 커다란 끈」의 저자인 이언 스튜어트는 세계에서 가장 뛰어난 수학자 중의 한 사람으로서 영국 워윅 대학의 수학 교수이다. 「왜 빛보다 빨리 달릴 수 없는 가」의 저자인 다니엘 힐리스는 Thinking Machine사 공동 설립자이자 수석 연구원이다.

〈미래〉편에서 「사람이라는 종(種)은 얼마나 지속될 수 있을까」의 저자인 프리먼 다이슨은 일반인들을 위한 과학 대중서를 집필하는 전문과학자이다. 「현재의 인구 증가율이 갖는 특수성」의 저자인 조엘 E. 코헨은 뉴욕 록펠러 대학의 인구학 교수이다. 「지구의 상속자는 누구일까」의 저자인 닐스 엘드리지는 미국 자연사박물관에서 연구와 조사를 벌인 고생물학자로서 진화론과 화석기록을 연구하였다. 마지막 「과학은 모든 의문에 답할 수 있는가?」의 저자인 마틴 리스는 천체물리학자이자 우주론자이면 영국 왕립학회 연구교수이다.

이 책은 현재 전세계에서 가장 저명하고 뛰어난 과학자와 사상가들의 글을 한데 엮은 것이다. 저자들은 각기 자신이 연구하는 과학 분야와 연관된 매우 독창적인 글을 싣고 있다. 그들이 다루는 것은 가장 근본적인 지식이자 누구나 알아 두어야 할 기초적인 개념들로, 우리가 무언가를 생각할 때 편리하게 사용하는 기본적인 도구, 연장이라 할 수 있다. 여기에 실린 글들은 저마다 확실한 초점을 가지고 있으며, 매우 간결하다는 특징을 갖는다. 저자들은 자신의 글에서 하나의 주제를 다루고 있다. 매 편의 글들은 우리에게 해당 주제에 대한 놀라운 관점을 제공하고, 어떤 이론을 왜 받아들일 수 있거나 없는지를 명쾌하게 설명해 준다. 동시에 이 책은 우리에게 현재 활동 중인 저명한 과학자와 사상가들의 정신세계를 들여다볼 수 있는 소중한 기회를 마련해 준다. 우리는 이 책을 통해 그들이 어떤 질문을 제기하고 어떤 방법을 사용하는지, 그리고 우리를 둘러싸고 있는 세계와 우리 자신에 대한 이해에 도달하기 위해 어떤 사고 과정을 거치는지 그 궤적을 추적할 수 있다.

이 책에 실린 글들은 누구나 이해할 수 있도록 쉽게 쓰여 있다. 더구나 이 분야 전문가들을 한 자리에 모아놓았으니 그 얼마나 풍부한 지적 자원인가. 따라서 이 책으로부터 자연스럽게 과학자들의 이야기를 들으면서 그들이 어떤 주제에 관심을 집중하고 있는지, 그리고 과학자들이 답을 찾기 위해 어떻게 자신의 의문을 공식화시키는지에 대해서도 알게 될 것이다.

이 책은 세계적인 석학들이 인류의 기원, 진화, 정신, 우주, 미래 등에 대해 각기 간략하게 기술한 것을 모은 것으로, 다양한 주제에 대한 흥미로운 서술이라는 장점으로 인해 첨단과 정보의 시대를 살아갈 현대인들에게 자연과학에 대한 관심과 지식을 유발할 수 있는 유익한 도서라고 생각된다. 이 책은 모두 총 6부로 이루어져 있으며 각 부마다 주제별로 몇 편의 글들이 실려 있다. 서론부에 해당되는 제1부는 〈과학에 대한 사고〉를 다룬 글로 예로 들면 일상생활에서 사용되고 있는 '자연'이라는 말과 '자연적'이라는 말의 사용에 있어서 우리가 얼마나 혼란을 겪고 있는가를 통해 과학의 본질의 한 측면을 찾는다. 그리고 진화생물학자인 리처드 도킨스의 믿음에 대한 생각을 알 수 있다.

이어서 제2부는 〈기원〉적 문제를 다루면서 빅뱅 이전에는 무슨 일이 있었는가와 같은 우주와 생명의 본원적 출발에 대한 문제를 던진다. 이를 물리학자 폴 데이비스의 빅뱅, 화학자 피터 W. 앳킨스의 물 이야기, 화학자 로버트 샤피로의 생명의 기원에 대한 글, 생물학자 잭 코헨의 DNA 이야기, 역시 생물학자인 루이스 월퍼트의 세포의 기적 등을 다루고 있다. 그리고 생물학자 린 마굴리스는 케피르라 불리는 음료가 우리에게 죽음에 대해 어떤 가르침을 줄 수 있는지 알려 준다.

제3부가 다루는 주제는 이렇게 해서 자연스럽게 〈진화〉로 넘어가게 되고 동물학자 스티븐 제이 굴드는 진화라는 개념을 실명하고, 인류학

자 밀포드 H. 월포프는 사람과 유인원의 관계에 대해, 역시 인류학자인 패트릭 베이트슨은 근친상간이 금기(禁忌)가 된 과정을, 생물학자 스티브 존스는 사람들의 피부색이 다른 이유를, 고생물학자 피터 워드는 진화에서 우연이 차지하는 역할을, 그리고 진화생물학자 안네 파우스토 스털링은 정상적이고 자연적인 것과 비정상적이고 반자연적인 것의 차이를 설명한다.

이어서 제4부 〈정신〉편에서 철학자 다니엘 C. 데넷은 실수를 하는 것이 왜 중요한지 이야기한다. 그리고 논리학자 하오 왕은 정신과 뇌의 관계를, 신경생리학자 윌리엄 H. 캘빈은 사고에 대해 생각하는 방법을, 신경생물학자 마이클 S. 가차니가는 좌뇌와 우뇌의 독특한 패턴을, 인류학자 파스칼 보이어는 사고라는 도구에 대해, 심리학자 니콜라스 험프리는 환상에 대해, 심리학자이자 인공지능 연구자인 로저 C. 쉥크는 행동을 통한 학습을, 인류학자인 댄 스페버는 사람과 사람 사이의 의사소통에 대해, 신경과학자인 스티븐 로즈는 정신/뇌의 이분법적 사고에 대해서, 컴퓨터 과학자인 데이비드 겔레른터는 우리가 어떻게 읽는 법을 터득하게 되는지를, 그리고 심리학자 셰리 터클은 컴퓨터가 어떻게 우리의 사고방식을 바꾸어 놓는지를 알기 쉽게 설명해 준다. 제5부 〈우주〉편에서 물리학자 리 스몰린은 시간에 대한 여러 가지 문제를 제기하고, 역시 물리학자인 앨런 H. 구스는 과학에서 불가능한 일을 생각하는 것이 얼마나 중요한지 설명하며, 수학자 이언 스튜어트는 자연의 대칭적인 패턴을, 컴퓨터 과학자 다니엘 힐리스는 우리가 빛보다 빨리 여행할 수 없는 이유를 간단히 해명해 준다.

그리고 마지막 제6부에서는 〈미래〉가 끝자리를 장식한다. 제6부 〈미래〉편에서 프리먼 다이슨은 과학적 예측의 문제를 다룬다. 인구 수학자 조엘 E. 코헨은 현재 지구에서 진행되고 있는 인구 증가가 왜 특수한 현상인지 설명해 준다. 「지구의 상속자는 누구일까」는 미국의 자연사박물관에 재직하는 고생물학자인 닐스 엘드리지가 두 아들에게 보내는 서신의 모양새를 취한다. 두 아들들은 평소 아빠와 함께 삼엽충, 앵무조개 따위의 고생물들의 흔적을 수집하면서 자라왔음을 알 수 있다. 그런 아빠가 두 아들에게 현재 지구상에 일 년에 무려 27,000종의 생물들이 멸종당하고 있다고 전해 준다. 개발로 지구는 병들어가고 있으며 따라서 지구의 상속자로 여겨지고 있는 인류는 향후 유일무이한 상속자로서가 아니라 여타의 생물종들과 공생의 지혜를 모색하지 않을 경우 공멸에 처한다는 것이다. 이 책의 제목이 된 마지막 장의 「과학은 모든 의문에 답할 수 있는가?」의 저자인 마틴 리스는 일상적으로 물을 수 있는 평범한 물음에 대하여 아직도 답을 못하고 있는 은하계 탄생과 은하계 물질에 관하여 설명하고 있다.

이 책은 일상생활에서 생각나는 사소한 궁금증들에 대한 과학적인 설명이 포함되어 있다. 예를 들면, 동성애는 돌연변이일까, 근친상간은 왜 금기시되는가, 포유류가 지구를 지배하게 된 까닭은 등 심각한 궁금증은 아니어도 그 이유를 알 수 없었던 주제들이다. 이 책에 있는 내용들은 과학 분야와 연관되어 있으며, 가장 근본적인 지식이자, 누구나 알아두어야 할 기초적인 개념들이다. 글들은 하나의 통합된 주제가 아니라 저마다의 확실하고 간결한 주제와 그 해답으로 전체 여섯 가지의 큰 주제로 이루어져 있다. 특별한 처음, 중간, 끝부분은 없으며, 처음부터 끝까지 갖가지 궁금증에 대한 세계에서 가장 뛰어나고 저명한 과학자들과 사상가들의 해석과 의견이 있을 뿐이다.

과학이 연구실과 실험실이라는 어떤 의미에서는 폐쇄된 느낌을 주는 공간에서 '나'와 대중과 친숙한 것으로 다가가기 위해서는 다양한 접근법이 강구될 수 있다. 그 가운데 하나가 과학에 대한 문외한이나 초심자, 비전공자들도 쉽게 접근할 수 있는 대중적 읽을거리는 오히려 해당 분야의 가장 탁월한 연구자만이 만들어낼 수 있음을 보여주는 역설을 우리는 이 책을 통해서 다시 한 번 확인할 수 있을 것이다.

★ 추천도서와 읽을거리

존 말론, 『21세기에 풀어야 할 과학의 의문+21』, 김숙진 옮김, 이제이북스, 2003
  우주의 수수께끼에 관련한 내용들을 자세하고 친절하게 소개하고 있고, 신비한 과학세계와 그와 관련한 궁금증 및 그 해결의 가능성을 제시하고 있다.

제4영역 · 자연과 과학

83

놀라운 가설
프랜시스 크릭

● 박인국 동국대학교 생명과학과 교수

    우리는 두 가지 기본적인 가정을 하고 있다. 하나는 의식이라는 문제에 과학적 접근 방식을 필요로 하는 무언가가 있다는 것이다. 사람들이 자신의 머릿속에서 벌어지는 모든 과정을 의식하지 않는다는 사실에는—물론 정확히 어떤 부분을 의식하지 않는지에 대해서는 논쟁의 여지가 많지만—보편적인 합의가 이루어진 상태이다. 당신은 지각과 기억 과정의 결과 중 상당 부분을 감지하지만, 이러한 지각이 일으키는 과정에 대해서는 극히 제한된 접근만이 가능할 뿐이다(예를 들자면 "내가 어떻게 할아버지의 세례명을 기억할 수 있었을까?"). 실제로 일부 심리학자들은 인식 과정의 근원에 대해서도 매우 제한된 자성적인 접근만이 가능할 뿐이라고 주장한다. 그러나 어느 한순간에 당신의 머릿속에 있는 뉴런적 과정의 일부가 의식과 상호작용을 하는 반면, 다른 뉴런들은 그렇지 않을 수도 있다. 그렇다면 양자 사이의 차이는 무엇인가?
    우리의 두 번째 가정은 가설적인 것이다. 예를 들어, 고통이나 시각적 감지와 같은 의식의 서로 다른 측면들은 공통된 기본적인 메커니즘을—필경 몇 가지 메커니즘을—활용할 것이다. 우리가 그 메커니즘의 한 측면을 이해할 수 있다면, 모든 메커니즘의 이해로 통하는 가장 빠른 길을 찾을 수 있을 것이다. 의식은—얼핏 보기에—무척 특이한 현상이어서 이해가 힘들고, 따라서 어느 정도 특수한 설명이 필요할 것 같은 생각이 들지도 모른다. 그러나 의식의 일반적인 성격은 우리가 3차원으로 사물을 볼 수 있도록(이론적으로 그 과정은 여러 가지로 설명될 수 있다) 정보를 처리하는 방식과 같은 극히 일상적인 원리보다도 훨씬 쉽게 파악할 수 있다. 이 점에 대해서는 곧 살펴보게 될 것이다.

프랜시스 크릭(Francis Harry Compton Crick, 1916~2004)은 1916년 6월 8일 영국 노샘프턴에서 해리 크릭과 애니 엘리자베스 윌킨스 사이의 장남으로 태어났다. 그는 노샘프턴 중등학교를 다니다가 밀(Mill) 고등학교로 전학했다. 1937년 런던의 단과대학(University College)에서 물리학 학사학위를 받았고, 1947년 케임브리지의 스트레인지웨이스(Strangeways) 연구소에서 박사학위 연구를 시작했으며, 배양 섬유아세포의 세포질의 물리적 성질에 관한 연구 논문으로 박사학위를 받았다. 1949년 퍼루츠(Max F. Perutz)의 캐번디시 의학연구실에서 X-선 회절을 사용하여 폴리펩티드와 단백질 구조에 관한 연구를 수행하였다. 1947년 크릭은 코크런(Cochran)과 함께 '나선에 의한 X-선 회절의 일반이론'에 관해 연구하였고, 그 당시 폴링(L. Pauling)과 코리(R. B. Corey)는 α-나선이 서로 꼬여 형성된 것이라고 발표했다. 1951년 크릭과 윗슨(James D. Watson)은 DNA 구조를 규명하기 위해 X-회절을 사용, 1953년 'DNA 이중 나선 구조와 복제 기작(메커니즘)'에 관한 논문을 4월 25일자 《네이처(Nature)》에 발표하였다. 크릭은 DNA의 이중 나선 구조의 발견으로 과학계에 알려져 있지만 그 이후에도 많은 위대한 발견을 하였다. 그는 DNA와 유전부호 사이의 유전정보 흐름의 관계를 연구하였고, mRNA에 의한 유전부호의 전사, 단백질의 특이성을 결정하는 유전물질의 기능을 밝혔다. 그리고 1957년 시드니 브레너(Sydney Brenner)와 함께 DNA 염기 서열이 어떻게 단백질의 아미노산 서열을 결정하는가에 관한 「어댑터 가설(Adaptor Hypothesis)」을 발표하였다. 그는 1976년 케임브리지를 떠나 샌디에이고의 솔크(SALK) 생물학 연구소에서 뇌에 관한 연구를 시작했다. 크릭은 DNA 구조 발견으로 1962년 노벨생리학·의학상을 수상했다. 또한 그는 DNA 구조 발견 이외에 현대 분자생물학의 발전과 신경생물학 연구의 새로운 방향을 제시하는 이론가로서도 활약했다. 1994년 크릭은 인간의 영혼은 과학 연구의 주요한 주체이고 대상이라고 과감하게 피력한 『놀라운 가설(The Astonishing Hypothesis)』을 저술하였다. 이 책에서 그는 과학계뿐만 아니라 일반대중에게 논쟁과 반대를 야기할 수 있는 내용과 문제점을 제시하였다. 1994년 2월자 《사이언스(Science)》지에서 홉필드(John J. Hopfield)는 "이 책은 인간성의 본질과 실체로 동일시되는 의식을 과학의 영역으로 인식한 시도"라고 논평하였다. 『놀라운 가설』의 주요한 요체는 "인간의 정신적 활동과 행동, 즉 학습·기억·감정·감각·정체성의 인지기능 등이 신경세포, 신경교세포, 그리고 관련된 분자, 원자와 이온들의 상호작용에 기인한다."는 것이다. 그리고 "인간은 다른 생물들과 다른 생리학적 특성을 보유하고 있고 영혼을 갖고 있기 때문에 가장 우수한 생물"이라고 보았다. 그 결과, 의식과 자유의지 및 인간의 영혼은 과학자의 연구 대상으로 간주될 수 있다고 피력하였다. 의식과 연관된 신경활동의 특성을 규명하려는 크릭의 이러한 시도와 도전은 심오한 철학적 명제를 던졌다. 그 이유는 대부분의 철학자들이 의식을 이해하려는 논쟁은 유물론적 환원주의 과학의 능력 밖에 있는 것으로 간주해 왔기 때문이다.

『놀라운 가설』은 우리의 의식 현상과 그 과정 속에 숨겨진 신비를 과학적 관점의 조명을 통해 이해하고 그 관련된 문제들을 해결하기 위한 접근 방법을 제시한 책이라고 볼 수 있다. 그는 이 책을 통해 의식의 개략적인 본질을 파악하고 의식 현상을 실험적으로 규명하기 위한 방법론을 제안하고 있지만 그것이 완전히 정립된 이론은 아니다. 무엇보다도 그가 전하고자 했던 메시지는 바로 지금이 의식(그리고 가설적인 영원불멸의 영혼에 대한 그 연관성)에 대해 진지한 과학적 사고가 필요하고 과학적 연구가 시도되어야 할 시기라고 피력하고 있다.

이 책은 크게 세 부분으로 구성되어 있는데 요약하면 다음과 같다. 제1부(제1~6장) 제1장은 뇌 연구에 관한 접근 방법을 서술한 내용으로서 『놀라운 가설』의 주장에 대한 대담한 제안으로부터 시작한다. 인간의 의식과 관련된 모든 행동들을 이해하려면 뇌를 구성하는 신경세포들의 생물학적 기능과 이 세포들 사이의 협동적 상호작용과 유기적 메커니즘을 인지해야 된다는 것이다. 뿐만 아니라 다소 철학적 성격을 띤 몇 가지 문제들에 대한 논의를 제기하였는데, 그 주제들은 환원주의, 소여 성질(외적 대상이 가진 공격받지 않은 감각의 전이나 성질)과 그 세계의 실재(實在) 등이다. 제2장은 〈의식의 일반적 성질〉에 관한 내용으로서 약 1세기 전 윌리엄 제임스와 세 사람의 현대 심리학자들에 의해 기술된 것을 개괄하고 그것을 주의력과 단기 기억과 연관시켰다. 그리고 문제의 이해를 위해 설정한 가설과 그에 대한 자세를 서술하고 특히 〈시각적 의식〉에 대해 깊은 관심을 집중하게 되었는지를 설명하고 있다. 제3장은 〈본다는 것〉이라는 행위에 대한 단순한 통념의 문제점을 지적한 내용이다. 외부의 물체를 볼 때 뇌 속의 인식 활동에 대한 기전은 알려져 있지 않지만 과학적 접근을 위한 가능한 방법을 서술하고 있다. 제4장 〈시각의 심리학〉과 제5장 〈주의와 기억〉은 시각적 심리학에 관한 복잡한 문제들을 제안하고 있으며 앞으로 해명되어야 할 개념을 제시하고 있다.

제2부(제7~13장)는 사람의 뇌 구조, 신경계의 일반적인 구조와 그 작동 원리, 시각계의 인지 구조 및 현상에 관한 정보를 제공하고 있다. 제7장은 〈사람의 뇌에 대한 개괄〉 그리고 제8장은 〈뉴런〉에 관한 내용으로서 사람의 뇌의 형태적 구조와 신경세포를 다루고 있다. 그리고 제9장은 뇌, 신경세포 그리고 이와 관련된 분자들의 연구에 필요한 실험적 방법들을 개략적으로 소개하고 있다. 제10장 〈영장류의 시각계〉와 제11장 〈영장류의 시각피질〉은 고등 영장류 시각계의 일반적 성질을 개괄하고 있다. 제12장은 〈뇌의 손상〉에 관한 내용으로서 뇌 손상을 당한 사람에 대한 연구 모델을 통한 과학적 정보 습득을 제공하고 있다. 2부는 제13장 〈신경망〉으로 끝나며, 제13장은 뉴런과 그와 유사한 소그룹들의 행동을 모의 실험하는 여러 가지 이론적 모델, 즉 뉴런 네트워크에 관해 서술하고

있다. 1부와 2부를 통해 습득한 지식과 정보는 제3부(제14~18장)의 내용을 이해하는 데 중요한 기초적 배경이 된다. 3부는 총체적으로 시각적 감지의 문제를 해결하는 데 필요한 여러 가지 실험적 접근 방법과 시도를 보여주고 있다. 그러나 아직까지 그 중 어느 수수께끼도 풀어지지 않고 있지만 제안된 몇 가지 접근 방법들은 상당한 가능성을 시사하고 있다. 위에서 서술한 것처럼 『놀라운 가설』은 의식을 과학적 측면에서 연구하고 규명해야 한다는 크릭의 대담한 과학적 신념을 통찰한 책이다. 그는 과학계는 물론 철학 그리고 종교계에 의식은 인간의 생존과 직결된 중요한 문제임을 입증시키고자 시도하였다.

★ 추천도서와 읽을거리

H. 뽀앙까레, 『과학과 가설』, 김형보 편역, 단국대학교 출판부, 1983
과학, 가설 및 그 양자의 관계를 잘 설명하고 있고, 과학 세계에서의 가설의 중요성 및 그 의의를 자세히 밝혀놓고 있다.

제4영역 · 자연과 과학

84

부분과 전체
베르너 카를 하이젠베르크

● 오형택 경희대학교 자연과학종합연구원 학술연구교수

"칸트 철학에서 인과율이란 경험에 의하여 기초가 설정되거나 반증될 수 있는 그러한 경험적 주장이 아니라 반대로 모은 경험을 위한 전제이며, 칸트라 아 프리오리(a priori, 선천적)라고 부른 사고범주에 속하는 것입니다. 우리가 세계를 파악하는 감각인상은, 그 인상이 선행하는 과정에서 결과되는 어떤 법칙이 없다면, 어떤 객체도 대응할 수 없는 감각의 주관적 유희 이외의 아무것도 아닐 것입니다. 따라서 이 법칙, 즉 원인과 결과의 일의적인 연결은 사람들이 어떤 지각을 객관화하려고 할 때, 또 사람들이 어떤 것—사물이나 과정—을 경험하였다고 주장하려 할 때는 이미 이 법칙을 전제해야 합니다. 또 한편에서는 자연과학은 경험을, 바로 객관적인 경험을 다룹니다. 그것은 다른 사람에 의해서도 제어될 수 있는 것이고, 엄밀한 의미에서 객관적일 수 있는 경험만이 자연과학의 대상이 될 수 있습니다. 따라서 모든 자연과학은 인과율을 전제해야 하며, 이로부터 인과율이 성립되는 한에서 자연과학이 성립될 수 있다는 결론이 불가피하게 내려집니다. 그러므로 인과율이란 어떤 의미에서 우리들의 감각인상의 소재를 소화하여 경험에 이르게 하는, 말하자면 사고의 도구입니다. 그리고 이와 같은 일이 이루어지는 범위 안에서만 우리는 자연과학의 대상을 가질 수 있습니다. 따라서 양자역학이 이 인과율을 해이하게 하면서 여전히 자연과학으로 남아 있겠다는 것은 허용될 수 없는 일일 것입니다." 나는 여기서 양자이론의 통계학적인 해석에 이를 때까지의 경험을 우선 설명하려고 했다.

베르너 카를 하이젠베르크(Werner Karl Heisenberg, 1901~1976)는 독일 뷔르츠부르크 출생으로 뮌헨 대학을 나온 뒤 괴팅겐 대학에서 공부하였고, 코펜하겐 대학에서 닐스 보어(Niels H. D. Bohr)의 지도 아래 원자구조론을 검토하였다. 그 후 라이프치히 대학, 베를린 대학 등에서 이론물리학 교수를 지냈으며, 막스 플랑크 연구소 소장과 괴팅겐 대학 교수를 역임했다. '불확정성 원리'의 발표(1927)와 '양자역학' 창시의 업적으로 1932년 노벨물리학상을 받았다.

하이젠베르크는 양자역학이라는 현대과학을 수립하는 데 공헌했으며 이 양자역학에서 유명한 불확정성 원리가 유래되었다. 또한 난류(亂流)의 유체역학, 원자핵, 강자성, 우주선(宇宙線), 소립자 이론에 중요한 기여를 했다. 제2차 세계대전 이후 독일 카를스루에(Karlsruhe)에 최초의 원자로를 설계했다. 하이젠베르크는 그의 철학적·방법론적인 저술을 하는 데 있어 닐스 보어와 알베르트 아인슈타인으로부터 많은 영향을 받았다. 보어로부터 과학적 발명의 사회적·대화적 특성이라는 개념을 유도했는데, 이것은 거시물리학과 미시물리학 사이의 대응원리(실용적·모형이론적인 연속성), 고전물리학의 보편성이 아닌 영속성, 미시물리학에 있어 관찰자의 수동적이 아닌 상호작용자로서의 역할, 미시물리학적 이론들의 맥락적인 특성 등으로 설명될 수 있다. 아인슈타인으로부터는 '자연의 중심질서'의 표준으로서 단순성과 과학적 사실주의(단순히 자연이 어떻게 조작될 수 있는가가 아니라 자연 자체를 기술하는 과학), 과학적 관찰의 이론 의존성을 이끌어 냈다. 그는 보어와 함께 『상보성의 철학』을 공동 집필했다. 후기 연구에서 그는 '자연의 중심질서'에 대해 생각했는데, 이는 특정한 물질로 이루어진 모든 계들을 단일한 수학방정식으로 표현할 수 있는 일군의 보편적인 대칭성들로 구성된다는 것이다. 대중적 인물로서 그는 제2차 세계대전 이후 원자력을 평화적으로 이용할 것을 적극 추진했고 1957년 서독 육군이 핵무기를 배치하려는 움직임에 반대하는 독일 과학자들을 이끌고 '괴팅겐 선언'을 주도하였다. 또한 그는 1954년 제네바에서 유럽원자핵공동연구소(CERN)를 조직한 이들 가운데 한 사람이었다.

『부분과 전체』는 하이젠베르크 자신이 살았던 최근 50년 동안 발전해 온 원자물리학에 관한 이야기들이다. 1969년에 처음 출간된 이 책은 하이젠베르크의 자서전이라고 할 수 있다. 저명한 과학자의 자서전인만큼 당연히 과학 연구와 관련한 이야기가 많지만, 과학자로서가 아닌 그냥 한 인간으로서의 하이젠베르크의 모습과 물리학이나 수학 공식이 아닌 대화와 토론의 형식을 지니고 있다는 점에서 매우 흥미를 끄는 책이다. 내용도 물리학 자체에만 국한된 것이 아니라 현대물리학의 탄생과 발전의 역사, 과학과 종교, 과학과 철학, 과학과 정치, 과학과 예술 등의 주제까지 다루고 있다.

하이젠베르크는 자연과학이란 실험에 바탕을 두고 있으며, 바로 그 실험에 종사하고 있는 사람들이 실험의 의미에 관해서 서로 숙고하고 토론하는 과정에서 일정한 성과를 얻게 되는 것이라고 말한다. 바로 이와 같은 토론이 이 책의 주요한 내용이 되고 있으며, 과학은 토론을 통해서 비로소 성립된다는 사실을 분명하게 밝히고 있다. 또한 그는 현대 원자물리학은 철학적이며 윤리적이고 정치적인 문제에 이르기까지 새로운 문제점을 던지고 있다는 사실을 간과할 수 없다고 주장하였는데, 이는 그의 생애가 두 차례의 세계대전 모두에 걸쳐져 있었고, 게다가 그의 연구가 이후 전쟁의 성격을 완전히 뒤바꿔버린 핵무기의 기초에 해당하는 것이었기에 그러한 문제점의 중요성을 더욱 강조하였다.

한편 나치의 지배하에서 우라늄 프로젝트를 책임지고 있었으면서도 핵 에너지의 평화적 이용을 꿈꾸던 하이젠베르크는 1945년 8월 미국의 원자폭탄에 의한 엄청난 인명 피해를 목격했다. 핵무기가 사용되었다는 사실은 그와 그의 동료들에게 큰 충격으로 다가왔고, 여기서 그와 그의 동료들은 과학기술의 역사적, 사회적 의미를 되새겨 보지 않을 수 없었을 것이다. 자연과학의 발전에서 비롯된 문제점에 대한 하이젠베르크의 깊은 우려는 이 책의 16장 〈연구자의 책임에 대하여〉 부분을 보면 알 수 있을 것이다. "과학적 내지는 기술적 진보에 이바지할 것을 일생의 중요한 과제로 세운 개인들은 이 과제만을 생각하는 것만으로는 충분치 않다는 사실이다. 일반적으로 이와 같은 문제에 참여할 때에는 그 해결을, 그가 분명하게 긍정하는 커다란 발전의 한 부분으로 여기고 찾아야 한다는 것이다. 이러한 일반적인 연관성을 아울러 고려한다면 그는 쉽게 정당한 결단을 내릴 수 있으리라고 본다."

여기에서 엿볼 수 있듯이 하이젠베르크는 부분적인 문제를 정확하게 처리해 나가고, 일단 결과가 얻어지면 이론 전체 또는 실험 전체의 상황 아래서 총체적인 관련성을 재검토하는 데 상당한 시간을 할애하였다는 것이다. 이와 같은 전체성을 재검토하는 일들이 바로 본문에 펼쳐지고 있는 주옥 같은 대화들인 것이다.

『부분과 전체』는 원자론, 아인슈타인, 자연과학과 종교, 생물학과 물리학 및 화학의 관계, 언어, 양자역학과 칸트 철학, 원자기술과 소립자, 연구자의 책임, 정치와 과학의 대결, 통일장, 소립자와 플라톤 철학 등 20개의 주제들로 나누어져 있으며, 지은이인 하이젠베르크 자신을 주인공으로 그의 삶과 그와 함께한 사람들과의 토론·대화를 통해 현대과학의 발전 및 과제를 제시해 준 책이다. 이와 더불어 현대과학이라는 매개체를 통해서 우리 사회 전반에서 '부분과 전체'의 의미를 생각해 보게 한다.

몇 개의 주제를 잠시 살펴보면 〈원자론과의 만남〉에서는 1920년 봄 친구인 쿠르트와 로베르크와의 대화를 통해 원자에 대한 자연과학적인 고찰과 철학적인 고찰에 대해 이야기하고 있으며, 그러한 고찰을 위해서는 물질의 최소 부분인 원자 세계에 대한 경험이 우선적으로 필요하다는 것을 말하고 있다.

〈물리학을 연구하다〉에서는 하이젠베르크가 물리학의 연구를 하게 된 동기와 볼프강 파울리(Wolfgang Pauli)와의 만남으로 인해 실험물리학에서 이론물리학으로 진로를 결정하게 되는 과정에 대해 이야기하고 있다.

〈혁명과 대학생활〉에서는 시대착오적인 발상인 나치즘에 대한 비판을 인류라는 전체성을 잊어버린 채 그릇된 편견의 위험성을 히틀러 유겐트의 지도자인 한 청년과의 대화를 통해 나타냄으로써 정치적인 측면뿐만 아니라 모든 분야의 지성인들과 과학 분야에 종사하는 사람들이 빠질 수 있는 사상적 편견에 대하여 경고의 자세를 취하고 있다. 그는 전체성을 고려하지 않는 부분적인 질서에 대해 충실했을 때 유발할 수 있는 오류에 대해서 경고하고 있는 것이다.

〈양자역학과 칸트 철학〉에서는 양자역학과 칸트 철학과의 관계를 통해 과학과 철학의 관계를 말하고 있다. 칸트 철학의 사고방식 속에서 성장한 하이젠베르크가 칸트에 의해서 주어진 인과율이라는 공식이 흔들릴 수 없음을 수학에서 요구되는 정도의 엄밀성을 가지고 증명할 수 있을 것이라고 생각했다. 그는 인과율이란 경험에 의하여 기초가 설정되거나 반증될 수 있는 그러한 경험적 주장이 아니라 반대로 모든 경험을 위한 전제라고 보았으며 모든 자연과학은 객관적인 경험을 취급하므로 인과율을 전제해야 하고, 이로부터 인과율이 성립하는 한도에서 자연과학이 성립될 수 있다는 결론을 내리게 된다.

〈아인슈타인과 나눈 대화〉와 〈신세계로 출발〉에서 하이젠베르크는 1926년 봄 베를린 대학에서 양자역학에 대한 강연이 끝난 후 아인슈타인과 자연법칙과 이론의 철학적 기초들에 대해 토론을 가졌으며, 뮌헨의 세미나에서 E. 슈뢰딩거의 파동역학의 수학적 원리를 통한 물리학 해석에 대한 토론을 하는 등 여러 가지 일화를 통해 여러 모로 서로 다른 분야 및 관심사를 가진 사람들과는 공동체가 결국에 가서는 학문의 발전뿐만 아니라, 사고의 영역을 넓히는 데에도 얼마나 중요한 의미를 갖게 되는지를 잘 이해할 수 있게 해준다.

〈자연과학과 종교에 대한 첫 대화〉에서는 1927년 솔베이회의에 참석차 모인 폴 디락, 볼프강 파울리 등과의 모임에서 자연과학(객관적인 실재에 대한 올바른 진술)과 종교(가치의 세계)에 대한 대화의 내용을 토론의 주제로 삼고 있다. 여기서 하이젠베르크는 자연과학에서는 옳으냐 그르냐가 문제되고 종교에서는 선이냐 악이냐, 또는 가치가 있느냐 없느냐가 문제가 된다. 또한 자연과학은 기술적으로 합목적적인 행동에 대한 기반이고 종교는 윤리의 기반이 된다는 막스 플랑크의 주장을 인용함으로써 세계의 객관적인 면과 주관적인 면이 훌륭하게 분리되어 있음을 기술하고 있다. 그러나 다른 일면으로는 그 자신이 지식과 신앙이 날카롭게 분열되어 있는 인간 공동체 속에서 언제까지나 살아갈 수 있을지에 대한 의문을 제시하고 있다. 〈원자물리학과 실용주의적 사고방식〉에서는 1929년 시카고 대학의 젊은 실험물리학자인 버튼과의 토론에서 물리학자는 이론가이지만 교량을 건설해야 하는 기술자와 같이 단순하게 행동해야 한다는 실용주의적 사고방식에 대한 버튼의 주장과는 달리 뉴턴의 역학으로부터 상대론적 역학 또는 양자역학으로의 이행으로 나타나는 근본적인 변화를 기술자의 개량과 동렬에다 두는 것은 완전히 잘못된 생각이라는 자신의 견해를 밝힘으로써, 실용주의적 사고방식과 원자물리학에 관한 의견을 교환하고 있다.

하이젠베르크는 이 책에 대해 토론과 대화는 물리학이 항상 주역을 맡고 있는 것이 아니라 오히려 인간적이고 철학적이며 정치적인 문제들이 빈번하게 등장함을 말하고 있는데, 이것은 자연과학이 이와 같은 일반적인 문제들과 분리되어서는 성립하기가 매우 어렵다는 사실을 분명히 밝히는 데 큰 도움이 되기 때문이라고 설명한다.

최근 과학기술이 발전함에 따라 과학자들은 전체를 보는 엄두를 내기 어려울 만큼 학문이 세분화, 전문화되어 가고 있는데 이는 물리학에만 국한된 것이 아니라 거의 모든 학문에 나타나는 일반적인 양상이다. 또한 과학자를 포함한 현대의 모든 학문 연구자들은 전체를 보지 못하고 자신의 협소한 전공 분야에만 몰두하는 경향이 강하다. 세부적인 측면을 자세하게 파고들 수 있을지는 몰라도, 보다 근본적이고 포괄적인 측면은 놓치기 십상인 것이다. 하이젠베르크가 '부분과 전체'를 제목으로 정한 이유와 현대 원자물리학의 발전에 대해 글을 쓰면서도 정치적, 종교적, 철학적 문제를 함께 다룬 이유가 바로 여기에 있다.

제목의 상징적 의미를 생각하면 알 수 있듯이 하이젠베르크는 인류 전체를 대상으로 과학자와 지식인에 대한 성찰적 경고를 던지고 있다. 즉 과학자는 지구 전체와 전 인류의 관련성을 따져 연구를 검토해야 한다는 내용을 강조함으로써 기술발전과 윤리의 상관관계를 설명하고 있는 것이다.

지금도 자연과학은 다양한 분야에서 여러 가지 형태로 나날이 발전하고 있다. 그만큼 자연과학이 인류에게 미치는 영향도 커지고 있다는 것이며, 그에 따라 과학자의 책임도 커지고 있다는 것이다. 하지만 이 책에서 끊임없이 주장하고 있는 '전체'를 보지 못하고 자신이 연구하는 틀에만 갇혀 있고 과학 이외의 분야에는 절대 눈길을 주지 않을 때 과연 과학자들은 이렇게 커져 가는 책임을 제대로 감당할 수 있을지 의문이다.

★ 추천도서와 읽을거리

신용국, 『인드라망의 세계 : 유기체세계, 인식자로서의 인간』, 하늘북, 2003
   관계론적 존재관이라는 논점을 제시하여 부분과 전체 및 양자의 관계를 설명하고, 더 나아가 궁극적으로는 유기체적 세계관을 조망하고 있는 책이다.

제4영역 · 자연과 과학

85

상대성이론, 그 후 100년
김제완 외

● **박경원** 동국대학교 물리학 전공 외래강사

    아인슈타인이 단지 천재 물리학자로서가 아니라 20세기의 가장 영향력 있는 인물로 기념되는 진정한 이유는 무엇일까? 그가 수립한 현대물리학의 이론 체계가 그토록 우리 일상에 결정적인 영향을 미친 것일까? 그는 상대성이론을 통해 기존의 절대공간과 절대시간 개념을 부인하고 상대적 시공의 개념을 일깨웠다 그것은 당대 세계관의 변혁을 이끌 만큼 근본적인 문제 제기였다. 그리고 그것은 이후의 종교, 철학, 예술에서부터 오늘날 생활에 응용된 과학기술에 이르기까지 인류의 생활 곳곳에 이루 말할 수 없이 지대한 영향력을 미쳐왔다. 과학을 뛰어넘어 아인슈타인의 유산을 되짚어 보는 일이 더더욱 필요하고 뜻깊은 이유이다.

    청소년용 과학 잡지만 보더라도 걸핏하면 아인슈타인의 상대성이론에 관한 기획 기사가 친절한 일러스트레이션과 함께 실린다. 특히 대중적인 파급력이 큰 SF는 상대성이론이 빚어내는 다양하고 기이한 현상들을 그럴듯하게 재현해 낸다. 소설과 영화, 만화 그리고 컴퓨터 게임 중에 어떤 매체 형식을 빌리든 간에 상관없이 말이다. 누가 알겠는가? 상대성이론이 서태지의 곡 안에서 재탄생하는 날이 올지? 아인슈타인을 다루는 광고들의 대다수가 그의 내면세계 및 상대성이론에 숨어 있는 사회문화적 통찰을 자연스레 끄집어내는 날이 온다면 그것은 우리 같은 보통사람 모두가 아인슈타인을 진정으로 이해하게 되었음을 반영하는 것이다.

지금으로부터 100년 전인 1905년 알베르트 아인슈타인(Albert Einstein, 1879~1955)은 17세기 과학혁명 이후 300년간 지속되어 온 뉴턴의 고전 물리학을 종식시킬 세 편의 논문을 발표하였는데 그 중 하나가 특수상대성이론이다. 상대성이론은 20세기 현대물리학의 출발점이 됐음은 물론 21세기가 된 지금까지도 현대물리의 중심에 서 있다. 과학을 뛰어넘어 상대성이론은 당대 세계관의 변혁을 이끌 만큼 근본적인 문제 제기였으며 이후 종교, 철학, 예술에서부터 오늘날 생활에 응용된 과학기술에 이르기까지 인류의 생활 곳곳에 이루 말할 수 없이 지대한 영향력을 미쳐왔다. 그러므로 아인슈타인이 단지 천재 물리학자로서가 아니라 20세기의 가장 영향력 있는 인물로 기념되고 그의 상대성원리가 시대정신으로까지 불리는 진정한 이유를 이해하기 위한 노력이 필요할 것이다. 저자는 이를 위하여 상대성이론을 설명하기에 앞서 아인슈타인이라고 하는 물리학자의 천재성, 삶, 사상, 휴머니즘 등을 조명하고, 상대성이론이 탄생하기까지의 과정, 시대적인 배경 등을 서술하였다. 또한 철학과 문학, 음악과 미술, 영화와 광고에 이르기까지 상대성이론이 20세기 전반에 끼친 영향을 각 분야의 전문가가 쉽고 흥미롭게 서술하고 있다.

1부 : 상대성이론, 세상의 빛을 보다

특수상대성원리에서는 시간과 공간의 엉킴이 나타나면서 3차원 공간과 1차원 시간이 아니라 4차원 시공간이 나타나고 경우에 따라서는 시간의 전후가 바뀌기도 하고 어떤 관찰자에게 동시인 두 사건이 다른 관찰자에게는 서로 다른 두 시간에 일어난 사건으로 관찰되기도 한다고 설명한다. 즉 관측자들은 각자 그들 나름대로의 시계를 지니며 서로 다른 시간과 공간의 세계 안에 살고 있다는 것이다. 특수상대성원리가 관성계 사이에서 시간과 공간의 관계를 설명한다면 일반상대성이론은 중력이나 가속도 효과가 존재하는 비관성계에서도 적용되는 것으로 특수상대성이론을 보편화한 이론이다. 중력이 있는 공간은 일반적으로 휘어진 공간이 되는데 이 휘어진 공간은 우주에 존재하는 물질의 성질과 그 분포에 의해서 결정되며 이것이 우리가 사는 우주 시공간의 구조이다. 즉 물질의 존재와 상관없이 시간과 공간이 펼쳐진다는 뉴턴의 절대 시간과 절대공간의 개념은 무너지게 된다.

2부 : 상대성이론, 빛의 속도로 20세기 문화와 충돌하다

① 철학 : 20세기 초 현대과학을 철학적으로 음미한 논리실증주의 운동의 결과로 나타난 과학철학은 기존 이론이 설명하는 개념과 그로부터 이끌어낸 추론 사이에서 모순을 발견해 비판하고 이를 해결할 대안을 구성하여 제시한 아인슈타인의 사고 과정과 맥을 같이한다.

② 미술 : 공간과 시간이 고정불변의 것이 아니라 물질세계의 유동에 따라 달라지는 상대적 개념이라는 것으로부터 시공간을 이해하게 됨에 따라 오늘날까지 발달하고 있는 각종 전위적인 예술의 기반이 되고 있다. 현상을 보이는 그대로 그리는 고전적인 의미의 작가의 역할에서 벗어나 작가는 주체의 위치와 입지에 따라 사물의 리얼리티를 제각기 다르게 볼 수 있게 되었다.

③ 사진 : 의식적, 무의식적으로 빛이 엮어내는 사진은 상대성이론과 밀접한 관계를 가지게 된다. 보다 사실적으로 현실을 복제하려 했던 시기를 지나, 사실성의 의미를 되짚어 보게 되면서 사실성이란 창조되는 것이라는 생각을 갖게 된다. 이러한 상대론적 사고는 사진 기술이 발달되면서 현실의 시간 체험으로는 볼 수 없는 시간 개념을 담아낼 수 있게 되었는데, 이러한 사진들은 시간이 공간과 영향을 주고받으며 늘어나기도 하고 줄어들기도 한다고 설명한 아인슈타인의 상대성이론을 증명한 것과 같은 느낌을 준다.

④ SF 문학 : 상대성이론이 펼쳐 보인 새로운 세상은 20세기 이후 세계

문학계가 인간과 문명을 보는 눈을 근본적으로 변화시켰다. 상대성이론의 결과물인 원자폭탄의 위력을 직접 확인한 1945년 이후, 재앙 이후를 다루는 모든 문학 작품은 단순히 공상이 아닌 실상으로 설득력을 갖게 된다. 대부분 상대성이론에 밝은 SF 작가들은 좀더 구체적이고 설득력 있게 미래를 표현하며 문명 다시 쓰기를 끊임없이 계속하고 있다.

⑤ 음악 : 오늘날 상대성이론으로 대표되는 20세기 초 자연과학에서 이뤄낸 혁명적 발견들이 때로 대중들에게 기존체계의 해체로 받아들여지는 경향은 19세기 말 만연했던 세기말적 사상과 결합되어 '기존 음악 체계의 해체 및 부정과 새 음악 질서가 도입'되는 데 역시 기여했음을 알 수 있다.

⑥ 건축 : 휘어진 공간 개념은 공간을 의도적으로 휘어진 것으로 만들면서 시간의 진행에 따라 다른 모습을 보이도록 함으로써 정적인 형태의 건축을 살아 움직이는 것처럼 표현하고 있다.

⑦ 영화 : 단지 소설과 영화의 주제였던 시간여행은 상대성이론으로 인하여 꿈의 실현에 희망을 주고 있다. 물론 오늘날의 과학기술의 한계로 인하여 시간여행에 대한 상상이 경험의 영역이 되지 못하고, 단순히 가능성에 머물지라도 이론적 상상은 영화적 상상을 구성하는 아주 중요한 요건이 된다.

⑧ 애니메이션 : 동일한 시공간 거리에서도 다양한 시간적 배열과 공간적 나열이 가능하다는 상대성이론의 개념은 시간과 공간이 통합되어 각각의 논리대로 새로운 구성 방식을 역동적으로 재해석될 수 있는 애니메이션과 많은 유사성을 갖는다. 애니메이션에서 정지된 이미지의 연속된 장면은 작가의 의도에 의해 다양한 시간과 공간으로 재배열되고 연출되지만 전체적인 시공간은 항상 동일하다. 애니메이션에서 시간은 다양한 층위의 공간을 끊임없이 재생산하며 심층적 공간을 극대화 한다.

⑨ 광고 : 긍정적이던 부정적이던 아인슈타인이 대중의 뇌리에서 사라

지지 않고 삶에 영향을 주는 한 그와 그의 이론을 대상으로 한 광고 또한 계속될 것이다. 광고가 오늘날 대중이 아인슈타인에 대해 품고 있는 이미지와 환상을 그려내는 데만 충실할 것이 아니라 그의 내면세계 및 상대성이론에 숨어 있는 사회문화적 통찰을 자연스레 끄집어내는 날이 온다면 보통사람 모두가 아인슈타인을 진정으로 이해하게 될 것이다.

⑩ 생활:GPS 위성, 디지털 카메라, CD, 바코드, DVD 플레이어, 원자력과 핵융합 등 비록 아인슈타인의 이론들을 전혀 이해하지 못하더라도 우리는 일상생활 곳곳에 숨어 있는 그의 흔적을 느낄 수 있다.

1905년 발표된 특수상대성이론은 물리학 분야에서 확고부동한 자리를 지켜왔던 뉴턴 패러다임을 종식시키고 20세기 현대과학의 새로운 패러다임을 열게 한 획기적인 사건이었다. 그것이 20세기의 과학뿐만 우리가 살고 있는 사회 전반에 깊은 흔적을 남겼음에도 불구하고 여전히 상대성이론은 일반인에게는 물론 물리학도에게조차 어렵고 이해하기 어려운 것으로만 인식되고 있음은 안타까운 일이다. 과학자들은 상대성이론에 머물지 않고 다시 자연계의 궁극 이론의 탐구를 게을리 하지 않고 있다. 인간이 자연을 완전히 이해할 수 있는 날이 올지는 알 수 없으나 그것을 찾기 위한 과학자들의 노력은 계속될 것이고, 새로운 과학이론의 등장으로 이미 알고 있던 모든 관념들이 또다시 바뀌게 될 수도 있을 것이다. '어떠한 절대적인 것도 존재하지 않는다.'는 것을 이해하는 것이 바로 상대성원리를 온전히 이해하는 것이 아닐까?

★ 추천도서와 읽을거리

데이비드 보더니스, 『E=mc²』, 김민희 옮김, 한창우 감수, 생각의 나무, 2005
빛의 속도는 측정 가능하다는 올레 뢰머의 계시적 발견으로부터 에너지 장에 관한 마이클 패러데이의 선구자적 연구에 이르기까지, 아인슈타인이 E=mc²을 발견하는 데 배경이 된 과학과 과학자들을 소개했다. 아울러 E=mc²의 신비를 벗겨나가면서 E=mc²이 뜻하는 바를 설명하고, E=mc²의 힘을 통해 진행된 눈부신 지적 혁명의 과정과 결과를 확연하게 드러내었다.

존 S. 릭던, 『1905년 아인슈타인에게 무슨 일이 일어났나』, 임영록 옮김, 랜덤하우스 중앙, 2006
이 책은 아인슈타인의 천재성이 폭발하듯 터져 나왔던 1905년 여섯 달 동안에 쓰인 다섯 편의 논문의 내용과 의미를 조명한다. 아이디어들이 생겨난 배경, 제시된 맥락, 그리고 사회에 미쳤던, 지금도 미치고 있는 영향을 명쾌하게 설명하고 있으며, 아인슈타인의 위대함을 무척 꼼꼼하게, 그리고 매혹적으로 파헤치고 있다

에드 레지스, 『100년 후를 내다본 아인슈타인』, 박애주 옮김, 하서출판사, 2005
과학 소설, 과학 영화, 과학 위성, 과학 수사 등 과학은 우리의 일상생활에 깊숙이 파고들어 있다. 이 책은 첨단 과학의 재미와 그 어려움, 연구자들의 인간미 넘치는 모습을 알기 쉽고 읽기 쉽도록 구성하여 오늘의 과학을 이해하는 데 큰 보탬이 될 것이다.

찰스 세이프, 『현대 우주론을 만든 위대한 발견들』, 안인희 옮김, 소소, 2005
이 책은 현대의 우주론이 정립되기까지의 과정을 신화에서부터 최근의 빅 스플랫 이론까지 세 번의 혁명으로 나누어 다루고 있다. 이 책의 저자는 우주론에 낯선 일반인들과 동일한 높이의 시선에서 우주론을 탐색하고 있으며 그것을 쉽게 설명하고 있다. 또한 독자의 이해를 돕는 명확하고 상세한 그림들이 이 책의 강점이다.

프랑수아 바누치, 『상대성 이론이란 무엇인가』, 김성희 옮김, 민음in, 2006
100년 전통, 세계 최고의 논술 시험은 바칼로레아 수험생을 위해 프랑스 과학계의 석학들이 쓴 과학 논술 시리즈이다. 과학은 미지로 가득 찬 세상을 열어 주며, 우리의 일상을 더욱 흥미진진하게 만들어준다. 파란색 바다에서부터 초록색 나뭇잎까지, 빛나는 태양으로부터 아주 작은 박테리아까지, 이 시리즈를 통해 독자들은 과학의 눈으로 세계를 보는 방법을 알게 될 것이다.

제4영역·자연과 과학

86

생명이란 무엇인가?
린 마굴리스 · 도리언 세이건

● **성정석** 동국대학교 생명과학과 교수

약 20억 년 전에 지구 곳곳에서는 새로운 세포들이 박테리아의 상호작용 덕분에 진화했을 것이다. 박테리아 공생자들의 통합으로 생긴 새로운 복합세포의 진화는 생명이 원생대로 나아가는 길을 터 주었다. 새로운 세포는 활발한 번식으로 우글거리게 된 박테리아들의 굶주림과 목마름의 결과로 결국 생겨난 것이었다. 최초의 원생생물인 이들 새 세포의 등장은 개체성과 세포 종류, 성(性), 그리고 우리 동물에게는 너무나 익숙한 죽음이라는 피할 수 없는 운명(개체의 예정된 죽음)을 가져다 주었다. 박테리아들은 합병하기 시작했다. 결점은 억제하고 독립을 포기함으로써 이들은 새로운 생존과 번식 방법을 개발해 나갔다.

핵을 가진, 즉 우리처럼 진핵 세포로 이루어진 생물은 동물이 등장하기 훨씬 이전부터 시작되었다. 세포를 먹거나 침입하는 와중에서 서로에게 감염된 통합 생물은 그들의 영구적인 '질병'을 편입시킴으로써 활기를 되찾았다. 최초의 새로운 세포 종류인 진행 세포는 물려받은 특성이 아니라 새로 얻은 박테리아 공생자 때문에 진화했다. 단세포와 다세포로 된 원생생물을 구성하는 이들 새로운 종류의 세포가 결국 아직까지도 지구상에서 진화를 계속하고 있는 최종적인 3계, 즉 동물계, 곰팡이계, 식물계를 이끌었을 것이다. 우리의 다세포 생물 조상은 굉장히 기묘해서 그들 존재에 대해 상세한 이야기를 풀어 놓을라 치면, 쉽사리 잘 속는 중세의 우화 작가들조차도 무슨 황당한 헛소리냐고 조롱했을 것이다.

생명의 기원에 대한 해석으로 생물학에서 다루어지는 주요 이론 중 하나인 '내부공생이론(endosymbiotic theory)'이 있다. 이는 초기 원시세균과 다른 세균세포의 병합으로 인간과 같은 고등생명체의 기본단위를 이루는 보다 복잡한 세포가 형성되어 진화되었다는 이론이다. 이는 단순한 가설에 그치지 않고 지금까지도 밝혀지고 있는 많은 과학적 증거들에 의해 입증되어지고 있다. 이러한 내부공생이론의 대표주자가 이 책의 주저자인 린 마굴리스(Lynn Margulis)이다.

1938년 미국 시카고에서 유복한 가정의 맏딸로 태어난 마굴리스는 이곳에서 줄곧 자란 후 명문 시카고 대학에 진학한다. 이 당시 시카고 대학에서 새롭게 시작되었던 교양교육 프로그램의 혜택을 받은 그녀는 생물학적 전공지식 외에도 창의력 개발과 전문적인 읽기 쓰기의 능력을 함양하게 된다. 그녀의 전공이었던 식물학에 대한 학문적 역량은 이후 위스콘신 주립대와 캘리포니아 버클리 주립대에서의 석·박사 과정을 통해 더욱 발전하게 된다. 1970년 명문 보스턴 대학에서 교수직을 시작하였고, 현재 매사추세츠 주립대 지구과학과의 석좌교수이며 미국학술원 회원으로 활동하고 있다. 미생물체의 세포 기원에 대한 연구로 미항공우주국(NASA) 우주과학국의 행성생물학과 화학 진화에 관한 상임위원회의 의장을 지냈으며, 현재도 NASA의 지구생물학에 관한 연구들의 자문을 맡고 있다. 『코스모스』의 저자로 유명한 칼 세이건의 아내였으며, 생물학뿐 아니라 물리학과 화학의 영역에도 지대한 영향을 미친 인물이다.

공동 저자인 도리언 세이건(Dorian Sagan)은 자연과학의 다양한 분야를 대중적으로 전달하는 사이언스라이터 출판사의 공동 경영자로 마굴리스와 『성의 기원』과 『미생물의 낙원』 등의 일반인들을 위한 과학서적들을 출간한 바 있다.

1995년 『생명이란 무엇인가?(*What is life?*)』의 초판 출간 당시는 생명과학 전성기의 시작을 알리는 시대였다라고 해도 과언이 아닐 것이다. 1953년 제임스 D. 윗슨과 프랜시스 크릭의 DNA 구조적 특징 규명과 함께 본격적으로 출발한 분자생물학적 연구는 그 이전에 막연히 조명되었던 세포의 기능과 역할에 대한 해석을 구체화시키고 있었다. 현미경의 발전은 전자현미경 등에 의한 보다 미시적인 수준에서의 세포구조 규명을 이끌었고, 하나의 세포에 포함되어 있는 다양한 세포소기관들의 역할이 상세하게 밝혀졌다. 유전공학의 주요 수단으로써 미생물에 대한 본격적인 연구가 폭넓게 이루어졌으며, 이에 따른 많은 연구 결과들을 토대로 세균과 같은 원핵세포와 인간세포와 같은 진핵세포 간의 차이도 규명되었다.

  마굴리스를 비롯한 많은 미생물 연구자들은 가장 단순한 미생물 세포도 고도의 복잡성을 가지고 있으며 이러한 미생물 중 몇몇 특이적인 기능이 진핵세포의 세포소기관에서 발견되는 것에 주목하였다. 이는 세포의 기원, 즉 생명체의 기원이라는 근원적인 의문에 대한 답을 줄 수 있는 중요한 의의를 내포하는 것이었다. 특히 생태계의 에너지 대사에서 일차적인 기능을 수행하는 광합성에 대한 연구를 통해 광합성 세균의 기능이 식물세포의 엽록체와 유사한 특징을 공유한다는 사실이 밝혀졌고, 또한 세포의 호흡을 담당하는 소기관인 미토콘드리아(mitochondria)도 역시 호기성 세균의 특징을 가진다는 것이 입증되었다. DNA 연구와 유전공학으로 자연과학을 선도하고 있던 생명과학은 이들 발견으로 도출된 세포병합설, 즉 세포와 세포 간의 구조적 병합으로 인한 새로운 기능의 출현이라는 진화의 새로운 측면에 대한 논쟁으로 더욱 주목을 받게 되었다. 이 책에서 저자는 이 당시에 축적되었던 이러한 과학적 연구결과들을 바탕으로, 1980년대를 논쟁으로 몰고 간 리처드 도킨스(Richard Dawkins)의 『이기적 유전자(*The Selfish Gene*)』에서 제시된 유전자보다

상위개념인 세포의 진화에 관한 논의를 개진함으로써 진화와 생명의 기원에 대한 새로운 해석을 시도하고 있다.

다른 많은 생물계보다 먼저 지구상에 출현한 미생물에 대하여 이들이 어떻게 생존하며, 어떻게 생성되었고, 어떠한 과정을 통해 고등생물의 출현에 기여하였는가에 대한 고찰은 당연히 생명의 기원과 이후 진화에 이르기까지의 일련의 생명현상에 대한 실마리를 제공할 것이다. 마굴리스는 이 책의 반 이상의 분량을 미생물 특히 세균의 생물학적 성질에 대한 설명에 할애하고 있다. 미생물의 출현 이전에 이루어졌을 유기화합물의 원시적 합성과 이로 인해 태동하였을 DNA 및 RNA와 같은 유전물질의 경이함에 대한 찬사도 잊지 않으며, 1980년대 생물학 분야의 주요 주제였던 핵산 RNA의 자가촉매작용을 설명하며 생명물질의 기원임을 제시하기도 한다. 미시세계의 단순 화학물질을 생명의 기원과 연결시키는 마굴리스의 관점은 고대지구를 구성하던 환경물질과 생명의 탄생에 대한 인과관계를 포괄하고 있다. 또한 생명체의 정신과 물질을 분리하기보다는 지구 전체를 조절이 가능한 하나의 생물권으로 보는 제임스 러브록(James Lovelock)의 '가이아' 이론에 지대한 영향을 미친 마굴리스의 학문적 입장은 이 책의 곳곳에서 환경의 적응에 따른 생명체의 진화에 대한 과학적 해석으로 때론 은유적으로 표현된다.

"생명은 박테리아"라는 저자의 직설적 표현답게 단순한 세균에서 나타나는 성의 원시적 형태와 대사의 기초적 현상이 상세히 기술되어 있는데, 이는 '내부공생설'의 주장에 이르러서 이러한 하나의 주요 생명단위체인 세균 간의 병합이 새로운 종의 생명체를 형성시킨다는 전개로 확장된다. 이의 대표적인 경우로 제시되는 고등생물 세포 내의 엽록체와 미토콘드리아의 형태적 특징이나 이러한 소기관의 독립적인 DNA 유전자의 존재는 이러한 이론을 뒷받침하는 데 손색이 없다. 미생물이 지구 환경의 항상성 유지에 미치는 역할에 대한 중요성과 더불어 결국 모든 생물종의 조상은 미생물이며 궁극적인 지구의 주인이 이들 미생물이란 과학적 근거가 조목조목 전개된다. 책의 중반부부터는 세균에서 시작된 생물학적 작용에 따른 진화의 흐름 속에 새로이 태동하고 진화한 다양한 생물계를 지구 연대기별로 설명하고 있다. 각 단원별로 제시되는 "그렇다면, 생명이란 무엇인가?"라는 논제에 따라 전개되는 작가의 주장 뒤에는, 환경에 대한 생명체의 적응과 이에 따른 무수한 반복적 작용을 통한 생태계의 진화과정 속에서 인류가 맞이할 미래에 대한 예견도 포함되어 있다. 우리 인류는 지구상 생명체 시대의 절정기에 살고 있으나, 그럼에도 불구하고 여전히 지구의 주인이 아닌 구성 요소이며 인간이 파괴할 수 있는 환경이 바로 생명의 기원이라는 논쟁은, 생태계 보존에 대한 저자의 당부와 함께 마무리 맺는다.

생명의 본질과 기원에 관한 질문은 자연과학에서 다루어야 할 주요 목표일 뿐만 아니라 인간사회의 오래된 철학적 명제이기도 하다. 이에 대한 많은 접근과 해석 중에서도 마굴리스의 『생명이란 무엇인가?』는 가장 과학적인 증거들을 바탕으로 이를 설명하고 있다. 물론 그녀의 오랜 미생물 분야 연구에 따른 어느 정도의 편중된 시각이 없는 것은 아니겠으나, 세균에서부터 생명의 근원을 풀어가고자 하는 시도는 매우 합리적이고 과학적이라 할 수 있는 것이다. 1990년대 후반부터 대장균, 효모, 선충, 초파리 등의 유전자 지도가 작성되었고 2003년에 이르러 인간 유전체 지도도 완성되었다. 이들 다양한 생명체 간의 유전자 서열 비교를 통해 인간과 같은 고등생물의 유전자가 지극히 단순한 생명체들의 유전자와도 많은 부분 일치하는 것이 밝혀졌다. 이는 마굴리스가 이 책에서 제시한 바와 같이 원시 미생물체 세포에서 유래한 생물의 다양성과 진화를 견고히 입증하는 것이다. 세포의 다양성 증가에 따라 새로운 복잡한 기능이 출현하며, 이러한 복잡성은 인간과 같은 고등생물에서 생존과 죽음을 조절하는 역할을 담당하는 것이 밝혀지고 있다. 급속히 발전하고 있는 현대 생명의학에서는 이러한 조절의 이상이 암과 같은 각종 질병을 일으키는 주요 원인 요소로 인식한다.

  이 책의 내용처럼 미생물 세계에서의 진화의 속도는 여전히 빠르고, 이는 항생제 내성세균과 변종의 바이러스 등을 통해 우리 인류를 위협할 수도 있어 보인다. 하지만, 마굴리스가 염려한 인간의 개체 수 증가에 따른 지구 생태계의 심각한 상황은 아직까지 나타나지 않았고, 현재 둔화된 인구 증가 속도에 비추어 볼 때 큰 문제가 아닐 수도 있는 것으로 보인다. 이러한 인간 개체 수 증가의 조절은 이 책에서 제시된 마굴리스의 주장이 틀렸다기보다는 오히려 그녀의 원론대로 환경에 적응하는 인류 진화의 시나리오에 따른 것이 아닐까? 이 책을 읽은 독자는 "생명이란 무엇인가?"에 대한 질문 안에서 앞으로도 풀어가야 할 또다른 많은 질문을 찾을 수 있을 것이다.

★ 추천도서와 읽을거리

린 마굴리스 · 도리언 세이건, 『섹스란 무엇인가?』(*What is sex?*)』, 홍욱희 옮김, 지호, 1999
『생명이란 무엇인가?』의 속편에 해당하는 이 책은 생명의 근원인 성(性)에 대한 생물학적이고 철학적인 논의를 담고 있다. 대중과 과학계에 널리 퍼져 있는 성에 대한 많은 개념들을 과학적으로 재해석하고 있다.

제4영역 · 자연과 과학

87

시간의 역사
스티븐 호킹

● 남궁욱 동국대학교 물리학과 교수

우주가 어떻게 시작했을까를 알아맞히기 위해서는 시간의 시초에서 성립하는 법칙이 필요하다. 만일 일반상대성이론의 고전 이론이 옳다면, 로저 펜로즈와 내가 증명한 특이점 정리는 시간의 시초가 무한히 큰 밀도와 무한히 큰 시공간의 곡률을 가진 점임을 말한다. 알려진 과학의 법칙은 모두 이러한 점에서 깨어지게 된다. 특이점에서 성립할 새로운 법칙이 있다고 상상될지도 모르겠지만 이렇게 고약하게 생긴 점에서 그런 법칙을 공식화하는 것조차 매우 곤란하고, 관측으로부터 그 법칙이 무엇인지를 짐작할 길이 없을 것이다. 그러나 특이점 정리가 실제로 가리키는 것은, 중력장이 너무 강해서 양자적인 중력 효과가 중요하게 된다는 사실이다. 즉 고전 이론은 이제 우주를 표현하는 좋은 기술이 되지 못한다. 그래서 우리는 중력의 양자론을 써서 우주의 극히 초기 단계를 논해야 한다. 양자론에 의하면 보통의 과학법칙이 어디서나—시간의 시초를 포함해서—성립할 수 있음을 뒤에서 알게 될 것이다. 즉 특이점 때문에 새로운 법칙을 가정할 필요가 없다. 왜냐하면 양자론에서는 특이점이 반드시 있어야 할 까닭이 없기 때문이다.

신체장애를 극복하고 우주론 학자로 뛰어난 업적을 이룬 스티븐 호킹(Stephen William Hawking)은 1942년 영국의 옥스퍼드에서 태어나서 현재 케임브리지 대학 교수로 재직하고 있으며, 여전히 왕성한 연구 활동을 하고 있는 20세기의 뛰어난 과학자이면서 동시에 인간 승리의 표본으로서 많은 사람의 추앙을 받고 있는 인물이기도 하다.

호킹은 학교 성적은 두드러지지 않았지만 과학자가 될 꿈을 키우며 어린 시절을 보냈다고 하는데 옥스퍼드 대학을 거쳐 케임브리지 대학에서 박사 학위를 준비하던 중 1963년 그의 나이 21세에, 운동신경이 파괴되어 전신의 근육이 퇴화되는 불치병인 근위축성측삭경화증(Amyotrophic Lateral Sclerosis, ALS), 일명 루게릭(Lou Gehrig)병에 걸려 시한부 인생을 선고받았으나, 다행히 병이 더 이상 진행되지 않아서 휠체어에 서나마 생활을 할 수 있게 되고 또한 그 자신의 불굴의 의지로 삶의 의욕을 되찾아 결혼도 하고 학위도 받게 된다. 1966년에 곤빌 앤드 케이스 칼리지의 교수를 시작으로 1974년 영국 왕립학회 회원이 되고 1978년부터 케임브리지로 옮겨 뉴턴이 가졌던 루카스 석좌교수로 오늘에 이르고 있다.

대학 시절의 스승이자 동료이기도 한 로저 펜로즈(Roger Penrose)와 함께 우주는 하나의 특이점(Singular Point)에서 시작했다는 '특이점 정리'를 1970년에 발표하여 학계의 주목을 받은 호킹은 이어 1974년에 블랙홀(Black Hole)이 이름 그대로 모든 것을 빨아들이는 것만이 아니고 물질 방출도 동시에 한다는 소위 '호킹 복사(Hawking Radiation)' 이론을 베켄슈타인(Jacob Beckenstein)과 같이 발표하여 세계적인 명성을 얻게 된다.

『시간의 역사(A Brief History of Time)』(1988)를 쓰던 도중인 1985년에는 폐렴 끝에 기관지 절개 수술을 받아 말하는 기능을 잃고 호흡도 파이프를 통해 하게 되는 불행을 또 맞게 된다. 그 후 의사 소통 프로그램과 음성합성기의 도움을 받아 손가락을 움직여 간신히 외부와 의사소통을 하고 연구도 할 수 있게 된다. 그런 연유로 매스컴의 주목을 받아 훨체어의 과학자, 우주의 신비에 가장 가까이 다가간 과학자 같은 이름으로 대중에 널리 알려지게 되고, 그 자신 과학을 일반인들에게 알리는 일에 힘쓰게 되어 세계 각지를 돌아다니며 강연을 하게 되고 우리나라도 방문하여(1990년 9월) 〈우주의 기원〉과 〈블랙홀과 아기우주〉라는 제목으로 강연을 한 바 있다. 이후로도 호킹은 「무경계의 우주」에 관한 논문 등을 발표하며 우주론 분야에서 선도적인 연구를 계속하면서 또한 여러 권의 과학 교양서를 쓰는 등 과학 저술가로도 활동하고 있다.

현대의 우주론은 1915년에 발표된 아인슈타인의 일반상대성이론을 시작점이라고 할 수 있지만 본격적인 논의는 빅뱅(Big Bang)의 증거로서 우주배경복사(Cosmic Background Radiation)가 발견된 1960년대 전반부터 활발히 전개되었다.

이 시기의 뜨거운 논란거리였던 빅뱅에 의한 우주의 탄생이 상대성이론의 특이점을 필요로 하는가의 문제에서부터 호킹은 현대의 우주론 논의와 직접 관련되게 된다. 이에 대한 해답—특이점을 필요로 한다—은 호킹 자신의 표현을 빌려, 고전론으로서의 일반상대성이론이 불완전한 이론이고 빅뱅의 시작점에서 이 이론이 깨어짐을 스스로(이론 자체가) 예언하게 된다. 그래서 우주의 시초를 이해하기 위해서 현대물리학의 또 하나의 기둥인 양자역학이 필요함을 호킹이 보여준 셈이며, 또한 상대성이론으로부터 예측되는 블랙홀이 양자역학적 결과인 호킹복사를 하게 됨을 증명함으로써 그 두 개의 기둥, 즉 상대론과 양자론을 발판으로 할 때 우주론 연구에 새로운 지평이 열릴 수 있음을 실증하게 된다.

이와 같이 현대물리학의 발전에 따라 우주론은 종래의 철학적이고 형이상학적인 학문으로부터 실증과학의 한 분야가 되었으나 이를 일반대중에게 널리 알리고자 하는 시도는 그다지 성공적이지 못하였다. 호킹은 자신을 우주론 연구로 끌어들인 근본적인 의문들에 대해서 연구에 직접 참여한 자신의 생생한 목소리—합성에 의한 것이지만—를 그의 친근한 친구들, 학생들, 그리고 어린이다운 호기심을 간직하고 있는 어른들에게 들려주고 싶어했고 이것이 그가 이 책을 쓰게 된 동기이다.

일반인이 읽기 편하도록 아인슈타인의 그 유명한 방정식 이외에는 다른 방정식은 쓰지 않을 만큼 세심한 주의를 기울인 끝에 이 책은 전세계적으로 베스트셀러가 되어 천만 부 이상이 팔렸다고 한다. 그러나 팔린 만큼 읽히거나 이해되진 않았다는 평이어서 호킹은 이후로 『그림으로 보는 시간의 역사』 등을 후속작으로 내게 된다.

이 책의 제목—시간의 역사—는 우주의 역사를 의미한다. 상대성이론에 의하면 시간과 공간과 물질은 서로 분리될 수 없기 때문에 시간의 역사는 곧 공간의 역사이며 또한 물질, 즉 우주의 역사가 된다.

현대물리학이 밝힌 우주의 기원과 구조를 설명하기 위해서는 먼저 물리학을 소개해야 하겠고 다음으로 상대성이론과 양자역학에 대해서 어느 정도 충분한 설명을 한 후라야 비로소 우주에 관한 이야기를 시작할 수 있을 것이다.

호킹은 이 순서를 충실히 따라서 먼저 고대로부터의 여러 가지 우주관을 재치 있는 비유를 써가며 간결한 문장으로 요령 있게 전달한다. 다음으로 공간과 시간의 상대성(특수상대성이론)을 뉴턴의 역학과 비교해 가면서 그림을 곁들여 독자를 이해시키고자 노력한다. 아울러 뉴턴의 중력 이론이 일반상대성이론으로 대체됨을 주지시키고 우주의 팽창과 빅뱅 우주 모델을 비교적 소상히 소개한다. 그리고 아인슈타인의 상대성이론이 맞는다면 우주 시작의 특이점을 피할 수 없다는 자신의 증명을 소개하고 그럼으로써 우주론에 양자역학이 필수불가결함을 논증한다.

다음으로 불확정성 원리와 함께 양자역학을 소개하고 그 특징들을 적절히 지적해 준다. 양자역학을 바탕으로 물질의 궁극적 존재인 소립자들의 세계와 그들 사이의 상호작용에 대해서 간략한 소개가 따른다. 이어서 블랙홀의 구조와 성질을 설명하고 자신이 발견한 호킹 복사에 의해 블랙홀이 그다지 검지 않음을 친절히 가르쳐 준다.

이러한 기본적인 학습을 토대로 빅뱅 이후의 우주의 진화과정을 양자역학과 소립자 물리학을 근거로 하여 각 시간대별로 그 모습을 묘사해 간다. 그러면서 급팽창우주론(Inflation Model)의 필요성을 설명하고 우주론과 관계되는 철학적 논의들과 함께 자신의 '무경계의 우주론'을 비교적 상세히 소개한다.

호킹이 진실로 전달하고자 했던 것은 바로 이, 경계나 시초의 조건이 필요 없는, 무경계의 우주일지도 모른다. 이 우주는 시작도 끝도 경계도 없는 완전히 자급자족적인 우주로서 그저 존재할 따름인 우주이다. 칼 세이건이 서문에서 썼던 대로 조물주가 할 일이 없는 우주—우주를 창조할 때 신의 선택의사를 묻는 아인슈타인의 그 유명한 질문에 대한 호킹의 답변은, 신이 필요 없는 우주라는 것이다.

끝으로, 호킹은 제목에서 밝힌 대로 시간의 문제 특히 그 방향성에 대해서 물리학적으로 다각적인 면에서 분석하고 앞으로 상대론과 양자론의 통일 이론이 나온다면 그에 따른 결과들을 추측해 보고 그러한 가능성을 가진 '초끈 이론'을 간단히 소개하면서 약간 감상적인 에세이로 책을 끝맺는다.

큰 집을 뜻하는 우(宇)와 주(宙)는 상하사방(上下四方), 즉 공간과 고금래(古今來) 곧 시간을 뜻한다고 한다. 우주는 시공간을 의미하는 셈이다. 영어로 물리적 우주를 뜻하는 Universe는 '통일체'의 뜻이 되겠고 Cosmos는 '질서로서의 세계'를 의미한다. 우리를 감싸고 있는 질서의 통일체인 셈이다. 우리가 존재하는 세계의 극한—존재의 전체 집합이 우주라고 할 수 있겠다. 우리의 존재를 가능케 하는 이러한 근본적 실재에 대한 지적 호기심의 산물이 우주론이라고 말할 수 있을 것이다.

이 책은 학술서가 아니고 일반대중을 위한 과학 해설서이기 때문에 이 작품이 과학계에 영향을 준 것은 전혀 없다. 이런 점에서 토머스 S. 쿤의 『과학혁명의 구조』는 말할 것도 없고 리처드 도킨스의 『이기적 유전자』나 에드워드 윌슨의 『사회생물학』이 사회일반 및 학계에 미친 영향과도 비교될 수 없다. 이 책은 단지 우주론의 최근 성과를 일반대중에게 소개했을 뿐이다.

역사상 자연과학 서적으로 가장 많이 팔린 책인만큼 일반인들의 과학에 관한 관심을 우주라는 매력적인 주제를 통해서 크게 불러일으켰다고 할 수 있겠다. 특히 책 제목에 의구심을 가진 독자라면 그 의문을 푸는 과정에서 과학적 소양을 어느 정도 갖추게 되지 않았을까 여겨진다. 역사는 시간의 경과인데 시간의 역사라니? 인간의 역사 또는 우주의 역사가 없었더라도 시간은 그 전부터 존재하고 있었어야 하지 않은가? 이와 같은 의문에 대한 해답을 풀어 가면서 호킹은 적절히 우주를 이야기한다. 책 제목은 이러한 사실들을 반영하는 절묘한 선택으로서 일반인의 호기심을 많이 불러일으킨 셈이 되었다.

★ 추천도서와 읽을거리

존 보슬로우, 『스티븐 호킹의 우주』, 홍동선 옮김, 책세상, 1990
 휠체어의 과학자 호킹과 그가 펼쳐 보이는 세계—직접 인터뷰한 호킹의 생생한 육성을 곁들여 인간 호킹의 모습과 우주를 말한다.

스티븐 호킹, 『그림으로 보는 시간의 역사』, 김동광 옮김, 까치, 1998
 많이 팔렸지만 어려워서 제대로 읽히지 못했다는 평판을 받은 『시간의 역사』를 다채로운 그림과 해설을 곁들여서 다시 보여준다.

스티븐 호킹, 『호두껍질 속의 우주』, 김동광 옮김, 까치, 2001
 풍부한 그림을 곁들인 해설과 함께 '호두껍질 속의 우주'를 보여 주면서 '브레인 세계'라는 새로운 세상을 소개한다.

J. 리처드 고트, 『아인슈타인 우주로의 시간 여행』, 박명구 옮김, 한승, 2003
 영화나 소설 속에서나 존재하는 시간 여행의 가능성을 아인슈타인의 이론으로부터 출발해서 과학적으로 타진해 본다.

정재승 기획, 김제완 외 14인 지음, 『상대성이론 그후 100년』, 궁리, 2005
 국내의 과학자, 과학 담당 기자, 과학 출판 관계자, 영화평론가 들이 20세기 인류문화의 다양한 방면에 끼친 상대성이론의 영향을 짚어 보고 해설해 준다.

제4영역 · 자연과 과학

88

아인슈타인 우주로의 시간 여행

J. 리처드 고트

● 박경원 동국대학교 물리학 전공 외부강사

과학소설 아이디어 중 시간 여행만큼 사람들의 상상력을 사로잡은 것도 없다. 당신이라면 타임머신을 타고 무엇을 하겠는가?

비록 과거를 바꾸는 것이 불가능하다고 해도, 과거로 여행하는 것은 매우 흥미로운 일이다. 우리는 공간에서 원하는 대로 자유롭게 움직일 수 있는 것 같다. 그렇지만 시간에서는 급류에 꼼짝못하는 사람처럼 초당 1초씩 미래로 떠밀려가고 있을 뿐이다. 사람들은 아마도 가끔씩 노를 저어서 나아가 미래의 발치를 탐색하거나 흐름을 거슬러 과거를 방문할 수 있으면 하고 바란다. 이전에 불가능하다고 생각했던 일들이 지금은 실현되고 당연한 일처럼 느껴지는 것을 보면 언젠가는 그런 자유를 누릴 수 있다는 희망을 갖게 된다. 오늘날 물리학자들은 물리법칙 안에서 시간 여행이 가능한지, 시간 여행이 우주가 어떻게 시작되었는지를 푸는 열쇠인지 등에 관한 탐구를 하면서, 시간 여행을 과학소설의 지면에서 물리 전문 학술지의 지면으로 비약시켰다. 아이작 뉴턴의 우주에서는 시간 여행이 불가능했지만 아인슈타인의 우주에서는 시간 여행이 가능하다. 미래로의 시간 여행은 이미 가능하다는 것이 알려졌고, 물리학자들은 과거로의 시간 여행도 연구하고 있다.

시간 여행이라는 아이디어는 웰스의 멋진 소설을 통해 유명해졌다. 놀라운 것은 그가 시간을 네 번째 차원으로 다룸으로써 10년 후에 나온 아인슈타인의 상대성이론을 예상했다는 것이다.

J. 리처드 고트(J. Richard Gott)는 켄터키 주 루이빌에서 태어났으며 하버드 대학에서 물리학을 전공했고 이후 프린스턴 대학에서 은하 생성에 대한 연구로 1973년 천체물리학 박사학위를 받았다. 그 후 캘리포니아 공과대학과 케임브리지 대학에서 연구원으로 우주론에 대한 연구를 계속하다 프린스턴 대학으로 돌아와 교수로 재직하고 있다. 우주론 분야에서 세계적인 천체물리학자로, 우리 우주가 영원히 팽창할 가능성이 높음을 보였다. 은하들이 우주에 스펀지 형태로 분포하고 있음을 처음 제안했고 중력 렌즈와 우주 마이크로파 배경복사, 또 빛보다 빨리 달리는 가상 입자 타키온에 대한 연구, 우주 끈을 이용한 시간 여행 방법, 스스로를 창조하는 우주에 대한 연구 등이 있다. 그는 미국에서 가장 오래되고 권위 있는, 과학영재를 찾는 프로그램인 웨스팅하우스-인텔 과학 경시대회 심사위원장을 10여 년째 맡고 있다. 그의 연구 결과는《뉴욕타임스》《타임》《뉴스위크》《라이프》와 PBS 등에도 여러 차례 소개되었다.

시간 여행은 SF의 고전이라 할 수 있으며 여전히 최고의 소재로 사랑받고 있다. 이것은 현실 속에서 벗어나 후회되는 삶을 돌이키고 싶어하는 인간의 욕심과, 미래를 미리 훔쳐보고 싶어하는 마음, 그리고 경험하지 못한 시간과 공간에 대한 무한한 호기심이 끊임없이 계속되기 때문일 것이다. 상상 속에서 사람들은 타임머신을 타고 과거와 현재를 넘나들며 예정되어 있는 미래가 아닌 바뀔 수 있는 미래를 꿈꾸며 스스로의 역사를 만들고 있다. 그러면 실제로 '시간 여행은 가능할 것인가?'에 관한 질문에 대하여 이 책에서 저자는 과거와 미래로의 시간 여행에 대한 가능성을 20세기 최고의 천재 물리학자인 아인슈타인의 상대성이론을 통해 제시하고 있다. 미래를 미리 가보는 것도 과거로 돌아가서 이미 세상에 없는 사람을 만나는 것도 상대성이론은 가능하다고 한다. 그렇다면 과거의 역사를 바꾸고 미래를 개척할 수 있을까? 저자는 아인슈타인의 상대성이론이 어떻게 시간 여행의 가능성을 열어주는지, 시간 여행이 우주가 어떻게 시작되었는지를 푸는 열쇠가 될 것인지 등에 대한 문제를 현대물리학의 최신 이론들을 통해 제시하고 있다. 또한 시간 여행을 이해하기 위하여 필요한 상대성이론 및 블랙홀, 우주 끈, 빅뱅 등의 새로운 개념들을 복잡한 물리학의 이론과 수식을 이용하는 대신, 과학보다는 상상의 영역에 적합하다 여겨지는 〈타임머신〉, 〈백 투 더 퓨처〉, 〈사랑의 은하수〉, 〈콘택트〉와 같은 우리에게 익숙한 영화 속의 장면이나 그림 등을 현대물리학 법칙을 적용하여 흥미로운 답을 제시한다.

① 시간 여행을 꿈꾸며 : 웰스의 소설 『타임머신』에서 시간 여행의 의미와 네 번째 차원으로서 시간의 개념을 설명한다. 이것은 놀랍게도 10년 후 발표될 아인슈타인의 상대성이론에서의 시간에 대한 개념과 유사하다. 시간 여행에 관한 가장 근본적인 "과거로의 여행이 가능하다면 과거를 바꿀 수도 있을까?" 하는 의문을 영화 〈백 투 더 퓨처〉에서 '할머니 역설'을 통하여 제기한다. 이런 '할머니 역설'에 대해 과학자들은 두 가지 답을 제안한다. 그 첫 번째가 과학소설 『타임스케이프(*Timescape*)』를 통해 보여주는 양자역학의 '다세계 이론(Many World Theory)'이다. '다세계 이론'은 우주는 하나가 아니라 무한대이고 따라서 무한대의 세계사가 존재한다고 주장한다. 우리가 단 하나의 역사를 경험하는 것은 과거에서 미래로 선로를 따라가는 기차를 타는 것과 같으며 '내'가 과거로 가서 할머니를 살해하더라도 '내'가 기억하는 할머니가 살아서 어머니를 낳고 어머니는 다시 '나'를 낳는 우주는 여전히 존재한다는 것이다. '나'는 다만 다른 우주로 이동해 달라진 역사에 참여했을 뿐이라고 설명한다. 그에 반하여 영화 〈엑설런트 어드벤처〉는 '자체 모순 없음' 개념을 설명한다. '내'가 있으려면 할머니가 죽지 않아야 모순이 없다는 것, 즉 우주를 정원의 호스처럼 이리저리 꼬여 있는 세계선으로 이루어

진 4차원체로 생각한다면, 과거로 갈 수는 있지만 과거를 변경시킬 수는 없다는 것이다. 이 책의 저자는 '자체 모순 없음' 원리에 무게를 두고 있다. 또한 영화 〈콘택트〉는 타임머신이 가는 경로를 제시한다. 블랙홀이라 불리는 시공간이 크게 뒤틀린 곳을 찾아간다면 과거로 돌아갈 수도 있는 것이다. 타임머신은 바로 시공간을 뒤틀게 만드는 장치가 된다. 블랙홀을 연결하는 통로가 '웜홀(worm hole)'이다. 또 영화 〈스타트랙〉에서는 우주선 주위의 공간이 꺾이고 휘어서 짧은 시간 동안 우주선을 별들 사이로 이동할 수 있게 하는 워프드라이브(warp drive)를 소개한다.

② 미래와 과거로의 시간 여행 : '미래로의 시간 여행'은 이미 가능한 것으로 알려졌다. 인간동면(人工冬眠) 기술이 개발된다든지 또는 그냥 빛의 속도에 가깝게 날아갈 수 있는 우주선을 타고 우주 멀리 갔다가 돌아오기만 하면 된다. 그러면 여행자에게는 수년 또는 수십 년이 지난 것처럼 보이지만 지구에서는 수백 년 또는 수천 년이 지나게 된다. 이는 아인슈타인의 이론에 의해 더 빠른 속도로 여행할수록 여행자의 시간이 지구에 대해 상대적으로 느리게 흘러간다는 사실 때문이다. 그러나 '과거로의 시간 여행'은 많이 다르고 훨씬 더 복잡한 문제를 안고 있다. 우리는 과거를 볼 수 있다. 이것은 빛이 유한한 속도로 움직이므로 자신의 모습이 거울에 반사되거나 밤하늘의 별에서 빛이 출발하여 우리 뇌에 도달하기까지 일정한 시간이 걸리기 때문이다. 그러므로 약간의 기술이 이용된다면 좀더 과거의 자신이나 지구의 모습을 볼 수 있을 것이다. 하지만 보는 것은 직접 방문하는 것과 다르다. 과거로의 여행에 대한 가능성의 비밀은 휘어진 시공간에 있다. 일반상대성이론이라고 알려진 아인슈타인의 중력이론에 따르면 시공간은 특정한 조건에서 지름길을 허용하는 형태로 휘어져 빛을 앞질러 과거로 여행할 수 있다고 한다. 이러한 아인슈타인의 중력이론에 따른 방정식의 해는 과학자들에 의해 수학적

으로 가능한 여러 가지 시공간을 제시하도록 했다. 이 해가 바로 과거로 여행을 가능하게 하는 시공간이다. 또 각기 다른 시공간에 따른 우주의 모형들, 시공간을 연결하는 지름길인 웜홀의 개념 그리고 시공간을 변형하여 지름길을 만들어 짧은 시간에 우주를 이동하는 워프드라이브에 대하여 소개하고 있다. 그러나 과연 화이트홀이나 웜홀이 존재하는지, 존재한다 할지라도 인간의 기술이 원하는 시간에 블랙홀을 만들 수 있으며 웜홀의 입구를 열고 통과할 수 있는지는 알 수 없다. 아인슈타인 방정식의 어떤 해도 다만 가능성을 제시하고 있을 뿐이다. 또한 저자는 시간 여행을 적용시켜 여러 가지 우주의 기원을 설명하려는 시도를 하였다. 이러한 것들을 물리학의 공식이나 이론, 수학적 증명 없이 설명함으로써 독자들이 초기 우주에서부터 우주의 미래까지를 쉽게 이해하도록 돕고 있다.

지금으로부터 100여 년 전인 1905년 알베르트 아인슈타인(Albert Einstein, 1879~1955)은 300년간 지속되어 온 뉴턴의 고전물리학을 종식시킬 세 편의 논문을 발표했는데 그 중 하나가 특수상대성이론이다. 상대성이론은 20세기 현대물리학의 출발점이 됐음은 물론 21세기가 된 지금까지도 물리학뿐만 아니라 사회 모든 곳에 깊숙이 자리잡고 있다. 그럼에도 불구하고 일반인에게는 물론 물리학도에게조차 상대성이론은 어렵고 이해하기 어려운 것으로만 인식되어있는 것 또한 사실이다. 이러한 상대성이론이 아직 이루어지지 않았으나 누구나 한번쯤 꿈꿔 봤을 시간 여행의 꿈을 현실 속에서 가능할 수 있다고 제안한다. 또 놀랍게도 이미 우리의 상상 속에서는 가능했던 소설이나 영화에서의 시간 여행이 과학적으로도 설명이 될 수 있다는 것이다. 타임머신을 타고 웜홀을 통과해 과거로 가는 것이 실현 가능한 것인가? 또 과거로 돌아갈 수 있다면 이미 존재하는 역사를 바꿀 수 있는 것일까? 또 우주의 비밀에 한 발짝 더 다가가 미래를 예측하여 우주를 식민지화해서 예견되었던 인류의 멸종을 막을 수 있을까? 타임머신을 현실 속에서의 가능하게 하는 것은 과학자의 몫으로 남겨 놓을지라도, 아인슈타인과 함께한 우주로의 시간 여행이 타임머신을 타고 시간 여행을 하고자 하는 이들에게 좋은 안내자가 될 것임에 틀림없다.

★ 추천도서와 읽을거리

미치오 카쿠, 『평행우주』, 박병철 옮김, 김영사, 2006
시간 여행은 가능할까? 저자 미치오 카쿠는 우리가 우주론의 황금기에 살고 있음을 강조한다. 블랙홀과 타임머신, 다중우주, 고차원 공간 등 흥미진진한 이야기로 가득 찬 이 책은 혁명적인 변화를 겪고 있는 현대의 우주론을 조망하는 최고의 안내서이다.

스티븐 와인버그, 『최초의 3분』, 신상진 옮김, 양문, 2005
오늘날 인간은 달의 표면을 거닐며, 우주 탐사선이 토성을 관측하기도 했다. 이제 인간은 수십 억 광년의 거리에 있는 은하에 손을 뻗치기 시작했다. 그렇다면 이 광대한 우주의 시작은 언제 어떻게 이루어진 것일까? 그 위대한 창조의 최초 3분간에 대한 최초의 과학 저술이다.

존 베로, 『무영진공(無0眞空)』, 고중숙 옮김, 해나무, 2003
The book of Nothing. 이 책의 원제목이다. 그야말로 '무(無)'에 관한 책인 것이다. 이 책은 철학과 수학, 그리고 물리학에서 오랫동안 과학적 사고의 수수께끼로 군림해 온 무, 0, 진공을 포괄하는 Nothing의 개념에 관한 광범위하고 포괄적인 내용을 담고 있다. Nothing의 개념이 단순한 '없음'의 차원을 벗어나 '진지한 정신적 관념'이자 '실체'로 인정받기까지 수많은 현인들이 펼쳤던 현란하고도 치열한 논쟁의 역사를 명쾌하게 보여준다.

로저 펜로즈 · 애브너 시모니 · 낸시 카트라이트 · 스티븐 호킹, 『우주 양자 마음』, 김성원 · 최경희 옮김, 사이언스북스, 2002

이 책은 옥스퍼드 대학의 물리학자이자 수학자인 저자가 〈인간 가치에 관한 케임브리지 강연〉에서의 강의를 중심으로 스티븐 호킹을 비롯한 세계적인 동료 석학들과 함께 물질과 마음의 본질에 대하여 토론한 내용들을 담고 있다. 저자의 최근 연구 성과들을 자신이 직접 그린 70여 컷의 일러스트와 함께 소개하고 있으며 현대물리학의 현주소를 명료하게 보여주고 있다.

스티븐 호킹 · 레오나르드 믈로디노프, 『짧고 쉽게 쓴 '시간의 역사'』, 전대호 옮김, 까치, 2006

시간이 우주 전체에 걸쳐 한결같은 속도로 흐르진 않는다. 관측자의 운동 상태에 따라 어느 사건은 과거가 되고 어느 사건은 미래가 될 수 있다. 공간도 고정된 게 아니다. 3차원 공간에 사는 우리가 새로운 차원을 상상하려면 공간을 벗어나야 한다. 또한 우주는 역동적으로 팽창하고 있다. 이 책은 우주상의 진화, 휘어진 공간, 팽창하는 우주, 빅뱅과 블랙홀 등으로 과학적 호기심을 자극한다.

폴 데이비스, 『폴 데이비스의 타임머신』, 강주상 옮김, 한승, 2002

세계적인 물리학자인 저자는 이 책에서 수세기 동안 논의돼 온 시간 여행의 가능성에 대해 이야기한다. 저자는 중력의 도움과 빛의 속도에 가깝게 비행할 수 있는 우주선이 있다면 가능하며 과거로 시간 여행을 하려면 통과할 수 있는 웜홀을 갖고 있는 적당한 블랙홀을 찾아내는 것이 좋은 방법이라고 주장하고 있다. 또한 일반인들이 알기 쉽도록 이론적 기초 지식을 설명한 후 네 단계의 과정을 통해 어떻게 타임머신을 제작하고 동작시키는지 제시한다. 뿐만 아니라 왜 미래에서 우리를 방문하는 시간 여행자들이 없는가 하는 까다로운 문제에 대해서도 논의하고 있다.

제4영역 · 자연과 과학

엔트로피
제러미 리프킨

● **양우철** 동국대학교 물리학과 교수

    엔트로피는 더 이상 일로 바꿀 수 없는 에너지 양에 대한 척도이다. 엔트로피라는 용어는 1868년 독일 물리학자 클라우지우스에 의해 처음 창안되었다. 그러나 이에 대한 근본은 이보다 41년 전 카르노라는 프랑스 장교가 이미 인식하고 있었다. 그는 증기기관이 작동하는 원리를 좀더 잘 알려고 애썼다. 그는 전체 계의 한 부분이 뜨겁고 또다른 한 부분은 차갑기 때문에 엔진이 작동한다는 것을 발견하였다. 다시 말하자면, 에너지가 일로 변하려면, 반드시 에너지 농도 차이(즉, 온도 차이)가 있는 부분들이 존재해야 한다는 것이다. 높은 농도에서 낮은 농도로 에너지가 옮겨갈 때(즉, 높은 온도에서 낮은 온도로) 일이 발생한다. 더욱 중요한 점은, 에너지가 옮겨 갈 때마다 사용 가능한 에너지 양은 줄어든다는 것이다. 댐 위의 물이 호수로 떨어지는 경우를 예로 들어보자. 떨어지는 동안에 물은 전기를 일으키거나 바퀴를 돌리거나, 혹은 다른 종류의 일을 할 수 있다. 그러나, 일단 바닥에 떨어져 버린 물은 더 이상 일을 할 수가 없다. 이러한 물은 아주 작은 바퀴조차도 돌리지 못한다. 이러한 두 상태를 '사용 가능한 에너지', 즉 '자유 에너지 상태'와 '사용 불가능한 에너지', 즉 '구속 에너지'라고 한다.

    엔트로피의 증가는 이러한 사용 가능한 에너지의 감소를 뜻한다. 세상에 무슨 일이 벌어질 때마다 얼마간의 에너지는 사용 불가능한 에너지로 된다. 이 에너지가 바로 공해의 주범이다. 공해는 생산물에 대한 부산물이라고 대부분 생각한다. 실제로, 공해라는 것은 사용 불가능한 에너지 형태로 변한 사용 가능한 에너지의 총량이다.

사회비평가인 제러미 리프킨(Jeremy Rifkin, 1945~)은 전세계 각국의 공공 행정 수립에 큰 영향을 준 사람 중의 한 명이다. 그는 14종이 넘는 저서를 통해 과학기술의 변화가 경제, 노동 시장, 사회, 그리고 환경에 어떤 영향을 미치는지를 분석했으며, 그의 저서들은 20개 국어로 번역되어 전세계 많은 대학들에서 읽히고 있다. 리프킨은 미국 펜실베이니아 대학 와튼 스쿨에서 경제학 학사학위를, 터프즈 대학 플레처 스쿨에서 국제관계학 석사학위를 받았다. 그는 워싱턴 D.C.에 소재한 FOET(경제동향연구재단, The Foundation On Economic Trends)의 설립자이자 현 대표이며, 펜실베이니아 대학 와튼 스쿨에서 과학, 기술, 세계 경제의 미래 트렌드에 대한 강의를 하고 있다. 저서로는 『육식의 종말(Beyond Beef)』(1992), 『노동의 종말(The End of Work)』(1995), 『바이오테크 시대(The Biotech Century)』(1998), 『소유의 종말(The Age of Access)』(2000), 『수소 혁명(The Hydrogen Economy)』(2002), 『유러피언 드림(The European Dream)』(2004) 등이 있다.

인류는 열역학과 관련된 기본 사실, 즉 열이 항상 뜨거운 쪽에서 차가운 쪽으로 이동하고 그 반대로는 흐르지 않는다는 것을 문명 초기에 알고 있었으나 최근에 과학에 도입하게 되었다. 뉴턴의 기계론적 도그마에 입각한 현상은 엔트로피 법칙에 의해 재해석되었으며, 엔트로피의 개념은 거의 모든 분야 통신, 생물학, 경제학, 사회학, 심리학, 정치학 심지어 예술에까지 이용되었다. 리프킨은 엔트로피 법칙을 유용한 에너지가 감소하고 '사용 불가능한 에너지'가 증가하는 것으로 이해했다. 우리가 변화를 위하여 에너지와 물질을 계속 사용하게 되면, 궁극적으로는 에너지를 더 이상 사용할 수 없게 되는 '열 종말' 과 사용할 물질이 더 이상 존재하지 않는 '물질 혼돈' 에 이르게 될 것이라 천명했다. 기계론적인 세계관과 그 결과로 나타나는 물질만능주의와 과학만능주의는 더 이상 설 땅이 없다고 주장했으며, 현재 우리는 산업시대를 통하여 고에너지 사회를 지속해 온 결과로 화석연료의 고갈과 환경오염으로 인해 고엔트로피의 거대한 분수령에 이르게 되었다는 것이 저자의 결론이다. 이제 막다른 기로에 서서 인류의 생존을 위하여 엔트로피에 기초한 새로운 세계관을 받아들일 수밖에 없음을 역설하고 있다. 저자의 결론은 결국 우리 개개인의 존재는 생명의 유지와 사회에 대한 집단적 정신이라는 형태를 통하여 영원히 존속된다는 것이다. 우리에게 남겨진 유한한 재산을 되도록 잘 간수하고 생성 과정을 지배하는 자연의 리듬을 되도록 존중하려면, 우리보다 먼저 존재했고 또 나중에 존재할 모든 생명에 대해 본원적인 사랑을 나타내야만 한다는 것이다. 이 두 가지 책임과 임무를 자각하는 것이야말로 에너지를 '식민 형태'에서 '절정 형태'로 인도하고 사회를 크게 전환시키기 위한 첫 걸음이다. 즉, 우리 각자가 세계의 '보호자'라는 자각이 필요하고 역설한다.

제러미 리프킨의 『엔트로피 : 새로운 세계관(Entropy : A New World View)』(1980)는 총 6부로 구성되어 있다. 제1부 〈세계관의 변화〉에서는 뉴턴의 기계적 세계관이 중세 기독교 세계관을 대체했듯이 엔트로피의 법칙은 현재의 세계관을 대체할 것이라고 말하고 있다. 엔트로피의 법칙은 물질과 에너지의 진행 방향성에 관한 법칙으로, 사용할 수 있는 형태로부터 사용할 수 없는 형태로, 얻을 수 있는 것에서 얻을 수 없는 것으로, 질서가 있는 모임에서 질서가 없는 모임으로 변할 수 있음을 말한다. 이 엔트로피의 법칙은 역사를 발전으로 보는 개념을 무너뜨리고, 또한 과학과 기술이 더욱 질서 있는 세계를 만든다는 생각을 사라지게 한다고 말하고 있다.

제2부 〈엔트로피의 법칙〉에서는 구체적으로 이 법칙에 대해서 언급하였다. 열역학 제1법칙은 에너지는 창조되거나 파괴되지 않고 단지 전

환될 뿐이며, 제2법칙은 에너지는 한 방향으로(혼돈과 무질서를 향하여) 만 변화해 간다는 것이다. 엔트로피가 증가한다는 것은 유용한 에너지가 줄어든다는 것을 의미한다. 즉, 어떤 시스템 내에 존재하는 무용한 에너지의 총량을 나타낸다. 에너지의 평형상태는 엔트로피가 극대점에 달한 상태를 말한다. 제2법칙은 다시 말하면 에너지가 집중된 상태에서 덜 집중된 상태로 옮겨가는 것이며, 이 법칙은 고립계에서의 모든 에너지가 질서 있는 상태에서 무질서한 상태로 이동해 간다. 이 법칙을 우주론, 시간, 형이상학, 생명에 적용하여 에너지의 흐름과 엔트로피의 증가와 연관하여 설명했다. 에너지는 인간의 삶의 기반이자 문화의 기반이다. 따라서 에너지 흐름의 법칙인 엔트로피의 패러다임은 정치학 및 경제학을 비롯한 모든 학문 분야에 신성시되어 왔던 근본 개념의 변화를 가져올 것이라 언급했다.

제3부 〈새로운 역사관의 틀로서의 엔트로피〉에서는 역사는 엔트로피 법칙의 반영이므로 이 법칙을 따른다는 것이다. 엔트로피 과정은 항상 극대점을 향해 가게 되는데, 한 가지 사건이 일어날 때마다 일정량의 에너지는 영원히 무용한 것이 되어버리고, 축적된 엔트로피로 인하여 사회가 에너지원 자체에 대한 질적 변화를 꾀하는 때인 역사의 분수령에 이른다는 것이다. 13세기와 16세기 사이에 서유럽은 엔트로피의 분수령을 거쳤다. 에너지 기반이 나무에서 석탄으로 바뀌며 산업혁명이 일어났고, 14세기 중엽 유럽 인들은 도시인구 증가가 농업생산성의 증가를 앞질러 엔트로피의 분수령에 도달했다. 역사 전체에 걸쳐 기술의 질적인 변화는 항상 더욱 복잡하고 많은 에너지를 소비하는 방향으로 나아갔다. 왜냐하면 환경의 변화는 항상 덜 유용하고 캐기 힘든 에너지원 쪽으로 나아가기 때문이다. 기술은 단지 에너지의 변환자 역할을 해왔으며, 새로운 기술의 계속적 전파는 전체 시스템이 소비하는 에너지의 양의 증대를 유발하여 엔트로피의 증가를 야기시켰다. 제도의 발달, 기술

의 전문화는 새로운 에너지 환경으로 전환할 수 있는 융통성을 상실하게 하였다. 어떤 문화, 혹은 문명이 발전시키는 세계관은 그것이 속했던 특정한 에너지 환경을 비춰주는 거울이다. 따라서 세계관이라는 것은 적어도 그것이 속해 있는 에너지 환경과 조화를 이루거나 일치하는 것이다.

제4부 〈재생 불가능한 에너지와 다가오는 엔트로피의 분수령〉에서는 인구 증가로 인한 에너지 소비 증대로 세계 에너지 문제가 발생하고 있으며, 우리 사회는 재생 가능한 에너지의 재고가 바닥이 나고 있고, 엔트로피의 분수령에 다가가고 있다는 것이다. 합성연료, 핵분열, 핵융합 에너지 등에 의한 대체 에너지를 고려하고 있으나, 비용, 공해, 온실 효과, 방사능 폐기물, 유해성 등의 문제를 야기시키고 있다. 또한, 재생 불가능한 광물자원의 계속적인 고갈의 해결책으로 재생을 제안하고 있으나, 열역학 제2법칙에 의하면 재생시 그 일부는 불가피하게 손실되어 회수 불가능하며, 보전 또한 그 시스템이 허용하는 범위에서 에너지 흐름을 약간 낮출 뿐이라 말하고 있다.

제5부 〈엔트로피와 산업시대〉에서는 엔트로피 법칙이 경제 및 사회 활동에 어떤 영향을 미치는지를 관찰하였다. 산업화된 국가는 엔트로피 분수령에 도달하고 있다. 인간과 기계는 기존의 가용한 에너지를 유용한 상태로부터 무용한 상태로 변화시킬 수 있을 뿐이며, 그 과정에서 잠시 동안의 효용을 만들 뿐이다. 생산성이 향상된다는 것은 에너지의 흐름이 커지고 궁극적으로 사회가 비용을 지불해야 할 무질서도 커진다는 것을 의미한다. 경제활동 과정에서 더 많은 재화를 축적한다는 것은 더 많은 에너지가 낭비된다는 뜻이다. 농업에서 점점 많은 에너지가 소비됨에 따라, 전체 환경의 엔트로피는 증가하며 오염과 토양 침식의 형태로 축적된 무질서는 사회와 농업 양쪽에서의 비용 증가라는 결과를 초래한다. 또한, 도시 팽창은 더 많은 에너지의 필요를 요구해 무질서의

증가와 혼란을 야기시킨다. 한편 대량 에너지의 도시로 유입은 도시의 생태계에 영향을 준다. 즉, 대기오염, 쓰레기 증가, 정신질환, 인간관계의 변화, 비용의 증대를 야기시킨다. 한편, 교육도 에너지를 소비하는 것인데, 학습을 위한 정보 수집과 지식의 저장 또한 에너지의 소비, 즉 엔트로피의 대가를 치러야 한다. 보건에 있어서도 의료의 전문화, 집중화 정밀한 의료 기기 등은 더 많은 에너지를 요구한다. 의료 분야에서 더 많은 에너지가 소비됨에 따라 무질서는 더욱 증대하며 에너지의 흐름이 클수록 오염도 커지고 그로 인한 인간의 사망도 증대하게 된다고 피력하고 있다.

제6부 〈새로운 세계관으로서의 엔트로피〉에서는 오늘날 우리는 역사적인 엔트로피 분수령에 서 있다고 말한다. 고엔트로피 사회로부터 저엔트로피 사회로 옮겨감에 따라 우리의 가치, 문화, 정치 및 경제 제도, 일상생활에 이르기까지 모든 것이 달라질 것이다. 저엔트로피 생활방식은 검약과 물질주의 대신 개인적이고 내적인 성장을 중시하는 태도, 생태적인 관심 등에 기초를 두고 있다. 유기농법, 노동집약적 소규모 농업으로의 전환, 도시 규모의 축소, 수송방식의 변화, 생산활동의 축소, 다국적 기업의 소멸, 적정기술의 사용, 세계 인구의 축소 등으로 저엔트로피의 사회 형성이 가능하다. 또한, 기계론적 세계관을 버리고, 열역학 제2법칙의 세계관을 통한 새로운 질서에 의한 과학, 교육, 종교의 혁명으로부터 시작이 필요하다. 과학에서도 변화를 일으켰다. 과학이란 미래를 예측하는 방법론이다. 궁극적으로 모든 과학적 방법론은 가능성의 한계를 끊임없이 모색하는 것이다. 엔트로피 법칙은 통합적인 방법론으로 미래를 예측하고 사건이 일어나는 궁극의 한계를 설정하는 방법론이다. 엔트로피 법칙은 변화의 본질과 방향, 변화의 과정에 관련된 모든 것들의 상호연관성을 설명하였다. 또한, 엔트로피 시대의 교육, 종교에의 개혁이 일어날 것이다. 엔트로피적 세계관은 환경, 문화, 그리고 생

물학적 생존 그 자체에 관해 우리가 가장 소중히 여기고 당연한 것으로 받아들이는 가설에 도전장을 던진다. 거대도시, 기계화 영농, 대량생산 및 소비, 무기, 교육, 의료기술 등 현대문화가 만들어낸 모든 함정이 근본적으로 새로운 빛 속에 뚜렷이 드러난다고 말하고 있다.

엔트로피라는 개념은 거의 모든 분야에 영향을 미쳤다. 통신, 생물학, 경제학, 사회학, 심리학, 정치학, 심지어는 예술 분야에까지 이용되었다. 또한 엔트로피 법칙의 비가역성에 관한 성질은 결국에는 "생명이란 무엇인가?"라는 영원한 이슈에 대한 논란을 야기시키기도 했다. 열역학의 비가역성의 시간이 갖는 방향성은 여러 인간의 이성적인 논란을 야기시켰는데, 기계론적, 결정론적인 법칙에 바탕을 둔 현상의 해석과 확률론적인 해석의 결합을 여러 분야에 접목시키는 결과를 낳았으나, 이는 여러 오류가 있음이 보여졌다. 열역학 제2법칙인 엔트로피의 법칙을 고려한다면 우리의 개인적 이기심, 그리고 미래에 후회할 일을 줄이기보다는 개인적 만족을 극대화하려는 이기주의에 입각한 행동양식으로부터 비롯된 인류 전체의 위기를 직시해야 할 것이다. 엔트로피 법칙은 인류의 특정한 생활양식에 대해 광범위하게 물질적 한계를 설정한다. 과거에 누려왔던 물질적 풍요는 급속히 종말을 향해 다가가고 있으므로, 우리는 정치, 경제, 사회적 발전에 대한 우리의 자세를 재평가하고 개편해야 한다. 제러미 리프킨은 엔트로피적 변환과 사회적 현상이 계속 공존할 수 있으리라는 사고방식, 열역학은 사회현상에 한계를 설정하지만 이들을 지배하지는 않는다는 생각으로부터 벗어나 있다. 이와 같은 인도주의적 토대 위에 주장한 그의 엔트로피 개념에 의한 세계관은 지구상에서의 인류의 삶에 있어 전환점이 되는 계명으로 전파될 것으로 생각된다. 또한 저자가 제시한 엔트로피의 새로운 패러다임을 통해 물질문명이 가져온 폐해를 직시하고 과거와 현재의 세계관을 통찰하여 미래의 세계관에 대한 비전을 제시할 수 있다고 할 수 있다. 저자의 작품을 통해 급등하고 있는 원유가와 급속한 자원의 고갈, 폭발적인 인구의 증가와 식량의 부족, 환경오염과 생태계의 파괴 등 우리를 둘러싼 여러 문제를 다시금 생각하면서, 산업화 사회에서 정보화 사회로 이행되는 변화의 시대에 혼란과 무방향성에 대해 저자의 엔트로피 개념은 방향성을 찾을 수 있는 계기가 될 것이다.

★ 추천도서와 읽을거리

엔트로피를 생각하는 사람들 엮음, 『쉽게 읽는 엔트로피』, 두레, 1993
엔트로피에 관한 자연과학적 설명과 그에 대한 현실적인 문제들을 고민하여 독자들의 궁금증을 해소하고 이해력을 증진시킨 책이다.

제4영역 · 자연과 과학

90

우연과 필연
자크 모노

● 김선정 동국대학교 생명과학과 교수

  생물이라는 극히 보수적인 시스템에 대하여 진화에의 길을 여는 계기를 부여한 기본적인 사건은 단지 미시적(微視的)이고 우연적인 것이었으며, 그것이 목적론적인 기능에 어떠한 영향을 갖느냐 하는 것과는 전혀 무관한 것이었다.
  이와 같은 우발사(偶發事)는 각각 특수한 것이며 본질적으로 예견할 수 없는 것인데, 그것이 일단 DNA의 구조 속에 기록되어 버리면 그때부터는 기계적으로 매우 충실히 복제되며 번역되게 된다. 즉, 증식 전파되어 수백만 수천만의 동일한 복제가 생겨난다. 순수한 우연이라는 나라에서 태어난 우발사가 필연의 나라, 가차없는 확실성의 나라로 들어가게 된다. 왜냐하면, 도태(淘汰)는 거시적인 레벨, 즉 생물의 레벨에서 행하여지기 때문이다.
  오늘날 아직도 훌륭한 정신을 지니고 있는 사람들 중에도 잡음이라는 원천 속에서 생물권의 모든 음악이 도태라는 사실만으로 생겨났다는 것을 인정하지도 이해하지도 못하는 사람이 많이 있다. 그런데, 실제로 도태는 우연의 산물에 대해서 작용하는 것이며, 다른 데서는 영양을 취할 수가 없다. 더욱이 그것이 작용하는 장소는 엄격한 요구가 지배하고 있는 영역이며, 거기에서는 모든 우연은 추방된다. 진화가 보여주는 일반적인 상향성(上向性), 그 계속적인 정복 또는 그것이 여실히 보여주고 있는 질서 정연한 개화(開花)는 우연에 의거하고 있는 것이 아니라 모두 이 엄격한 조건에 의거하고 있는 것이다.

『우연과 필연』(1970)의 저자인 자크 모노(Jacques Lucien Monod)는 1910년 파리에서 태어났다. 1941년에 자연과학을 전공하여 박사학위를 받았다. 1938년에 박물관의 큐레이터인 부인과 결혼하여 두 명의 아들을 얻었다. 앙드레 르보프(André Lwoff), 프랑수아 자코브(Francois Jacob)와 함께 연구한 '락토즈 오페론(Lac operon)'에 대한 업적으로 1965년 노벨 생리학·의학상을 수상하였다. 오페론이라고 불리는 유전자 집합체가 억제자와 촉진자의 작용으로 동시에 조절될 수 있다는 이론을 제시한 것이며, 이 연구가 다른 세균에도 일반적으로 적용될 수 있다는 사실이 증명되어 노벨상을 수상하였다. 프랑스의 대표적 분자생물학자이기도 하지만 모노는 음악가이자 과학철학에 대한 저술가로도 유명하다.

1976년에 66세를 일기로 사망하였으며 다른 대표 저서로서 『미생물과 생명에 대하여(Of Microbes and Life)』(1971)가 있다.

저자에 따르면, 인간은 우주지도에 해당하는 세계관을 갖지 않고서는 제대로의 삶을 살아갈 수 없다. 어떤 시대, 어떤 문명, 어떤 인간이라도 나름대로의 다양한 세계관을 갖는다.

그런데 세계관의 다양성이 문제가 된다. 지구가 하나의 마을로 되어버린 오늘날의 사이버 시대에도 모든 인류의 공동체 및 개개인이 공유할 수 있는 단 하나의 보편적 세계관은 존재하지 않는다.

종교적 세계관은 과학적 세계관과 충돌하고, 과학의 유물론적 세계관은 철학의 관념론적 세계관과 공존할 수 없으며, 생명과 인간의 기원에 관련하여 창조론과 진화론이 충돌한다. 일원론적 세계관은 이원론적 세계관과 충돌하고, 목적론적 세계관은 인과적 세계관과 충돌한다.

이 책은 저자가 그의 분자생물학적 기초에 입각하여 자신의 사상을 단적으로 서술한 것이다. 그는 당시 세계를 뒤덮고 있던 사상의 혼미를 지적하고 있는데, 헤겔류의 관념철학과 마르크스류의 유물철학에 잠재해 있는 물활론적, 목적론적이며 의인적인 이원론적 우주관과 창조론적 인간관을 비판하고 그것을 물리적, 탈의인적, 탈목적론적 우주관과 진화론으로 대치하며 벗어날 길을 시사하고 있으며, 특정한 자연현상에 대한 과학적 이론이 아닌, 우주 전체에 대한 그의 철학적 세계관을 시사한다.

그의 세계관에서는 물질로부터 생명의 탄생, 동물과 인간의 관계, 진리의 본질, 인간의 자유의지와 진선미에 대한 인식은 한결같이 우연의 산물로 나타나며, 그것들의 가치는 생물학적 뿌리와 진화론적 관점에서 설명된다.

저자가 연구한 효소 적응이라는 현상은, 생물이 환경에 적응하여 종래에는 없던 새로운 효소 작용을 나타내는 현상인데, 생물의 합목적성의 한 표현으로 간주되어 왔다. 이것은 단백질 형성 방법의 문제에도 커다란 문제를 던져주고 있다.

대장균은 보통 주위에 영양분이 풍부하면 젖당을 분해하거나 분해할 수 있는 효소 작용을 나타내지 않지만, 당원(糖原)으로서 젖당만을 투여하면 젖당을 분해하는 효소의 활성이 나타난다.

이것을 그는 이미 억제되어 잠재적으로 존재하고 있던 어떤 유전자가 젖당의 투여라는 외부적 자극에 의해 바로 그 효소의 합성이 활성화된다는 소위 그의 '오페론 설(說)'에 의해 설명한다. 젖당이 젖당을 분해하는 효소들의 발현을 억제하는 억제자에 결합하여 유전자의 발현이 작동한다는 내용이 오페론 이론의 핵심이다. 여기에서 젖당은 유전자 발현의 '유도체'로 작용한다.

그에 따르면 적응 현상이라는 것은 생물의 능동적인 능력 발휘가 아니라 이미 유전적으로 규정되어 있다는 것이다.

인류의 역사는 생물의 진화의 연장이며 생물의 진화 자체는 우주의 진화의 일부를 이루고 있다. 이 단일 원리 덕분에 인간은 마침내 우주 속에서 자신의 필연적인 높은 지위를 재발견하는 것이며, 또 자기는 항상 진보가 약속되고 있다는 확신을 품는 것이다. 생물이라는 시스템은 전면적으로 극도로 보수적이고 자기 폐쇄적이며 또한 외계로부터 어떠한 지시도 절대로 받아들이지 않는 시스템이라 할 수 있다.

진화라는 기적적인 구축물의 밑바닥에는 순수하고 단순한 우연, 즉 절대적으로 자유롭지만 본질적으로는 맹목적일 뿐인 우연이 있다.

그리고 진화에 있어서 중요한 것은 유전적 성공뿐이다.

생물권에 있어서의 진화는 시간적으로 방향성을 지닌, 필연적으로 불가역적인 과정이다. 그러므로 생물에 있어서는 이 엔트로피의 고개를 거꾸로 올라가는 운동이 복제기구에 의해 파악되고 복제된 다음에 도태에 의해 나누어지는 것이다.

어떤 단백질의 구조 변화라는 형태로 나타나는 '새로움'은 모두 첫째, 그 새로운 단백질이 그것이 속하는 계(系) 전체와 양립할 수 있느냐 하는 점에 관해서 시험을 받게 된다.

더욱이 그 계는 생물이 지니는 목적을 다하기 위한 수많은 통계적 조건에 의해서 미리 구속되며 마음대로는 할 수 없게 되어 있다. 그러므로 받아들여지는 돌연변이라는 것은 합목적적 장치의 일관성을 저하시켜서는 안 될 뿐만 아니라, 오히려 이미 일어나고 있는 변화의 방향에 적응하여 이것을 더욱 강화시키거나 또는 새로운 가능성을 여는 돌연변이가 아니면 안 된다. 다윈이 주장한 '자연도태설' 이론이 이와 일치한다고 할 수 있다. 복제의 시스템은 미시적 교란에 의해서 불가피하게 흐트러지지 않을 수 없는 것이며, 그것은 이 교란을 배제하기는커녕 거꾸로 그것을 기록하여, 도태로써 그 작용을 판정하는 합목적적 여과 장치에 그것을 거르게 되는 것인데, 그 대부분은 무위로 끝나버리는 것이다.

사상(思想)은 생물과 마찬가지로 스스로의 구조를 영속화하며 증식시키려는 경향을 지니고 있다. 사상은 생물과 마찬가지로 그 내용을 각각 융합, 재결합, 분리시킬 수가 있으며 더욱이 생물과 마찬가지로 진화한다. 그리고 이 진화에 있어서는 의심할 나위도 없이 도태가 커다란 역할을 담당한다.

윤리와 지식은 행동 속에서 또 행동을 통해서 불가피적으로 결합되어 있다.

행동이 일어남과 동시에 지식과 가치가 아울러 문제된다. 모든 행동은 윤리를 의미하고 있으며 어떤 가치를 선택하거나 선택하려 한다. 그러나 또 한편으로는 모든 행동에는 어떤 지식의 존재가 전제되어 있다.

이제 옛날의 약속(舊約)은 깨어졌다. 인간은 마침내 자기가 이전에 그 속에서 우연히 출현하였던 무관심하며 광대무변한 우주 속에서 단지 홀로 살고 있음을 알게 되었다. 우리의 운명이나 우리의 의무는 아무 데에도 씌어 있지 않다.

이제 우리는 우리 자신이 우주라는 왕국의 신민이며 동시에 창조자라는 것을 스스로 인정해야 한다. 인간은 스스로의 힘으로 왕국과 암흑의 나락 중의 어느 하나를 선택해야 하는 존재인 것이다.

우주에는 목적이 없으며 신(神)도 존재하지 않는다는 사실을 인정함으로써 비로소 인류는 스스로의 미래를 개척할 예지와 용기를 가질 수 있다고 그는 주장한다.

★ 추천도서와 읽을거리

힐러리 퍼트넘 외, 『유전자 혁명과 생명윤리』, 생물학사상연구회 옮김, 아침이슬, 2004
　획기적인 생명공학의 발달이 미래사회, 부분적으로는 지금 현재의 사회를 어떻게 바꾸어 놓을지를 윤리 문제, 특히 인권의 새로운 개념에 집중해 다룬 책이다.

윤정로 외 11인, 『생명의 위기 : 21세기 생명윤리의 쟁점』, 푸른나무, 2001
　생명윤리의 역사적, 철학적 의미와 그 개념을 시작으로 종교의 생명윤리에까지 이르는 필자들의 관점과 의견을 제시했다.

매트 리들리, 『이타적 유전자』, 신좌섭 옮김, 사이언스북스, 2001
　『이기적 유전자』의 인간을 위한 제2권이 있다면, 바로 이 책이어야 한다.

필립 R. 레일리, 『천재의 유전자, 광인의 유전자』, 이종인 옮김, 시공사, 2002
　유전공학을 여전히 난해하고 어렵게만 생각하는 사람들을 위해 일반인들의 눈높이로 쓴 흥미로운 유전공학 이야기다.

제4영역·자연과 과학

91

이기적 유전자
리처드 도킨스

● **성정석** 동국대학교 생명과학과 교수

    성공한 시카고의 갱과 마찬가지로 우리의 유전자는 경쟁이 격심한 세계를 때로는 몇백만 년이나 생을 계속하여 왔다. 이 사실은 우리의 유전자에 무엇인가의 특별한 성질이 있다는 것을 말하고 있다. 내가 이제부터 말하는 것은, 성공한 유전자에게 기대되는 특질 중에 가장 중요한 것은 '무정한 이기주의'라고 하는 것이다. 이러한 유전자의 이기성은 이기적인 개체 행동의 원인이 되는 것이다. 그러나 앞으로 살펴볼 바와 같이 유전자가 동물 한 개체 수준에서 한정된 이타주의를 육성함으로써 자신의 이기적 목표를 가장 잘 수행할 수 있는 특별한 경우들이 있다. 전자의 '한정된(limited)과 '특별한(special)'이라고 하는 용어는 중요한 말이다. 우리가 믿고 싶다고 하더라도 보편적인 사랑이든가 종 전체의 번영이든가 하는 것은 진화적으로 의미가 없는 개념에 지나지 않는다.

    끝으로 간결한 선언을 가지고 매듭짓기로 하자. 그것은 이기적 유전자/연장된 표현형이라는 생명관의 전체에 대한 요약이다. 나는 그것이 우주의 어떤 장소에 있는 생물에게도 적용되는 생명관이라고 주장한다. 모든 생명의 근본적인 단위 및 원동력은 자기 복제자이다. 자기 복제자는 그 사본이 만들어지는 우주에 있는 어떤 것이다.

『이기적 유전자(The Selfish Gene)』는 리처드 도킨스(Richard Dawkins)의 대표적인 역작이다. 그는 영국 옥스퍼드 대학에서 동물행동학 연구 그룹의 리더로서, 과학의 대중적 이해를 전담하는 찰스 시모니 석좌교수직을 맡고 있다. 이 책을 저술한 후, 사회생물학 논쟁이나 진화 논쟁에서 중심적인 위치를 차지하며 선도적인 역할을 해왔다. 많은 저서에서 보인 그의 유머 있는 문장과 논리적 구성력은 정평이 나 있으며, 그만큼 학술적 연구를 대중적 인기와 결부시켜 주목을 받은 과학자도 흔치 않다.

도킨스는 제2차 세계대전 중 영국 공군에 자원한 아버지가 케냐로 배속되는 바람에 1941년 나이로비에서 태어나 장엄한 아프리카의 자연에 감명을 받으며 어린 시절을 보냈다. 영국으로 돌아와 옥스퍼드 대학에 진학한 도킨스는 촉망받는 젊은 동물행동학자로 자신의 학문적 여정을 시작한다. 1962년 학부 졸업 후, 같은 대학원에 진학하여 동물행동학 연구로 노벨상을 수상한 니코 틴베르겐(Nikolaas Tinbergen) 교수의 제자로 박사학위를 취득했다. 미국 캘리포니아 버클리 주립대에서 2년간의 교수직 이후, 1970년 옥스퍼드 대 교수로 돌아온 그는 자신의 동물행동학 연구를 통하여 유전자가 진화의 역사에서 차지하는 중심적 역할에 대한 좀더 넓은 이론적 맥락과 연결시키기 위한 연구에 집중하게 된다. 그 결과가 1976년에 출간된 『이기적 유전자』이다.

이 책으로 도킨스는 사회과학을 생물학 밑으로 포괄하는 새로운 개념을 소개하며 자연과학의 주요 논제를 제시하였다. 그는 과학 지식의 사회적 적용에 있어 매우 급진적인 주장을 과감하게 폄으로써 지속적으로 논쟁의 중심에 서 있다. 종교적 문화가 강한 서구 사회에서 거침없는 무신론자로서의 도킨스는 그의 학설에 대한 열렬한 지지자와 극단적 반대자 모두를 갖고 있다. 어떤 관점에서든지 간에 그의 주장은 최근 놀라울 정도로 빠르게 발전하고 있는 생명과학의 근원적 문제에 관련한 매우 중요한 의의를 부여하고 있다.

 『이기적 유전자』 출간 바로 전해인 1975년 발표된 하버드 대학 에드워드 윌슨 교수의 『사회생물학 : 새로운 종합』이라는 책으로 인해 사회생물학에 대한 본격적인 논쟁이 시작되었다. 이 당시 생물학은 다윈의 진화론에 대한 과학적 증거들과 멘델의 유전적 원리에 대한 발견을 발전시켜 생물군의 포괄적인 진화를 설명하는 집단유전학으로 발전하고 있었고, 특히 1953년 발표된 제임스 D. 왓슨과 프랜시스 크릭의 DNA 이중 나선에 대한 규명으로 이전의 유전학과 진화생물학에 대한 재조명이 이루어지고 있었다. 또한 동물학과 식물학의 거시적인 관점에서 이루어지던 형태적 분류와 행동양식에 대한 연구에서, DNA 구조에 대한 분자 수준에서의 생명현상과 이의 발현으로 만들어지는 단백질의 기능에 대해 이해하려는 분자생물학이 태동하고 있었다. 이는 화학과 생물학의 경계에 서 있는 생화학적 연구의 중요성을 더욱 증대시켰다. 미시적인 세계에서 이루어지는 생명체에서의 유전자의 역할과 DNA의 복제 기작에 대한 구체적인 규명이 이루어지면서 이를 응용하는 유전공학이 태동한 것도 역시 이 당시 생명과학의 주요 흐름 중 하나이다.

 이와 같은 시대적 상황에서 유전자가 생물학적 수준과 사회적 수준에서 어떤 구실을 담당하는지에 대한 총체적인 고찰은 이미 그 주제 자체가 중요한 논제를 던지기에 충분하였다. 더욱이 제2차 세계대전 이후 산업화를 통한 사회적 안정을 회복하고 있던 서구 문명사회에서는 생명의 근원에 관한 질문과 이에 대한 답변이 요구되고 있었다.

 도킨스는 그때까지 연구되어 온 거시생물학적 현상(진화를 비롯하여)과 새로운 세계를 연 DNA에 대한 이해를 바탕으로, 그의 전문 분야인 동물행동에 대한 현상들을 풀어보려 했다. 이러한 시도는 단지 과학적 설명에서 그치지 않으며 생물학의 문외한인 일반대중들에게 다가갈 수 있는 사회학적 해석을 통해 이루어졌다. 『이기적 유전자』의 서문에서 기술하였듯이 도킨스는 이 책이 공상과학소설로 읽힐 것을 기대하며 그의 논제를 풀어가고 있다. 그렇다고 이 책이 허구의 사실을 전제로 하는 것은 아니며, 생물학 전공 강좌에서 전세계적인 추천도서로 선정되고 있을 만큼 과학적 사실에 근거한 전문지식을 기반으로 생명현상을 풀이하고 있다. 『이기적 유전자』에서의 그의 글쓰기는 과학을 사회적인 측면에서 조명하는 당시로서는 새로운 방법의 시도였다.

저자는 단순한 화학물질의 규칙적인 조합으로 이루어진 DNA가 생물학적 수준에서 어떠한 구실을 담당하는지에 대한 은유적 설명을 통해 인간의 속성과 이에 따른 사회적 현상들을 결정하는 것이 자연적으로 유래되는 것인가, 아니면 양육환경에 의해 결정되는 것인가에 대한 오래된 논제를 풀어가고 있다. 생물체 진화의 학술적 관점에서 볼 때, 도킨스는 자연선택이 진화와 행동양식의 거의 절대적인 인과적 구실을 수행하므로 생명체의 특정 속성을 이해하기 위해 우선적으로 자연선택을 채택해야 한다고 주장했다. 특히 『이기적 유전자』에서 도킨스가 주장한 쟁점은 이를 좌우하는 것이 유전자이고 '인간은 유전자의 꼭두각시'라는 관점을 제시하고 있다. 인간은 유전자에 미리 프로그램 된 정보에 의해 삶을 영위하며, 유전자를 후대에 전달하는 근원적 임무를 수행하는 존재라고 본 것이다. 이러한 주장은 유전자가 모든 것을 결정한다는 '유전자 결정론'에 가까운 것이다. 저자는 실제환경에서의 개체의 생존과 행동양식을 결정하는 것은 유전자와 더불어 다양한 요인들이 결합해 만든 표현형이라는 논의도 잊지 않고 있으나, 주요 논점인 유전자 중심의 시각에서 모든 생물학 및 사회학적 현상을 조목조목 해석한다. 이에 따르면, 인간을 포함한 생명체는 유전자 DNA에 의해 창조된 기계에 불과하며, 그 기계의 존재 목적은 자신을 창조한 주인이라고 할 수 있는 유전자를 보존하는 것이다. 이러한 관점에서 생명체의 기본단위인 세포는 유전자의 명령을 수행하여 화학적 작용을 일으키는 작은 화학공장이며, 세포가 모여 이루어진 인간을 비롯한 생명체의 생활과 사회적 현상 또한 유전자의 이기적인 성질에 의한 결과라고 주장하고 있다. 이러한 주장은 동물 또는 인간사회에서 볼 수 있는 가족, 암수의 관계, 전쟁 등을 예로 들어 매우 논리적인 비유를 통해 전달된다. 이런 원리에 따르며, 가족 사랑도 결국은 비슷한 유전자를 조금이라도 많이 지닌 생명체를 도움으로써, 유전자를 후세에 남기려는 행동, 즉 이기적인 유전자에서 비롯된 행동에 불과하다. 심지어 사람을 포함한 생명체가 다른 생명체를 돕는 이타적인 행동도 실제로는 주어진 환경 속에서 유전자가 생존하기 위해 결정된 행동에 불과한 것이 된다.

다른 동물에서 볼 수 없는 인간사회의 특이적인 사회적 현상도 이러한 이기적 유전자의 개념으로 해석되고 있다. 자기보다 나아 보이는 사람을 모방하는 심리나 사회적인 공감대가 하나로 형성되는 유행과 같은 심리를 '밈(Meme)'이라는 새로운 용어로 설명하고 있다. 밈은 '모방'을 뜻하는 그리스어인 mimeme이 '유전자'를 뜻하는 gene과 발음상으로 비슷하다는 점에 착안하여 도킨스 자신이 만든 말이기도 하다. 생명체가 유전자 복제를 통해 자신의 형질을 후손에게 전하듯이 밈도 스스로를 복제하고 널리 전파되면서 진화하고, 이러한 과정의 역사적 축적이 문화의 전승 등으로 나타난다는 해석이 전개된다.

앞서 언급했듯이, 윌슨과 도킨스의 도발적인 문제 제기로 인해 촉발된 사회생물학 논쟁은 결국 인간의 본질에 대한 논쟁이라고 할 수 있다. 유전자에 의해 결정되는 인간의 문화적인 학습과 전승을 통해 형성되는 인류사회에 대한 논쟁인 셈이다. 도킨스는 유전자에 의해 결정되는 인간을 극단적으로 강조하는 입장이라고 할 수 있다. 최근의 생물학자들

대부분은 비록 어느 한쪽 입장을 지지하더라도, 이처럼 극단적이지는 않다. 기본적으로는 유전자의 중요성을 인정하면서도, 문화적·환경적 요인의 중요성을 무시하지 않는다.

『이기적 유전자』의 주인공인 인간의 유전자에 대한 지도가 작성되었고, 이에 따라 전에 없던 새로운 상황이 대두되며 생명공학의 발전이 많은 문제들을 당장에 해결해 줄 것으로 보인다. 하지만 이와 동시에 알면 알수록 더욱 복잡한 생명체의 신비로운 현상이 제시되고 있다. 도킨스의 『이기적 유전자』에 대한 논쟁은 아직도 현재진행형이다.

★ 추천도서와 읽을거리

리처드 도킨스, 『확장된 표현형(The extended phenotype)』, 홍영남 옮김, 을유문화사, 2004

『이기적 유전자』의 후속서이다. 생명현상을 개체 수준에서 다뤘던 『이기적 유전자』의 한계를 넘어 생물 개체의 유전자가 그의 행동과 인근 환경에 미치는 영향과 효과에 대해 논의하고 있다. 생명행동을 인간의 사회·문화 현상까지 확장시킴으로써 인문학 영역에서의 고찰이 이루어진다.

제4영역 · 자연과 학

제3의 물결
앨빈 토플러

● **오형택** 경희대학교 자연과학종합연구원 학술연구교수

   그러나 그렇다고 해서 이 책에 담겨진 여러 가지 관념들이 변덕스럽고 체계가 없다는 말은 아니다. 곧 밝혀지겠지만 이 책은 실제로 광범위한 증거에 근거하고 있다. 또한 일종의 준체계적인 문명모델과 이에 대한 인간의 관계에 근거하고 있다.

   이 책은 사라져 가는 산업문명을 '기술영역(techno-sphere)', '사회영역(socio-sphere)', '정보영역(info-sphere)' 및 '권력영역(power-sphere)'의 관점에서 기술하고 또한 오늘날의 세계에서 이들 각 영역이 어떻게 혁명적 변화를 겪고 있는가를 설명해 준다. 이 책은 또한 구성 부분들의 상호관계를 나타내주고 나아가서 '생물영역(bio-sphere)'과 '정신영역(psycho-sphere)', 즉 외부세계의 변화가 인간의 사생활에 미치는 심리적 · 인격적 관계의 구조를 제시해 준다.

   『제3의 물결』은 문명이란 것 역시 일정한 과정과 원리들을 사용하고 있다고 주장하면서 이 문명이 현실을 설명하고 자기자신의 실존을 정당화하기 위해 스스로의 '초이데올로기(super-ideology)'를 전개시키고 있다고 본다.

   이 구성 부분과 과정들 그리고 원리들이 서로 어떻게 관련지어져 있는지를 이해한다면, 그리고 그것들이 어떻게 서로를 변형시켜 강력한 변화의 흐름을 촉발시키는지를 이해한다면 우리는 오늘날 인간생활을 강타하고 있는 거대한 변화의 물결에 관해 보다 분명한 이해를 구할 수 있을 것이다.

앨빈 토플러(Alvin Toffler)는 미국의 사회비평가로 1928년 뉴욕에서 출생하였다. 1949년 뉴욕 대학을 졸업한 뒤 중서부 공업지대에서 용접공으로 일하면서 노동조합 관련 잡지에 글을 기고하여 문필가로서 두각을 나타내기 시작했고 저널리스트가 되었다. 처음에는 백악관 담당 정치 · 노동 문제 기자로 일했으나 차츰 비즈니스 분야로 활동의 터전을 넓혀 1959년부터 1961년까지 《포천(Fortune)》지의 부편집자로 활동하였다.

1964년에 쓴 『문화의 소비자』에서 날카로운 통찰력이 주목을 받았으며, 1970년에 출판된 『미래의 충격(Future shock)』에서는 미래의 사회를 일시성, 새로움, 다양성이라는 개념으로 일단 서술하고 그에 따른 문제점으로 인해 발생하는 미래 쇼크에 대한 정의를 하였다. 대표작 『제3의 물결(The Third Wave)』(1980)에서는 제1의 물결(농경시대), 제2의 물결(산업화 시대)에 이어 제3의 물결(지식정보시대)을 정의했으며, 이 책에서 처음으로 재택근무 · 전자 정보화 가정 등의 새로운 단어가 나타났다. 『권력 이동(Power Shift)』(1991)에서는 권력의 세 가지 원천을 폭력(暴力) · 부(富) · 지식(知識)으로 규정, 폭력을 저품질 권력, 부를 중품질 권력, 지식을 고품질 권력으로 자리매김하였다. 21세기 전세계적 권력투쟁에서 핵심 문제는 지식의 장악이며 지식이야말로 진정한 권력의 수단이 될 것이라고 보고, 결코 소진되는 법이 없으며 약자나 가난한 자도 소유할 수 있는 지식의 생산성으로 폭력과 부의 파괴적이고 편향적인 비민주성의 낭비와 횡포를 제어할 수 있게 할 것이라고 전망하였다.

코넬 대학 객원교수 및 록펠러 재단 · 미래연구소 · AT&T 회사의 컨설턴트 등 활동이 다채로우며, 뉴욕 대학 · 마이애미 대학에서 명예박사 학위를 받았다. 현재 미국고등과학협회 특별회원이다.

산업혁명 이후 농경사회에서 산업사회로 본격화되는 과정에서 기존의 대가족 제도가 핵가족 제도로 바뀌었고 사회의 구조 전반에 걸쳐서 철저한 분업과 통제의 시스템이 자리잡게 되었다. 경제구조도 똑같은 상품의 대량생산과 대량소비를 통해 산업사회 경제체제로 전환되면서 이를 뒷받침하기 위해 단순하고 규칙적인 노동력을 제공할 인력이 필요했고, 사회는 이러한 필요에 부응하기 위해 학교와 병원, 매스미디어 등을 통해 산업사회가 요구하는 인간상을 양산하기 시작했다. 특히 매스미디어는 대량생산된 상품의 소비를 촉진시키는 역할까지 수행함으로써 산업사회에서 없어서는 안 될 첨병이 되었다. 산업사회에서의 인간은 권력에 의한 통제와 감시, 복종을 강요받았고 기계의 부품으로 전락했으며, 철저하게 분업화된 공장시스템이 모든 사회조직의 구성 원리로 작동하게 되면서 점점 파편화되고 인간성마저 상실되기 시작한 것이다.

앨빈 토플러는 『제3의 물결』에서 결국 이러한 변화가 에너지원의 변화에서 시작되었다고 주장한다. 그리고 앞으로의 사회는 산업사회의 주요 에너지원이 변화하면서 또다른 변혁을 가져온다고 예언한다. 그는 이런 총체적인 변화의 물결을 제3의 물결이라 부르며 우리의 각성을 바라고 있다. 앨빈 토플러의 전망이 옳은지에 대해서는 아직 논란의 여지가 많지만 지금 우리가 살고 있는 시대는 이런 그의 예언이 하나씩 실현되고 있는 것을 확인하고 있기도 하다. 처음 에너지원의 변화의 조짐을 시사한 60년대의 오일 쇼크가 인류에게 유한자원의 한계를 깨닫게 하고 새로운 에너지원을 모색하게 만든 이후, 세계는 산업사회의 미래를 장밋빛으로만 바라볼 수 없게 되었다. 자원의 유한성과 함께 환경파괴는 인간의 생존을 점점 위협하는 요소로 부각되고 있는 현실에서 인류는 새로운 대체에너지 개발과 환경보존이라는 보다 심각한 생존의 문제에 대해 고민하게 되었다. 이런 과정에서 굴뚝산업으로 상징되던 산업사회가 종말을 고하게 되고 새로운 시대의 도래가 눈앞에 펼쳐지게 되었다. 선진국을 중심으로 산업사회의 자원과 노동집약적인 구시대적 제조업과 중공업이 하나 둘씩 폐쇄되고 기술 집약적인 첨단과학 산업으로 산업구조가 재편되는 현상이 나타난 것이다.

  18세기 산업혁명에서 그러했듯이 이러한 전세계적인 변화의 흐름이 가까운 미래에 우리 사회의 전반적인 모습을 변화시키는 중요한 동력으로서 작용하게 될 것이다. 과연 제3의 물결이 가져올 변화는 인류에게 어떤 의미가 있을까? 앨빈 토플러는 이러한 물음에 다음과 같이 말하고 있다.

  "비관론만이 유일한 길은 아니다. 이를테면 에너지 패턴의 변화와 새로운 가정생활의 형태, 생산수단의 진화와 자조 운동 및 그 밖에 새로이 생겨나고 있는 여러 가지 관계들을 검토해 보면, 우리는 갑작스레 현대의 막대한 위기를 만들어내고 있는 그 조건들이 동시에 매력적이고도 새로운 가능성을 열고 있음을 깨닫게 되는 것이다. 『제3의 물결』은 바로 그러한 가능성을 제시하고자 한다. 오늘의 파괴와 부패 속에서도 희망과 미래를 발견하기란 결코 불가능한 일이 아니다. 인간의 예지(叡智)에 약간의 행운만 주어진다면, 위기에 직면한 문명도 우리가 이전에 알고 있던 이상으로 온전하고 현명하며 확고한 문명으로, 혹은 지금보다 오히려 더 양질의 민주적인 문명으로 변화시킬 수 있음을 나는 이 책에서 명확히 밝히고자 한다."

  급격한 변혁의 시대는 현 시대를 한마디로 지칭하는 표현이다. 이는 정보화 사회, 전자공학의 시대, 탈공업화 사회, 지구촌 시대 등 여러 가지로 쓰고 있다. 그러나 앨빈 토플러는 변화의 동적인 면과 광범위성, 강력한 영향력 등을 강조하기 위해 '물결'이라는 말을 사용하였다. 이러한 변혁이 마치 물결처럼 미래에서 밀려와서 우리를 휩쓸고 지나가기 때문이다. 또한 그는 현 시대를 "제3의 물결"의 시대로 표현하고 있다. 또 부를 창출하는 체제의 변화가 새로운 물결을 일으킨다고 보고 지금까지의 우리 시대를 세 가지 물결로 구분하였다.

이 책은 〈서로 부딪치는 물결〉, 〈제2의 물결〉, 〈제3의 물결〉, 〈결론〉의 커다란 제목 아래 총 28장의 내용들로 구성되어 있다. 『제3의 물결』이라는 제목에서 나타나듯이 저서의 핵심 부분만을 집중적으로 요약해 보면 다음과 같다.

앨빈 토플러는 인류의 문명이 진보되어 온 과정을 물결로 비유하며 3단계로 구분지어 바라보고 있다. 제1의 물결에 해당하는 농업혁명의 단계, 제2의 물결에 해당하는 산업혁명의 단계, 그리고 제3의 물결이라 규정한 현재의 변화단계, 즉 정보화 혁명으로 대표되는 변화의 단계가 그것이다. 물결이라는 것의 속성이 서로 부딪치고 겹쳐지며 늘 흘러가고 변화하는 것이기에 그 투쟁과 긴장감을 인류문명의 변동에 빗대어 표현한 것이다.

각 물결의 단계를 좀더 자세하게 살펴보면 다음과 같다.

제1의 물결에 해당하는 농업혁명의 단계를 역사학자들은 흔히 신석기 혁명기로 명명한다. 농경이 시작되며 정착생활이 가능해졌고 한 곳에 뿌리내린 인류에 의해 드디어 최초의 문명이라는 것이 만들어지기 시작했다. 정착으로 인해 새로운 것을 익숙한 것으로, 불편한 것을 편리한 것으로 변화시키려는 인간의 노력이 드디어 구체화되었고 이것이 수천 년에 걸쳐 전 지구에 영향력을 미치며 인류는 거대한 변동의 서막을 열게 된다는 것이다.

제2의 물결은 바로 산업혁명으로 대표되는 산업화의 단계를 의미한다. 산업화는 대량생산을 가능하게 했고 그 과정에서 인류는 대중화된 문화와 정치를 가지게 되었으며 이로 인해 대중화된 사회까지도 만들어낼 수 있었다. 대중사회와 대중문화의 출연으로 연결되는 산업산회의 변동은 오늘날 지구촌이라는 용어를 만들어내는 시작이었으므로 매우 의미 깊은 일이라 할 수 있는데 수백 년에 걸쳐 전 인류가 그 영향력 아래 놓이게 되었음을 저자는 깊이 있게 지적하고 있다.

제3의 물결은 오늘날 우리를 움직이고 있는 모든 변화를 의미한다. 그리고 그것은 정보화라는 새로운 변화에 의해 주도되고 있다. 좀처럼 끝나지 않을 듯한 이 엄청난 정보화로 인한 변동이 불과 수십여 년 만에 우리를 전혀 지금의 변화 수준과는 전혀 다른 문명, 즉 진일보된 새로운 물결 속으로 옮겨주리라는 것을 저자는 힘주어 주장하고 있다. 그는 때때로 문명을 의인화된 사물을 바라보듯 대하고 주어로 사용하여 글을 전개한다. 저자의 이야기 전개 속에서 문명은 마치 살아 있는 생명체처럼 성장에도 단계가 있고, 변화가능성이 무궁무진한 미래를 가지고 있는 유기체와도 같다. 아울러 그는 문명의 변화와 성장에 생명력을 불어넣었을 뿐만 아니라 각 변화의 단계를 거칠 때마다 인류문명의 진보 속도가 점차 가속화되고 있음도 간과하지 않는 예리한 통찰력을 보여준다. 사회의 변화를 원인지어 규명하고 미래와 관련지어 예측하는 작업은 상당히 방대하고 난해한 것이다. 저자가 그러하듯이 문명을 구성하고 있는 여러 개의 체계나 과정, 원칙 등의 상관관계를 이해하고 그것들이 어떤 식으로 어우러지고 연계되어 서로를 변화시켜 왔는가를 이해하면 오늘날 우리의 생활을 변화시키거나 때로는 위협하기까지 하는 거대한 문명과 그 변동의 실상을 훨씬 더 분명하게 내다볼 수 있고 궁극적으로는 미래의 변화에 대해 미약하나마 대비도 가능할 것이다. 그는 이 한 권의 저서를 통해 현대사회 변화가 가지는 가장 특징적인 요소—정보화를 위주로 한 변동, 보다 광범위하게 이루어지는 변동, 가속화된 변동—를 집약적으로 지적하고 있을 뿐 아니라 우리로 하여금 그 물결의 너머에서 다가올 또다른 변동의 흐름까지 연결할 수 있는 예지력을 보여준다고 하겠다.

지금 우리 사회는 제2의 물결에서 제3의 물결로 가는 과도기에 있다고 할 수 있다. 토플러가 말하는 제3의 물결에 속하는 많은 예들이 우리

생활 속에 들어와 있고, 앞으로 받아들여질 여지가 준비되어 있거나 되어가고 있는 과정에 있기는 하지만 아직도 우리 사회는 산업사회의 극대화를 달리고 있는 것 같기도 하다. 그러나 토플러가 단계를 구분했듯 인류문명의 진보 과정으로 대표되는 다양한 물결은 다가올 미래사회에의 변화를 미리 예상하고 대처하는 데 필경 큰 도움이 될 것이다. 제3의 물결이 휘몰아 지나간 자리에 저자의 예측대로라면 더욱 가속화되고 광범위해진 변화의 물결이 다시금 밀려올 것임도 자명한 일이다. 저자와 같은 시각에서 미래의 변화를 예측하는 많은 사회학자들이 미래에 다가올 제4의 물결로 '유전자 혁명'을 예견하며 준비하고 있는 것도 같은 맥락에서라 하겠다.

우리는 저자의 예지력에 힘입어 더 나은 미래를 예견하고 대비할 수 있도록 각자가 서 있는 이 문명의 자리에서 최선을 다해야겠다. 그것이 토플러가 말한 보다 나은 미래를 가장 효율적으로 준비하고 문명의 흐름 앞에서 물결에 휘몰려가는 인류가 아니라, 물결을 선도하고 이끌어가는 인류가 되는 지름길일 것이다. 이것이 저자가 이 책을 통해 우리에게 주는 가장 큰 교훈인 것이다.

★ 추천도서와 읽을거리

김광영, 『제3의 물결과 우리의 가치관』, 명보문화사, 1992
 제3의 물결과 관련하여 앞으로 지향해야 할 현대인의 삶과 다가올 미래 및 그 의의를 심도 있게 서술한 책이다.

제4영역 · 자연과 과학

93

종의 기원
찰스 다윈

● 박인국 동국대학교 생명과학과 교수

생존경쟁은 모든 생물이 높은 비율로 증식하고자 하는 경향에 대하여 불가피하게 일어나는 결과이다. 모든 생물은 그 생애를 통해 수많은 알 또는 씨앗을 만들지만 그 생애의 어느 시기, 혹은 어느 계절, 혹은 어느 해에는 죽어야 하는 것이다. (……) 이와 같이 생존할 수 있는 수보다 더 많은 개체가 탄생하기 때문에 모든 경우에 있어서 어떤 개체와 같은 종의 다른 개체 사이에, 또는 다른 종의 개체와의 사이에, 또는 생활의 물리적 조건과의 사이에 생존경쟁이 당연히 일어나게 된다.

어떠한 생물이건 그 수를 늘리기 위해 힘 자라는 데까지 노력하고 있다고 말할 수 있고, 각각의 생물은 생애의 어느 시기엔가는 경쟁함으로써 생존하는 것이며, 각 세대 또는 어떤 주기적인 간격을 두고 어린것 혹은 늙은 개체가 불가피하게 중대한 파괴를 당한다는 사실을 잊어서는 안 된다.

같은 속에 속하는 종은 (……) 일반적으로 습성이나 체질 또는 구조에 있어서 유사하기 때문에, 이들 사이에서 경쟁이 일어났을 경우, 그 경쟁은 일반적으로 서로 다른 속에 속하는 종끼리의 경쟁보다 격렬하다.

유리한 개체적 차이의 변이와 보존 및 유해한 변이의 제거를 나는 '자연도태' 또는 '최적자 생존'이라고 부른다. 유익하지도 않고 유해하지도 않은 변이는 자연도태의 적용을 받지 않고 일정하지 않은 요소로 남겨지든가, 또는 어떤 생물의 본성이나 생활상태의 본성에 따라서 결국 고정될 것이다.

찰스 다윈(Charles Robert Darwin, 1809~1882)은 현대생물학의 근간을 이루고 있는 진화론을 학문적으로 집대성한 생물학자이다. 다윈은 의사인 로버트 다윈과 수재나 웨지우드 사이에 여섯 자녀 중 다섯째로 1809년에 출생하였고, 어머니는 8세 때 사망하였다. 다윈의 할아버지인 에라스무스 다윈(Erasmus Darwin)은 당대의 유명한 진화학자로서『주노미아(동물생리학) 또는 유기생명의 법칙(Zoonomia or The Law of Organic Life)』(1794~1796)이라는 책을 저술하였다. 유년시절부터 박물학에 깊은 관심을 갖고 있었던 다윈은 식물과 동물의 채집 그리고 지질 조사 여행에 남다른 흥미를 가졌다. 다윈은 1822년 슈루즈베리 학교에 입학하였으나 3년 후인 16세 때 의학을 공부하기 위해 에든버러 대학에 입학하였다. 그러나 다윈은 1827년 중퇴하고 케임브리지 대학 신학부에 입학해서 1831년 신학 학사학위를 취득하였다. 케임브리지 학창시절 다윈은 식물학자이며 광물학자인 존 스티븐스 헨즐로(John Stevens Henslow) 교수와 친분을 쌓았다. 비글(H. M. S. Beagle)호의 선장인 로버트 피츠로이(Robert Fitzroy)에게 다윈을 추천한 사람은 헨즐로 교수였고, 1831년 8월에 헨즐로 교수의 권고에 의해 자연의 세계를 탐구할 목적으로 해군 측량선 비글호에 승선하여 5년간 세계일주 항해를 했다. 항해 중 다윈은 헨즐로 교수가 권장한 찰스 라이엘(Sir Charles Lyell) 경의『지질학 원리』를 읽었고, 이는 나중에『종(種)의 기원』을 저술하는 데 필요한 기본적인 정보와 지식을 제공하였다. 남아메리카의 해안과 남태평양제도, 특히 갈라파고스 제도 그리고 오스트레일리아 등을 탐사하면서 동식물의 분포와 화석 등을 면밀히 관찰하고 조사한 자료들을 수집·정리하였다.

다윈은 상기한 자료를 토대로 현존 생물과 과거 생물의 관계 고찰과 분석을 통해 변이에 따른 생물의 점진적 변화 현상에 주목하게 된다. 이는 다윈으로 하여금 자연환경의 변화에 의해 발생하는 변이가 진화론을 제창하는 데 기초가 된다. 그는 자연선택에 의한 진화론을 증명하는 중거 등을 체계적으로 정리하여 드디어 1859년 『종의 기원(On the Origin of Species by Means of Natural Selection)』이라는 불후의 저서를 남기게 된다. 그는 환경조건의 변화에 따라 적응한 변이는 생존경쟁의 산물이고 이는 서서히 변하여 새로운 종으로 형성된다는 자연선택설을 주창하였다. 『종의 기원』은 총 15장으로 구성되어 있으며, 그 중 중요한 이론으로 1·2·3·4·5·7·8·9·11·12·13·14장을 들 수 있으며 그 내용을 요약하면 다음과 같다. 1장은 〈사육 재배하의 변이〉에 관한 내용으로 품종 개량 같은 인위적 선택이 새로운 품종을 만든다는 것이다. 주요한 내용으로서 변이성의 원인, 습성 및 여러 기관의 용불용(用不用)의 효과 및 상관변이와 유전, 사육 재배 변종의 형질, 종과 변종의 구별에 대한 곤란성, 하나 또는 그 이상의 종으로부터 생기는 사육 재배 변종의 기원, 집비둘기의 품종, 고대에 행해진 도태의 원리 및 그 작용, 무의식적 도태, 인간의 도태력에 유리한 여러 사정 등이 서술되어 있다. 2장은 〈자연상태에서의 변이〉에 관한 내용으로 종은 고정불변이 아니고 개체변이에 의해 새로운 종으로 진화할 수 있다는 것이다. 주요한 내용으로 개체의 차이, 의심스러운 종, 널리 다량으로 분포되어 있는 보통의 종이 가장 잘 변이한다, 어느 나라에서나 큰 속의 종은 작은 속의 종보다 많이 변이하고, 그 분포 구역이 한정되어 있는 점에서 변종과 유사하다 등이 서술되어 있다. 3장은 〈생존경쟁〉에 관한 내용으로 모든 생물은 동일한 개체들 간에 치열한 생존경쟁을 벌인다는 것이다. 주요한 내용으로서 광의(廣義)로 사용되는 생존경쟁, 기하급수적인 증가율, 번식을 방해하는 성질, 생존경쟁에 있어서 모든 동식물의 복잡한 관계, 같은 종의 개체와 변종 사이에서 가장 격렬하게 나타나는 생존경쟁 등이 서술되어 있다. 4장은 〈자연도태 또는 최적자 생존〉에 관한 내용으로 생존경쟁에서 살아남은 유리한 변이는 자연선택에 의해 새로운 종으로 진화 발전한다는 것이다. 주요한 내용으로서 자웅도태(雌雄淘汰), 자연도태 또는 최적

자 생존에 대한 설명, 개체 간의 상호교배, 자연도태에 의한 새로운 형태 창출에 유리한 환경, 자연도태에 의해 이루어지는 소멸, 형질의 분기(分岐), 형질의 분기 및 소멸을 통하여 공통 조상의 자손에게 미치는 자연도태의 효과, 형질의 집중 등이 서술되어 있다. 5장은 〈변이의 법칙〉에 관한 내용으로 변이에도 법칙이 있으며 변이는 유전된다는 것이다. 주요한 내용으로서 자연도태에 의해 지배되는 여러 부분의 용불용 증가의 작용, 기후 순화, 상관변이, 성장에 대한 보상과 절약 등과 그리고 수가 많고 발육이 불완전하며 체제가 열등한 구조는 쉽게 변이한다. 또한 어떤 종의 이상 발달된 부분은 이 종과 연고가 있는 종의 그와 똑같은 부분에 비해 아주 변이하기 쉬운 경향이 있다. 종의 형질은 속의 형질보다 변이하기 쉽고 제2차 성징은 잘 변이된다. 다른 종 사이에 유사한 변이를 나타내는 일, 그리고 한 종의 변종이 때때로 혈연이 가까운 종의 어느 형질을 지니거나 또는 옛 조상의 어느 형질로 되돌아가는 일 등이 서술되어 있다. 7장은 〈자연도태설에 대한 여러 견해〉에 관한 내용으로 자연선택의 영향을 다양한 견해로 설명하고 있다. 8장은 〈본능의 태생적 특성과 자연도태설〉에 관한 내용이다. 주요한 내용으로서 사육 동물의 습성 또는 본능의 유전적 변화, 특수한 본능 등이 서술되어 있다. 9장은 〈잡종의 생식불능성의 기원과 종간 잡종과 변종 간 잡종의 차이〉를 다룬 내용이다. 주요한 내용으로서 생식불능성의 정도, 최초의 교배와 잡종의 생식불능성을 지배하는 법칙, 최초의 교배 및 잡종에 있어서의 생식불능성의 기원과 원인, 교배된 변종의 생식가능성 및 그 잡종 자손의 생식가능성 등이 서술되어 있다. 또한 생식가능성과는 관계없이 비교된 종간(種間) 잡종과 변종 간 잡종 등이 서술되어 있다. 11장은 〈생물의 지질학적 천이에 관련된 법칙이 종의 변이와 자연도태에 의한 변화와 일치하는가〉를 서술한 내용이다. 주요한 내용으로서 절멸현상, 온 세계에서 거의 동시에 변화하는 생물체, 절멸종 상호간의 유연 및 현생종과의 유연성의 문제, 현존 형태와 비교되는 옛 형태의 발달 상태 그리고 제3기 후기에 일어난 동일지역 내에서의 동일형 천이 등에 관하여 서술되어 있다. 12장과 13장은 〈지리적 분포와 생물의 유사성과 다양성〉을 서술한 내용이다. 주요한 내용으로서 가상적 창조의 단일중심(單一中心), 산포의 방법, 빙하시대의 산포, 남과 북에서 교차하는 빙하시대, 담수(淡水)의 생물, 대양의 여러 섬에 사는 생물의 분포, 대양의 섬에 서식하는 양서류와 육서 포유류의 분포, 섬의 생물과 가장 가까운 본토 생물과의 관계 등이 서술되어 있다. 14장은 〈생물의 상호유연·형태학·발생학·흔적기관〉을 서술한 내용이다. 주요한 내용으로서 분류, 상사적(相似的) 유사, 생물을 결합시키는 유연의 본질, 형태학(形態學), 발생학, 흔적적인·퇴화한·발육을 정지한 기관들 등이 서술되어 있다. 모든 생물은 주어진 물리적 조건과 환경 속에서 복잡하고 밀접한 적합성과 구조의 다양성이 변화하는 생활환경에 대해 매우 유리하게 작용한다는 것이다. 이와 같이 유리한 개체적 차이의 변이와 보존 및 유해한 변이의 제거를 "자연도태" 또는 "최적자 생존"이라고 하였다. 다윈은 자연도태란 어떤 생활 조건 아래 사는 생물에 유익한 변이를 보존하는 의미로 정의하였다.

비록 다윈은 자신의 이론에서 돌연변이에 의한 유전적 변이현상의 원인과 그 메커니즘을 설명할 수 없었지만 자연선택의 체계적인 이론과 진화를 증명하는 자료들을 수집하고 실험을 시도하였다. 이와 같은 생존경쟁의 개념은 자연과학뿐만 아니라 인문·사회과학 분야에도 지대한 영향을 주었다. 큰 변이에 의해 발생한 개체 중 가장 우수한 개체만이 생존하여 진화한다는 자연선택과 돌연변이는 진화론의 중심 사상이고, 『종의 기원』은 생물진화론의 고전으로 평가되고 있다. 자연환경 속에서 적자생존을 토대로 제창된 다윈의 진화론은 뉴턴의 역학과 더불어 자연관에 엄청난 영향을 미쳤다.

★ 추천도서와 읽을거리

찰스 다윈, 『나의 삶은 서서히 진화해왔다 : 찰스 다윈 자서전』, 이한중 옮김, 갈라파고스, 2003

    찰스 다윈이 세상을 떠나기 전 6년 동안 자신의 생애를 돌아보며 쓴 자서전적 회고록으로, 그의 손녀인 로라 발로우가 최종 정리하여 1959년에 발표한 책이다.

시릴 아이돈, 『찰스 다윈』, 김보영 옮김, 에코리브르, 2004

    찰스 다윈의 일생을 따라가면서 가족, 생활태도, 고민 등의 개인적인 면모와 함께 진화론을 완성하고 사후 진화론의 평가에 대한 내용을 정리하였다.

윤소영, 『종의 기원, 자연선택의 신비를 밝히다』, 사계절, 2004

    『종의 기원』을 매우 알기 쉽게 풀이하면서 그 오류까지도 지적한 초보적 책자로 비자연계열 학생이 읽기에도 아주 편하다.

제4영역 · 자연과 과학

94

중국의 과학과 문명
조셉 니덤

● 박상환 성균관대학교 동양철학과 교수

    도가(道家)에 관한 장(章)에서 나는, 자연의 원리를 이해하려고 노력하는 도가사상가(道家思想家)의 욕망에 관하여 말하였다. 그러나 그것은 고대 그리스의 자연주의자들의 사상과 같은 뜻으로 해석되지 않는다. 중국 사상의 관건은 '질서'이며, 특히 '패턴'[이며, 여기서 처음으로 속마음을 털어놓는다면 '유기체(有機體)']이다. 상징적 상관관계, 즉 대응은, 모두가 거대한 패턴의 각 부분이 되었다. 사물은 각자 특유의 방식으로 행동하지만, 그것은 반드시 다른 사물에 선행하는 행동이나 자극에 의해서가 아니며 영원한 순환을 행하는 우주에서의 그것들의 위치가 그런 거동을 필연적인 것으로 만드는 본질적인 성질을 부여하는 것이었기 때문이다. 만약에 그것들이 그런 특유의 방식으로 거동하지 않았다면, 그것들은 전체 속에서 상관적인 위치(이것이 그것들을 존재시키고 있다)를 잃고, 다른 것으로 변했을 것이다. 이렇게 하여, 그것들은 전체적인 세계 유기체에 존재적으로 의존해 있는 일부분이었던 것이다. 그것들은 기계적인 자극 내지는 인과율보다는 오히려 일종의 신비적인 공명에 의하여 서로가 맞반응을 하였다.
    이 같은 여러 개념은 동중서(董仲舒)의—2세기의 『춘추번로(春秋繁露)』 제57편에 가장 잘 기술되어 있다. 그것은 '동류상동(同類相動)'이라는 표제를 달았으며, 〔휴즈(Hughes)—이 뛰어난 번역에서는) "동류(同類)의 사물은 상호간에 활기를 준다"로 되어 있다.

조셉 니덤(Joseph Needham, 1900~1995)의 『중국의 과학과 문명(Science and Civilisation in China)』(1954~현재)은 20세기가 창조한 가장 위대한 저작 가운데 하나이다. 발생학 발전에 중요한 업적을 남긴 자연과학자, 30년대 이후 자본주의 사회의 모순에 행동적으로 투쟁한 마르크스주의자이자 과학사회학자, 라이프니츠 이래의 인본주의적 지적 전통을 계승한 이 시대 최고의 박물학자이자 동서비교철학자, 학문 사상의 보편성을 믿는 위대한 서양의 중국학자 등으로 우리는 그의 삶을 지칭할 수 있다. 생의 마지막까지(1995) 케임브리지에서 중국의 과학과 기술사 분야에서 기념비적 학문 활동을 지속한 니덤은 1900년 영국에서 출생하였다. 그의 부친은 의사였고 모친은 작곡가였다. 케임브리지 대학에서 프레더릭 G. 홉킨스(1929년 노벨생리학·의학상 수상)의 영향 아래 생화학을 전공하여 곤빌 앤드 키스 칼리지(Gonville and Caius College)에서 교편을 잡고 부인과 함께 왕립학회 회원이 되었다. 이 부분의 주요저서는 『화학적 발생학』(1931), 『발생학사』(1934) 등이다. 서구 자본주의 사회의 위기상황, 심화되는 경제 위기와 정치의 파쇼적 우경화 추세에서 니덤은 학문의 사회적 책임과 역할을 강조하면서 버널(J. D. Bernal)과 함께 '케임브리지 반전과학자그룹'을 결성하였고 좌익적 성향의 '과학노동자협회'의 활성화에 노력하였다.

1936년 중국의 생화학자 루궤이전(魯桂珍, 니덤은 첫 부인 사후 2년 후인 1989년 루와 결혼하였으나, 루는 2년 뒤에 사망)이 연구소에 유학 온 것은 니덤이 "중국"과 만나는 계기가 되었다. 제2차 세계대전 중(1942~1946) 영국 대사관의 과학고문으로서〔'중영과학합작관(中英科學合作館)'〕중국을 방문하여 중국을 현지에서 경험하였고 방대한 양의 관련 자료를 수집하였다. 이 자료들은 케임브리지 대학의 '동아시아 과학사 도서관'에 비치되었고, 1983년 이 도서관은 '니덤 연구소'로 개칭되었다. 그는 종전 후 유네스코(UNESCO) 창설시 자연과학부를 조직하였으며, 이후의 냉전시대에서 30년대 이래의 비교조적 마르크스주의자의 입장을 견지하였다. 한국전이 발발하였을 때 북한을 방문하여 미군의 화학무기 사용 혐의를 조사하였고 미군의 세균전 혐의를 인정하는 결론을 내려 반대편으로부터 중국측 입장을 일방적으로 옹호하였다는 비판을 맹렬히 받기도 하였다.

방대한 그의 저작에서 밝혀지듯, 중국의 전통과학의 성취는 근대 이전까지는 서양보다 앞섰다고 그는 지적한다. 그러면 "무엇 때문에 과학혁명 곧 근대과학이 유럽에서만 발생하였는가"라고 니덤은 문제를 제기한다. 사실 이 문제는 어떠한 조건에서 자본주의가 유럽에서만 발생하였는가라는 질문으로 환언할 수 있다(이것은 베버의 문제 제기이기도 하다). 니덤은 그 이유를 서양의 봉건제와 중국의 관료적 봉건사회의 사회경제적 차이에서 찾는다. 중국의 봉건체제는 서양보다 전통적 학문인 과학 발전에 더 긍정적 역할을 하였으나, 근대적 사회로 이행할 때는 오히려 서양의 그것보다 더 큰 질곡으로 영향을 미쳤다는 것이 그의 해석이다. 니덤의 필생의 저작인 『중국의 과학과 문명』은 1954년부터 시작하여 그의 생애 동안 7권 17책이 케임브리지 대학 출판부에서 출판되었고, 사후에는 니덤 연구소 출판부가 주관하고 있으며 책임편집자는 컬런(C. Cullen)이 맡고 있다. 출판된 저작의 내용을(괄호 속은 책의 내용) 간략하게 소개하면 다음과 같다.

1권: 도론(저작의 계획, 중국의 지리, 역사, 동·서양 과학과 기술 교섭사 등 등), 1954.

2권: 중국의 과학사상사(유가, 도가, 묵가, 법가, 중국 과학의 기본 이념, 의사과학과 회의론, 송대신유학, 송명 관념론과 자연론, 중국과 서양의 법

개념과 자연법 비교), 1956.

3권: 수학과 하늘과 땅에 관한 과학(수학, 천문학, 지리학, 지도 제작, 지질학, 지진학 광물학), 1959.

4권: 물리학과 물체공학

    1책: 물리학(동력, 열, 빛, 음향, 자기, 전기), 1962.

    2책: 기계공학(바퀴, 수력공학, 시계), 1965.

    3책: 공공사업에 관한 토목공학(도로, 성벽, 건축, 교량, 수리), 해양공학, 1971.

5권: 화학과 화공학

    1책: 종이와 인쇄〔시카고 대학의 Tsien Tsuen-Hsuin(錢存訓) 집필〕, 1985.

    2책: 연금술과 화학(1), 1974.

    3책: 연금술과 화학(2) (역사적 발전), 1976.

    4책: 연금술과 화학(3) (실험도구, 이론적 배경은 펜실베이니아 대학의 N. Sivin 집필), 1980.

    5책: 연금술과 화학(4) (외단과 내단), 1983.

    6책: 전쟁술(1), 1995.

    7책: 전쟁술(2), (화약), 1986.

    9책: 섬유공학(1) (독일 뷰르츠부르크 대학의 D. Kuhn 집필), 1988.

    10책: 섬유공학(2) (실, 물레, 비단)

    12책: 도자기(진흙, 가마, 제조방법, 광택, 운반), Rose Kerr, Nigel Wood, C. Cullen(series editor), 2004.

    13책: 광업(Peter J. Golas 집필), 2000.

6권: 생물학과 생물공학

    1책: 식물학〔식물 명칭, 인간에 유용한 식물과 곤충 항목은 미국 워싱턴 국립과학재단의 Huang Hsing-Tsung(黃興宗) 집필〕, 1986.

2책 : 농업(케임브리지 대학의 F. Bray 집필), 1984.

3책 : 농업기술(사탕수수), 1996.

5책 : 음식(발효와 음식과학, 니덤 연구소 부소장 黃興宗 집필), 2000.

6책 : 의학[니덤과 루궤이전(노계진) 사후 그들의 논문 5편 수록, (ed.) Nathan Sivin], 2000.

7권 : 1책 : 언어와 논리(중국어, 중국어의 논리적 특징과 이론, 중국 불교 논리), A.C.Graham(1919~1991)에 증정, 오슬로 대학의 Chritoph Harbsmeier 집필.

중국 과학사에 대한 니덤의 선구적 작업은 과학기술사 분야(A. C. Graham, N. Sivin)에서만 아니라, "중국"의 문제를 철학적, 사회경제학적, 보다 일반적으로 말하자면 전통사회와 근대사회의 문제 일반을 다루는 모든 이에게 자기 반성의 훌륭한 단초를 제공한다. 니덤의 견해가 너무 중국적이라는 비판은 그의 거대한 학문적 지평에서 볼 때, 편협한 시각에서 기인한 지엽적 지적이고, 오히려 우리는 그의 "제3세계적" 학문 입장에서 시사받은 점이 많다. 특히 비교문화의 입장에서 자기와 구별되는 타자에 대한 존중은 비판적 학문함의 출발점이다. 이러한 판단 기준은 학문 방법에서 내재적 방법과 외재적 방법을 함께 고려할 때 합리적으로 산출될 수 있다. 니덤의 균형잡힌 방법론은 흔히 비난되는 '서양중심적 사고'만이 아니라 이데올로기적으로 편향된 국내의 학문 종사자에게도 좋은 귀감이 될 것이다.

★ 추천도서와 읽을거리

『중국의 과학과 문명』의 국내 번역 상황은 그리 좋지 못하여, 일본이나 중국과는 달리, 단지 1·2권만 번역되었다. 번역서로는 『**중국의 과학과 문명 I·II·III**』, 이석호·이철주·임정대·최임순(1권에만 참여) 공역, 을유문화사, 1988이 있고, 『중국의 과학과 문명』 축약본 번역으로는 로버트 템플, 『**그림으로 보는 중국의 과학과 문명**』, 박성래 감수, 과학세대 옮김, 까치, 1993(니덤의 서문 포함)이 있으며, 콜린 로넌, 『**중국의 과학과 문명**』, 김영식·김제란(축약본 1권) / 이면우(축약본 2권) 옮김, 까치, 1998/2000[『중국의 과학과 문명』 1~4권 발췌 번역]이 있다.

니덤의 논문으로는 박성래 편저, 『**중국과학의 사상**』(전파과학사, 1973)에 「동서의 과학과 사회」가 번역되어 있고, 김영식 엮음, 『**중국 전통문화와 과학**』(창비, 1986)에 「중국 과학전통의 결함과 성취」가 수록되어 있다. 이 책은 니덤 이외에 중국 과학사상을 전공한 학자의 논문이 다수 실려 있어 도움이 된다. 그 밖에 『**한국과학사학회지**』 17권 2호(1995)에 니덤 추모 논문이 다수 실려 있어 그의 삶에 대한 편린을 잠시 볼 수 있다.

제4영역 · 자연과 과학

95

카오스
제임스 글리크

● 임영반 서남대학교 컴퓨터응용수학과 교수

단순한 계는 단순한 형태를 보인다. 진자와 같은 기구, 조그만 전기회로, 연못에 사는 어류의 이론적 개체 수 등은 이들 계들이 완전히 이해될 수 있고 완벽하게 결정론적인 몇 가지의 법칙으로 정리될 수 있는 한, 그 장기적 형태는 안정적이며, 예측 가능할 것이다.

복잡한 형태는 복잡한 원인을 내포한다. 기계장치, 전기회로, 야생동물의 개체 수, 유체의 흐름, 생물의 기관, 소립자 빔, 대기의 폭풍, 국민경제 등과 같이 불안정하고 예측 불가능하며 제어할 수 없는 계는 다수의 독립적 요인들에 의해 지배되거나, 외부로부터 무작위적인 영향을 받고 있는 것이다.

그리고 서로 다른 계들은 서로 다른 형태를 보인다. 기억이나 지각에 대해 아무것도 배우지 않고 인간의 신경세포에 대한 화학을 연구하며 생애를 보낸 신경학자나, 난류 문제의 수학을 이해함이 없이 기체 역학적 난제들을 해결하기 위해 풍동(風洞)을 이용했던 항공기 설계자나, 대규모 동향을 조망하는 능력이 없으면서 구매결정 심리를 분석하는 경제학자 등 각 분야의 구성 요소들이 서로 상이하다는 것을 알고 있는 과학자들은, 수십억이나 되는 구성 요소로 이루어져 있는 복잡한 계 역시 다른 계와 다르리라는 것을 당연하게 생각한다.

이제 모든 것이 변화되고 있다. 지난 20여 년 동안 물리학자들, 수학자들, 생물학자들, 그리고 천문학자들은 그것에 대신할 새로운 개념을 개발해 왔다. 단순한 계들도 복잡한 형태를 보인다. 그리고 복합한 계들이 단순한 형태를 보이기도 하다. 가장 중요한 것은, 복잡성의 법칙은 계의 세세한 구성 요소에 전혀 상관없이 보편적으로 적용된다는 점이다.

제임스 글리크(James Gleick)는 미국의 뉴욕에서 태어났으며 하버드 대학에서 영문학을 전공하였고, 1978년 이래 《뉴욕타임스》의 편집자 겸 과학기자로 오랫동안 근무한 대단한 이야기꾼이다. 그는 비록 과학자는 아니지만 1980년대에 유행하던 과학적 사고의 변화를 3여 년에 걸쳐 200여 명의 과학자를 인터뷰하고, 수천 편에 달하는 방대한 논문을 검토하여 아름다운 이야기인 『카오스(Chaos)』(1987)를 발표하여 세계적인 과학저술가로 명성을 확고히 하였다. 이 책은 카오스 이론의 탄생에서부터 그 발전과정 그리고 앞으로의 전망 등을 종합적으로 기술한 명저이다. 미국에서 처음 출간되었을 때 1년 이상 베스트셀러로 있었고, 유럽은 물론 일본 등에서도 베스트셀러가 되었다. 1992년에는 미국의 저명한 물리학자 리처드 파인만의 일생을 다룬 『천재(Genius)』를 발표하여 언론의 찬사를 받았다. 아내 신시아 크로슨과 함께 뉴욕에서 살고 있다.

제임스 글리크는 21세기 과학이 세 가지 이론, 즉 상대성이론, 양자역학, 카오스 이론으로 기억될 것이라고 말하고 있다. 카오스 이론은 인류의 정신을 이끌고 있는 다수의 지성인 사이에 세상의 많은 것들이 서로 밀접하게 연관되어 있다는 생각을 가지고, 종래의 과학이 생각하지 못했던 불규칙한 현상의 배후에 감추어져 있는 규칙성을 찾는 것이다. 이 이론은 과학의 패러다임 자체를 변혁시키며 인류의 지적 영역을 획기적으로 넓혀가고 있다. 카오스 이론이 처음부터 과학계의 환영을 받은 것은 아니다. 초기에 카오스 이론을 연구한 과학자들은 기성 학계의 몰이해와 격렬한 반발을 받으며 많은 갈등 속에서 연구를 수행했다. 이제 카오스 이론은 현대과학의 주류로 자리잡아 전세계 거의 모든 대학, 연구소에서 활발히 연구되고 있다. 이 책에는 카오스 이론의 개척자들이 경험한 좌절과 갈등, 그것을 극복하면서 위대한 지적 성과를 올려가는 모습이 묘사되고 있다. 이 책은 많은 천재들이 엮어가는 대파노라마이기도 하다.

  카오스 이론이 이처럼 눈부시게 발전한 데는 무엇보다도 컴퓨터가 결정적인 기여를 했다. 자와 컴퍼스로 이루어지는 그리스 시대의 수학이 유클리드 기하학이었다면, 오늘날의 컴퓨터 시대에는 거기에 어울리는 새로운 수학이 탄생하는 것이 당연한데, 그것이 카오스 이론이다. 카오스 이론이 수학이라고는 하지만 그것은 일상생활 속에 늘 존재하면서 과학 전반에 걸쳐서 폭넓은 응용 범위를 가지고 있다.

  중국의 고전『장자』에는 '혼돈'이 언급되어 있고 질서를 주면 죽게 된다는 내용이 있다. 혼돈을 영어로는 카오스라고 한다. 그러나 수학에서 말하는 카오스는 장자가 말하는 혼돈과는 약간 다르다. 수학의 카오스는 완전한 무질서를 뜻하는 것이 아니라 부분적으로 보면 질서가 있으나 전체적으로 보면 질서가 없는 무질서적인 질서를 말한다.

  카오스라는 용어는 1975년에 메릴랜드 대학의 수학자 제임스 요크(James A. Yorke, 1941~)와 그의 대학원 학생 이천암(중국인)이 쓴 논문의 제목에서 비롯되었다. 일부 과학자들은 그 용어가 임의성을 함축하고 있다 하여 반대했었다. 과학은 규칙성을 찾는 학문이므로 카오스가 완전한 무질서를 의미한다면 과학의 대상이 될 수 없기 때문이다.

  카오스는 정식으로 '비선형역학계(非線型力學系)'에 형성되는 불규칙한 진동현상이라는 까다로운 표현으로 정의된다. 이 불규칙적인 진동현상을 알기 쉽게 설명한 예로 '나비 효과(butterfly effect)'라는 것이 있다. 처음의 미미한 차이가 미래의 결과에 엄청난 차이를 일으킨다는 것이다. 카오스는 날씨에 대한 장기간 예측이 어려운 이유를 설명하고 주식시장의 비주기적 변동, 전염병 확산이나 생태계의 변화, 심장의 박동, 밀가루 반죽하기라든지 수도꼭지에서 떨어지는 물방울의 주기 등 많은 것을 설명한다. 오늘날 수학자들을 비롯한 많은 과학자들은 복잡계론, 비선형 동역학계론, 네트워크나 링크 등 다양한 이름으로 위와 같은 현상을 연구하고 있다.

이 책을 통하여 많은 수학자와 과학자가 위대한 자연을 이해하기 위하여 바치는 열정을 느낄 수 있을 것이다.

제임스 글리크의 『카오스』는 모두 11장으로 되어 있다.

1장 : 1961년 미국의 기상학자 에드워드 로렌츠는 복잡하게 움직이는 대기의 순환에 관한 본질적인 성격을 잃지 않으면서 간단하게 단순화시킨 방정식을 고안해서 이론적으로 대기의 모델을 연구하였다. 그러나 초기에 극히 사소한 차이가 가면 갈수록 증폭되어 엉뚱하게 큰 차이가 되어 나오는 '나비효과'를 알았다. 그것은 바로 카오스였다. 이상한 어트랙터가 출현한 것이다.

2장 : 토머스 S. 쿤의 사고의 혁명, 추시계, 우주의 공, 운동장의 그네, 스메일의 말굽 등의 연구를 소개하고, 필즈 메달을 수상한 위상수학자 스메일의 위상수학과 동력학 계의 만남에 관한 내용이다.

3장 : 생물학과 카오스의 만남. 생태학의 생명체의 번성과 감소는 주기성이 있다가 카오스 상태에서 다시 안정된 주기로 되돌아온다.

4장 : 자연의 기하학에서는 면화 가격의 변화, 전송 오차와 해안선, 프랙탈 차원, 스키조 스피어(갈라진 구)에서의 진동, 만델브로트와 부르바키에 관한 내용, 컨토어 먼지, 멩거의 스펀지 등을 소개한다.

5장 : 이상한 어트랙터, 즉 로렌츠의 어트랙터, 에농의 어트랙터, 난류에 대한 생각, 위상공간의 루프, 케이크와 소시지, 천문학자들의 생각 등을 소개한다.

6장 : 재정규군, 수에 관한 실험의 증가, 미첼 파이겐바움의 대발견, 보편성 이론 등을 소개한다.

7장 : 작은 상자 속의 헬륨, 흐름과 자연의 형태, 실험과 이론의 결합, 수많은 차원 등을 소개한다.

8장 : 카오스의 형상을 보여준다. 복소수 평면에서의 줄리아 집합, 만델브로트 집합, 미술과 상업과 과학과의 만남, 프랙탈 구조를 가진 베이신의 경계, 카오스 게임 등.

9장 : 카오스를 연구하는 동력학 계 집단의 연구자들의 생활, 예측 불가능성의 측정, 정보 이론, 미시적 규모와 거시적 규모 등.

10장 : 생물학자들과 카오스, 복잡한 신체, 동력학적 심장, 생체시계, 부정맥, 부화중인 병아리와 비정상적인 박동, 건강 상태로서의 카오스 등의 내용이다.

11장 : 카오스에 대한 생각, 새로운 신념, 새로운 정의, 제2법칙, 눈송이 퍼즐, 의도가 실린 주사위, 기회와 필요성 등의 내용이다.

일반적으로 과학의 어느 한 분야 혹은 여러 분야에서의 기존 인식론의 급격한 변혁을 과학혁명이라 한다. 과학혁명은 토머스 S. 쿤이『과학혁명의 구조』에서 지적한 것처럼 기존의 패러다임이 심각한 난점에 봉착할 때 발생한다. 즉 유클리드 기하학은 자연계의 모든 물체를 선분, 평면, 원, 구, 삼각형, 원뿔 등의 도형으로 코스모스하게 추상화해 온 기존의 패러다임이다. 그러나 이 패러다임으로는 카오스한 자연현상을 설명하기에는 역부족이라는 점이다.

자연과학은 물리적 현상이 어떤 질서 위에서 이루어진다는 가정 아래 성립한다. 그러나 자연에는 변덕스러운 날씨, 지진, 운석의 충돌 등의 현상이 자주 일어난다. 이들 현상은 카오스, 즉 결정론적이면서 예측 불능인 현상인 것이다. 결정론이란 처음의 상태가 정해지면 그 다음 결과도 필연적으로 정해지는 것을 말한다. 그러므로 카오스는 원인은 극히 단순한데, 결과는 아주 복잡한 현상이다.

카오스 이론은 모든 분야로 침투하기 시작했고 이 이론에 의해 이전의 것을 보는 시각이 큰 변혁을 맞이하게 되었다. 이 혁신적인 개념이 현재 수학과 자연과학뿐만 아니라 사회과학과 인문과학에서도 쓰이고 있다. 종래의 과학은 양의 문제를 중심에 두었다면 카오스 이론은 양 아닌 형태에 중심을 둔 좁은 영역을 벗어난 학제적인 학문이다. 이것이 앞으로 어떻게 발전할 것인지 정확히 예측할 수 없지만 현대 학문은 고속 컴퓨터의 등장으로 복잡계를 연구해야만 하는 단계에 있다.

과학자는 뭔가 의미 있는 연구결과를 생산해 내기 위해서는 짧지 않은 고통의 과정이 뒤따르게 마련이다. 인간의 지적 능력이 이룩한 금자탑을 바라보면서, 우리나라에도 격려하고 지원하는 연구 분위기가 조성되어, 끈기와 용기와 재능을 갖춘 훌륭한 과학자가 많이 나타나 자연현상의 난제들을 해결하는 데 당당한 역할을 담당하기를 기대한다.

★ 추천도서와 읽을거리

김용운, 『카오스와 불교』, 사이언스북스, 2001
　서양 근대 과학사상의 원류로서 밀레토스학파의 철학과 피타고라스를 더듬고 불교사상과의 근본 차이를 설명하고, 카오스의 자기 조직과 노·장자의 무위자연과의 비교 등을 수록했다.

김용운, 『카오스의 날갯짓』, 김영사, 1999
　복잡성 과학과 원형사관으로 본 한국 복잡계 세계로의 초대, 복잡계로의 여행, 원형의 세계 등으로 나누어 자연과학적 접근을 통해 민족의 의식과 문화와 역사를 들려준다.

제4영역 · 자연과 과학

96

코스모스
칼 세이건

● **류영선** 동국대학교 물리학 전공 외래강사

　코스모스는 과거에도 있었고 현재에도 있으며 미래에도 있을 것이다. 코스모스를 정관하노라면 깊은 울림을 가슴으로 느낄 수 있다. 나는 그때마다 등골이 오싹해지고 목소리가 가늘게 떨리며 아득히 높은 데서 어렴풋한 기억의 심연으로 떨어지는 듯한, 아주 묘한 느낌에 사로잡히고는 한다. 코스모스를 정관한다는 것은 미지 중 미지의 세계와 마주함이기 때문이다. 그러므로 그 울림, 그 느낌, 그 감정이야말로 인간이라면 그 누구나 하게 되는 당연한 반응이 아니고 무엇이겠는가.

　인류는 영원 무한의 시공간에 파묻힌 하나의 점, 지구를 보금자리 삼아 살아가고 있다. 이러한 주제에 코스모스의 크기와 나이를 헤아리고자 한다는 것은 인류의 이해 수준을 훌쩍 뛰어넘는 무모한 도전일지도 모른다. 모든 인간사는, 우주적 입장과 관점에서 바라볼 때 중요키는커녕 지극히 하찮고 자질구레하기까지 하다. 그러나 인류는 아직 젊고 주체할 수 없는 호기심으로 충만하며 용기 또한 대단해서 '될 성싶은 떡잎' 임에 틀림이 없는 특별한 생물 종이다. 인류가 최근 수천 년 동안 코스모스에서의 자진의 위상과, 코스모스에 관하여 이룩한 발견의 폭과 인식의 깊이는 예상 밖의 놀라움을 인류 자신에게 가져다 주었다. 우주탐험, 그것을 생각하는 것만으로도 우리의 가슴은 설렌다. 그것은 우리 모두에게 생기와 활력을 불어넣는다. 진화는 인류로 하여금 삼라만상에 대하여 의문을 품도록 유전자 속에 프로그램을 짜 놓았다. 그러므로 안다는 것은 사람에게 기쁨이자 생존의 도구이다. 인류라는 존재는 코스모스라는 찬란한 아침 하늘에 떠다니는 한 점 티끌에 불과하다. 그렇지만 인류의 미래는 우리가 오늘 코스모스를 얼마나 잘 이해하는가에 크게 좌우될 것이라고 나는 확신한다.

칼 세이건(Carl Edward Sagan, 1934~1996)은 미국의 대표적인 천문학자이다. 그는 1934년 미국 뉴욕에서 우크라이나 출신의 이민 노동자의 아들로 태어나 시카고 대학과 대학원에서 천문학과 천체물리학을 공부하였다. 1962년부터 1963년까지 스탠퍼드 대학 의과대학 유전학 조교수를 지냈으며, 1963년부터 1968년까지 하버드 대학 천문학 조교수를 거쳐, 1968년부터 코넬 대학 천체연구소 소장으로 있으면서 12년간 국제 태양계 연구 잡지인 《이카루스(*ICARUS*)》에서 수석 편집장을 맡았으며 400여 편의 쉬운 과학 논문을 발표하였다. 1975년부터는 코넬 대학 방사선 물리학 및 우주연구센터 부소장을 겸임하였으며, 캘리포니아 공과대학 제트추진연구소의 특별 초빙교수와 세계 최대의 우주애호가단체인 행성협회의 공동 설립자이자 회장을 역임하였다.

그는 미국 우주계획의 시초부터 지도적인 역할을 해왔는데, 1960년대부터 NASA에서 우주에 관한 연구를 시작하여 마리너, 바이킹, 보이저, 갈릴레오 우주선의 행성탐사 계획에서 실험연구관으로 참여하였다. 그는 최초의 행성 탐험 성공(마리너 2호)을 목격했고, 또한 화성의 계절 변화, 금성의 고온, 타이탄의 붉은 안개 등 행성 탐험의 여러 가지 어려운 문제점을 해결하는 데도 도움을 주었으며, 핵전쟁의 전 지구적 영향에 대한 이해, 우주선에 의한 다른 행성의 생물 탐색, 생명의 기원으로 이끄는 과정에 대한 실험연구 등에서 선구적 역할을 했다. NASA는 그의 업적을 기려 1997년 7월 화성에 도착한 화성탐사선 패스파인더호의 이름을 '칼 세이건 기념기지'로 명명하였다.

그의 이러한 업적으로 NASA로부터 여러 번의 공로상과 미국우주항공협회의 존 에프 케네디 우주항공상, 소련 우주항공가연맹의 콘스탄틴 치올코프스키 메달, 미국천문학회의 마수르스키상, 1975년 조셉상, 1978년에는 퓰리처상, 1994년에는 국립과학원의 최고상인 공공복지 메달 등 헤아릴 수 없을 만큼 많은 수상을 하였다. 그는 1996년 12월 NASA

화성 탐사 계획에 참여하던 중 지병으로 사망하였다.

그의 주요저서로는 『우주의 지적 생명(Intelligent Life in the Universe)』(1966), 『우주와의 접촉: 외계를 보는 시각(The Cosmic Connection : A Extraterrestrial Perspective)』(1973), 『화성과 인간의 마음(Mars and the Mind of Man)』(1973), 『다른 세계들(Other Worlds)』(1975), 『에덴의 용들(The Dragons of Eden)』(1977), 『창백한 푸른 점(Pale Blue Dot)』(1994), 『악령이 출몰하는 세상(The Demon haunted World)』(1995) 등이 있다.

칼 세이건의 『코스모스(Cosmos)』는 13부작으로 제작된 TV 다큐멘터리 〈코스모스〉를 책으로 만든 것이다. 과학과 기술의 발달로 1950년대에 시작된 미국과 소련의 우주에 대한 관심과 우주선을 이용한 행성의 탐사에 대한 관심이 많아지면서 달 착륙 우주선, 화성 탐사 우주선 등의 우주 탐사가 본격적으로 시작되어 우주에 대한 많은 정보를 얻을 수 있었으며, 이는 우리 인류의 우주에 대한 관심의 폭을 한층 더 높이게 되었다. 그러나 지구 밖 우주를 탐사하는 것이 생명의 기원, 우주의 기원, 지구의 기원, 외계 생명과 문명의 탐색, 인간과 우주의 관계 등을 밝힘으로써 인간 존재의 근원과 관계된 인간 정체성을 밝히고자 하는 것은 전문 연구가의 관심일 뿐이었으며 일반인들에게는 아직 잘 알려지지 않은 한 분야였다. 이처럼 인간 존재의 근원을 찾기 위한 우주 탐사를 무관심한 일반대중에게 알리기 위해 우주 탐사에 대한 자료를 공공 방송인 TV를 통해 천문학을 다루지만 인간을 폭넓은 관점에서 조망하는 13부작 TV 시리즈로 제작하게 되었다. 일반 시청자를 대상으로 삼지만 그들의 가슴과 머리를 동시에 겨냥하면서 그들의 눈과 귀에 하나의 충격을 줄 수 있는 내용의 기획물을 〈코스모스〉라는 이름으로 3년간 프로젝트를 수행하여, 일반인들에게 우주에 대해 쉽게 설명하여 많은 관심을 끌고 과학의 근본 아이디어와 방법 그리고 기쁨을 주고자 하였다.

칼 세이건은 TV 시리즈 〈코스모스〉에서 해설자로 나와 일반인들에게 우주의 신비를 쉽게 전달하는 역할을 잘 해냈으나, 일회적인 TV 시리즈보다는 더 영구적이고 자세한 해설을 곁들일 수 있는 책으로 편집함으로써 일반인들에게 더 가까이 다가갈 수 있을 것으로 생각하여 TV에서 방영된 사진과 자료들을 바탕으로 여러 사람들의 도움을 받아 『코스모스』라는 책으로 발간하게 되었다.

칼 세이건의 『코스모스』는 인류의 기원과 생물의 기원에서 더 나아가 인류가 살고 있는 지구뿐만 아니라 우주의 최초 시작에 대하여 다루고 있다. 예로부터 인간은 하늘의 현상을 보고 전지전능한 존재인 신에 대해 논하였고 이와 더불어 인간을 파악하기 위한 노력을 하였다. 이것이 현대에는 '과학'이라는 새로운 방법을 통해 우주를 이해하려고 하는 것이다. 칼 세이건은 복잡하고 골치 아플 것 같은 우주에 대한 이야기를 적절한 은유나 비유를 사용하여 할아버지가 아이들에게 신비한 옛날이야기를 들려주듯이 딱딱함을 피하면서 과학의 본질을 벗어나지 않도록 쉽게 설명하였다.

『코스모스』의 내용은 모두 13장으로 되어 있다.

1장 〈코스모스의 바닷가에서〉는 우리 인류가 이제 막 코스모스의 바닷가로 비유된 지구에서 대우주로의 항해를 시작하며, 지구의 둘레를 처음으로 측정한 에라토스테네스 이래 우주를 알기 위해 노력한 사람들을 소개한다.

2장 〈우주 생명의 푸가〉에서는 우주가 생명으로 가득 차 있을 것으로 생각하며, 미세한 유기물질에서 진화해 온 지구 생명의 역사를 살펴봄으로써 인간의 우주에서의 위치를 재확인한다.

3장 〈지상과 천상의 하모니〉는 천문학의 발달로 인간의 우주관이 송두리째 바뀌어 왔으며, 드넓은 코스모스를 향한 동경이 종교와 미신을 배제하고 과학의 영역이 되는 과정을 알아본다.

4장 〈천국과 지옥〉에서는 아주 작고 연약한 세계인 지구의 소행성과의 충돌, 공전궤도의 미세한 변화 같은 우주로부터의 위협에 노출되어 있으며 인류의 자기파멸적인 행동에 고통받고 있는 상황을 설명하며, 지구를 천국으로 만들지, 금성 같은 지옥으로 만들지는 우리 인간의 몫이라는 것을 이야기한다.

5장 〈붉은 행성을 위한 블루스〉에서는 예로부터 미신과 공상의 대상이었던 화성에 얽힌 사람들의 열정과 노력을 이야기하고, 현재 진행되고 있는 화성 탐사 계획에 대해 소개한다.

6장 〈여행자가 들려준 이야기〉에서는 태양계라고 하는 새로운 세계를 개척하고 결코 돌아오지 않을 방랑자 우주 탐사선 보이저호가 인류에게 준 선물, 즉 태양계의 감춰진 모습과 천문학 발달을 이야기한다.

7장 〈밤하늘의 등뼈〉에서는 사람들에게 은하수의 의미와 우주에 대한 생각을 반문하고, 인류가 대지 위에 선 이래 가슴속에 품어 온 우주관의 역사를 다룬다.

8장 〈시간과 공간을 가르는 여행〉에서는 인간의 우주여행의 가능성과 이 우주여행이 인간을 무한한 우주공간과 영원한 시간 속으로 안내하는 것임을 보여주며 우주여행의 지침이 될 상대성이론에 대해서 설명한다.

9장 〈별들의 삶과 죽음〉에서는 별들도 태어나서 자라고 늙고 죽으며, 별들의 삶과 죽음 사이에서 생명이 태어남을 설명한다. 또한 우리와 다른 생물을 구성하는 물질에 대해 어디에서 왔는지 알아보고 별의 일생과 생명의 기원을 추적한다.

10장 〈영원의 벼랑 끝〉에서는 우주는 고정되어 있지 않고 대폭발 이후 끊임없이 팽창해 왔으며, 이로부터 우주의 시작과 종말에 얽힌 비밀을 밝혀본다.

11장 〈미래로 띄운 편지〉에서는 인간이 오랫동안 유전자와 뇌와 도서관에 어마어마하게 축적해 온 기억을 다른 존재와 공유할 수 있는지 설명하고, 보이저호에 실어 코스모스 바다로 띄워 보낸 우리의 기억에 대해 이야기한다.

12장 〈은하 대백과사전〉에서는 외계 지적 생명의 존재와 UFO의 존재 가능성에 대해 이야기하고, 지구 문명의 발달과정과 외계 지적 생명의 존재 가능성 그리고 그들을 찾으려는 인류의 노력을 알아본다.

13장 〈누가 우리 지구를 대변해 줄까?〉에서는 끊임없는 분쟁 속에 살고 있으며 지구를 수백 번도 더 파괴할 수 있는 무기를 가지고 있는 인류가 이 문제를 어떻게 해결해야 할 것인지, 우리의 미래, 우리의 과학, 지구의 미래를 위한 길은 무엇인지 질문을 던진다.

칼 세이건은 『코스모스』에서 인간의 위상과 정체를 우주적 시각에서 바라볼 수 있도록 독자들에게 설명하고 설득한다. 우주의 광활함과 거대함, 인류의 문명 발달과 그에 따른 우주에 대한 인식 변화, 미항공우주국의 우주탐사계획의 진행과정을 통해 살펴본 인류의 우주에 대한 관심과 기술 수준, 케플러·뉴턴·아인슈타인 등 위대한 과학자들이 천문학에 기여한 업적을 통해 알아본 인류의 천문과학 수준 등의 내용을 일반인들이 쉽게 이해할 수 있도록 하였다.

또한 핵무기로 인한 지구 멸망의 위험성을 경고하기도 하고, 인류 본성을 탐구하기도 하고, 지구 밖에 있을지도 모르는 외계 지성체에 대한 탐구 그리고 인류의 미래와 갈등을 해결하고 인류가 나아갈 길을 보여줌으로써 인간의 성숙된 겸손함을 끌어올리도록 자극하는 영향력을 보여준다.

★ 추천도서와 읽을거리

짐 알칼릴리, 『블랙홀, 웜홀, 타임머신』, 이경아 옮김, 사이언스북스, 2003
　아인슈타인의 상대성이론을 바탕으로 블랙홀, 웜홀, 타임머신 등과 우주의 과거, 현재, 미래에 대해 인간이 지금까지 발견한 사실들을 재미있게 설명하였다.

마이클 화이트·존 그리빈, 『스티븐 호킹:과학의 일생』, 김승욱 옮김, 해냄, 2004
　스티븐 호킹의 생애와 그가 주장하는 현대우주이론의 배경과 시간의 역사 등을 설명하였다.

정재승 기획, 김제완 외 14인, 『상대성이론 그 후 100년』, 궁리, 2005
　아인슈타인의 상대성이론과 우주와 시공간의 관계를 설명하고, 상대성이론을 응용한 20세기 문화와의 접목을 설명하였다.

요하네스 V. 부트라, 『시간여행』, 최경은 옮김, 마니아북스, 1999
　우주의 과거—현재—미래의 시간에 대한 여행과 모순점 그리고 시간을 통한 우주의 나이, 생명체 존재의 가능성 등을 설명하였다.

스튜어트 매크리디, 『시간의 발견』, 남경태 옮김, 휴머니스트, 2002
　인류가 시간을 지배하고 또한 역으로 시간이 인류를 지배하게 된 과정 등을 보여주고, 시간에 대하여 자세하게 해부해 본다.

페르마의 마지막 정리
사이먼 싱

● **임영빈** 서남대학교 컴퓨터응용수학과 교수

결국 페르마는 다음과 같은 방정식을 만족시키는 세 개의 정수는 존재하지 않는다는 결론을 내렸다.

$$x^n + y^n = z^n \; ; \; n = 3, 4, 5 \cdots \; (n\text{은 3보다 큰 모든 정수})$$

그는 『산술(Arithmetika)』 8번 문제 다음에 있는 여백에 다음과 같은 주석을 달아놓았다.

임의의 세제곱수는 다른 두 세제곱수의 합으로 표현될 수 없다. 임의의 네제곱수 역시 다른 두 네제곱수의 합으로 표현될 수 없다. 일반적으로 3 이상의 지수를 가진 정수는 이와 동일한 지수를 가진 다른 두 수의 합으로 표현될 수 없다.

무한히 많은 정수들 중에서 $x^n + y^n = z^n$을 만족하는 정수해가 왜 하나도 없는지, 그 이유는 적어놓지 않았다. 페르마의 주장은 그저 '페르마의 삼각수'가 존재하지 않는다는 것뿐이다. 그는 이 파격적인 주장을 하면서 자신은 그것을 증명할 수 있다고 믿었다. 문제의 개요를 소개하는 그의 주석 밑에는 또 하나의 장난기 어린 주석이 달려 있다. 이것이야말로 향후 350여 년 간 전 세계 수학자들의 자존심을 여지없이 짓밟아 놓은 역사적인 주석이었다.

사이먼 싱(Simon Singh)은 인도 펀자브 근처 서머싯에서 태어나 런던 왕립대학에서 물리학을 공부하고, 케임브리지 대학에서 입자물리학 연구로 박사학위를 받았다. 그 뒤 5년간 BBC 방송국의 〈미래의 세계〉 제작에 참여하였고, 1996년에는 다큐멘터리 시리즈 〈지평선〉에서 '페르마의 마지막 정리(Fermat's Last Theorem)'에 관한 프로그램 제작에 참여하기도 했다. 대중적 인기와 학문적 성취를 가장 절묘하게 달성한 사람으로 우리나라에는 잘 알려져 있지 않으나 영미권에서는 사이먼 싱이라는 이름만으로 책의 가치가 어느 정도 담보될 정도이다. 책의 내용은 '페르마의 마지막 정리'에 대한 천재들의 도전과 실패, 그리고 앤드루 와일즈(Andrew Wiles)의 증명 과정을 다루고 있다. 수학에 대한 특별한 지식이 없더라도 읽는 데 전혀 지장 없을 정도로 사이먼 싱의 능력은 탁월하다.

르네상스의 전통을 이어받은 아마추어 수학자 피에르 드 페르마(Pierre de Fermat, 1601~1665)는 데카르트와 함께 해석기하학과 미적분 분야의 개척자, 파스칼과 함께 확률론의 창시자, 그리고 특히 정수론 분야에서는 현대정수론의 아버지로 불릴 만큼 위대한 업적을 남긴 17세기 최고의 수학자 중 한 사람이다. 그는 그리스의 수학자 디오판토스가 쓴 『산술(Arithmetika)』의 라틴어 번역판을 가지고 다니며 시간이 날 때마다 그 책에 소개된 수많은 미해결 문제를 풀었고 고대수학자들이 전혀 생각하지 못했던 새로운 의문을 제시하였다. 그는 『산술』 8번 문제 다음에 있는 여백에 다음과 같은 주석을 달아놓았다.
"임의의 세제곱수는 다른 두 세제곱수의 합으로 표현될 수 없다. 임의의 네제곱수 역시 다른 두 네제곱수의 합으로 표현될 수 없다. 일반적으로 3 이상의 지수를 가진 정수는 이와 동일한 지수를 가진 두 수의 합으로 표현될 수 없다."

무한히 많은 정수들 중에서 $x^n + y^n = z^n$을 만족하는 정수해가 왜 하나도 없는지 그 이유는 적어놓지 않았다. 문제의 개요를 소개하는 그의 주석 밑에는 또 하나의 장난기 어린 주석이 달려 있다. 이것이 350여 년 동안 전세계 수학자들의 자존심을 짓밟아 놓은 역사적인 주석이었다.

"나는 경이적인 방법으로 이 정리를 증명했다. 그러나 책의 여백이 너무 좁아 여기에 옮기지는 않겠다."

이것이 1637년에 쓴 것으로 알려진 페르마의 여백 기록이다. 그가 남긴 다른 위대한 업적들을 감안할 때, 그의 주장을 거짓이라고 일축할 수 없었던 후세 수학자들은 그가 주장하고 있는 명제를 증명하였음을 인정한다는 의미로 '페르마의 마지막 정리'로 부르고 있다. 이때부터 이 증명을 완성하기 위해서 수많은 수학자들이 연구에 연구를 거듭한 것이다.

지금부터 40년 전, 앤드루 와일즈는 마을 도서관에서 '페르마의 마지막 정리'에 관한 책을 읽은 뒤로 이를 증명하는 것을 인생의 목표로 삼게 되었다. 1993년 6월 23일, 마침내 수수께끼가 풀렸다. 미국 프린스턴 대학의 앤드루 와일즈 교수가 영국 케임브리지 대학의 국제학술회의에서 이를 증명한 것이다. 7년간 이 문제와 씨름한 결실이었다. 그러나 곧 치명적 결함이 발견됐다. 1994년에 그는 완전한 증명 결과를 세상에 발표하면서 8년에 걸친 외로운 싸움을 끝낼 수 있었으며 전세계 수학계로부터 찬사를 한 몸에 받게 되었다. '페르마의 마지막 정리'는 현대수학의 모든 테크닉을 총동원해야만 증명될 수 있는 수학의 총아라고 한다.

이 책은 '페르마의 마지막 정리'가 해결되기까지 수학이 걸어온 길을 간략하게 소개한 것이다. 간추린 수학사이기도 한 이 책은 복잡한 수식 없이 쉽게 씌어졌기 때문에 긴장하지 않고 재미있게 읽을 수 있다.

'페르마의 마지막 정리'의 근원은 2,500년 전의 고대 그리스 피타고라스까지 거슬러 올라간다. 따라서 고대수학에서부터 복잡하기 그지없는 현대수학의 아이디어들이 한데 얽혀 있다. 이 책은 1장 피타고라스학파의 학풍에서 시작하여 '페르마의 마지막 정리'를 증명해 낸 앤드루 와일즈의 이야기까지 8장으로 되어 있다.

1장은 앤드루 와일즈가 수학에 관심을 가지게 되는 과정과 피타고라스에 관한 이야기로 '피타고라스의 정리'와 '페르마의 마지막 정리' 사이의 관계를 서술하였다. 수학의 기본 개념도 소개했다.

2장은 페르마의 기이한 성향으로 인한 인생 역정과 그의 업적을 소개하였고, 그리스 시대부터 페르마가 역사상 최고의 난제를 만들어낸 17세기 프랑스에 이르기까지 수학사의 흐름과 숨겨진 이야기를 소개하였다.

3장과 4장에서는 '페르마의 마지막 정리'에 도전하였던 18~20세기 초의 유명한 수학자들을 소개하였고, 실패한 사연에서 탄생한 새로운 수학이 뒷날 '페르마의 마지막 정리'를 정복하는 데 중요한 역할을 하는 내용이다.

5장부터는 '페르마의 마지막 정리'와 관련하여 최근 40년 사이에 이루어진 업적을 다루었다.

6장과 7장에는 전세계 수학계를 놀라게 한 앤드루 와일즈의 업적이 집중적으로 소개되어 있으며 앤드루 와일즈와의 인터뷰 내용이 수록되어 있다.

8장에는 해결되지 않은 주요 문제들이 수록되어 있다.

마지막으로 관심을 갖고 있는 독자를 위해 본문에서 제시된 문제의 해답을 부록에 별도로 소개하였다.

'페르마의 마지막 정리' 내용은 "수식 $x^n + y^n = z^n$에서 n이 3 이상의 정수일 때 이 식을 만족하는 정수 x, y, z는 존재하지 않는다. 단, x, y, z 중 하나가 0이거나 모두 0인 경우는 제외한다."라는 것으로 중학생도 이해할 수 있을 정도이다. 그러나 모든 과학 분야에서 이처럼 간단명료하면서도 고도의 지성과 사고를 요구하는 문제는 찾아보기 힘들다. 물리학이나 화학, 생명과학, 의학 공학 등의 분야는 17세기 이후 눈부신 발전을 이룩하면서 발전해 왔다. 하지만 '페르마의 마지막 정리'는 17세기에 탄생한 이래 지금까지 어느 누구의 정복도 허용하지 않은 역사상 최고의 난제이다. 수학의 핵심은 증명이며, 이것이 수학과 여타 과학 분야 사이의 차이점이다. 수학의 최종 목적은 완전한 증명이고 일단 한번 증명이 이루어지면 그 결과는 아무리 시간이 흘러도 결코 변하지 않는다. '페르마의 마지막 정리'도 여기서 예외일 수 없다. 350여 년 동안 수많은 수학자들이 이 정리를 증명하기 위해 일생을 바쳤고, 현상금까지 걸리면서 수학자들 사이에는 치열한 경쟁이 불붙었다. 누구든지 증명한 사람은 수학 역사상 최고의 영웅이 될 수 있는 난제 중 난제인 것이다. 그리하여 정수론 분야에 활기찬 생명력을 불어넣어 수학 발전에 큰 역할을 했다.

페르마는 현대정수론의 아버지였다. 그가 활동하던 무렵부터 수학은 새로운 수학을 창조해 나갔다. 페르마가 죽은 뒤 수백 년이 흐르는 동안 그의 마지막 정리는 현대수학에 밀려 수학자들의 관심에서 점차 멀어지면서 미궁으로 빠져들었다. 그러나 지금에 와서 확인된 바와 같이 수학적 의미는 사라지지 않았고 현대수학의 발전에 지대한 공헌을 한 일등공신이다.

'페르마의 마지막 정리'는 현대수학의 모든 테크닉을 총동원해야만 증명될 수 있는 수학의 총아이다. 앤드루 와일즈의 증명 과정을 간략히 살펴보면, 앤드루 와일즈는 타원곡선을 연구하던 수학자로 '페르마의 마지막 정리'를 증명하기 위해 '타니야마―시무라의 추론'을 증명했다. 이 추론을 처음 발표한 시무라와 타니야마는 일본 수학자들이다. 시무라는 현재 프린스턴 대학 수학과 교수로서 보형 형식에 관한 세계적인 대가로 명성을 날리고 있으나 타니야마는 1958년 자살하였다. 이 추론은 완전히 다른 두 개의 수학 분야를 하나로 통합하는 내용이었으므로 대통일 수학을 향한 첫발을 내디딘 셈이다.

1995년 5월에 20세기 최고의 수학적 사건이라고 하는 '페르마의 마지막 정리'의 완전한 증명이 세계 최고의 권위를 자랑하는 수학 전문 학술지인 《수학 연보(Annals of Mathematics)》에 130쪽으로 활자화되었다.

17세기에 페르마는 어떤 방법으로 그것을 증명했을까? 다소 낙천적인 기질의 수학자들은 페르마가 정말로 영감 어린 방법으로 증명했을 거라 믿고 있다. 앤드루 와일즈의 논문은 출판되었지만 많은 수의 수학자들은 소실된 페르마의 진짜 증명을 재현시키는 영예를 누리기 위해 지금도 페르마와 전쟁을 벌이고 있다.

앤드루 와일즈는 17세기의 수수께끼를 풀기 위해 20세기의 방법을 동원했지만, 1997년에 노벨상보다 훨씬 값진 세계 최고 영예의 상인 '볼프스켈(Wolfskehl)상'의 주인이 되었다.

쉽고 빠르게 생산해 낼 수 있는 연구 결과를 선호하는 시각으로는 앤드루 와일즈와 같은 성공 가능성이 희박한 문제에의 도전은 무모한 만용으로 보일 수도 있을 것이다. 일반 사회에서도 마찬가지이겠지만 학계에서도 뭔가 의미 있는 연구 결과를 생산해 내기 위해서는 짧지 않은 고통의 과정이 뒤따르게 마련이다. 인간의 지적 능력이 이룩한 금자탑을 바라보면서, 우리나라에도 격려하고 지원하는 연구 분위기가 조성되어 끈기와 용기와 재능을 갖춘 훌륭한 수학자가 많이 나타나, '리만 추측', '포앵카레 추측', '골드바하 추측' 등의 난제들을 해결하는 데 당당한 역할을 담당하기를 기대한다.

★ 추천도서와 읽을거리

샌더슨 스미스, 『수학사 가볍게 읽기』, 황선욱 옮김, 한승, 2002
　수학사적 인물과 사건, 중요 개념을 다루고 있어, 동·서양의 수학사를 이해하고 비교하는 데 도움이 되며, 각 시대의 사회, 문화, 종교, 과학적 배경과 관련하여 수학의 역사와 철학적 근거를 이해하는 데 적합하다.

강석진, 『수학의 유혹 : 축구공 위의 수학자가 들려주는 짜릿한 수학 이야기』, 문학동네, 2002
　수학과는 아무 연관이 없다고 생각되는 일상 속에 믿기지 않는 수학의 비밀이 숨어 있다. 무심히 지나쳤던 사물이나 흘려버렸던 사건들 속에 미처 몰랐던 수학의 원리를 들려준다.

프린키피아

아이작 뉴턴

● 류영선 동국대학교 물리학 전공 외래강사

운동법칙 1

물체에다 힘을 가해서 그 상태를 바꾸지 않는 한, 모든 물체는 가만히 있든, 일정한 속력으로 직선 운동을 하든, 계속 그 상태를 유지한다.

행성들이나 혜성들같이 거대한 물체들도 저항이 거의 없는 공간에서 움직일 때, 그들은 앞으로 나아가는 운동과 회전운동, 둘 다 아주 오랜 시간을 계속 유지하게 된다.

운동법칙 2

운동이 바뀌는 정도는 가한 힘에 비례한다. 그리고 운동이 바뀌는 방향은 힘을 가한 것과 똑같은 방향이다.

어떤 힘이 어떤 운동을 낳으면 (……) 이 운동은 항상 가한 힘에 비례하고, 힘을 가한 것과 같은 방향으로 생기는데, 만약 물체가 이미 움직이고 있었다면, 그 방향이 똑같으냐 아니면 반대냐에 따라, 기존의 운동에다 더하거나 빼는 것이 된다. 만약 방향이 서로 비스듬하면 비스듬하게 더하는 것이 되며, 이 경우 새 운동은 두 운동의 정도를 더한 것에서 생긴다.

운동법칙 3

모든 작용에 대해서, 반드시 그에 대항하여 같은 크기의 반작용이 생긴다. 즉, 두 물체들이 서로 상대방에게 가하는 작용은 크기가 같으며 방향이 반대이다.

아이작 뉴턴(Sir Isaac Newton, 1642~1727)은 영국의 수학자, 물리학자, 천문학자이며 근대이론과학의 선구자이자 인류 역사상 가장 위대한 과학자로 일컬어지고 있다. 그는 1642년 잉글랜드 동부 링컨셔에서 출생하였으며, 1661년 케임브리지 대학의 트리니티 칼리지에 입학하여 수학자 아이작 배로(Isaac Barrow)의 지도 아래 케플러의 『굴절광학』, 데카르트의 『해석기하학』, 월리스의 『무한의 산수』 등을 탐독, 1664년 학사학위를 받았다. 1667년 이 대학의 펠로(특별연구원)가 되고 그 다음 해에 메이저 펠로(전임특별연구원)가 됨과 동시에 석사학위를 받았다. 1669년 배로의 뒤를 이어 루카스 석좌교수직에 부임하였다.

초기 연구는 광학 분야에서 두드러져 대학에서 광학을 강의하였으며, 1668년 뉴턴식 반사망원경을 제작하였다. 1666년 유분법(미적분법)을 발견하고 이것을 구적 및 접선 문제에 응용하였으며, 후에 그와 동일한 미분법을 발견한 라이프니츠와 우선권 논쟁이 있기도 할 만큼 수학 분야에서도 뛰어난 업적을 남겼다. 1672년에 백색광이 7색의 복합이라는 사실, 단색이 존재한다는 사실 등 『빛과 색의 신이론』을 발표하였다.

뉴턴의 최대 업적은 역학 분야이다. 지구 중력과 달의 궤도 운동으로부터 행성의 운동을 고찰하여 창시해 낸 유율법을 '만유인력의 법칙'으로 확립하였으며, 1687년 『프린키피아(Principia)』를 출판하여 근대물리학을 정립하였다. 이후 1688년 명예혁명 때 대학 대표의 국회의원으로 선출되고, 1691년 조폐국의 감사, 1699년 조폐국의 장관에 임명되었다. 1705년 귀족의 작위를 받았고, 오랫동안 왕립협회 회장을 지냈다. 그는 평생을 독신으로 보냈으며 1727년 런던 교외 켄징턴에서 사망하였다.

고대 그리스는 방대한 철학과 과학적 사상을 널리 전파하였으며, 많은 사상가 중에서도 아리스토텔레스는 "전지전능한 인간"으로 간주되어 그의 철학과 역학이 물리학을, 프톨레마이오스의 『알마게스트

(*Almagest*)』가 천문학을 지배하고 있었으며, 이들의 권위는 너무 절대적이어서 오히려 과학의 발전을 막고 있었다. 르네상스 시대에 이르러 코페르니쿠스가 『천체의 회전에 관하여』를 출판하고 지롤라모 카르다노가 『위대한 예술(*Ars magna*)』를 출판하여 유럽의 과학은 비로소 새로운 개혁을 맞이하였다.

16, 17세기경 갈릴레이나 보일 등 실험과학자들은 고대 그리스 과학이 항상 옳은 것은 아니라는 것을 증명하기 위해 많은 시도를 하였다. 그리하여 갈릴레이는 물리학에 대한 아리스토텔레스의 개념을 무너뜨리고, 후에 뉴턴은 이것을 연구한 '운동의 3대 법칙'을 주장하였다. 그러나 당시 유럽의 많은 엘리트들은 여전히 고대 그리스 과학을 우상처럼 믿으며 그것으로부터 벗어나지 못하고 새로운 사실에 대해서 부정하는 현실이었다.

1687년 뉴턴은 라틴어로 쓴 『자연철학의 수학적 원리(프린키피아, *Philosophiae Naturalis Principia Mathematica*)』를 출판, 운동법칙과 만유인력 그리고 그 밖의 많은 이론들을 발표하여 물리학의 체계를 정리하였다. 모든 과학자들은 이 책을 "단행본 가운데 사상 최고의 저작"으로 평가하고 있다. 뉴턴은 일찍부터 역학 문제, 그 중에서도 중력 문제에 대해서 광학과 함께 큰 관심을 가졌으며, 1670년대 말 당시 사람들도 행성의 운동 중심과 관련된 힘이 거리의 제곱에 반비례한다는 것을 어렴풋이 알고 있었지만 수학적인 설명이 어려워 증명하지 못하였는데, 뉴턴은 그가 창시한 유율법을 이용하여 이 문제를 해결하고 '만유인력의 법칙'을 확립하였다. 1687년 이 성과를 포함하여 3부로 이루어진 대(大)저서 『자연철학의 수학적 원리(프린키피아)』가 출판되고, 이로써 이론물리학의 기초가 쌓이고 뉴턴 역학의 체계가 세워졌다.

『자연철학의 수학적 원리(프린키피아)』는 현재 『프린키피아』라는 제목에 〈자연철학의 수학적 원리〉의 부제로 더 널리 알려져 있다. 이 책은 세 권으로 이루어져 있으며, 제1권 〈물체들의 움직임〉과 제2권 〈물체들의 움직임(저항이 있는 공간)〉, 제3권 〈태양계의 구조〉로 구성되어 있다.

이 책에서, 우선 뉴턴은 운동역학을 정리한 세 가지 운동법칙에 대해 설명한다. 첫 번째, '운동 제1법칙', 물체에 힘을 가해서 그 상태를 바꾸지 않은 한 모든 물체는 가만히 있든 일정한 속력으로 직선운동을 하든 계속 그 상태를 유지한다. 이것은 '관성의 법칙'이라 한다.

두 번째, '운동 제2법칙', 운동이 바뀌는 정도는 가한 힘에 비례한다. 그리고 운동이 바뀌는 방향은 힘을 가한 것과 똑같은 방향이다. 이는 실제 여러 힘이 작용하는 실제의 공간에서 물체의 운동 상태를 설명할 수 있는 법칙이다.

세 번째, '운동 제3법칙', 모든 작용에 대해서 반드시 그에 대항하여 같은 크기의 반작용이 생긴다. 즉, 두 물체들이 서로 상대방에게 가하는 작용은 크기가 같으며 방향이 반대이다.

『프린키피아』 제1권 〈물체들의 움직임〉편은 모두 14장으로 구성되어 있다. 각 장은 여러 개의 렘마(lemma) 또는 법칙들을 증명하듯 설명하고 여기에 추가로 딸린 법칙들을 설명하고 있다.

제1장에서는 어떤 양들에 대해서 맨 처음과 맨 마지막의 비율을 이용하는 방법으로, 이것을 써서 그 후에 나오는 법칙들을 증명한다.

제2, 3장은 구심력을 구하는 방법을 설명하였는데 각각의 장에서 일반적인 경우, 원뿔곡선들(타원, 쌍곡선, 포물선 등)을 따라 움직이는 경우의 구심력 구하는 법칙을 설명하고, 제4, 5장에서는 각각 초점을 주었을 때와 주지 않았을 때의 타원, 포물선, 쌍곡선 궤도를 구하는 방법을 설명하였다.

제6, 7장에서는 주어진 궤도나 직선을 따라 움직이는 운동을 구하는 방법을 설명하고, 제8장에서는 어떤 종류의 구심력을 작용하였을 때의 물체의 궤도를 구하는 방법을 설명하였다.

제9, 10장에서는 움직이는 궤도운동 중 원일점과 근일점에서의 움직임과 진자의 운동에 대하여 설명하였고, 제11장에서는 구심력에 의해서 서로 끌려가는 물체들의 운동을 설명하였다.

제12장과 제13장에서는 공처럼 둥근 물체와 공처럼 생기지 않은 물체들의 당기는 힘들을 각각 설명하였다.

『프린키피아』 제2권은 〈저항이 있는 공간에서 물체들의 움직임〉에 대하여 설명하였으며, 모두 9장으로 구성되어 있다. 제1, 2, 3장에서는 속력에 비례하거나 속력의 제곱에 비례하거나 그 두 가지가 동시에 작용하여 저항하는 물체의 운동을 설명하였고, 제4장에서는 이러한 저항이 있는 매질 속에서의 원운동을 설명하였다.

제5장은 유체의 밀도와 압축 그리고 정역학에 대한 설명을 하였으며, 제6장에서는 저항이 있는 곳에서 진자의 운동을 설명하였다.

제7, 8, 9장에서는 유체의 여러 가지 상태 속에 던진 물체의 운동 상태나 전파되는 움직임 또는 그 속에서의 회전운동에 대하여 설명하였다.

『프린키피아』 제3권은 〈태양계의 구조〉를 설명한 것으로서, 우선 철학에서 논리 전개의 규칙들을 설명하고 태양계의 몇 가지 현상들을 정리하여 설명하였다. 그리고 태양계의 행성들과 위성들의 운동에 대하여 설명하고, 지구에서의 밀물과 썰물의 원인을 달의 운동과 더불어 설명하였다. 태양계의 행성뿐만 아니라 혜성들의 운동에 대하여 설명하였으며, 또한 태양계 내의 운동을 일반화시켜 설명하였다. 마지막으로, 태양계의 구조를 알기 쉽게 설명함으로써 태양계에 대한 전반적인 이해를 보다 더 쉽게 할 수 있도록 하였다.

뉴턴의 많은 과학적 업적 중에서도 역학에 대한 그의 공로는 근대물리학 역사상 가장 위대한 저작으로 꼽히는 『프린키피아』를 통해서 갈릴레이, 데카르트 등의 연구를 종합 분석한 기초 위에 창조적 힘과 운동의 변화의 일반적인 관계를 명확하게 제시하여 근대역학을 형성하고 완성하였다는 점이다. 그의 역학적 사고관은 이 『프린키피아』를 통하여 18세기 계몽사상의 발전에 지대한 영향을 주었을 뿐만 아니라 훗날 자연과학과 철학사상의 발전에 미치는 영향도 매우 컸다.

★ 추천도서와 읽을거리

장 피에르 모리, 『뉴턴:사과는 왜 땅으로 떨어지는가』(시공 디스커버리 총서 27), 김윤 옮김, 시공사, 2003
    뉴턴의 생애와 당시의 시대적 배경을 많은 컬러 사진과 당시의 기록 그리고 증언의 원본 그림 등을 첨부하여 자세히 설명하였다.

장 마리 비구뢰, 『뉴턴의 사과』, 이희정 옮김, 누림, 2005
    초창기 과학의 세계관과 만유인력을 중심으로 한 뉴턴 역학의 원리와 세 가지 기본 법칙의 응용에 대하여 설명하였다.

김영식, 『과학혁명:전통적 관점과 새로운 관점』, 아르케, 2001
    중세 과학을 통한 전통적 관점의 과학혁명의 배경과 과학자들의 주장을 설명하고, 새로운 관점의 과학혁명을 과학자와 기구의 발전 등을 통하여 설명하였다.

제라드 피엘, 『과학의 시대:과학자들은 비밀과 원리를 어떻게 알아냈는가』, 전대호 옮김, 한길사, 2003
    많은 과학적인 현상들을 간단명료하게 정리하여 설명하였다.

제4영역 · 자연과 과학

99

현대물리학과 동양사상
프리초프 카프라

● 김용정 동국대학교 명예교수

    동양의 종교적 철학들은 추론적인 것을 초월하여 존재하는, 말로는 충분히 표현될 수 없는 무시간적이며 신비적인 인식에 관심을 두고 있다. 이러한 인식과 현대물리학의 관계는 다른 여러 면에 있어서와 마찬가지로 그것이 결정적으로 증명될 수 있는 것이 아니라, 어떤 직접적이고 직관적인 방법으로 체험되어야 한다는 한 예에 지나지 않는다. 그러므로 내가 어느 정도까지 이룩하고자 바라는 것은 어떤 엄밀한 논증이 아니라, 현대물리학과 주요 이론들과 모델들이 동양 신비주의의 견해들과 내용이 일치하고 완전한 조화를 이루고 있는 세계관을 이끌어 내는 것으로, 나에게 있어서는 완전한 조화를 이루고 있는 세계관을 이끌어 내는 것으로, 나에게 있어서는 끊임없는 환희와 영감의 근원이 되어 왔던 경험을 독자로 하여금 수시로 체험하도록 하기 위한 기회를 제공하는 것이다.
    이러한 조화를 체험한 사람에게 있어서 물리학자와 신비가들의 세계관 사이의 유사성의 중요성을 의심할 여지가 없다. 이때 흥미있는 문제는 그러한 유사성이 존재하느냐 안 하느냐 하는 문제가 아니라 그것이 왜 존재하며, 더 나아가 그것의 존재가 무엇을 암시하는가 하는 것이다.

프리초프 카프라(Fritjof Capra) 교수는 미국의 물리학 잡지에 수차 현대 소립자 물리학과 동양철학의 비교 논문을 발표한 바 있으며, 또한 로스앤젤레스의 선(禪)센터에서 직접 선을 공부하기도 한 동양통의 물리학자다.

카프라 교수가 『현대물리학과 동양사상(The Tao of Physics)』의 본문 서두에서 제기하고 있는 바와 같이 오늘의 과학문명을 주도해 온 현대 물리학은 인류 사회의 모든 분야에 막대한 영향을 끼쳐 왔다. 그것은 정치·경제 구조의 변화에 대해서는 말할 것도 없고, 원자 무기로부터 우주 로켓에 이르기까지 군사적인 측면에 있어서는 한 나라의 운명을 좌우하게 되었고, 더 나아가 인류의 존립을 판가름하게 될지도 모를 국면에까지 영향을 끼치고 있다. 그뿐만이 아니다. 그것은 과학의 차원을 넘어서 인간의 사고와 언어의 논리적 구조의 변화를 가져오게 하고 있고, 심지어 동양의 종교 내지 철학의 사유 방법(思惟方法)과 유사한 일면을 띠고 있으며, 인류의 우주관과 세계관에 큰 영향을 끼치고 있다.

그러나 대부분의 사람들은 거시적인 천체의 세계로부터 미시적인 소립자의 세계에 이르기까지 물질의 근본 구조를 밝히려는 물리학이 지금 어느 시점에 와 있으며, 또 그것이 어떻게 하여 그토록 인류 사회에 그 많은 영향을 미치고 있는가에 대해서는 별로 알고 있는 것이 없다. 현대 물리학이 고도의 기호 언어와 방정식을 통해서만 인식될 수 있는 고차원의 학문 이론이니만큼 그것은 그 분야의 전문가가 아니고서는 이해할 수 없는 것이다.

하지만 카프라 교수는 이 책에서 현대물리학의 주요 개념과 이론들을 수식이나 전문 기호를 쓰지 않고 일반인들이 충분히 이해할 수 있도록 잘 설명하고 있기 때문에 현대물리학을 이해하고자 하는 사람들에게는 더할 나위 없는 좋은 지침서가 될 것이다.

저자가 동양철학에 얼마만큼 정통하고 있는가 하는 것은 저서를 읽어봄으로써 알 수 있으려니와, 아마도 현대물리학과 동양철학의 관계가 몇몇 거장 물리학자들에 의해 논의된 바 있으나 카프라 교수의 저서만큼 본격적으로 그 둘을 그토록 광범하고 세밀하게 비교 연구한 일은 일찍이 없었다. 카프라 교수는 이 저서에서 힌두교, 불교, 유교 등 동양의 종교 내지 철학을 동양적 신비주의라는 이름으로 부르고 있으나 그가 사용하는 신비주의라는 말은 결코 어떤 주술이나 샤먼적인 의미가 아니라, 서양의 전통적인 합리주의적 사유 방법을 넘어서 직관적 세계상을 표현하는 말이다.

또한 저자는 상대성이론을 필두로 하여 양자역학과 소립자 물리학 등 현대물리학의 전반에 걸쳐서 서술하고 있는데, 현대물리학이야말로 데카르트적인 이원론적 사유 방법을 넘어서 신비주의자들이 지녀 왔던 세계관과 유사한 국면으로 우리를 이끌어 가고 있다는 것을 여러 측면에서 전거(典據)를 들어 설명하고 있다.

카프라 교수는 고대 그리스의 밀레토스학파(Milesian School)의 물활론적(物活論的) 세계관이 인도 철학이나 중국 철학의 신비주의적 세계관과 유사하다는 점을 지적하고 있다. 예를 들면 아낙시만드로스는 우주를 프노이마(Pneuma)라는 우주적 호흡에 의하여 유지되고 있는 유기체와 같은 것이라고 보고 공기에 의한 인간의 호흡이 우주의 호흡과 조화를 이루고 있다고 하였다. 이것은 인도 철학에 있어서 우주적 호흡을 의미하는 브라만(Brahman)과 인간 개체의 호흡을 지시하는 아트만(Atman)의 합일에서 범아일여(梵我一如)의 사상을 표현하는 것과 상통하고 있다는 것이다. 이러한 신비적 세계상은 현대물리학에서도 발견된다. 원자 내에서 원자핵과 전자를 속박해 주는 힘은 광자(光子) 사이의 호흡 현상에 의해 이루어지고 있고 원자핵 내에 있어서의 속박력은 중성자와 양성자, 중성자와 중성자, 양성자와 양성자 사이에서 고속으로 진동하는 파이 중간자의 호흡 현상에 의하여 형성된 것이다. 이것은 원자의 세계상이 역시 전술한 고대철학의 세계상과 상통하고 있음을 보여준다. 중국 역(易)의 음양의 상호작용도 역시 호흡 현상과 같은 방식으로 설명되고 있다. 이것은 모두 인간과 세계, 정신과 물질이 별개의 것이 아니라 동일한 실재의 양면성을 가지고 있다는 것을 표현하는 것이다.

상보성의 원리에 있어서 원자나 전자와 같은 관찰되는 대상적인 체계와, 실험장치나 관찰자와 같은 관찰하는 주체적인 체계 사이에는 결코 분리할 수 없는 어떤 신비적 국면이 있다는 것이다. 이것은 인식되는 대상으로서의 물질과 인식하는 주관으로서의 정신이 결코 분리될 수 없다는 것을 암시하고 있다.

불교가 주객을 분리하여 생각하는 것을 분별지(分別智)라 하여 이것을 배척하고 비유비무(非有非無)의 중도(中道)의 논리를 내세워 주객의 통일의 경지를 나타내는 무분별지를 주장하는 것은 바로 이런 데 연유한다.

소립자라고 하는 우주선(宇宙線, cosmic ray)은 직경이 1조분의 1센티미터보다도 작을 것으로 예상되는 다종다양한 것으로 거의 광속(光束)에 가까운 속도로 소나기와 같이 쏟아지며 순간순간 생성 소멸을 연속하고 있다. 저자는 우주의 생성 소멸의 순환을 상징하는 시바(Shiva) 신의 '우주적 무도(cosmic dance)'를 소립자 세계의 율동적인 변화의 모습과 비유하고 있다.

그는 또한 화엄사상(華嚴思想)의 사사무애(事事無礙)의 세계상을 소립자 물리학의 강한 상호작용의 세계상과 비교하고 있다.

원자의 세계는 전술한 바와 같이 원자핵과 전자 사이에서 작용하는 전기력에 의하여 질서지어져 있고 또한 원자핵의 세계는 중성자와 양성자 사이에서 작용하는 파이 중간자의 호흡 현상과 같은 율동에 의한 핵력에 의하여 질서지어져 있다. 현대물리학은 세계를 중력 상호작용, 전자기력의 상호작용, 강한 상호작용, 약한 상호작용 등으로 설명하고 있는데, 카프라 교수는 원자핵에 있어서의 강입자 상호작용을 가장 중요시하고 있다. 그는 강입자들의 상호 대칭적인 작용이야말로 기본적 구성 요소를 찾아내려는 고전물리학적인 사유 방법을 극복할 수 있는 유일한 이론이라고 생각하고 있다. 여기서 강입자란 주로 원자핵에서 발생하는, 대칭적인 강한 상호작용을 하는 입자를 말한다. 강입자 상호작용은 하드론 부트스트랩(hadron bootstrap) 이론이라고도 하는데, 이 이론은 소립자상 전체를 놓고 볼 때 원자핵들의 그 어느 것도 복합입자의 성질을 띤 것으로서 기본적 단위의 성질을 지닌 것으로 규정할 수 없다는 것이다. 다시 말하면 어느 입자도 다른 입자와의 상호작용에 의한 복합체이기 때문에 데모크리토스의 원자설이나 고전물리학에서 생각하는 것과 같은 기본 요소로서의 개별적인 입자는 존재할 수 없다는 것이다. 말하자면 물질을 구성하다 더 이상 나눌 수 없는 최소의 작은 모래알과 같은 기본적인 구성 요소는 있을 수 없는 것이다.

강입자의 상호작용은 특히 강입자 충돌에서 형성되는 공명(共鳴) 현상을 통하여 설명하는데, 그것은 매우 짧은 순간적인 현상으로서 입자의 성격을 띠지만 어떤 물적인 대상은 아니다. 공명이란 반응 확률에 의해 탐지되는데, 그것은 반응 채널에 있어서의 현상이나 그 현상 중에 형성되는 모든 강입자들에 적용되므로 모든 강입자들은 반응의 그물에 있어서의 중간 상태라고 볼 수 있다. 이것은 불교가 자연을 사물이나 실체로 보지 않고 하나의 연속적인 사건으로 보는 것과 유사하다.

카프라 교수가 이 책에서 밝히고 있는 바와 같이 불교도들이 그들의 자연에 대한 신비적 체험을 통해서 깨달은 것이 현대물리학에서 실험과 수학적 이론을 통하여 재발견되고 있는 것이다.

아무튼 강입자의 상호작용 이론은 입자들이 분리할 수 없는 반응망(反應網)의 공명 상태로서 역동적인 방법으로 기술될 수밖에 없다는 것을 밝히고 있으며, 입자를 기본적 구성체로서의 실체로 보지 않고 동적인 변화와 사건으로 보고 있다. 이것은 소의 S행렬(S-matrix)이라고 하는 대칭 행렬의 이론을 통하여 설명된다.

　이와 같은 역동적인 세계관은 앞에서도 지적하였거니와 중국 철학에서도 엿볼 수 있다는 것을 카프라 교수는 역(易)의 철학을 통해서 상세하게 설명하고 있다. 도(道)의 우주적 유동 가운데에서 연속적으로 형성되었다가는 다시 이산(離散)하는 역동적인 모형을 나타내는 것이 역의 철학 속에 잘 나타나 있다는 것이다. 이진법적인 역의 논리는 건(乾), 곤(坤), 천(天)에 주목할 것을 강조하였다

　그러나 카프라 교수는 서양의 과학은 근사치의 이해를 가지고 자연의 상이한 국면들을 부분적으로 이해해 갈 수밖에 없으며 그것을 확대시켜 가면서 궁극적으로는 물리학에 인간의 의식을 포함시킴으로써 물리학과 동양의 신비주의 사이에 직접적인 상호작용을 위한 고무적인 가능성을 열어줄 것이라고 결론짓고 있다. 참으로 그것은 원대한 계획이요 인류가 다 함께 바라 마지않는 세계상이다.

　오늘을 살고 있는 사람이면 누구나 꼭 한 번 읽어야 할 양서 중의 양서라고 생각한다.

★ 추천도서와 읽을거리

토마스 J. 맥팔레인 편저, 『아인슈타인과 부처 : 현대 물리학과 동양 사상의 만남』, 강주헌 옮김, 황소걸음, 2002

아인슈타인의 과학적 세계와 부처의 불교사상을 통해 현대물리학과 동양사상이 만날 수 있는 실험적 가능성을 제시한 책이다.

제4영역 · 자연과 과학

100

DNA를 향한 열정
제임스 듀이 왓슨

● 박인국 동국대학교 생명과학과 교수

하지만 사람들은 어떤 입장을 취해야 할지 도저히 판단을 내릴 수 없었다. 재조합 DNA 연구의 가능성이 무궁무진하기 때문에 그 길이 어디로 향할지 명확히 짚어낼 수 있는 사람은 아무도 없었다. 우리는 이런 불안정한 상황이 재조합 DNA에는 논리적 대응이란 것이 나올 수 없으며 앞으로 나아가는 것 외에 달리 길이 없다는 것을 경고한다는 점을 알아차렸어야 했다. 우리 문명은 항상 어떠한 곤경이 닥칠지라도 빠져나올 창의력이 발휘될 것이라고 기대하며 미지의 것을 마주함으로써 현재의 고도 발전 상태에 도달한 것이었으니까.

그러나 당시 국립과학연구원은 신중한 반응을 보였다. 국립과학연구원은 과거의 경험에 비춰보면 논리적 해답이 나올 것이라는 생각에, 주사위를 던지는 것보다는 나을 것이라고 기대하면서 DNA를 연구하는 과학자들로 위원회를 구성했다. 그러나 그런 상황에서는 진실이 반대편에 서 있을 때가 종종 있다. 하지만 우리에게 미래에 빚어질 결과를 규제할 수 있는 적절한 지침이 전혀 없을지 모른다는 사실을 선전하고 싶은 사람은 아무도 없다. 그것은 심리적으로 받아들이기 어려운 사항이며, 제정신을 가진 사람이라면 대개 사실을 통한 입증보다는 전문가들의 확신에 더 비중을 둘 것이다. 따라서 권위자들을 불러모았다면, 우리는 이미 절반은 그들의 조언을 따르고 있는 셈이다. 우리는 만일 그들의 조언을 따르지 않는다면, 우리 스스로 결정을 내려야 하며 그 결정이 혹시 잘못되면 우리 스스로 비판을 감당해야 한다는 것을 잘 알고 있다.

제임스 듀이 웟슨(James Dewey Watson)은 1928년 4월 6일 일리노이 주 시카고에서 사업가인 아버지 제임스 웟슨과 어머니 진 미첼 사이에 태어났다. 그의 아버지의 조상은 원래 영국계로서 중서부에서 몇 세대에 걸쳐 살아왔다. 그의 어머니의 아버지는 스코틀랜드 출신으로서 1840년 미국으로 이주해 온 아일랜드 여자와 결혼하였다. 웟슨은 청소년 시절을 시카고에서 보냈는데 호라스 만 중등학교를 8년, 사우스 쇼어 고등학교를 2년 다녔다. 1943년 시카고 대학에 입학하여 1947년 동물학으로 학사학위를 취득하였다. 이 기간이 그에게는 유년시절의 주요 관심사였던 조류 관찰로부터 미래에 유전학을 공부하게 되는 계기가 되었다. 이러한 그의 꿈은 블루밍턴(Bloomington)의 인디애나 대학 동물학과로부터 대학원 장학금을 받으면서 가능하게 되었고, 1950년 동물학과에서 박사학위를 취득하였다. 웟슨은 인디애나 대학 시절 유전학자인 멀러(H. J. Muller)와 손번(T. M. Sonneborn) 그리고 미생물학자인 살바도르 루리아(S. E. Luria) 교수들의 영향을 크게 받았다. 루리아 교수의 지도 아래 웟슨은 X-선이 박테이오파아지의 복제에 미치는 영향에 관한 연구로 박사학위를 받게 된다. 1950년 8월부터 1951년 8월까지 그는 국립과학연구원(NRC)의 Merck 특별연구원(Fellow)으로 덴마크 코펜하겐에서 첫 연구원 생활을 시작하게 된다. 그는 생화학자인 헤르만 칼크카르(Herman Kalckar)와 미생물학자인 올레 몰로에(Ole Maaloe)와 연구하였고, 다시 감염 바이러스의 DNA 운명에 관한 연구를 시도하였다. 1951년 봄 그는 칼크카르와 함께 이탈리아 나폴리의 동물학 연구소에 갔는데 그곳에서 5월 말에 개최된 심포지엄 중에 모리스 윌킨스(Maurice H. F. Wilkins)를 만나고 처음으로 결정 DNA의 X-선 회절 패턴을 보게 된다. 이는 웟슨에게 신선한 충격으로 작용하여, 그의 연구의 방향과 관심이 핵산과 단백질의 구조화학으로 전환하는 중요한 계기가 된다. 웟슨은 1951년 10월 초 케임브리지 대학의 캐번디시 연구소(Cavendish

Laboratory)에서 운 좋게 연구를 시작할 수 있게 되는데, 이는 박사과정 지도교수였던 인디애나 대학의 루리아 교수가 캐번디시 연구소의 켄드류(John C. Kendrew)에게 추천했기 때문에 이루어진 것이다. 여기서 그는 곧 크릭(F. Crick)을 만나게 되었고, DNA 구조를 규명하는 데 공동 관심사를 갖게 되었다. 그들은 킹즈 대학(King's College)에서 얻은 실험자료와 폴리뉴클레오티드 사슬의 가능한 입체화학구조의 면밀한 조사를 통해 DNA 구조를 정확하게 추정할 수 있을 것이라고 생각하였다. 그들의 신중한 첫 노력과 시도는 1951년 늦가을에 실패로 돌아갔다. 그러나 더 많은 실험적 증명과 핵산 논문의 올바른 이해와 평가를 기초로 한 두 번째 노력은 1953년 3월 초 상보적인 이중 나선 구조의 DNA를 제안하는 결과를 낳았다. DNA 구조 발견으로 왓슨은 크릭, 윌킨스와 함께 1962년 노벨생리학·의학상을 공동 수상하였다. 그와 동시에 왓슨은 X-선 회절 기술을 이용하여 TMV 바이러스 구조를 구성하는 소단위가 나선 형태로 배열되었는가를 조사하였다. 1952년 6월 TMV 바이러스가 나선 구조로 구성되어 있다는 것이 처음으로 밝혀졌다. 1953년부터 1955년까지 왓슨은 캘텍(Caltech, 캘리포니아 공과대학)에서 선임연구원으로 일하면서 알렉산더 리치(Alexander Rich)와 함께 RNA 구조를 연구했다. 그리고 1955년부터 1956년까지 캐번디시 연구소로 다시 돌아와 크릭과 함께 바이러스 구성의 일반적 원리에 대한 연구를 했다. 왓슨은 1956년 하버드 대학의 생물학과 조교수로 임명받고 1961년 정교수가 되었는데, 이 기간 동안 그의 주요한 연구 관심사는 단백질 합성에서 RNA 역할이었다.

그는 또한 저술가로서도 탁월한 재능을 보였는데, 대표작인 『이중 나선(The Double Helix)』(1968)은 가장 많이 읽힌 과학도서이다. 『DNA를 향한 열정(A Passion for DNA: Genes, Genomes, and Society)』(1999)은 왓슨이 콜드 스프링 하버 연구소(Cold Spring Harbor Laboratory)의 소장으로

재직한 지난 30년에 걸쳐 저술한 25개의 수필로 구성되어 있다. 이 책에서 그는 다섯 가지 주제를 중심적으로 다루고 있는데, 즉 〈그의 자서전〉, 〈재조합 DNA의 논란〉, 〈과학의 윤리〉, 〈암과의 전쟁〉 그리고 〈인간 유전체 연구의 사회적 영향〉 등이다. 책 전반에 걸쳐 그는 분자생물학의 역사에 대한 고찰과 그로부터 파생된 다양한 생물공학 기술과 문제점을 흥미롭게 서술하고 있지만 일부 견해는 도발적이면서도 자극적이다. 〈그의 자서전〉 부분에서 윗슨은 시카고 유년 시절 갖고 있었던 조류 관찰에 대한 초기 흥미와 정열로부터 훗날 박테리오파아지의 분자생물학 연구 분야에 어떻게 입문하게 되었는가를 서술하고 있다. 그리고 케임브리지 대학의 캐번디시 연구소 시절 체험한 위대한 과학자들의 지적 창의력과 과학에 대한 정열을 묘사하고 있다. 젊은 시절 그의 영웅들이었던 루리아, 허시(Alfred Day Hershey)와 폴링(Linus Pauling)에 관한 자서전이 간략하게 서술되어 있으며, 윗슨은 그의 세 영웅이 인생과 과학에서 그들 나름대로의 독특한 길을 추구하였기 때문에 항상 그들을 본받으려 노력하였다고 서술하고 있다.

〈재조합 DNA의 논란〉 부분에서 윗슨은 안전성 문제로 DNA 연구를 제한해야 된다는 여론에 강력한 반대 의사를 표명하고 있다. 입증된 병원균에 대한 안전한 처리를 제외하고는 어떤 통제도 있어서는 안 된다는 것이 그의 견해이다. 그는 재조합 DNA와 관련하여 시험할 수 없는 추측에 시간을 낭비하는 것은 국가적 손실이고 불명예라고 피력했다. 그러나 1979년 그는 「DNA 생물학적 위험에 대한 오해」라는 수필에서 모든 논란은 결국 상식에 의해 해결될 것이라고 예견하고, 특히 유전자 변형 식품의 위험 가능성에 대한 정확한 평가를 위해서는 생물공학의 전문가들이 평가위원에 포함되어야 할 것이라고 서술하였다. 그리고 〈과학의 윤리〉 부분에서 최근 등장하고 있는 "클론 인간의 움직임"과 관련하여 윗슨은 과학적 시술 방법, 인간의 존엄성 가치와 사회적 윤리에 대해 심각한 우려와 경고의 메시지를 보내고 있다. 그는 근본적으로 인간을 클로닝(Cloning)하는 것에 반대하고, 그 의의와 가치에 대해 깊은 회의를 갖고 있다. 인간 유전체의 연구와 그 응용으로부터 파생되는 윤리적 논란에 대한 그의 견해는 특별한 것이 아니다. 잠재적으로 유전적 장애를 가진 태아의 생명에 대해서는 부모가 결정해야지 정부 당국은 어떠한 형태로든 관여해서는 안 된다는 것이 그의 생각이다.

과학의 발전과 관련하여 그는 과학 연구의 수월성을 주장하고 우수한 과학자들의 탁월한 독창성을 배워야 한다고 강조한다. 뿐만 아니라 미지의 분야에 대해 부단한 도전과 모험 정신이 필요하다고 강조한다.

〈암과의 전쟁〉에서 1974년 윗슨은 기초과학이 제대로 발전되지 않은 상황에서 정부가 암 연구를 위해 거대한 연구비를 투자하는 것에 회의적인 반응을 보이고 있다. 그는 암 연구를 지지할 수 있는 제반 기초과학이 선행되어야 하며, 최상의 연구 능력을 갖춘 연구자에게만 암 연구비를 지원해야 한다고 주장한다.

끝으로, 〈인간 유전체 연구의 사회적 영향〉에서 그는 자신의 연구소와 독일에서 있었던 우생학 연구를 신랄하게 비난하면서, 우생학의 비도덕적 잔인성에 대해 경종과 교훈의 메시지를 전달하고 있다. 윗슨의 도덕적 관심과 신념은 1997년 독일이 주최한 분자의학 학술대회(Congress of Molecular Medicine)의 기조연설에서 확연하게 드러났다. 특히 그는 나치 정권 시대에 자행된 범죄행위의 묵인에 대해서 보다 적극적인 반성을 촉구했다.

윗슨은 20세기의 위대한 과학자로서, 저명한 저술가이자 영향력 있는 과학계의 원로로서 이 책을 통해 과학의 열정과 과학에 의한 사회적 공익성과 윤리적 측면에서의 문제점을 진단하면서 새로운 패러다임의 설정을 제시하고 있다.

★ 추천도서와 읽을거리

제임스 듀이 윗슨, 『이중나선』, 최돈찬 옮김, 궁리, 2006
20세기 과학의 가장 위대한 업적이라 평가받는 DNA 구조를 발견하는 과정과 인물들, 특히 과학자들의 비하인드 스토리를 다소 직설적이고 유머스럽게 써내려 간 책이다.

리처드 도킨스, 『이기적 유전자』, 홍영남 옮김, 을유문화사, 2002
사회생물학의 논쟁이 되었던 유전적 요인과 환경, 문화적 요인 가운데 인간의 본질을 보다 더 잘 설명할 수 있는 것이 어떤 것인지 생각해 보게 한 책이다.

| 저자 약력 |

강문선(법명 : 혜원) 동국대학교 선학과 교수. 동국대학교 불교학과를 졸업하고 같은 대학원에서 석·박사학위를 취득했다. 『유마경이야기』(1998), 『신심명·증도가』(2006) 등의 저서가 있다.

강석원 동국대학교 일어일문학과 교수. 오사카 대학 대학원에서 석·박사학위를 취득했다. 『모노가타리에서 하이쿠까지』(2003) 등의 저서가 있다.

고영섭 동국대학교 불교학과 교수. 동국대학교 대학원에서 석·박사학위를 취득했다. 『흐르는 물의 선정』(2006), 『생태적 상호의존성과 인간의 욕망』(2006) 등의 저서가 있다.

김광웅 서울대학교 행정대학원 교수. 한국 의회발전연구회 이사장. 서울대학교 법과대학을 졸업하고 미국 하와이 주립대학 대학원에서 정치학박사학위를 취득했다. 대통령 자문 행정개혁·쇄신위원회(1988~1989, 1993~1995) 등에서 활동했고, 대통령 직속 중앙인사위원회 위원장(1999~2002)을 지냈다. 『방법론 강의』(1996), 『바람직한 정부』(2003), 『비교행정론』(2004) 등의 저서가 있다.

김동윤 건국대학교 불어불문학과 교수. 프랑스 프로방스 대학 대학원에서 석·박사학위를 취득했다. 『프루스트』(1995) 등의 저서가 있다.

김방옥 동국대학교 연극학과 교수. 연극평론가. 이화여자대학교 대학원 국문학과와 미국 애리조나 주립대학 대학원 연극학과에서 석사학위를 받고, 이화여자대학교 대학원 국문학과에서 희곡 전공으로 박사학위를 취득했다. 『열린 연극의 미학』(1997), 『21세기를 여는 연극』(2003) 등의 저서가 있다.

김상겸 동국대학교 법학과 교수. 동국대학교에서 석사학위를 받고, 독일 알베르트 루트비히 프라이부르크 대학에서 박사학위를 취득했다. 『독일지방정부론』(2003), 『독일사회복지론』(2005) 등의 저서가 있다.

김상현 동국대학교 사학과 교수. 단국대학교 대학원에서 석사학위를 받고, 동국대학교 대학원에서 문학박사학위를 취득했다. 『신라화엄사상연구』(1991), 『신라의 사상과 문화』(1999), 『원효연구』(2000) 등의 저서가 있다.

김선정　동국대학교 생명과학과 교수. 한국과학기술원 대학원에서 석·박사학위를 취득했다. 번역서 『생명과학』(2004) 등의 저서가 있다.

김승호　동국대학교 국어교육과 교수. 동국대학교 대학원에서 석·박사학위를 취득했다. 『한국 서사문학사론』(1997), 『한국사찰연기설화의 연구』(2005), 『경일(敬一)의 삶과 문학세계의 이해』(2006) 등의 저서가 있다.

김양수　동국대학교 중어중문학과 교수. 성균관대학교 대학원에서 문학박사학위를 취득했다. 전공은 중국 현대문학 연구이고, 그 중 루쉰 연구와 관련해서는 「루쉰과 판화」, 「일제시대 한국과 타이완의 루쉰 수용」, 「1930년대 상하이의 대중문화와 루쉰」, 「마루야마 노보루의 루쉰 연구」 등의 논문이 있다.

김영민　동국대학교 영어영문학과 교수. 한국외국어대학 대학원에서 석사학위를 받고 미국 미주리 대학 대학원에서 영문학박사학위를 취득했다. 『현대 영미시 개관』(1999), 『에즈라 파운드』(1998) 등의 저서가 있다.

김용기　동국대학교 일어일문학과 교수. 일본 중앙대학에서 석사학위를 받고, 일본 대동문화대학에서 문학박사학위를 취득했다. 저서로는 『다니자키 준이치로의 생애와 작품』(2001), 역서로는 『열쇠』(2002), 『치인의 사랑』(2003), 『범죄소설집 1』(2005) 등이 있다.

김용정　동국대학교 명예교수. 동국대학교 대학원에서 석·박사학위를 취득하였다. 『칸트철학 : 자연과 자유의 통일』(1996) 등의 저서가 있다.

김종욱　동국대학교 불교학과 교수. 동국대학교 불교학과를 졸업하고 서울대학교 대학원에서 석·박사학위를 취득했다. 『용수와 칸트』(2002), 『하이데거와 형이상학 그리고 불교』(2003), 『불교생태학』(2004) 등의 저서가 있다.

김춘식　동국대학교 국어국문학과 교수. 동국대학교 국어국문학과를 졸업하고 같은 대학원에서 문학박사학위를 취득했다. 『불온한 정신』(2003), 『미적 근대성과 동인지 문단』(2003) 등의 저서가 있다.

김 한　동국대학교 영어영문학과 교수. 이화여자대학교 대학원에서 석사학위를 받고, 미국 라번 대학 대학원에서 영문학 석사학위를 취득했다. 영국 케임브리지 대학 영문과 객원교수(1998), 런던 대학 킹스 칼리지 영문과 객원교수(2005) 등을 역임했다. 『셰익스피어 작품 해설 II』(공저, 2001), 『그리스 로마극의 세계 I』(공저, 2003) 『영국 르네상스 드라마의 세계 II』(공저, 2003) 등의 저서가 있다.

김항배 동국대학교 명예교수. 동국대학교 대학원에서 석·박사학위를 취득했다. 『김항배 교수의 노자철학 이해』(2006) 등의 저서가 있다.

김형기 순천향대학교 연극영화학과 교수. 연극평론가. 연세대학교에서 문학석사학위, 독일 아헨 대학에서 문학박사학위를 취득했으며, 뮌헨 대학 연극학과 연구교수를 지냈다. 『브레히트의 연극세계』(공저, 2000), 『탈식민주의와 연극』(공저, 2004), 『가면과 욕망』(공저, 2005) 등의 저서가 있다.

김호성 동국대학교 인도철학과 교수. 동국대학교 인도철학과를 졸업하고 같은 대학원에서 석·박사학위를 취득했다. 『대승경전과 禪』(2002) 등의 저서가 있다.

김희영 한국외국어대학교 불어과 교수. 한국외국어대학교 불어과를 졸업하고 프랑스 파리 3대학에서 불문학석·박사학위를 취득했다. 롤랑 바르트의 『텍스트의 즐거움』(1997)과 『사랑의 단상』(2004), 사르트르의 『구토』(1994)와 『벽』(2005) 등의 역서가 있다.

남궁욱 동국대학교 물리학과 교수. 미국 인디애나 대학 대학원에서 물리학 전공으로 석사와 박사학위를 취득했다. 『입자물리현상론』(1998) 외에 다수의 논문 및 연구업적이 있다.

류영선 동국대학교 물리학 전공 강사. 동국대학교 대학원에서 석·박사학위를 취득했으며, 광운대학교 강사, 한국산업기술대학교 겸임교수 등을 역임했다. 저서로는 『일반물리학 실험』(공저, 2006)이 있다.

민형원 덕성여자대학교 철학과 교수. 서울대학교와 독일 프랑크푸르트 대학에서 석·박사학위를 취득했다. 『예술 작품의 근원』(공역, 1996) 등의 저서가 있다.

박경원 동국대학교 물리학 전공 외부강사. 동국대학교 물리학과를 졸업하고 동국대학교 대학원에서 박사학위를 취득했다.

박명호 동국대학교 정치외교학과 교수. 동국대학교 정치외교학과를 졸업하고 미국 위스콘신 대학(밀워키)에서 석사학위를 받은 후, 미시간 주립대학에서 정치학박사학위를 취득했다. 정치 과정에 대한 몇 편의 논문과 공저로서 『현대 정당정치의 이해』(2004)와 『한국의 선거 5』(2006) 등이 있다.

박상환 성균관대학교 동양철학과 교수. 성균관대학교 철학과를 졸업하고 독일 기센 대학에서 라이프니츠와 중국철학 비교연구로 철학박사학위를 취득했다. 『라이프니츠와 동양사상 : 비교철학을 통한 공존의 길』(2005), 『동아시아의 선택, 전통과 근대?』(2005) 등의 저서와 논문이 있다.

박순성 동국대학교 북한학과 교수. 서울대학교 경제학과를 졸업하고 프랑스 파리 10대학에서 경제학박사학위를 취득했다. 『북한 경제와 한반도 통일』(2003), 『아담 스미스와 자유주의』(2003) 등의 저서가 있다.

박영근 중앙대학교 불어불문학과 교수. 서울대학교 대학원에서 석・박사과정을 마쳤으며, 육군사관학교 교관과 전남대학교 불어불문학과 교수 등을 역임했다. 저서로는 『발자크의 연구』(1999), 역서로는 『고리오 영감』(1999)이 있다.

박영환 동국대학교 중어중문학과 교수. 대만 국립성공대학에서 석사학위를 받고, 중국 북경대학 중문과에서 박사학위를 취득했다. 『소식 선시 연구』(1995), 『(어느 인문학자의) 문화로 읽는 중국』(2004), 『중국시와 시인(송대편)』(공저, 2004) 등의 저서가 있다.

박인국 동국대학교 생명과학과 교수. 서울대학교 생물교육학과를 졸업하고 캐나다 마니토바 대학대학원에서 석・박사학위를 취득했으며, 캐나다 맥길 대학 의과대학 연구원을 역임했다. 『인간과 생명과학』(1999), 『최신 생화학』(2000), 『생화학 길라잡이』(2004), 『임상화학』(2005) 등의 저・역서가 있다.

박종훈 동국대학교 윤리문화학과 교수. 동국대학교 대학원에서 석사학위를 받고, 동대학원에서 정치학 박사학위를 취득했다. 『윤리적 삶의 이해』(2006), 『현대사회과학의 패러다임 위기』(2000) 등의 저서가 있다.

박효종 서울대학교 국민윤리교육과 교수. 가톨릭대학교 신학부를 졸업하고 서울대학교에서 석・박사학위를 취득했다. 『국가와 권위』(2001) 등의 저서가 있다.

서병훈 숭실대학교 정치외교학과 교수. 연세대학교 정치외교학과를 졸업하고 같은 대학원에서 석사학위를 받은 후, 미국 라이스 대학에서 정치학박사학위를 받았다. 『자유의 본질과 유토피아 : 존 스튜어트 밀의 정치사상』(1995), 『자유의 미학』(2000) 등의 저서가 있다.

선우현 청주교육대학교 윤리교육과 교수. 서울대학교 대학원 철학과에서 철학박사학위를 취득했다. 『우리 시대의 북한철학』(2002), 『위기 시대의 사회 철학』(2002), 『한중일 시민사회를 말한다』(공저, 2006) 등의 저서와 『평등』(2006) 등의 역서가 있다.

성정석 동국대학교 생명과학과 교수. 미국 오리건 주립대학 대학원 분자유전학 박사학위를 취득했으며, 하버드 대학에서 연구원을 역임했다. 다수의 연구논문과 『면역학』(공역, 2006) 등의 저서가 있다.

손영주 서울대학교 영어영문학과 교수. 미국 위스콘신 대학 대학원에서 석・박사학위를 취득했다.

송병선 울산대학교 스페인중남미학과 교수. 콜럼비아 카로 이 쿠에르보 연구소에서 석사학위를 받고, 하베리아나 대학에서 박사학위를 취득했다. 『보르헤스의 미로에 빠지기』(2002), 『영화 속의 문학 읽기』(2001) 등의 저서가 있다.

송일호 동국대학교 경제학과 교수. 동국대학교 경제학과를 졸업하고 미국 콜로라도 주립대학 대학원에서 석사학위를 받은 후, 텍사스 공대에서 경제학박사학위를 취득했다. 『계량경제실증분석』(공저, 2002)의 저서와 40여 편의 노동시장 관련 논문이 있다.

신성현 동국대학교 불교학과 교수. 동국대학교 대학원에서 철학석·박사학위를 취득했다. 『대승계율연구』(2002) 등의 저서가 있다.

신윤환 서강대학교 정치외교학과 교수. 미국 예일 대학에서 석·박사학위를 취득했다. 『인도네시아의 정치경제』(2001) 등의 저서가 있다.

양영진 동국대학교 사회학과 교수. 서울대학교 사회학과를 졸업하고 미국 시카고 대학 대학원에서 사회학 석·박사학위를 취득했다. *Durkheim and Weber* (1986), 『막스 베버의 사회주의론』(1992), 『막스 베버 사회학의 쟁점들』(1995) 등의 저서가 있다.

양우철 동국대학교 물리학과 교수. 서울대학교 대학원에서 석사학위를 받고, 미국 노스캐롤라이나 주립대학 대학원에서 물리학박사학위를 취득했다.

양홍석 동국대학교 사학과 교수. 동국대학교 사학과를 졸업하고 동국대학교 대학원에서 문학석·박사학위를 취득했다. 『미국기업 성공신화의 역사』(2001), 『미국의 팽창』(2003) 등의 저서가 있다.

오생근 서울대학교 불어불문학과 교수. 파리 10대학에서 박사학위를 취득했다. 『그리움으로 짓는 문학의 집』(2000), 『문학의 숲에서 느리게 걷기』(2003) 등의 저서가 있다.

오형택 경희대학교 자연과학종합연구원 학술연구교수. 동국대학교 대학원에서 박사학위를 취득했으며, 동국대학교 자연과학 종합연구원 전임연구원을 역임했다.

유옥희 계명대학교 일본어문학과 교수. 계명대학교 일어일문학과를 졸업하고 일본 오차노미즈 여자대학에서 석·박사학위를 취득했다. 다수의 하이쿠 관련 저서와 역서, 논문을 쓰고 있으며, 저서로는 『바쇼 하이쿠의 세계』(2002), 『바쇼 하이카이의 계절관』(2005), 역서로는 『마츠오 바쇼오의 하이쿠』(1998), 『일본 중세 수필』(1998) 등이 있다.

유흔우 동국대학교 철학과 교수. 동국대학교 대학원에서 석·박사학위를 취득했다. 『역사 속의 중국철학』(공저, 1999) 등의 저서가 있다.

윤재웅 동국대학교 국어교육과 교수. 동국대학교 대학원에서 석·박사학위를 취득했다. 『미당 서정주』(1998), 『문학비평의 규범과 탈규범』(1998) 등의 저서가 있다.

이대우 경북대학교 노어노문학과 교수. 고려대학교 대학원에서 석사학위를 받고, 프랑스 엑상 프로방스 대학과 파리 8대학에서 DAE를 받았으며, 러시아 세계문학연구소에서 문학박사학위를 취득했다. 『삶이 그대를 속일지라도』(1999), 『까라마조프 씨네 형제들』(2000) 등의 역서와 『러시아 문학의 이해』(공저, 2002) 등의 저서가 있다.

이종일 세종대학교 영어영문학과 교수. 영국 에식스 대학에서 박사학위를 취득했다. 많은 저서와 논문 등이 있다.

이호규 동국대학교 신문방송학과 교수. 연세대학교 대학원에서 석사학위를 받고 미국 인디애나 대학 대학원에서 박사학위를 취득했다. 다수의 논문 및 연구업적이 있다.

임돈희 동국대학교 사학과 교수. 서울대학교에서 인류학으로 학사학위를 받고, 미국 펜실베이니아 대학 대학원에서 민속학으로 박사학위를 취득했다. *Making Capitalism : The Social and Cultual Construction of a South Korean Conglomerate*(공저, 1993), 『조상의례와 한국사회』(공저, 2000) 등의 저서가 있다.

임영빈 서남대학교 컴퓨터응용수학과 교수. 다수의 논문과 저서가 있다.

임호일 동국대학교 독어독문학과 교수. 고려대학교 대학원에서 석사학위를 받고, 오스트리아 그라츠 대학에서 문학박사학위를 취득했다. 『뷔히너 문학전집』(1987), 『한스-게오르크 가다머』(2001) 등의 역서가 있다.

장애순(법명 : 계환) 동국대학교 불교학과 교수. 일본 교토불교대학 대학원에서 문학석·박사학위를 취득했다. 『경전산책』(2000), 『백팔고개 넘어 부처되기』(2002), 『대승불교의 세계』(2005) 등의 저서가 있다.

장영우 동국대학교 문예창작학과 교수. 동국대학교에서 학부·석사·박사과정을 모두 마쳤다. 『이태준 소설연구』(1996), 『소설의 운명, 소설의 미래』(1999) 등의 저서가 있다.

정병준 동국대학교 사학과 교수. 동국대학교 대학원에서 석사학위를 받고, 일본 교토 대학 대학원에서 박사학위를 취득했다. 「唐代의 杖刑 : '杖死'를 중심으로」(1996), 「唐末五代 藩鎭

體制에 대한 硏究史的 考察」(1999) 등의 논문을 발표하였다.

조동기 동국대학교 사회학과 교수. 서울대학교 사회학과를 졸업하고 같은 대학원에서 석사학위를 받은 후, 미국 아이오와 대학 대학원에서 사회학박사학위를 취득했다. 『한국의 직업구조』(공저, 1999), 『정보화와 정보통신정책』(공저, 2006) 등의 저서와 『사이버공간과 공동체』(2001), 『정보사회이론』(2006) 등의 역서가 있다.

조용길 동국대학교 불교학과 교수. 동국대학교 대학원에서 석·박사학위를 취득했다. 『금강삼매경론 (상·하)』(2002) 등의 저서가 있다.

조주현 계명대학교 여성학과 교수. 이화여자대학교 사회학과를 졸업하고 미국 어바나-샴페인 소재 일리노이 대학에서 사회학 석·박사학위를 취득했다. 『여성 정체성의 정치학』(2000), 『성 해방과 성 정치』(공저, 2002) 등의 저서가 있다.

조훈영 동국대학교 물리학과 교수. 동국대학교 물리학과를 졸업하고 한국과학기술원에서 석·박사학위를 취득했다. 다수의 논문과 연구 업적이 있다.

최인숙 동국대학교 철학과 교수. 동국대학교 철학과를 졸업하고 독일 마인츠 대학 대학원에서 철학박사학위를 취득했다. 『칸트』(2005) 등의 저서와 『계몽철학 : 그 이론적 토대』(1994) 등의 역서가 있다.

최창술(법명 : 현각) 동국대학교 선학과 교수. 동국대학교 대학원에서 철학석·박사 학위를 취득했으며, 미국 하버드 대학 교환교수를 지냈다. 『선학의 이해』(2002), 『선어록산책』(2005) 등 많은 저서와 논문이 있다.

한만수 동국대학교 국어국문학과 교수. 동국대학교 국어국문학과를 졸업하고 같은 대학원에서 박사학위를 취득했다. 『태백산맥 문학기행』(2003), 『삶 속의 문학, 독자 속의 비평』(1995) 등의 저서가 있다.

한철호 동국대학교 역사교육과 교수. 고려대학교 사학과를 졸업하고 같은 대학원에서 석사학위를 받은 후, 한림대학교 대학원 사학과에서 박사학위를 취득했다. 『독립운동가 열전 I』(공저, 2005) 등의 저서와 『역사적 사고와 역사교육』(2006) 등의 역서가 있다.

허남결 동국대학교 윤리문화학과 교수. 동국대학교 대학원에서 석·박사학위를 취득했으며, 영국 더럼 대학 철학과 연구교수를 지냈다. 『밀의 공리주의』(2000), 『공리주의 윤리문화 연구』(2004) 등의 저서와 『불교와 생명윤리학』(2000), 『윤리적 삶의 이해』(공역, 2006) 등의 역서가 있다.

홍기현 서울대학교 경제학부 교수. 서울대학교 대학원에서 석사학위를 받고, 미국 하버드 대학에서 경제학박사학위를 취득했다. 『경제학 산책』(공저, 1992) 등의 저서가 있다.

홍원표 한국외국어대학교 정치외교학과 교수. 한국외국어대학교 대학원에서 박사학위를 취득했다. 『현대 정치철학의 지형 : 언저리에서의 사유』(2002) 등의 저서가 있다.

홍윤기 동국대학교 철학과 교수. 서울대학교 대학원에서 석사학위를 받고, 독일 베를린 자유대학에서 철학박사학위를 취득했다. 『변증법 비판과 변증법 구도』(1995), 『글로벌 네트워크 시대의 국가와 민족』(2005) 등의 저서가 있다.

황인규 동국대 역사교육과 교수. 동국대학교 대학원에서 석·박사학위를 취득했다. 『고려후기·조선초 불교사 연구』(2003), 『고려말·조선전기 불교계 고승연구』(2005) 등의 저서가 있다.

황종연 동국대학교 국어국문학과 교수. 동국대학교와 미국 컬럼비아 대학 대학원에서 수학했고, 동국대학교에서 박사학위를 취득했다. 저서로는 『비루한 것의 카니발』(2001), 역서로는 『현대 문학·문화 비평 용어사전』(1999) 등이 있다.

황훈성 동국대학교 영어영문학과 교수. 서울대학교 영어영문학과를 졸업하고 같은 대학원에서 석사학위를 받은 후, 미국 캘리포니아 대학 데이비스 캠퍼스에서 영문학 박사학위를 취득했다. 저서로는 『기호학으로 본 연극세계』(2000)가 있다.

고전으로 가는 길

1판 1쇄 펴냄 2007년 2월 25일
1판 2쇄 펴냄 2009년 2월 25일

엮은이 | 동국대학교 교양교육원
펴낸이 | 김정호
펴낸곳 | 아카넷

출판등록 2000년 1월 24일 (제2-3009호)
주소 100-802 서울시 중구 남대문로 5가 526 대우재단빌딩 8층
전화 02-6366-0511 | 팩스 02-6366-0515
홈페이지 www.acanet.co.kr | 전자우편 okay@acanet.co.kr

편집장 | 오창남
기획편집 대리 | 안덕희
마케팅 팀장 | 송대호
홍보관리 주임 | 박소영

ⓒ 동국대학교 교양교육원, 2007

ISBN 978-89-5733-099-9 03800
Printed in Seoul, Korea.

★ 값은 뒤표지에 있습니다. 잘못 만든 책은 교환해드립니다.